Günter Durner

Klettern im Ötztal und Pitztal

Sportklettern – Bouldern – Klettersteige – Eisklettern

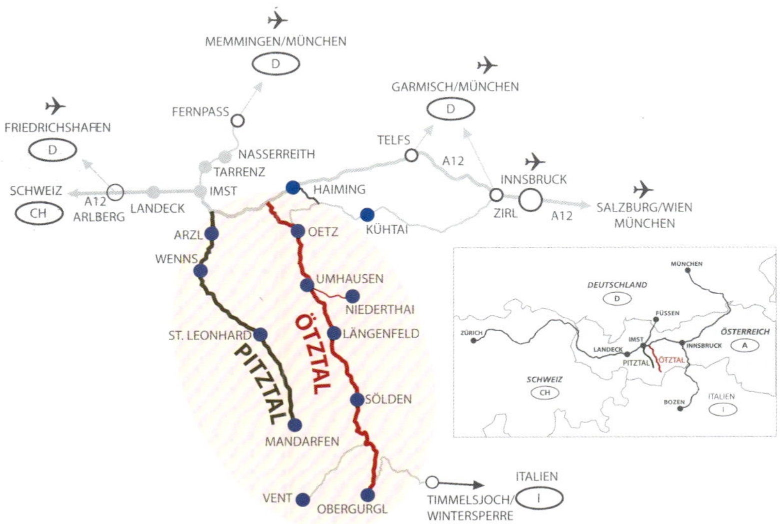

Im Ötz- und Pitztal gibt es ein breites Angebot von bestens abgesicherten Sportkletterrouten, sportlichen Klettersteigen sowie sehr vielen Eiskletterfällen. Zudem bietet das Pitztal ein großes Bouldergebiet.

Dieser Kletterführer enthält die aktuellsten Topos der zahlreichen Klettergebiete im Ötz- und Pitztal.

Ötztal

- 22 Klettergebiete
  - 744 Einseillängenrouten
  - 66 Mehrseillängenrouten
- 9 Klettersteige
- 60 Eiskletterfälle

Pitztal

- 1 Bouldergebiet (180 Boulder,
- 9 Klettergebiete
  - 258 Einseillängenrouten
  - 20 Mehrseillängenrouten
- 7 Klettersteige
- 46 Eiskletterfälle

Ötztal und Pitztal

- 220 Bilder (Kletter-, Landschafts-, Eisfall-, Wandbilder)
- 105 Übersichts-, Anfahrtsskizzen
- 164 Kletter Foto-Topos
- 61 Boulder Foto-Topos
- 13 Klettersteig Foto-Topos

AF721324

ÖTZ TAL

climbers-paradise.com

PITZTAL

Sportklettern im Ötztal

Klettersteige im Ötztal

Eisklettern im Ötztal

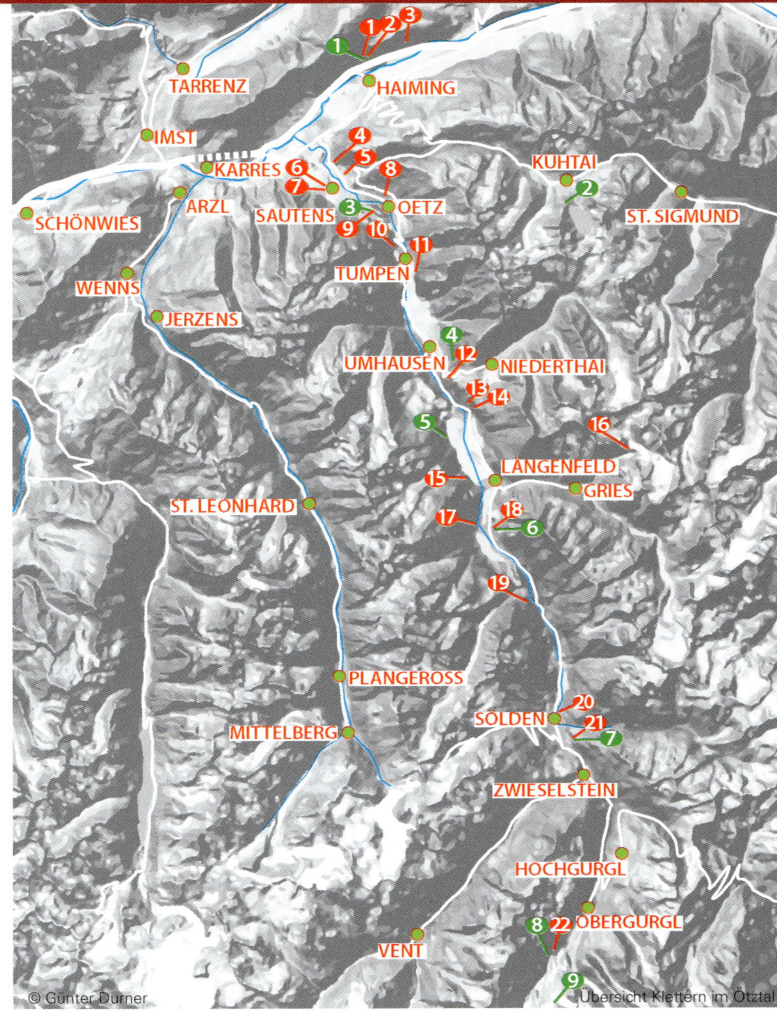

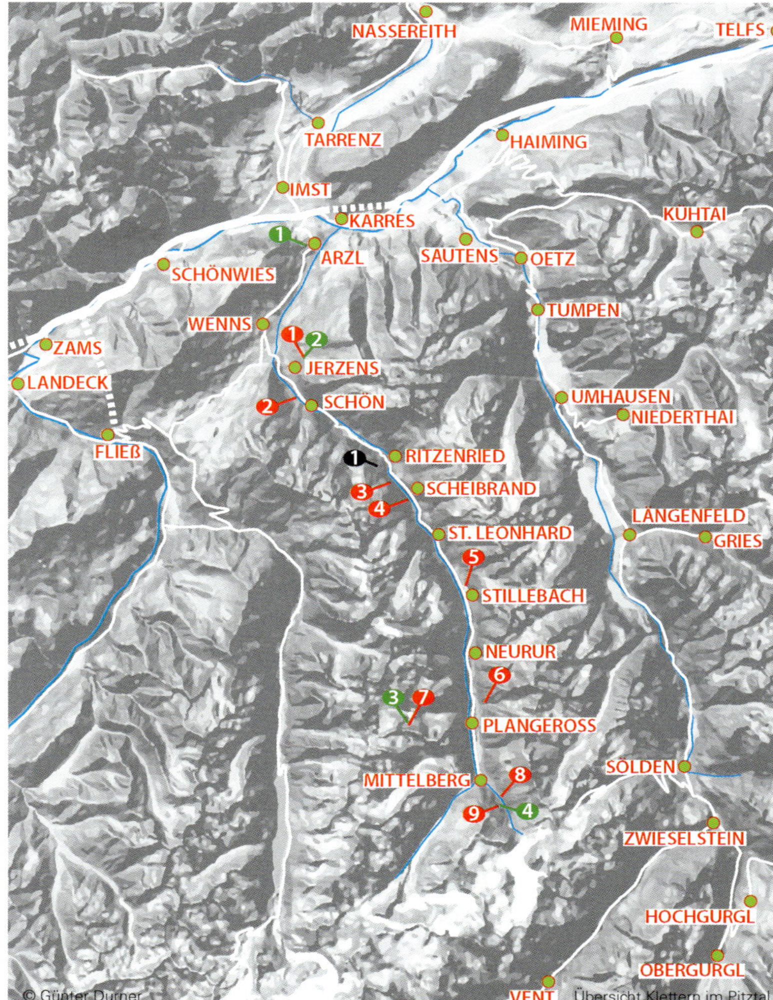

NASSEREITH
MIEMING
TELFS
TARRENZ
HAIMING
IMST
KARRES
KÜHTAI
ARZL
SAUTENS
OETZ
SCHÖNWIES
TUMPEN
WENNS
ZAMS
JERZENS
LANDECK
SCHÖN
UMHAUSEN
NIEDERTHAI
FLIEß
RITZENRIED
SCHEIBRAND
LÄNGENFELD
GRIES
ST. LEONHARD
STILLEBACH
NEURUR
PLANGEROSS
SÖLDEN
MITTELBERG
ZWIESELSTEIN
HOCHGURGL
OBERGURGL
VENT
© Günter Durner
Übersicht Klettern im Pitztal

ÜBERSICHT ÖTZTAL

Nr.	Gebiet	Zustieg	Routen (ES)	Routen (MS)	Verteilung der Schwierigkeiten (Französische Bewertung)	3	4	5	6	7	8	9	Seite
					Schwierigkeitsgrad	3	4	5	6	7	8	9	
1	Haiming Geierwand	20 Min.	10 (ES)	24 (MS)	Anzahl der Routen	2	2	3	27	-	-	-	8
2	Haiminger Klettergarten	20 Min.	9 (ES)	- (MS)	Anzahl der Routen	-	1	2	6	-	-	-	16
3	Simmering	30 Min.	34 (ES)	14 (MS)	Anzahl der Routen	1	6	19	21	1	-	-	18
4	Amberg	25 Min.	17 (ES)	- (MS)	Anzahl der Routen	-	-	1	11	5	-	-	30
5	Brunau	10 Min.	7 (ES)	2 (MS)	Anzahl der Routen	-	2	3	3	-	-	-	32
6	Sautens Rammelstein	5 Min.	26 (ES)	- (MS)	Anzahl der Routen	-	2	8	11	5	-	-	34
7	Sautens Ritzlerhof	10 Min.	4 (ES)	- (MS)	Anzahl der Routen	-	3	1	-	-	-	-	38
8	Oetz	2 Min.	39 (ES)	- (MS)	Anzahl der Routen	6	4	4	17	8	-	-	40
9	Piburg	5 Min.	9 (ES)	- (MS)	Anzahl der Routen	-	5	3	1	-	-	-	44
10	Tumpen Armelen	20 Min.	10 (ES)	- (MS)	Anzahl der Routen	-	-	-	-	4	4	-	46
11	Tumpen Engelswand	10 Min.	73 (ES)	3 (MS)	Anzahl der Routen	1	12	8	42	14	1	-	48
12	Niedertha	20-45 Min.	140 (ES)	- (MS)	Anzahl der Routen	-	-	2	41	61	29	-	56
13	Auplatte	15 Min.	41 (ES)	- (MS)	Anzahl der Routen	-	4	5	25	7	-	-	72
14	Nösslach	25 Min.	61 (ES)	11 (MS)	Anzahl der Routen	-	-	11	33	13	2	-	76
15	Oberried	5 Min.	145 (ES)	3 (MS)	Anzahl der Routen	10	16	45	54	14	1	-	90
16	Winnebachseehütte	2 Std. 15 Min.	30 (ES)	1 (MS)	Anzahl der Routen	11	9	8	1	-	-	-	100
17	Astlehn	10 Min.	12 (ES)	- (MS)	Anzahl der Routen	-	-	-	2	7	2	-	106
18	Burgsteirer Wand	10 Min.	- (ES)	3 (MS)	Anzahl der Routen	-	-	-	2	1	-	-	108
19	Aschbach	20 Min.	10 (ES)	- (MS)	Anzahl der Routen	-	-	-	3	7	-	-	114
20	Sölden Freizeitarena	10 Min.	6 (ES)	- (MS)	Anzahl der Routen	-	-	1	3	2	-	-	116
21	Sölden Moosalm	30 Min.	29 (ES)	4 (MS)	Anzahl der Routen	9	1	5	14	4	-	-	118
22	Obergurgl Zirbenwald	20 Min.	32 (ES)	- (MS)	Anzahl der Routen	3	14	5	7	2	-	-	122

	Gebiet	Zustieg	Routen		Verteilung der Schwierigkeiten (Französische Bewertung)	3	4	5	6	7	8	9	Seite
					Schwierigkeitsgrad	3	4	5	6	7	8	9	
1	Mandlers Boden Bouldergebiet	10 Min.	180 (Boulder)	- (MS)	Anzahl der Routen	3	15	42	79	23	1	-	144
2	Kletterpark Jerzens-Hochzeiger	45 Min.	10 (ES)	- (MS)	Anzahl der Routen	3	6	-	-	-	-	-	162
3	Down Under	15 Min.	7 (ES)	- (MS)	Anzahl der Routen	-	-	-	1	4	2	-	166
4	Unterwelt	10 Min.	57 (ES)	- (MS)	Anzahl der Routen	-	-	7	24	12	8	-	168
5	Scheibrand	20 Min.	24 (ES)	- (MS)	Anzahl der Routen	-	-	-	4	15	8	-	176
6	Stillebach Richi´s Wall	10 Min.	14 (ES)	- (MS)	Anzahl der Routen	1	3	2	8	-	-	-	180
7	Plangeross Hexenkessel	45 Min.	85 (ES)	- (MS)	Anzahl der Routen	-	-	5	22	33	25	-	182
8	Kaunergrathütte	3 Std. 30 Min.	17 (ES)	13 (MS)	Anzahl der Routen	8	10	2	3	1	-	-	192
9	Gletscherstube	50 Min.	17 (ES)	- (MS)	Anzahl der Routen	5	2	2	4	1	-	-	196
10	Gletscherstube Wasserfall	1 Std. 10 Min.	23 (ES)	7 (MS)	Anzahl der Routen	1	10	10	6	1	-	-	200

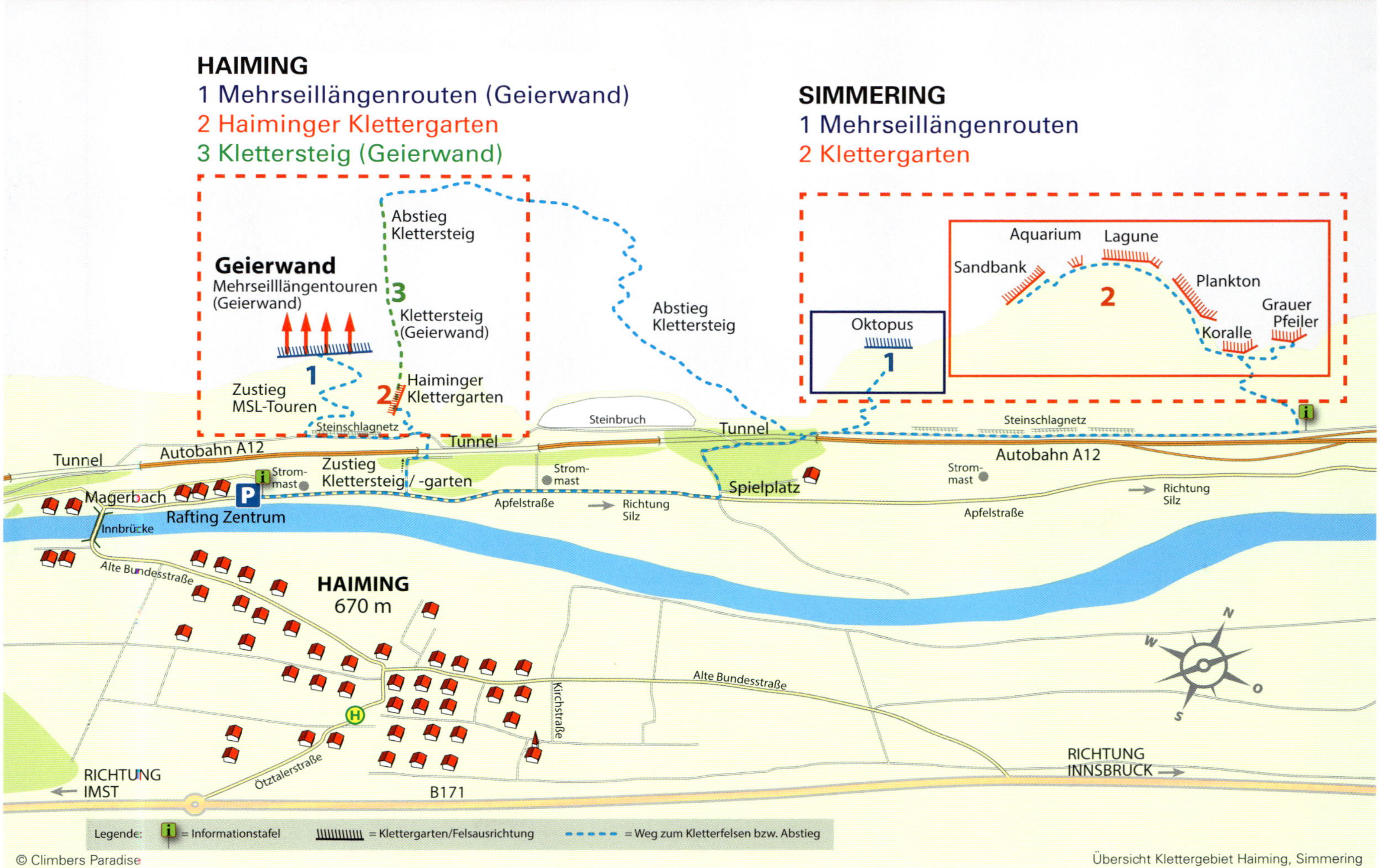

Übersicht Klettergebiet Haiming, Simmering

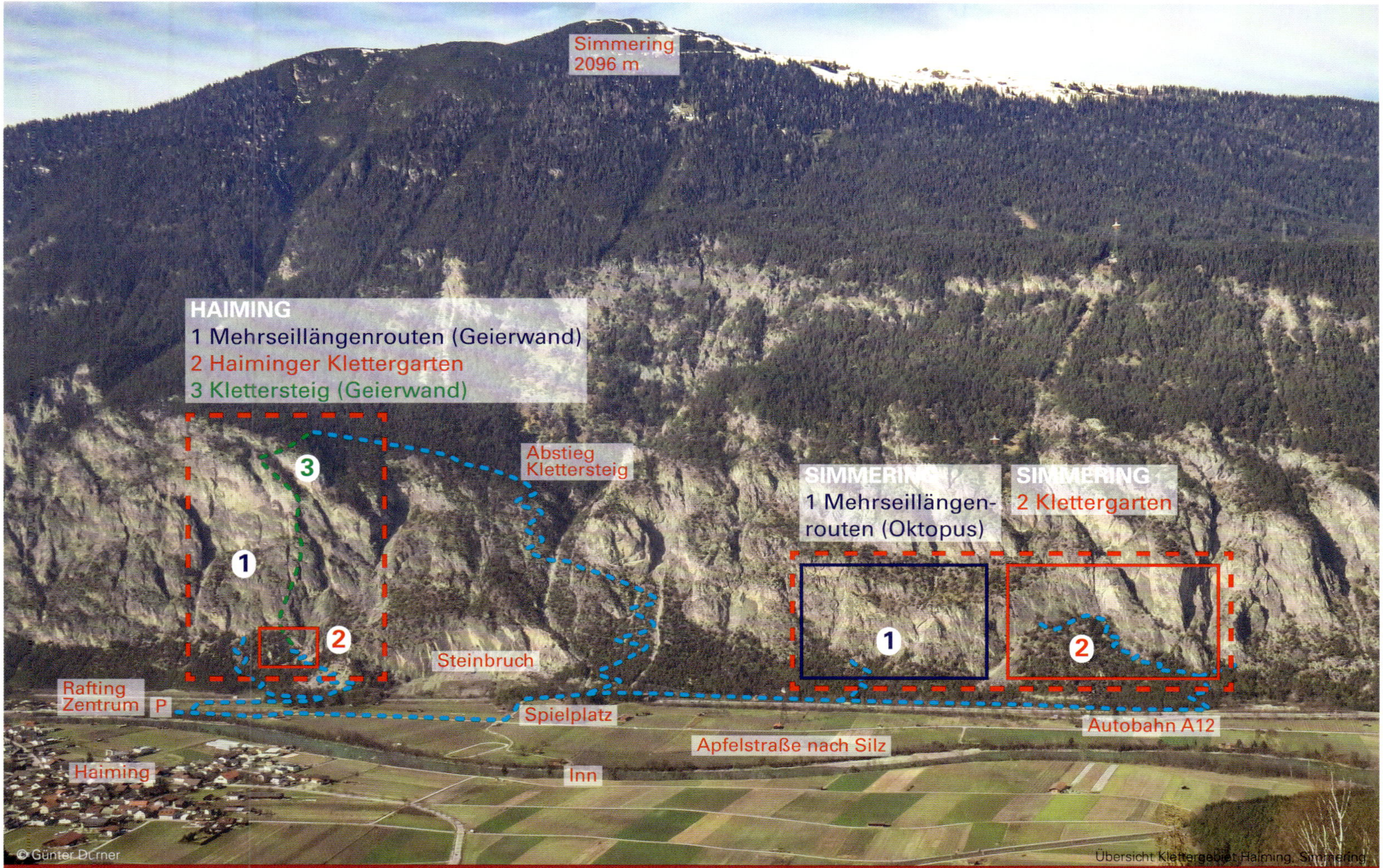
Simmering
2096 m
HAIMING
1 Mehrseillängenrouten (Geierwand)
2 Haiminger Klettergarten
3 Klettersteig (Geierwand)
Abstieg
Klettersteig
SIMMERING
1 Mehrseillängen-
routen (Oktopus)
SIMMERING
2 Klettergarten
1
2
3
1
2
Steinbruch
Rafting
Zentrum
P
Spielplatz
Autobahn A12
Apfelstraße nach Silz
Haiming
Inn
© Günter Durner
Übersicht Klettergebiet Haiming, Simmering

HAIMING GEIERWAND

GPS: 32 T 642164 5235821 Höhe: 670 m
GPS: 32 T 642113 5236034 Höhe: 750 m

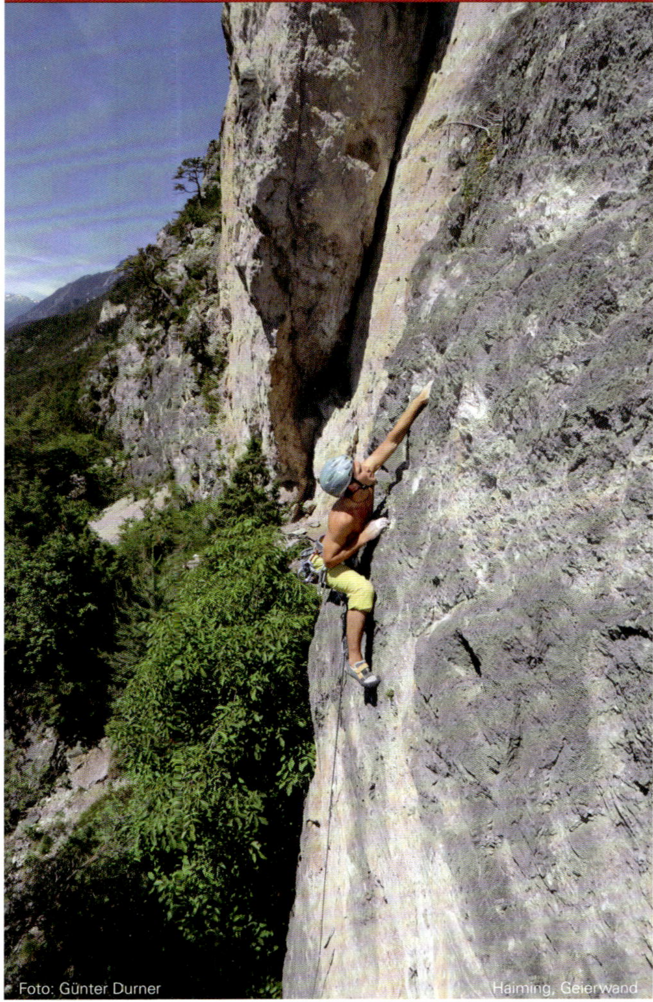

Routenaufteilung

Schwierigkeitsgrad (Franz.)	3	4	5	6	7	8	9
Anzahl der Routen	2	2	3	27	-	-	-

Routenart 10 Einseillängen (ES), 24 Mehrseillängen (MS), Boulder

Routenlänge 25-35 m

Zustieg 20 Min. ⇧ bergauf, ⇨ eben, ⇩ bergab (80 Hm)

Absicherung ★★★★★

Umlenkung Ring, Kette, Sauschwanz

Ausrichtung Nord, Ost, Süd, West

Winterklettergebiet ja, nein

Familienfreundlich ja, nein

Felsqualität Meist fester, gelbgrauer plattiger Kalk

Wandneigung Senkrechte bis leicht überhängende Wandkletterei

Wandfuß Abschüssiger Wandfuß mit Geröll

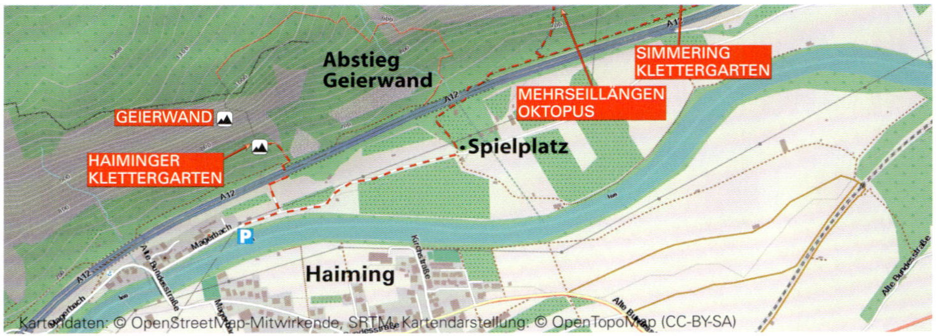

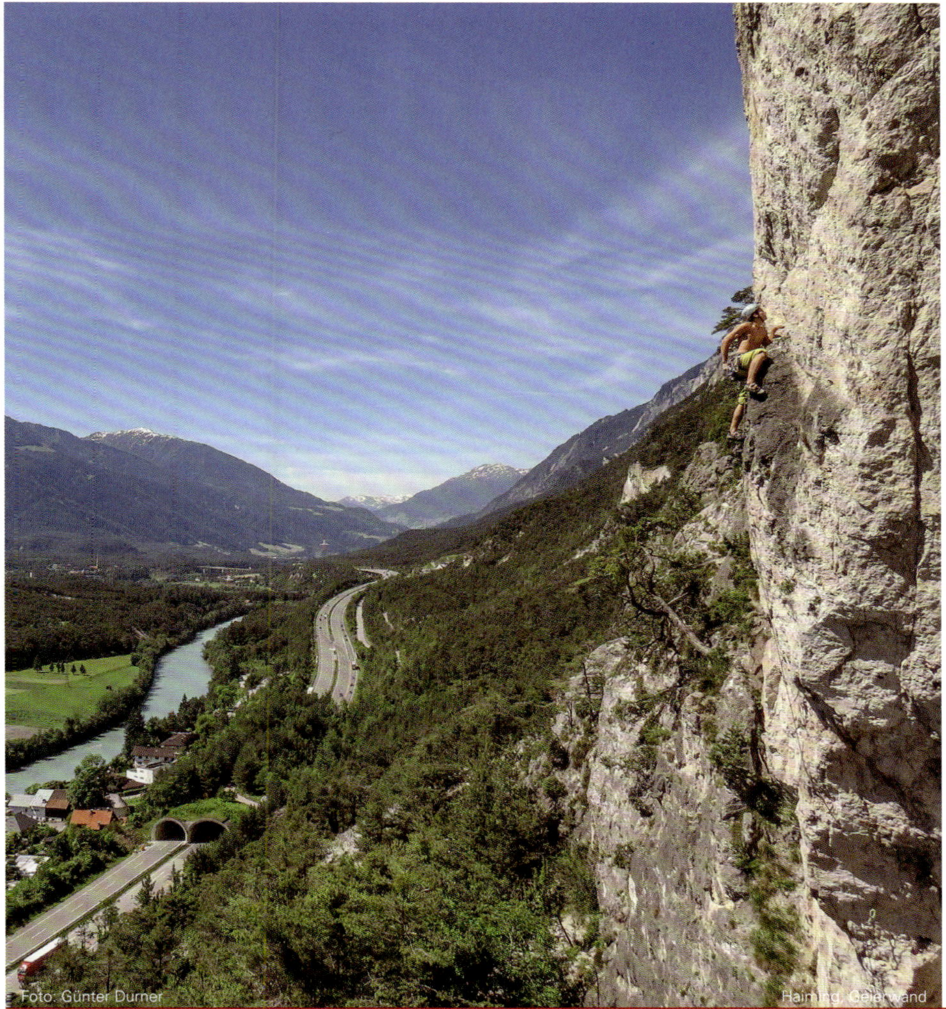

ZUFAHRT/ZUSTIEG

Die Autobahn A12 bei der Abfahrt Ötztal verlassen und bis zum Kreisverkehr am Beginn des Ötztals fahren. Hier Richtung Haiming auf die B171 abbiegen. Nach 2,7 Km beim Kreisverkehr in die Ortschaft Haiming abbiegen und zuerst der Ötztalerstraße dann der Alten Bundesstraße folgen (Beschilderung „Outdoorzentrum"). Nach der Innbrücke rechts abbiegen und etwa 1 Km weiter bis zum Parkplatz fahren.

Vom östlichen Parkplatzende den Hinweisschildern zum Geierwand Klettersteig folgen. Der Weg führt über eine Wiese, dann ein kurzes Stück entlang der Autobahn bis zur Autobahnüberführung. Nach dieser dem ausgeschildertem Weg zum Einstieg des Geierwand Klettersteigs folgen. Zu den Mehrseillängenrouten geht man nach der Autobahnüberführung auf dem Forstweg nach links an einem Steinschlagnetz vorbei, danach dem Weg nach oben folgen.

BESCHREIBUNG

Die Geierwand ist eine etwa 400 m hohe Felswand bei Haiming. An der nach Süden ausgerichteten Wand gibt es zahlreiche Ein- und Mehrseillängenrouten, am Wandfuß einen Klettergarten sowie einen Klettersteig. Die gut abgesicherten Kletterrouten führen links vom Klettersteig durch die Wand und können durch die südseitige Ausrichtung fast ganzjährig begangen werden. An heißen Sommertagen kann es allerdings zum Klettern an der Geierwand zu heiß sein. Die Steinschlaggefahr durch die losen Steine auf den Bändern und Absätzen sollte besonders wenn sich bereits Seilschaften in der Wand befinden nicht unterschätzt werden. Auf einen Helm darf keinesfalls verzichtet werden.

ERSCHLIESSER

Kurt Bubik, Christian Juen, verschiedene Kletterfreunde

Nr.	Route	Seillängen	Grad	Länge
1	Nomis	1 SL.	3c	**25 m**
2	Petzi Quergang	1 SL.	3c	**20 m**
3	Kaminkehrer	1 SL.	4c	**18 m**
4	Bergrettungstour	1 SL.	4b	**12 m**
5	Reefrock	2 SL.	6a+	**55 m**
6	Korkenzieher	2 SL.	6a+	**55 m**
7	Akrobatik	1 SL.	6a+	**27 m**
8	Banana Jo	1 SL.	6a+	**27 m**
9	Sunny Boy	3 SL.	6b+	**70 m**
10	Nussknacker	2 SL.	6b+	**35 m**
11	Catwalk	2 SL.	6b	**58 m**
12	Nebraska	13 SL.	6b+	**370 m**
13	Helga Line	2 SL.	6b	**45 m**
14	Geierwandführe	5 SL.	6a+	**100 m**
15	Im Auge des Geiers	5 SL.	6b+	**123 m**
16	Inntalsynfonie	9 SL.	6a	**241 m**
17	Malibu	5 SL.	6a+	**133 m**
18	Tanga	1 SL.	6a+	**25 m**
19	Bolero	2 SL.	6a+	**57 m**
20	Lambada	1 SL.	6b+	**27 m**
21	Spießrutenlauf	1 SL.	6b+	**27 m**
22	Pretty Woman	5 SL.	6b	**138 m**
23	Lisa	5 SL.	5c	**120 m**
24	Sunset Boulevard	8 SL.	6a	**211 m**
25	Montania	5 SL.	6a+	**128 m**
26	Copacabana	2 SL.	5a+	**50 m**
27	Kollerweg	4 SL.	5b	**100 m**
28	Marie	1 SL.	6b	**25 m**
29	Dancingstar	4 SL.	6b	**114 m**
30	Nimm mi	3 SL.	6a+	**65 m**
31	Block Basta	3 SL.	6a+	**52 m**
32	Die Flamme des Südens	3 SL.	6a	**80 m**
33	Alhambra	12 SL.	6a+	**430 m**
34	Pfeilerverschneidung	2 SL.	6c+	**42 m**

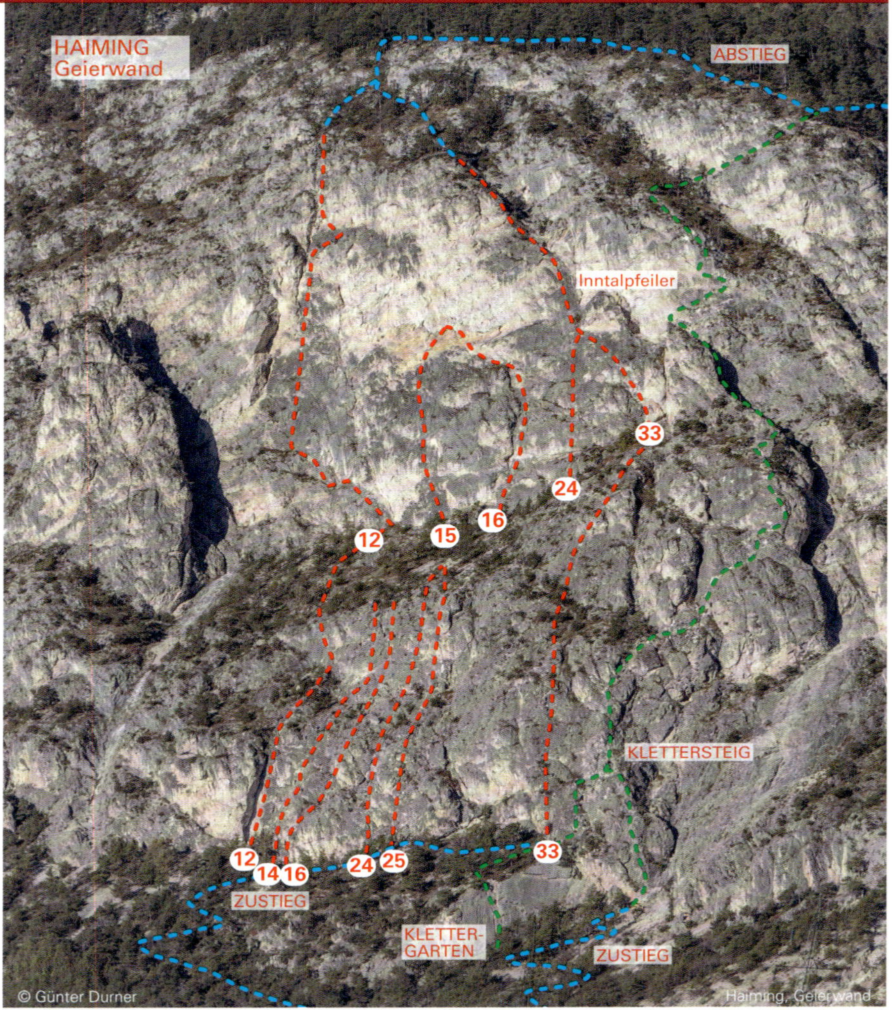

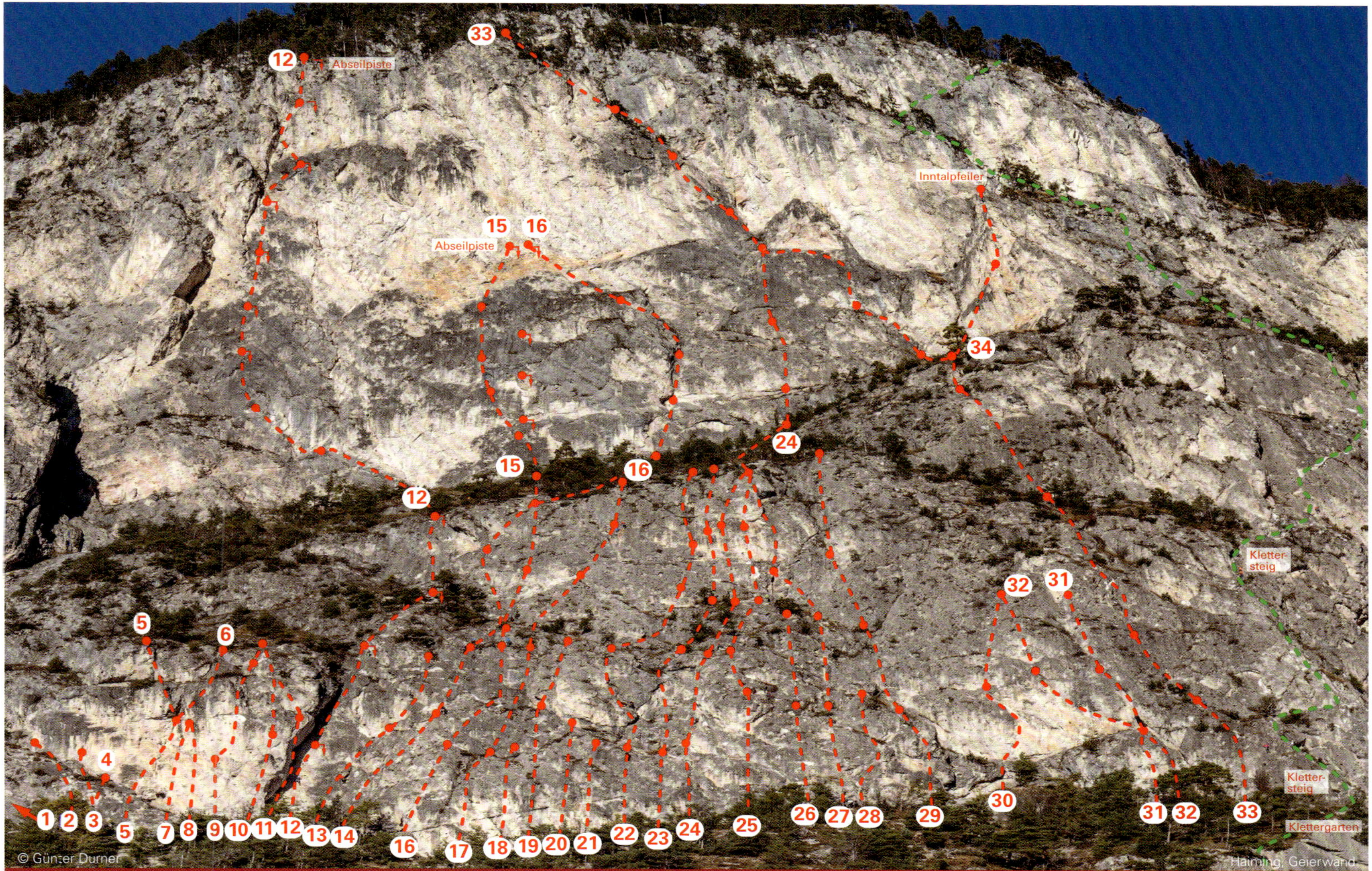

HAIMING GEIERWAND

HAIMING GEIERWAND

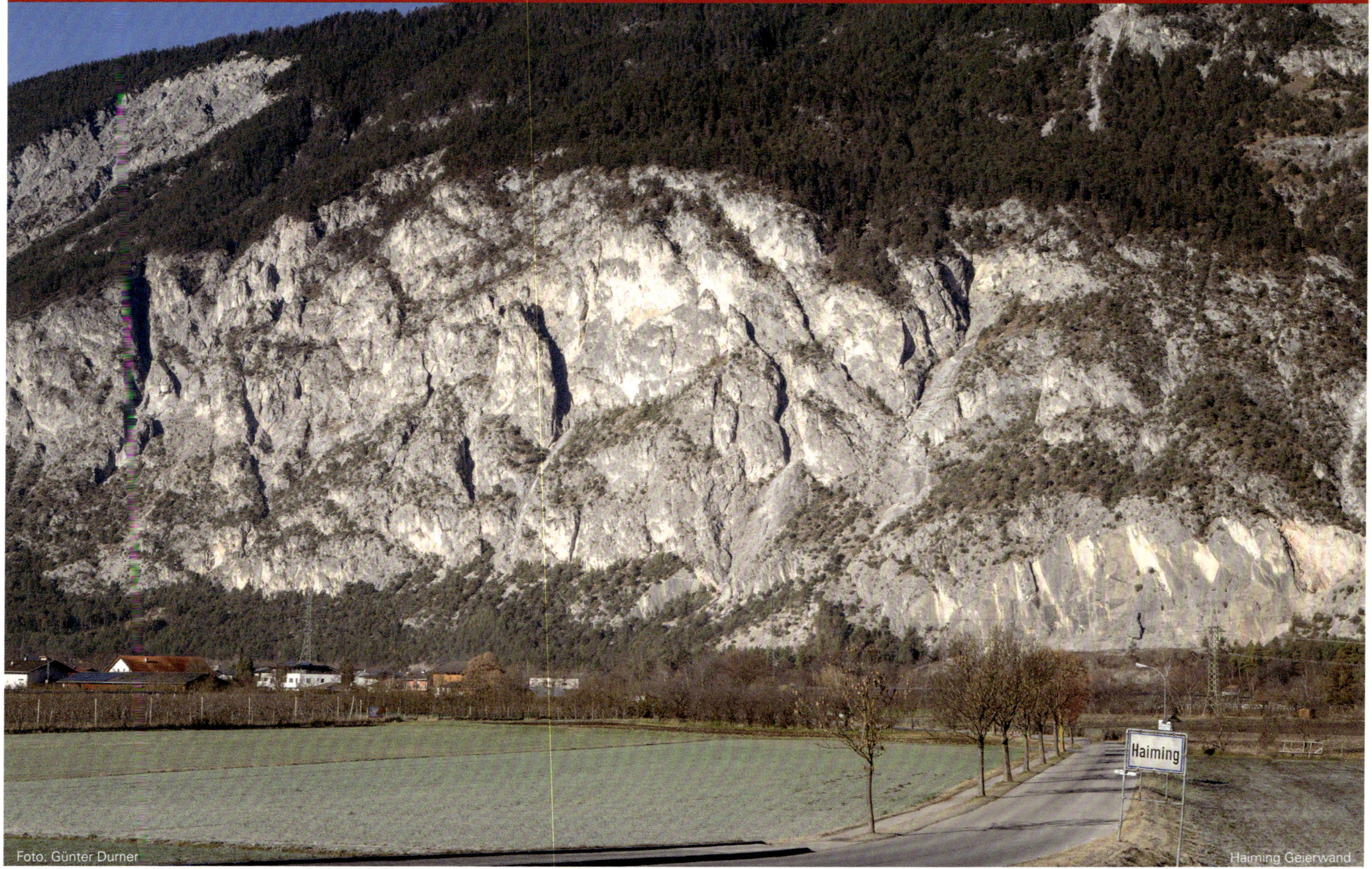

Foto: Günter Durner

Haiming Geierwand

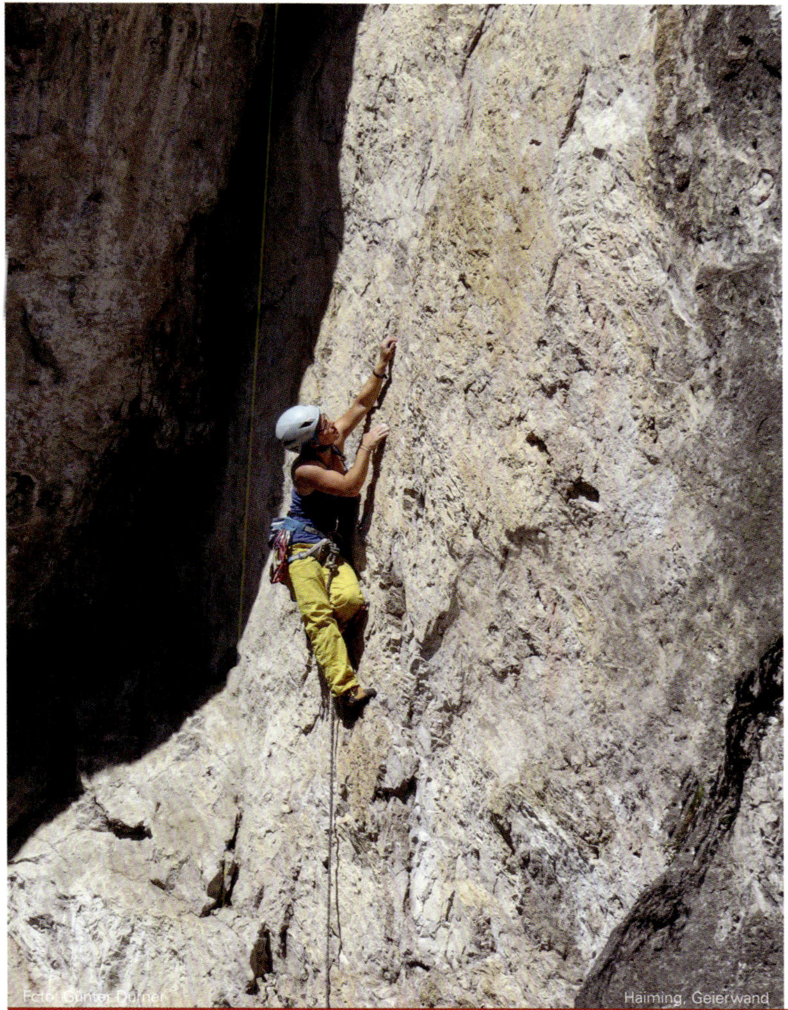

Foto: Günter Durner

Haiming, Geierwand

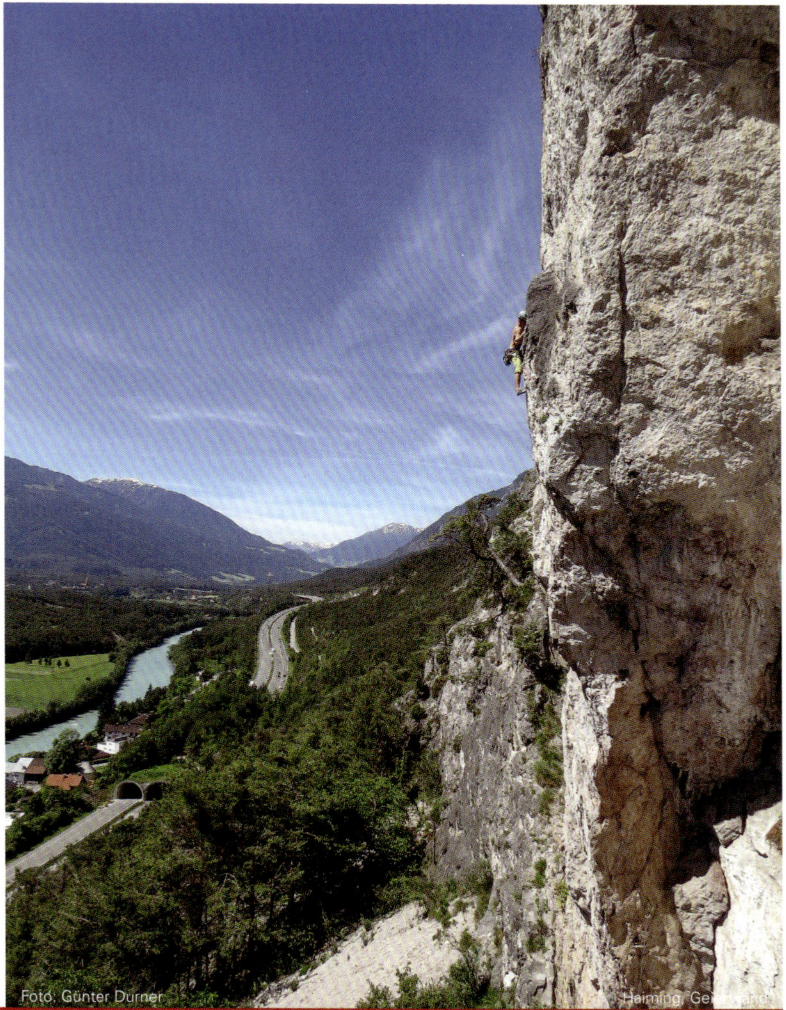

Foto: Günter Durner

Haiming, Geierwand

HAIMING GEIERWAND

HAIMINGER KLETTERGARTEN

P GPS: 32 T 642164 5235821 Höhe: 670 m
GPS: 32 T 642113 5236034 Höhe: 730 m

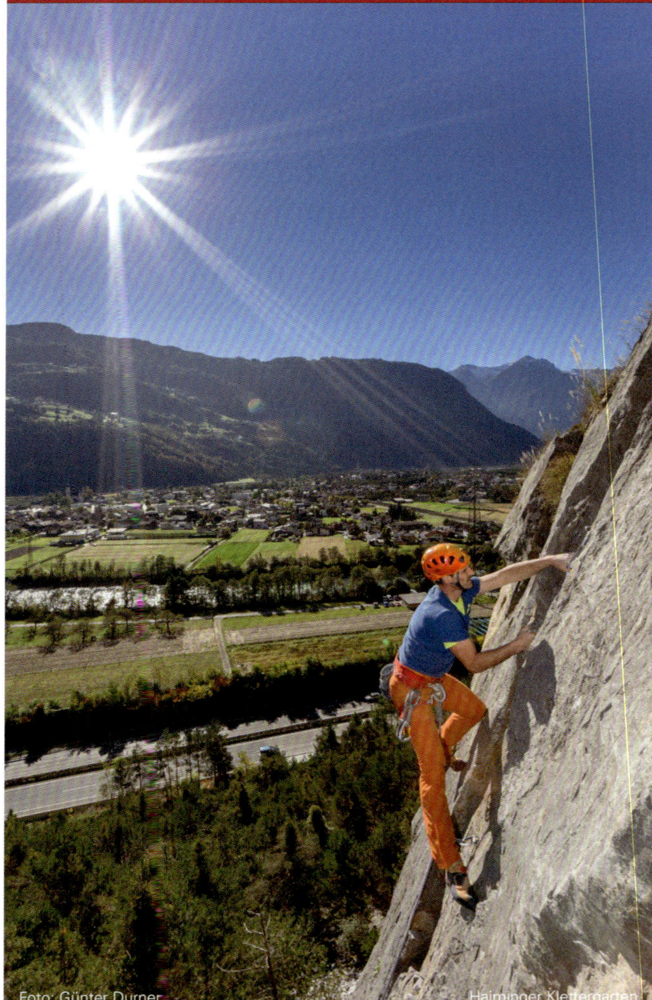

Foto: Günter Durner — Haiminger Klettergarten

Routenaufteilung

Schwierigkeitsgrad (Franz.)	3	4	5	6	7	8	9
Anzahl der Routen	-	1	2	6	-	-	-

Routenart 9 Einseillängen (ES), Mehrseillängen (MS), Boulder

Routenlänge 10-35 m

Zustieg 20 Min. ⇧ bergauf, ⇨ eben, ⇩ bergab (60 Hm)

Absicherung ★★★★★

Umlenkung Ring, Kette, Sauschwanz

Ausrichtung Nord, Ost, Süd, West

Winterklettergebiet ja, nein

Familienfreundlich ja, nein

Felsqualität Fester, grauer, plattiger Kalk

Wandneigung Senkrechte bis leicht überhängende Platten- Rißkletterei

Wandfuß Steiles Schotterfeld mit einzelnen Bäumen

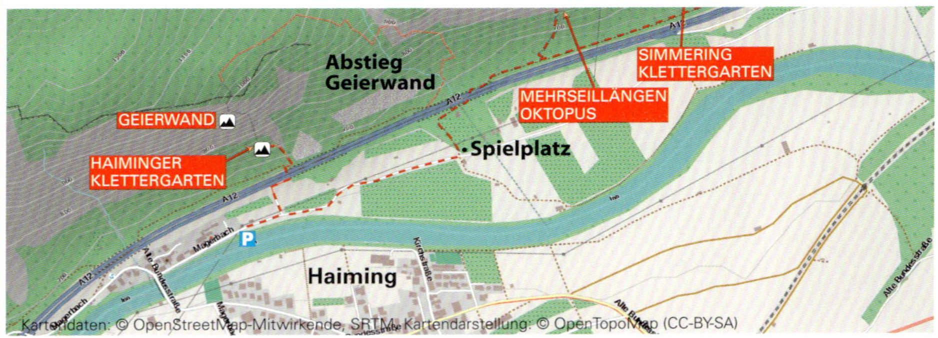

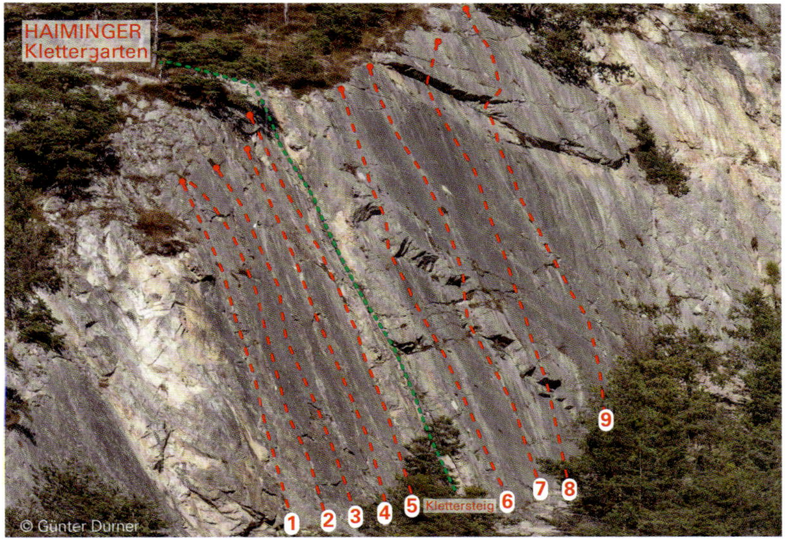

HAIMINGER KLETTERGARTEN

1	Turmfalke	4b	18 m
2	Namlos	6b	18 m
3	Superdrop	5a	18 m
4	Betty Gini	6c	18 m
5	Champignon	5c	18 m
6	Locker vom Hocker II	6c	18 m
7	Ohne Worte	6c	18 m
8	Schleudergefahr	6c	20 m
9	Indianerdachl (ab 2. Seillänge MSL-Tour Alhambra (Geierwand)	6b	20 m

ZUFAHRT/ZUSTIEG

Die Autobahn A12 bei der Abfahrt Ötztal verlassen und bis zum Kreisverkehr am Beginn des Ötztals fahren. Vom Kreisverkehr der B171 Richtung Haiming folgen. Nach 2,7 Km beim Kreisverkehr in die Ortschaft Haiming abbiegen und zuerst der Ötztalerstraße dann der Alten Bundesstraße folgen (Beschilderung „Outdoorzentrum"). Nach der Innbrücke rechts abbiegen und etwa 1 Km weiter bis zum Parkplatz „Geierwand" fahren.

Vom östlichen Parkplatzende den Wegweisern zum Geierwand Klettersteig folgen. Der Klettergarten befindet sich links neben dem linken Einstieg des Geierwand Klettersteigs.

BESCHREIBUNG

Die Wand bietet sehr gut abgesicherte Platten- und Risskletterei. Da sich über dem Klettergarten die Mehrseillängenrouten und der Klettersteig durch die Geierwand befindet, sollte unbedingt mit Helm geklettert werden.

ERSCHLIESSER

Reinhard Schiestl, Bruno Rettenbacher

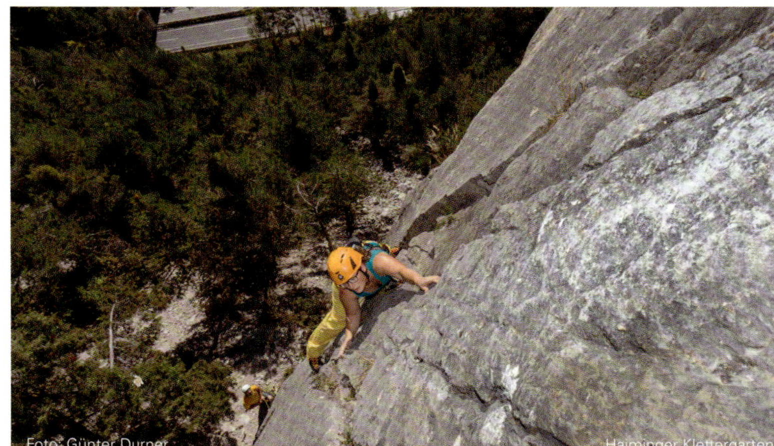

SIMMERING

P GPS: 32 T 642650 5236023 Höhe: 670 m
GPS: 32 T 643222 5236625 Höhe: 800 m

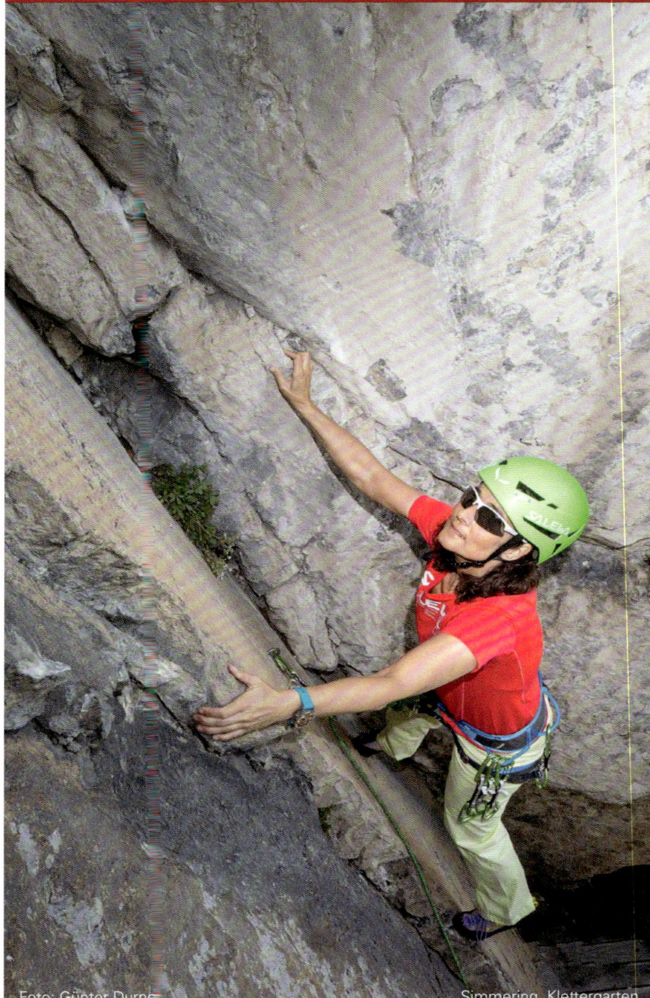

Foto: Günter Durner

Simmering, Klettergarten

Routenaufteilung							
Schwierigkeitsgrad (Franz.)	3	4	5	6	7	8	9
Anzahl der Routen	1	6	19	21	1	-	-

Routenart 34 Einseillängen (ES), 14 Mehrseillängen (MS), Boulder

Routenlänge 10-35 m

Zustieg 30 Min. ⇧ bergauf, ⇨ eben, ⇩ bergab (130 Hm)

Absicherung ★★★★★

Umlenkung Ring Kette Sauschwanz

Ausrichtung Nord, Ost, Süd, West

Winterklettergebiet ja, nein

Familienfreundlich ja, nein

Felsqualität Fester, grauer, plattiger Kalk

Wandneigung Flache bis senkrechte Plattenkletterei

Wandfuß Steiles Schotterfeld mit einzelnen Bäumen

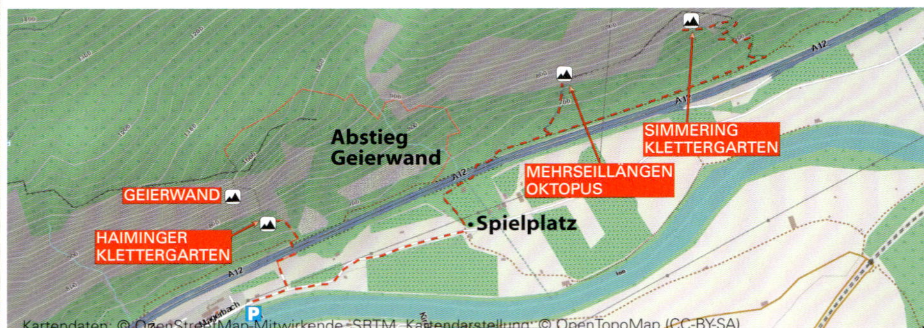

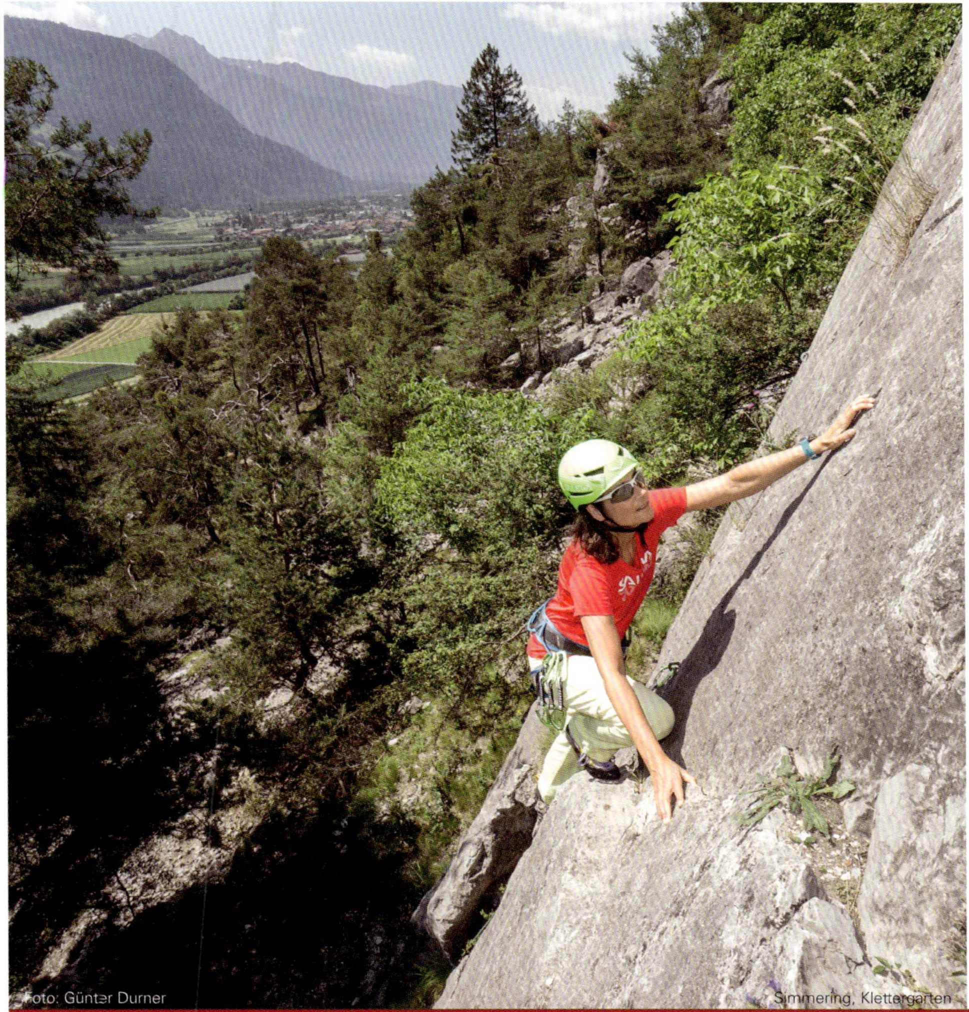

ZUFAHRT/ZUSTIEG

Die Autobahn A12 bei der Abfahrt Ötztal verlassen und bis zum Kreisverkehr am Beginn des Ötztals fahren. Vom Kreisverkehr der B171 Richtung Haiming folgen. Nach 2,7 Km beim Kreisverkehr in die Ortschaft Haiming abbiegen und zuerst der Ötztalerstraße dann der Alten Bundesstraße folgen (Beschilderung „Outdoorzentrum"). Nach der Innbrücke rechts abbiegen und etwa 1 Km weiter bis zum Parkplatz „Geierwand" fahren.

Zustieg Sektor Sandbank bis Grauer Pfeiler
Vom östlichen Parkplatzende auf der Straße etwa 500 m Richtung Silz bis zu einem Spielplatz gehen. Vor dem Spielplatz links dem Forstweg folgen. Nach der Autobahnüberführung, hier zweigt links ein Weg ab (Abstieg Geierwand), dem Forstweg geradeaus etwa 1 Km bis zu einer Kletter-Infotafel folgen. Von der Infotafel führt ein Pfad links hoch zum Sektor Koralle. Um zu den anderen Sektoren zu gelangen dem Pfad weiter bergauf folgen.

BESCHREIBUNG

Am Simmering gibt es zahlreiche gut abgesicherte Ein- und Mehrseillängenrouten. Das Gebiet umfasst mehrere Sektoren und bietet interessante Klettermöglichkeiten vor allem für diejenigen, die eher im unteren Schwierigkeitsbereich unterwegs sind. Die Mehrseillängenrouten im Sektor Oktopus stellen eine gute Alternative zur Geierwand dar. Der Abstieg erfolgt ausschließlich durch Abseilen. Das Tragen eines Helmes wird empfohlen. Mit den Jägern wurde vereinbart, dass zwischen dem 31.10. und 31.12. nicht geklettert werden darf (Gamsjagd). Ansonsten kann am Simmering meist auch an warmen Wintertagen geklettert werden.

ERSCHLIESSER

Dieter Blümel, Scalet Hermann

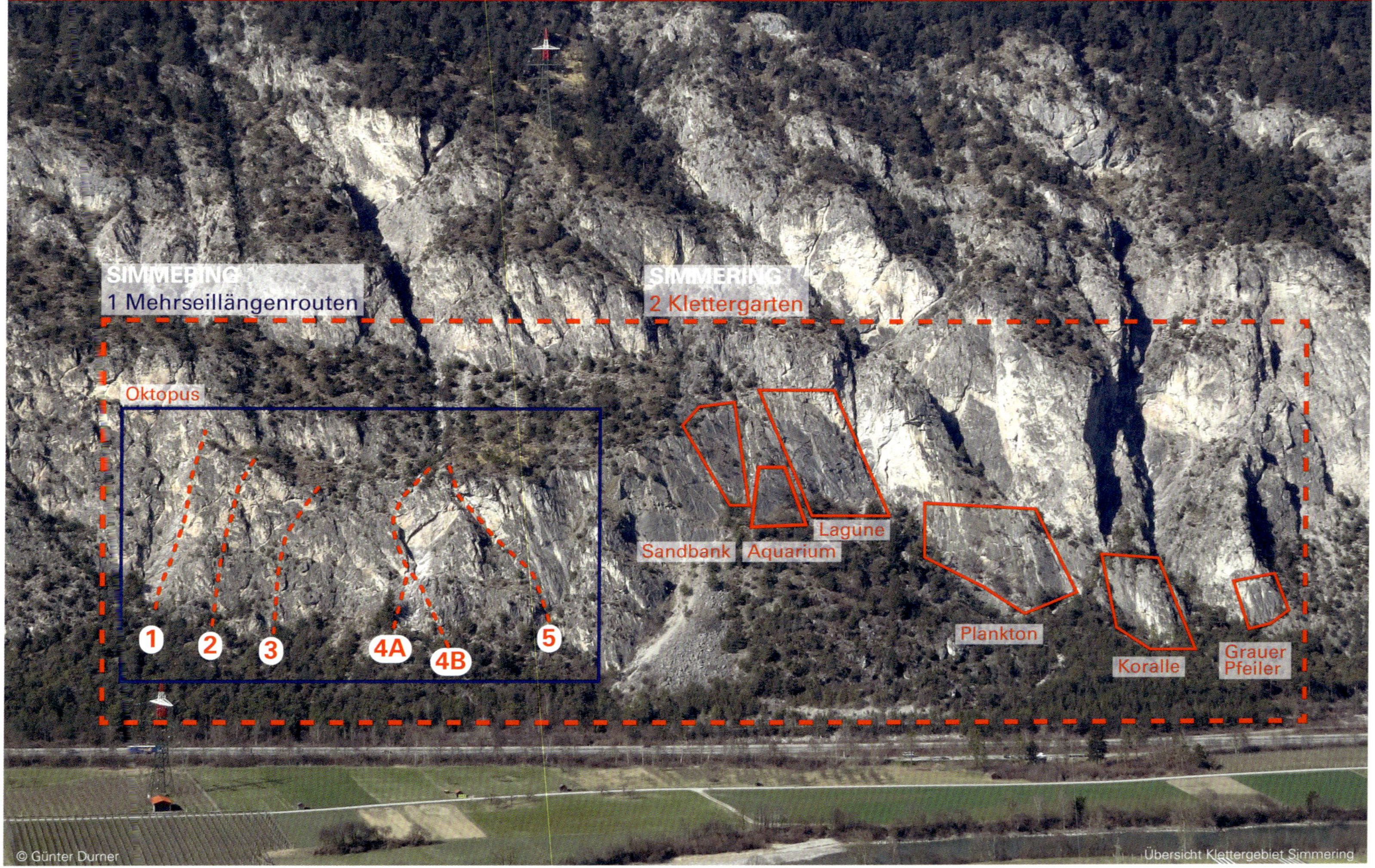
SIMMERING
1 Mehrseillängenrouten
SIMMERING
2 Klettergarten
Oktopus
1
2
3
4A
4B
5
Sandbank
Aquarium
Lagune
Plankton
Koralle
Grauer Pfeiler
© Günter Durner
Übersicht Klettergebiet Simmering

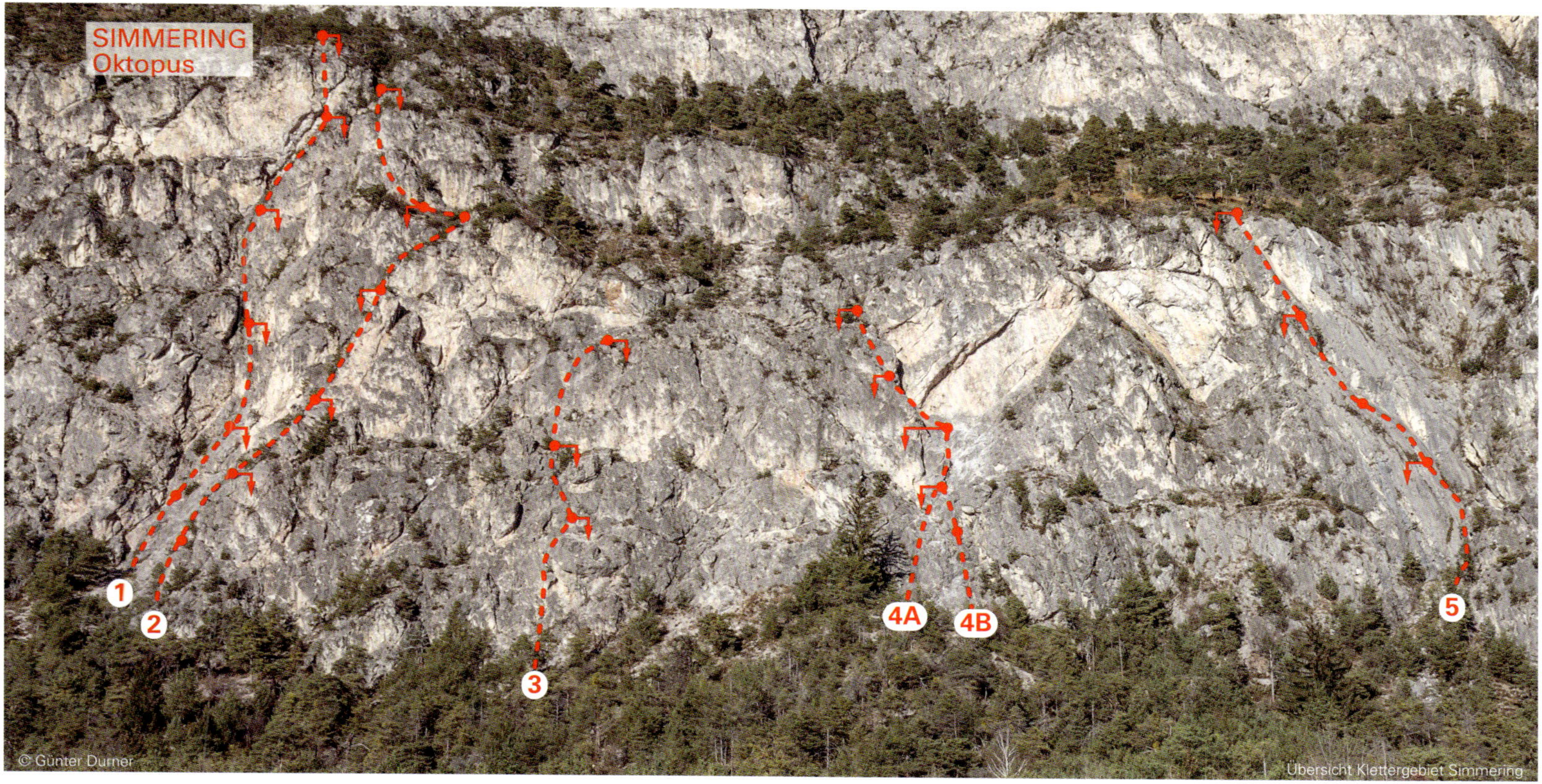

SIMMERING OKTOPUS (MEHRSEILLÄNGENROUTEN)

	Route	SL	Grad	Seillängen	Längen	Gesamt
1	Via Mattia	8 SL.	6a	(4b, 5a, 5c, 6a, 5b, 3, 4c, 4)	20 m, 20 m, 15 m, 20 m, 20 m, 15 m, 20 m, 20 m	**150 m**
2	Waldweg	7 SL.	5a	(4b, 3, 4b, 5a, 2, 1-2, 4c)	20 m, 20 m, 20 m, 15 m, 20 m, 20 m, 35 m	**150 m**
3	Gecko	3 SL.	6a	(4a 4c, 6a)	25 m, 30 m, 30 m	**85 m**
4	Die Nase	4 SL.	5c	(4a, 4a, 5c, 5a,)	30 m, 15 m, 25 m, 25 m	**95 m**
5	Kundalini Express	4 SL.	6c	(6c, 4b, 4a, 5c)	30 m, 20 m, 25 m, 30 m	**105 m**

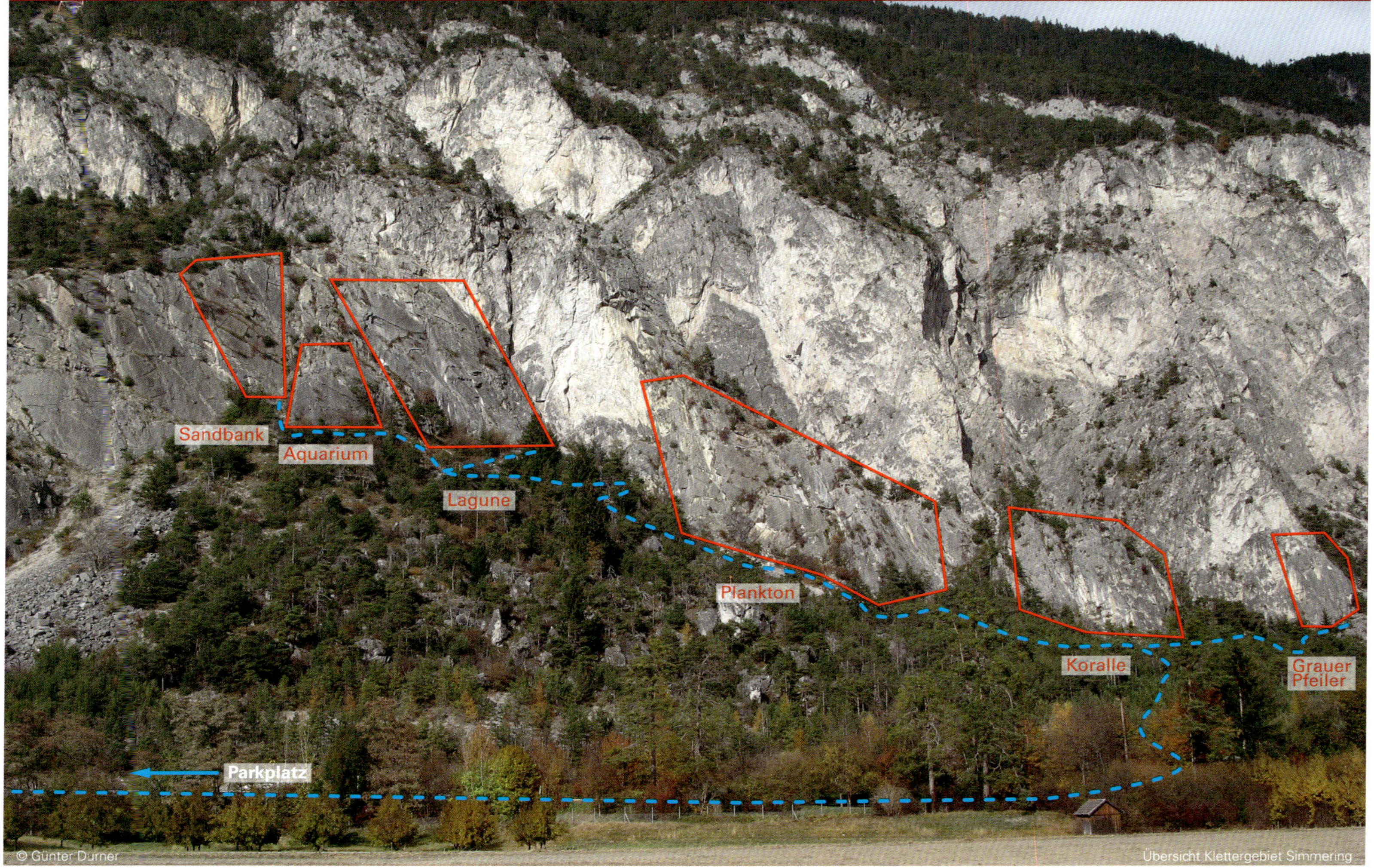

Übersicht Klettergebiet Simmering

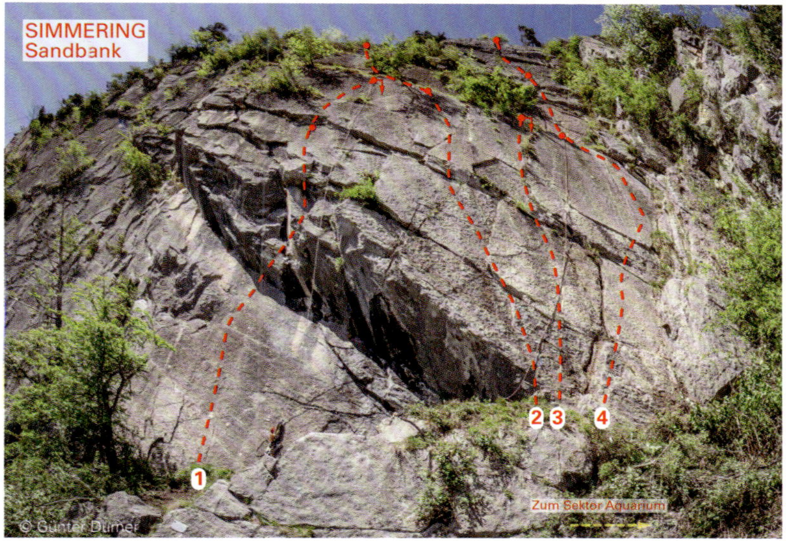

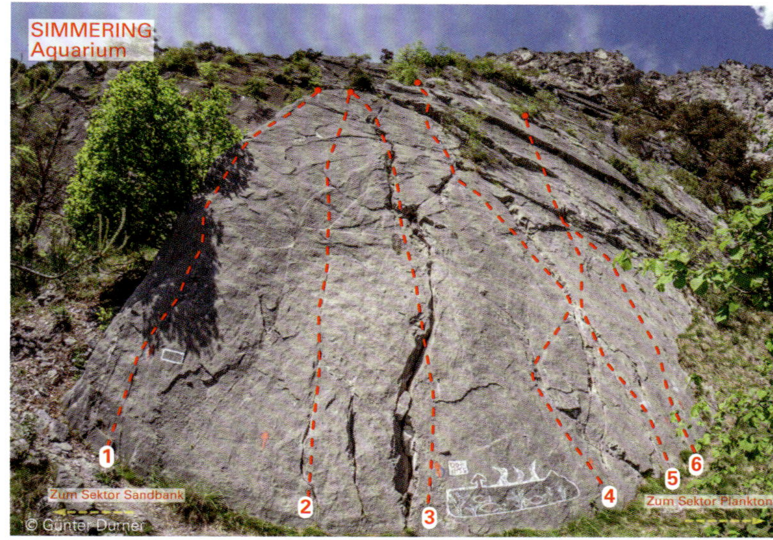

SANDBANK

1	Dachl	6c	20 m
2	Buschpfad (3 SL.)	5b (4a, 4b, 5b)	90 m
3	Hummel	4a	20 m
4	Direkte (3 SL.)	6a (6a, 4a, 5c)	90 m

AQUARIUM

1	Kante	5b	25 m
2	Il Diamante	6a+	25 m
3	Do-Riss	4c	25 m
4	Aquarium	6b	30 m
5	U2	6b	30 m
6	U2 Variante	6b	30 m

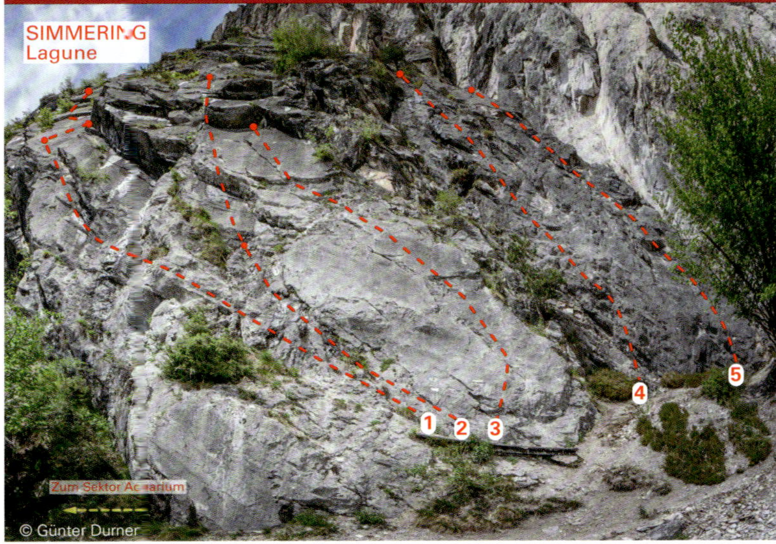

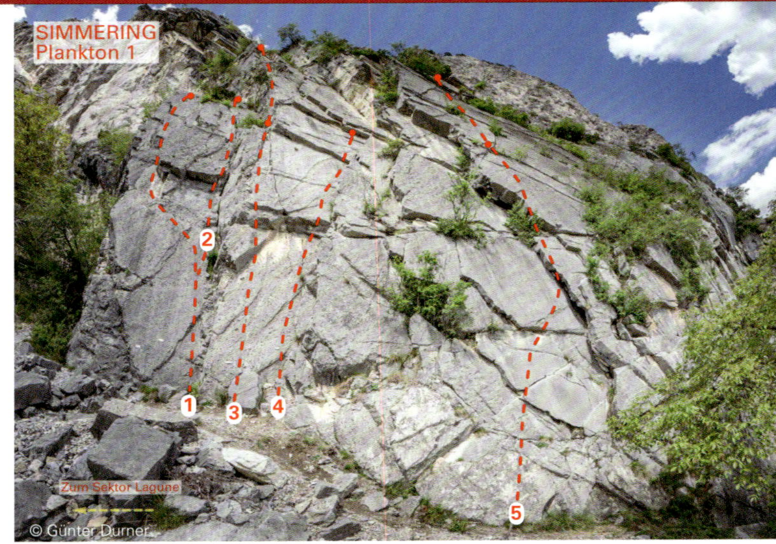

LAGUNE

1 Plattendiagonale (3 SL.) .... 6a (5b, 5b, 6a) .... 80 m
2 Truthahnjagd (2 SL.) .... 6a (5b, 6a) .... 50 m
3 Desolation row .... 4c .... 20 m
4 Rafting Hans .... 5c .... 25 m
5 Tarantula .... 5b .... 30 m

PLANKTON

1 Erdnussbutter .... 5c .... 22 m
2 Namlos 1 .... 6a .... 25 m
3 Romance in Durango (3 SL.) .... 6a (6a, 5c, 5c) ..... 65 m
4 Pizza oder Pasta .... 5a .... 20 m
5 Joker Man (2 SL.) .... 6b (6b, 6a+) .... 50 m

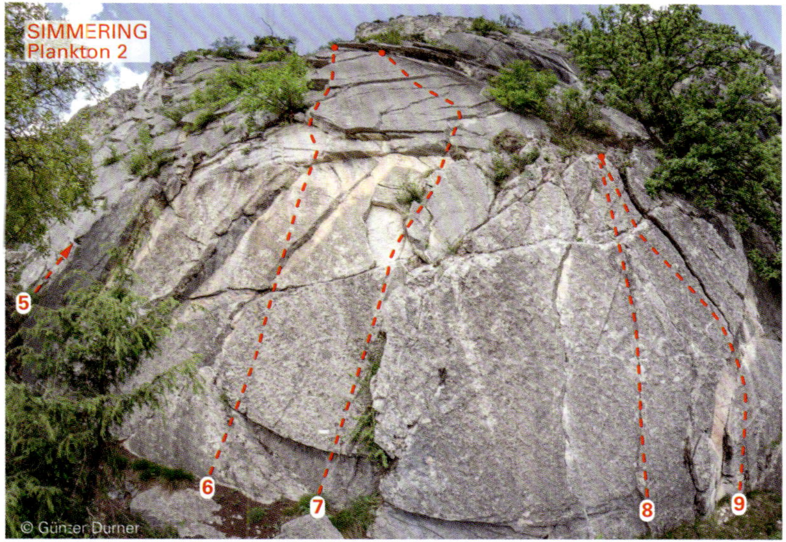

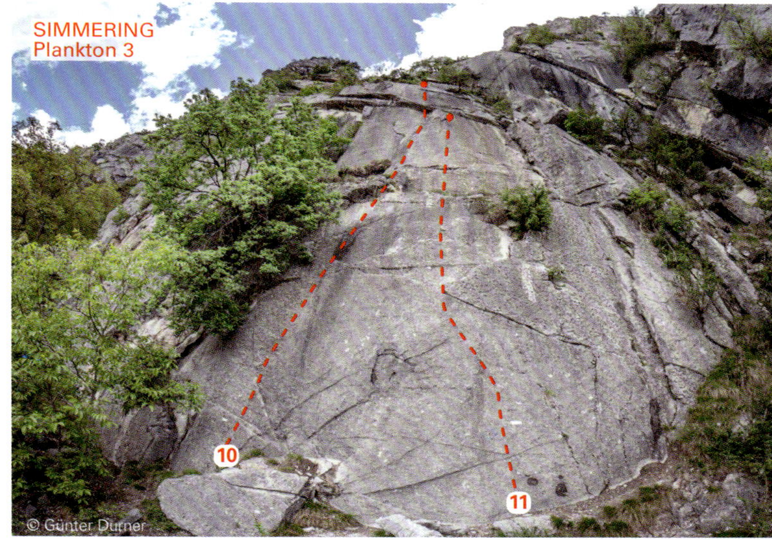

PLANKTON

6	Morgensonne	6a	25 m
7	Planxty	7a	20 m
8	Tom	3	9 m
9	Jerry	5c+	8 m
10	Twist of fate	5c+	25 m
11	Bobbys Lullaby	4b	20 m

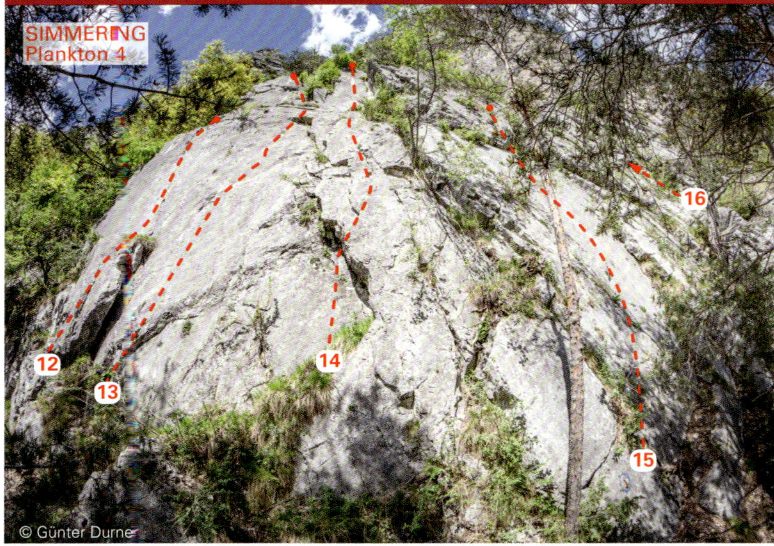

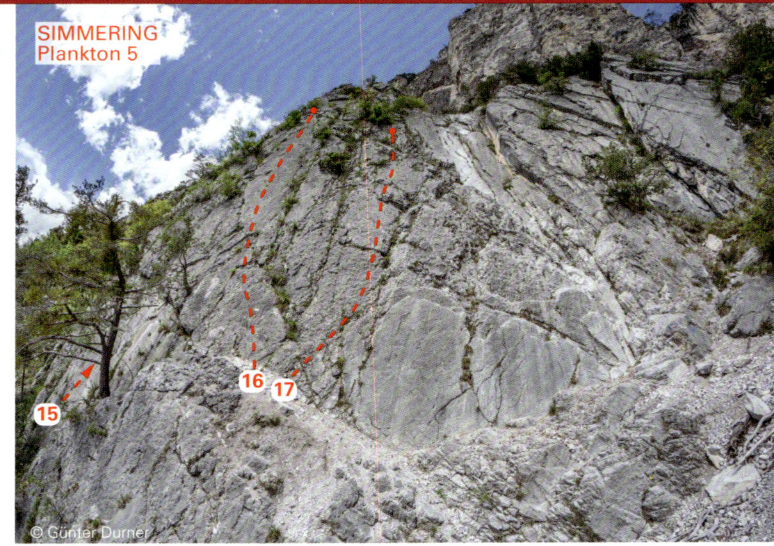

PLANKTON

	Route	Grad	Länge
12	Je	5a	25 m
13	La Breve	5a	25 m
14	Variante La Breve	5a	25 m
15	Platte	5b	10 m
16	Pinguinweg	4c	25 m
17	Squirrel	4b	25 m

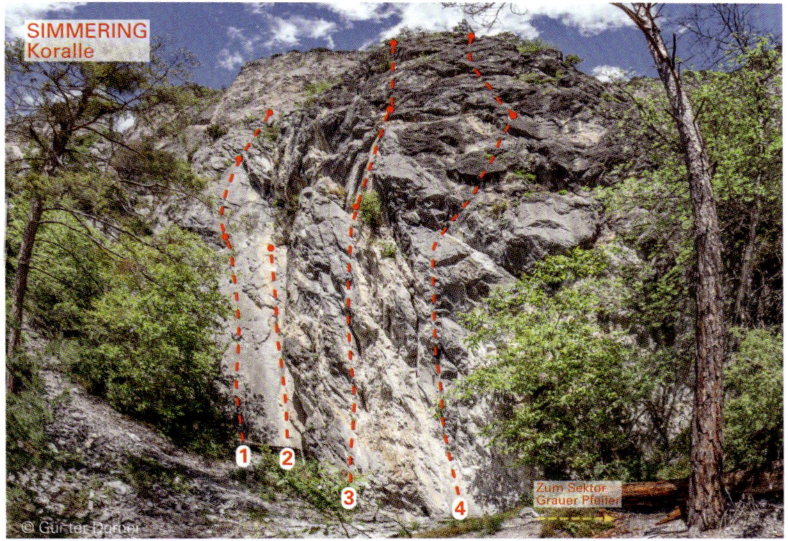

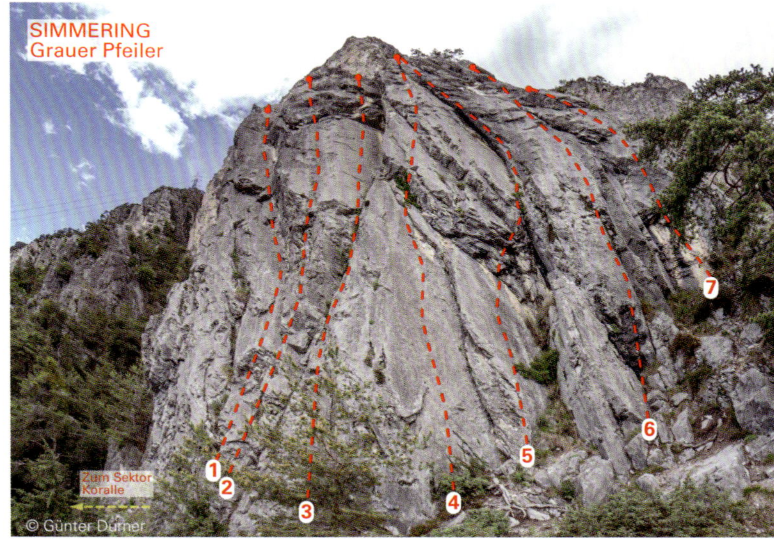

KORALLE

1	Beschwipster Pinguin (3 SL.)	5b (4a, 5a, 5b)	60 m
2	Saitenweg	5a	15 m
3	Vagabondo (3 SL.)	6c (6b, 6c, 5b)	55 m
4	Luna Nascente (2 SL.)	6c (6c, 6a)	50 m

GRAUER PFEILER

1	Schräger Vogel	5a	20 m
2	Hahle Maus	6a+	20 m
3	Verschneidung	5c	20 m
4	Piaz Extrem	6b	20 m
5	Gegenspieler	6b+	20 m
6	Nepomuk	5a	20 m
7	Orient	6b	16 m

AMBERG

30

P GPS: 32 T 640834 5232052 Höhe: 750 m
GPS: 32 T 641167 5232030 Höhe: 893 m

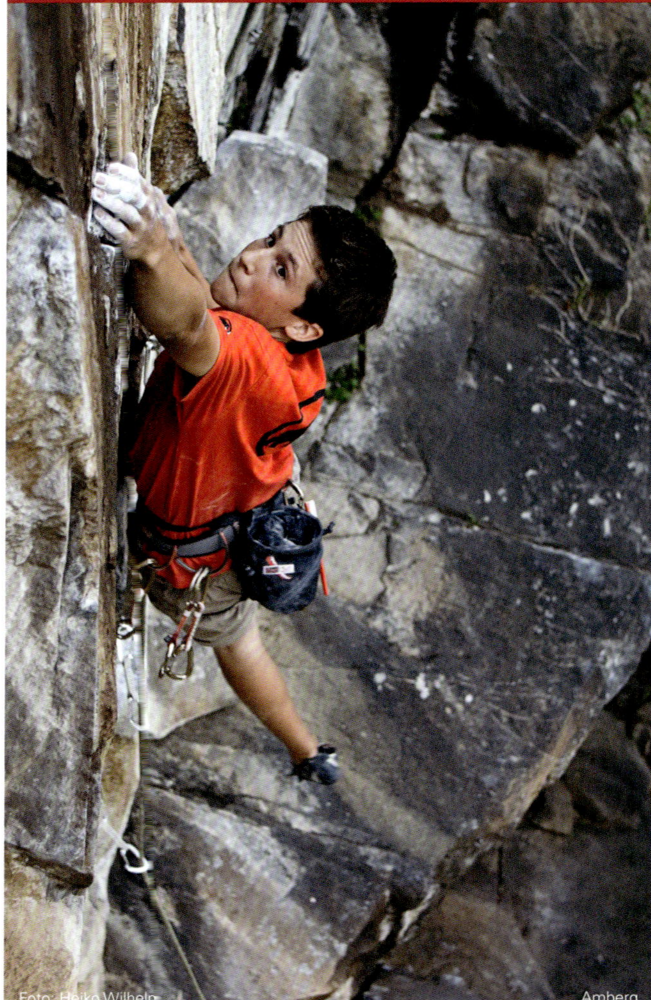

Routenaufteilung	Schwierigkeitsgrad (Franz.)	3	4	5	6	7	8	9
	Anzahl der Routen	-	-	1	11	5	-	-

Routenart 17 Einseillängen (ES), Mehrseillängen (MS), Boulder

Routenlänge 6-18 m

Zustieg 25 Min. ⇧ bergauf, ⇨ eben, ⇩ bergab (143 Hm)

Absicherung ★★★★★

Umlenkung Ring, Kette, Sauschwanz

Ausrichtung Nord, Ost, Süd, West

Winterklettergebiet ja, nein

Familienfreundlich ja, nein

Felsqualität Rauer plattiger Granit / sehr gut

Wandneigung Steile bis bis überhängende Kletterei

Wandfuß Abschüssiger Wandfuß mit Blöcke, schlecht zu stehen

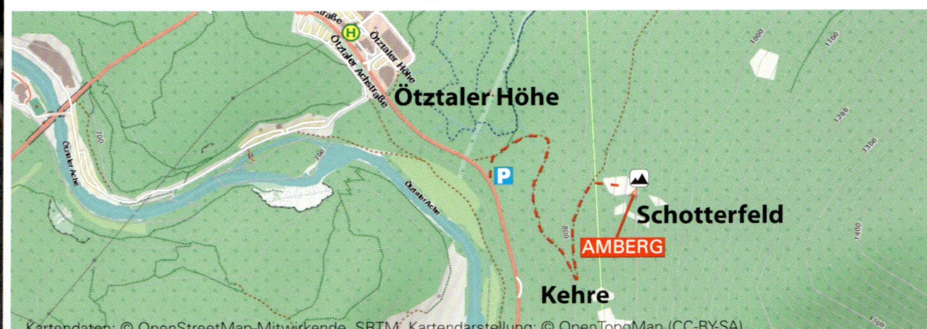

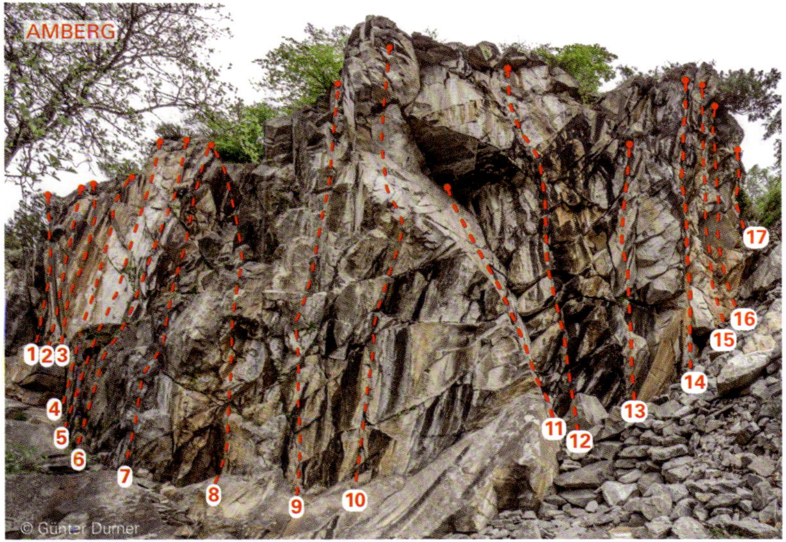

ZUFAHRT/ZUSTIEG

Vom Kreisverkehr beim Beginn des Ötztals auf der Ötztaler Bundesstraße B186 etwa 800 m Richtung Oetz fahren. Auf der linken Straßenseite zweigt ein Forstweg ab. Da die Einfahrt in einer schlecht einsehbaren Kurve liegt, fährt man diese besser von der anderen Seite an und verlässt sie auch wieder auf dieser Seite. Eine Wendemöglichkeit gibt es in Ambach beim Ötztal Tourismus Infopoint. Dazu von der Einfahrt in den Forstweg 1,5 Km bis zum Infopoint weiterfahren und dort wenden.
Am Beginn des Forstwegs (Schranke) parken. Von dort dem Forstweg bergauf folgen. Nach einer Kehre noch weitere 300 m dem Forstweg folgen bis man rechts oben ein Schotterfeld erkennen kann. Hier durch den Wald (Steigspuren und teilweise rote Markierungen) zur Wand aufsteigen.

BESCHREIBUNG

Die Granitwand bietet steile, athletische, kurze und anspruchsvolle Routen. Der Wandfuß liegt in einem großen Geröllfeld.

ERSCHLIESSER

Matthias Burtscher

AMBERG

Nr.	Route	Grad	Länge
1	Knusperzapfen	5b	10 m
2	Herkules	6b+	10 m
3	Bauchfurz	7a	10 m
4	Luftschloss	6c+	16 m
5	Zacher Hund	6c+	16 m
6	Blindflug	6a	16 m
7	Blickfang	6b	16 m
8	Quertreiber	6c+	18 m
9	Sternstunde	6b	14 m
10	Bizeps-ahoi	7a+	12 m
11	Hale Sau	6a	7 m
12	Lockenkopf	7a+	12 m
13	Stinknase	6c	6 m
14	Halleluja	7c	7 m
15	Nemo	6b	7 m
16	Nockabatz	7a+	7 m
17	Blauer Finger	6c	6 m

BRUNAU

P GPS: 32 T 641208 5231204 Höhe: 750 m
GPS: 32 T 641151 5231334 Höhe: 800 m

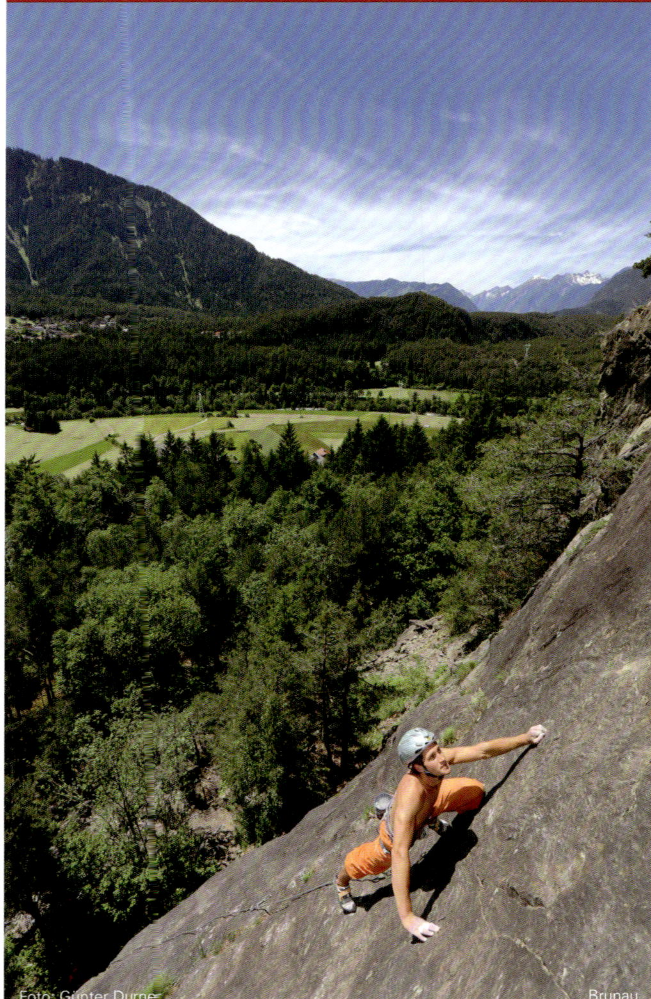

Routenaufteilung	Schwierigkeitsgrad (Franz.)	3	4	5	6	7	8	9
	Anzahl der Routen	-	2	3	3	-	-	-

Routenart 7 Einseillängen (ES), 2 Mehrseillängen (MS), Boulder

Routenlänge 10-35 m

Zustieg 10 Min. ⇧ bergauf, ⇨ eben, ⇩ bergab (50 Hm)

Absicherung ★★★★★

Umlenkung Ring, Kette, Sauschwanz

Ausrichtung Nord, Ost, Süd, West

Winterklettergebiet ja, nein

Familienfreundlich ja, nein

Felsqualität Rauer plattiger Granit / sehr gut

Wandneigung Flache bis senkrechte Plattenkletterei

Wandfuß Abschüssiger Wandfuß mit Blöcke

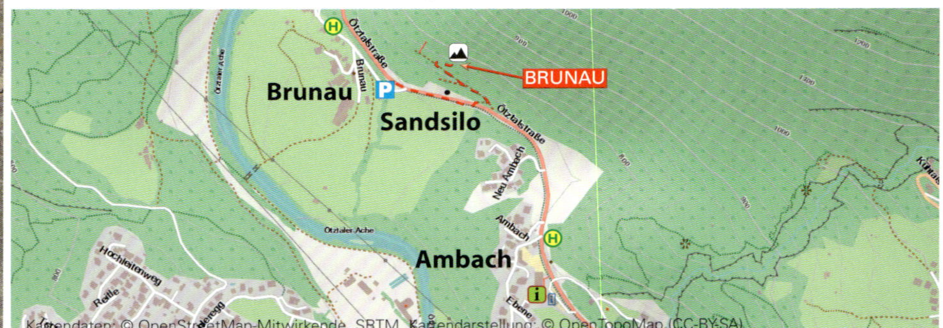

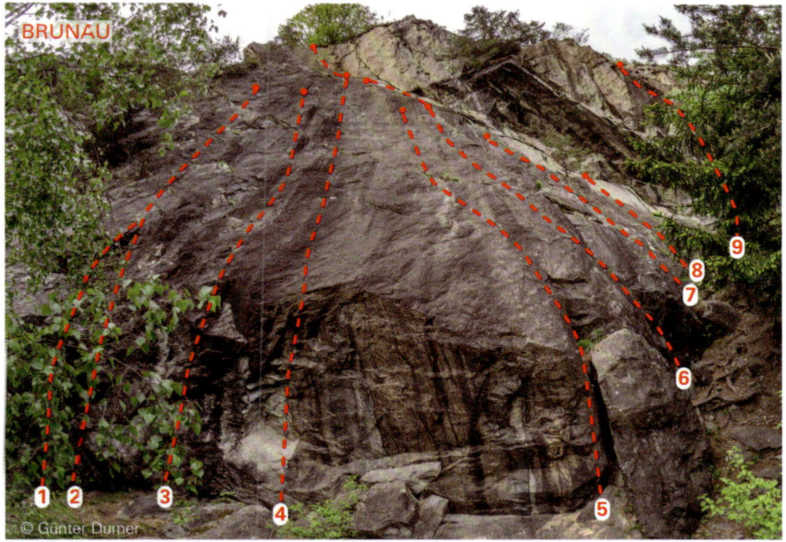

ZUFAHRT/ZUSTIEG

Vom Kreisverkehr beim Beginn des Ötztals auf der Ötztaler Bundesstraße B186 etwa 1,8 Km Richtung Oetz fahren. Auf der linken Straßenseite befindet sich ein Sandsilo, 100 m nach diesem zweigt ein Forstweg ab. Am Beginn des Forstwegs gibt es nur einen Platz für ein Fahrzeug. Parken kann man kurz vor dem Silo auf der rechten Straßenseite in der Ausbuchtung, vor der Einfahrt nach Brunau. Dann auf dem Rad- und Fußweg neben der B186 bis auf Höhe des Forstweges gehen. Die B186 überqueren und dem Forstweg ca. 200 m bis zum Ende bei einer Wiese folgen. Hier rechts über Felsblöcke zum Wandfuß aufsteigen.

BESCHREIBUNG

Die anfängerfreundlichen Kletterrouten bieten eine optimale Möglichkeit sich an das Klettern im Felsen zu gewöhnen. Der ehemalige Steinbruch ist durch seine Lage vom Frühjahr bis zum Spätherbst zum Klettern geeignet.

ERSCHLIESSER

Matthias Burtscher

BRUNAU

1	Mabu	4b	20 m
2	Hundling	6a	20 m
3	Easy	6b	20 m
4	Wirbelwind (2 SL.)	5c (5c, 5c)	35 m
5	Berggeist	5a	20 m
6	Schleichender Furz (2 SL.)	5b (5b, 5b)	25 m
7	Raindrops	6a	15 m
8	Rose	4b	10 m
9	Projekt	-	20 m

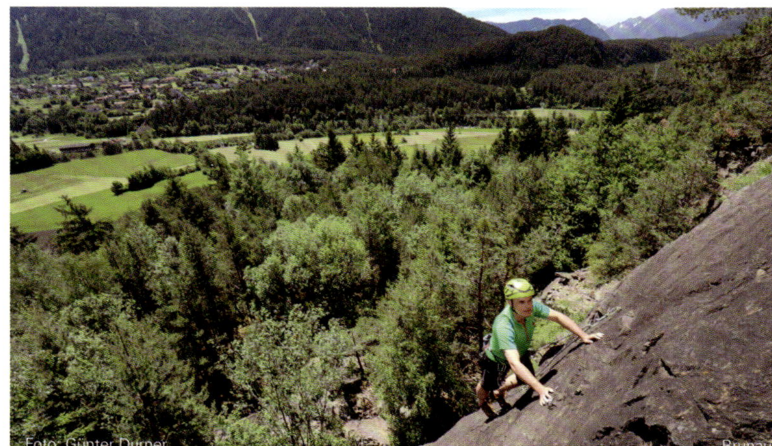

SAUTENS RAMMELSTEIN

P GPS: 32 T 642377 5228735 Höhe: 765 m
GPS: 32 T 640158 5230998 Höhe: 775 m

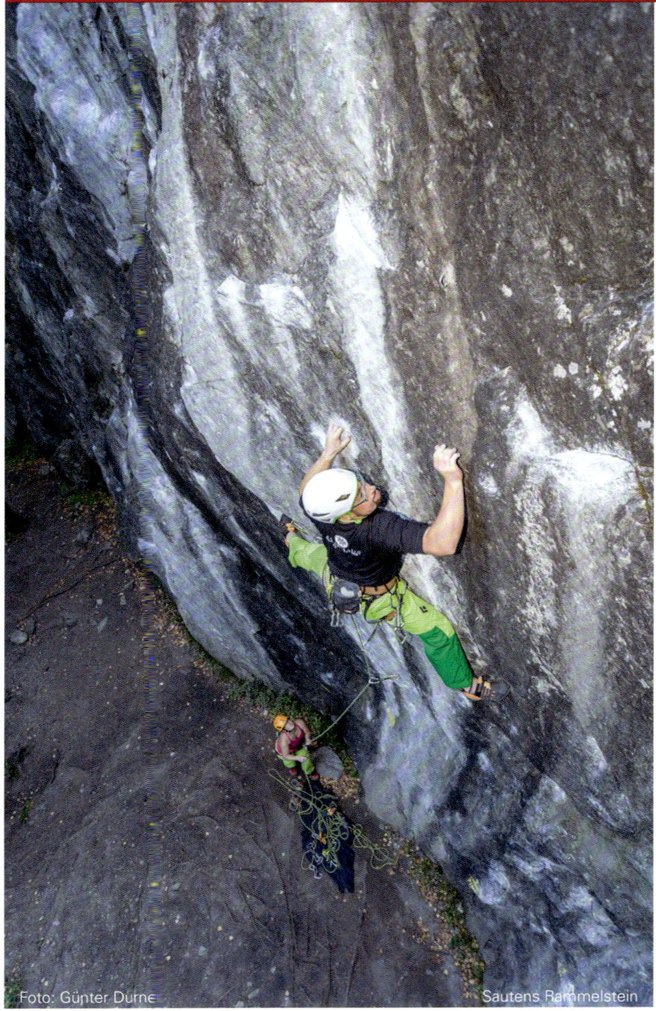

Foto: Günter Durne

Routenaufteilung

Schwierigkeitsgrad (Franz.)	3	4	5	6	7	8	9
Anzahl der Routen	-	2	8	11	5	-	-

Routenart 26 Einseillängen (ES), Mehrseillängen (MS), Boulder

Routenlänge 10-15 m

Zustieg 5 Min. ⇧ bergauf, ⇨ eben, ⇩ bergab (10 Hm)

Absicherung ★★★★★

Umlenkung Ring, Kette, Sauschwanz

Ausrichtung Nord, Ost, Süd, West

Winterklettergebiet ja, nein

Familienfreundlich ja, nein

Felsqualität Rauer plattiger Granit / sehr gut

Wandneigung Senkrechte bis leicht überhängende Kletterei

Wandfuß Flacher Wandfuß, Wald/Wiesengelände, kindertauglich

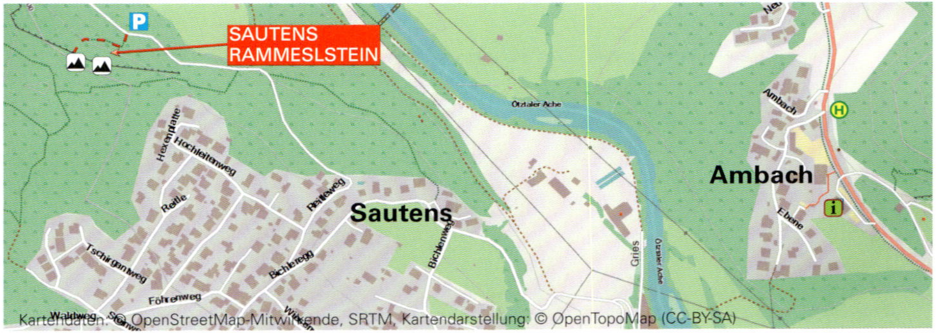

Kartendaten: © OpenStreetMap-Mitwirkende, SRTM, Kartendarstellung: © OpenTopoMap (CC-BY-SA)

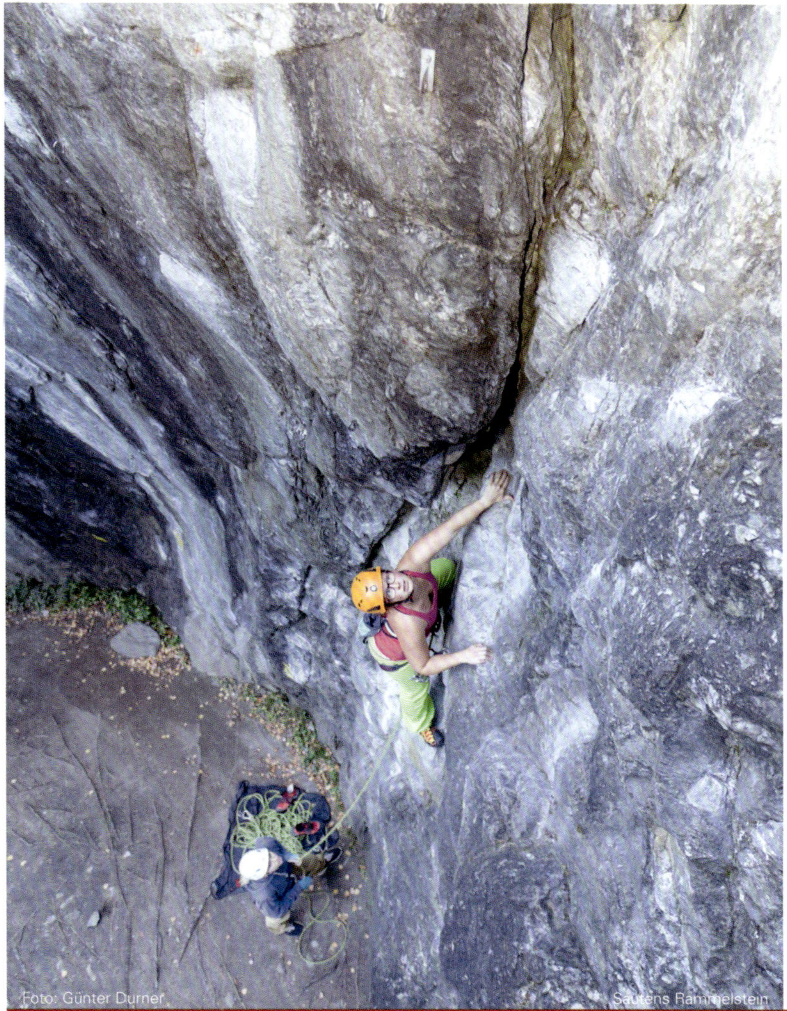

Foto: Günter Durner

Sautens Rammelstein

ZUFAHRT/ZUSTIEG

Vom Kreisverkehr beim Beginn des Ötztals auf der Ötztaler Bundesstraße B186 etwa 3 Km bis nach Ambach fahren. 500 m nach dem Ötztal Tourismus Infopoint rechts über die Brücke Richtung Sautens abbiegen. Von dort der Beschilderung „Klettergarten" folgen. Gegenüber vom Klettergarten gibt es auf der rechten Straßenseite einige Parkplätze.

BESCHREIBUNG

Der Klettergarten liegt mitten im Wald und bietet somit ein angenehmes Klettern im Hochsommer. Nach mehreren Regentagen dauert es 2 Tage bis der Fels trocken ist. Für Kinder eignet sich der Wald perfekt zum Spielen.

ERSCHLIESSER

Eberhard Hackl, Bruno Rettenbacher, David Heiß, Matthias Burtscher

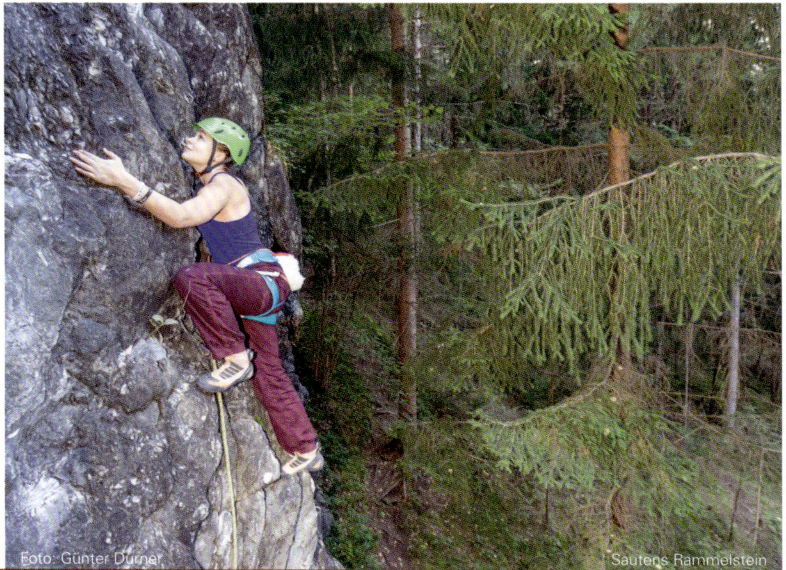

Foto: Günter Durner

Sautens Rammelstein

SAUTENS RAMMELSTEIN

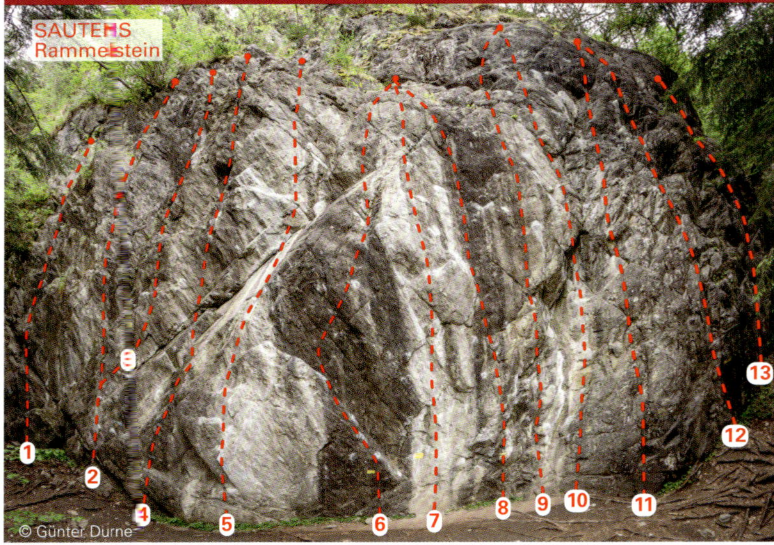

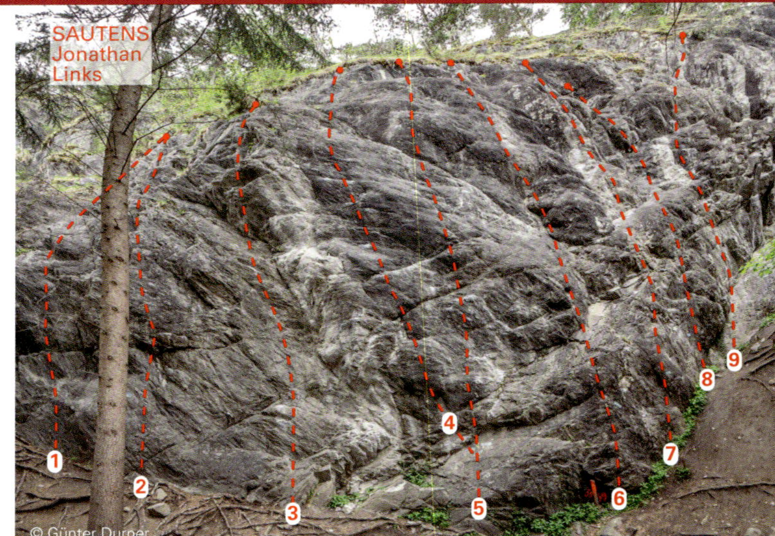

SAUTENS RAMMELSTEIN

		Grad	Länge
1	Welle	4b	10 m
2	Ikarus	5a	10 m
3	1,2,7	5b	12 m
4	Pustefix	5c	15 m
5	Herzraser	6a	15 m
6	Ebis Tour	7b+	15 m
7	007	7a	15 m
8	Think Pink	7a	15 m
9	A Hit	6c	15 m
10	Stille Zeit	6a	15 m
11	Bandltanz	5c+	15 m
12	Amsel	5c+	15 m
13	Ostern	5c	13 m

SAUTENS JONATHAN

		Grad	Länge
1	Elfenweg	4c	10 m
2	Zwei Mäuse	5a	10 m
3	Tiroler Bua	5b	15 m
4	Rebellin	6b	15 m
5	Jonathan	6a+	15 m
6	Reibeisen	6a+	15 m
7	Reise ins Glück	6a	15 m
8	Wadelbeißer	6a	15 m
9	Luftballon	6a+	15 m
10	Vogelnest	6c+	15 m
11	Kleiner Held	6a+	15 m
12	Goldstück	7a	15 m
13	Feuerring	7a	15 m

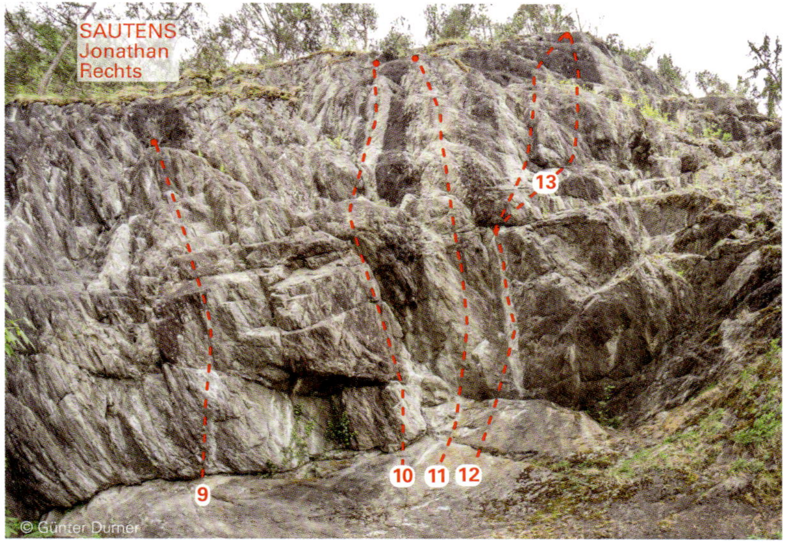

SAUTENS JONATHAN

9	Luftballon	6a+	15 m
10	Vogelnest	6c+	15 m
11	Kleiner Held	6a+	15 m
12	Goldstück	7a	15 m
13	Feuerring	7a	15 m

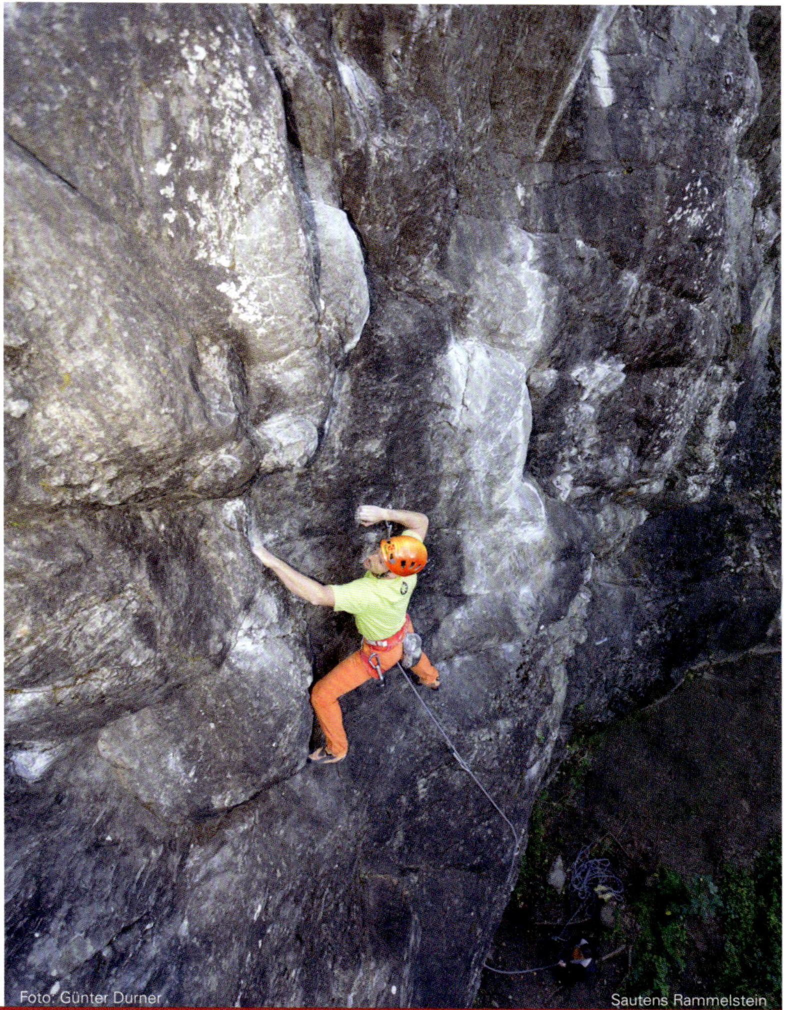

Sautens Rammelstein

SAUTENS RITZLERHOF

P GPS: 32 T 642377 5228735 Höhe: 850 m
GPS: 32 T 641782 5229226 Höhe: 870 m

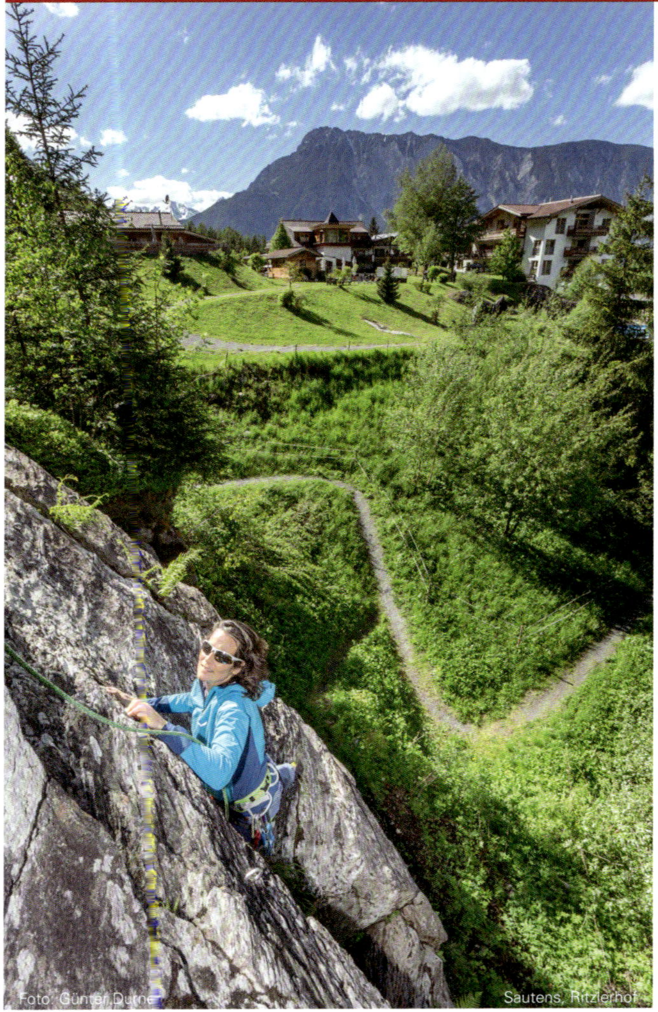

Foto: Günter Durner

Sautens, Ritzlerhof

Routenaufteilung	
Routenart	4 Einseillängen (ES), Mehrseillängen (MS), Boulder
Routenlänge	8-15 m
Zustieg	10 Min. ⇧ bergauf, ⇨ eben (20 Hm)
Absicherung	★★★★★
Umlenkung	Ring, Kette, Sauschwanz
Ausrichtung	Nord, Ost, Süd, West
Winterklettergebiet	ja, nein
Familienfreundlich	ja, nein
Felsqualität	Rauer plattiger Granit / sehr gut
Wandneigung	Leicht geneigte bis senkrechte Plattenkletterei
Wandfuß	Flacher bis mäßig steiler Wandfuß, kindertauglich

Schwierigkeitsgrad (Franz.)	3	4	5	6	7	8	9
Anzahl der Routen	-	3	1	-	-	-	-

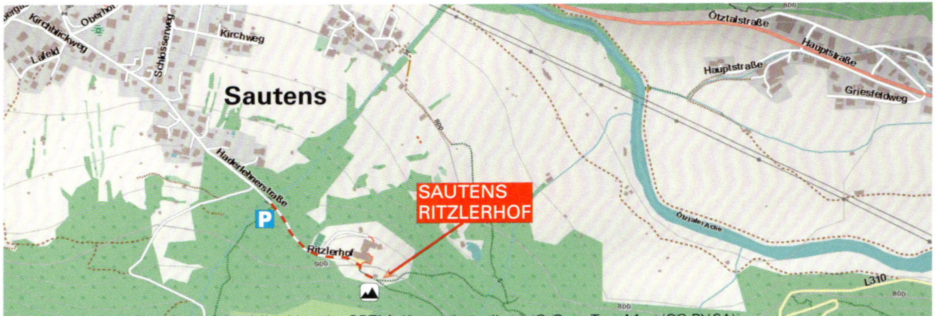

Kartendaten: © OpenStreetMap-Mitwirkende, SRTM, Kartendarstellung: © OpenTopoMap (CC-BY-SA)

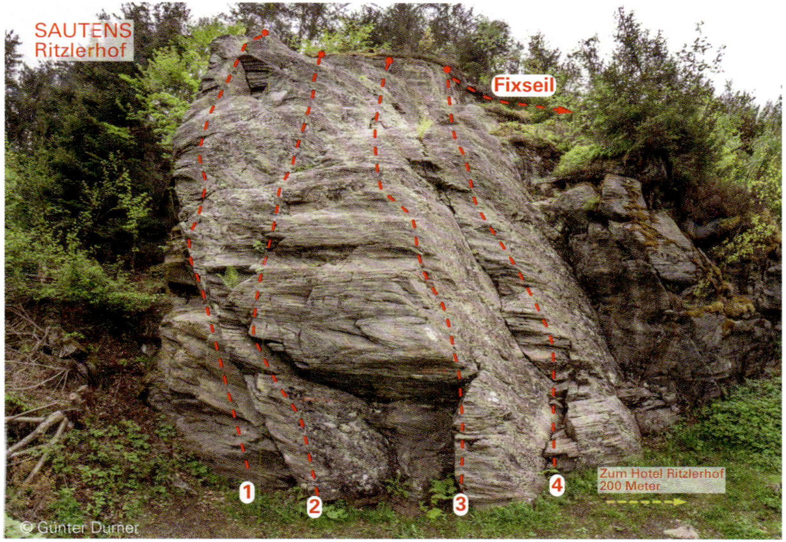

SAUTENS RITZLERHOF

	Route	Grad	Länge
1	Schlemmer Riss	4c	12 m
2	Ritzlertraum	4c	15 m
3	R.A.M.B.	4a	15 m
4	Fuchsloch	5b	10 m

ZUFAHRT/ZUSTIEG

Vom Kreisverkehr beim Beginn des Ötztals auf der Ötztaler Bundesstraße B186 etwa 3 Km bis nach Ambach fahren. 500 m nach dem Ötztal Tourismus Infopoint rechts über die Brücke nach Sautens abbiegen. Der Dorfstraße bis zum Dorfplatz und dann den Hinweisschildern zum Hotel Ritzlerhof folgen. Gleich nach dem „Begrüßungsbogen" bzw. der Brücke kann rechts geparkt werden. Keinesfalls direkt beim Hotel parken, da die Parkplätze nur für Hotelgäste sind. Vom Hotel dem Hinweisschild zum Klettergarten folgen.

BESCHREIBUNG

Der Klettergarten befindet sich nur 500 m vom Hotel Ritzlerhof entfernt und bietet 4-5 leichte Routen im Schwierigkeitsgrad 4-5 und ist damit ideal für Anfänger geeignet. Die schöne Lage auf dem Hochplateau zwischen Sautens und Oetz sowie der wunderbare Panoramablick auf das vordere Ötztal machen den kleinen Klettergarten zu einem lohnenden Kletterausflug. Die Jause nach dem Klettern gibt es dann im Hotel Ritzlerhof.

ERSCHLIESSER

Bruno Rettenbacher

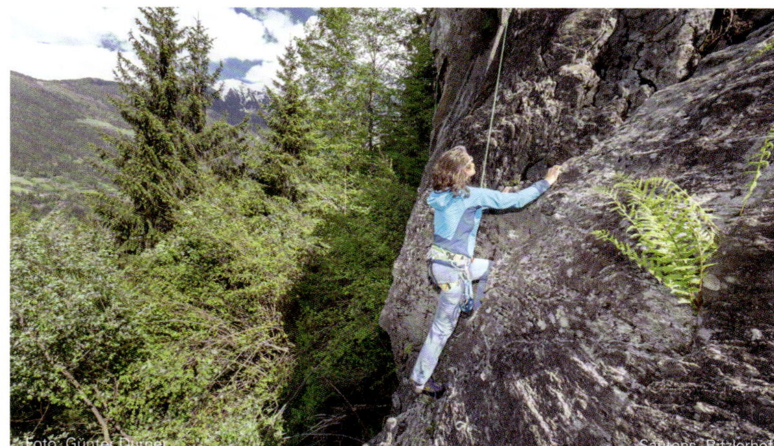

OETZ

P GPS: 32 T 642544 5229879 Höhe: 810 m
GPS: 32 T 642544 5229879 Höhe: 820 m

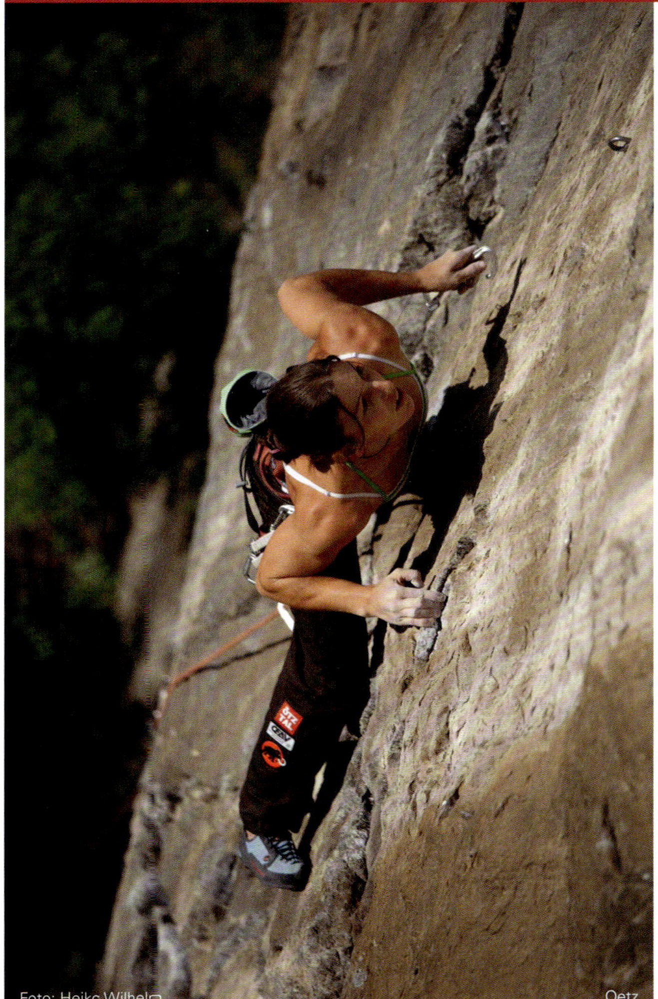

Routenaufteilung	
Routenart	39 Einseillängen (ES), Mehrseillängen (MS), Boulder
Routenlänge	5-35 m
Zustieg	2 Min. ⇧ bergauf, ⇨ eben, ⇩ bergab (10 Hm)
Absicherung	★★★★★
Umlenkung	Ring, Kette, Sauschwanz
Ausrichtung	Nord, Ost, Süd, West
Winterklettergebiet	ja, nein
Familienfreundlich	ja, nein
Felsqualität	Rauer Granit mit Leisten und Dellen / sehr gut
Wandneigung	Flache bis leicht überhängende Kletterei
Wandfuß	Flacher bis mäßig steiler Wandfuß, kindertauglich

Schwierigkeitsgrad (Franz.)	3	4	5	6	7	8	9
Anzahl der Routen	6	4	4	17	8	-	-

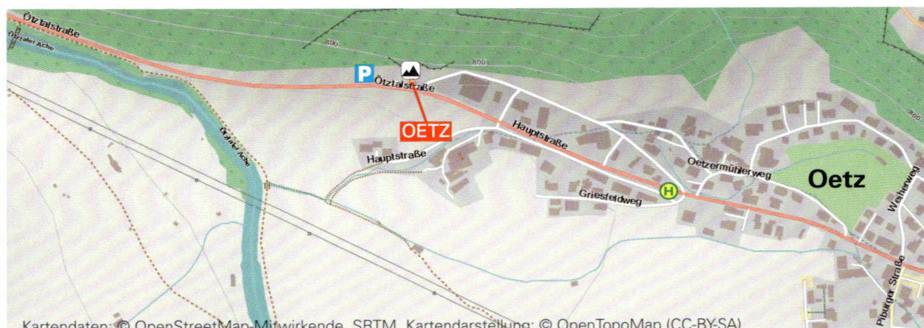

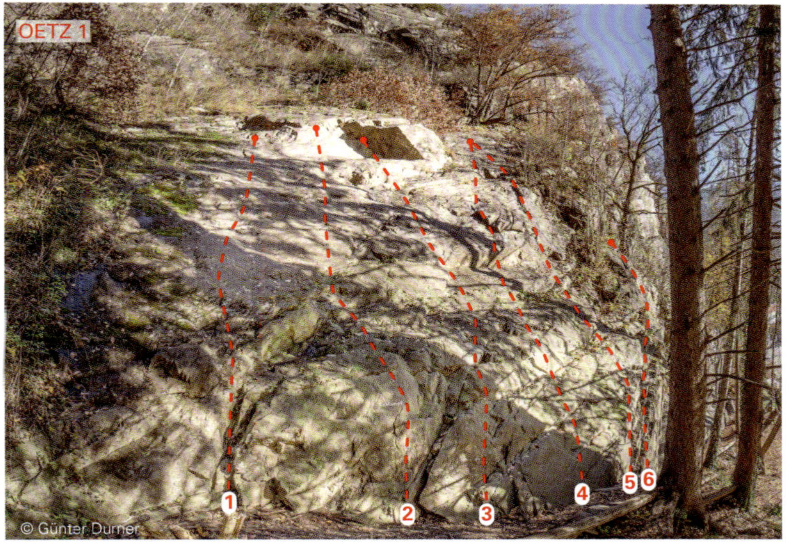

ZUFAHRT/ZUSTIEG

Vom Kreisverkehr beim Beginn des Ötztals auf der Ötztaler Bundesstraße B186 etwa 4 Km bis nach Oetz fahren. Am Ortseingang vor der Firma Thurner Bau links abbiegen und hinter der Leitplanke parken. Der Klettergarten befindet etwas oberhalb vom Parkplatz. Über Holzstufen und eine Treppe werden die Einstiege erreicht.

BESCHREIBUNG

Der Klettergarten liegt direkt am Ortseingang an der Straße und ist damit sehr schnell und einfach zu erreichen. Zudem gibt es eine vielfältige und abwechslungsreiche Auswahl an Routen. Leider wird der Kletterspaß etwas durch den Straßenlärm getrübt. Im linken Wandteil gibt es zahlreiche leichte, sehr gut abgesicherte Plattenklettereien. Im rechten Wandteil sind die Routen steil bis leicht überhängend. Der Klettergarten Oetz bietet eine vielfältige und abwechslungsreiche Auswahl an Routen.

ERSCHLIESSER

Reinhard Schiestl, Christoph Riml, Hermann Scalet, Stefan Schmid, Matthias Burtscher, Hansjörg Brandl

OETZ

Nr.	Route	Grad	Länge
1	Fidibus	3b	20 m
2	Schlumpf	3a	20 m
3	Maus	3c	20 m
4	Bandit	4a	20 m
5	Sonnelen	4c	20 m
6	Küken	3c	15 m

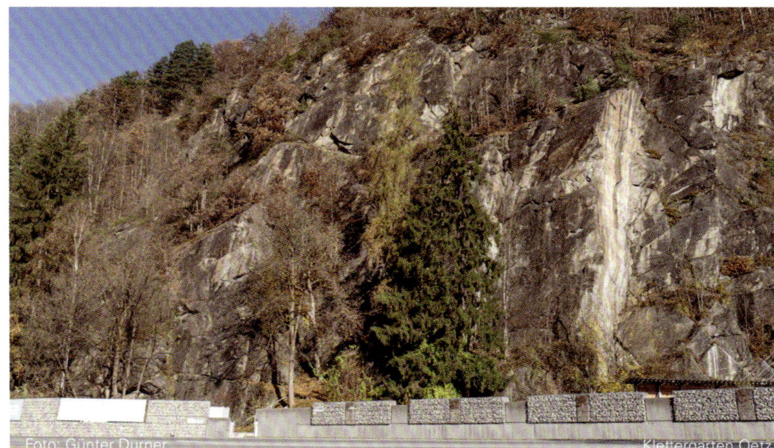

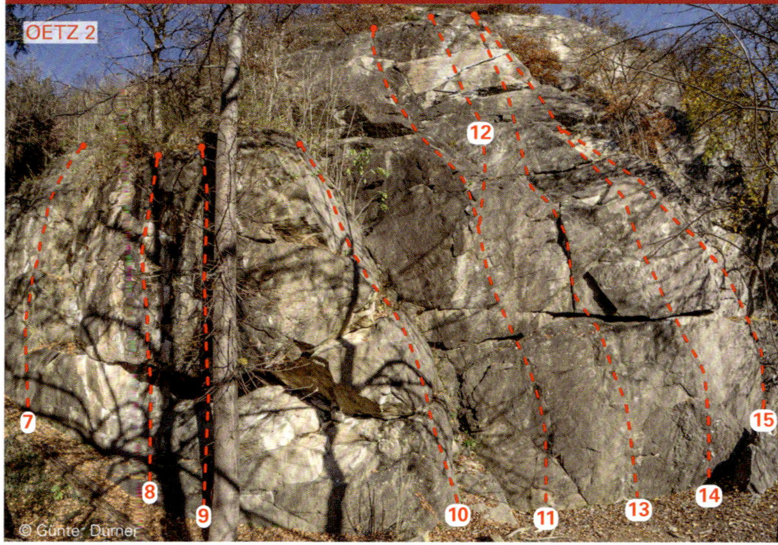

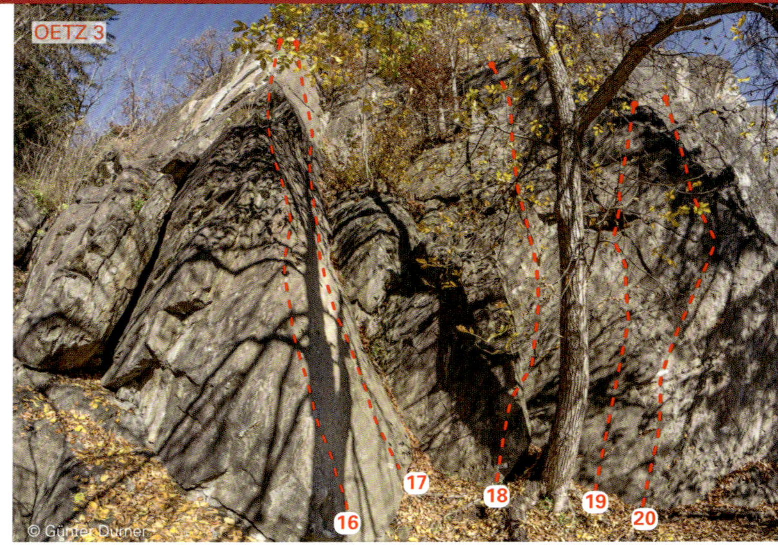

OETZ

	Route	Grade	Length
7	Lauser	5a	15 m
8	Klein aber oho	6a	5 m
9	Flying Power	6a+	5 m
10	Filly	3a	5 m
11	Spätherbst	6a+	30 m
12	Flügel	6a+	30 m
13	Guater Haggen	6b	30 m
14	Amor	6a	30 m
15	Bizeps	6a	30 m
16	Kante	5b	20 m
17	Fleims	5a	20 m
18	Gurgler Georg	4c	20 m
19	David	5c	20 m
20	Heidi	4b	20 m

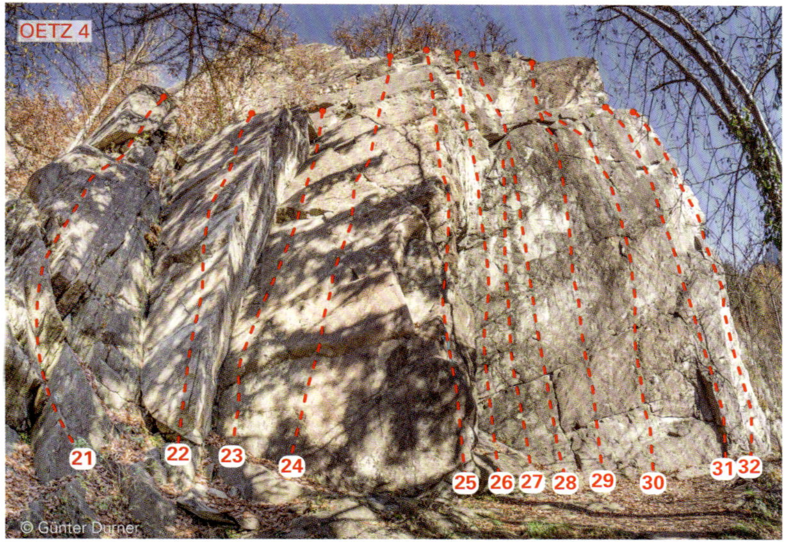

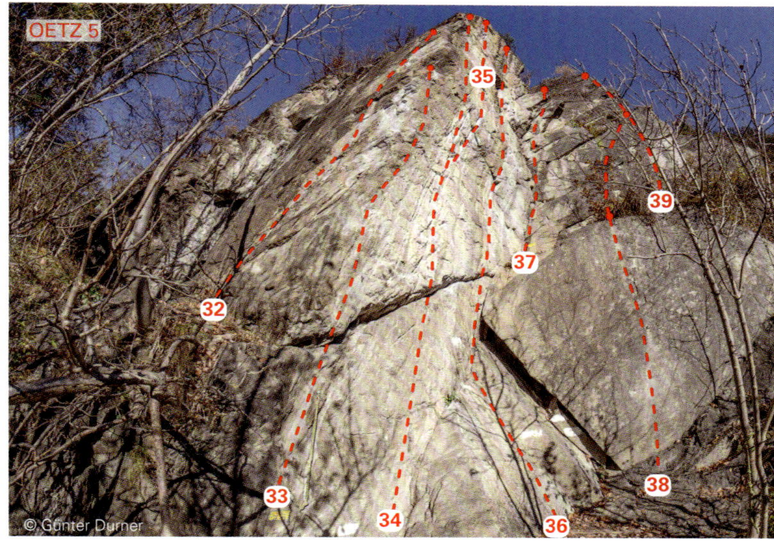

OETZ

21 Dreier ....3c........25 m
22 Gummi Fuzzi ....6a+ ....15 m
23 Dr. Mabuse ....6a........25 m
24 Schmidtchen-Schleicher ....6b ....30 m
25 Popey ....6b ....30 m
26 Rumti Tumpti ....6c........30 m
27 Harakiri ....6a........30 m
28 Touch and go ....6b+ ....20 m
29 Psycho ....7a........30 m
30 Sturzflug ....7a........20 m
31 Feuertanz ....7b ....20 m
32 Hokus Pokus ....7a+ ....20 m
33 Game Over ....6c+........20 m
34 Zwillingsriss ....7b+ ....35 m
35 Variante ....7c........35 m
36 Power Come back ....7a........30 m
37 Karl's Kirchtag ....6a........30 m
38 Freibier ....6c+........7 m
39 Flop ....7a+ ....7 m

PIBURG

P GPS: 32 T 642377 5228735 Höhe: 965 m
GPS: 32 T 642367 5228668 Höhe: 975 m

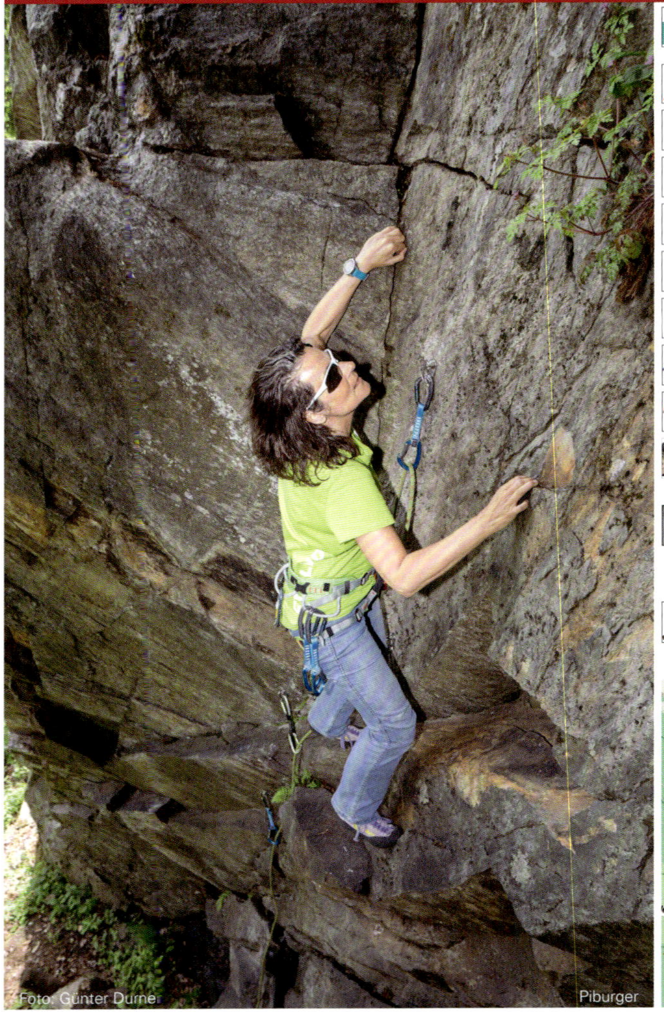

Routenaufteilung	Schwierigkeitsgrad (Franz.)	3	4	5	6	7	8	9
	Anzahl der Routen	-	5	3	1	-	-	-

Routenart 9 Einseillängen (ES), Mehrseillängen (MS), Boulder

Routenlänge 8-15 m

Zustieg 5 Min. ⇧ bergauf, ⇨ eben, ⇩ bergab (10 Hm)

Absicherung ★★★★★

Umlenkung Ring, Kette, Sauschwanz

Ausrichtung Nord, Ost, Süd, West

Winterklettergebiet ja, nein

Familienfreundlich ja, nein

Felsqualität Rauer plattiger Granit / sehr gut

Wandneigung Leicht geneigte bis senkrechte Plattenkletterei

Wandfuß Flacher bis mäßig steiler Wandfuß, kindertauglich

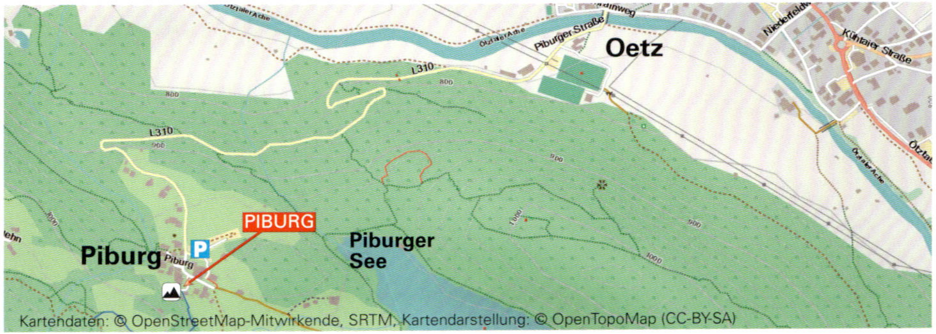

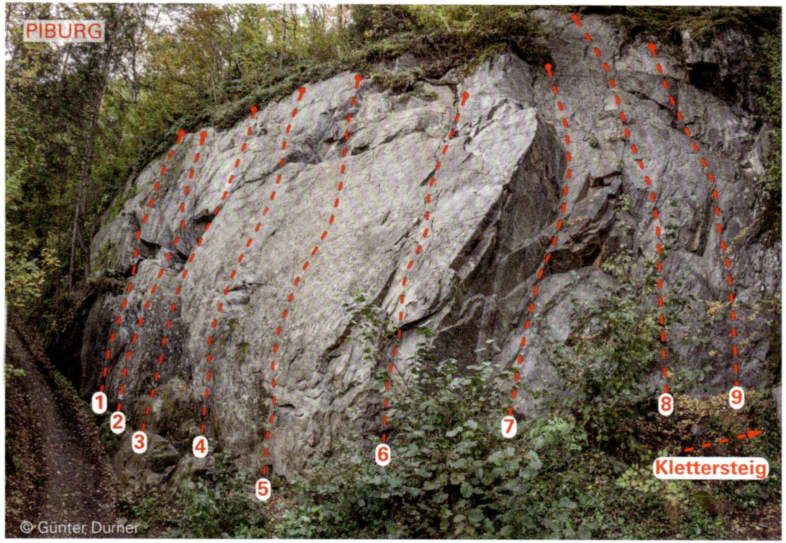

ZUFAHRT/ZUSTIEG

Vom Kreisverkehr beim Beginn des Ötztals auf der Ötztaler Bundesstraße B186 etwa 5 Km bis nach Ötz fahren. In der Ortsmitte rechts in die Piburger Straße abbiegen und dieser Straße ca. 2,5 Km bis nach Piburg folgen. Auf dem gebührenpflichtigen Parkplatz in Piburg parken.

Von dort zur Wegkreuzung bei der Seelodge Piburg gehen, dann rechts über den Parkplatz zum Forstweg und nach 200 m erreicht man den Einstieg.

BESCHREIBUNG

Der kleine Klettergarten mit neun leichten Routen bietet eine gute Auswahl für Anfänger und Genusskletterer. Rechts vom Klettergarten, an einem langgezogenen Felsriegel, führt ein Übungsklettersteig entlang. Die leichten Kletterrouten sowie der Klettersteig machen das Gebiet zu einem lohnendem Ziel für einen Kletterausflug.

ERSCHLIESSER

Alexander Riml

PIBURG

Nr.	Route	Grad	Länge
1	Widis Route	4c	10 m
2	Wolf	4a	10 m
3	Dohle	4a	10 m
4	Gams	5b	10 m
5	Wilde Maus	6a	10 m
6	Bär	4a	8 m
7	Dachs	4c	15 m
8	Fuchs	5b	15 m
9	Hase	5a	15 m

Infos zum Klettersteig siehe Klettersteig Piburg

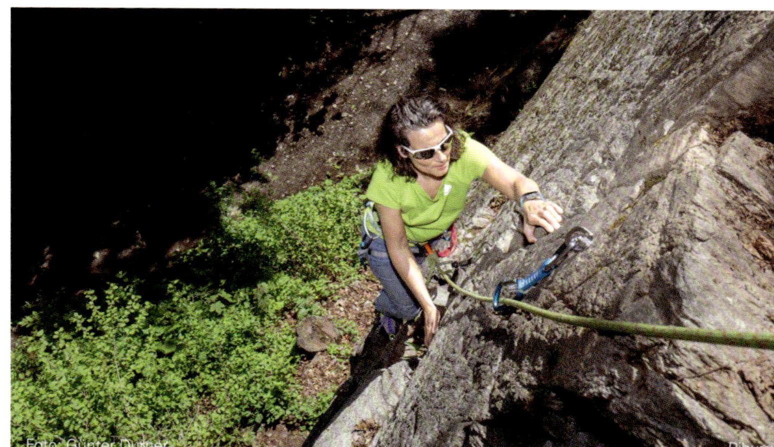

TUMPEN ARMELEN

P GPS: 32 T 644341 5227408 Höhe: 890 m
GPS: 32 T 644071 5226955 Höhe: 1030 m

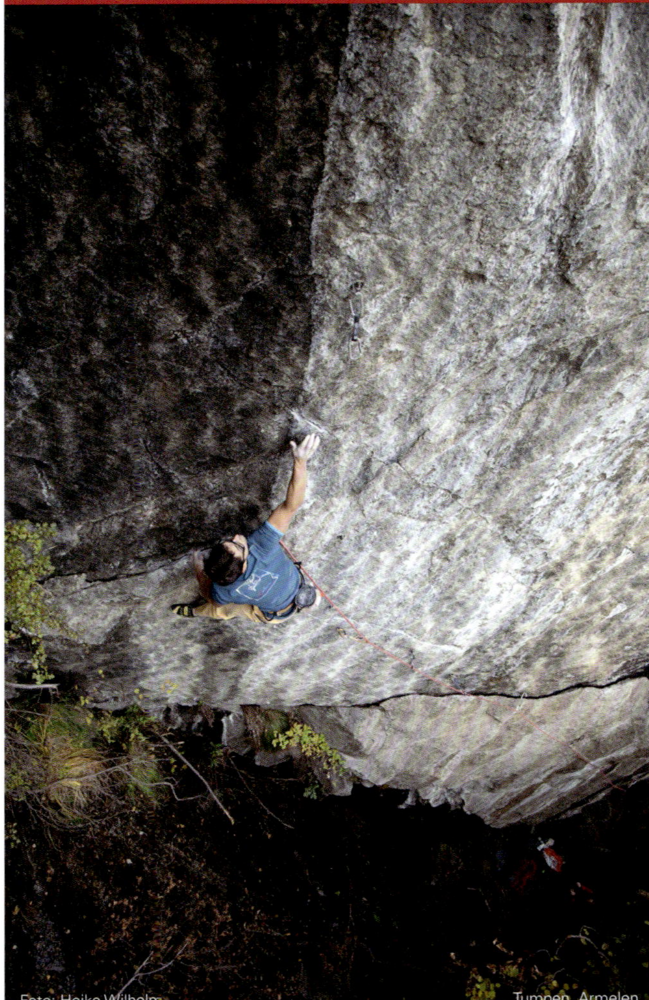

Routenaufteilung

Schwierigkeitsgrad (Franz.)	3	4	5	6	7	8	9
Anzahl der Routen	-	-	-	-	4	4	-

Routenart	10 Einseillängen (ES), Mehrseillängen (MS), Boulder
Routenlänge	20 m
Zustieg	20 Min. ⇧ bergauf, ⇨ eben, ⇩ bergab (140 Hm)
Absicherung	★★★★★
Umlenkung	Ring, Kette, Sauschwanz
Ausrichtung	Nord, Ost, Süd, West
Winterklettergebiet	ja, nein
Familienfreundlich	ja, nein
Felsqualität	Kompakter Granit / sehr gut
Wandneigung	Senkrechte und überhängende Kletterei
Wandfuß	Extrem steiler, abschüssiger Wandfuß im Wald

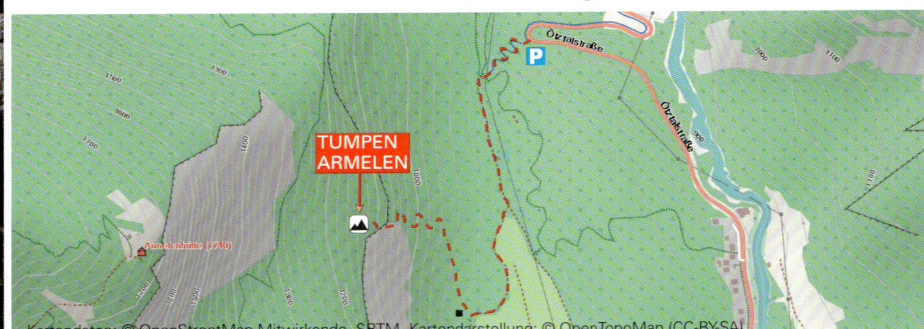

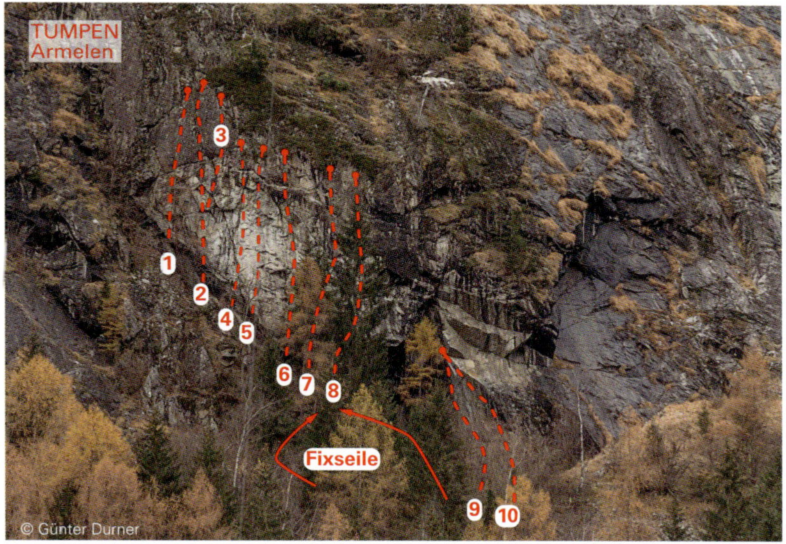

TUMPEN ARMELEN

Nr.	Route	Grad	Länge
1	Rohrkrepierer	7b	20 m
2	Der Weg zum Granithimmel	7b	20 m
3	Bauchtanz	7c	20 m
4	Realitätsverweigerer	7c+	20 m
5	Siebenschläfer	8a	20 m
6	A gsunde Watschn	8b	20 m
7	Projekt	-	20 m
8	Projekt	-	20 m
9	Der Schwarze Schwan	8c	20 m
10	Fat Tail	8a	20 m

ZUFAHRT/ZUSTIEG

Vom Kreisverkehr beim Beginn des Ötztals auf der Ötztaler Bundesstraße B186 etwa 8 Km bis nach Habichen fahren. Nach Habichen, in der zweiten Kehre, rechts auf einen Forstweg abbiegen. Dort ist ein kleiner Parkplatz für ungefähr vier Autos.

Der Forststraße steil bergauf bis zu einer Weggabelung bzw. Brücke folgen. Nach der Brücke dem Weg in südlicher Richtung am Bach entlang, bis zu einer Lichtung folgen. Hier rechts auf einen Forstweg und weiter bis zu einem Bienenhaus gehen. Nach dem Bienenhaus einem Pfad folgen. Dieser führt zunächst durch den Wald und später über Felsblöcke bis zur Wand.

BESCHREIBUNG

Der Klettergarten eignet sich ab Mai zum Klettern. Im Frühjahr kann es aufgrund der Eisschmelze aus dem oberen Wandbereich zu Eisschlag kommen und somit wird vom Klettern abgeraten. Der Zustieg zu den linken Routen ist schwierig, hier sind Fixseile vorhanden.

ERSCHLIESSER

Markus Haid

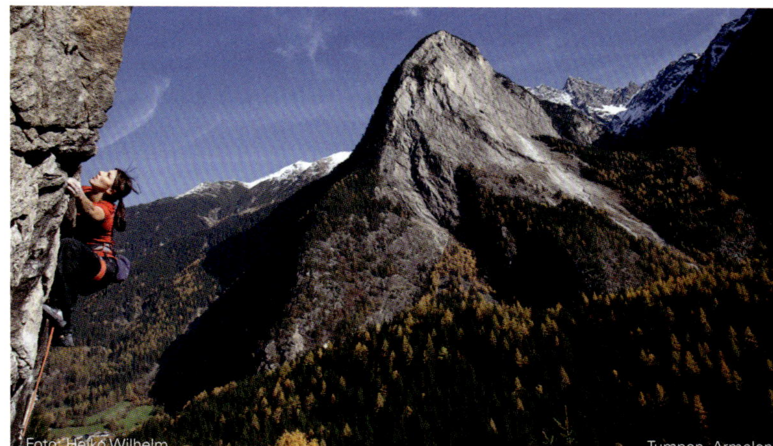

Foto: Heiko Wilhelm

Tumpen, Armelen

TUMPEN ENGELSWAND

P GPS: 32 T 645041 5224848 Höhe: 958 m
GPS: 32 T 645233 5225460 Höhe: 958 m

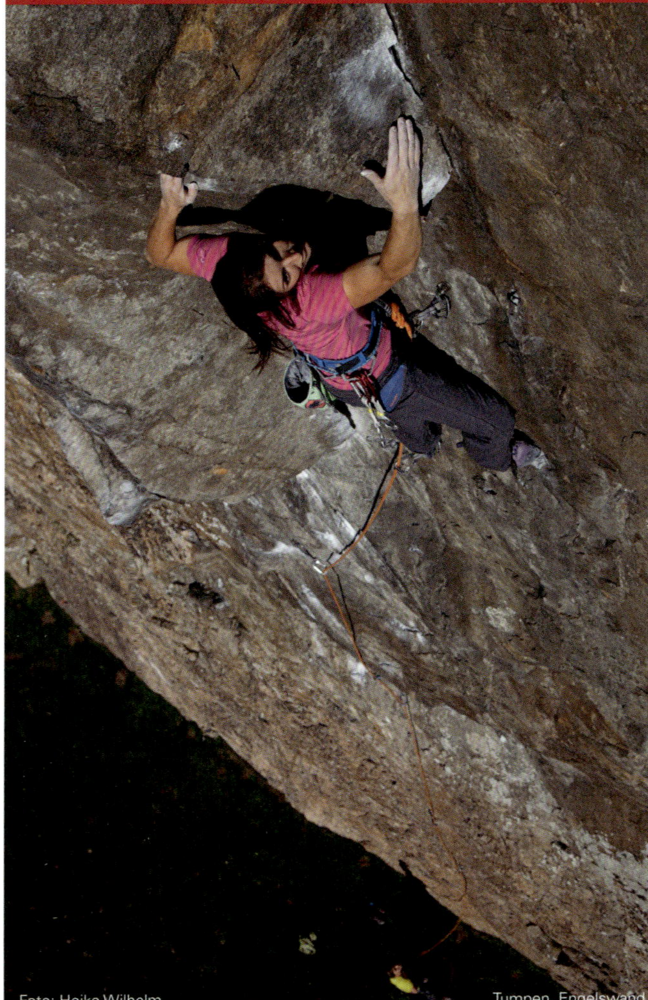

Tumpen, Engelswand

Routenaufteilung

Schwierigkeitsgrad (Franz.)	3	4	5	6	7	8	9
Anzahl der Routen	1	12	8	42	14	1	-

Routenart 73 Einseillängen (ES), 3 Mehrseillängen (MS), Boulder

Routenlänge 6-40 m

Zustieg 10 Min. ⇧ bergauf, ⇨ eben, ⇩ bergab (0 Hm)

Absicherung ★★★★★

Umlenkung Ring Kette Sauschwanz

Ausrichtung Nord, Ost, Süd, West

Winterklettergebiet ja, nein

Familienfreundlich ja, nein

Felsqualität Rauer Granit mit Leisten und Dellen / sehr gut

Wandneigung Senkrechte bis leicht überhängende Kletterei

Wandfuß Breiter, flacher Wandfuß, große Wiese, kindertauglich

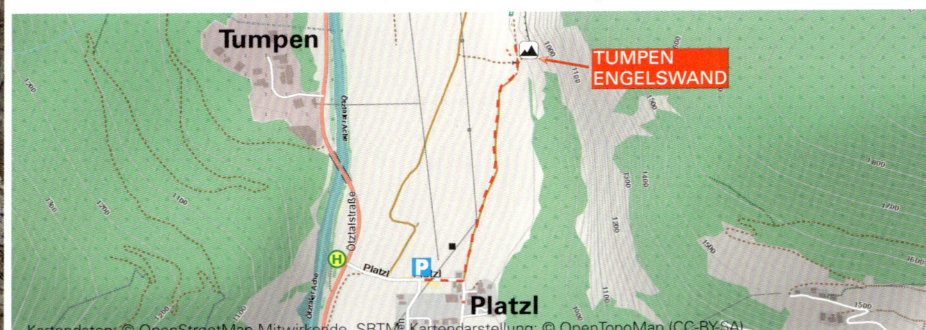

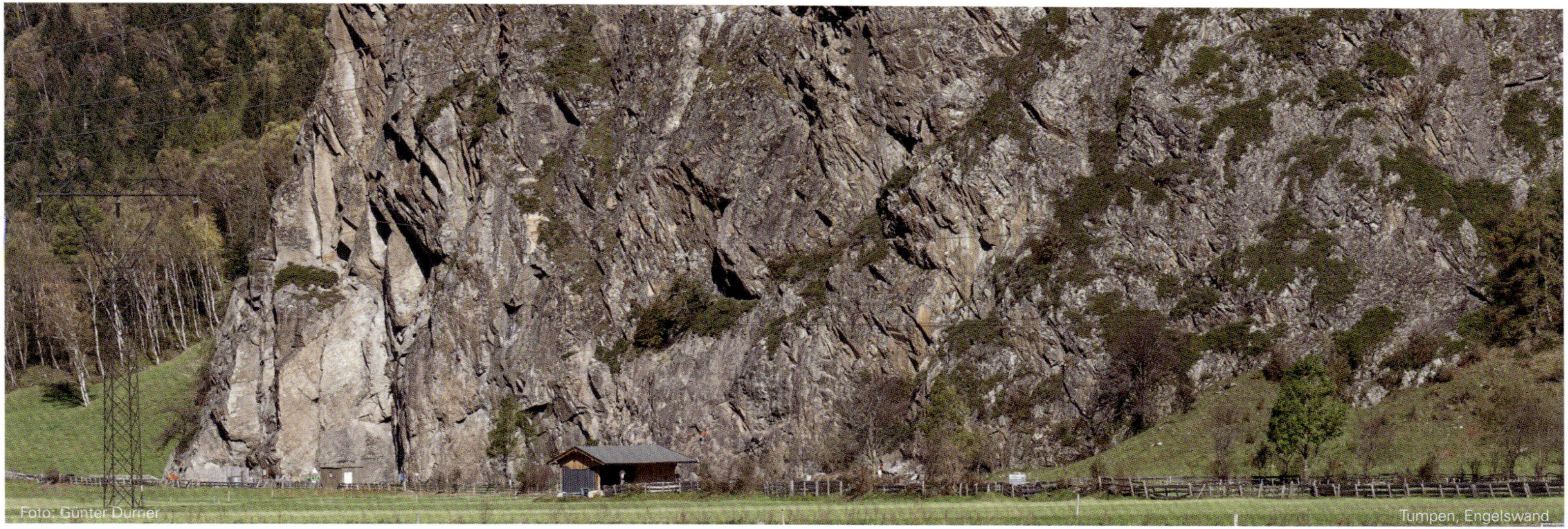

ZUFAHRT/ZUSTIEG

Vom Kreisverkehr beim Beginn des Ötztals auf der Ötztaler Bundesstraße B186 etwa 10 Km bis nach Tumpen fahren. Vom Ortsausgang Tumpen noch etwa 1 Km weiter in Richtung Längenfeld fahren. Nach der Brücke über die Ötztaler Ache links in den Ortsteil Platzl abbiegen. Nach 250 m erreicht man den Parkplatz „Klettergarten Tumpen/Engelswand". Der Parkplatz ist gebührenpflichtig. Der Parkschein gilt auch im Klettergarten Oberried. Mit der Parkgebühr werden der Parkplatz und die Toilette, die sich direkt an der Engelwand befindet, finanziert. Das Parken außerhalb des Parkplatzes ist verboten. Um zur Engelswand zu gelangen folgt man der Forststraße etwa 600 m nach Norden.

BESCHREIBUNG

Der Klettergarten liegt im Natura 2000 Schutzgebiet und bietet mit der angrenzenden Wiese ideale Bedingungen für einen schönen Klettertag. Am Wandfuß befindet sich ein eingezäunter Bereich mit Bänken, einer Toilette und einem Brunnen. An der Engelswand gibt es zahlreiche schwere und auch sehr viele leichte Routen, die durch Verschneidungen, Risse und über Platten verlaufen. Zudem gibt es einige Mehrseillängenrouten.
Achtung: Auch wenn die Wiese direkt am Wandfuß dazu einlädt sich hinzulegen oder Kinder spielen zu lassen sollte beachtet werden, dass jederzeit Steinschlag von der Engelswand auf die Wiese fallen kann. Unbedingt entsprechenden Abstand zur Wand halten.

ERSCHLIESSER

Reinhard Schiestl, Matthias Burtscher, Christoph Riml, Alexander Riml

TUMPEN ENGELSWAND

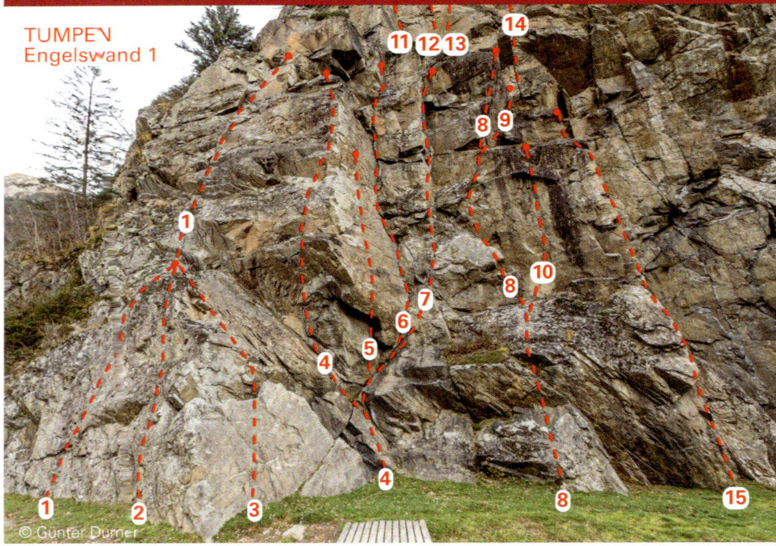

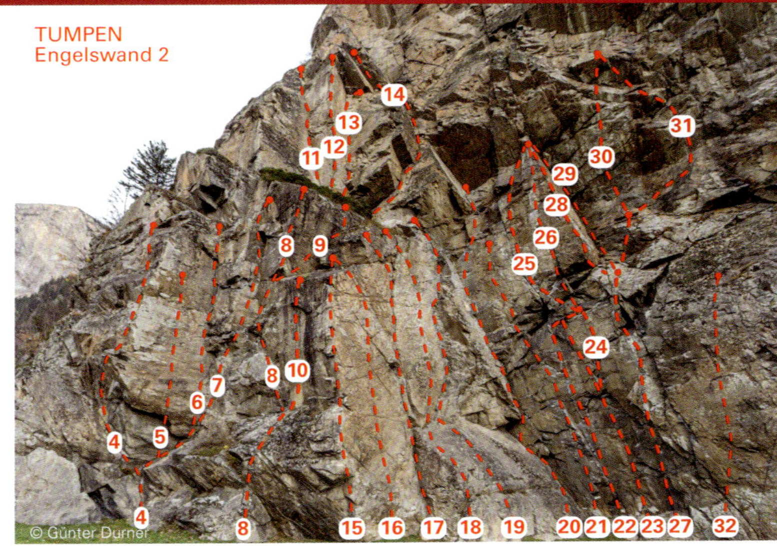

ENGELSWAND

Nr.	Route	Grad	Länge
1	Münchhausen	4c	20 m
2	-	4a	8 m
3	Rätselburg	3b	8 m
4	Papillion	6b+	18 m
5	Crazy	7b+	15 m
6	Garfield	6a	20 m
7	Wilhelm Busch	6a+	20 m
8	Schlangenei	6b+	20 m
9	Eis am Stiel	6a	8 m
10	Softy	6b	18 m
11	Nobody	6a	20 m
12	Scharfzahn	7b	20 m
13	Spreizfuß	7a	20 m
14	Dreckfuß	5c	20 m
15	Catch the edge	6b	20 m
16	Zombieball	7c	20 m
17	Der Wolf und die 7 Zwerge	5c	25 m
18	Boys don't cry	6c+	25 m
19	It's your time	6a	25 m
20	Karambolage	6b	30 m
21	Lifeball	7b	25 m
22	Alis Weg	6b	20 m
23	Mikado	6b	20 m
24	Mikado direkt	6c+	20 m
25	Einbahnstraße	6b+	15 m
26	Atlantis	7b	15 m
27	Zivilstreife	6b	20 m
28	Märchenprinz	6b	15 m
29	Club 2	6a	15 m
30	Mein kleiner Traum	8a+	15 m
31	Ferdis Linie	6b+	20 m
32	Opernball	7b+	20 m

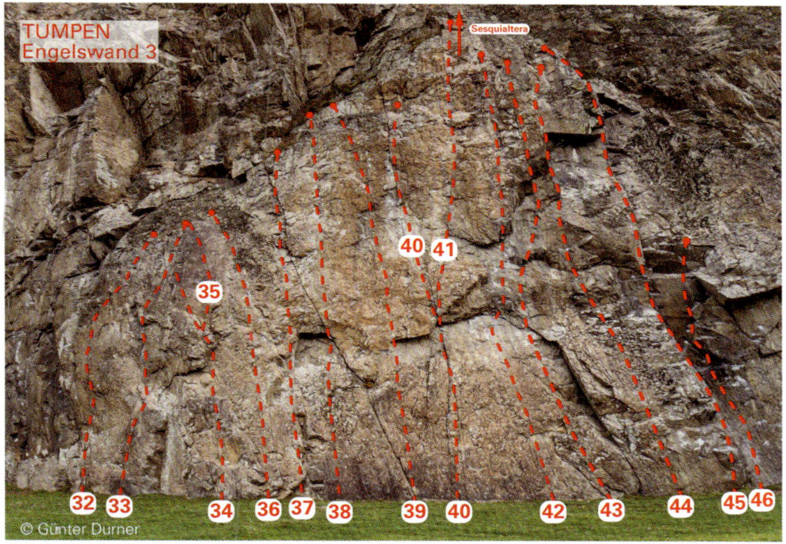

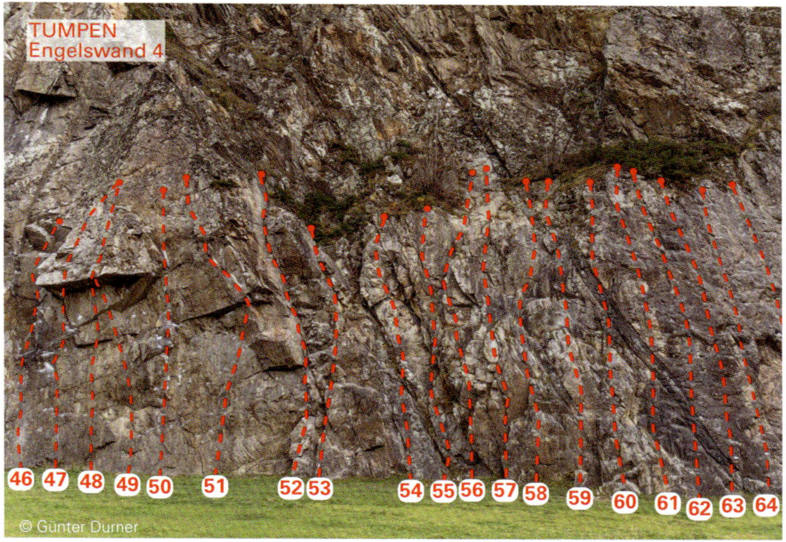

ENGELSWAND

Nr.	Route	Grad	Länge
32	Opernball	7b+	20 m
33	Peanuts	6b	20 m
34	Butzemann	6a+	20 m
35	Butzemann direkt	6b	20 m
36	Weinskandal	6a+	22 m
37	Lokalverbot	6c	30 m
38	Fliegender Holländer	6c+	30 m
39	Voodoomaster	6c	30 m
40	Schraubverschluss	6c	30 m
41	Babylon	7b	35 m
42	Windwalker	6b	35 m
43	1001 Nacht	6c	35 m
44	Solid Gold	6c+	28 m
45	Indian Reservation	6a+	28 m
46	Anderland	5c	18 m
47	Flamingo	6c	18 m
48	Turn around	7c	18 m
49	Little big man	7b+	18 m
50	Quasimodo	6c	18 m
51	Nostalgie	7b	18 m
52	Mr. Bean	5b	20 m
53	Maus	5a	18 m
54	Himmel und Hölle	5b	18 m
55	Gräfin	4b	18 m
56	Frühstücksei	4a	18 m
57	Hopp oder Drop	4a	18 m
58	Ötzi-Weg	4a	20 m
59	Lucky Luke	4a	20 m
60	Kasperltheater	4a	22 m
61	Kichererbsen	4c	22 m
62	Fräulein Fingerwickler	4c	25 m
63	Buschräuber	4c	25 m
64	Minidream	5a	25 m

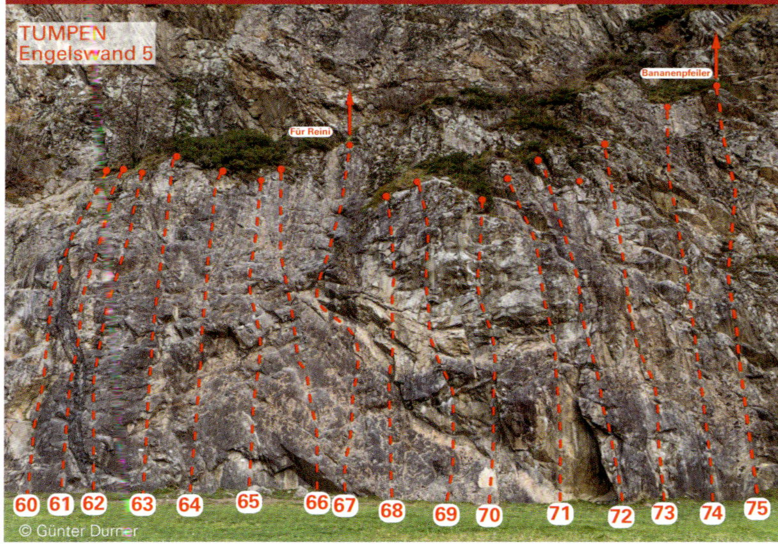

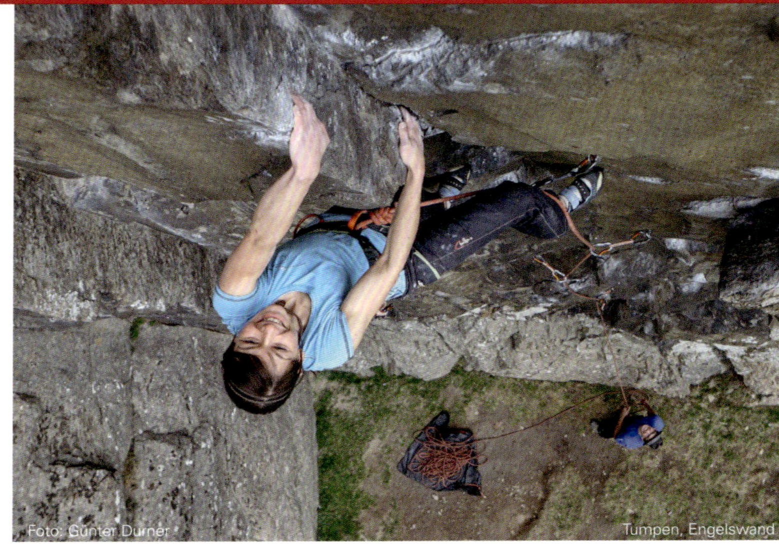
Foto: Günter Durner
Tumpen, Engelswand

ENGELSWAND

59 Lucky Luke ... 4a ... 20 m
60 Kasperltheater ... 4a ... 22 m
61 Kichererbsen ... 4c ... 22 m
62 Fräulein Fingerwickler ... 4c ... 25 m
63 Buschräuber ... 4c ... 25 m
64 Minidream ... 5a ... 25 m
65 Polenta alla Monte ... 4c ... 25 m
66 Echt cool ... 5a ... 25 m
67 Für Reini (4 SL.) ... 6c+ ... 115 m
68 Dampfnudel ... 6b ... 20 m
69 Blitzaktion ... 7a ... 20 m
70 Ruck-Zuck ... 6a+ ... 20 m
71 Hinkelstein ... 6c+ ... 20 m
72 Traumtänzer ... 6a ... 20 m
73 Moskito ... 6a+ ... 20 m
74 Eiszeit ... 6a+ ... 20 m
75 Bananenpfeiler (4 SL.) ... 7a ... 110 m

ENGELSWAND MEHRSEILLÄNGENROUTEN

1 Sesquialtera (5 SL.) ... 7a ... 155 m
(6b, 0, 6b+, 7b, 7c+)
2 Für Reini (4 SL.) ... 6c+ ... 115 m
(5b, 6c+, 6c+ ,6c+)
3 Bananenpfeiler (4 SL.) ... 7a ... 110 m
(6a, 7a, 5a, 6b+)

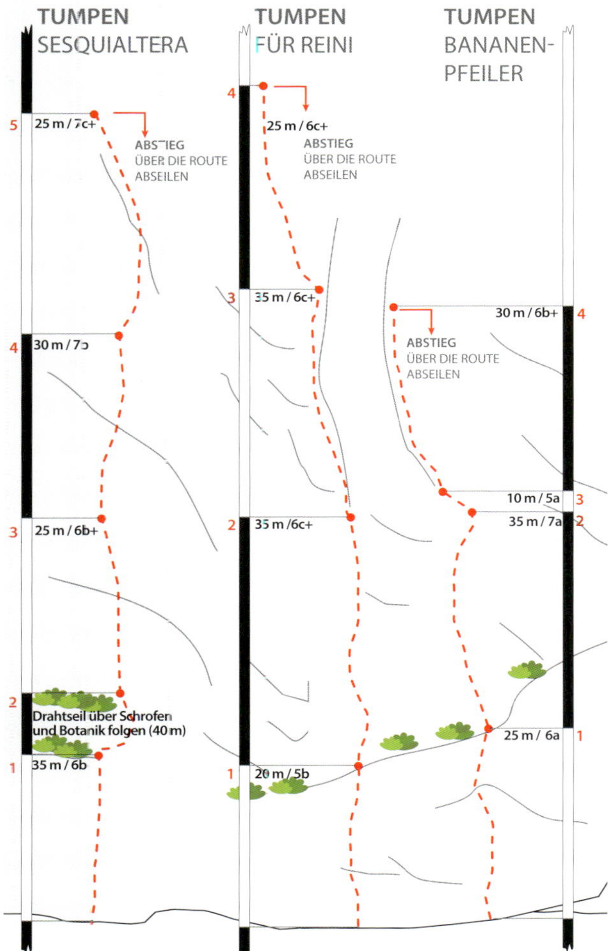

© Climbers Paradise

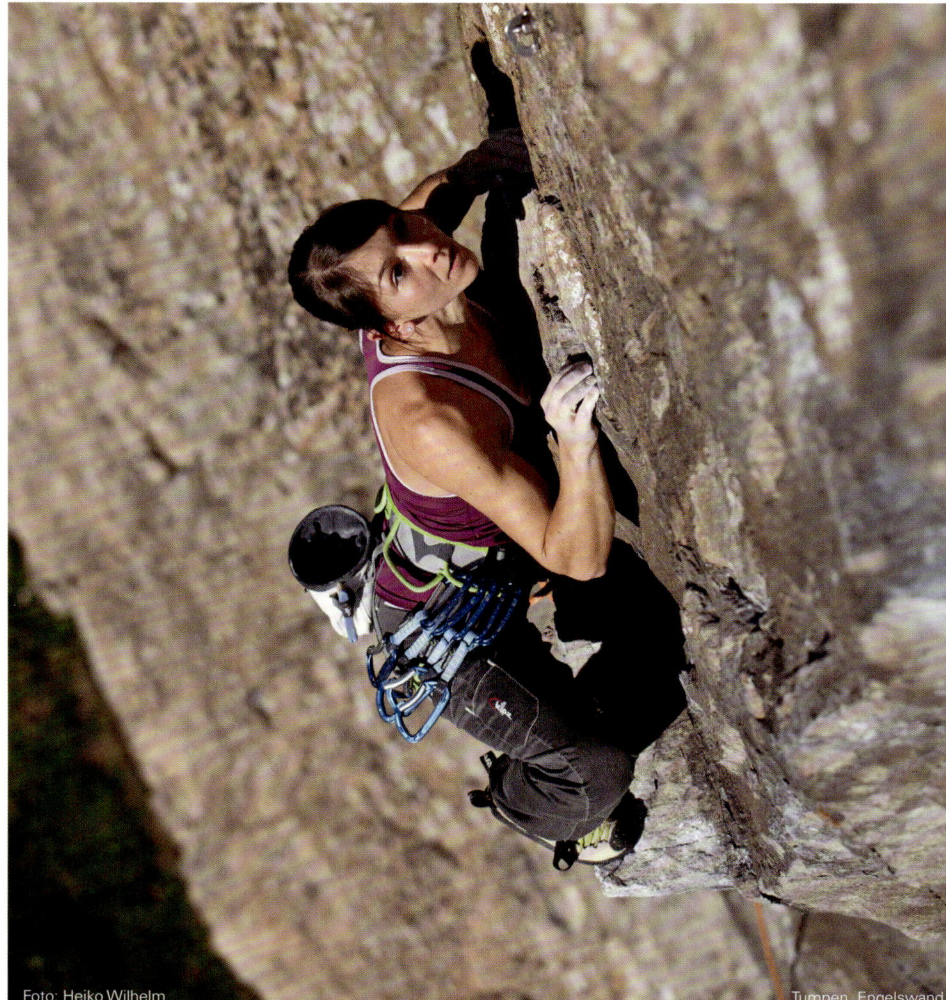

Foto: Heiko Wilhelm

Tumpen, Engelswand

TUMPEN ENGELSWAND

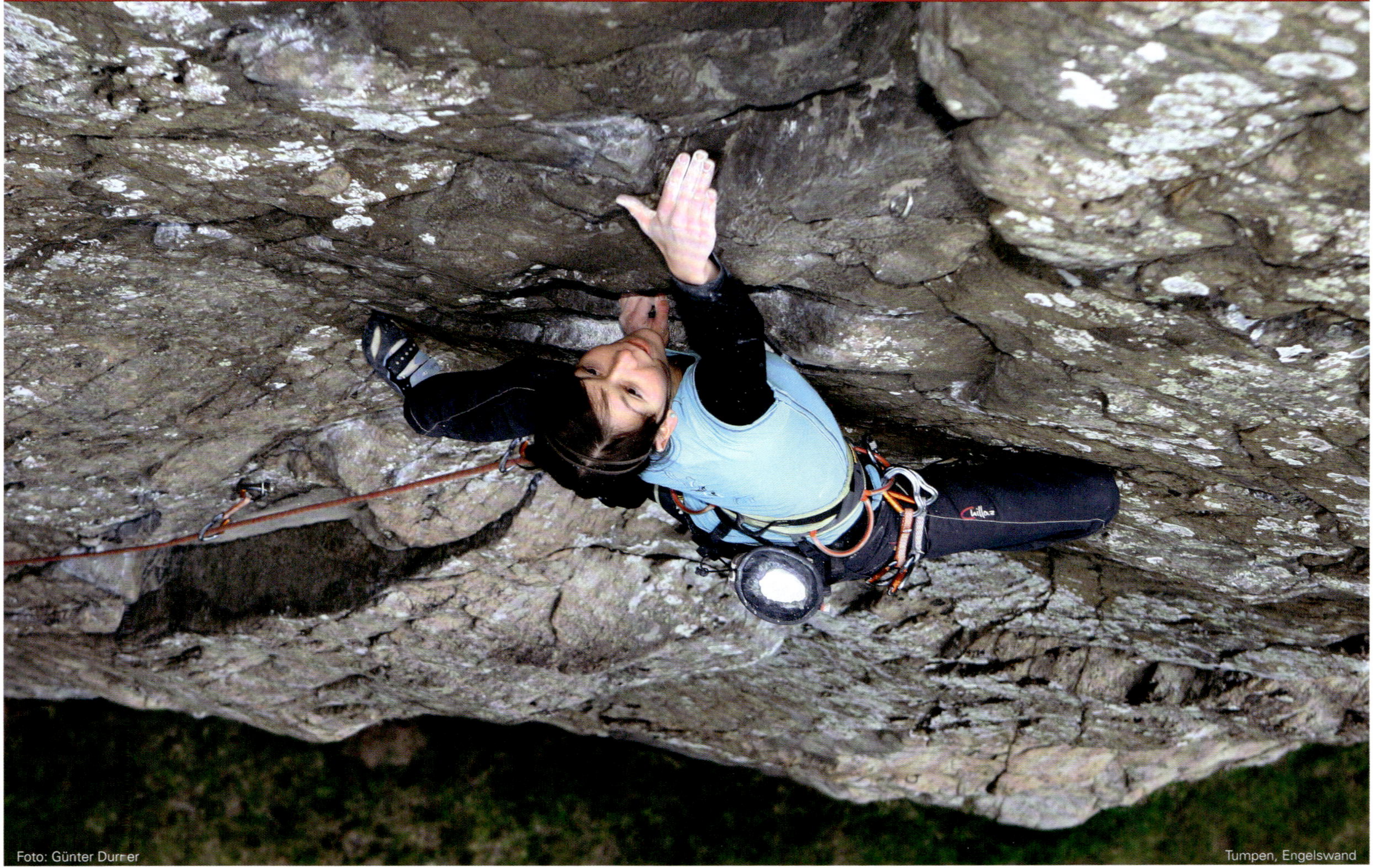

Foto: Günter Durner

Tumpen, Engelswand

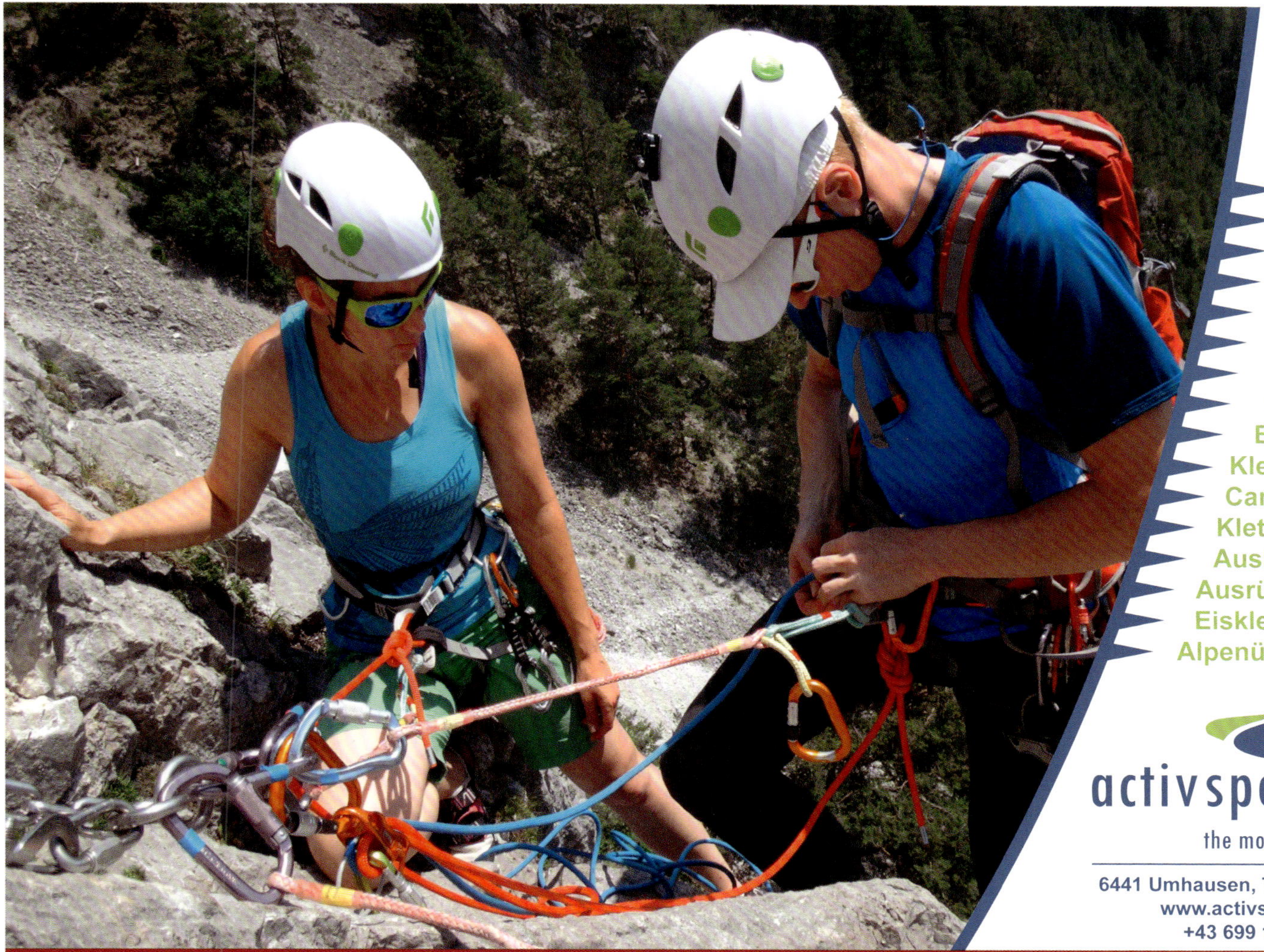

NIEDERTHAI

P GPS: 32 T 647253 5220439 Höhe: 1445 m

GPS: 32 T 647935 5219752 Höhe: 1500 m

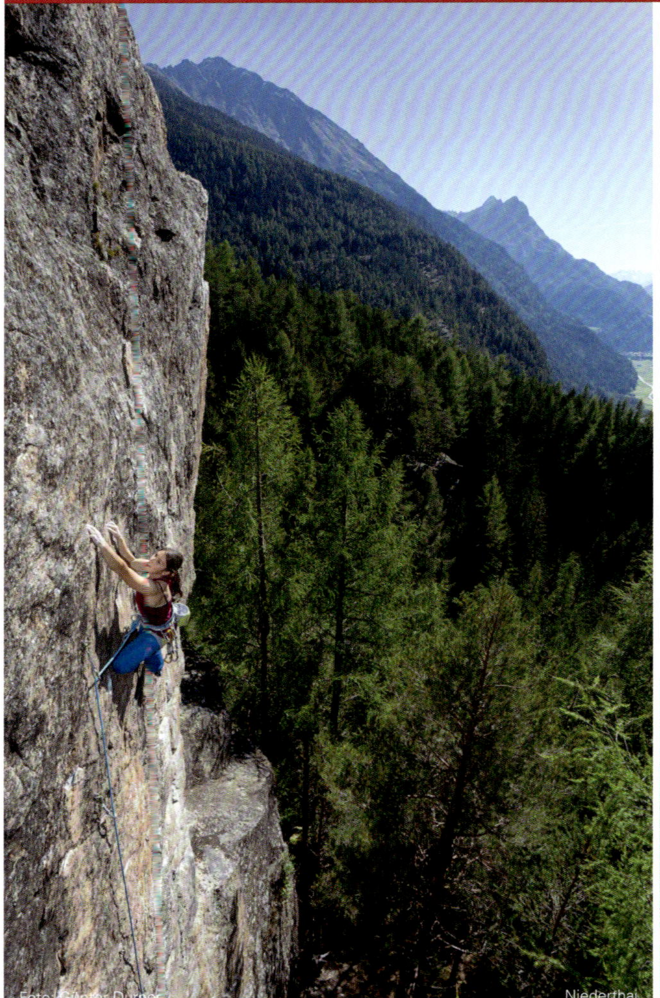

Foto: Günter Durner

Routenaufteilung	Schwierigkeitsgrad (Franz.)	3	4	5	6	7	8	9
	Anzahl der Routen	-	-	2	41	61	29	-

Routenart	140 Einseillängen (ES), Mehrseillängen (MS), Boulder
Routenlänge	4-35 m
Zustieg	20-45 Min. ⇧ bergauf, ⇨ eben, ⇩ bergab (55 Hm)
Absicherung	★★★★★
Umlenkung	Ring, Kette, Sauschwanz
Ausrichtung	Nord, Ost, Süd, West
Winterklettergebiet	ja, nein
Familienfreundlich	ja, nein
Felsqualität	Kompakter Granit / sehr gut
Wandneigung	Senkrechte und überhängende Kletterei an Blöcken
Wandfuß	Je nach Block flacher bis steiler Wandfuß im Wald

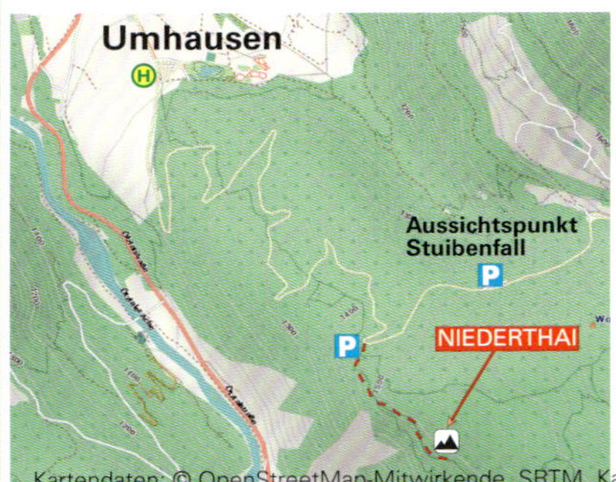

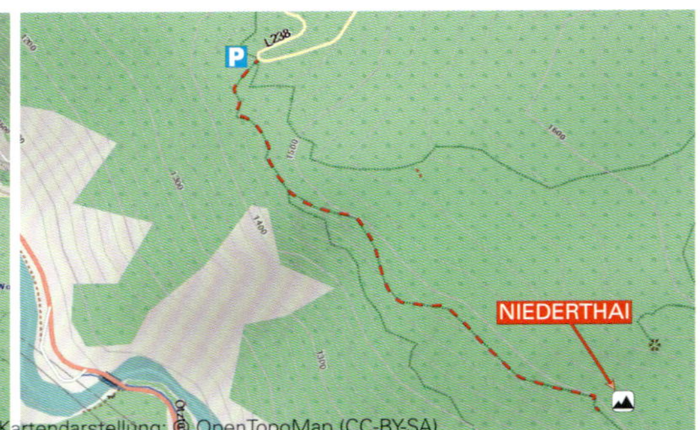

Kartendaten: © OpenStreetMap-Mitwirkende, SRTM, Kartendarstellung: © OpenTopoMap (CC-BY-SA)

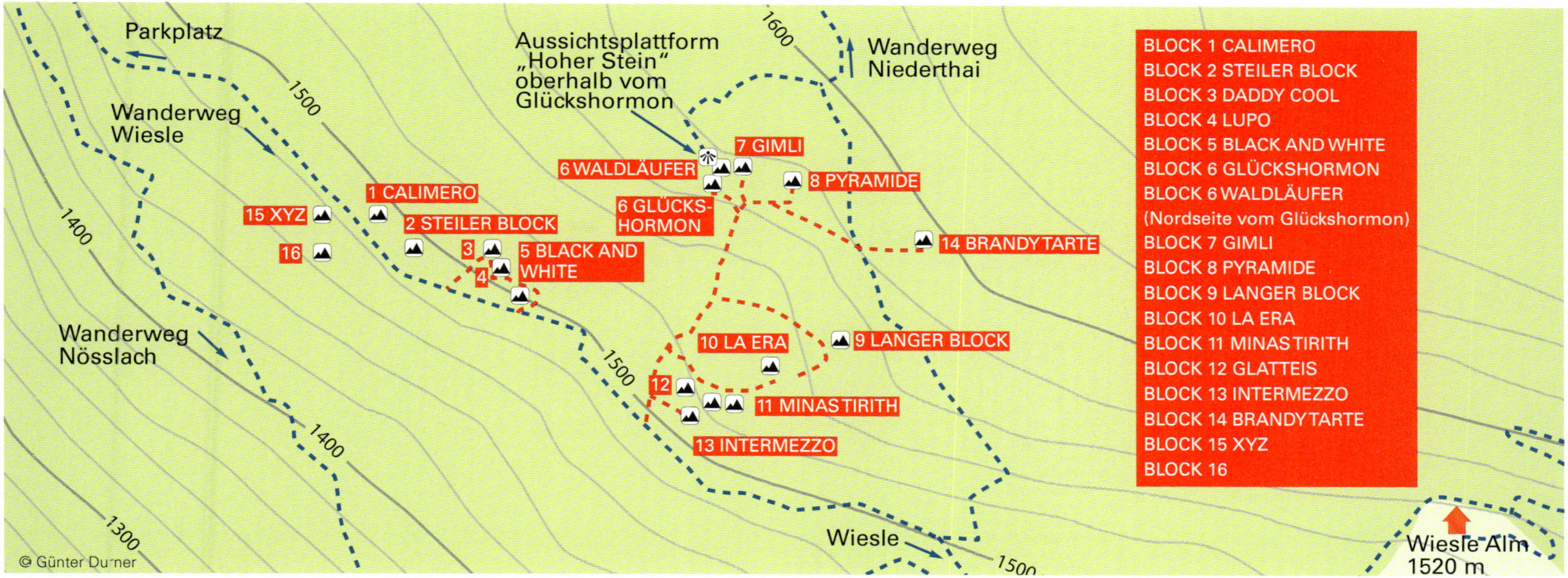

ZUFAHRT/ZUSTIEG

Vom Kreisverkehr beim Beginn des Ötztals auf der Ötztaler Bundesstraße B186 etwa 14 Km bis nach Umhausen fahren. Am Ortseingang von der B186 nach links abbiegen und dem Hinweisschild „Niederthai" folgen. Vom Ortsausgang von Umhausen beim Parkplatz Stuibenfall etwa 2,7 Km weiter auf der Straße Richtung Niederthai fahren. In der letzten Linkskehre vor dem Aussichtspunkt Stuibenfall gibt es Parkmöglichkeiten.
Man folgt etwa 20 Minuten den Hinweisschildern „Wiesle". Die ersten Blöcke liegen direkt am Wanderweg. Etwa 100 m nach den ersten Blöcken biegt man scharf links den Waldweg hinauf ab und findet dort links und rechts die weiteren Blöcke. Die obersten Blöcke erreicht man nach ca. 45 Minuten.

BESCHREIBUNG

Die am Tauferberg bei Niederthai gelegenen Granitblöcke befinden sich in einer idyllischen und fast mystischen Umgebung und bieten vielfältige Routen durch Risse, Verschneidungen, über steile Platten und Überhänge. Allerdings liegen die Routen in den mittleren bis oberen Schwierigkeitsgraden und sind deswegen nur etwas für fortgeschrittene Kletterer. Niederthai gehört zu den Top Klettergebieten von Österreich.

ERSCHLIESSER

Reinhard Schiestl, Matthias Burtscher, Christoph Riml, Markus Haid, Heiko Wilhelm, Karl Falkner, Hansjörg Auer

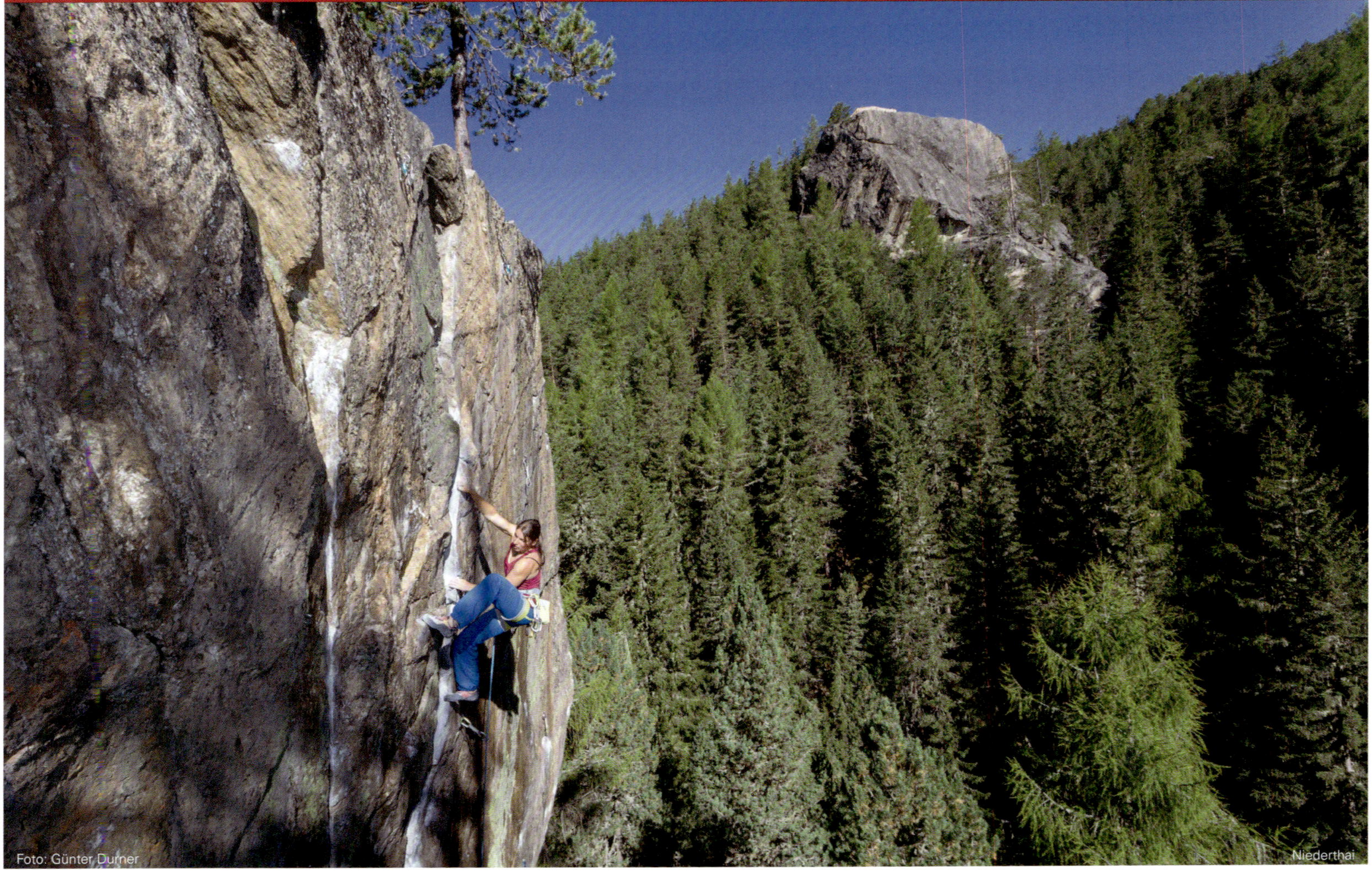

Foto: Günter Durner

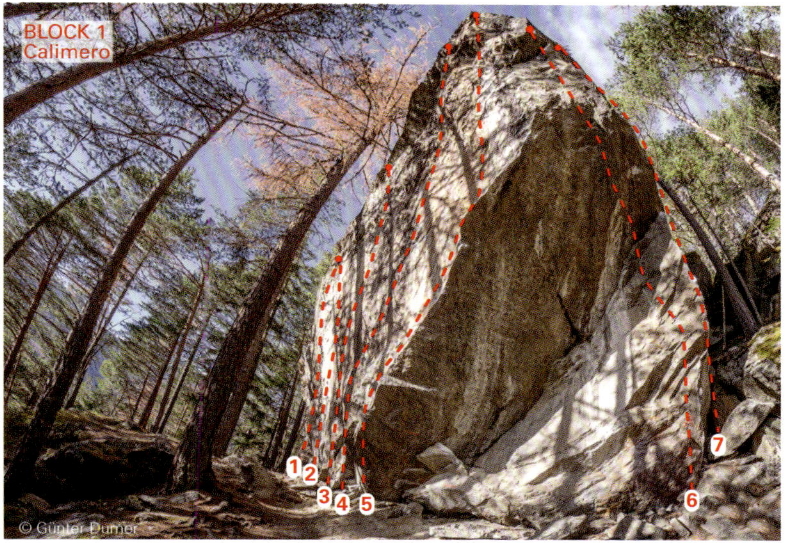

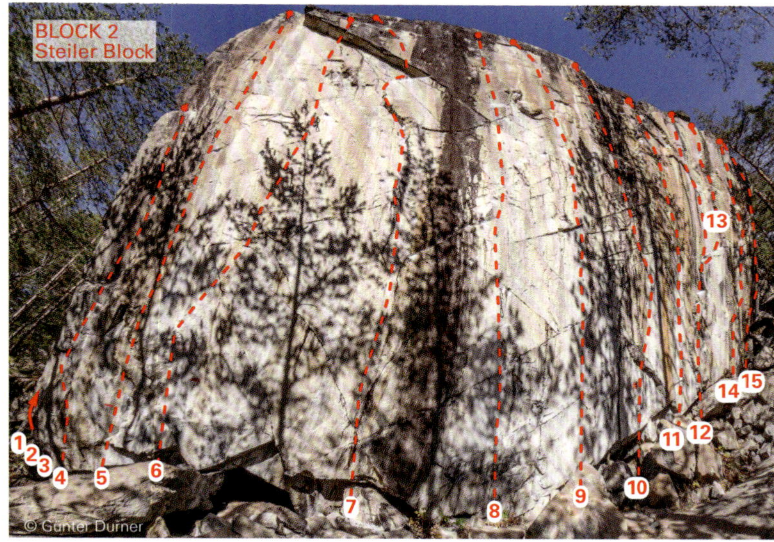

BLOCK 1 CALIMERO

	Route	Grade	Length
1	Calimero	6a+	5 m
2	Gerne groß	7a	6 m
3	Flohzirkus	6b+	8 m
4	Mad Max	7a+	10 m
5	Grenzgänger	7c+	12 m
6	Big Foot	7c	10 m
7	Jolly Joker	7a+	6 m

BLOCK 2 STEILER BLOCK

	Route	Grade	Length
1	Schwupp di wupp	6a	10 m
2	Schmusebär	6c	12 m
3	Take a look	7a+	12 m
4	Linksausleger	7b+	13 m
5	One Night Stand	8c+	12 m
6	In memo Reini	8c	14 m
7	Dopingprobe	8a	14 m
8	Masada	8a+	14 m
9	Wargames	8a+	14 m
10	Twilight Zone	8a	14 m
11	Fiasko	7c+	13 m
12	Akku leer	7a+	12 m
13	Magic Mushrooms	7c	12 m
14	Matta Hari	7c+	12 m
15	Schmutzfuß	7a+	10 m

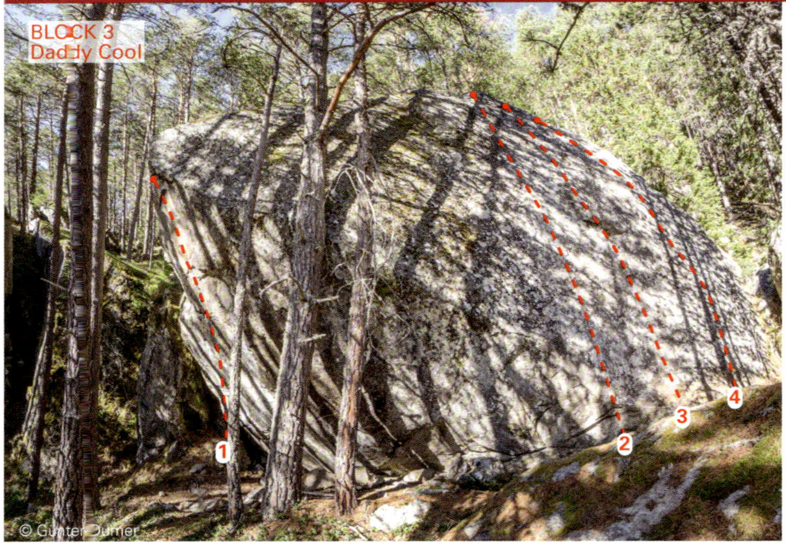

BLOCK 3 DADDY COOL

	Route	Grade	Length
1	Daddy Cool	7c	6 m
2	Am i wrong	7a	5 m
3	Jipy	5a	5 m
4	Autsch	5b	4 m

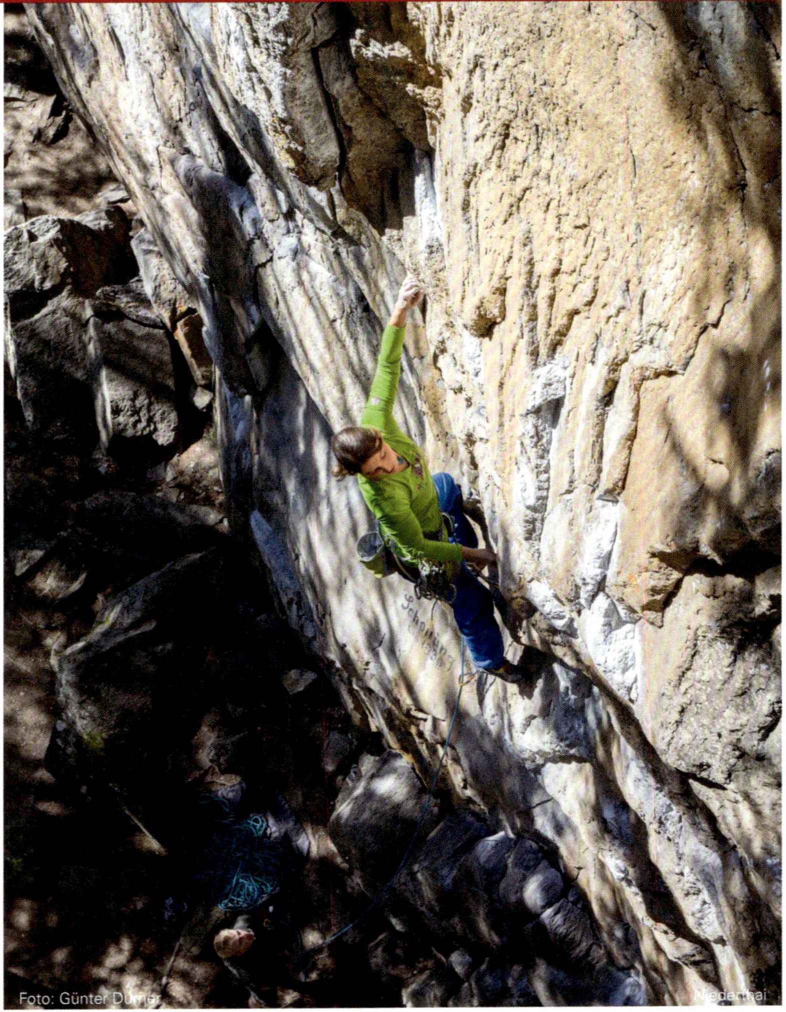

Foto: Günter Durner

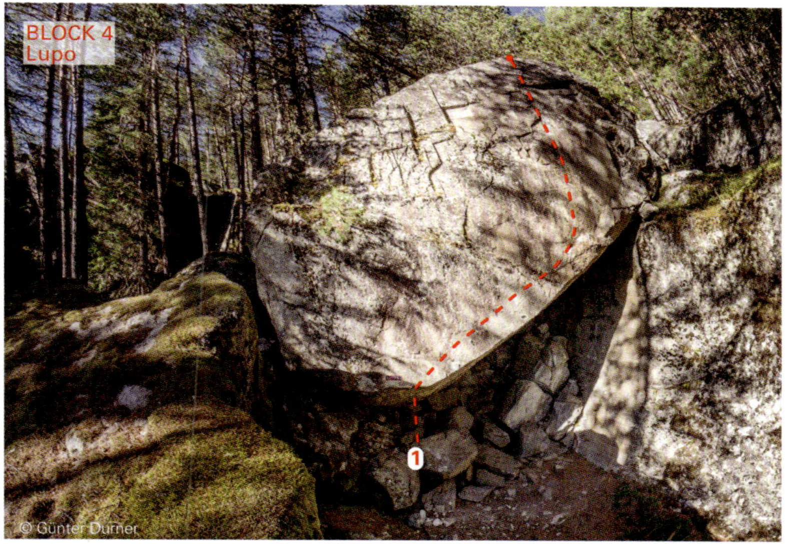

BLOCK 4 LUPO

5 Lupo .... 7b .... 12 m

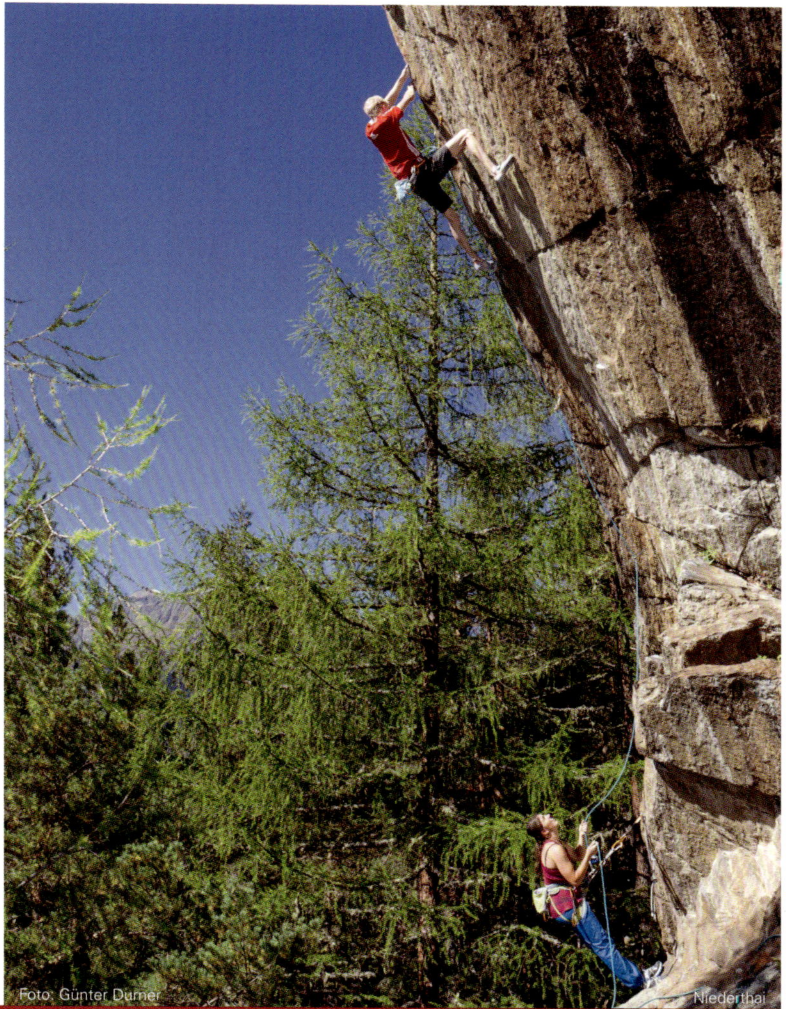

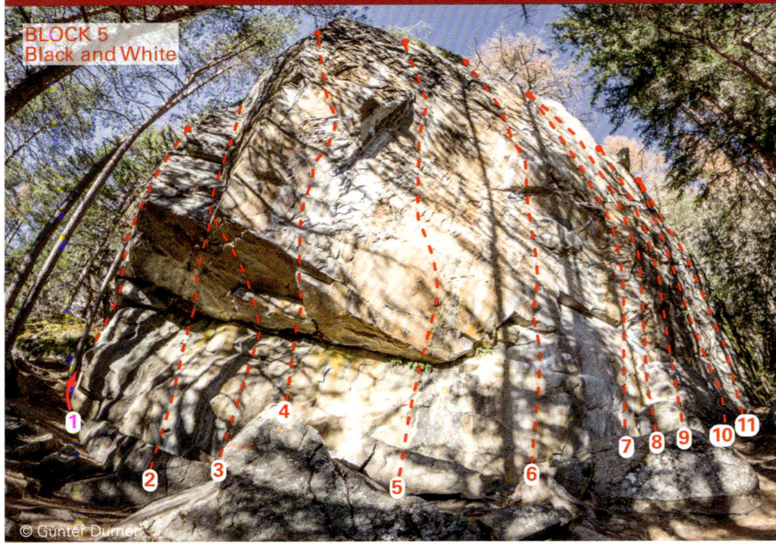

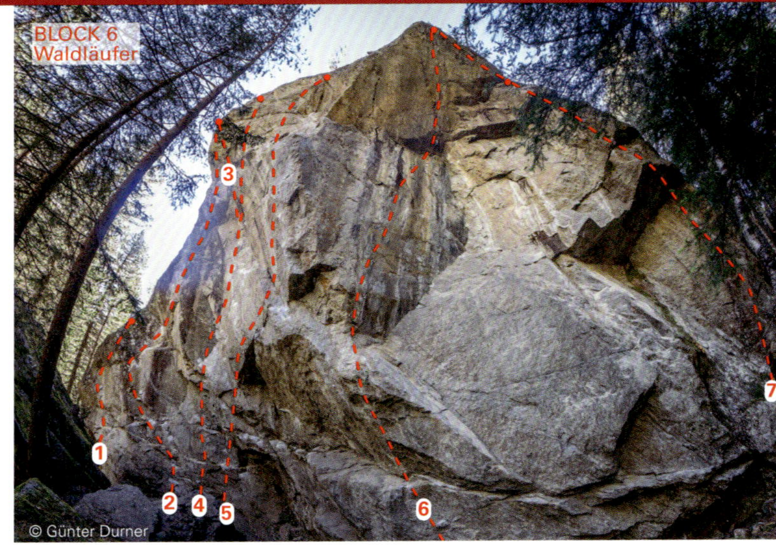

BLOCK 5 BLACK AND WHITE

1 Herzblatt .... 6a .... 10 m
2 Zapfenstreich .... - .... 11 m
3 C'est la vie .... 8a+ .... 12 m
4 Mirage .... 7c .... 12 m
5 Ötztal Express .... 7c .... 12 m
6 Adam Riese .... 7b .... 12 m
7 Zwergentod .... 7b .... 12 m
8 Riss-Variante .... 6b+ .... 12 m
9 Dirty Dancing .... 7c .... 12 m
10 Joyride .... 7a+ .... 12 m
11 Black and White .... 6c .... 12 m
12 Taboo .... 6c+ .... 10 m
13 Greenpeace .... 6a .... 10 m

BLOCK 6 WALDLÄUFER

(Rückseite vom Glückshormon)

1 Oman Calling .... 8b .... 12 m
1 Gollum .... 8a .... 20 m
3 Gondor .... 8c .... 22 m
4 Mordor .... 8c+/9a .... 22 m
5 Waldläufer .... 8c .... 18 m
6 Moria .... 8c .... 22 m
7 Minas Morgul .... 8a+ .... 22 m

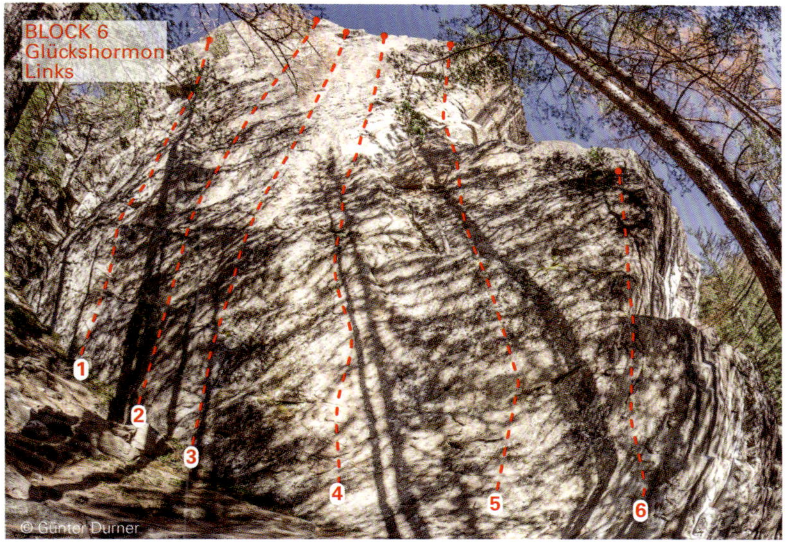

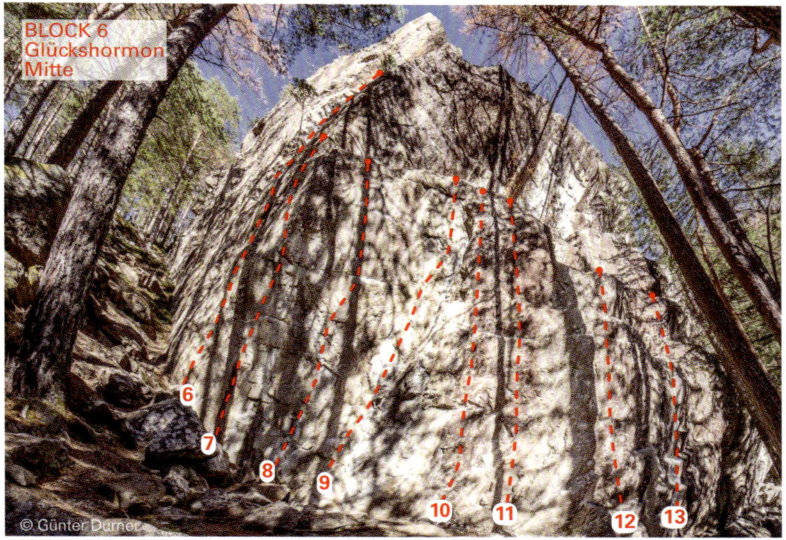

BLOCK 6 GLÜCKSHORMON

Nr.	Route	Grad	Länge
1	Blick ins Tal	6c	35 m
2	Abendstimmung	6c	35 m
3	A schians Platzl	6c+	35 m
4	Dezemberweg	6b+	35 m
5	Ötztalgeheimnis	6c	35 m
6	Doodle Jump	7c	25 m
7	Little Snitch	8b	12 m
8	The Clash	7c	8 m
9	Gameboy	6a	8 m
10	Mama Mia	6c	8 m
11	Rocky	6c	8 m
12	Plattfuß	6c+	8 m
13	Musikantenstadl	7a	8 m
14	Mini Zib	6c	8 m
15	7-up	8c	10 m
16	Glückshormon	8b+	15 m
17	Putzteufel	6c+	18 m
18	Auenland	7a	18 m
19	Mocca	6b+	17 m
20	Cafe Noir	6b	15 m
21	Cappuccino	6a	10 m

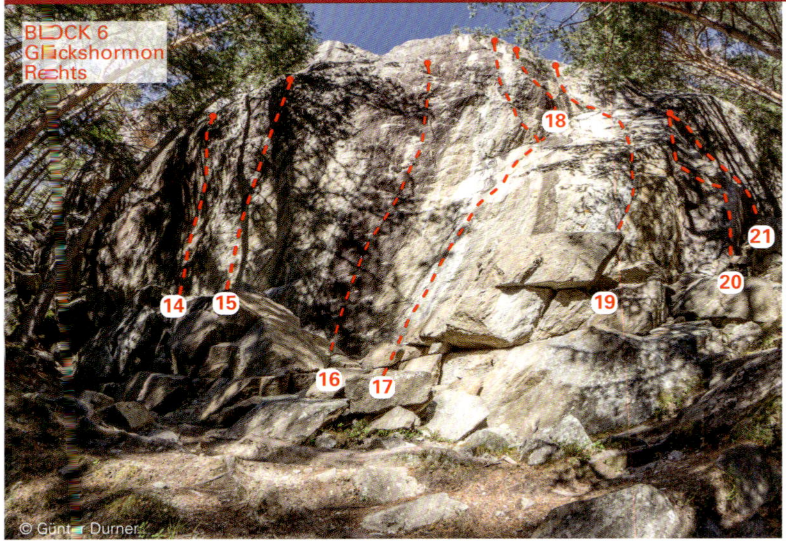

© Günter Durner

BLOCK 6 GLÜCKSHORMON

	Route	Grade	Length
14	Mini Zib	6c	8 m
15	7-up	8c	10 m
16	Glückshormon	8b+	15 m
17	Putzteufel	6c+	18 m
18	Auenland	7a	18 m
19	Mocca	6b+	17 m
20	Cafe Noir	6b	15 m
21	Cappuccino	6a	10 m

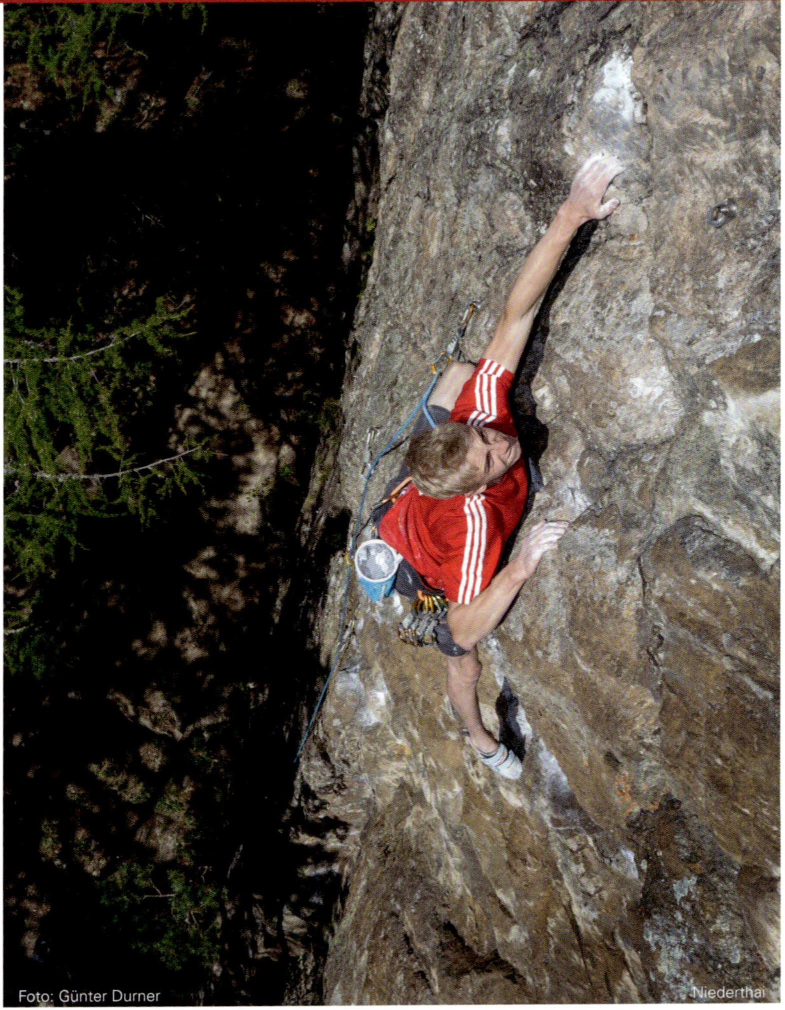
Foto: Günter Durner

Niederthai

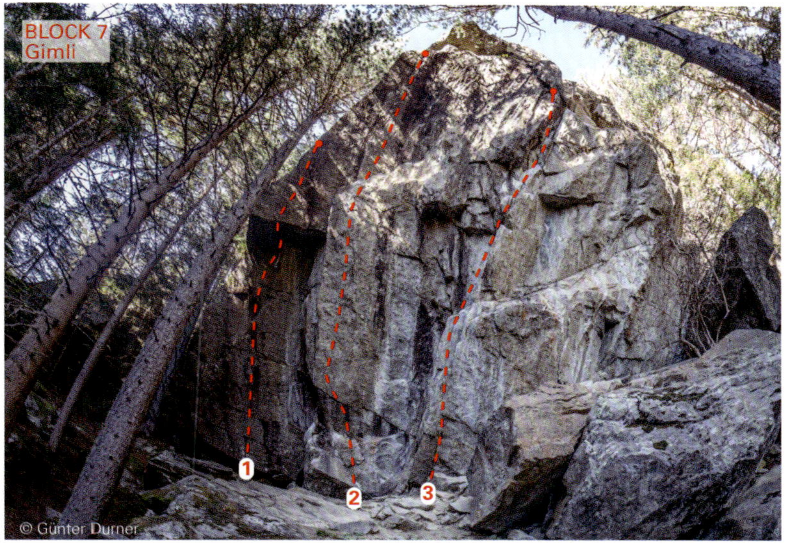

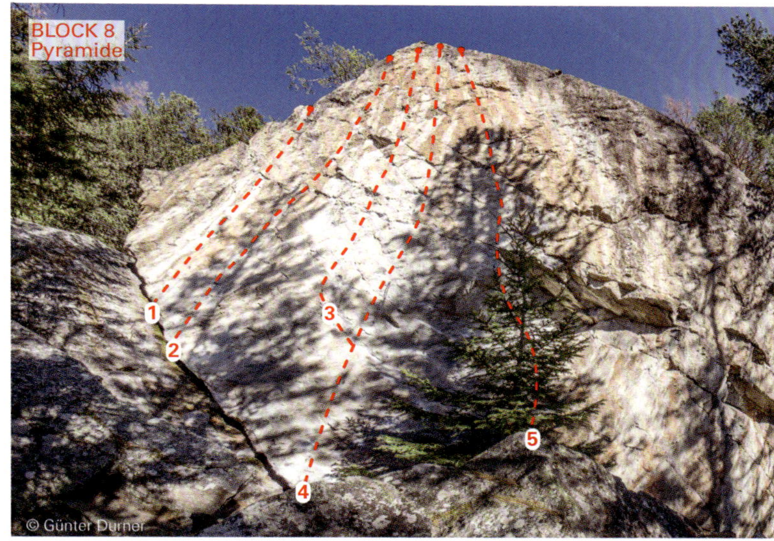

BLOCK 7 GIMLI

1	Sauron	7c+	10 m
2	Gimli	7c	10 m
3	Auf zum Schwur	7a	10 m

BLOCK 8 PYRAMIDE

1	Rogger Rabbit	6a	8 m
2	Nintendo	6a+	9 m
3	Lucky Luke	6b+	11 m
4	Renegate	7a	12 m
5	Legolas	7b	12 m

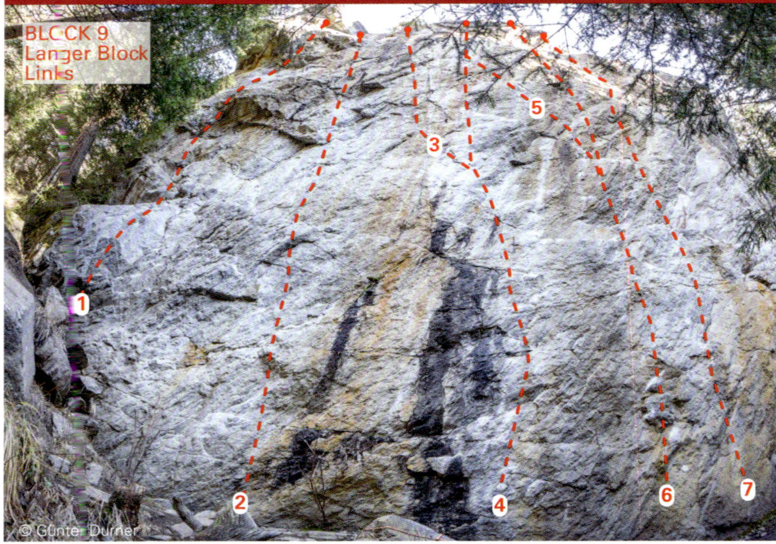

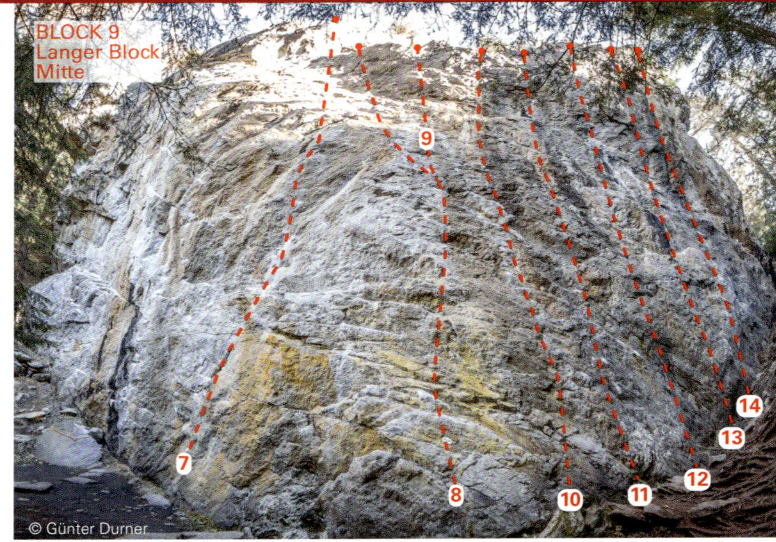

BLOCK 9 LANGER BLOCK

Nr.	Route	Grad	Länge
1	Double Bic Mac	8a+	20 m
2	Patrimoine mouille	8a	22 m
3	Dem Frisör ist nichts zu schwör	8a+	22 m
4	Rien ne va plus	7c+	22 m
5	Titty Twister	7c+	27 m
6	Metropolis	8a	25 m
7	Jolly Jumper	7a+	27 m
8	Verbindungsvariante	6c+	30 m
9	Flying Circus	7a	30 m
10	Erinnerung	7b+	22 m
11	Tschango aus dem Tal	7b	22 m
12	Virus	7b	18 m
13	Reifeprüfung	7c	18 m
14	Night Lights	8a	18 m
15	Revision	8a+	25 m
16	Hexen, Gespenster, Räuber8	7a	12 m
17	Monster of Rocks	7a	12 m
18	Barbarella	7b+	18 m
19	Hartl Gartl	8a	18 m
20	La Strada	7c+	14 m
21	Der Lehrbua	6b	14 m
22	Pfiffikus	6c	14 m

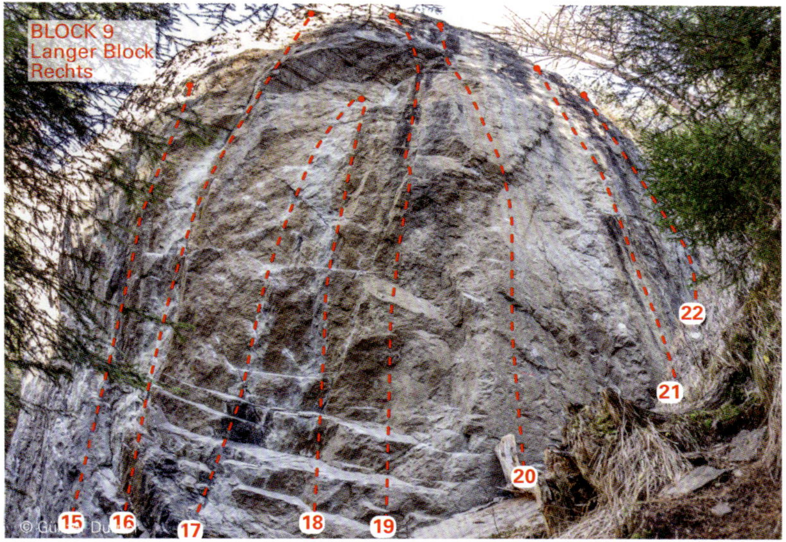

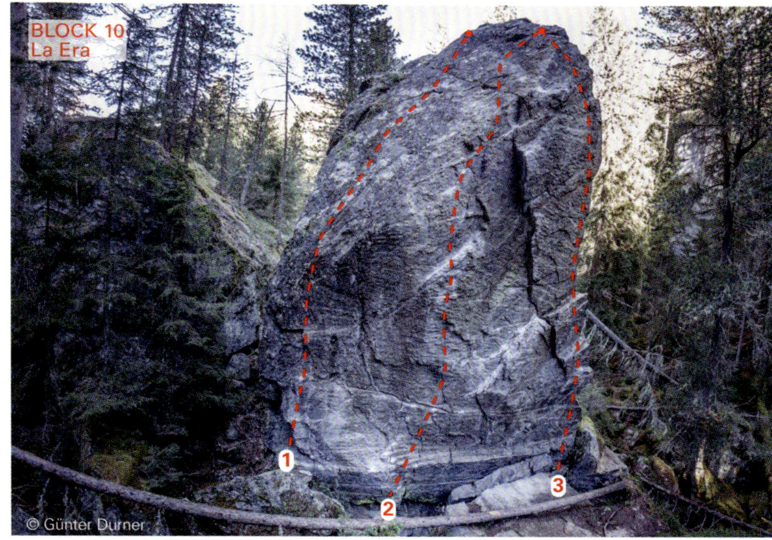

BLOCK 9 LANGER BLOCK

15	Revision	8a+	25 m
16	Hexen, Gespenster, Räuber8	7a	12 m
17	Monster of Rocks	7a	12 m
18	Barbarella	7b+	18 m
19	Hartl Gartl	8a	18 m
20	La Strada	7c+	14 m
21	Der Lehrbua	6b	14 m
22	Pfiffikus	6c	14 m

BLOCK 10 LA ERA

1	Donner	6b	8 m
2	La Era	7c+	12 m
3	Blitz	6b+	8 m

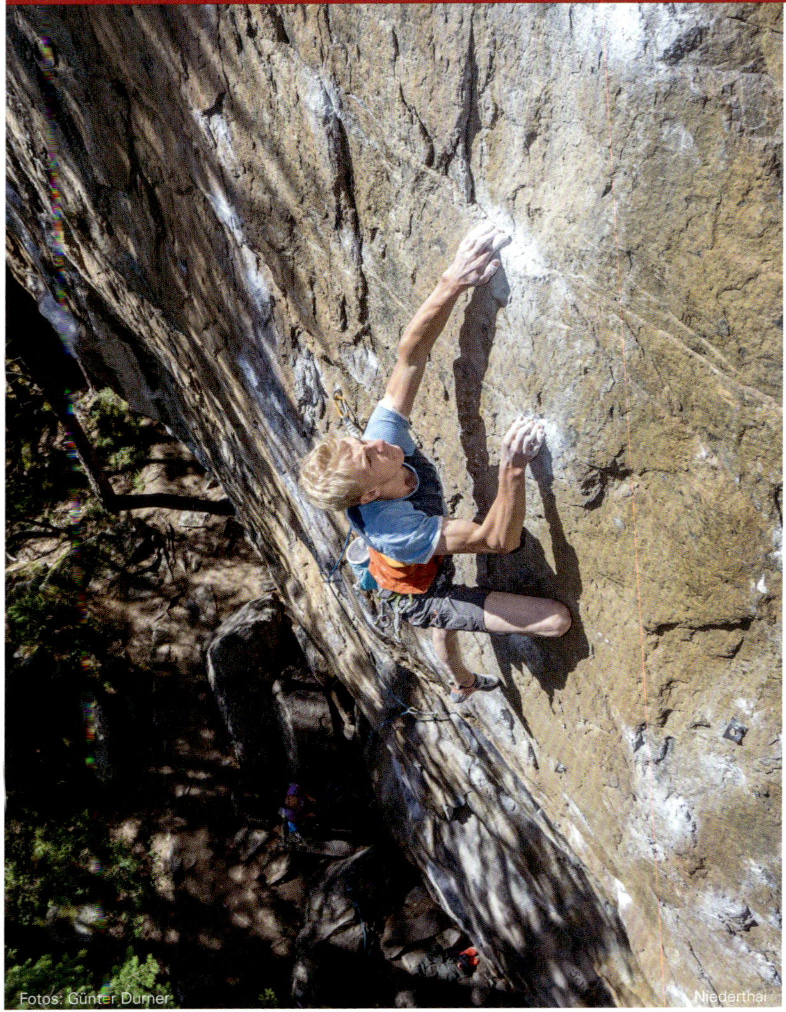

Fotos: Günter Durner

Niederthai

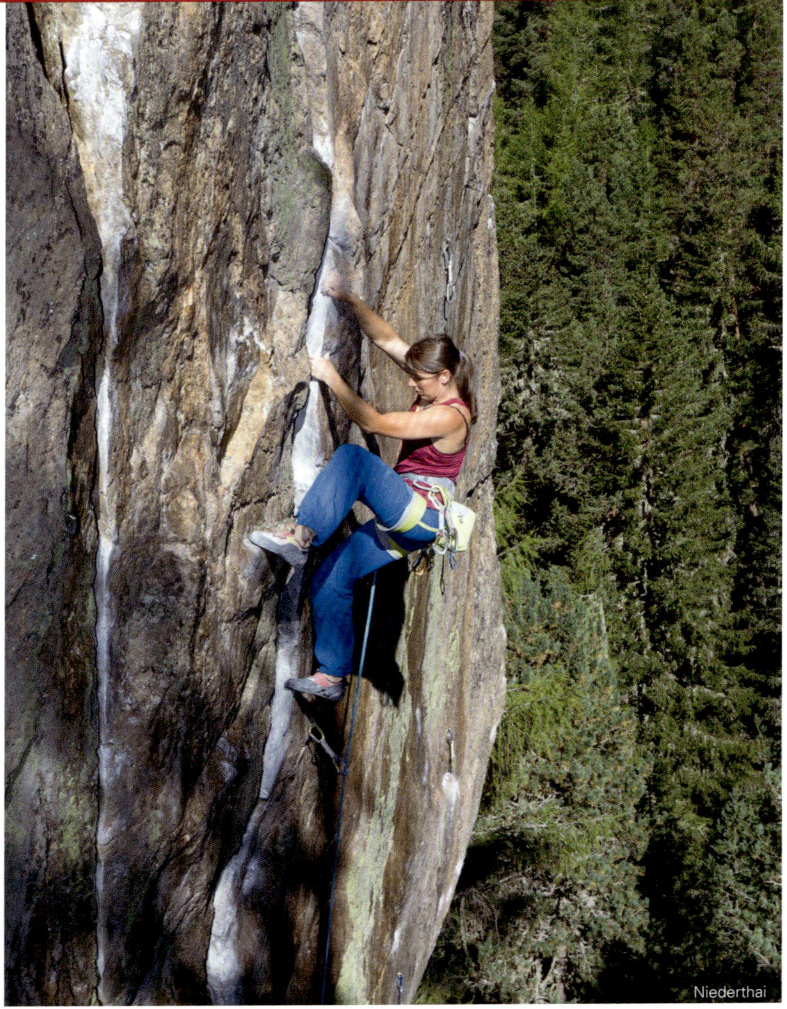

Niederthai

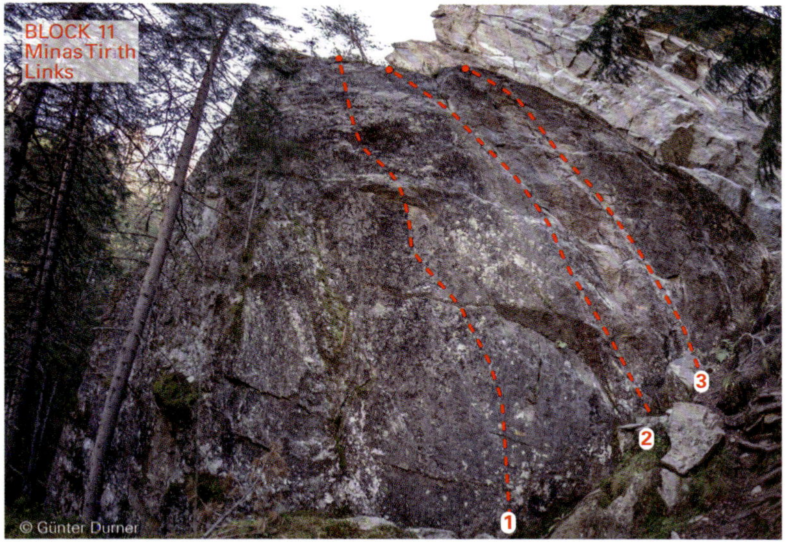

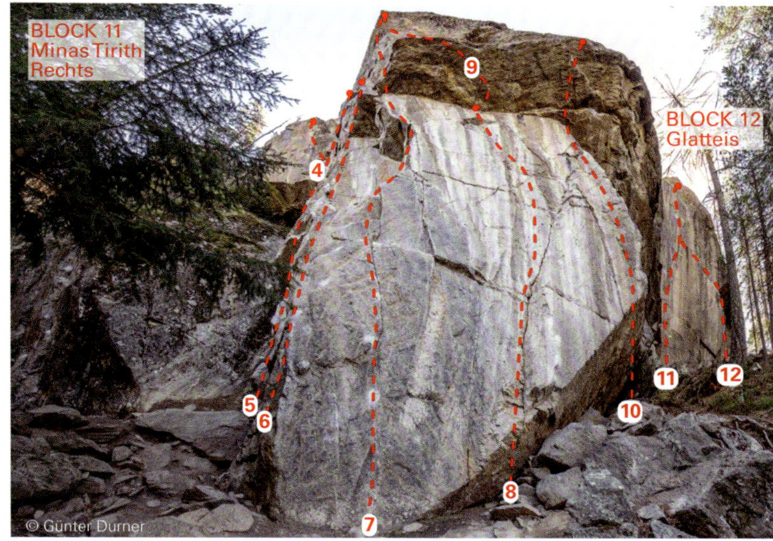

BLOCK 11 MINAS TIRITH

1	Adonis	7b+	14 m
2	Surprise	6c+	14 m
3	Barberix	6c	14 m
4	Uno	7c+	22 m
5	Mooskopf	7b+	22 m
6	Le Miracle	7b	22 m
7	Minas Tirith	8b+	24 m
8	Passport 2 Honesty	8c	20 m
9	Adrenalin	7b	8 m
10	Landler	7a	12 m

BLOCK 12 GLATTEIS

11	Kugeltarzan	6c	12 m
12	Glatteis	7b+	14 m

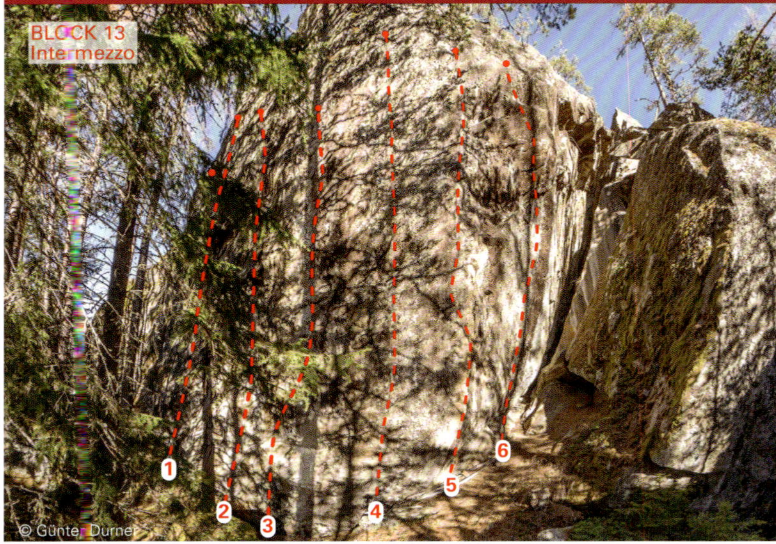

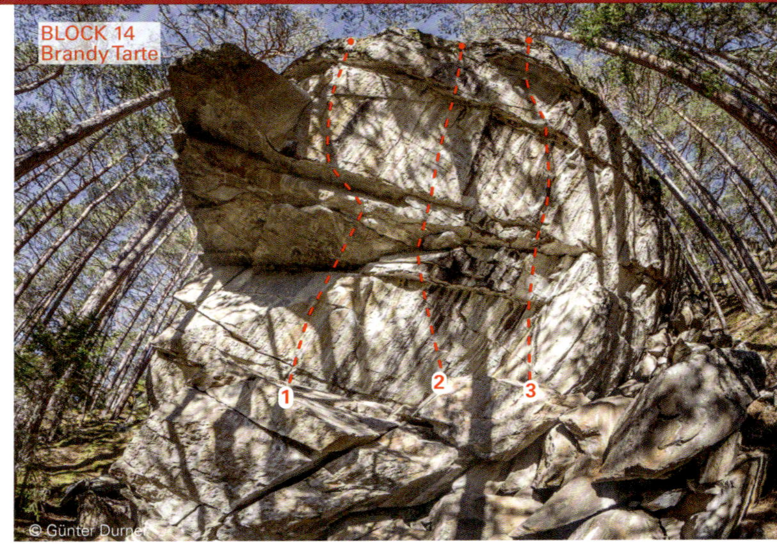

BLOCK 13 INTERMEZZO

1	Spitting Image	7a+	20 m
2	Zampano	6c	20 m
3	Projekt 1	7c	20 m
4	Intermezzo	7a	20 m
5	Projekt 2	7b	20 m
6	Projekt 3	-	20 m

BLOCK 14 BRANDY TARTE

1	Selbstbetrug	7c+	12 m
2	Don Petro	8c+	12 m
3	Brandy Tarte	8c	12 m

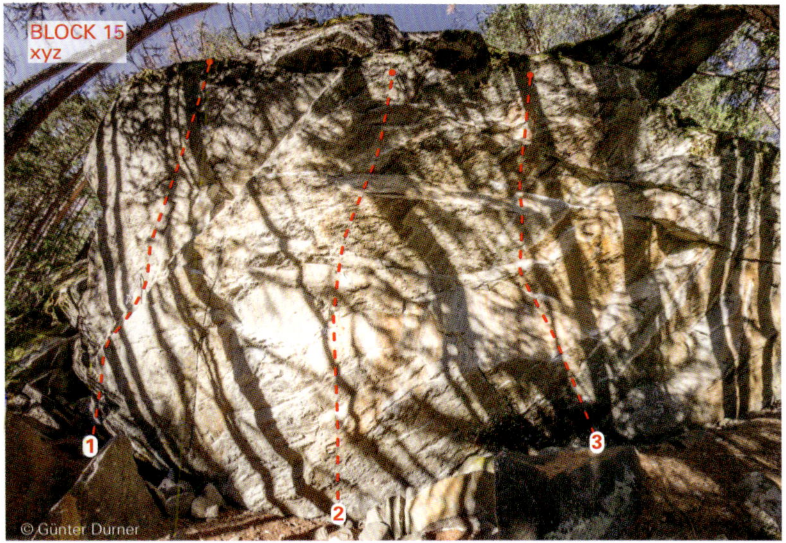

BLOCK 15 XYZ

1	„X“	6b	12 m
2	„Y“	7a+	12 m
3	„Z“ (Sitzstart 8a)	7b	12 m

BLOCK 16 (ohne Fototopo)

1	Projekt	-	12 m
2	Klimakatastrophe	6c	12 m
3	Wirbelsturm	7c+	12 m
4	Tornado	7b+/7c	12 m
5	One Move Wonder	-	12 m
6	Sehr steile Kante	-	12 m
7	Projekt	-	12 m

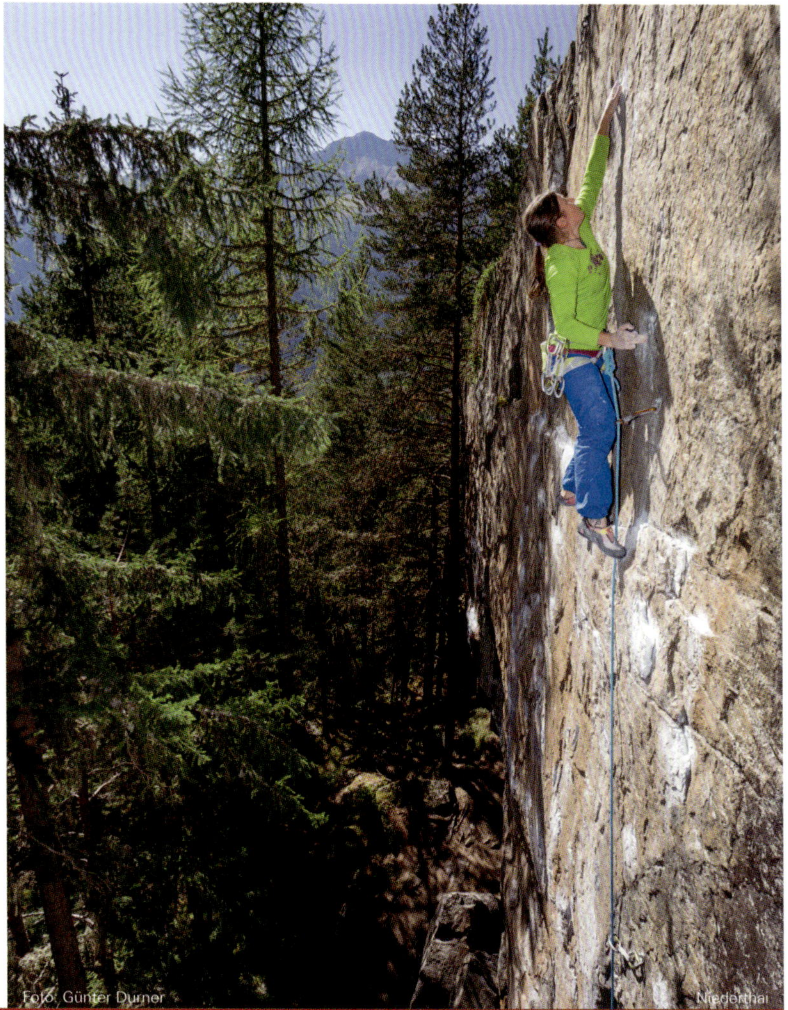

AUPLATTE

P GPS: 32 T 648190 5218746 Höhe: 1145 m
GPS: 32 T 647734 5219165 Höhe: 1175 m

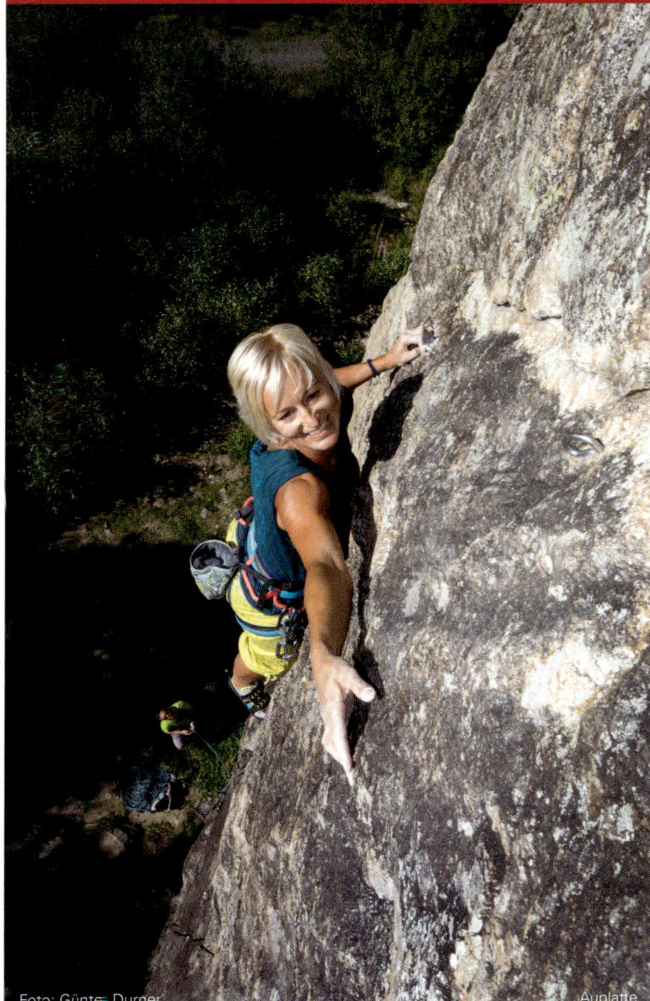

Foto: Günter Durner

Routenaufteilung

Schwierigkeitsgrad (Franz.)	3	4	5	6	7	8	9
Anzahl der Routen	-	4	5	25	7	-	-

Routenart 41 Einseillängen (ES), Mehrseillängen (MS), Boulder

Routenlänge 8-25 m

Zustieg 15 Min. ⇧ bergauf, ⇨ eben, ⇩ bergab (30 Hm)

Absicherung ★★★★★

Umlenkung Ring, Kette, Sauschwanz

Ausrichtung Nord, Ost, Süd, West

Winterklettergebiet ja, nein

Familienfreundlich ja, nein

Felsqualität Rauer plattiger Granit / sehr gut

Wandneigung Senkrechte bis leicht überhängende Kletterei

Wandfuß Breiter Wandfuß, Wald/Wiesengelände, kindertauglich

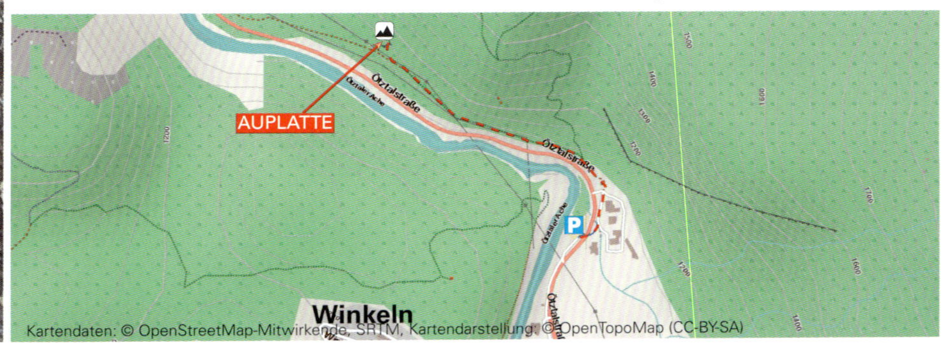

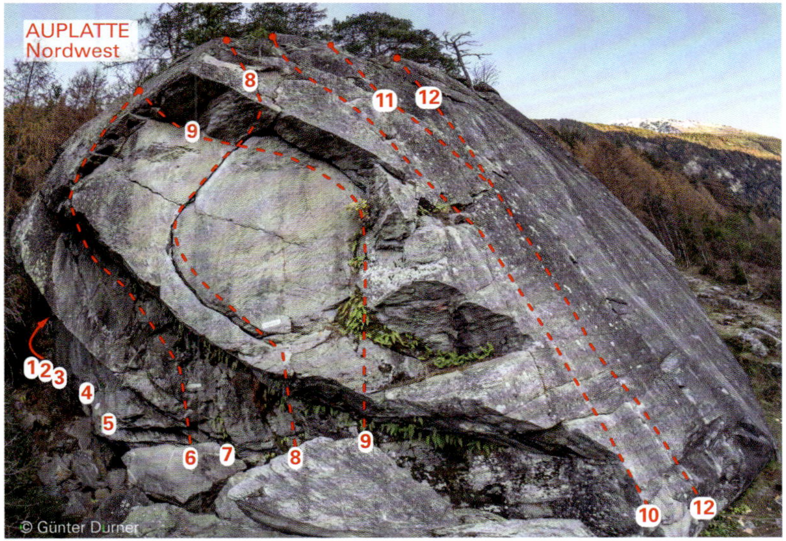

AUPLATTE

1	Max	4	8 m
2	Moritz	5a	8 m
3	--	4c	8 m
4	Rapunzel	-	8 m
5	James Mond 008	6b+	15 m
6	Oldtimer	6a+	15 m
7	Astrodance	7c	15 m
8	Goldmarie	6b	15 m
9	Frau Holle	6c+	20 m
10	Buschpilot	5b	18 m
11	Larifari Variante	5b+	18 m
12	Larifari	6a	18 m

ZUFAHRT/ZUSTIEG

Vom Kreisverkehr beim Beginn des Ötztals auf der Ötztaler Bundesstraße B186 etwa 18 Km in Richtung Längenfeld fahren. Nach dem Recyclinghof Längenfeld, im Ortsteil Au vor der Firma Thurner Bau GmbH, rechts abbiegen. Auf dem „Radweg" 100 m talauswärts zum Parkplatz fahren. Parken beim Recyclinghof ist nicht erlaubt. Auf dem Radweg durch die Unterführung der B186 zum Recyclinghof Längenfeld gehen. Bei der Weggabelung weiter talauswärts auf dem asphaltiertem Radweg bis dieser bergab führt. Hier einem Steig rechts am Zaun entlang 100 m leicht bergauf folgen. Vom Parkplatz zur Auplatte sind es ca. 800 m.

BESCHREIBUNG

Die Auplatte ist ein riesiger Felsblock in der Nähe der Nösslacher Wand. An dem Felsblock befinden sich auf jeder Seite zahlreiche Routen. Das sehr abwechslungsreiche Routenangebot, der einfache und kurze Zustieg sowie die schöne Lage machen die Auplatte zu einem lohnende Kletterziel.

ERSCHLIESSER

Reinhard Schiestl, Christoph Riml, Florian Gufler, Patrick Gufler

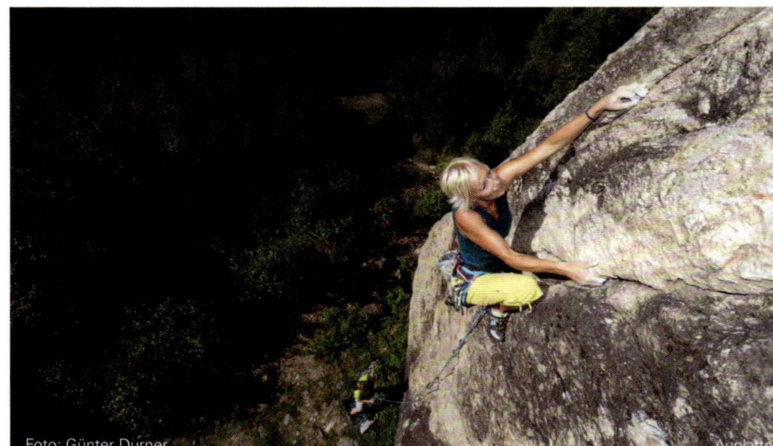

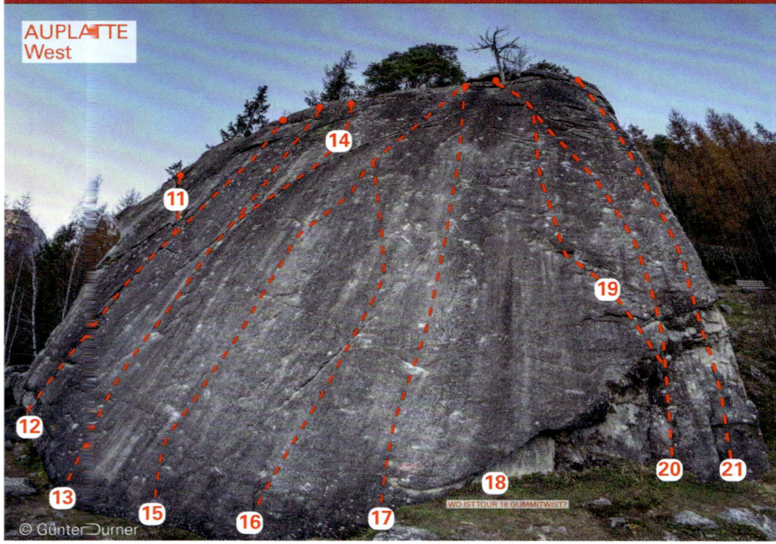

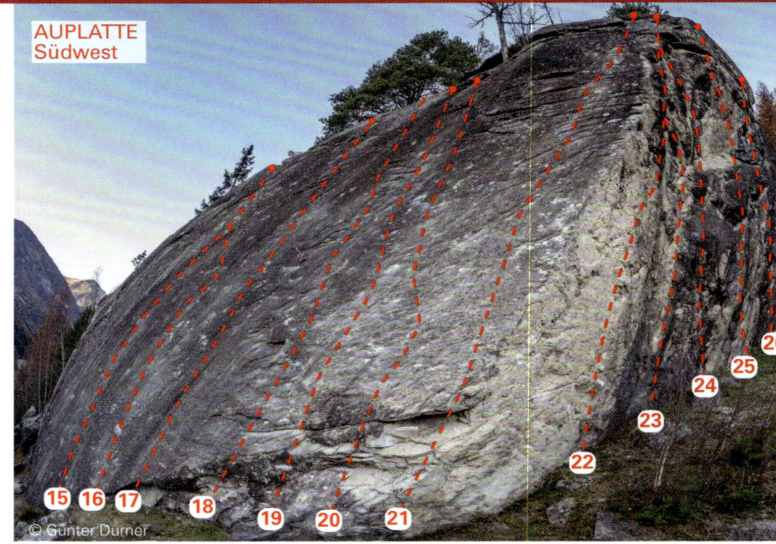

AUPLATTE

Nr.	Route	Grad	Länge
11	Lari-Fari Variante	5b+	18 m
12	Lari-Fari	6a	18 m
13	SOS	6b	18 m
14	BettHupferl	6b	20 m
15	Heiße Nummer	6c+	20 m
16	Silent Step	6c	20 m
17	Herzklopfen	6c	20 m
18	Gummitwist	7b	20 m
19	Bienvenue	6c	20 m
20	Charleston	7b+	20 m
21	Nirwana	6b+	20 m
22	Kurzschluss	6b+	20 m
23	Knick Knack	6a+	20 m
24	Gewitter	6b	20 m
25	Inferno	6c	25 m
26	Via Anna	6b	15 m

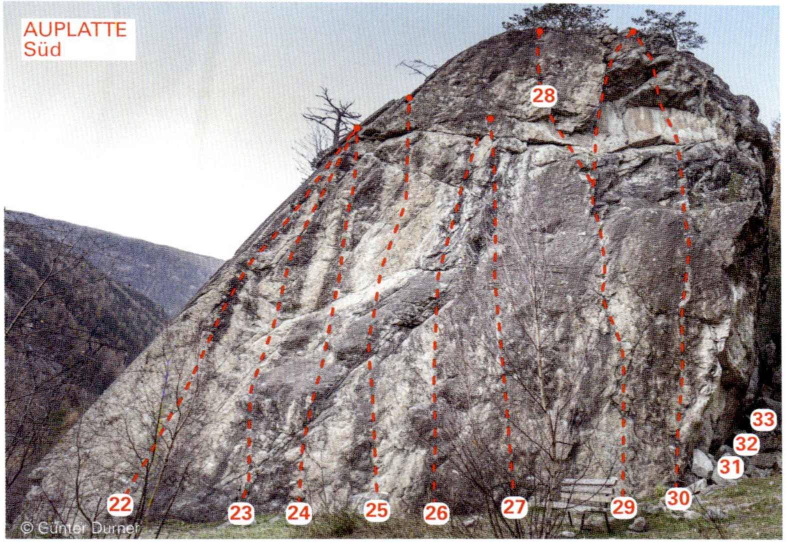

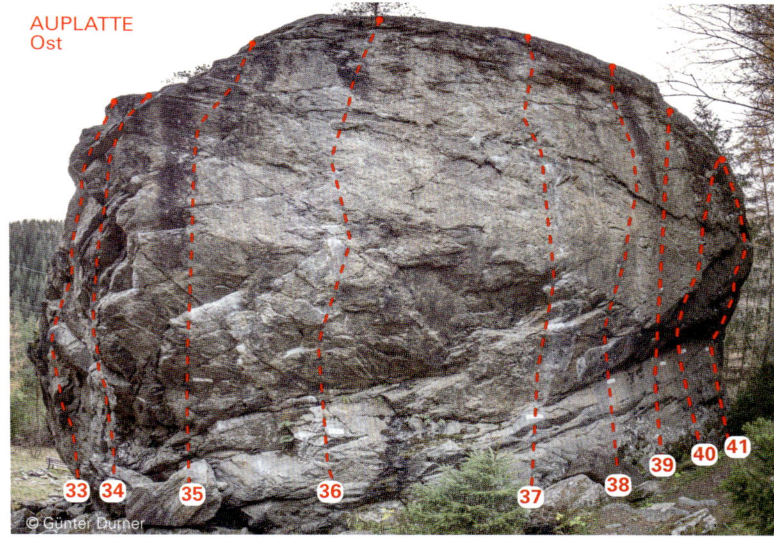

AUPLATTE

Nr.	Route	Grad	Länge
22	Kurzschluss	6b+	20 m
23	Knick Knack	6a+	20 m
24	Gewitter	6b	20 m
25	Inferno	6c	25 m
26	Via Anna	6b	15 m
27	Panische Zeiten	6b+	25 m
28	Mini Tour	6a	25 m
29	Mini Tour Variante	6a	25 m
30	Bingo Bongo	5c	25 m
31	Projekt 1	-	-
32	CO^2	6a	12 m
33	Lockenwickler	6b	12 m
34	Easy Run	6c	10 m
35	Mr. Loctite	7a+	10 m
36	Mr. No	7a+	10 m
37	Grünspan	7b	10 m
38	Kendo (Projekt)	-	10 m
39	Futura	7b	10 m
40	Kernkraft	6c+	8 m
41	Radioaktiv	6b+	8 m

NÖSSLACH

P GPS: 32 T 648190 5218746 Höhe: 1145 m
GPS: 32 T 648274 5219031 Höhe: 1200 m

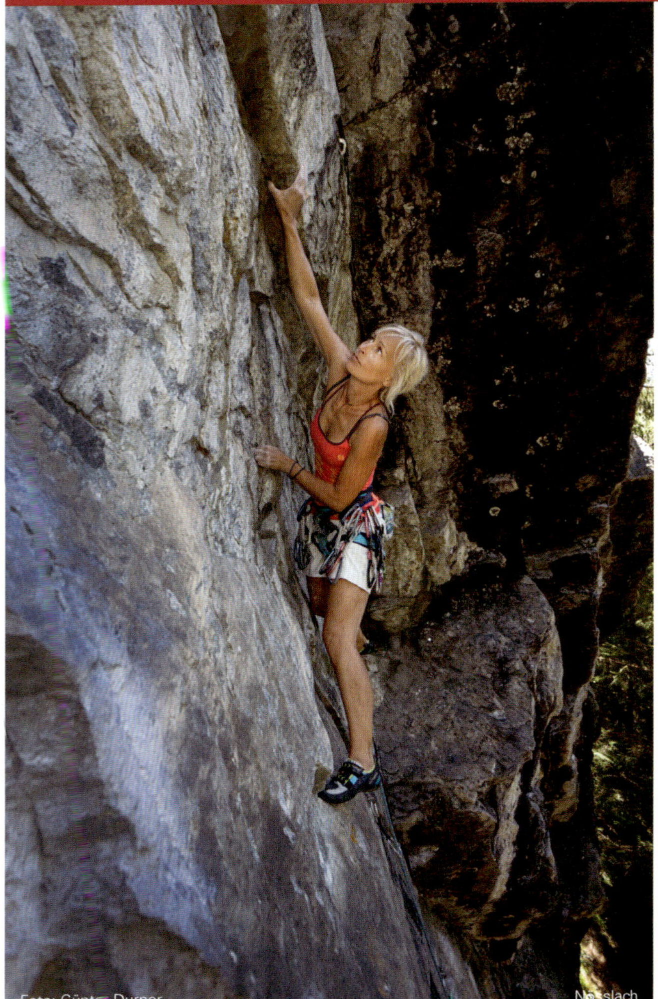

Foto: Günter Durner

Routenaufteilung	Schwierigkeitsgrad (Franz.)	3	4	5	6	7	8	9
	Anzahl der Routen	-	-	11	33	13	2	-

Routenart	61 Einseillängen (ES), 11 Mehrseillängen (MS), Boulder
Routenlänge	10-45 m
Zustieg	25 Min. ⇧ bergauf, ⇨ eben, ⇩ bergab (50 Hm)
Absicherung	★★★★★
Umlenkung	Ring, Kette, Sauschwanz
Ausrichtung	Nord, Ost, Süd, West
Winterklettergebiet	ja, nein
Familienfreundlich	ja, nein
Felsqualität	Granitgneis plattiger Granit / sehr gut
Wandneigung	Senkrechte bis leicht überhängende Kletterei
Wandfuß	Steiler Wandfuß, Wald

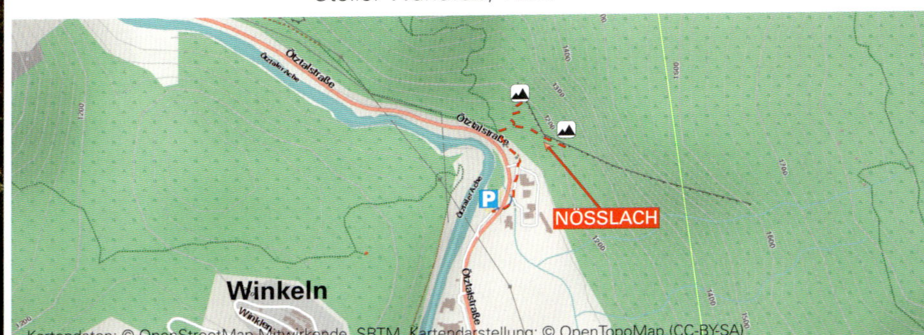

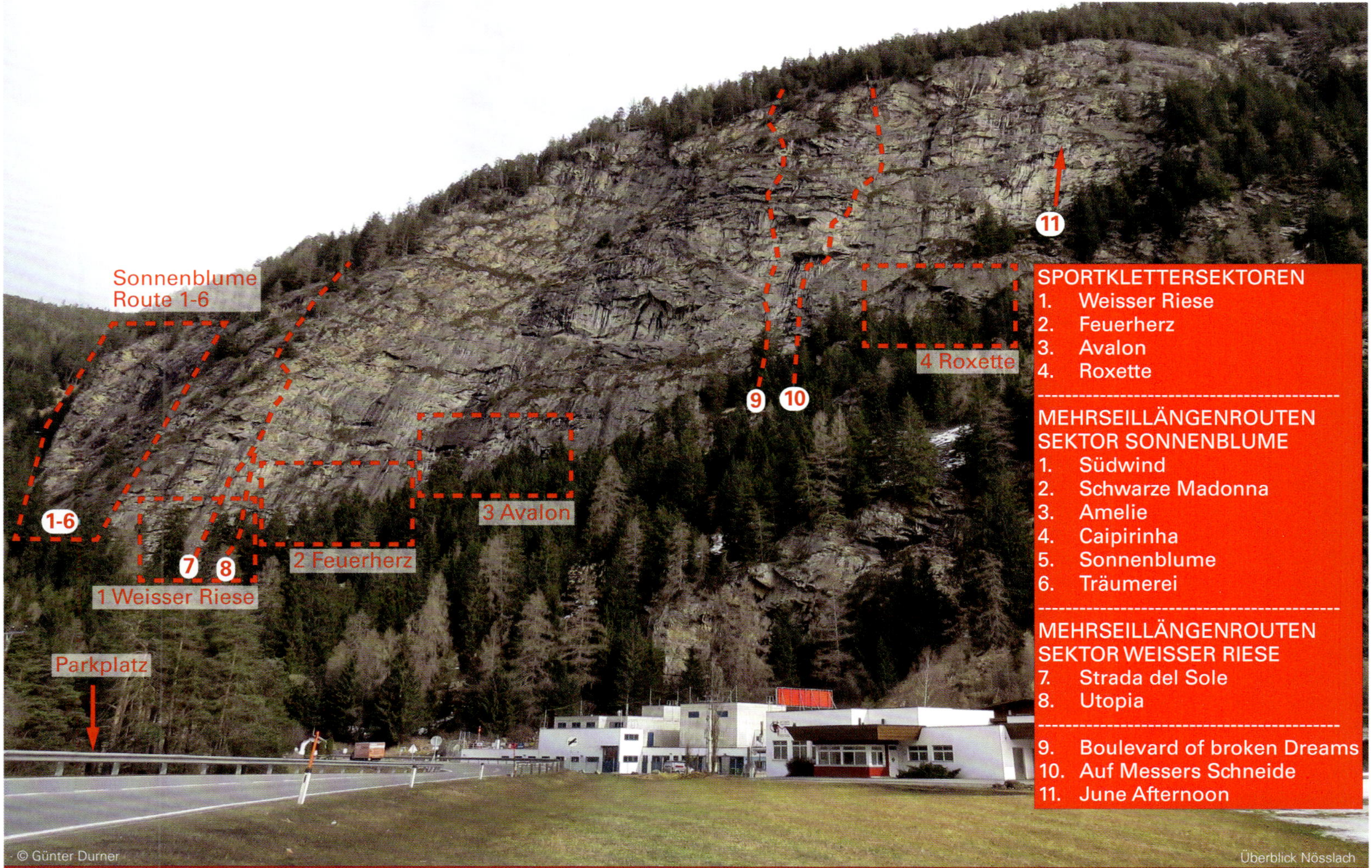

Überblick Nösslach

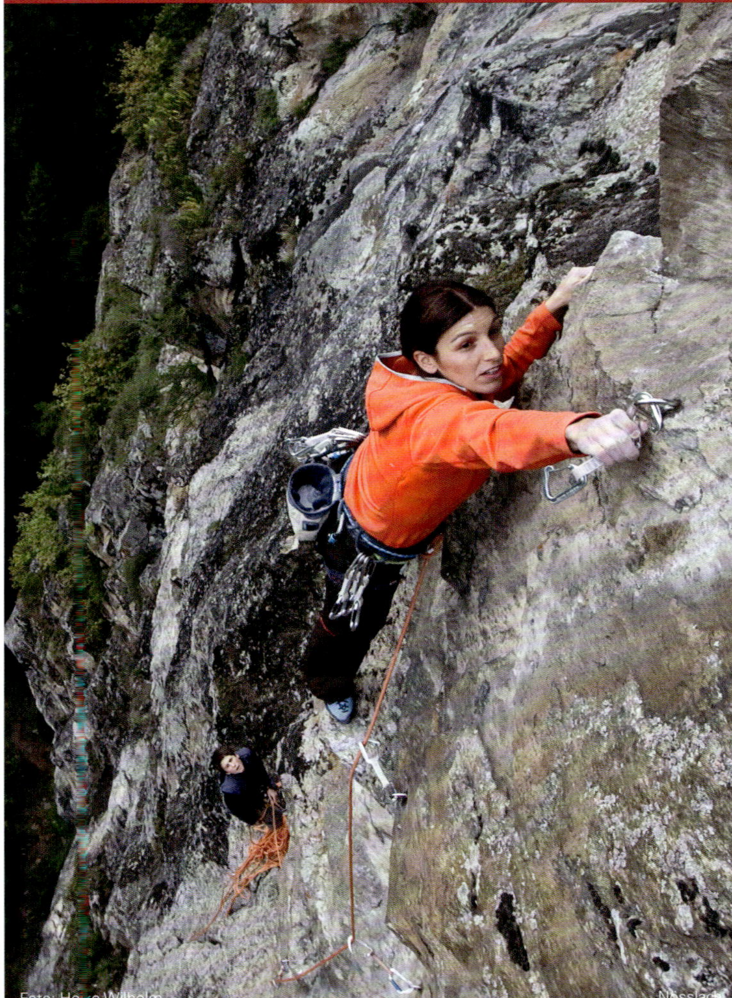

ZUFAHRT/ZUSTIEG

Vom Kreisverkehr beim Beginn des Ötztals auf der Ötztaler Bundesstraße B186 etwa 18 Km in Richtung Längenfeld fahren. Nach dem Recyclinghof Längenfeld, im Ortsteil Au vor der Firma Thurner Bau GmbH, rechts abbiegen. Auf dem „Radweg" 100 m talauswärts zum Parkplatz fahren. Parken beim Recyclinghof ist nicht erlaubt. Auf dem Radweg durch die Unterführung der B186 zum Recyclinghof Längenfeld gehen. Bei der Weggabelung rechts dem Steig in Richtung Wiesle folgen. Kurz danach zweigt ein Steig ab, diesem bis zur Wand hinauf folgen. Zuerst erreicht man den Sektor Weisser Riese, dann die Sektoren Feuerherz und Avalon. Vom Parkplatz ca. 25 Min., ca. 50 Hm.

ZUSTIEG ZUM SEKTOR ROXETTE

Bei der Weggabelung rechts dem Steig in Richtung Wiesle bis zur Abzweigung Klettergarten Nösslach gehen. Hier rechts und bis zum Ende des Karrenwegs. Nun dem Pfad (rote Punkte) schräg rechts, sehr steil bergauf bis zum Sektor Roxette folgen. Der Sektor Roxette befindet sich 50 m rechts der Route „Auf Messers Schneide". Der Zustieg über die Sektoren (Feuerherz, Avalon) ist nicht empfehlenswert. Der Zustieg zur „June Afternoon" erfolgt über den Sektor Roxette. Man quert vom Sektor Roxette noch weiter nach rechts und erreicht dann über Schrofen den Einstieg. Vom Parkplatz ca. 30 Min., ca. 120 Hm.

ZUSTIEG SEKTOR SONNENBLUME

Am Sektor Weisser Riese links vorbei dem markierten Steig bis zum Einstieg folgen. Vom Parkplatz ca. 35 Min., ca. 100 Hm.

BESCHREIBUNG

An der Wand in Nösslach gibt es neben einem Klettergarten auch zahlreiche Mehrseillängenrouten. Die sehr gut abgesicherten Routen verlaufen über Platten und durch Überhänge. In der heißen Jahreszeit spenden die Fichtenbäume am Einstieg Schatten. Das abwechslungsreiche Routenangebot, der einfache und kurze Zustieg sowie die schöne Lage machen Nösslach zu einem sehr lohnenden Kletterziel.

ERSCHLIESSER

Reinhard Schiestl, Christoph Riml, Florian Gufler, Patrick Gufler, Clemens Gufler, Matthias Burtscher, Alexander Giacomelli

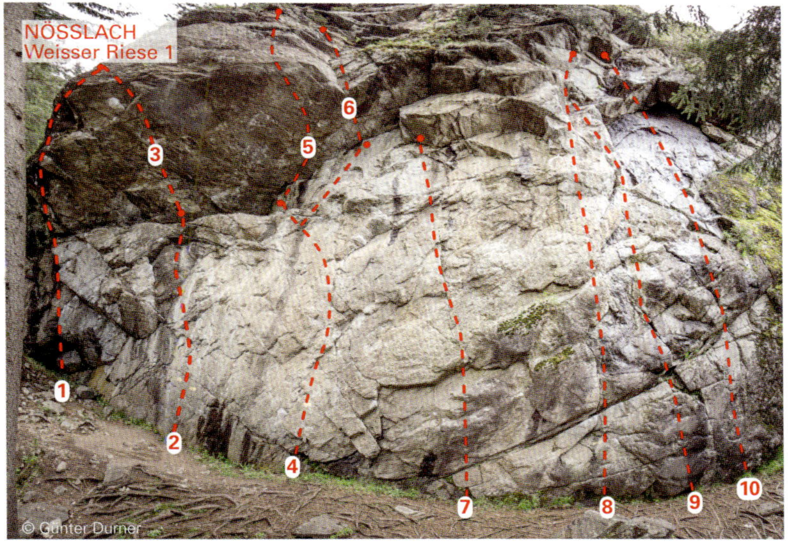

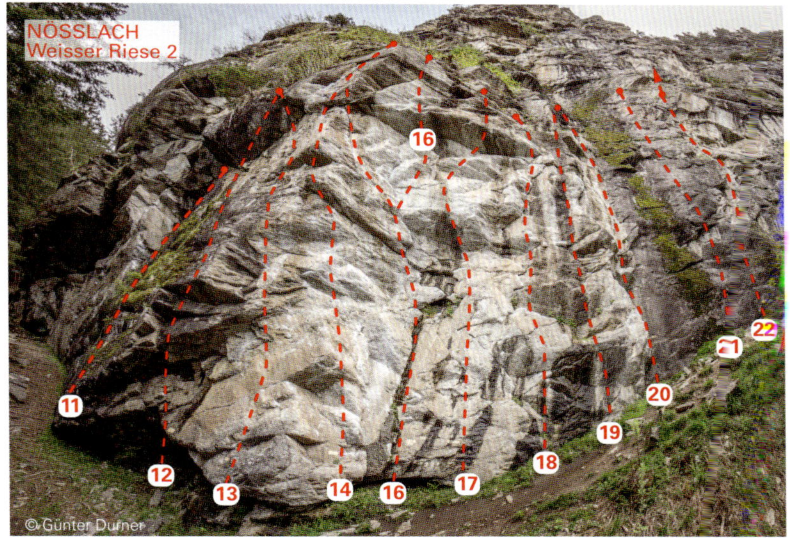

WEISSER RIESE

Nr.	Route	Grad	Länge
1	Lichtblick	7b	20 m
2	Morgen	6a+	10 m
3	Shogun	7a	20 m
4	Einfach	6a	10 m
5	Spaceman	7c+	15 m
6	Babydoll	6c+	20 m
7	Heute	5c	10 m
8	Herbst	5c	20 m
9	Darling	5c	20 m
10	Katalysator	6a+	20 m
11	Projekt (mit Moos bedeckt)	-	-
12	Irren ist menschlich	6b+	20 m
13	Wicky	6b	20 m
14	Schachzug	7a	20 m
15	Weisser Riese	6b	20 m
16	Club 86	7a+	20 m
17	Rumpelstilzchen	6c	20 m
18	Bleifrei	6a+	18 m
19	Meister Proper	6b	20 m
20	Wurzenmax	5c	20 m
21	Gelati	6b	20 m
22	Strada del Sole (1. SL)	5a	20 m

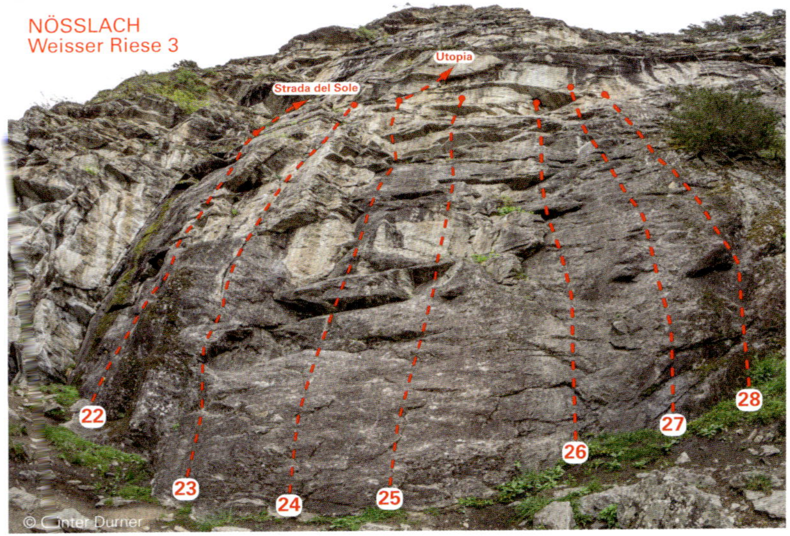

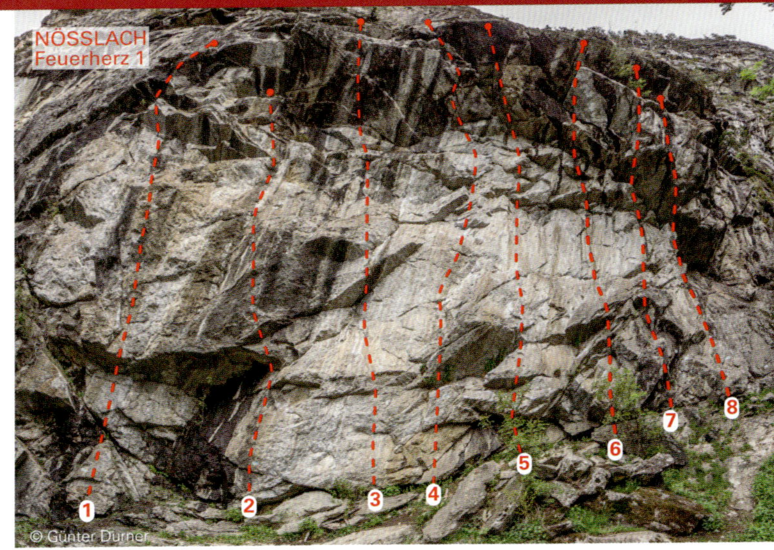

WEISSER RIESE

	Route	Grad	Länge
22	Strada del Sole (1. SL.)	5a	35 m
	Strata del Sole (7 SL.)	6b	195 m
	(5a, 6b, 6a, 5b, 5c, 6a+, 5c)		
23	Panna Cotta	5a	20 m
24	Tiramisu (1. SL. Utopia)	5a	20 m
	Utopia (4 SL.)	6c+	90 m
	(5a, 6c+, 6a+, 6b)		
25	Ötztaler 2012	5c	18 m
26	Der Beginn der Mest	6a	18 m
27	Tante Ingrid	5b	18 m
28	Bina	5c	18 m

FEUERHERZ

	Route	Grad	Länge
1	Rübezahl	6c+	16 m
2	Jetzt	6b+	12 m
3	Pauls Kotzattacke	8b	16 m
4	Nichts für Schwache	7c	16 m
5	Traumreise	6b+	16 m
6	Odyssee	6b	16 m
7	Gefühlsrausch	6c+	16 m
8	Feuerherz	7b	16 m

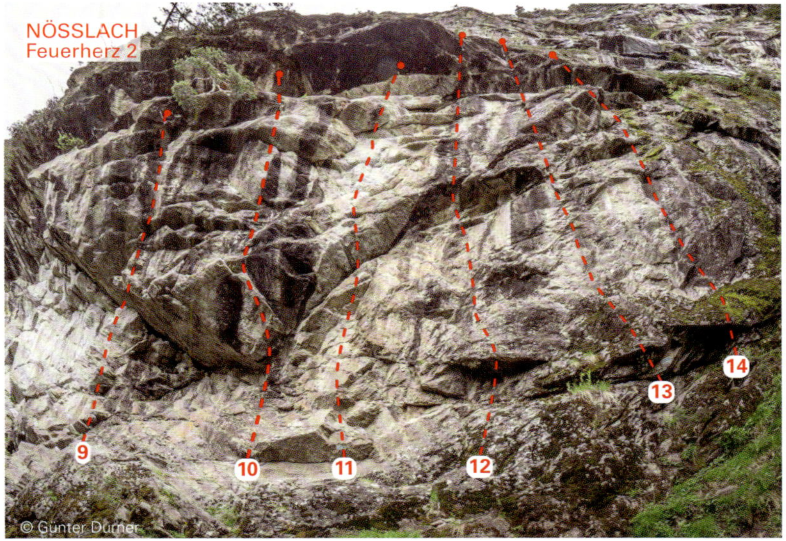

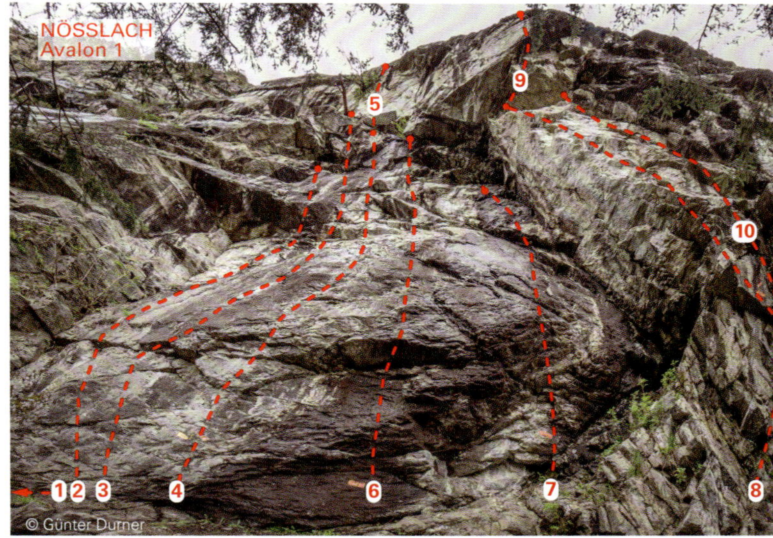

FEUERHERZ

9	Sparglitarzan	7b+	12 m
10	Patriot	7b	14 m
11	Lausbua	6a	14 m
12	Sonnentor	6b	16 m
13	Milchschaum	6b	20 m
14	Socke	6b+	20 m

AVALON

1	Rauhfaser	6c+	25 m
2	Simsalabim	6b+	25 m
3	Radler	6b	25 m
4	11 Minuten	6a	25 m
5	Avalon	7a+	30 m
6	Blindes Huhn	6a	20 m
7	Talisker	5c	20 m
8	Kaito	6c+	20 m
9	Togana	7c+	20 m
10	Ardbeg	6a+	20 m

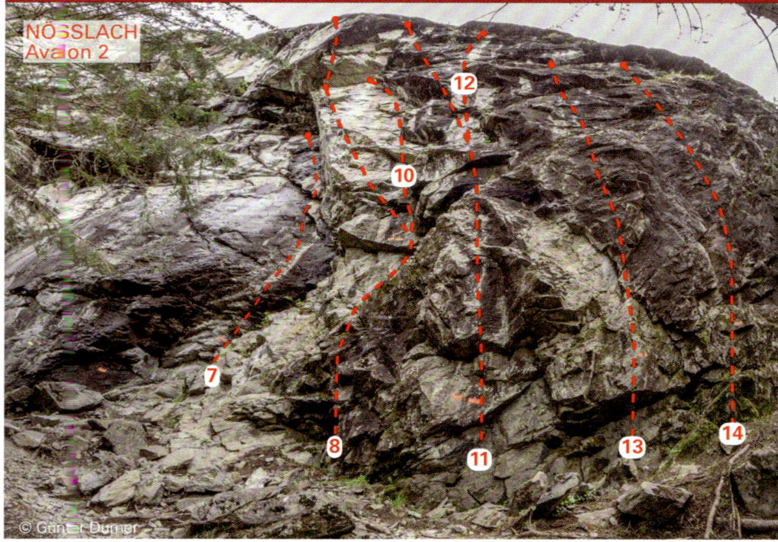

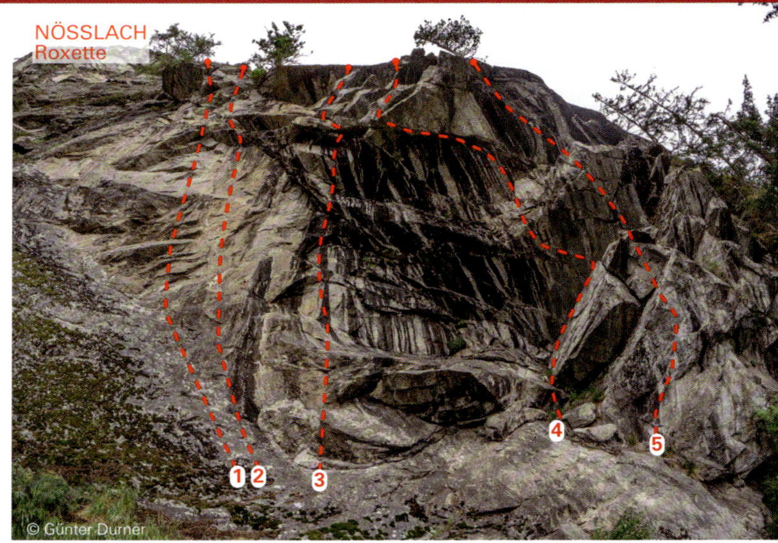

AVALON

9 Togana .... 7c+ .... 20 m
10 Ardbeg .... 6a+ .... 20 m
11 Spirit .... 6b+ .... 30 m
12 Zahir .... 6b+ .... 30 m
13 Sunrise .... 6b+ .... 25 m
14 Illusion .... 6b .... 25 m

ROXETTE

1 Real Sugar .... 6c+ .... 25 m
2 Big Love .... 7a+ .... 25 m
3 How do you do .... 7c .... 25 m
4 Roxette .... 8b/8b+ ..... 25 m
5 Stupid (Projekt) Boulderstelle am 1. Haken, danach etwa 7c

BESCHREIBUNG

Der Sektor Roxette ist nach Westen ausgerichtet. Im Sommer bekommen die Routen ab ca. 15:00 Uhr Sonne. Die Route Roxette ist wahrscheinlich die mit Abstand spektakulärste Linie im gesamten Ötztal.

ERSCHLIESSER

Die Touren wurden von Hansjörg Auer in den Jahren 2008 und 2009 eingerichtet und erstbegangen.

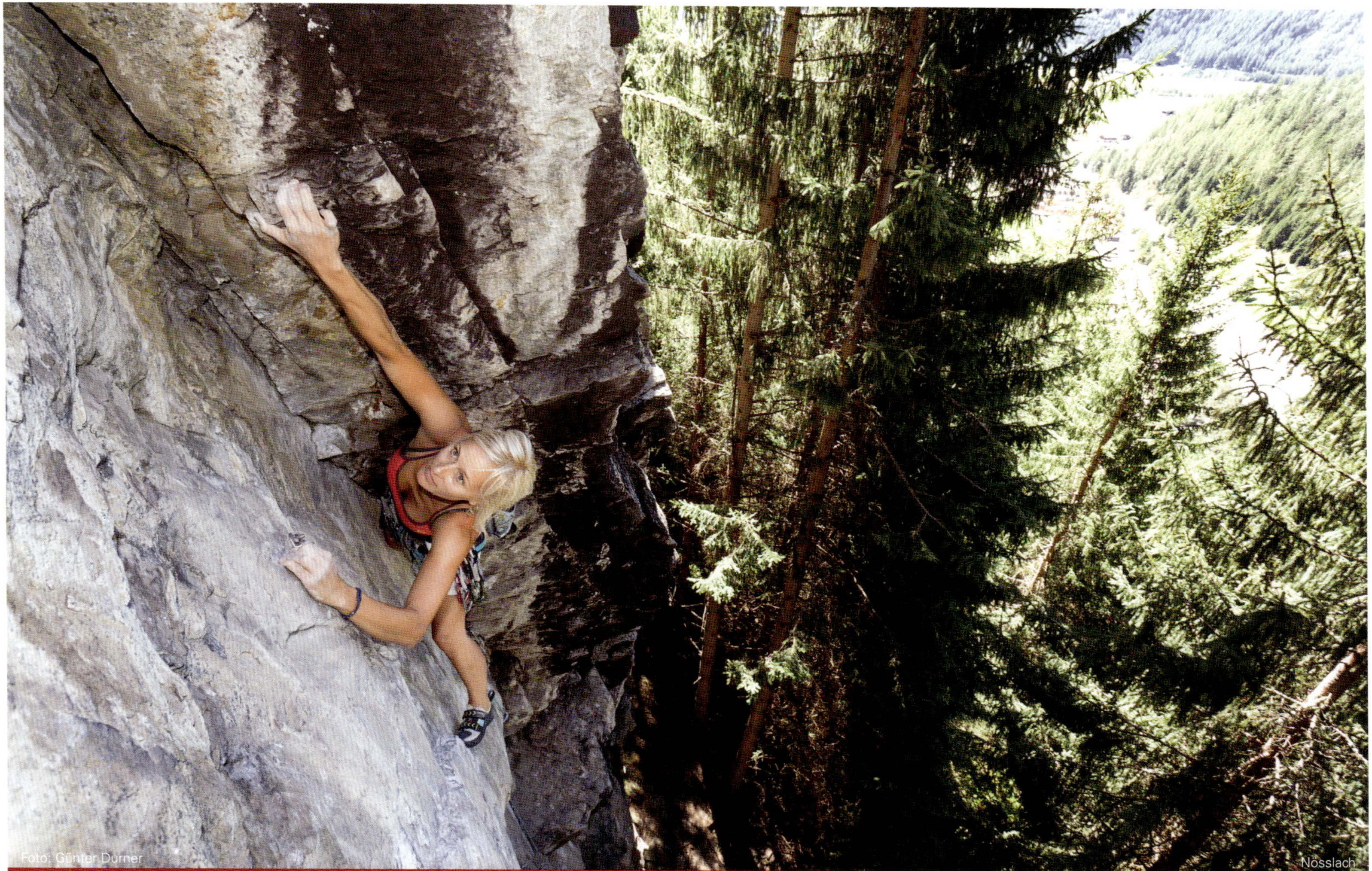
Foto: Günter Durner

Nösslach

NÖSSLACH

SEKTOR SONNENBLUME

Im linken Wandteil der großen Nösslachwand gibt es im Sektor Sonnenblume sehr schöne, mit Bohrhaken bestens abgesicherte Mehrseillängenrouten. Diese bieten überwiegend steile Wand- und Plattenkletterei.

ZUSTIEG

Wie zum Sektor Weisser Riese, dann am Sektor Weisser Riese links vorbei dem markierten Steig bis zum Einstieg folgen. Vom Parkplatz ca. 25 Min..

ABSTIEG

Vom Ausstieg immer den orangen Punkten bis zum Wanderweg folgen, dann über den Wanderweg zurück zum Ausgangspunkt.

AUSRÜSTUNG

50 m Seil, 15 Expressschlingen, Helm. Die Mehrseillängenrouten im Sektor Sonnenblume sind alle durchwegs perfekt mit Bohrhaken abgesichert.

SEKTOR SONNENBLUME

1 Südwind (5 SL.) .... 5c+ ..... 140 m
(3, 4, 5a, 5c, 5c+)

2 Schwarze Madonna (6 SL.) .... 6b .... 168 m
(4a, 5b, 6a, 6b, 5c, 5c+)

3 Amelie (5 SL.) .... 7b .... 145 m
(5b, 6a, 6a+, 7b, 5c)

4 Caipirinha (5 SL.) .... 6b .... 162 m
(3a, 5b+, 5c, 6b, 5b+)

5 Sonnenblume (7 SL.) .... 5c .... 155 m
(5a, 5a, 5b, 5c, 5c, 5b, 5a)

6 Träumerei (7 SL.) .... 6a+ ..... 200 m
(4c, 5a, 6a, 5c, 6a, 5c+, 6a+)

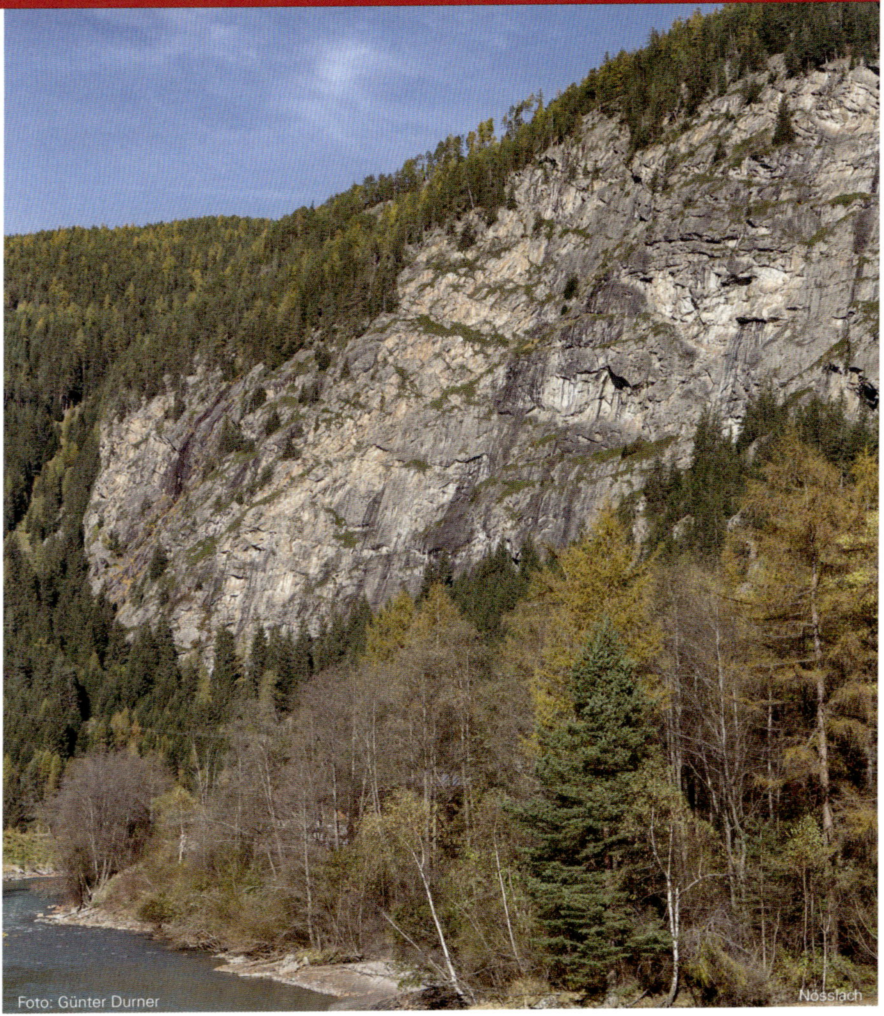

Foto: Günter Durner

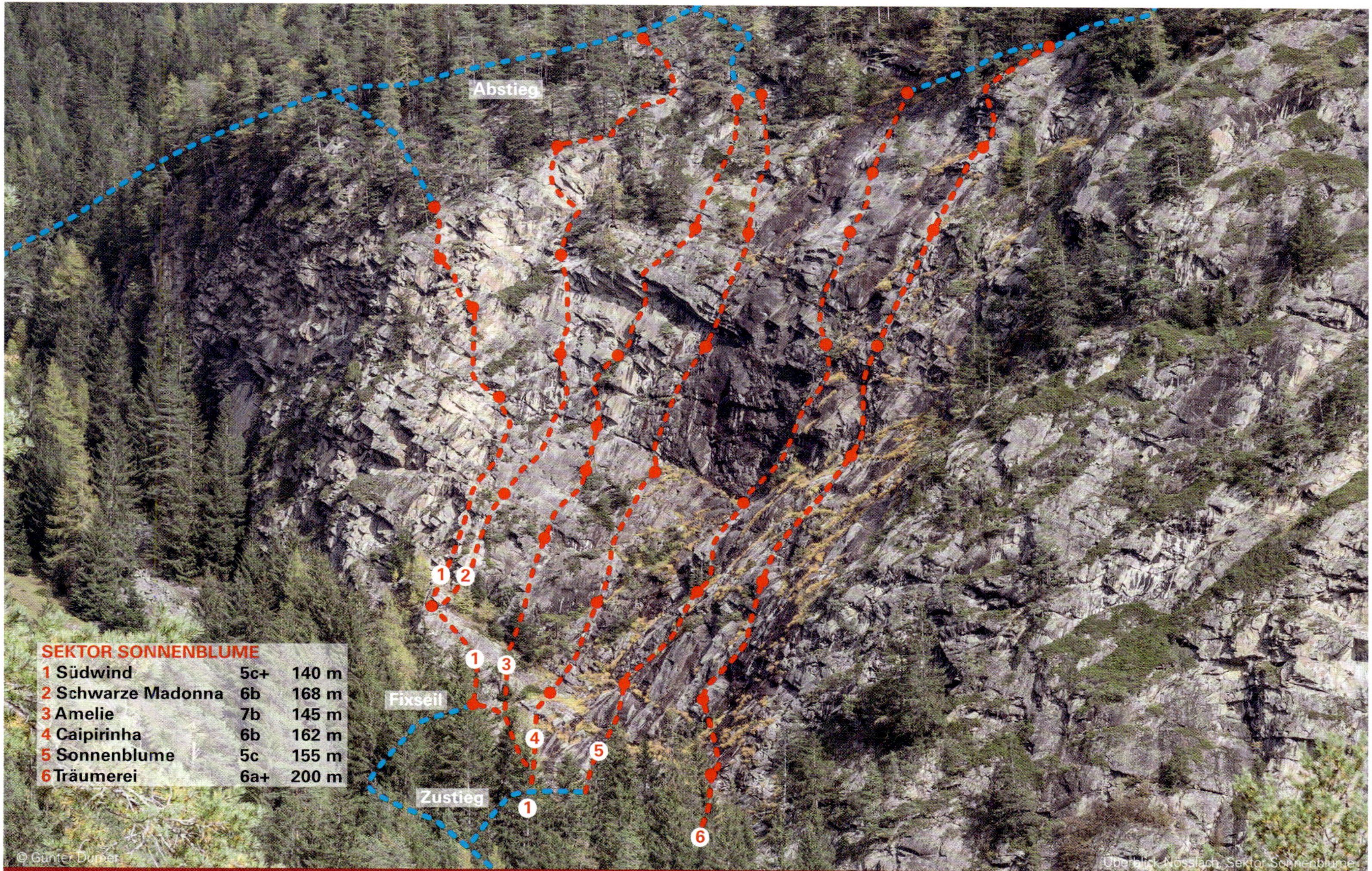

Überblick Nösslach, Sektor Sonnenblume

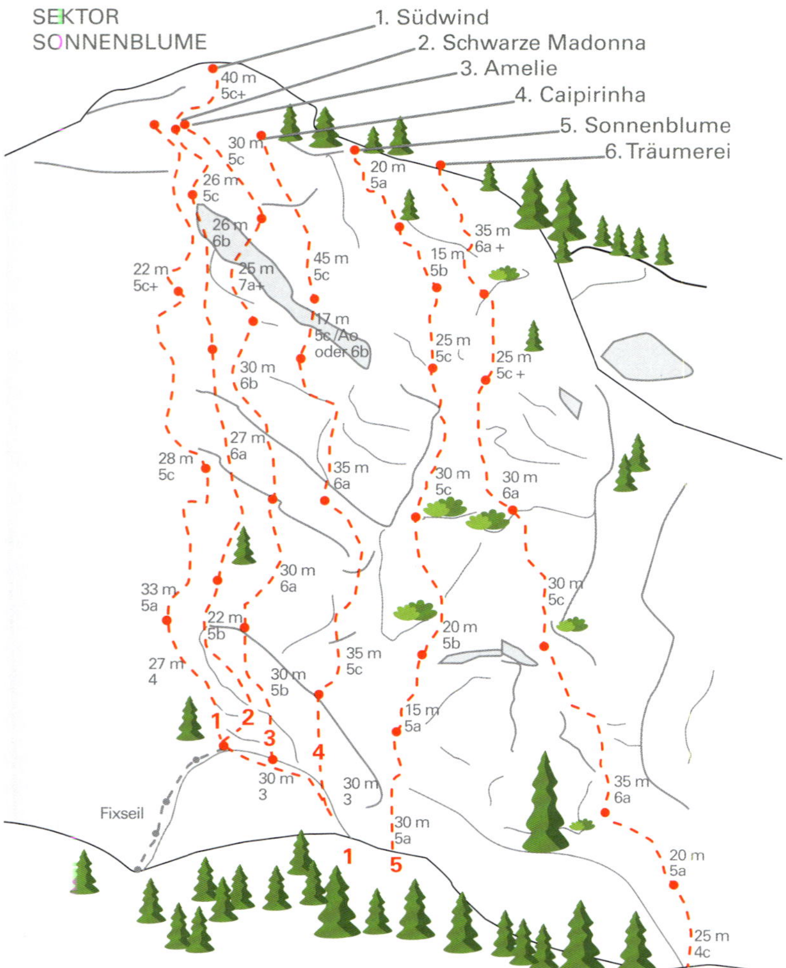

1. Südwind (5 SL.)..**5c+**.................**140 m**
Gut abgesicherte Genusskletterei im gutgriffigen Gneis.
Erschließer:
Florian Gufler, Alexander Giacomelli, Clemens Gufler

2. Schwarze Madonna (6 SL.)............................**6b**.................**168 m**
Gut abgesicherte Gneiskletterei mit einer schweren Länge.
Die schwere Seillänge kann aber auch A0 geklettert werden kann.
Erschließer:
Florian Gufler, Alexander Giacomelli, Clemens Gufler

3. Amelie (5 SL.)..**7b**.................**145 m**
Platten-, Wand- und Dachkletterei mit einer schweren Seillänge.
Erschließer:
Matthias Burtscher, G. Landschützer

4. Caipirinha (5 SL.)...**6b**.................**162 m**
Genusskletterei in bombenfestem Gneis mit Plasirabsicherung.
Erschließer:
Alexander Giacomelli, Florian Gufler, Patrick Gufler

5. Sonnenblume (7 SL.).....................................**5c**.................**155 m**
Feste Plattenkletterei in bestem Granitgneis.
Erschließer:
Matthias Burtscher, L. Steinhauser

6. Träumerei (7 SL.)...**6a+**.................**200 m**
Feste Platten- und Wandkletterei.
Erschließer:
Matthias Burtscher, G. Landschützer

SEKTOR WEISSER RIESE

Im Sektor Weisser Riese gibt es zwei Mehrseillängenrouten. Diese bieten überwiegend steile Wand- und Plattenkletterei.

ZUSTIEG

Wie zum Sektor Weisser Riese

ABSTIEG

Vom Ausstieg immer den orangen Punkten bis zum Wanderweg folgen und dann über den Wanderweg zurück zum Ausgangspunkt. Bei der Route Utopia über die Route durch zweimaliges Abseilen oder die Tour Strada del Sole weiterklettern.

AUSRÜSTUNG

60 m Seil, 15 Expressschlingen, Helm. Die Mehrseillängenrouten im Sektor Weisser Riese sind alle durchwegs perfekt mit Bohrhaken abgesichert.

SEKTOR WEISSER RIESE

7 Strada del Sole (7 SL.) ..... 6b ..... 195 m
(5a, 6b, 6a, 5b, 5c, 6a+, 5c)

8 Utopia (4 SL.) .... 6c+ ..... 90 m
(5a, 6c+, 6a+, 6b)

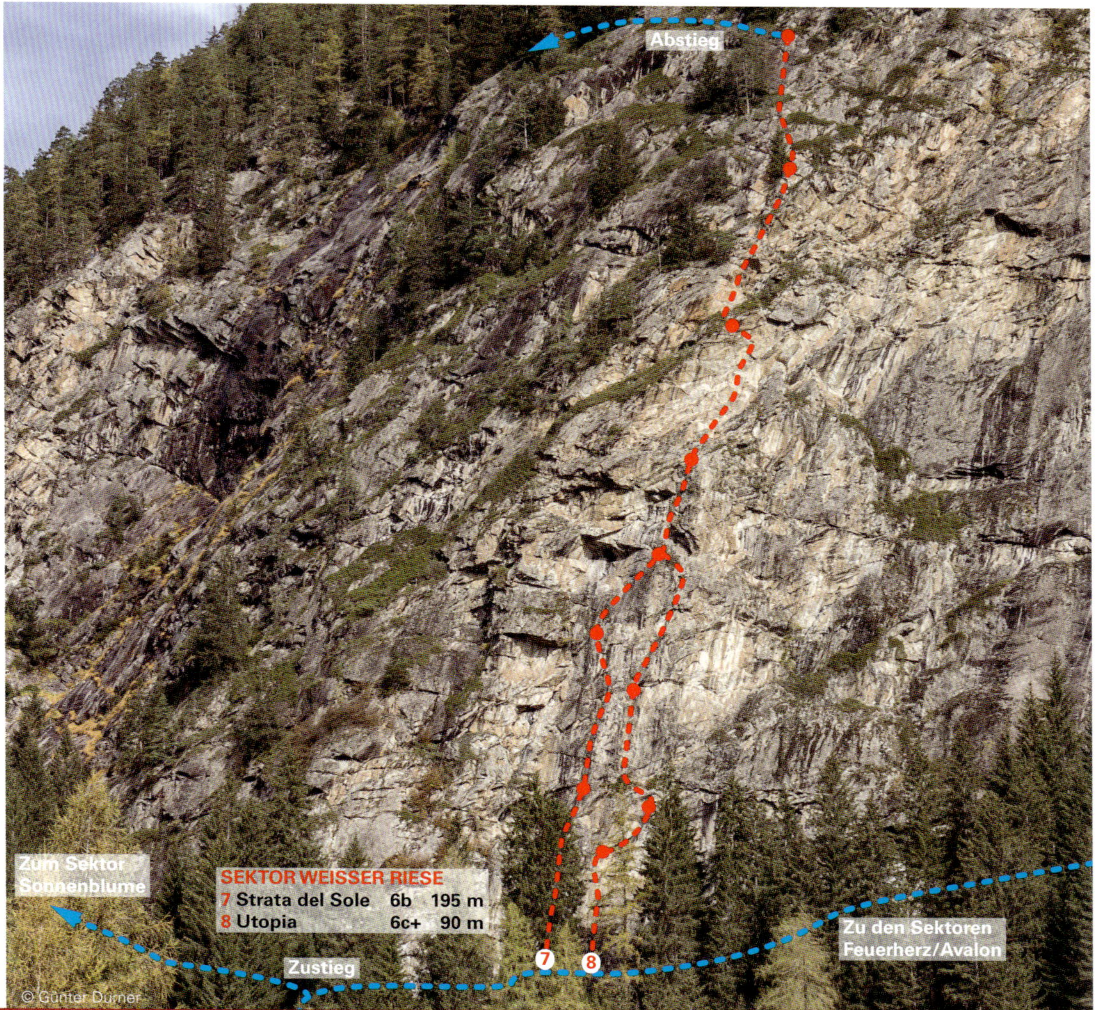

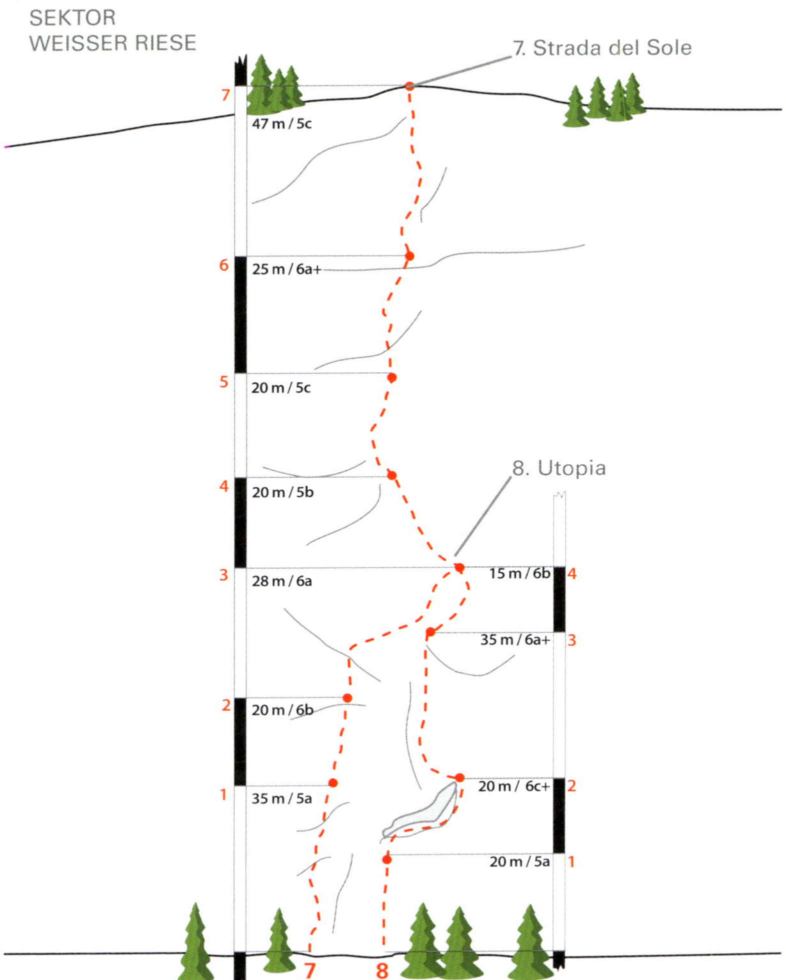

7. Strada del Sole (7 SL.) .... 6b .... 195 m

Sehr schöne, feste Platten- und Wandkletterei.
Erschließer:
Florian Gufler, Alexander Giacomelli, Clemens Gufler

8. Utopia (4 SL.) .... 6c+ .... 90 m

Sehr schöne, steile Granitkletterei.
Die zweite Seillänge ist leicht überhängend. Nach der vierten Seillänge mündet die Tour in die Strada del Sole.
Erschließer:
Florian Gufler, Alexander Giacomelli, Clemens Gufler

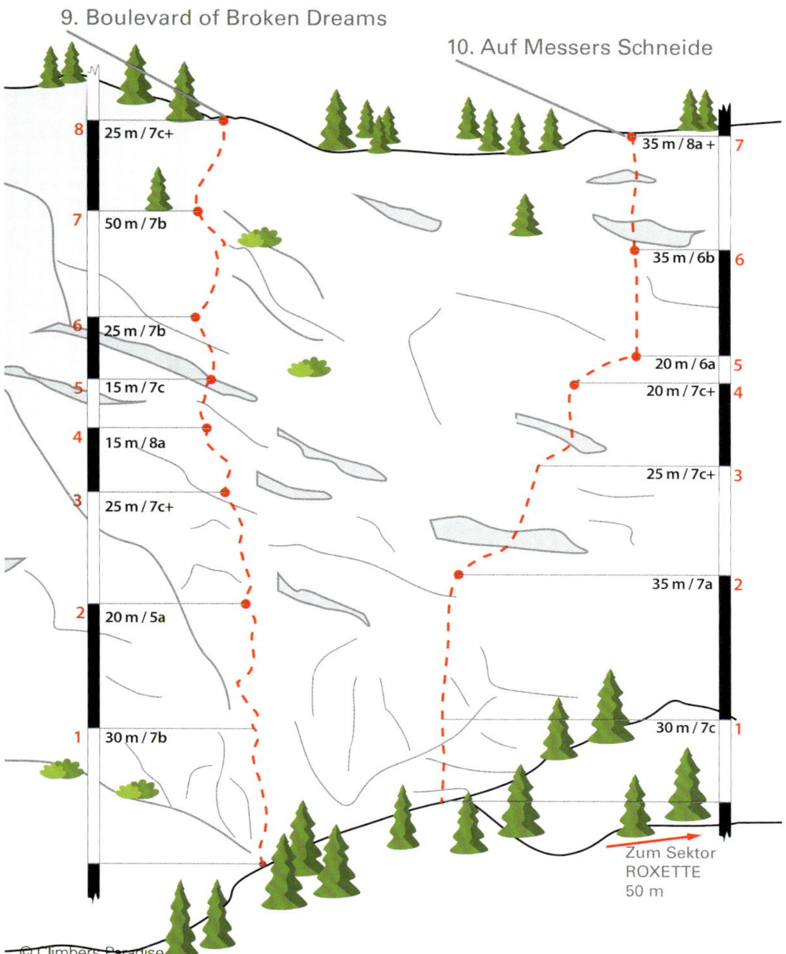

ROUTEN ZWISCHEN SEKTOR AVALON UND SEKTOR ROXETTE

9. Boulevard of broken Dreams (8 SL.) ....8a ....205 m

Athletische, teilweise sehr ausgesetzte Granitkletterei.
Erschließer: A Leichtfried, (7b, 5a, 7c+, 8a, 7c, 7b, 7b, 7c+).
Zustieg: Vom Parkplatz dem Wanderweg nach Wiesle folgen. Nach ca. 10 Min. zweigt man bei einem Bildstock nach rechts auf einen kleinen Steig ab. Nach dem Sektor Avalon quert man direkt am Wandfuß entlang bis zu einer großen Fichte. Der Einstieg befindet sich hinter der großen Fichte, etwa 20 m links der Tour „Auf Messers Schneide". Die letzten 50 m sind steil und unwegsam. Abstieg: Vom letzten Stand den orangen Markierungen nach rechts bis zu einem Fußweg folgen. Der Weg führt zurück zum Parkplatz. Vom Abseilen über die Route wird abgeraten.

10. Auf Messers Schneide (7 SL.)................................8a+ ....200 m

Beeindruckende, sehr steile und überhängende Granitkletterei.
Erschließer: M. Haid, (7c, 7a, 7c+, 7c+, 6a, 6b, 8a+).
Zustieg: Vom Parkplatz dem Wanderweg nach Wiesle folgen. Nach ca. 10 Min. zweigt man bei einem Bildstock nach rechts auf einen kleinen Steig ab. Nach dem Sektor Avalon quert man direkt am Wandfuß entlang bis zu einem großen Dach, etwa 20 m rechts der Tour „Boulevard of broken Dreams". Die letzten 50 m sind steil und unwegsam. Abstieg: Man folgt den roten Markierungen nach links oben bis man auf einen Fußweg gelangt, der zurück zum Parkplatz führt.

11. June Afternoon (5 SL.) ohne Topo **..........................8c............133 m**

Anspruchsvolle Mehrseillängenroute im rechten Teil der Nösslachwand mit einer sensationellen letzten Seillänge. Die Route ist noch ein geschlossenes Projekt allerdings konnte Hansjörg im Mai 2011 die Linie bis auf die erste Seillänge frei klettern. Die gesamte Rotpunktbegehung steht noch aus.
(8c, 5a, 7c, 7a, 8a)
Zustieg: Bei der Schranke biegt man nach rechts in den Wald und folgt einem kleinen Steig bis unter den bereits von der Straße aus zu sehenden Klettergarten. Der Zustieg über die anderen Sektoren (Feuerherz, Avalon) ist nicht empfehlenswert. Vom Sektor Roxette quert man einfach noch weiter nach rechts und erreicht dann über Gras und Schrofen linkshaltend den Einstieg. Abstieg: Abseilen mit 70 m Einfachseil möglich.

OBERRIED

P GPS: 32 T 647965 5215690 Höhe: 1173 m
GPS: 32 T 648132 5215453 Höhe: 1173 m

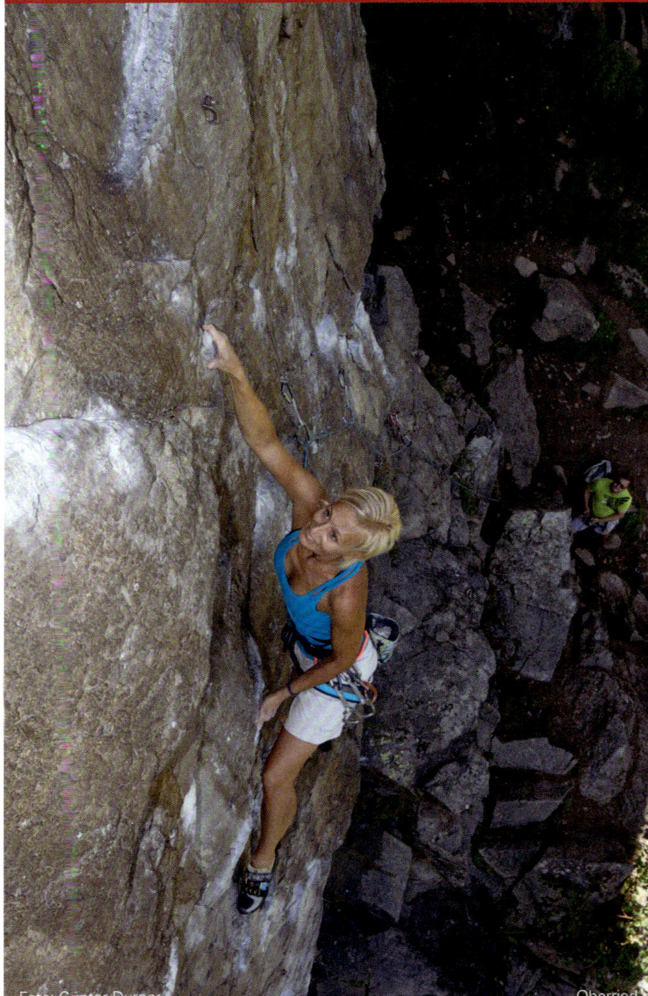

Foto: Günter Durner

Oberried

Routenaufteilung

Schwierigkeitsgrad (Franz.)	3	4	5	6	7	8	9
Anzahl der Routen	10	16	45	54	14	1	-

Routenart 145 Einseillängen (ES), 3 Mehrseillängen (MS), Boulder

Routenlänge 6-30 m

Zustieg 5 Min. ⇧ bergauf, ⇨ eben, ⇩ bergab (0 Hm)

Absicherung ★★★★★

Umlenkung Ring Kette Sauschwanz

Ausrichtung Nord, Ost, Süd, West

Winterklettergebiet ja, nein

Familienfreundlich ja, nein

Felsqualität Rauer Granit mit Leisten und Dellen / sehr gut

Wandneigung Senkrechte bis leicht überhängende Kletterei

Wandfuß Breiter Wandfuß, Wiesengelände, kindertauglich

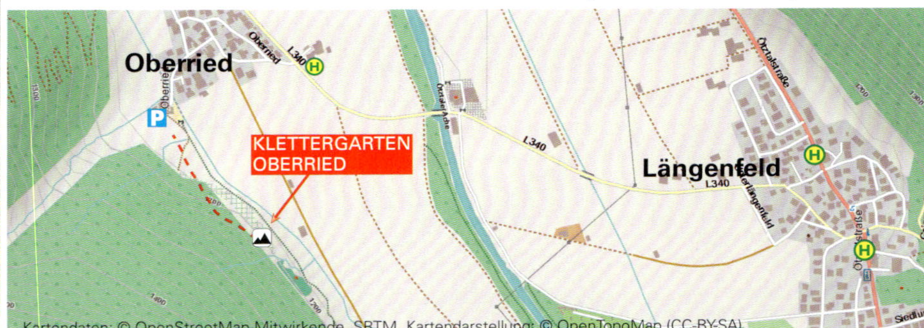

Kartendaten: © OpenStreetMap-Mitwirkende, SRTM, Kartendarstellung: © OpenTopoMap (CC-BY-SA)

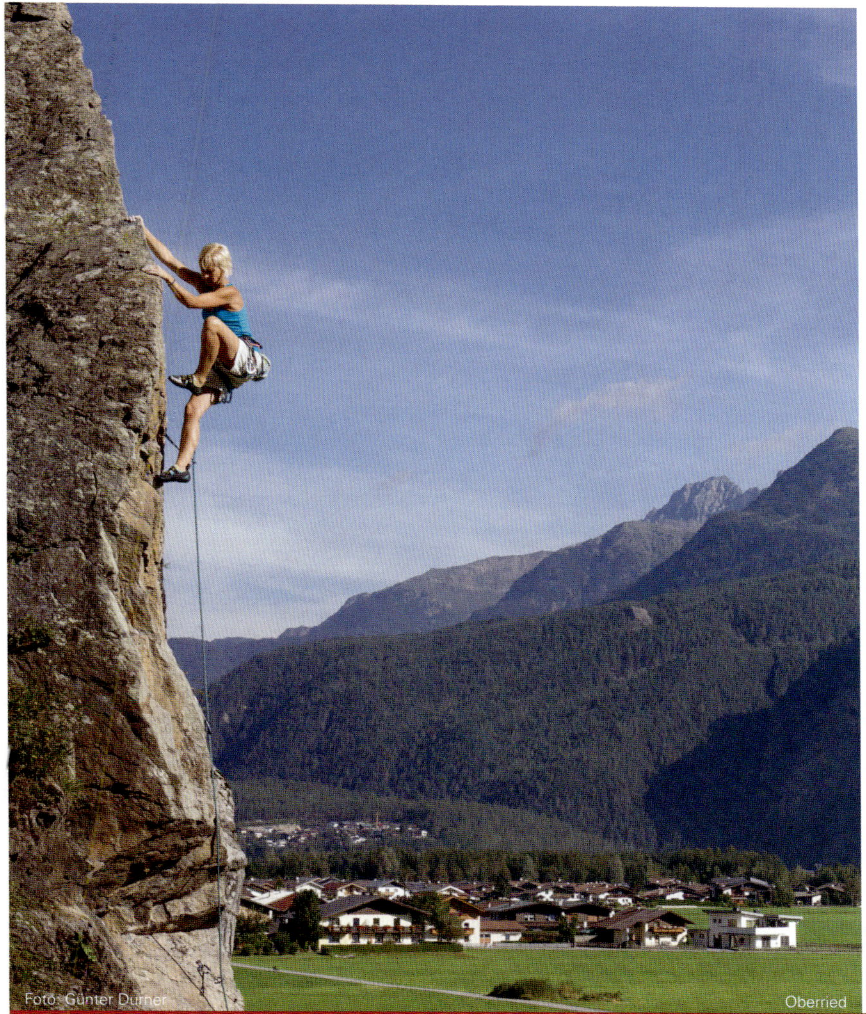
Foto: Günter Durner
Oberried

ZUFAHRT/ZUSTIEG

Vom Kreisverkehr beim Beginn des Ötztals auf der Ötztaler Bundesstraße B186 etwa 23 Km bis nach Längenfeld fahren. In Längenfeld beim Kreisverkehr die erste Ausfahrt rechts Richtung „Oberried-Lehner-Au“ nehmen, am Fernheizwerk der Biowärme Längenfeld vorbei, über die Brücke bis zum Ortsteil Oberried fahren.

Am Ortseingang von Oberried in die erste Straße links einbiegen und bis zur zweiten Abzweigung fahren. Hier links abbiegen und der Beschilderung „Klettergarten“ folgen. Nach 300 m erreicht man den Parkplatz „Feuerwehrgeräte Halle Oberried“. Der Parkplatz ist gebührenpflichtig. Der Parkschein gilt auch in Tumpen/Engelswand. Mit der Parkgebühr werden der Parkplatz und die Toilette finanziert.

Zum Klettergarten gelangt man vom Parkplatz indem man durch das Gatter (Brunnen) und dann in südlicher Richtung über die Wiese bis zu den bereits sichtbaren Sektoren geht. Es gibt dort neun Sektoren.

BESCHREIBUNG

Besonders Familien schätzen den Klettergarten Oberried. Mit seinem großen Parkplatz, dem ebenen Zustieg von 5 Min. und der großen Wiese lädt er zum sonnigen Klettervergnügen ein. Hier findet sowohl der Anfänger als auch der Profi ein riesengroßes Betätigungsfeld auf engstem Raum mit top abgesicherten Routen. Am Wandfuß beim Sektor Rosmaries Baby gibt es Bänke, Tische und Spielgeräte für Kinder. Dieser Bereich ist durch einen Holzzaun abgetrennt, damit die Kühe, die im Sommer auf der Wiese am Wandfuß weiden, nicht in diesen Bereich kommen.

ERSCHLIESSER

Reinhard Schiestl, Christoph Riml, Albert Grüner, Otto Grüner, Heiko Wilhelm, Clemens Wilhelm, Florian Gufler, Patrick Gufler, Matthias Burtscher, Alexander Giacomelli

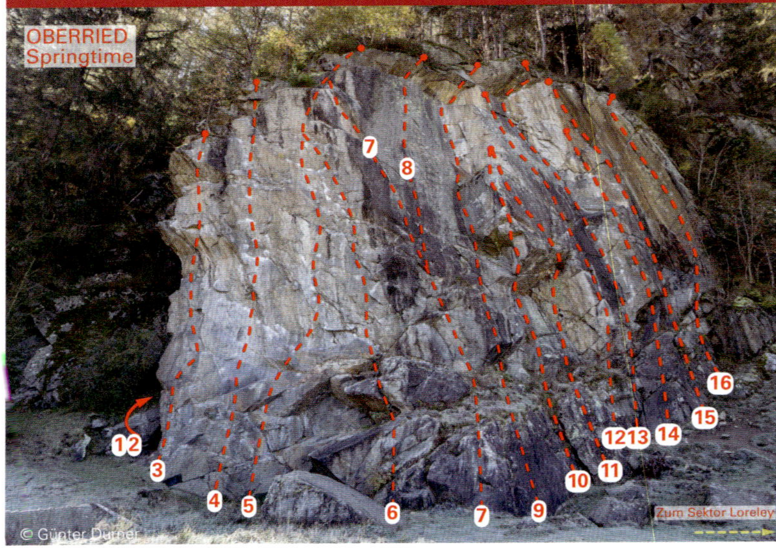

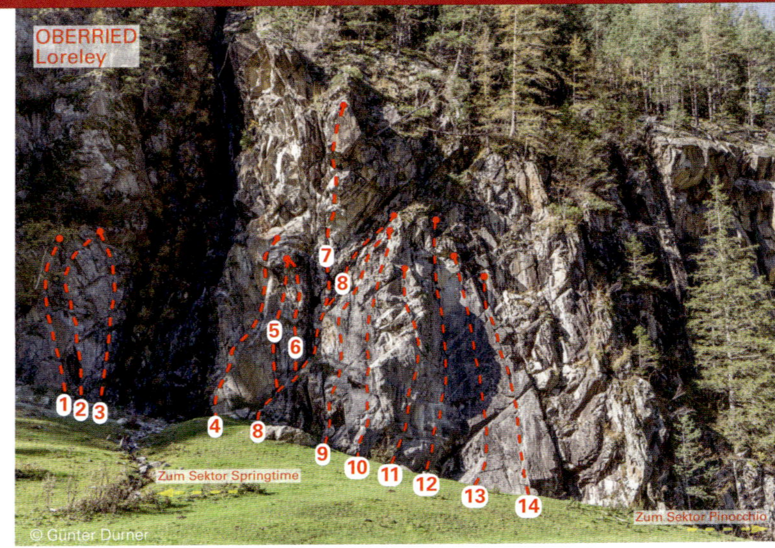

SPRINGTIME

	Route	Grade	Length
1	Projekt	-	15 m
2	Vollgas Briada	7a+	15 m
3	Springtime	6c+	15 m
4	Schattenspiel	7a	15 m
5	Up to Date	6c	20 m
6	Sergeant Pepper	6c	20 m
7	Abbey Road	6a	20 m
8	Halloween	7b	20 m
9	Lausbubenverschneidung	6a+	20 m
10	Short Story	6c+	20 m
11	Mixed Pickles	6c	15 m
12	Sindbad	5c	18 m
13	Papermoon	6b	18 m
14	Moulin Rouge	6b	18 m
15	Orangerie	6b	18 m
16	Stardust	7c	18 m

LORELEY

	Route	Grade	Length
1	Mondbär	5a	15 m
2	Sandmann	6a+	15 m
3	Lauras Stern	6b+	15 m
4	Wasserklang	5c	15 m
5	Dornröschen	6a	15 m
6	Mungo	6b+	15 m
7	Rosana	6c+	15 m
8	Tom und Jerry	3b	15 m
9	Rotzglocke	5c	15 m
10	Dexter	5c	15 m
11	Flip	6a+	15 m
12	Loreley	5b	15 m
13	Autobahn	6c+	15 m
14	Löschaktion	5b	15 m

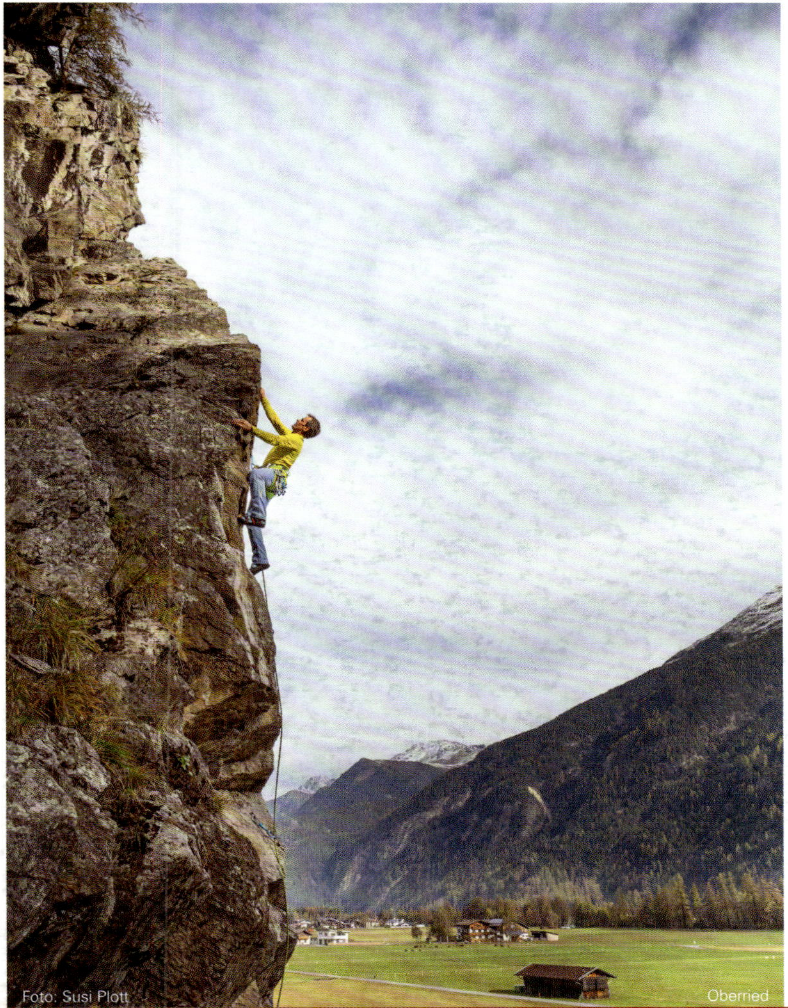
Foto: Susi Plott
Oberried

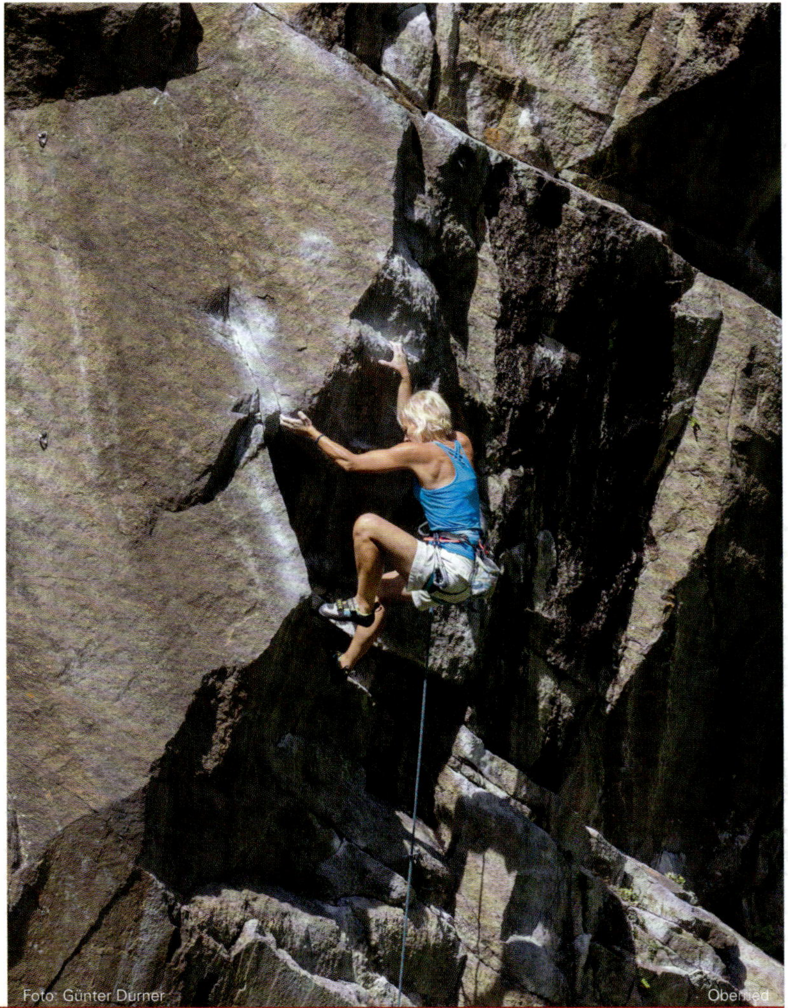
Foto: Günter Durner
Oberried

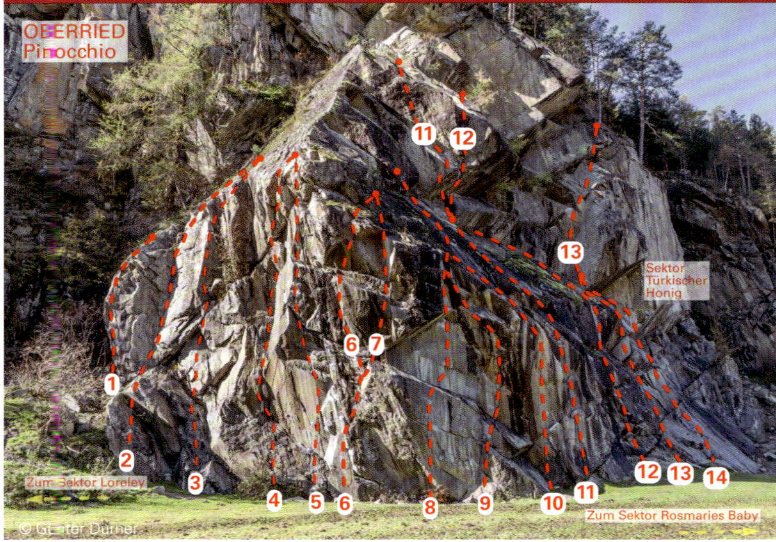

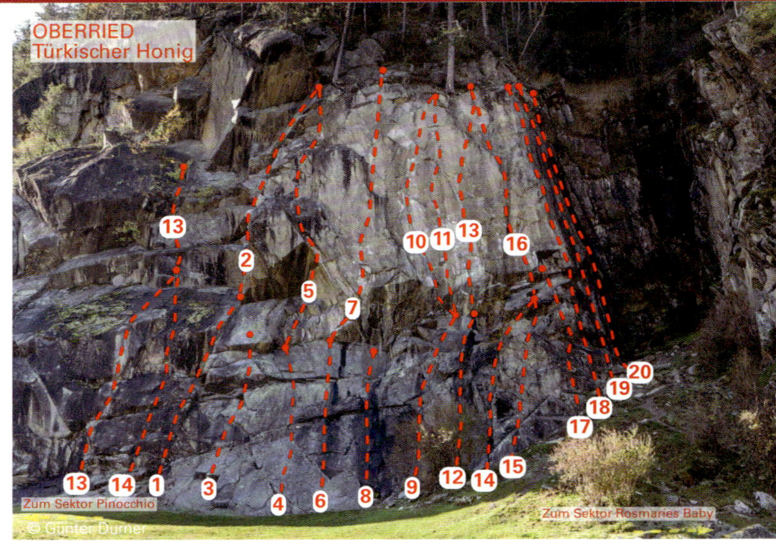

PINOCCHIO

Nr.	Route	Grad	Länge
1	Pinocchio	6a+	9 m
2	La Boum	6a+	18 m
3	Mr. Kleinstein	5c	18 m
4	Mistake	7a	18 m
5	Black Jack	6c	18 m
6	Royal Flash	6c+	16 m
7	Hot Dog	6c	16 m
8	Express Machine	7b+	16 m
9	Mastablasta	6c	16 m
10	Fragile	6b+	16 m
11	Yosemite (2 SL.)	5c+, 6c	30 m
12	Shining (2 SL.)	5c, 6c	15 m
13	Inlandsreport (2 SL.)	5c, 6a+	20 m
14	Via Otto	6a	20 m

TÜRKISCHER HONIG

Nr.	Route	Grad	Länge
1	Kenya	5b	15 m
2	Samurai	6b+	25 m
3	Frodo	5a	10 m
4	Hobbit	4a	8 m
5	Sanyo	6c	25 m
6	Sam	4b	12 m
7	Türkischer Honig	7a+	25 m
8	Balu	3	8 m
9	Simba	3	8 m
10	Calanques	6b	25 m
11	Gentile Giant	7a+	25 m
12	Biene Maya	3	12 m
13	Scheintot	7b+	25 m
14	Willi	3	12 m
15	Pipmaz	4a	8 m
16	Marco Polo	6b+	25 m
17	Sandy	3	12 m
18	Grisu	6a	20 m
19	Bakerstreet	5c	20 m
20	Arabika	6b+	20 m

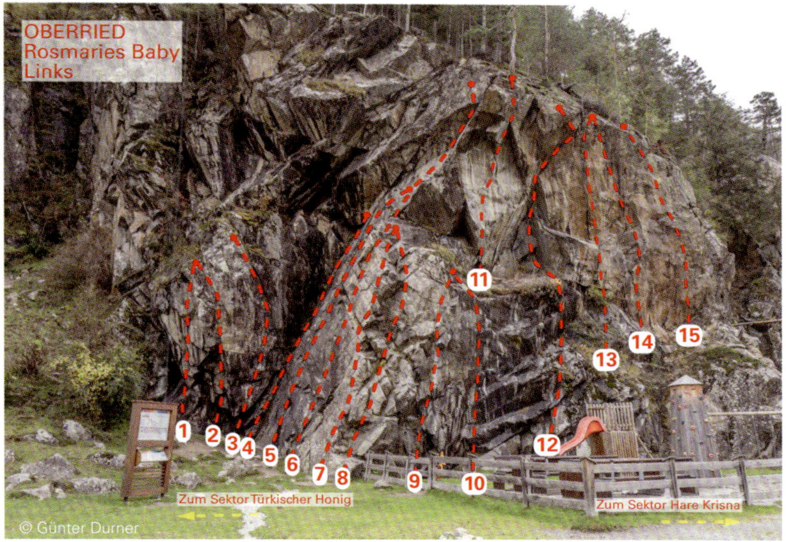

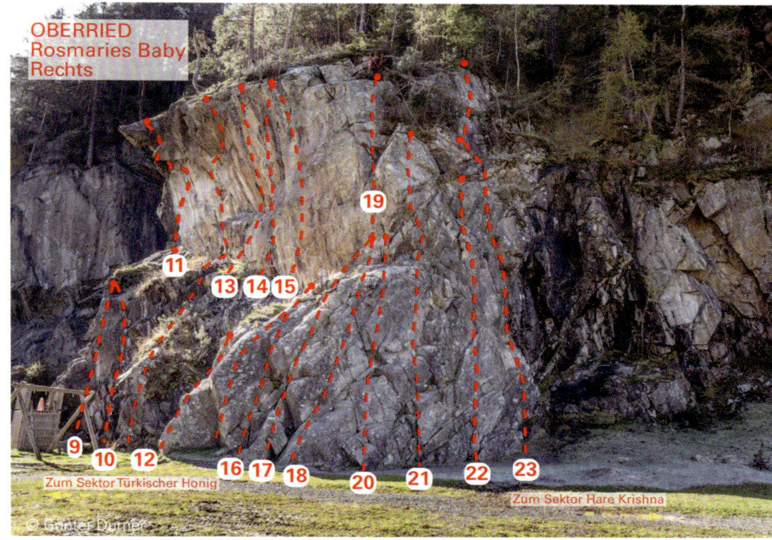

ROSMARIES BABY

Nr.	Route	Grad	Länge
1	Timerider	6c+	6 m
2	Ganymed	7b	6 m
3	Captain Future	6c+	8 m
4	Aquarell	5a	15 m
5	Playboy	5a	18 m
6	Captain Hook	6a	18 m
7	Mila Johara	5a	12 m
8	Nightrider	5b	12 m
9	Bohrfieber	6a+	8 m
10	Chaos	6b+	8 m
11	Rosmaries Baby	7c	12 m
12	Melolontha	6b+	20 m
13	Lautloser Solist	7c	12 m
14	Ali-Baba	6c+	12 m
15	Aladin	6c	12 m
16	Sandmann	3	6 m
17	Hexe Lili	3	8 m
18	Yakari	3	10 m
19	Thaddäus	6a	10 m
20	Paula+Paula	4a	10 m
21	Mr. Krabs	5a	14 m
22	Tjure	4a	14 m
23	Snorre	5b	20 m

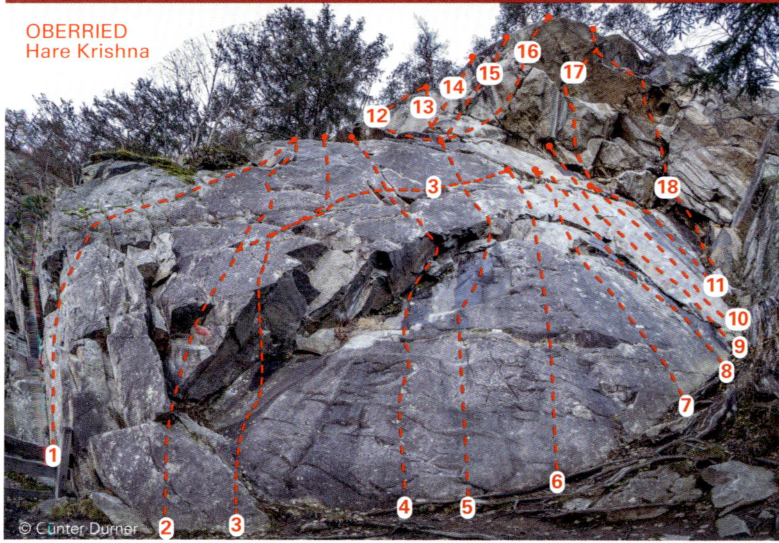

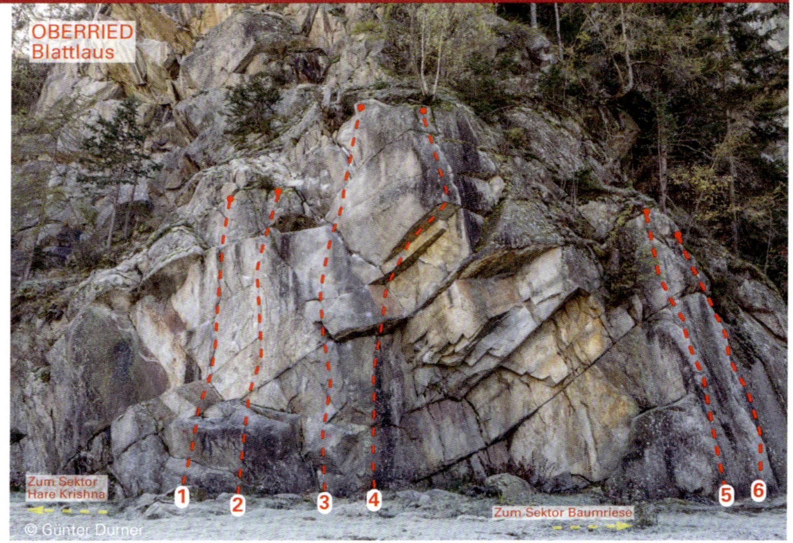

HARE KRISHNA

1 Korkenzieher .... 4c ...... 15 m
2 Doznhacker .... 4c ...... 15 m
3 Fotkäppchen .... 5a ...... 16 m
4 La Le Lu .... 5c ...... 12 m
5 Le Chuck .... 4c ...... 12 m
6 Lui e lei .... 5b ...... 12 m
7 Goofy .... 5c+ ..... 10 m
8 Max der Parkwächter .... 4c .... 10 m
9 Zwergnase .... 5b ...... 17 m
10 La Bamba .... 6a .... 9 m
11 Obelix .... 6a+ ...... 8 m
12 Raindrops .... 6a .... 10 m
13 Raindrops Afternoon .... 6a+ ..... 10 m
14 Umbrella .... 6a+ ..... 10 m
15 David und Goliath .... 7a .... 10 m
16 Hare Krishna .... 7b+ .... 12 m
17 Projekt .... - .... 12 m
18 Ötztaler Hochzeitsmarsch .... 8a+ .... 20 m

BLATTLAUS

1 Maus .... 5c .... 8 m
2 Blattlaus .... 5c .... 8 m
3 Ehaja .... 5b ...... 10 m
4 Relax .... 6b+ ..... 10 m
5 Obelix .... 5b .... 7 m
6 Fred und Barney .... 6b .... 7 m

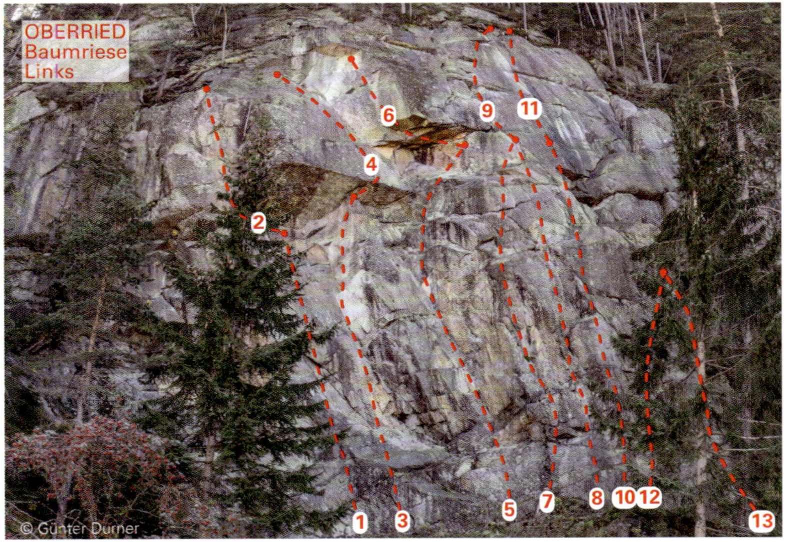

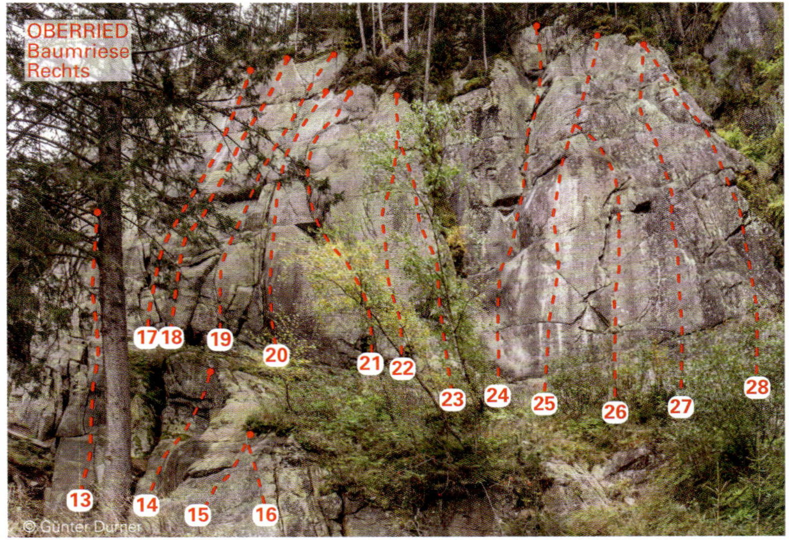

BAUMRIESE

Nr.	Route	Grad	Länge
1	Felsenfest	5b	20 m
2	Streifzug	5a	10 m
3	Baum	5b	20 m
4	Giftig (Projekt)	-	- m
5	Bimba	4b	20 m
6	O-je	6a	10 m
7	Filmriss	5a	20 m
8	Via Mama	4a	20 m
9	Power	6a	15 m
10	Neuland	4b	20 m
11	Biene Maja	4a	15 m
12	Ole	3b	6 m
13	Baumriese	5a	12 m
14	Yakari	5b	10 m
15	Sponge Bob	4a	8 m
16	Himmelmann	5a	8 m
17	Garten Eden	5b	30 m
18	Gandalf	5b	30 m
19	Klettercamp	5a	30 m
20	Egoist	5c	25 m
21	Irrsinn	5b	25 m
22	Raserati	5c	25 m
23	Via Lucia	4a	25 m
24	Gully	5a	25 m
25	Kokon	6a+	20 m
26	Fat Boy	5c	20 m
27	Maracana	5b	20 m
28	Hanni	4a	20 m

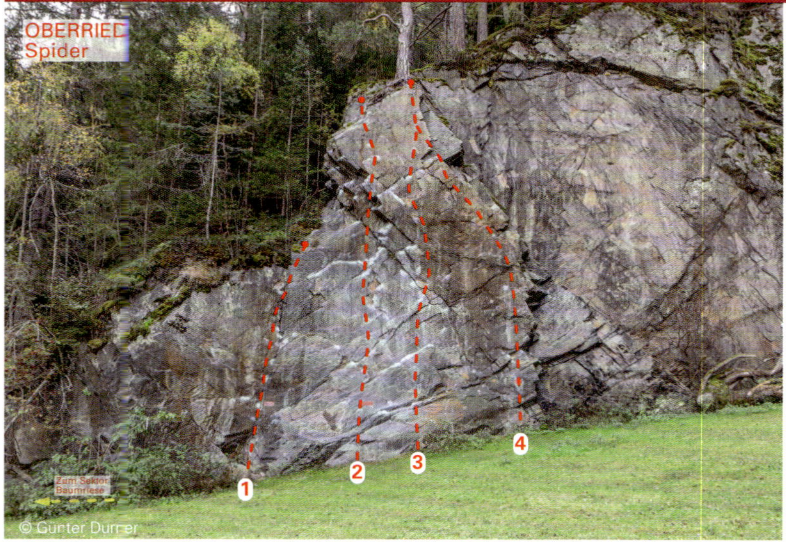

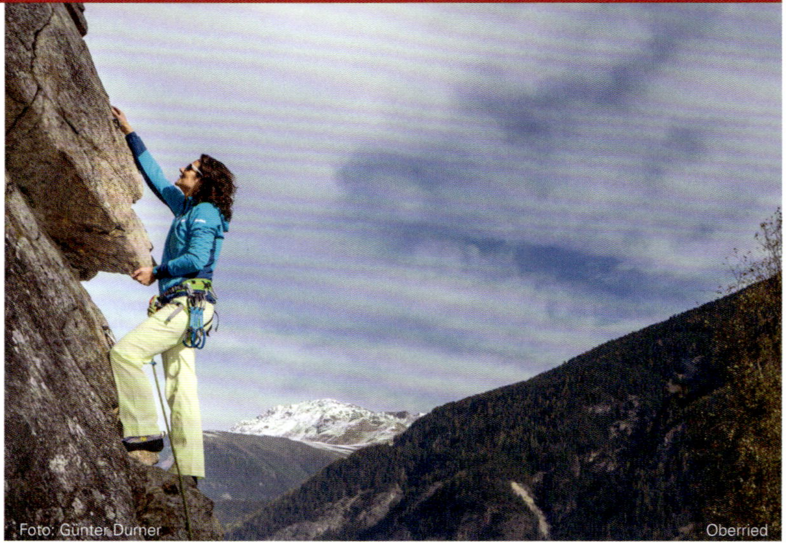

SPIDER

1	Spider	6b+	8 m
2	Herbsttag	6a+	12 m
3	Reinkarnation	6b	12 m
4	Mondnächte	6a	12 m

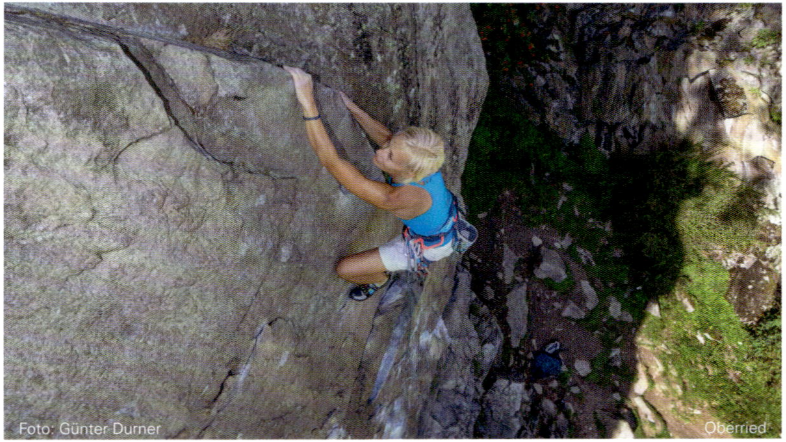

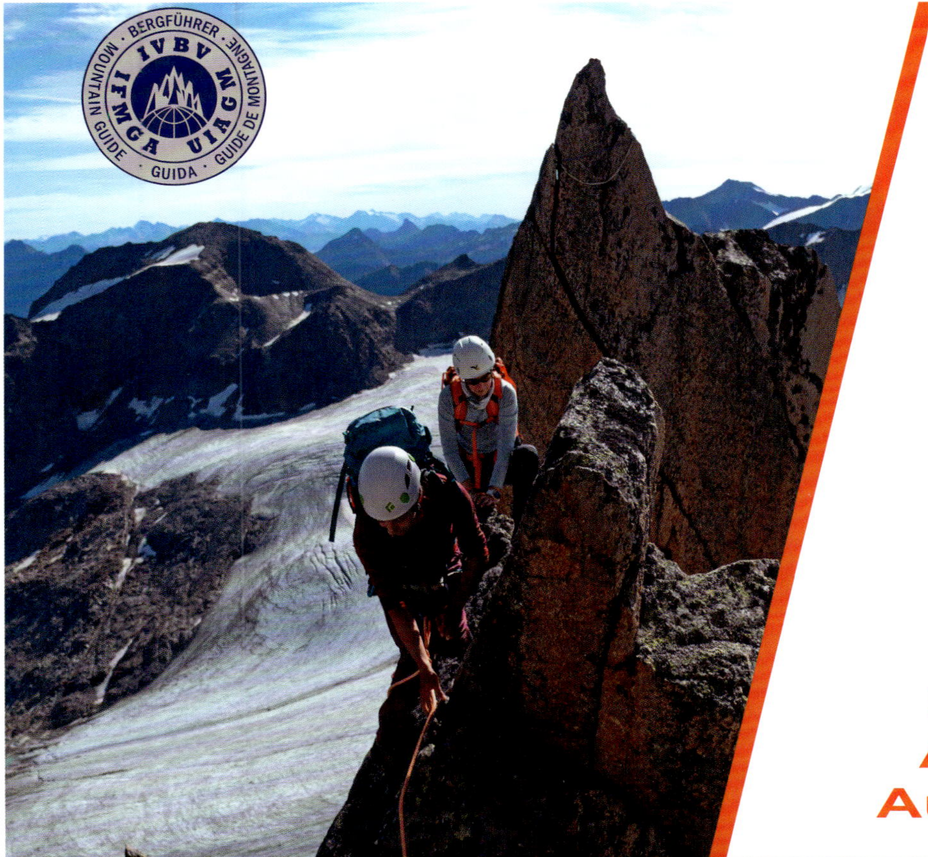

WINNEBACHSEEHÜTTE

P GPS: 32 T 653886 5214886 Höhe: 1591 m
GPS: 32 T 655901 5216784 Höhe: 2320 m

100

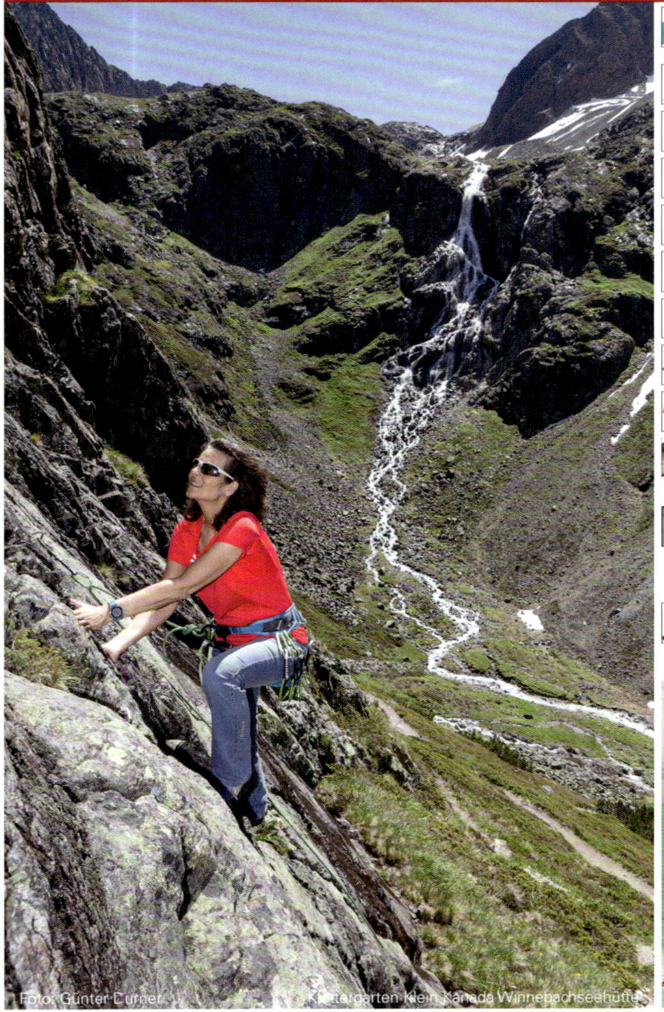

Foto: Günter Durner — Klettergarten Klein Kanada Winnebachseehütte

Routenaufteilung							
Schwierigkeitsgrad (Franz.)	3	4	5	6	7	8	9
Anzahl der Routen	11	9	8	1	-	-	-

Routenart 30 Einseillängen (ES), 1 Mehrseillängen (MS), Boulder

Routenlänge 15-45 m

Zustieg 2 Std. 15 Min. ⇧ bergauf, ⇨ eben, ⇩ bergab (729 Hm)

Absicherung ★★★★★

Umlenkung Ring, Kette, Sauschwanz

Ausrichtung Nord, Ost, Süd, West

Winterklettergebiet ja, nein

Familienfreundlich ja, nein

Felsqualität Rauer Granit mit Leisten und Dellen / sehr gut

Wandneigung Flache bis senkrechte Plattenkletterei

Wandfuß Schmaler Wandfuß, teilweise verblockt

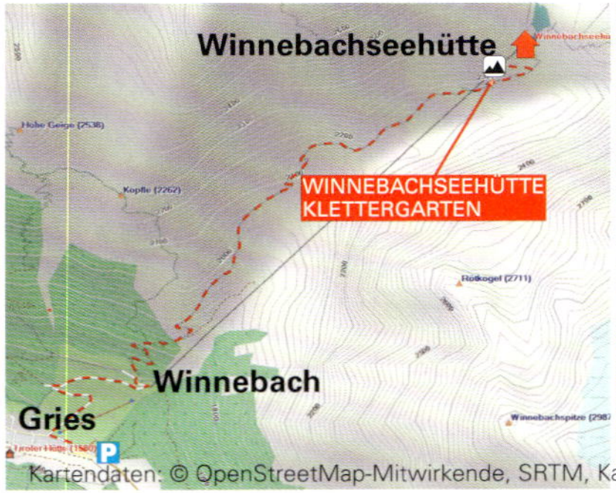

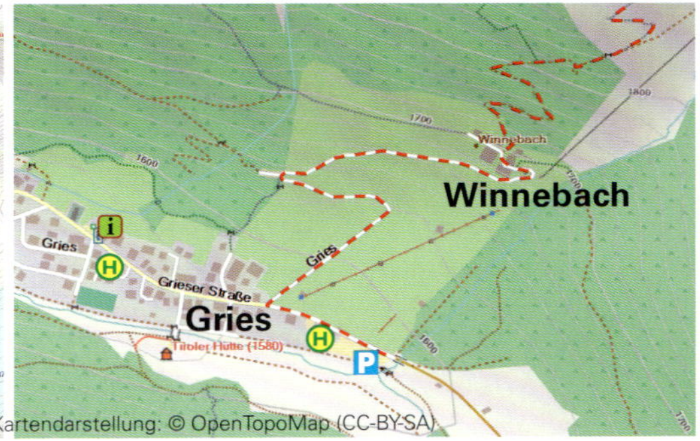

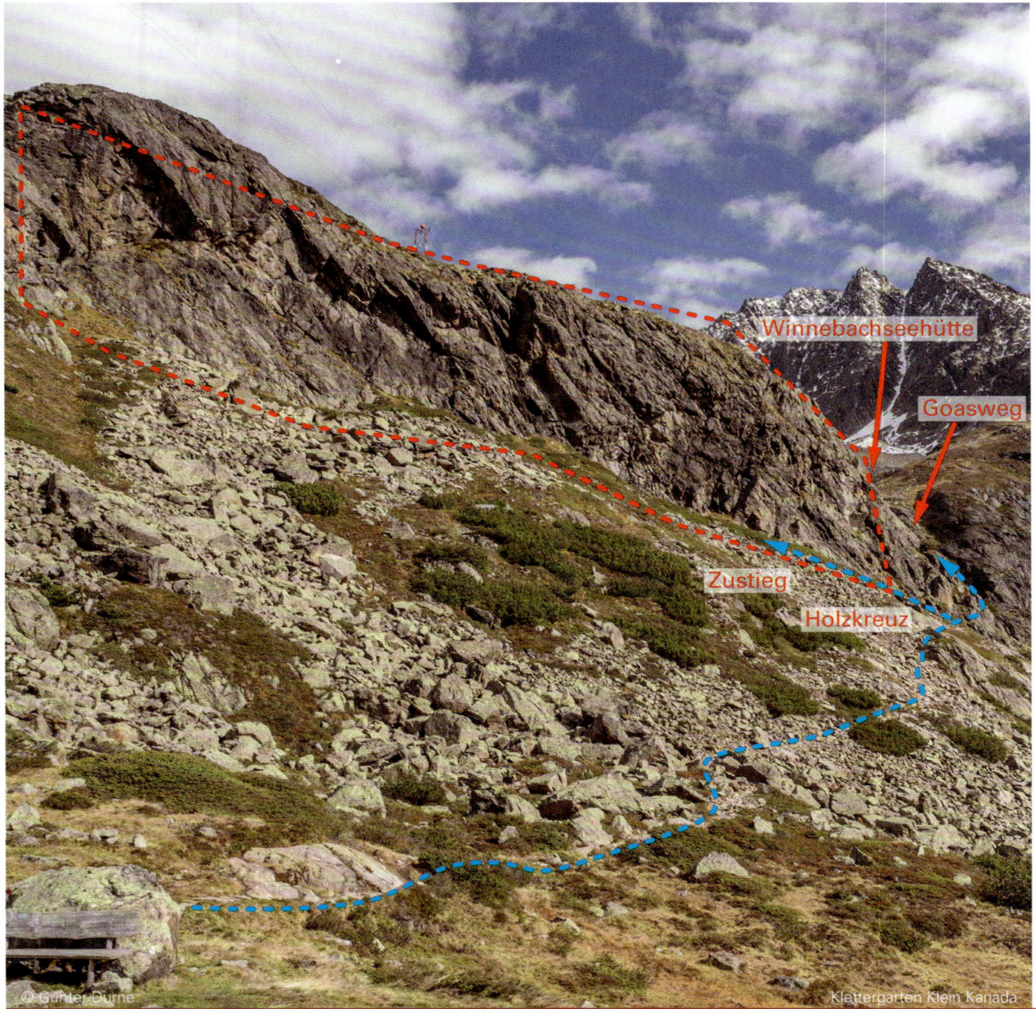

ZUFAHRT/ZUSTIEG

Vom Kreisverkehr beim Beginn des Ötztals auf der Ötztaler Bundesstraße B186 etwa 23 Km bis nach Längenfeld fahren. Beim ersten Kreisverkehr in Längenfeld links Richtung Gries abbiegen und über viele Kehren 5 Km hinauf nach Gries fahren. Am Ortsende von Gries auf dem Parkplatz für die Winnebachseehütte und Amberger Hütte parken.

Vom Parkplatz der Straße nach Winnebach folgen. Dort zwischen den Häusern durchgehen und zunächst dem breiten markierten Weg Nr.141 folgen. Danach auf einen schmalen Steig nach links abzweigen und über diesen Richtung Hütte aufsteigen. 40 Hm unterhalb der Winnebachseehütte liegt unterhalb der Stütze der Materialseilbahn der Klettergarten. Bei einer Gedenktafel links auf einen Pfad abzweigen und zur Wand aufsteigen. Vom Parkplatz 2 Std. 15 Min., 729 Hm, 4,2 Km.

BESCHREIBUNG

Der Klettergarten bei der Winnebachseehütte liegt umringt von der Ötztaler Bergwelt etwas unterhalb der Winnebachseehütte an einem Südwesthang. An der Granitwand gibt es überwiegend leichte Routen. Im Hochsommer ist durch die Höhenlage von etwa 2300 m ein angenehmes Klettern möglich. Bei der Hütte gibt es den Goasweg, eine Mehrseillängenroute. Den Einstieg erreicht man von der Hütte in wenigen Minuten. Dazu hinter der Hütte über die Brücke und dann schräg rechts über das Blockgelände absteigen.

ERSCHLIESSER

Patrick Gufler, Florian Gufler, Alexander Giacomelli

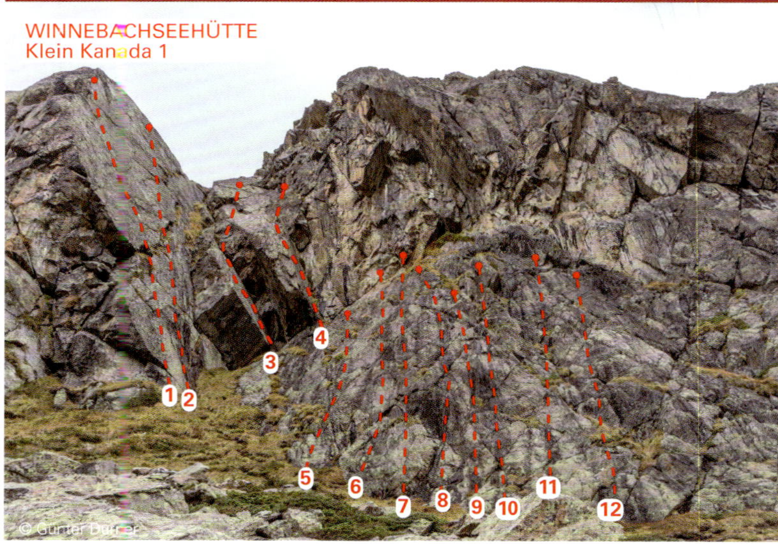

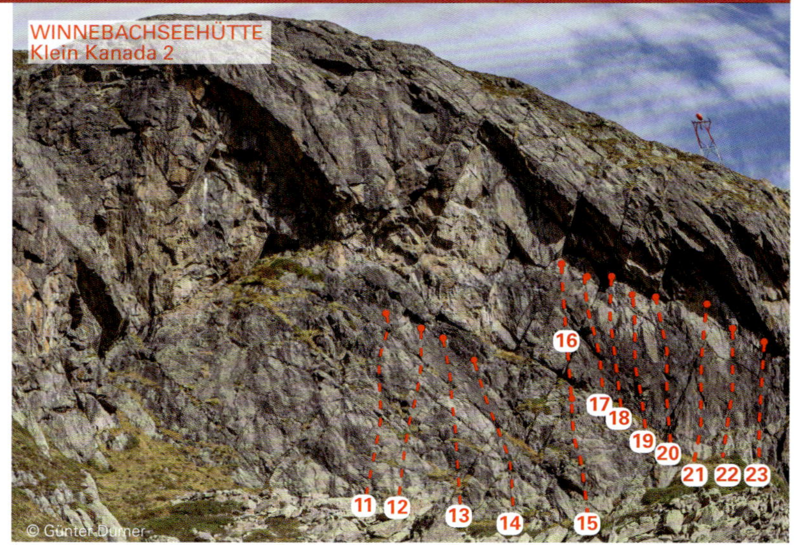

WINNEBACHSEEHÜTTE KLEIN KANADA

Nr.	Route	Grad	Länge
1	White Horse	5b	30 m
2	Cassiar	5b	30 m
3	Logan	5b	25 m
4	Columbia	5c	25 m
5	Banff	3	15 m
6	Jasper	3	18 m
7	Franklin	3	20 m
8	Cariboo	3	25 m
9	Alberta	4	25 m
10	Saskatchewan	4	25 m
11	Revelstoke	4	25 m
12	Purcell	4	25 m
13	Manitoba	4	25 m
14	Kootenay	3	25 m
15	Yoho	4	25 m
16	Glacier	5b	25 m
17	Waterton	4	25 m
18	Ontario	5a	25 m
19	Bugaboo (Projekt)	-	25 m
20	Quebec	4	25 m
21	Selkirk	5b	25 m
22	Monashe	6a	25 m
23	Yukon	3	25 m

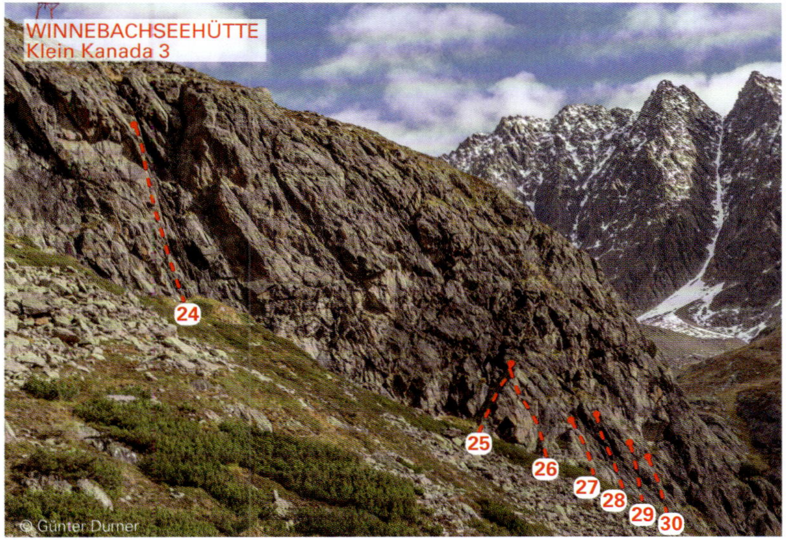

WINNEBACHSEEHÜTTE KLEIN KANADA

Nr.	Route	Grad	Länge
24	Robson	5a	25 m
25	-	4a	10 m
26	-	3	10 m
27	-	3	8 m
28	-	3	8 m
29	-	3	8 m
30	-	3	8 m

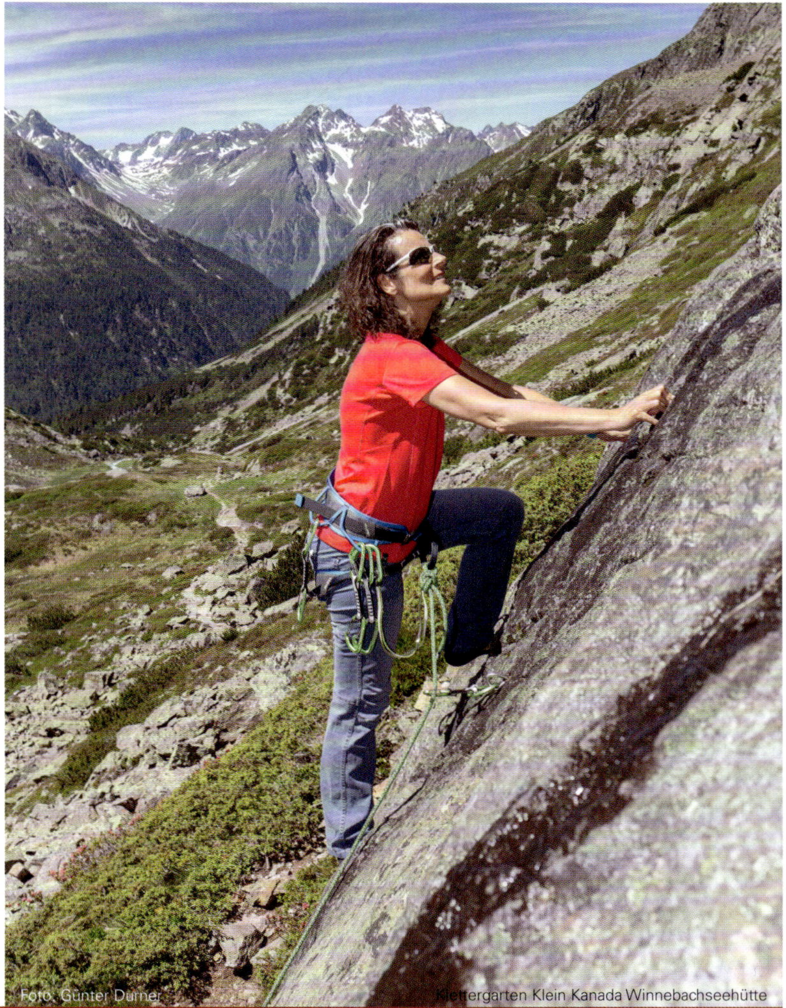

Foto: Günter Durner

Klettergarten Klein Kanada Winnebachseehütte

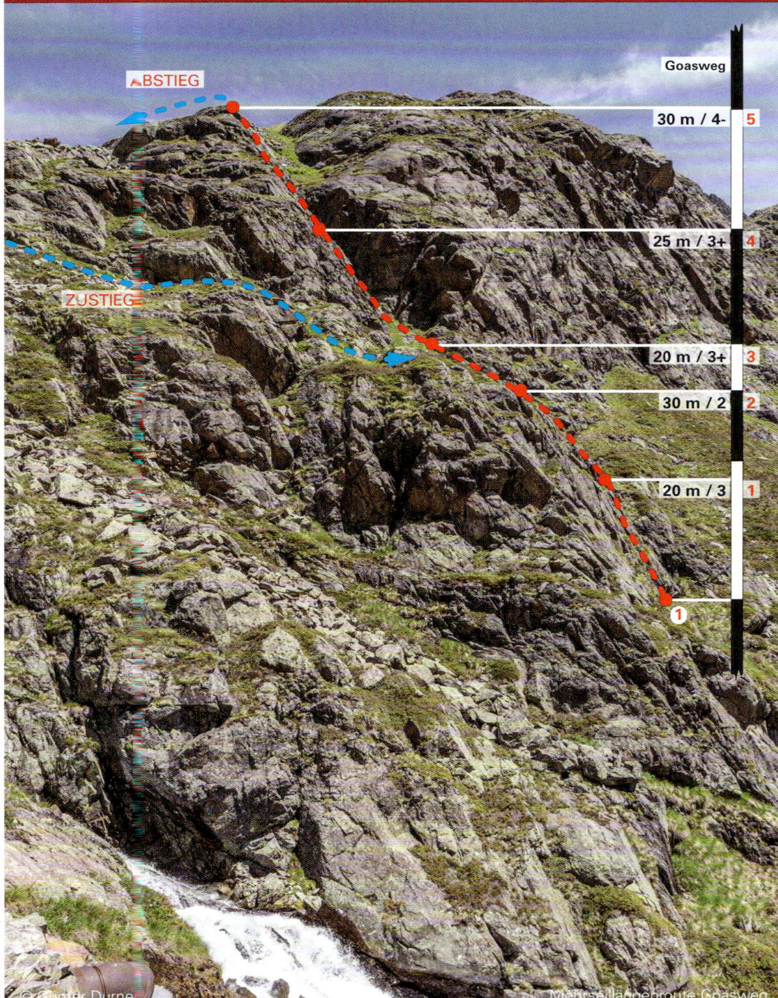

oetztal.com

1. Goasweg (5 SL.) .... **4-** .... **115 m**

Gut abgesicherte, schöne Kletterei im festen Granitgneis.
Alle Zwischenhaken und Standplätze sind gebohrt. Der Einstieg befindet sich 500 m rechts von der Winnebachseehütte.

Ausrüstung: 60 m Seil, 10 Expressschlingen, Helm.
Abstieg: Über den Wanderweg, der zur Ernst-Riml-Spitze führt, absteigen (10 Min.).
Erschließer: Florian Gufler

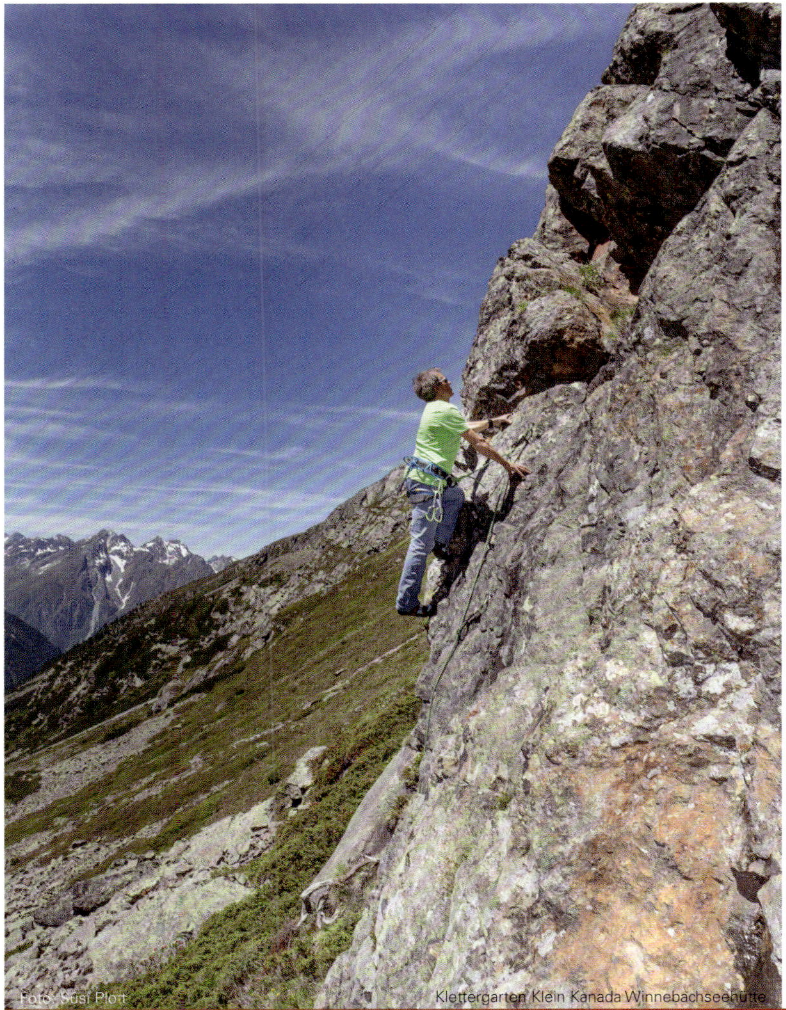

Foto: Susi Plott

Klettergarten Klein Kanada Winnebachseehütte

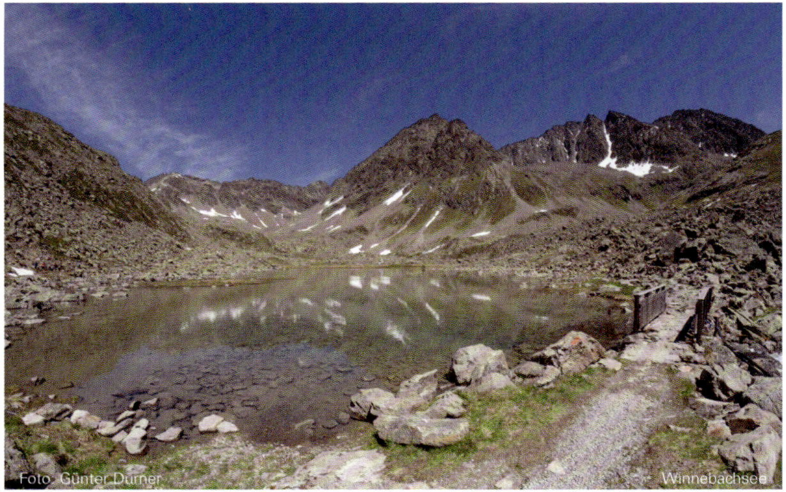

Foto: Günter Durner

Winnebachsee

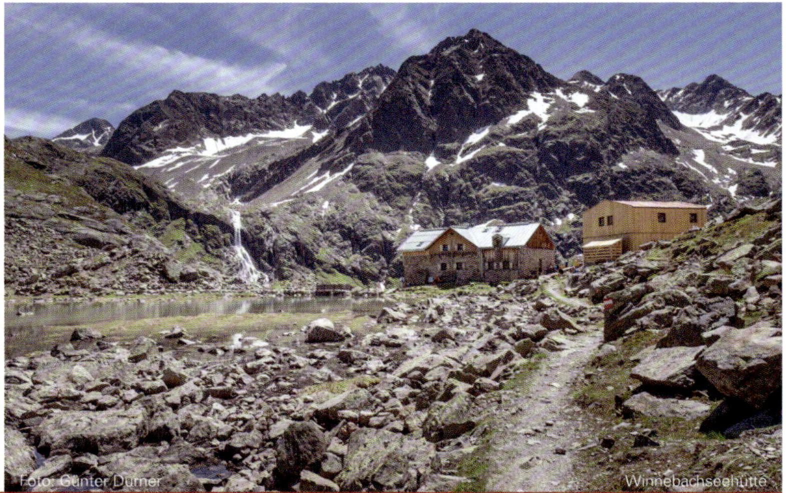

Foto: Günter Durner

Winnebachseehütte

ASTLEHN

P GPS: 32 T 648860 5213616 Höhe: 1180 m
GPS: 32 T 648659 5213788 Höhe: 1210 m

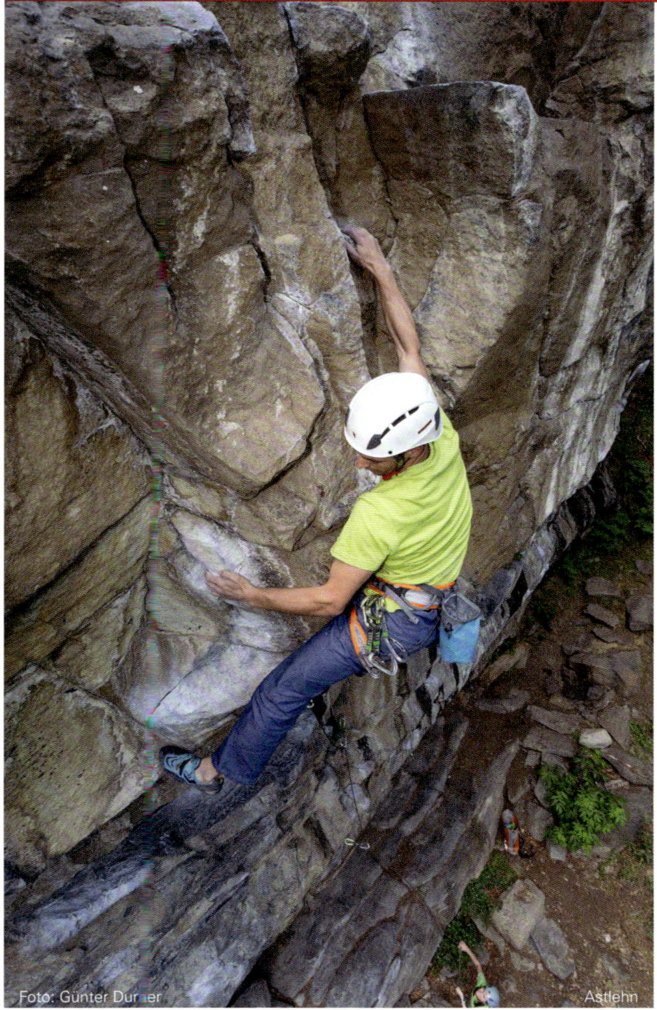

Foto: Günter Durner

Routenaufteilung	Schwierigkeitsgrad (Franz.)	3	4	5	6	7	8	9
	Anzahl der Routen	-	-	-	2	7	2	-

Routenart	12 Einseillängen (ES), Mehrseillängen (MS), Boulder
Routenlänge	15-20 m
Zustieg	10 Min. ⇧ bergauf, ⇨ eben, ⇩ bergab (30 Hm)
Absicherung	★★★★★
Umlenkung	Ring, Kette, Sauschwanz
Ausrichtung	Nord, Ost, Süd, West
Winterklettergebiet	ja, nein
Familienfreundlich	ja, nein
Felsqualität	Rauer Granit mit Leisten und Dellen / sehr gut
Wandneigung	Steile und stark überhängende Kletterei
Wandfuß	Flacher, breiter Wandfuß, kindertauglich

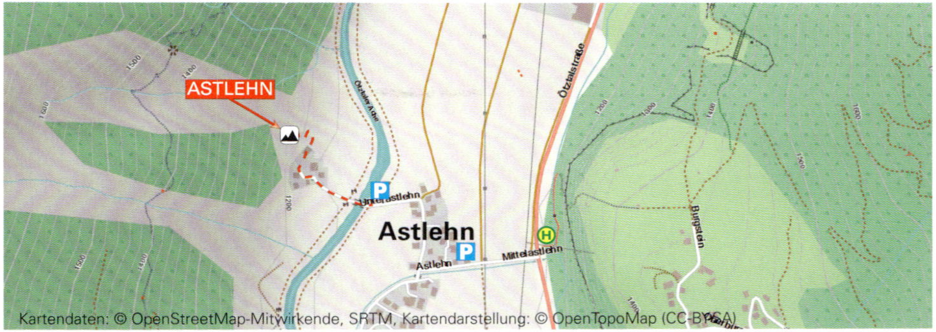

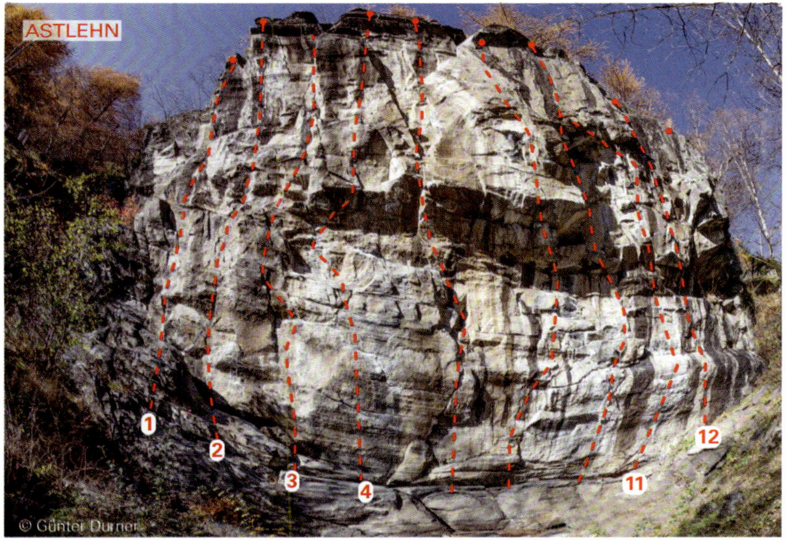

ZUFAHRT/ZUSTIEG

Vom Kreisverkehr beim Beginn des Ötztals auf der Ötztaler Bundesstraße B186 etwa 23 Km bis nach Längenfeld fahren. Vom Kreisverkehr am Ortsende von Längenfeld etwa 1 Km in Richtung Sölden fahren. Auf Höhe der Burgsteiner Wand (Ausschilderung Parkplatz Klettersteig) rechts in den Weiler Astlehn abbiegen. Bei der ersten Weggabelung nach den Häusern biegt man rechts ab, um dann nach 300 m links Richtung Ötztaler Ache abzubiegen. Parkplätze gibt es vor der Brücke.

Über die Brücke, an der Falkner Alm vorbei bis zu einem alten Stadel. Hier durch das Weidegatter und dem Pfad steil nach oben zur Wand folgen.

BESCHREIBUNG

Im Klettergarten Astlehn gibt es sehr schwierige, kraftraubende und anspruchsvolle Routen. Reinhard Schiestl, der Vater des Sportkletterns im Ötztal konnte hier seine ersten 8a begehen.

ERSCHLIESSER

Reinhard Schiestl, Matthias Burtscher, Hansjörg Auer

ASTLEHN

Nr.	Route	Grad	Länge
1	Projekt	-	-
2	Zwiespalt	7c	18 m
3	Sonderzug nach Bankok	7a+	18 m
4	Gaspedal	7b+	20 m
5	Ötztaler Analyse	7a	20 m
6	Luftfahrt direkt	7b	20 m
7	Luftfahrt	7a+	20 m
8	Exorzist	8a	20 m
9	Dynamo	7b+	20 m
10	Dynamischer Exozist	8a+	20 m
11	Schalldämpfer	6c	20 m
12	Rudi Sprachlos	6b	15 m

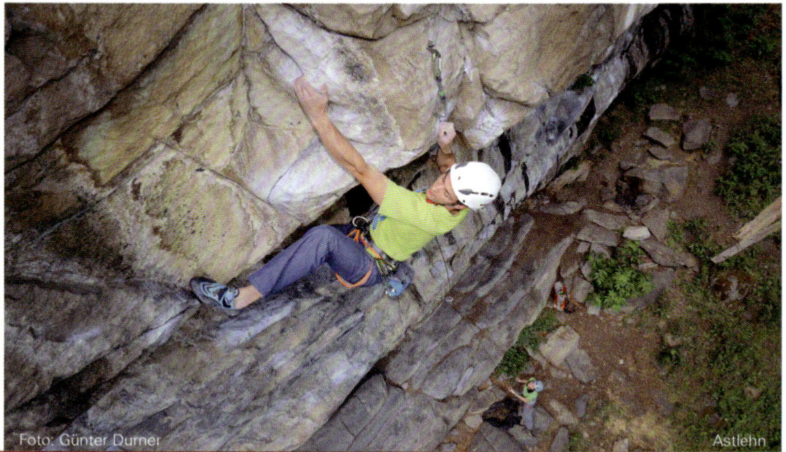
Foto: Günter Durner

Astlehn

BURGSTEINER WAND

P GPS: 32 T 649076 5213482 Höhe: 1180 m
GPS: 32 T 649268 5213709 Höhe: 1180 m

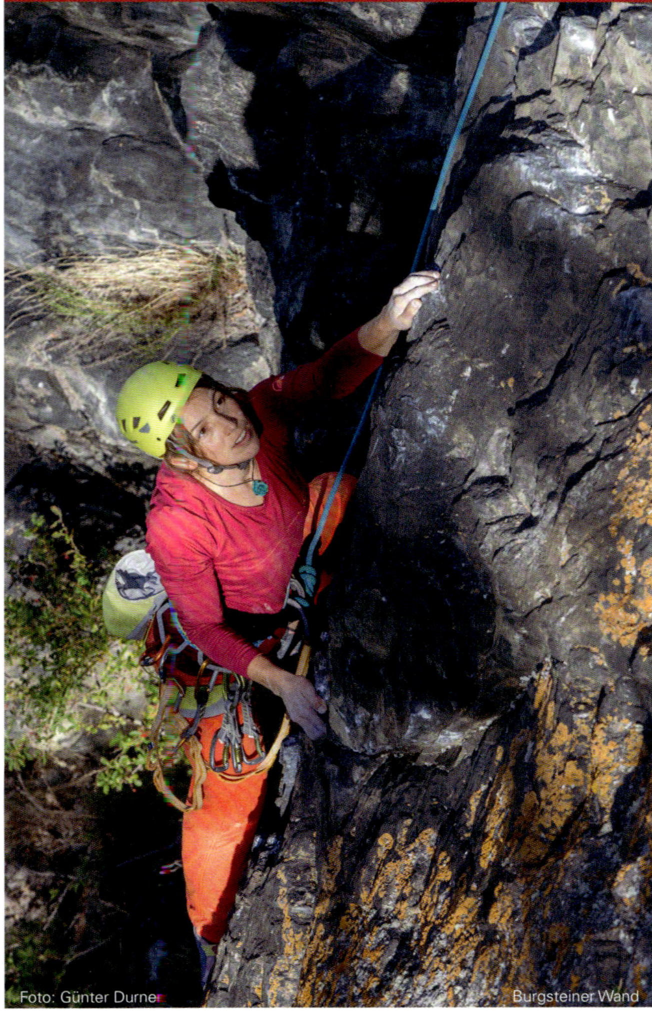

Foto: Günter Durner — Burgsteiner Wand

Routenaufteilung	3	4	5	6	7	8	9
Schwierigkeitsgrad (Franz.)	3	4	5	6	7	8	9
Anzahl der Routen	-	-	-	2	1	-	-

Routenart Einseillängen (ES), 3 Mehrseillängen (MS), Boulder

Routenlänge Bis zu 8 Seillängen, ca. 220 m

Zustieg 10 Min. ⇧ bergauf, ⇨ eben, ⇩ bergab (0 Hm)

Absicherung ★★★★★

Umlenkung Ring, Kette, Sauschwanz

Ausrichtung Nord, Ost, Süd, West

Winterklettergebiet ja, nein

Familienfreundlich ja, nein

Felsqualität Rauer Granit mit Leisten und Dellen / sehr gut

Wandneigung Senkrechte bis überhängende Kletterei

Wandfuß Schmaler flacher Talboden mit Bach am Wandfuß

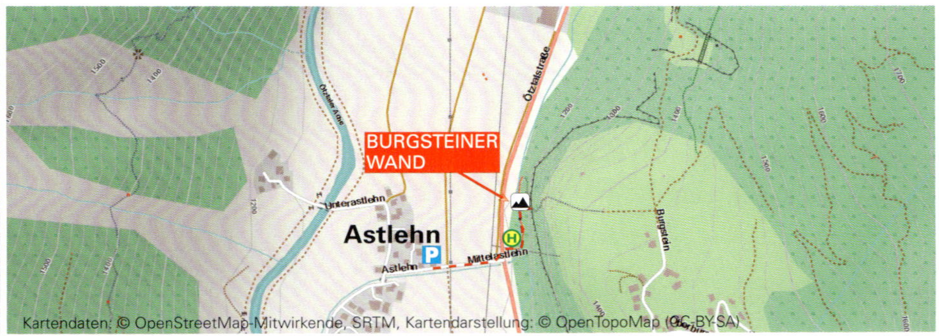

Kartendaten: © OpenStreetMap-Mitwirkende, SRTM, Kartendarstellung: © OpenTopoMap (CC-BY-SA)

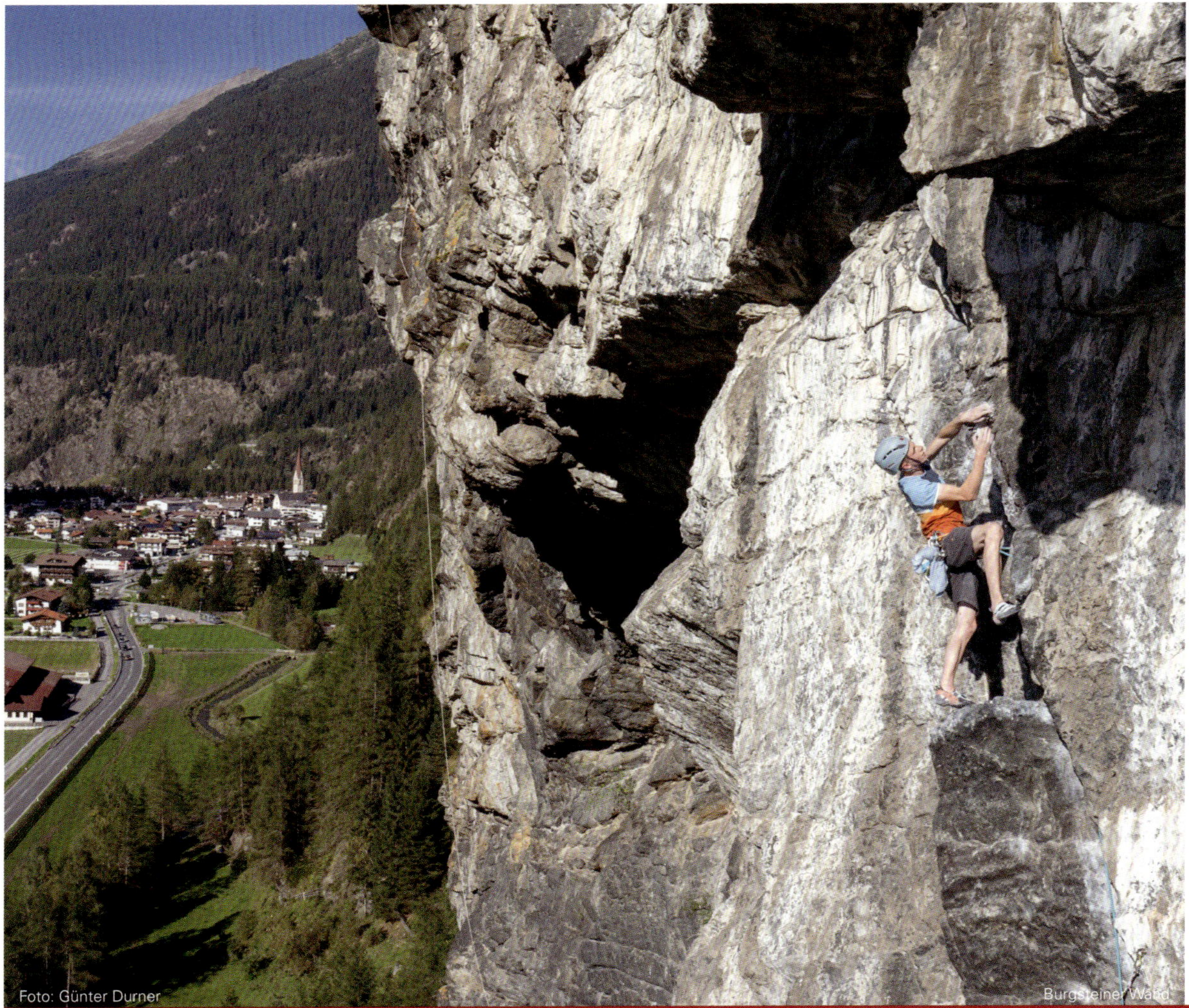

ZUFAHRT/ZUSTIEG

Vom Kreisverkehr beim Beginn des Ötztals auf der Ötztaler Bundesstraße B186 etwa 23 Km bis nach Längenfeld fahren. Vom Kreisverkehr am Ortsende von Längenfeld etwa 1 Km in Richtung Sölden fahren. Auf Höhe der Burgsteiner Wand (Ausschilderung Parkplatz Reinhard-Schiestl Klettersteig) rechts in den Weiler Astlehn abbiegen. Vor den ersten Häusern befindet sich rechts ein Parkplatz.

Man überquert die Bundesstraße und folgt dem Weg über die Brücke. Danach dem Pfad nach links in nördlicher Richtung, an der Felswand entlang, bis zum Einstieg des Klettersteigs folgen. Die drei Kletterrouten befinden sich links vom Klettersteig. Vom Klettersteigeinstieg in 3 Min. zu erreichen.

BESCHREIBUNG

Durch die Burgsteiner Wand führen links des Reinhard-Schiestl Klettersteiges drei spektakuläre, ziemlich ausgesetzte, sehr gut abgesicherte Touren.

ERSCHLIESSER

Klemens Wilhelm, Ferdl Plörer, Matthias Nössig, Lukas Ennemoser, Thomas Klocker

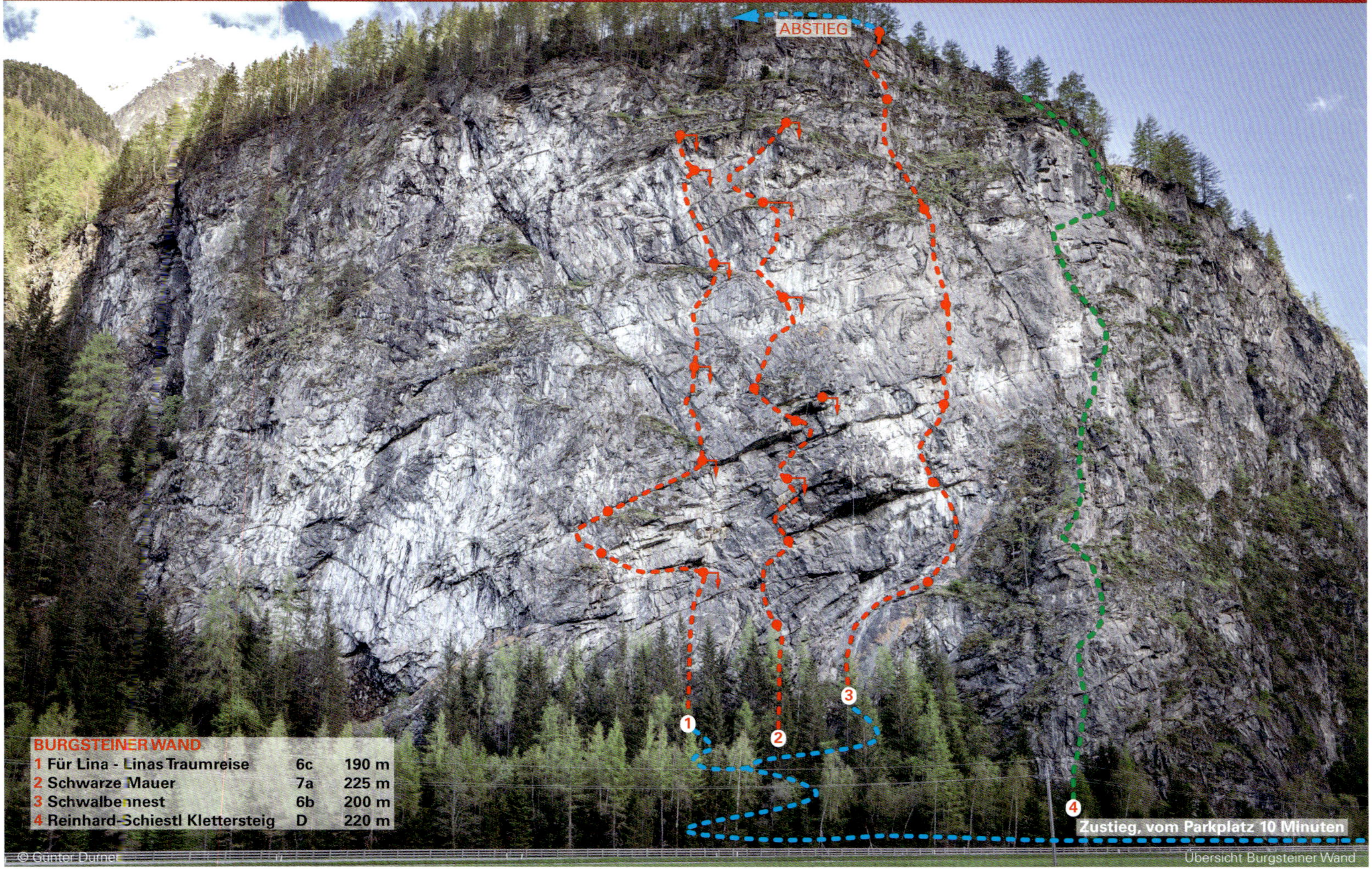

ABSTIEG
BURGSTEINER WAND
1 Für Lina - Linas Traumreise 6c 190 m
2 Schwarze Mauer 7a 225 m
3 Schwalbennest 6b 200 m
4 Reinhard-Schiestl Klettersteig D 220 m
Zustieg, vom Parkplatz 10 Minuten
© Günter Durner
Übersicht Burgsteiner Wand

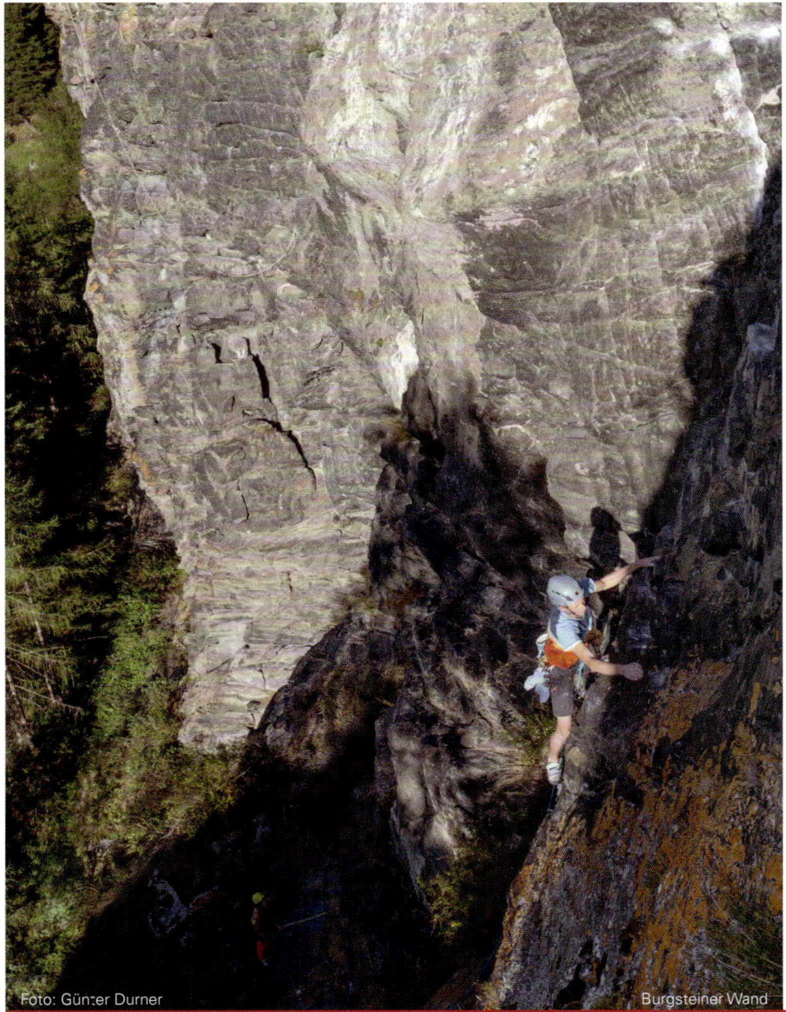

Foto: Günter Durner

Burgsteiner Wand

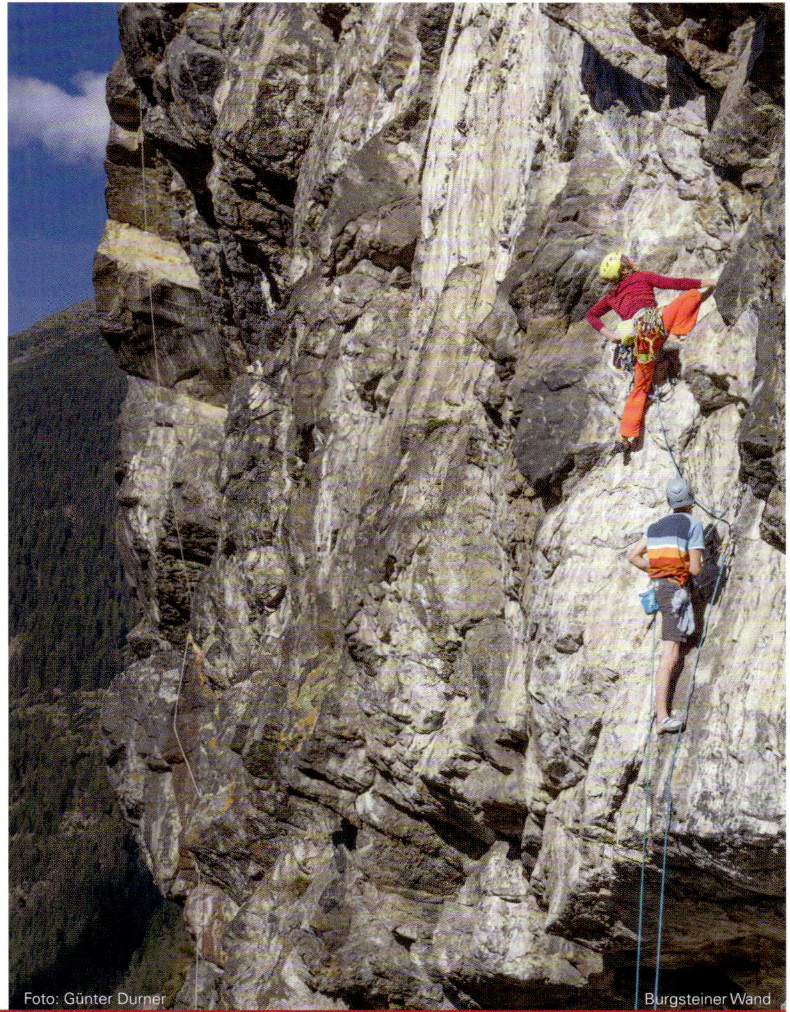

Foto: Günter Durner

Burgsteiner Wand

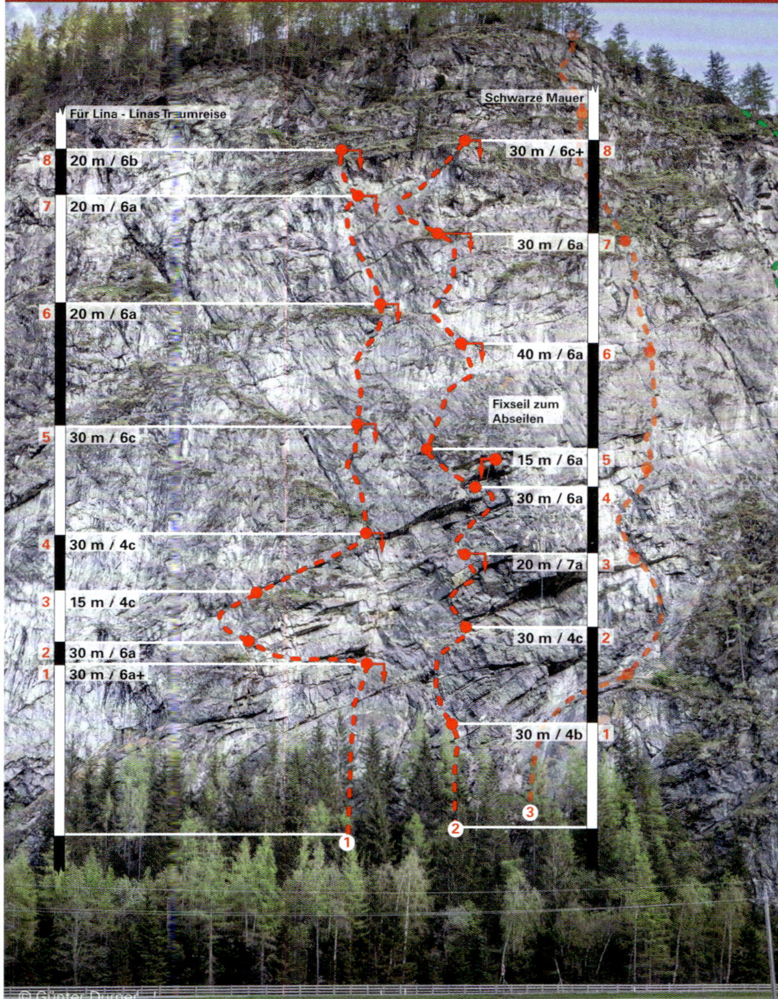

oetztal.com

1. Für Lina - Linas Traumreise (8 SL.) .... 6c ....190 m

Gut abgesicherte, steile Kletterei im festen Granitgneis.
Alle Zwischenhaken und Standplätze sind gebohrt und mit Ketten versehen. Der Einstieg befindet sich 100 m links vom Klettersteigeinstieg.

Ausrüstung: 60 m Seil, 14 Expressschlingen, Helm.
Abstieg: Über die Route abseilen, dazu sind 2 x 60 m Halbseile notwendig.
Erschließer: Ferdl Plörer, Thomas Klocker

2. Schwarze Mauer (8 SL.) .... 7a .... 225 m

Gut abgesicherte, sehr steile Kletterei im festen gutgriffigen Granitgneis.
Der Einstieg befindet sich links vom Klettersteigeinstieg.

Ausrüstung: 60 m Seil, 15 Expressschlingen, Helm.
Abstieg: Auf dem Wanderweg (Abstieg Klettersteig) nach Längenfeld absteigen, 45 Min..
Über den Klettersteig absteigen ist möglich, aber nicht empfehlenswert.
Abseilen über die Route.
Über die Route kann abgeseilt werden, dazu sind aber 2 x 60 m Halbseile notwendig. Beim Abseilen unbedingt das Fixseil mit einhängen, ansonsten hängt man beim Abseilen über die großen Überhänge im Freien und kommt nicht mehr an die Wand.
Erschließer: Ferdl Plörer, Klemens Wilhelm

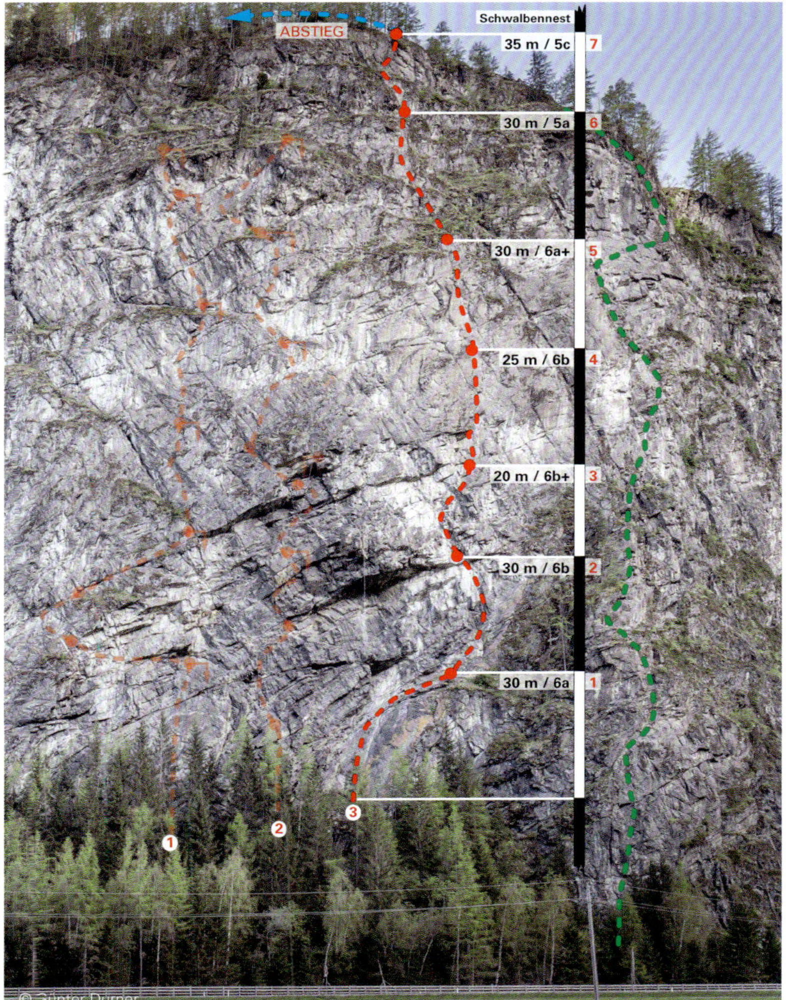

3. Schwalbennest (7 SL.).. 6b....... 200 m

Gut abgesicherte Granitgneiskletterei (alle Standplätze sind mit Ketten versehen). Zum Einstieg gelangt man wenn man nach dem Klettersteigeinstieg bis zu einer Lichtung geht. Dort über einen Zaun rechts hinauf zu einem Fixseil, über dieses zum ersten Stand.

Abstieg: Vom letzten Stand rechts halten, dann trifft man auf den Klettersteigausstieg. (Siehe Schwarze Mauer).

Erschließer: Matthias Nössig, Lukas Ennemoser.

ASCHBACH

P GPS: 32 T 651677 5209187 Höhe: 1230 m
GPS: 32 T 651674 5209038 Höhe: 1300 m

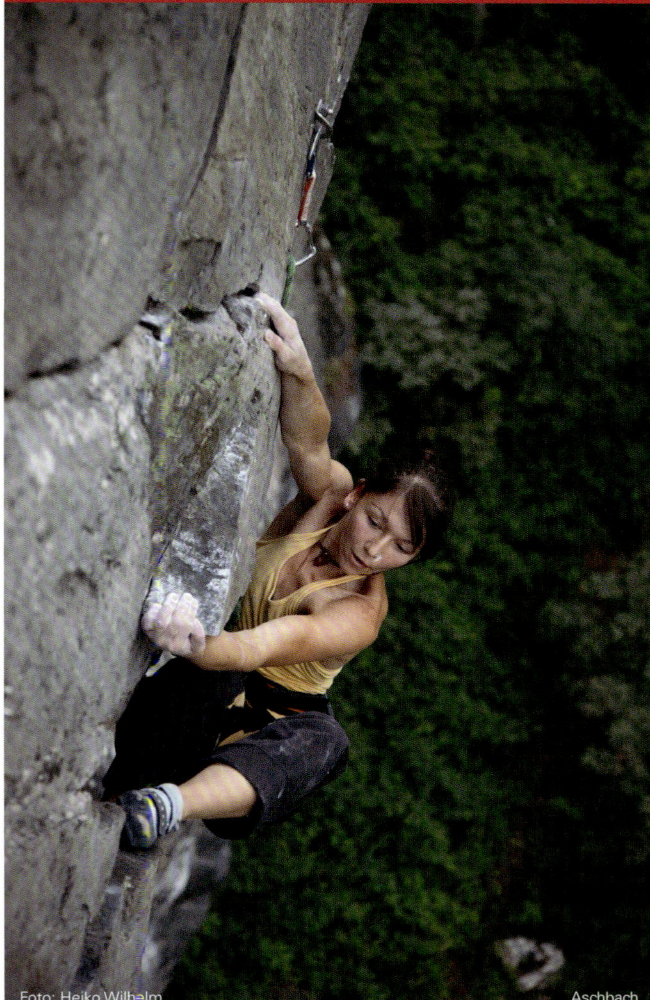

Foto: Heiko Wilhelm

Routenaufteilung	Schwierigkeitsgrad (Franz.)	3	4	5	6	7	8	9
	Anzahl der Routen	-	-	-	3	7	-	-

Routenart	10 Einseillängen (ES), Mehrseillängen (MS), Boulder
Routenlänge	20-30 m
Zustieg	20 Min. ⇧ bergauf, ⇨ eben, ⇩ bergab (70 Hm)
Absicherung	★★★★★
Umlenkung	Ring, Kette, Sauschwanz
Ausrichtung	Nord, Ost, Süd, West
Winterklettergebiet	ja, nein
Familienfreundlich	ja, nein
Felsqualität	Rauer Granit mit Leisten und Dellen / sehr gut
Wandneigung	Steile und stark überhängende Kletterei
Wandfuß	Steiler, teilweise blockiger Wandfuß

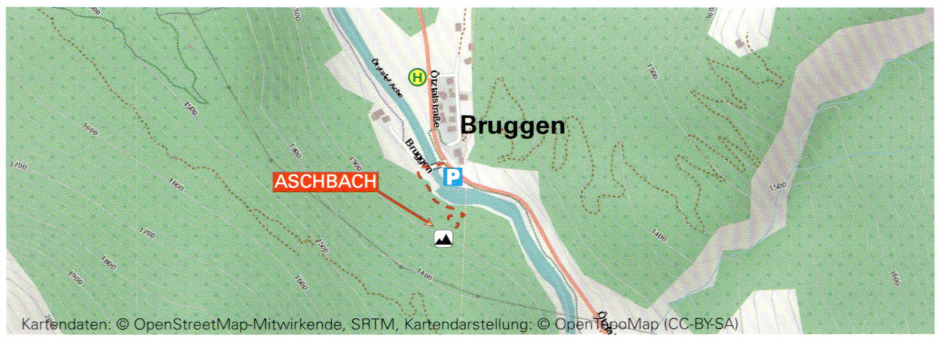

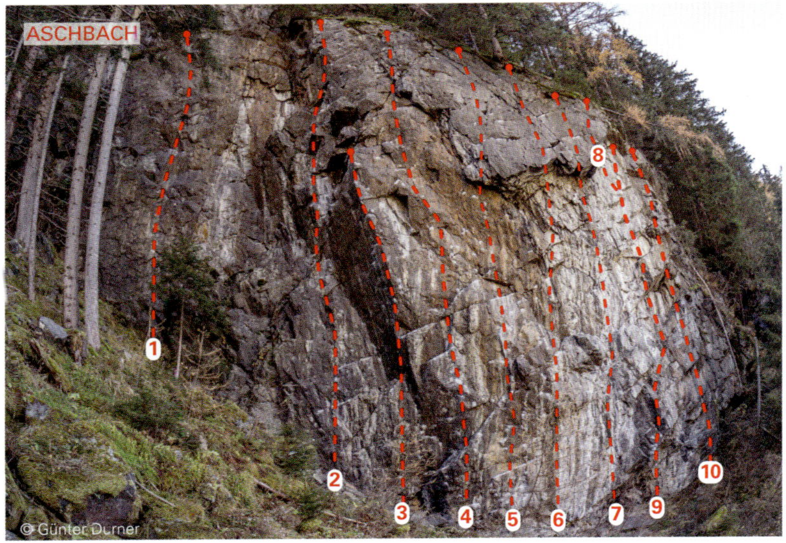

ASCHBACH

1	Fabelhafte Welt	7a+	25 m
2	17	6a+	30 m
3	Nestbeschmutzer	7b	20 m
4	Löwenzahn	6c+	30 m
5	Michael Jackson	6b	30 m
6	Single	7a	30 m
7	Hexentanz	7b+	30 m
8	Habitus Lotte	7c	30 m
9	Habitus	7c	30 m
10	Gazelle	7a+	30 m

ZUFAHRT/ZUSTIEG

Vom Kreisverkehr beim Beginn des Ötztals auf der Ötztaler Bundesstraße B186 etwa 23 Km bis nach Längenfeld fahren. Vom Kreisverkehr am Ortsende von Längenfeld etwa 6 Km in Richtung Sölden bis nach Bruggen fahren. Dort befindet sich auf der linken Talseite die Firma Haid & Falkner. Gegenüber der Firma gibt es südlich der Brücke über die Ötztaler Ache einen Parkplatz. Das Überqueren der Brücke mit dem PKW ist nicht erlaubt. Nach der Brücke führt ein schmaler Pfad nach links in den Wald. Der Pfad führt zunächst oberhalb der Ötztaler Ache in südlicher Richtung entlang. Nach etwa 200 m steigt der Pfad steil an und führt direkt zur Wand.

BESCHREIBUNG

Der Klettergarten Aschbach liegt oberhalb der Ötztaler Ache an einem steilen, schattigen Nordhang und eignet sich dadurch für warme Sommertage. Die Routen sind überwiegend sehr schwer, athletisch und verlangen viel Ausdauerkraft.

ERSCHLIESSER

Klemens Wilhelm, Dominik Ennemoser

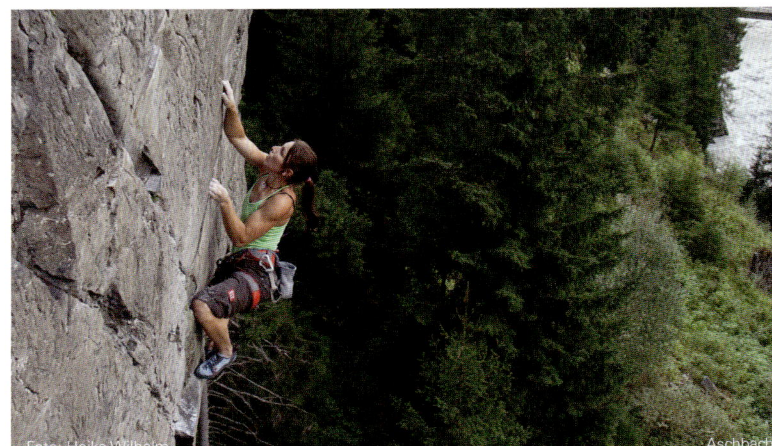

SÖLDEN FREIZEITARENA

P GPS: 32 T 652912 5203730 Höhe: 1350 m
GPS: 32 T 653058 5203676 Höhe: 1400 m

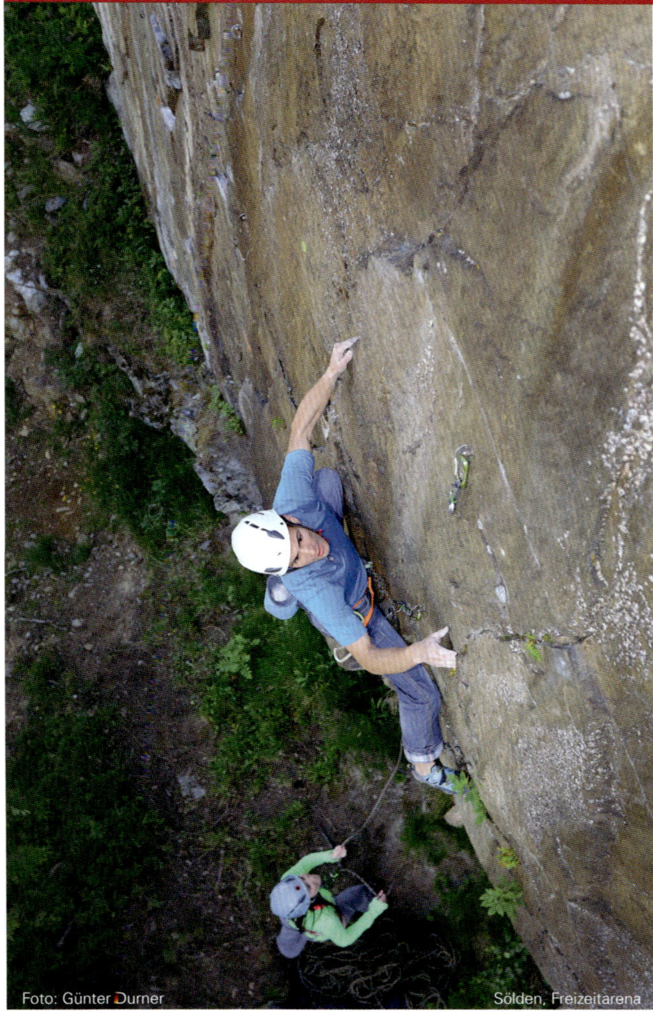

Foto: Günter Durner — Sölden, Freizeitarena

	Schwierigkeitsgrad (Franz.)	3	4	5	6	7	8	9
Routenaufteilung	Anzahl der Routen	-	-	1	3	2	-	-

Routenart 6 Einseillängen (ES), Mehrseillängen (MS), Boulder

Routenlänge 18-22 m

Zustieg 10 Min. ⇧ bergauf, ⇨ eben, ⇩ bergab (50 Hm)

Absicherung ★★★★★

Umlenkung Ring, Kette, Sauschwanz

Ausrichtung Nord, Ost, Süd, West

Winterklettergebiet ja, nein

Familienfreundlich ja, nein

Felsqualität Rauer Granit mit Leisten und Dellen / sehr gut

Wandneigung Senkrechte bis leicht überhängende Kletterei

Wandfuß Holzplattform am Wandfuß, kindertauglich

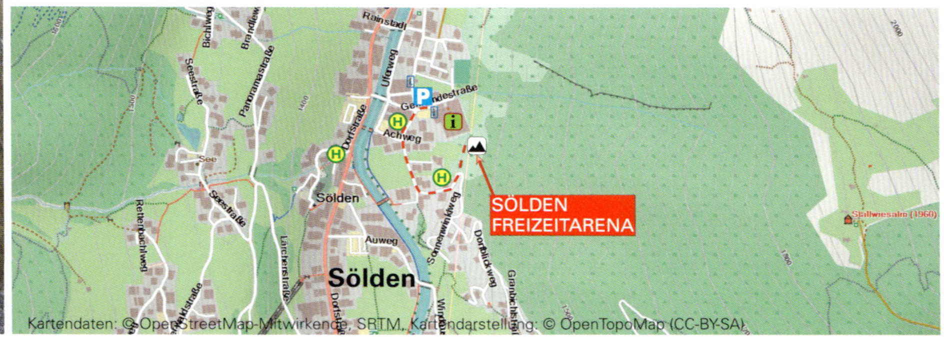

Kartendaten: © OpenStreetMap-Mitwirkende, SRTM, Kartendarstellung: © OpenTopoMap (CC-BY-SA)

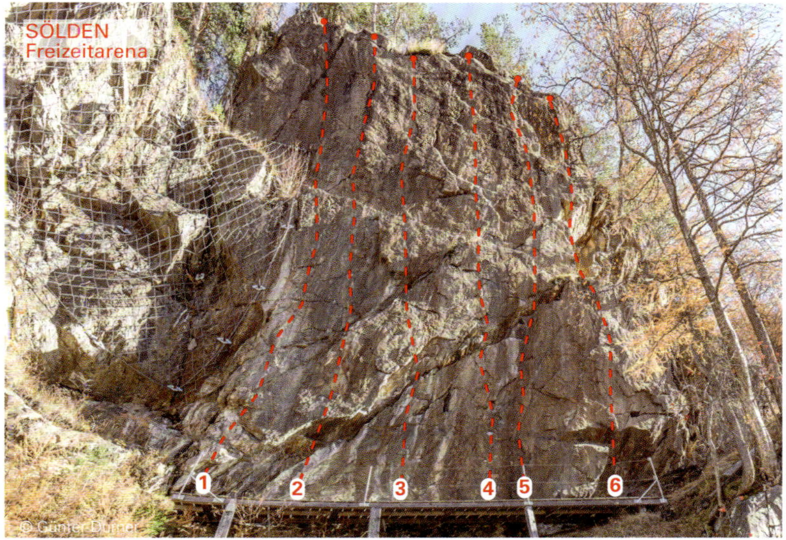

FREIZEITARENA

1	Conan	6c+	22 m
2	Affenstark	6b+	20 m
3	Not possible	7c	20 m
4	Bloody fingers	7a	20 m
5	On the edge	6a+	18 m
6	Easy way	5c	18 m

ZUFAHRT/ZUSTIEG

Vom Kreisverkehr beim Beginn des Ötztals auf der Ötztaler Bundesstraße B186 etwa 36 Km bis nach Sölden fahren. Von der Dorfstraße links (Einfahrt F2) abbiegen und über die Brücke der Ötztaler Ache der Gemeindestraße folgen. Parkplätze gibt es im Bereich der Freizeitarena in Sölden. Parkverbote beachten.

Von der Freizeitarena Sölden zu Fuß auf der Granbichlstraße nach Süden gehen. Bei der dritten Kehre beginnt ein Forstweg (Schranke). Von dort erreicht man den Klettergarten in wenigen Minuten.

BESCHREIBUNG

Durch seine schnelle Erreichbarkeit vom Ortskern aus ist der Klettergarten sehr beliebt. Für Anfänger, wegen der relativ anspruchsvollen Touren, nicht geeignet. Am Wandfuß, direkt bei den Einstiegen zu den Routen befindet sich eine große Holzplattform.

ERSCHLIESSER

Ferdl Plörer

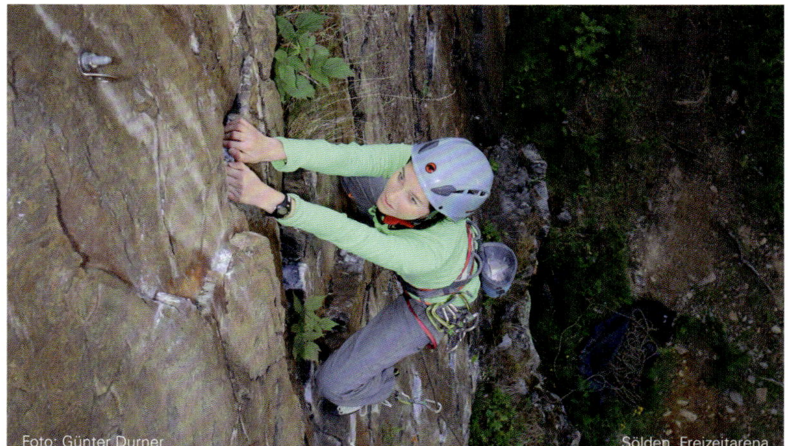

Foto: Günter Durner

Sölden, Freizeitarena

SÖLDEN MOOSALM

P GPS: 32 T 653387 5201939 Höhe: 1450 m
GPS: 32 T 653860 5201885 Höhe: 1620 m

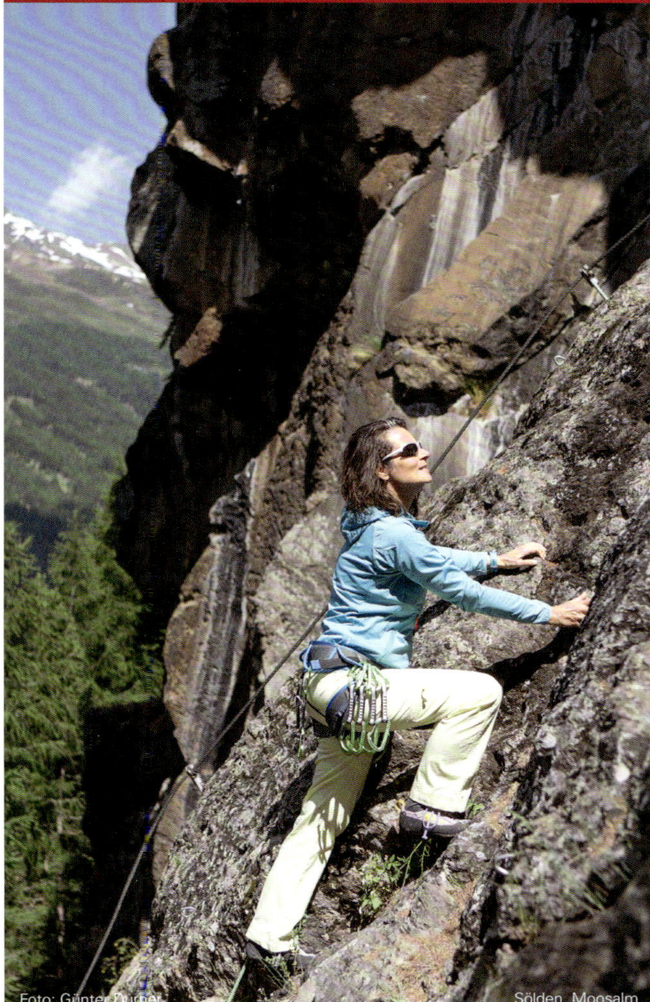

Routenaufteilung	Schwierigkeitsgrad (Franz.)	3	4	5	6	7	8	9
	Anzahl der Routen	9	1	5	14	4	-	-

Routenart 29 Einseillängen (ES), 4 Mehrseillängen (MS), Boulder

Routenlänge 5-40 m

Zustieg 30 Min. ⇧ bergauf, ⇨ eben, ⇩ bergab (170 Hm)

Absicherung ★★★★★

Umlenkung Ring, Kette, Sauschwanz

Ausrichtung Nord, Ost, Süd, West

Winterklettergebiet ja, nein

Familienfreundlich ja, nein

Felsqualität Rauer Granit mit Leisten und Dellen / sehr gut

Wandneigung Flache bis senkrechte Plattenkletterei

Wandfuß Holzplattform am Wandfuß, kindertauglich

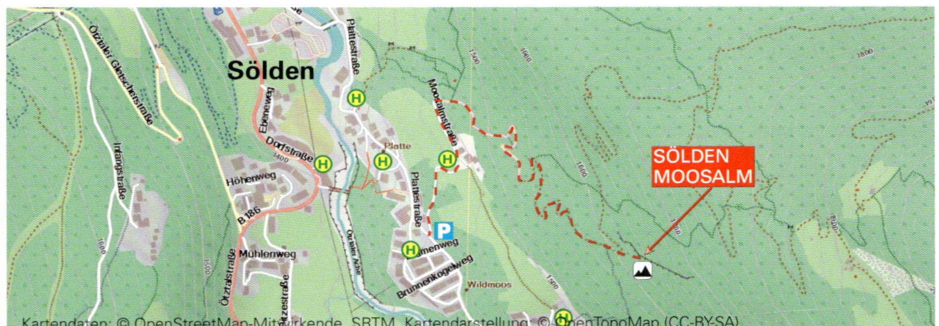

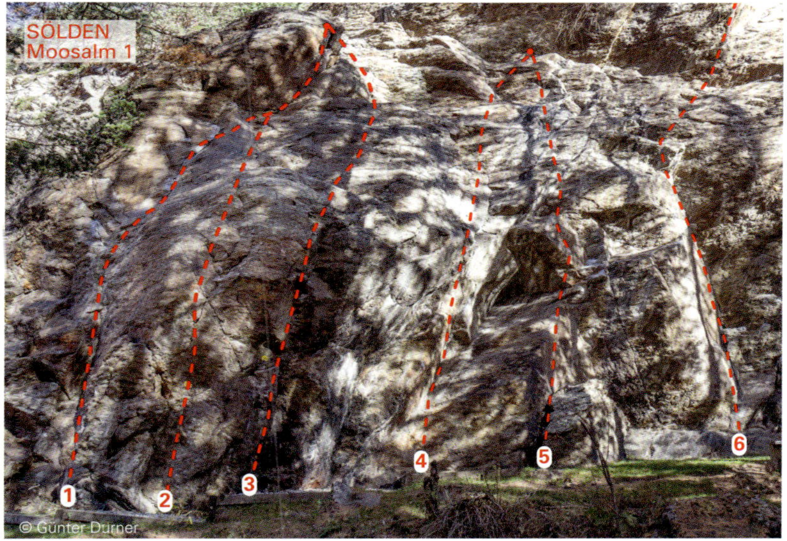

MOOSALM

1	Qui	5c	12 m
2	Quo	6a	10 m
3	Qua	6a+	10 m
4	Lu	5c	10 m
5	Hard Rock	6a+	8 m
6	Fiegl Santner Weg (3 SL.)	6a (6a, 5a, 6a)	60 m

ZUFAHRT/ZUSTIEG

Vom Kreisverkehr beim Beginn des Ötztals auf der Ötztaler Bundesstraße B186 etwa 36 Km bis nach Sölden fahren. Man fährt durch Sölden bis zur Talstation der Gaislachkoglbahn. Hier links (Einfahrt K) abbiegen und der Wohlfahrtstraße an der Ötztaler Ache etwa 300 m folgen. Nach der Brücke weiter auf der Plattestraße bis zur Moosalmstraße und dort parken.

Vom Parkplatz 500 m auf der Moosalmstraße, an der Moosalm vorbei bis zu einer Schranke gehen. Von dort dem Forstweg 1 Km bis zu einer Linkskehre mit einer Wiese folgen. Von den Ruhebänken und einer Infotafel erreicht man auf einem Pfad in wenigen Minuten den Wandfuß.
Vom Parkplatz 30 Min., 170 Hm, 1,5 Km.

BESCHREIBUNG

Der Klettergarten bietet leichte sowie anspruchsvolle Routen für die ganze Familie. Im rechten Wandteil führt ein Klettersteig durch die kompakte Granitwand. An einigen Einstiegen gibt es Holzplattformen und Sitzbänke.

ERSCHLIESSER

Ferdl Plörer

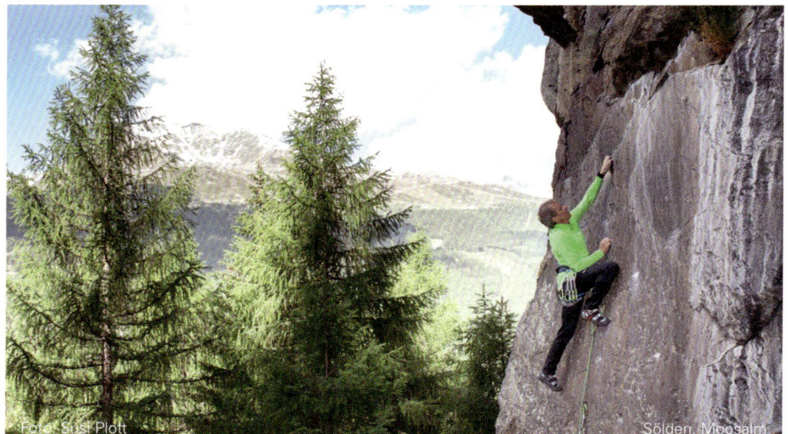

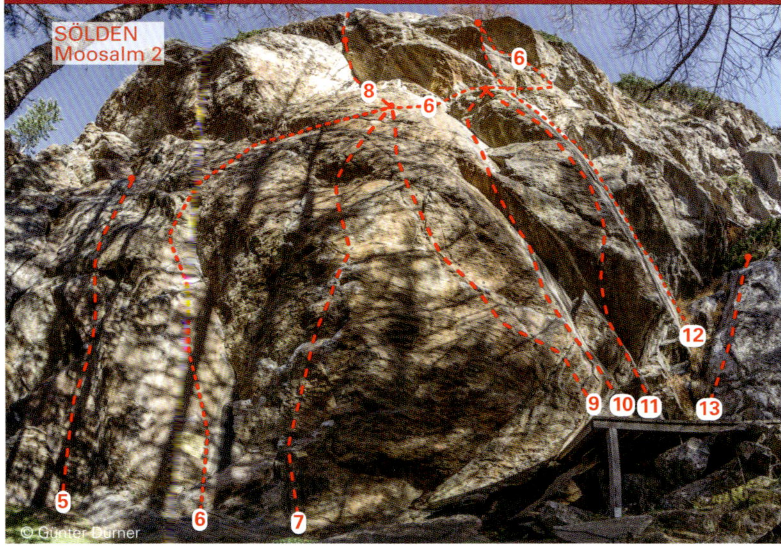

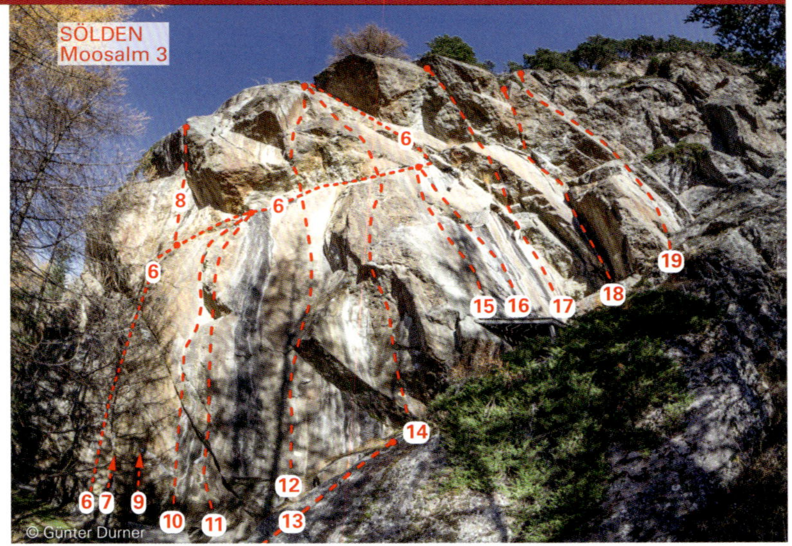

MOOSALM

No.	Route	Grade	Length
5	Hard Rock	6a+	8 m
6	Fiegl Santner Weg (3 SL.)	6a (6a, 5a, 6a)	60 m
7	Do it	6b+	20 m
8	Learning to fly	7a	15 m
9	Boa	6a	15 m
10	Fingertips	6a+	15 m
11	Indian Summer	7a	15 m
12	Pirouette Roof	7a+	25 m
13	Easy Slab	3c	5 m
14	Hold me short	6c	25 m
15	Dreams	6a+	8 m
16	Lips	5c	8 m
17	Crash	6c	15 m
18	Space	7a+	20 m
19	Dirty Way	5c	20 m

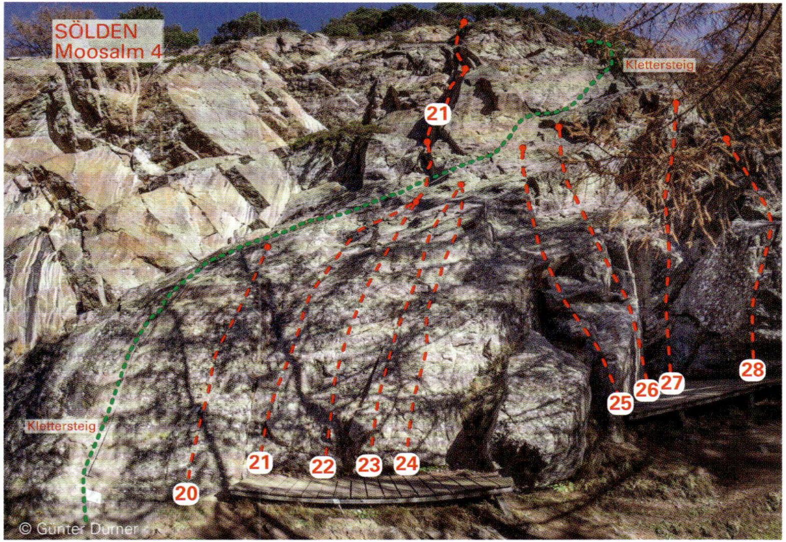

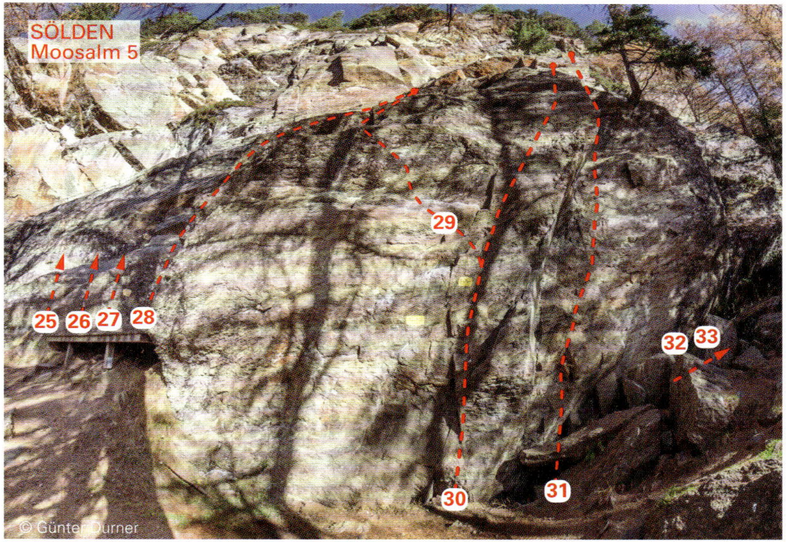

MOOSALM

20	Dumbo	3a	9 m
21	Bergführer Weg (3 SL.)	4b (4a, 4a, 4b)	60 m
22	S'Kantle	3a	10 m
23	Cinderella	3b	8 m
24	Benjamin Blümchen	3b	8 m
25	Peter Pan	3c	8 m
26	Pokemon	3b	10 m
27	Kleine Hexe	3b	20 m
28	Pocahontas	3b	20 m
29	Pumuckl	6a	20 m
30	Arielle	6a	20 m
31	Schlumpfine	5b	25 m

Rechts oben

32	Karlinger Führe (2 SL.)	6c (6c, 6c)	55 m
33	Theo Riml Gedenkweg (2 SL.)	6a+ (6a+, 6a)	45 m

OBERGURGL ZIRBENWALD

P GPS: 32 T 654422 5192757 Höhe: 1907 m
GPS: 32 T 653790 5192121 Höhe: 1960 m

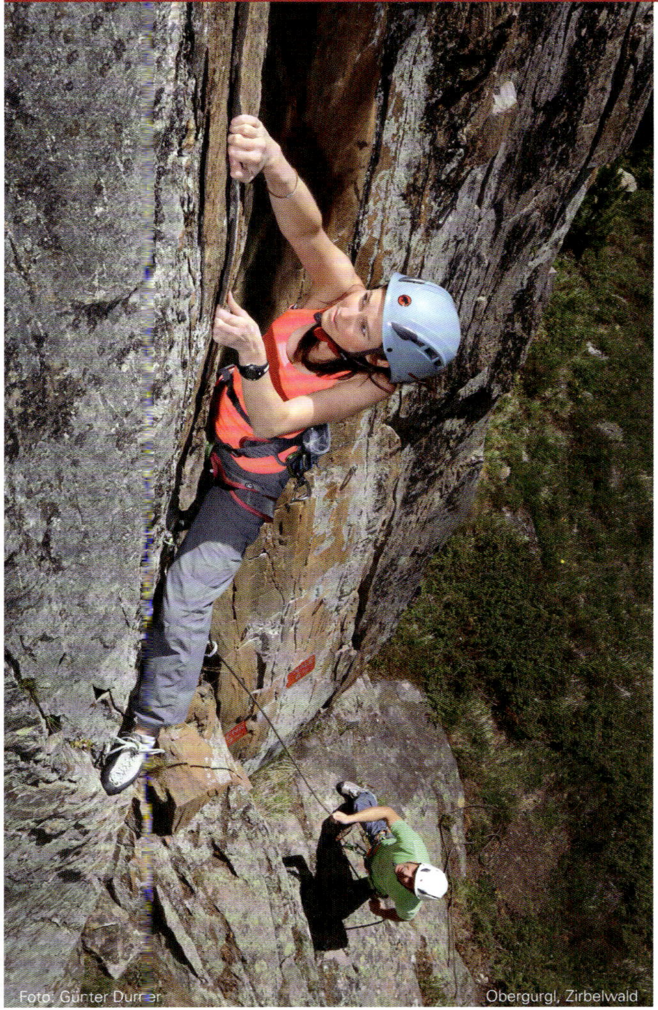

Foto: Günter Durner

Obergurgl, Zirbelwald

Routenaufteilung

Schwierigkeitsgrad (Franz.)	3	4	5	6	7	8	9
Anzahl der Routen	3	13	7	7	2	-	-

Routenart 32 Einseillängen (ES), Mehrseillängen (MS), Boulder

Routenlänge 12-20 m

Zustieg 20 Min. ⇧ bergauf, ⇨ eben, ⇩ bergab (53 Hm)

Absicherung ★★★★★

Umlenkung Ring Kette Sauschwanz

Ausrichtung Nord, Ost, Süd, West

Winterklettergebiet ja, nein

Familienfreundlich ja, nein

Felsqualität Rauer Granit mit Leisten und Dellen / sehr gut

Wandneigung Flache bis senkrechte Kletterei

Wandfuß Geneigter Wandfuß, Wald/Wiese, kindertauglich

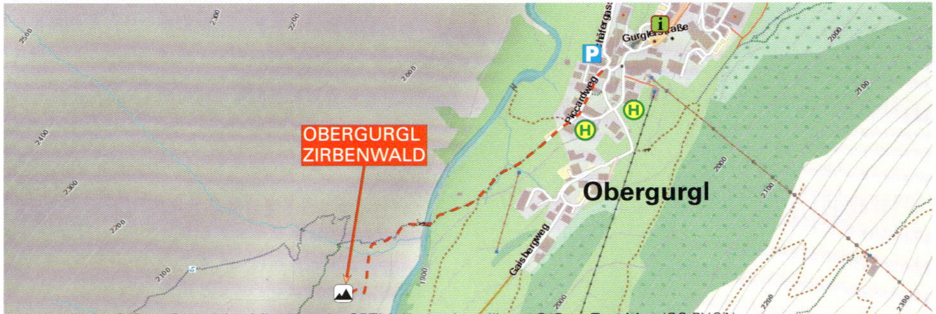

Kartendaten: © OpenStreetMap-Mitwirkende, SRTM, Kartendarstellung: © OpenTopoMap (CC-BY-SA)

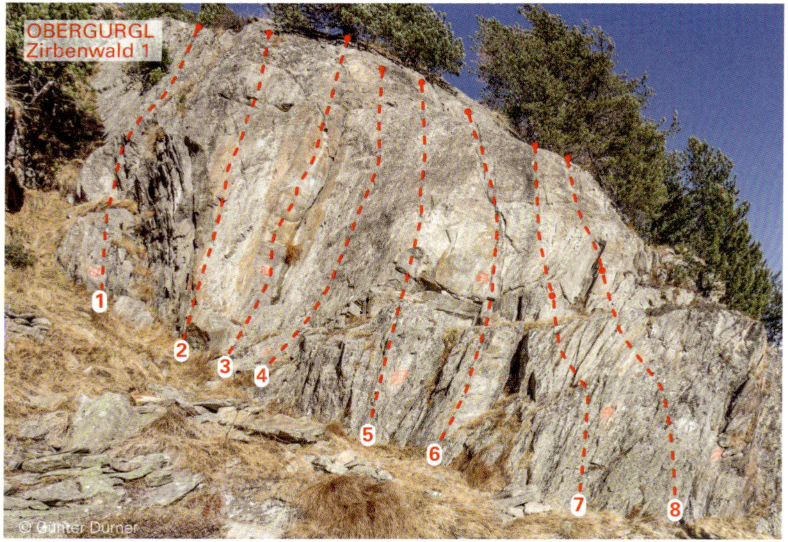

ZIRBENWALD

1	Blalle	4a	20 m
2	Laggl	5b	20 m
3	Ribispiaz	4c	20 m
4	Hale Heit	5b	20 m
5	Kein Bier vor 4	4a	20 m
6	Marlene	4c	15 m
7	Laura	4b	20 m
8	Brosar	3a	20 m

ZUFAHRT/ZUSTIEG

Vom Kreisverkehr beim Beginn des Ötztals auf der Ötztaler Bundesstraße B186 etwa 36 Km bis nach Sölden, von dort weitere 15 Km bis nach Obergurgl fahren. In Obergurgl gibt es an der Kirche einen gebührenpflichtigen Parkplatz, bzw. das Zentrum Parkhaus. Alle anderen Parkplätze sind privat oder ausschließlich für Hotelgäste reserviert. Bei der Festkogelbahn am Ortseingang parkt man kostenlos.

Am südlichen Ortsende von Obergurgl folgt man dem Wanderweg, der zum Ramolhaus führt (Obergurglweg Nr. 9). Nach der Brücke etwa 40 Hm bergauf, dann links auf Steigspuren zu einem Plateau queren. Nicht bis zum Gatter des Weg Nr. 9 hinauf, denn dann muss vom Weg Nr. 9 über steiles Gelände abgestiegen werden.

BESCHREIBUNG

Landschaftlich wunderschön gelegener Klettergarten der sich zwischen lichten Kiefernwäldern befindet. Der Ausblick auf die umliegenden Berge und auf Obergurgl ist grandios. Die Routen sind kurz und sehr gut abgesichert. Der kleine aber feine Klettergarten bietet überwiegend leichte Routen und ist besonders für einen Familienklettertag geeignet.

Vom Klettergarten ist der Klettersteig Obergurgl-Zirbenwald nur etwa 300 m entfernt. Um diesen zu erreichen folgt man dem Zustiegsweg in südwestlicher Richtung. Der Weg führt direkt zur großen Hängebrücke des Klettersteigs.

ERSCHLIESSER

Franz Raich, Florian Gufler, Gabriel Falkner, Alexander Giacomelli

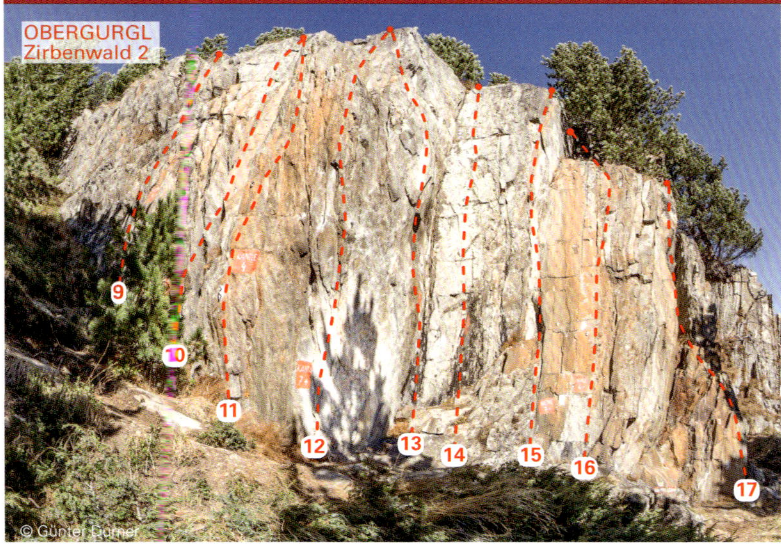

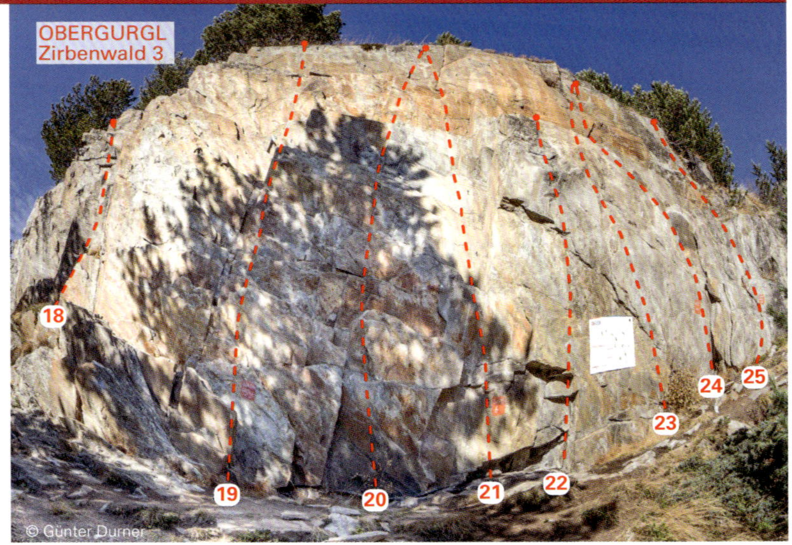

ZIRBENWALD

Nr.	Route	Grad	Länge
9	Zirm	4a	12 m
10	Klupa	4a	12 m
11	Kantle	4a	12 m
12	Kanta	6b+	16 m
13	Geb Heb	6c+	16 m
14	Geb Zug	6a+	16 m
15	Nene	6a+	16 m
16	Nale	5b	16 m
17	Da Vinci	7a+	10 m
18	Fleims	5a	20 m
19	Gurgler Georg	4c	20 m
20	Schlumpf	4c	20 m
21	David	5c	20 m
22	Wampe	7a	18 m
23	Zickzack	6a	20 m
24	Heidi	4b	20 m
25	Schrofen Nagele	3a	20 m

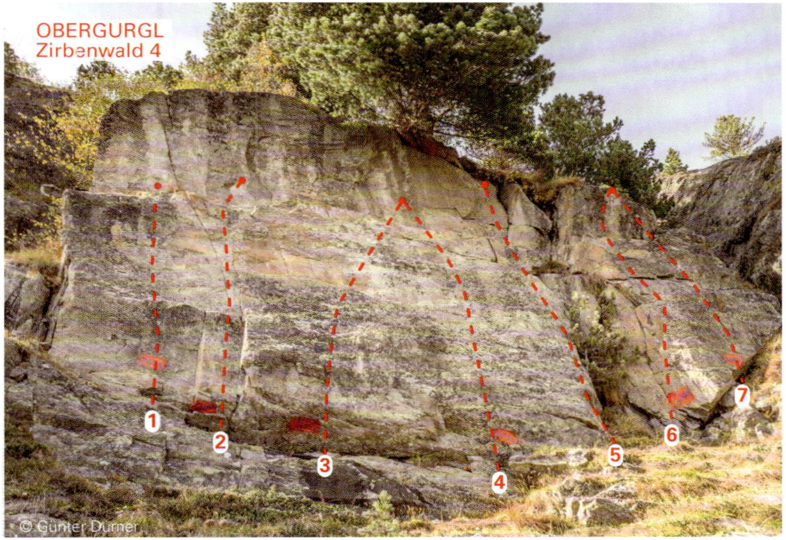

ZIRBENWALD

1	Egge	6b	10 m
2	Sandra	5c	10 m
3	Pepe	6a	10 m
4	Plotta	5c	10 m
5	Moos	4a	10 m
6	Schnaida	4c	8 m
7	Kurz	3	8 m

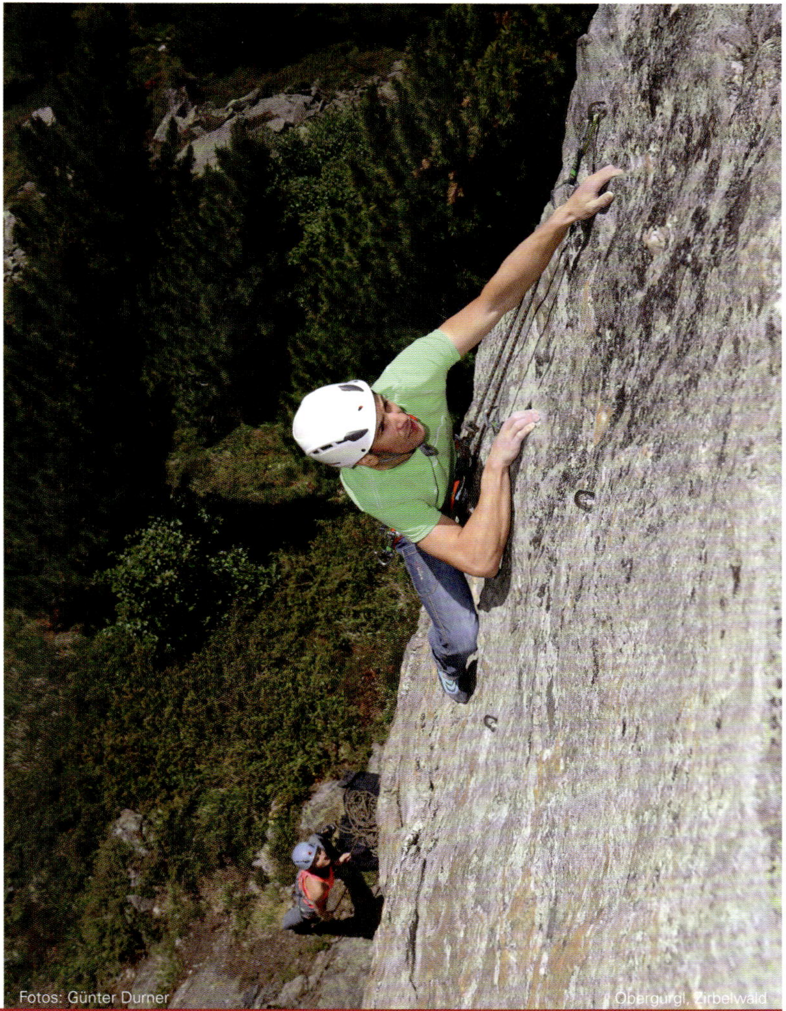

Fotos: Günter Durner

Obergurgl, Zirbelwald

HAIMING GEIERWAND KLETTERSTEIG

GPS: 32 T 642164 5235821 Höhe: 670 m
GPS: 32 T 642113 5236034 Höhe: 730 m

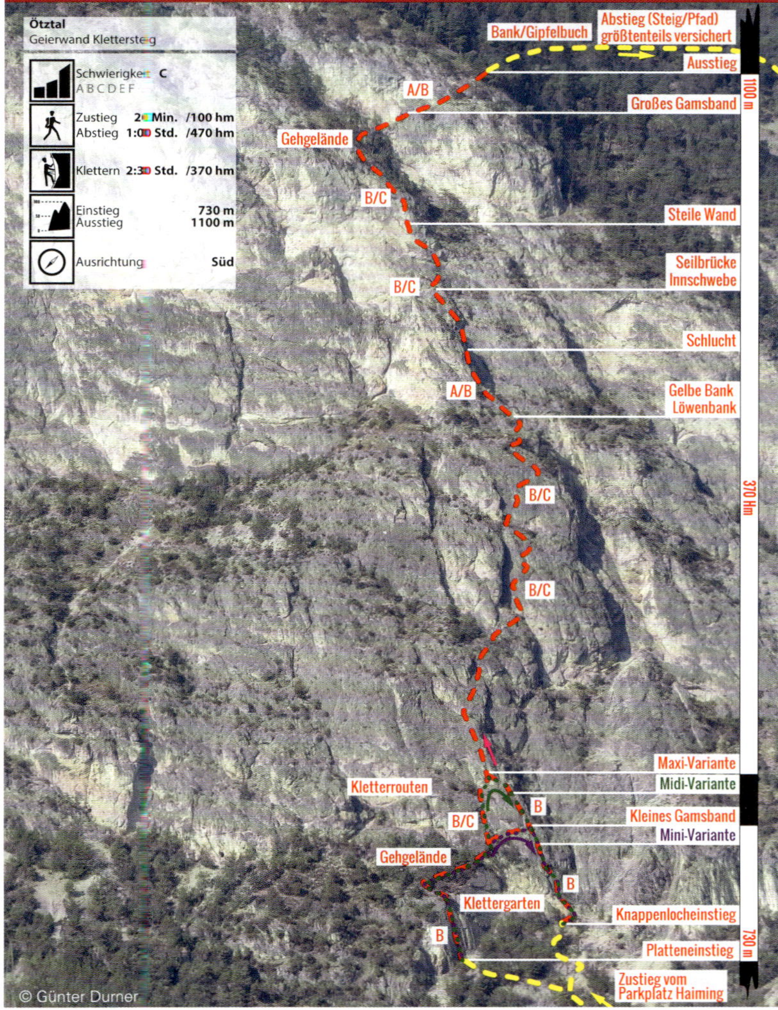

oetztal.com

BESCHREIBUNG

Der herrliche, mittelschwere Klettersteig verläuft durch die aus Kalkstein bestehende fast 400 m hohe Geierwand. Die Schwierigkeit liegt meist im Bereich B, dennoch sollte der Klettersteig nicht unterschätzt werden, da für den gesamten Durchstieg etwa 2,5 Std. notwendig sind und die Wand südseitig ausgerichtet ist. Besonders im Sommer kann es in der Wand sehr heiß werden.

Es gibt eine Mini- und Midi-Variante, sie können genützt werden um aus dem Klettersteig früher auszusteigen oder dass Klettersteig-Anfänger nicht den gesamten Klettersteig begehen müssen.

Nach der Midi-Variante gibt es keinen Notausstieg. Im oberen Teil geht es über eine Seilbrücke, die „Innschwebe". Vom Klettersteig aus hat man einen herrlichen Blick auf das weite Inntal. Aufgrund der südseitigen Lage kann der Klettersteig fast das ganze Jahr hindurch begangen werden.

SCHWIERIGKEIT „C"

Der Einstieg über die Platte ist im Schwierigkeitsgrad B. Im Bereich des kleinen Gamsbandes befindet sich eine Stelle mit B/C und im Bereich nach der Seilbrücke „Innschwebe" gibt es einige Stufen mit der Schwierigkeit C. Der letzte Teil ist abgesehen von der Höhe etwas leichter mit A/B und A.

STEIGLÄNGE UND ZEITAUFWAND

Zustieg	20 Min.	(60 Hm)
Klettern	2:30 Std.	(370 Hm, 800 m Seillänge)
Abstieg	1:00 Std.	(430 Hm)
Gesamtzeit	4:00 Std.	

ABSTIEG

Beim Ausstieg folgt man rechts (östlich) den markierten Steig zuerst leicht, dann steil abwärts bis zum Einstieg des Klettergarten Simmering. Dann über die Apfelstraße zurück zum Parkplatz.

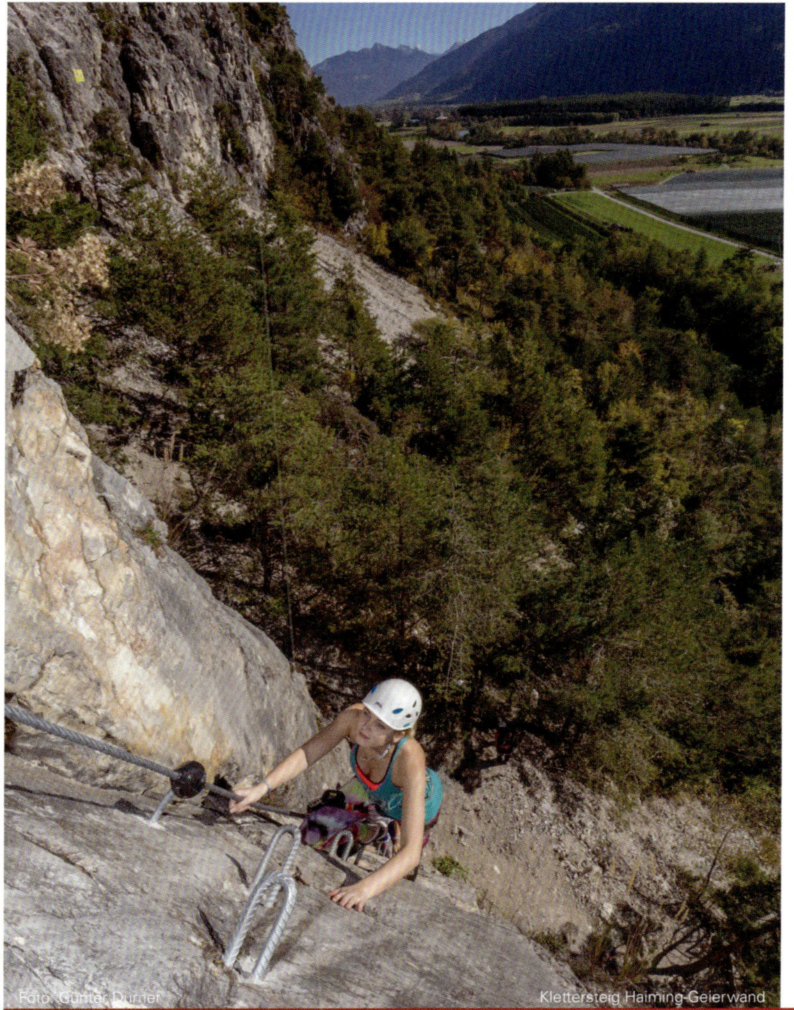

Foto: Günter Durner

Klettersteig Haiming-Geierwand

ZUFAHRT/ZUSTIEG

Die Autobahn A12 bei der Abfahrt Ötztal verlassen und bis zum Kreisverkehr am Beginn des Ötztals fahren. Vom Kreisverkehr der B171 Richtung Haiming folgen. Nach 2,7 Km beim Kreisverkehr in die Ortschaft Haiming abbiegen und zuerst der Ötztalerstraße dann der Alten Bundesstraße folgen (Beschilderung „Outdoorzentrum"). Nach der Innbrücke rechts abbiegen und etwa 1 Km weiter bis zum Parkplatz „Geierwand" fahren.

Vom Parkplatzende den Hinweisschildern zum Geierwand Klettersteig folgen. Der Weg führt über eine Wiese und dann ein kurzes Stück entlang der Autobahn bis zur Autobahnüberführung. Nach dieser dem ausgeschildertem Weg zum Einstieg des Geierwand Klettersteig folgen.

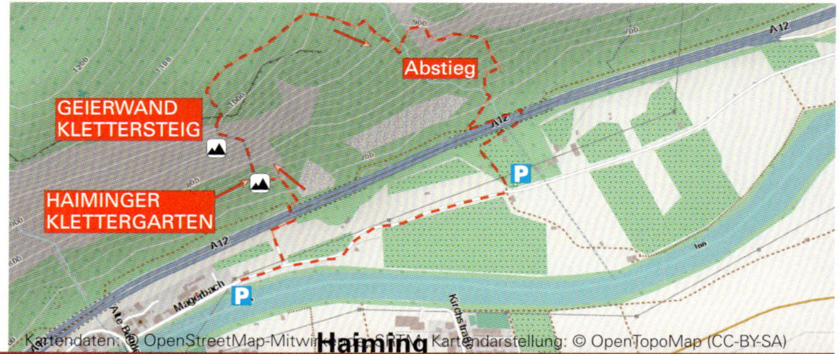

Kartendaten: © OpenStreetMap-Mitwirkende, SRTM | Kartendarstellung: © OpenTopoMap (CC-BY-SA)

KÜHTAIER PANORAMA KLETTERSTEIG

P GPS: 32 T 652562 5230675 Höhe: 1890 m
GPS: 32 T 655137 5229561 Höhe: 2540 m

Ötztal
Kühtaier Panorama Klettersteig

Schwierigkeit	**D/E**
Zustieg	**30 Min. /137 hm**
Abstieg	**2:00 Std. /916 hm**
Klettern	**2:30 Std. /287 hm**
Einstieg	**2540 m**
Ausstieg	**2807 m**
Ausrichtung	**Nord**

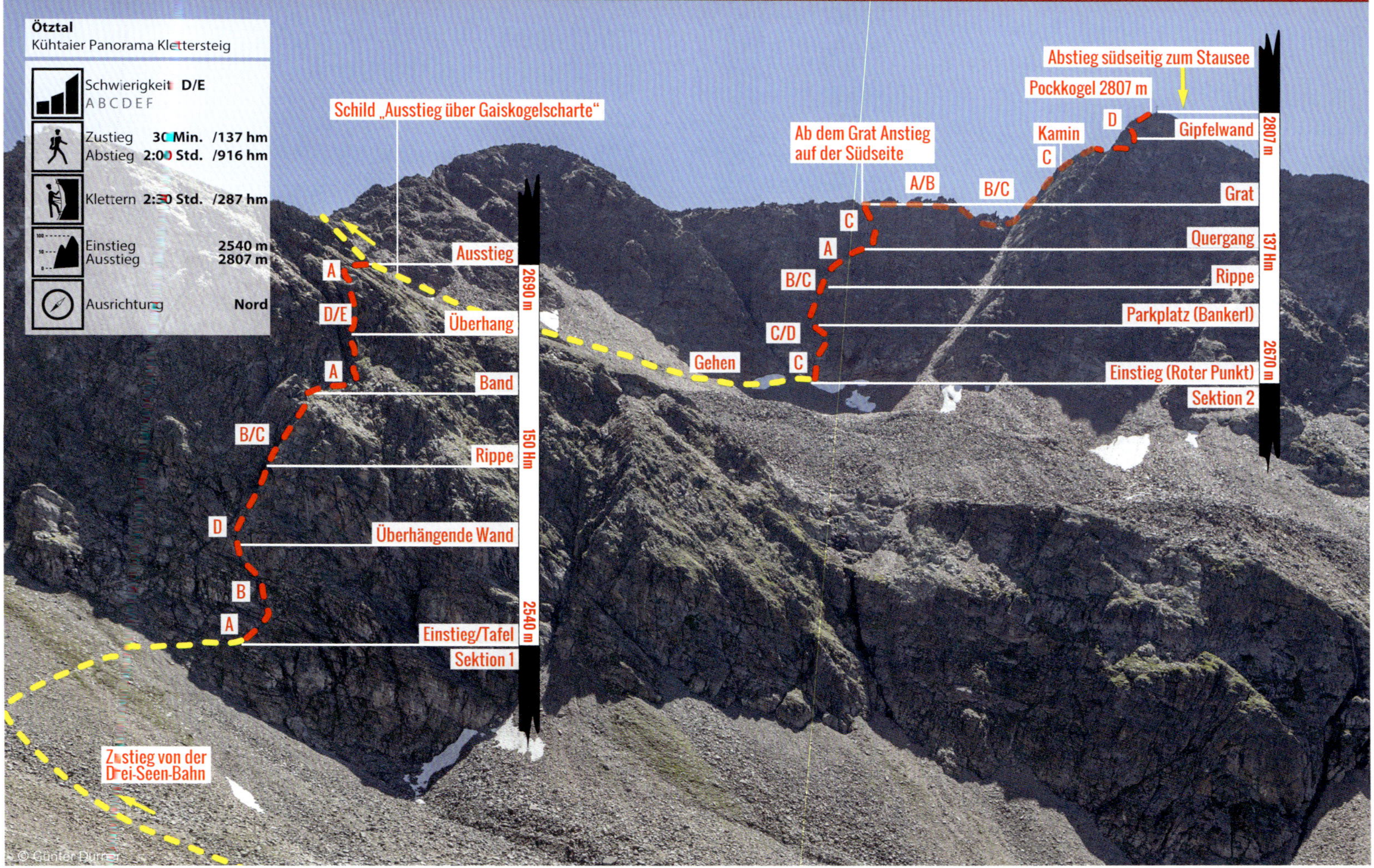

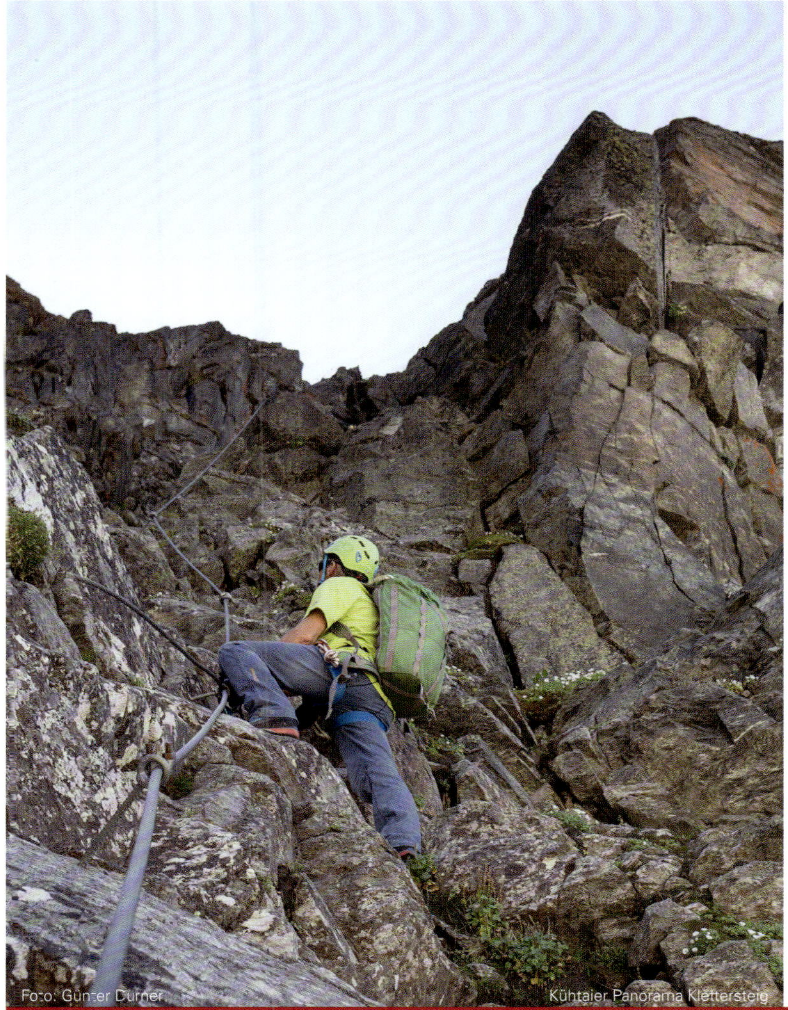

Foto: Günter Durner

Kühtaier Panorama Klettersteig

ZUFAHRT/ZUSTIEG

Vom Ötztal (17 Km) nach Kühtai bis zum Parkplatz der Drei-Seen-Bahn fahren und dort parken. Dann mit der Drei-Seen-Bahn zur Bergstation fahren und von dort der Beschilderung „Gaiskogl/Klettersteig" bis zum Einstieg folgen.

BESCHREIBUNG

Ein herrlicher Klettersteig im Granit der Sellrainer Berge führt auf den 2807 m hohen Pockkogel. Aufgrund der Höhe und der nordseitigen Lage ist der Klettersteig eher ein Ziel für den Hochsommer.

SCHWIERIGKEIT „D/E"

Schöner, sportlicher Klettersteig mit Stellen D/E, meist aber um C. An den steilen, teilweise überhängenden Passagen ist viel Armkraft notwendig.

STEIGLÄNGE UND ZEITAUFWAND

Zustieg	30 Min.	(137 Hm)
Klettern	2:30 Std.	(287 Hm, 750 m Seillänge)
Abstieg	2:30 Std.	(916 Hm)
Gesamtzeit	5:30 Std.	

ABSTIEG

Über den markierten Normalweg südwestlich hinunter zu einer Scharte, von dieser weiter zum Finstertaler Stausee absteigen und im Bereich der Staumauer rechts zur Drei-Seen-Hütte, von dort hinunter nach Kühtai.

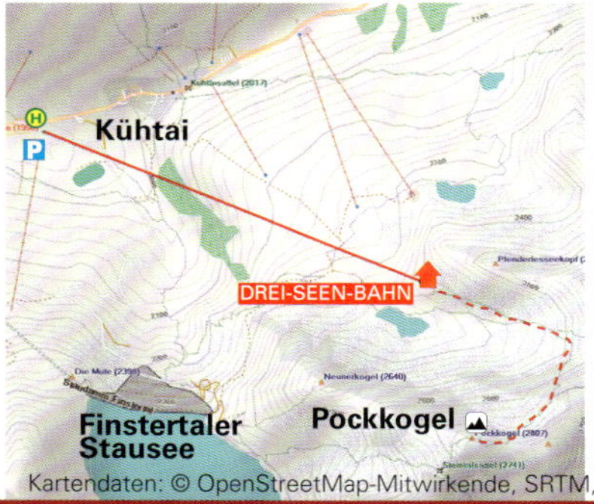

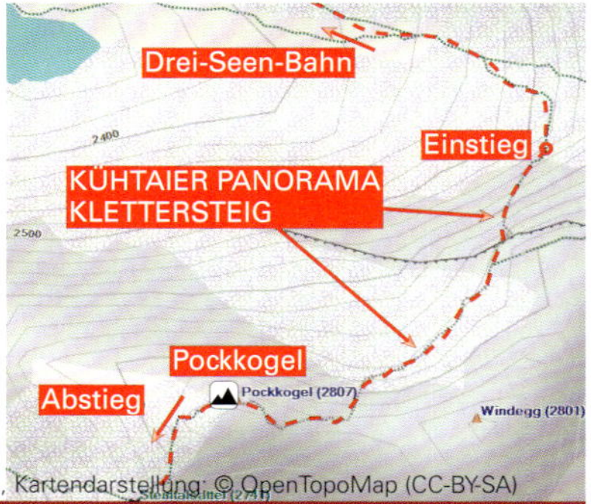

Kartendaten: © OpenStreetMap-Mitwirkende, SRTM, Kartendarstellung: © OpenTopoMap (CC-BY-SA)

KÜHTAIER PANORAMA KLETTERSTEIG

PIBURGER KLETTERSTEIG

P GPS: 32 T 642377 5228735 Höhe: 965 m
GPS: 32 T 642367 5228668 Höhe: 975 m

Ötztal
Piburger Klettersteig

Schwierigkeit	B/C	
Zustieg	5 Min.	/10 hm
Abstieg	10 Min.	/35 hm
Klettern	15 Min.	/25 hm
Einstieg		975 m
Ausstieg		1000 m
Ausrichtung		Nordost

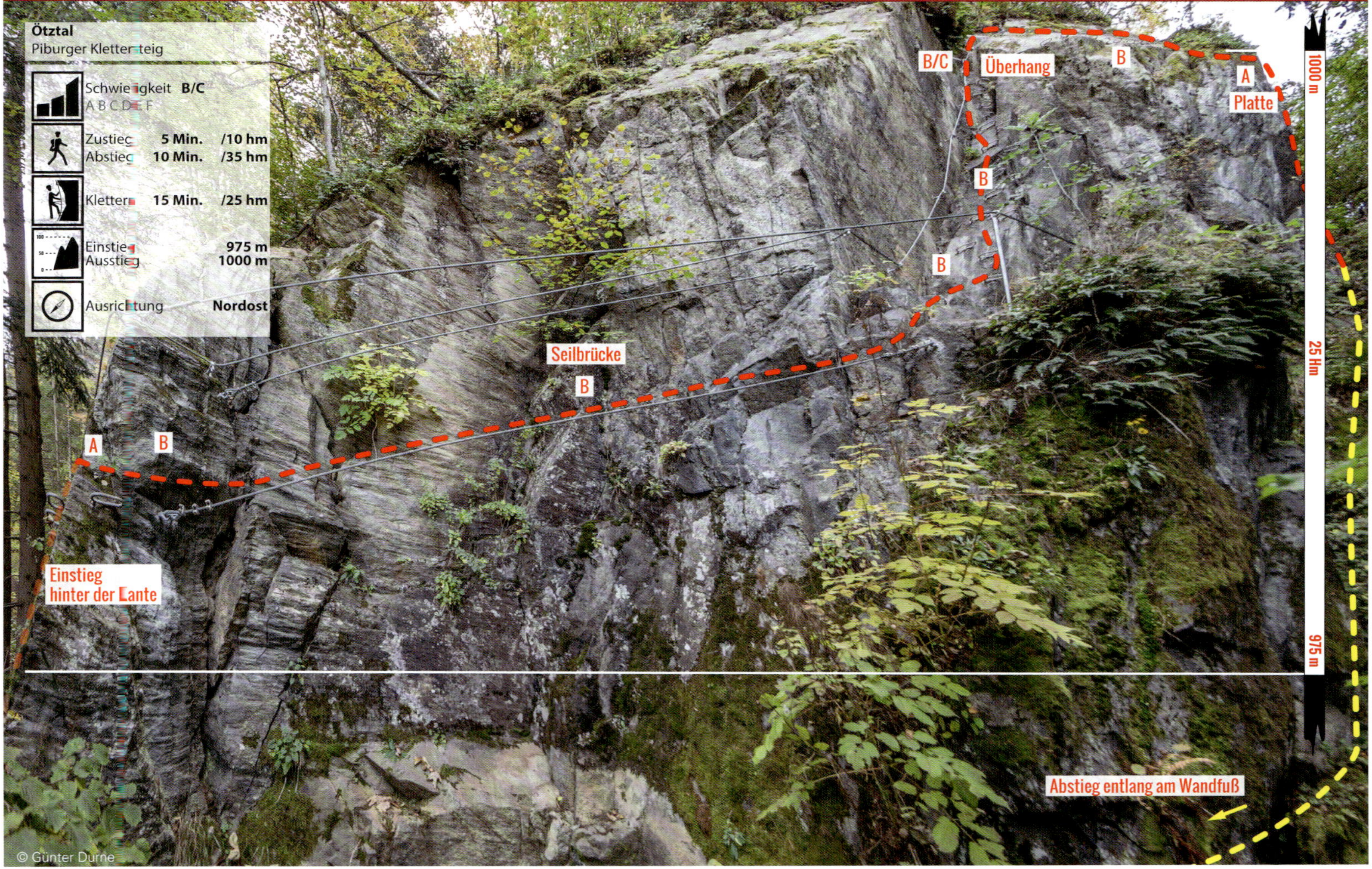

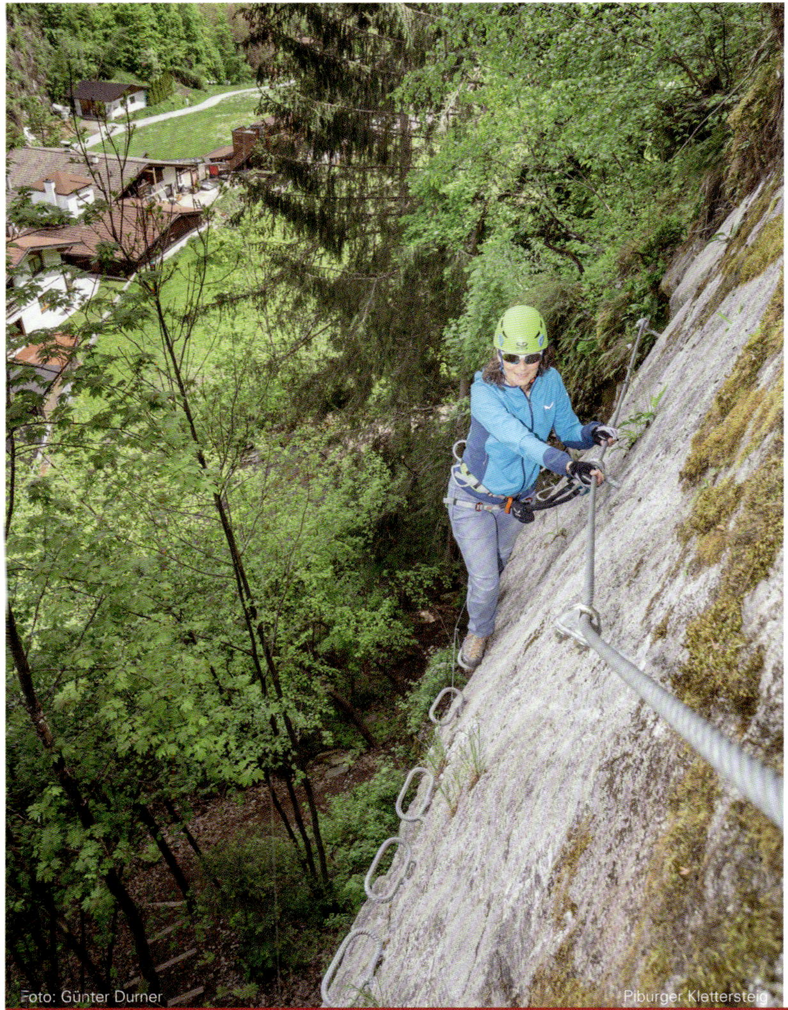

Foto: Günter Durner

Piburger Klettersteig

ZUFAHRT/ZUSTIEG

Vom Kreisverkehr beim Beginn des Ötztals auf der Ötztaler Bundesstraße B186 etwa 5 Km bis nach Ötz fahren. In der Ortsmitte rechts in die Piburger Straße abbiegen und dieser Straße ca. 2,5 Km bis nach Piburg folgen. Auf dem gebührenpflichtigen Parkplatz in Piburg parken.
Von dort zur Wegkreuzung bei der Seelodge Piburg gehen, dann rechts über den Parkplatz zum Forstweg und nach 200 m erreicht man den Einstieg.

BESCHREIBUNG

Der Klettersteig Piburg befindet sich in der Nähe des Piburger Sees und ist ideal geeignet um erste Erfahrungen auf einem Klettersteig zu sammeln. Benutzung Klettersteig: nur April bis November von 8:00 - 20:00 Uhr.

SCHWIERIGKEIT „B/C"

Kurzer, sportlicher Übungs-Klettersteig mit Stellen B/C, meist aber leichter.

STEIGLÄNGE UND ZEITAUFWAND

Zustieg	5 Min.	(10 Hm)
Klettern	15 Min.	(25 Hm, 105 m Seillänge)
Abstieg	10 Min.	(35 Hm)
Gesamtzeit	30 Min.	

ABSTIEG

Vom Ausstieg geht es auf dem Pfad unterhalb der Wand zurück.

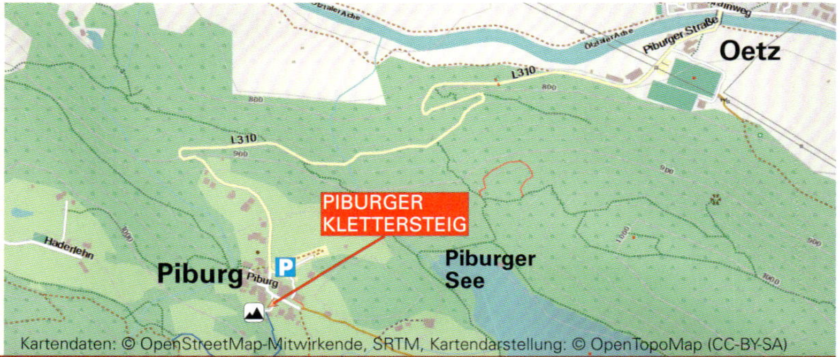

Kartendaten: © OpenStreetMap-Mitwirkende, SRTM, Kartendarstellung: © OpenTopoMap (CC-BY-SA)

PIBURGER KLETTERSTEIG

STUIBENFALL KLETTERSTEIG

P GPS: 32 T 646384 5221656 Höhe: 1072 m
GPS: 32 T 647568 5221041 Höhe: 1235 m

Ötztal
Stuibenfall Klettersteig

Schwierigkeit **C**
A B C D E F

Zustieg **25 Min. /165 hm**
Abstieg **55 Min. /365 hm**

Klettern **1:30 Std. /200 hm**

Einstieg **1235 m**
Ausstieg **1435 m**

Ausrichtung **Südwest**

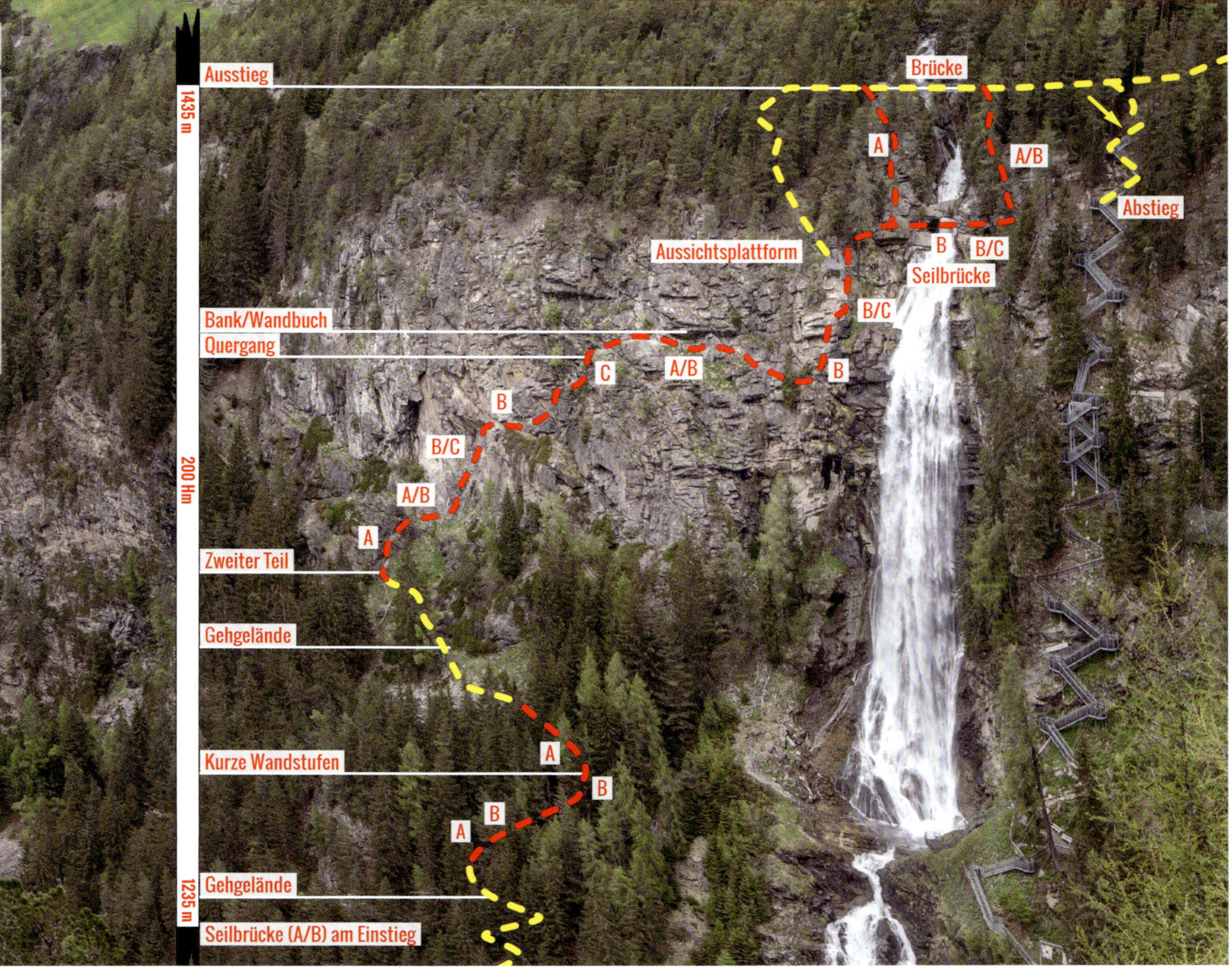

oetztal.com

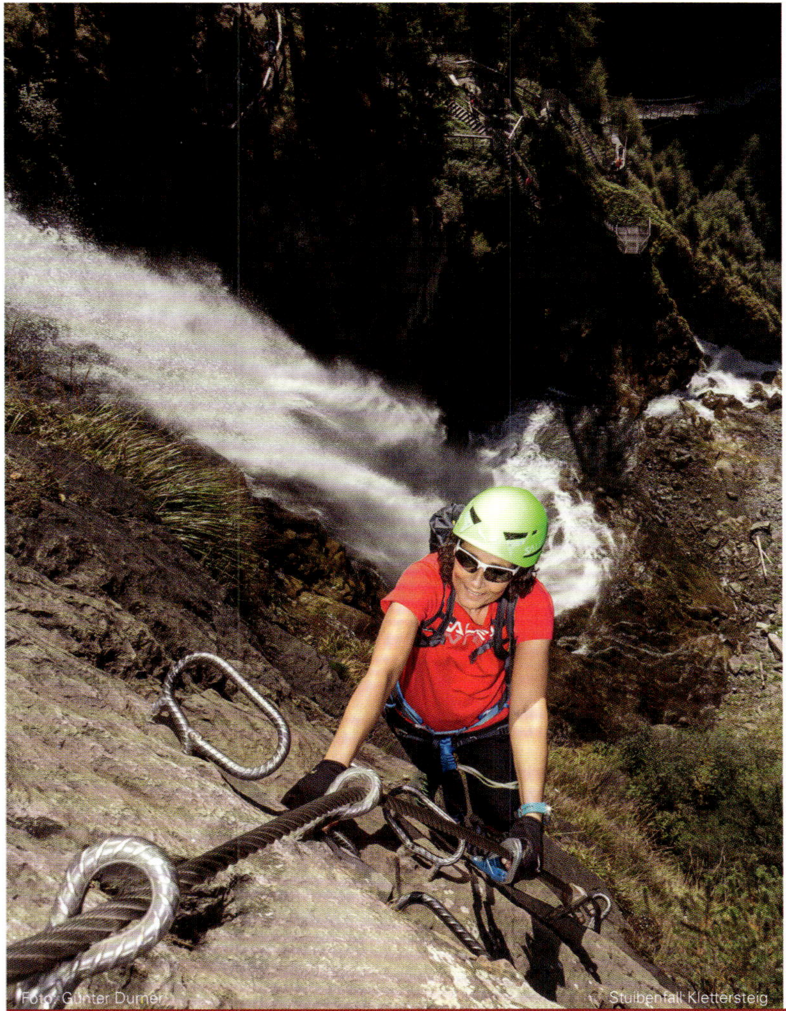

Foto: Günter Durner   Stuibenfall Klettersteig

ZUFAHRT/ZUSTIEG

Vom Kreisverkehr beim Beginn des Ötztals auf der Ötztaler Bundesstraße B186 etwa 14 Km bis nach Umhausen fahren. Dort auf dem gebührenpflichtigen Parkplatz Stuibenfall parken. Vom Parkplatz den Hinweisschildern „Stuibenfall" folgen. Vom Parkplatz 25 Min., 165 Hm, 1,4 Km.

BESCHREIBUNG

Der Stuibenfall Klettersteig ist ideal für Familien und Einsteiger geeignet. Für Kinder wurden viele Tritthilfen eingebaut. So können sie ab etwa zehn Jahren mit einer zusätzlichen Seilsicherung das Klettern genießen.

SCHWIERIGKEIT „C"

Sportlicher Klettersteig mit kurzen Stellen C meist B. Der Einstieg beginnt mit einer Seilbrücke A/B. Der Klettersteig verläuft im ersten Teil durch einen steilen Bergwald im zweiten Teil durch die Felswand neben dem Wasserfall.

STEIGLÄNGE UND ZEITAUFWAND

Zustieg	25 Min.	(165 Hm)
Klettern	1:30 Std.	(200 Hm, 450 m Seillänge)
Abstieg	55 Min.	(365 Hm)
Gesamtzeit	2:50 Std.	

ABSTIEG

Über die Treppen und die Hängebrücke zum Einstieg absteigen.

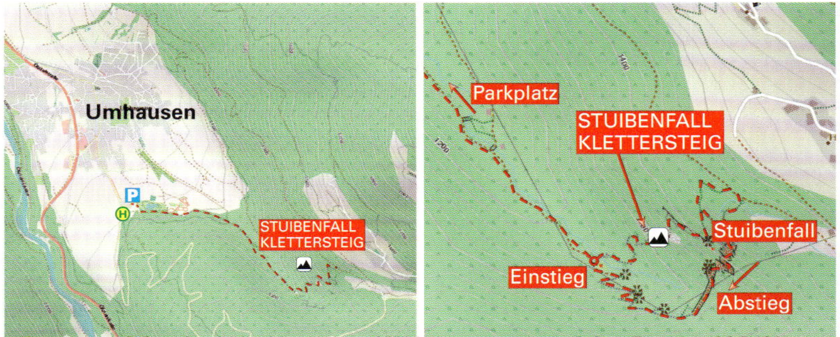

Kartendaten: © OpenStreetMap-Mitwirkende, SRTM, Kartendarstellung: © OpenTopoMap (CC-BY-SA)

LEHNER WASSERFALL KLETTERSTEIG

P GPS: 32 T 647644 5216147 Höhe: 1177 m
GPS: 32 T 647409 5216262 Höhe: 1300 m

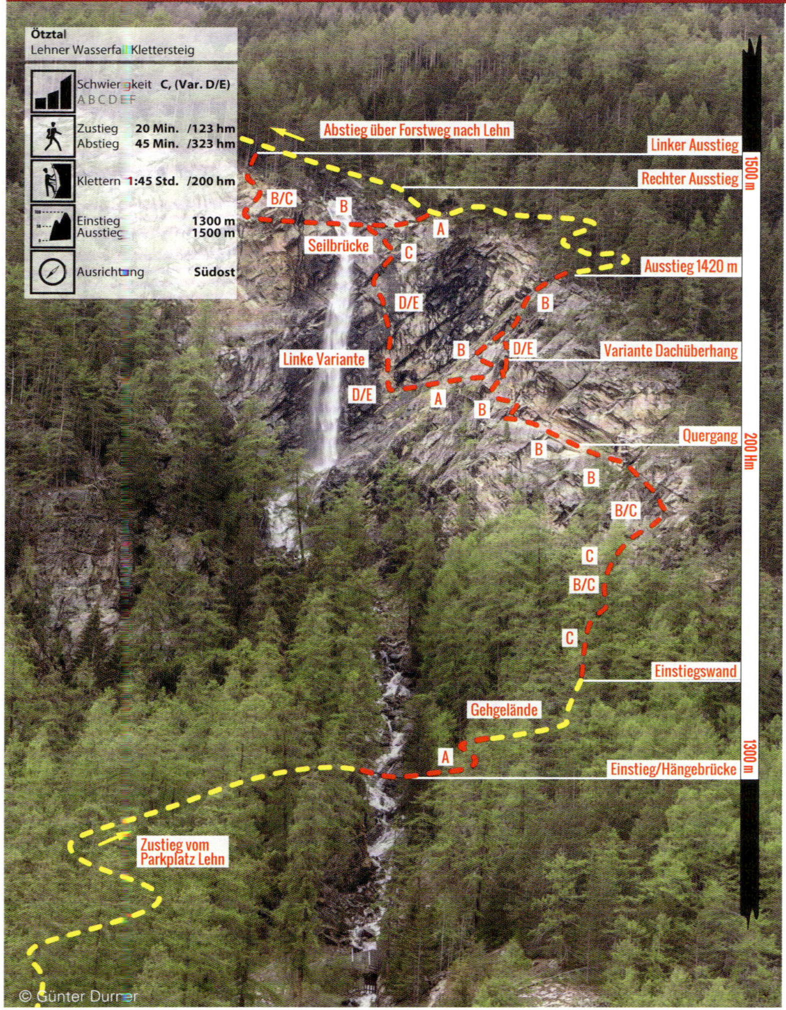

oetztal.com

BESCHREIBUNG

Der Lehner Wasserfall Klettersteig wurde 2014 mit der linken Variante erweitert. Die nach links verlaufende Variante ist für Könner ein Klettersteig-Highlight, das es ein zweites Mal nicht so schnell gibt. Nach einer leichten Querung ist der erste Überhang im Schwierigkeitsgrad D/E zu klettern. Für Kinder ist diese Variante nicht geeignet.
Die Originalroute, die rechts vom Wasserfall verläuft ist zwar deutlich leichter als die linke Variante, verlangt aber dennoch Kraft, Trittsicherheit und alpine Erfahrung. Bei der Variante Dachüberhang kann man seine Kräfte beim kurzen aber schwierigen Überhang auf die Probe stellen. Der Überhang kann aber auch links durch eine leichte Variante B umgangen werden. 50 m oberhalb vom Ausstieg führt ein Wanderweg bis zur Seilbrücke.

SCHWIERIGKEIT „C", Linke Variante „D/E"

Anfangs senkrechte Einstiegswand C, mit leichten Unterbrechungen über zwei kurze Steilstufen B/C zum Aussichtseck, ansteigende Querung B, wieder steilerer Wandaufbau zum Überhang D/E Umgehung links B möglich, dann über ein Felsband A/B zum Ausstieg.

Linke Variante:
Kurz vor dem Überhang vom rechten Ausstieg zweigt die Variante ab, beginnend mit der Schwierigkeit A/B bis direkt unter den Wasserfall, anschließend die schwierigste Stelle mit 20 m D/E (sehr schwierig), danach geht es mit den Schwierigkeiten von C weiter bis zur Seilbrücke B. Über die 35 m lange Seilbrücke geht es zum Ausstieg.

STEIGLÄNGE UND ZEITAUFWAND

Zustieg	20 Min.	(123 Hm)
Klettern	1:45 Std.	(200 Hm, 430 m Seillänge)
Abstieg	45 Min.	(323 Hm)
Gesamtzeit	2:50 Std.	

ABSTIEG

Vom rechten Ausstieg nach links hinauf, dann entweder über die Seilbrücke oder auf dem Wanderweg zum oberen Ausstieg. Auf dem Wanderweg nach Lehn absteigen.

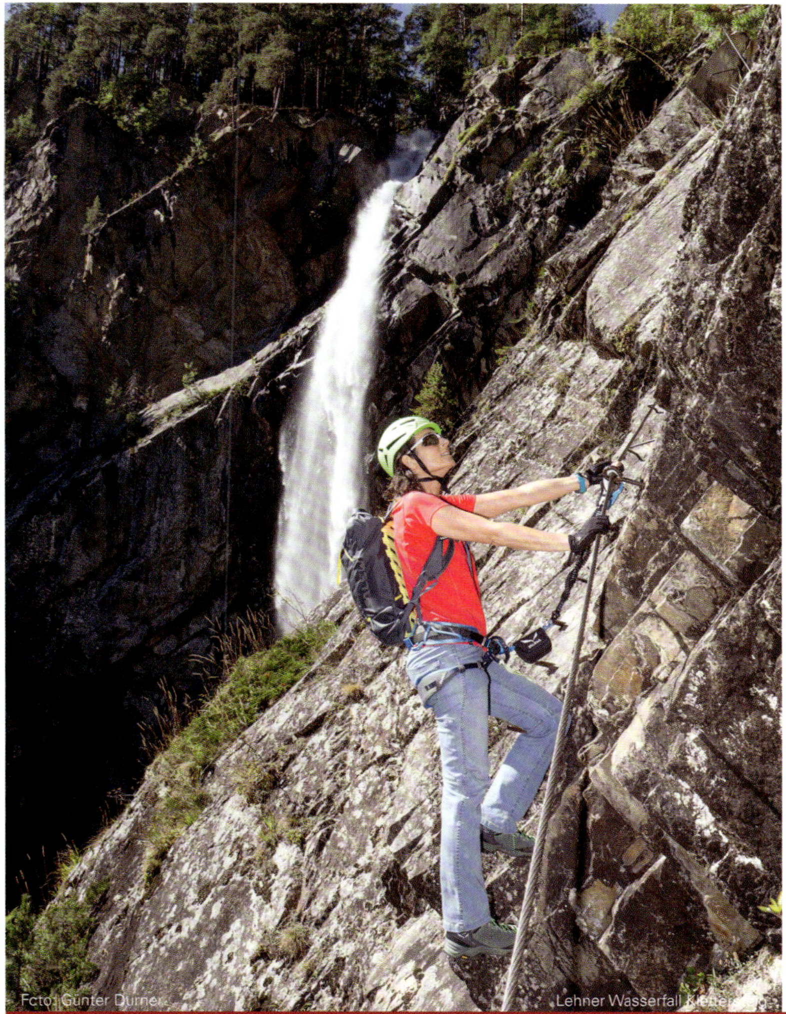

ZUFAHRT/ZUSTIEG

Vom Kreisverkehr beim Beginn des Ötztals auf der Ötztaler Bundesstraße B186 etwa 23 Km bis nach Längenfeld fahren. In Längenfeld beim Kreisverkehr die erste Ausfahrt rechts Richtung „Oberried-Lehn-Au" nehmen, am Heizkraftwerk der Biowärme Längenfeld vorbei und über die Brücke bis zum Ortsteil Oberried fahren. Von hier 600 m weiter in nördlicher Richtung bis zum Ortsteil Lehn fahren. In Lehn den Hinweisschildern „Heimatmuseum" folgen. In der Nähe des Heimatmuseum auf dem gebührenpflichtigen Parkplatz parken.

Vom Parkplatz den Hinweisschildern „Klettersteig" bis zum Einstieg bei einer Infotafel folgen.

Vom Parkplatz 20 Min., 123 Hm, 0,5 Km.

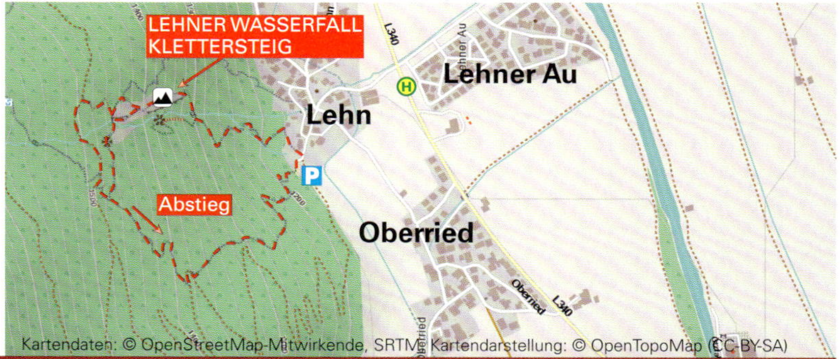

REINHARD-SCHIESTL KLETTERSTEIG

P GPS: 32 T 649076 5213482 Höhe: 1180 m
GPS: 32 T 649268 5213709 Höhe: 1180 m

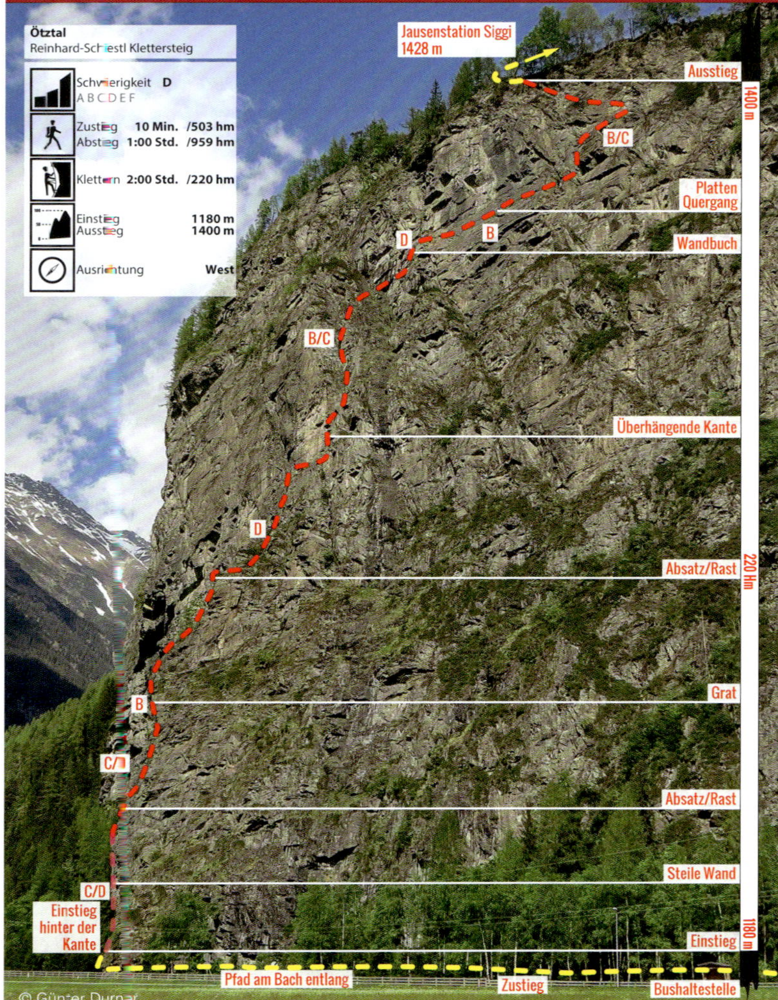

oetztal.com

BESCHREIBUNG

Der Reinhard-Schiestl Klettersteig an der steilen Burgsteiner Wand ist der schwierigste Klettersteig im Ötztal. Er führt über eine fast senkrechte Granitwand über 200 m in die Höhe. Der Klettersteig ist durchgehend mit einem Drahtseil, Klammern und Trittbügeln gesichert. Es gibt ausreichend Tritthilfen und drei Rastplätze.

Am Ausstieg bei den Bergwiesen von Burgstein (mehrere Einkehrmöglichkeiten) eröffnet sich ein grandioser Weitblick über die Ötztaler Alpen.

SCHWIERIGKEIT „D“

Zu Beginn steile Einstiegswand mit kleinem Überhang C/D, dann durchgehend B/C mit teils steilem Wandaufbau, über einen Quergang B und einer Steilstufe zum Ausstieg. Es gibt drei gute Rastplätze zum Erholen und Kräftesammeln.

STEIGLÄNGE UND ZEITAUFWAND

Zustieg	10 Min.	(0 Hm)
Klettern	2:00 Std.	(220 Hm, 300 m Seillänge)
Abstieg	1:00 Std.	(248 Hm)
Gesamtzeit	3:00 Std.	

ABSTIEG

Beim Ausstieg folgt man den Steig über Wiesen bergauf bis zur Straße in Burgstein. Dann links dem beschildertem Wanderweg nach Längenfeld folgen. Dort auf dem Forstweg neben der Bundesstaße in Richtung Astlehn zurück zum Parkplatz gehen. Die Zufahrt zum Ort Burgstein ist auch mit dem Auto möglich.

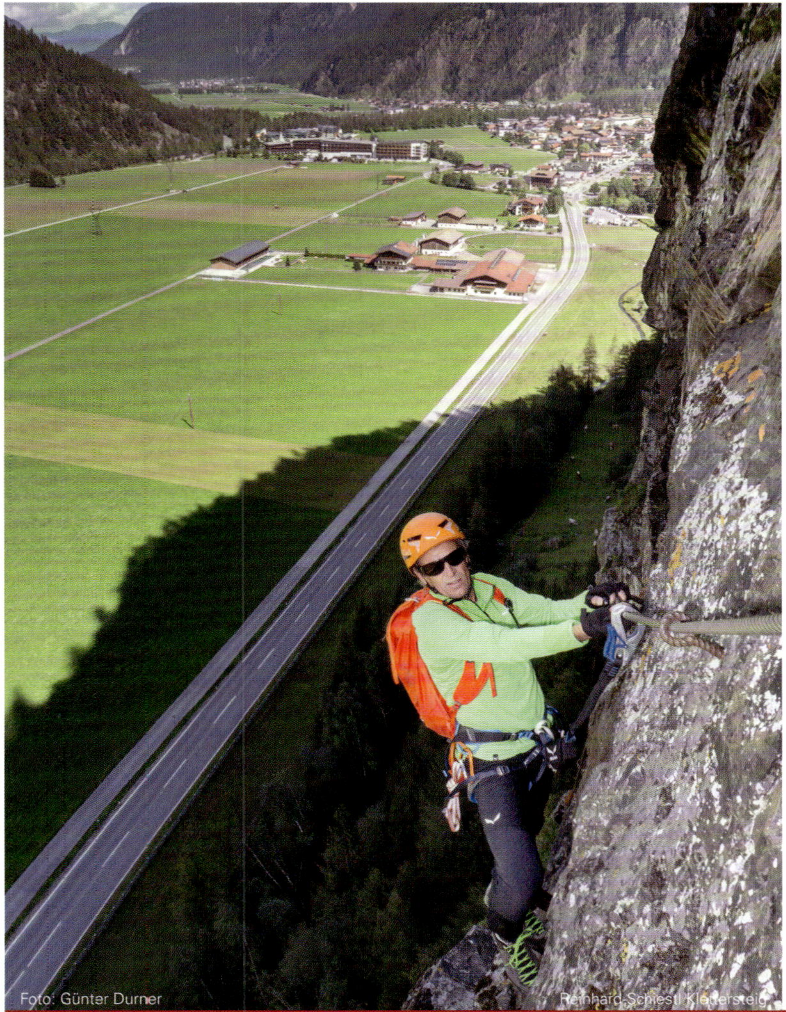

Foto: Günter Durner

Reinhard-Schiestl Klettersteig

ZUFAHRT/ZUSTIEG

Vom Kreisverkehr beim Beginn des Ötztals auf der Ötztaler Bundesstraße B186 etwa 23 Km bis nach Längenfeld fahren. Vom Kreisverkehr am Ortsende von Längenfeld etwa 1 Km in Richtung Sölden fahren. Auf Höhe der Burgsteiner Wand (Ausschilderung Parkplatz Klettersteig) rechts in den Weiler Astlehn abbiegen. Vor den ersten Häusern befindet sich rechts ein Parkplatz.

Man überquert die Bundesstraße und folgt dem Weg über die Brücke. Danach dem Pfad nach links in nördlicher Richtung, an der Felswand entlang, bis zum Einstieg des Klettersteigs folgen.

Vom Parkplatz 10 Min., 0 Hm, 0,5 Km.

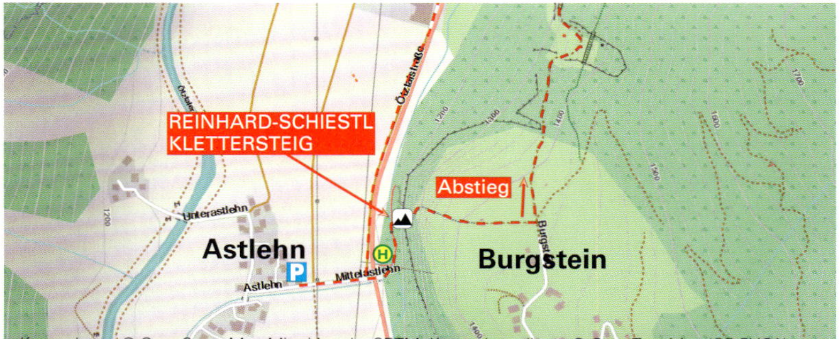

Kartendaten: © OpenStreetMap-Mitwirkende, SRTM, Kartendarstellung: © OpenTopoMap (CC-BY-SA)

MOOSALM KLETTERSTEIG

P GPS: 32 T 653387 5201939 Höhe: 1450 m
GPS: 32 T 653860 5201885 Höhe: 1620 m

Ötztal
Moosalm Klettersteig

Schwierigkeit	B/C, (Var. C/D)	A B C D E F
Zustieg	30 Min.	/170 hm
Abstieg	20 Min.	/250 hm
Klettern	30 Min.	/80 hm
Einstieg	1620 m	
Ausstieg	1700 m	
Ausrichtung	West	

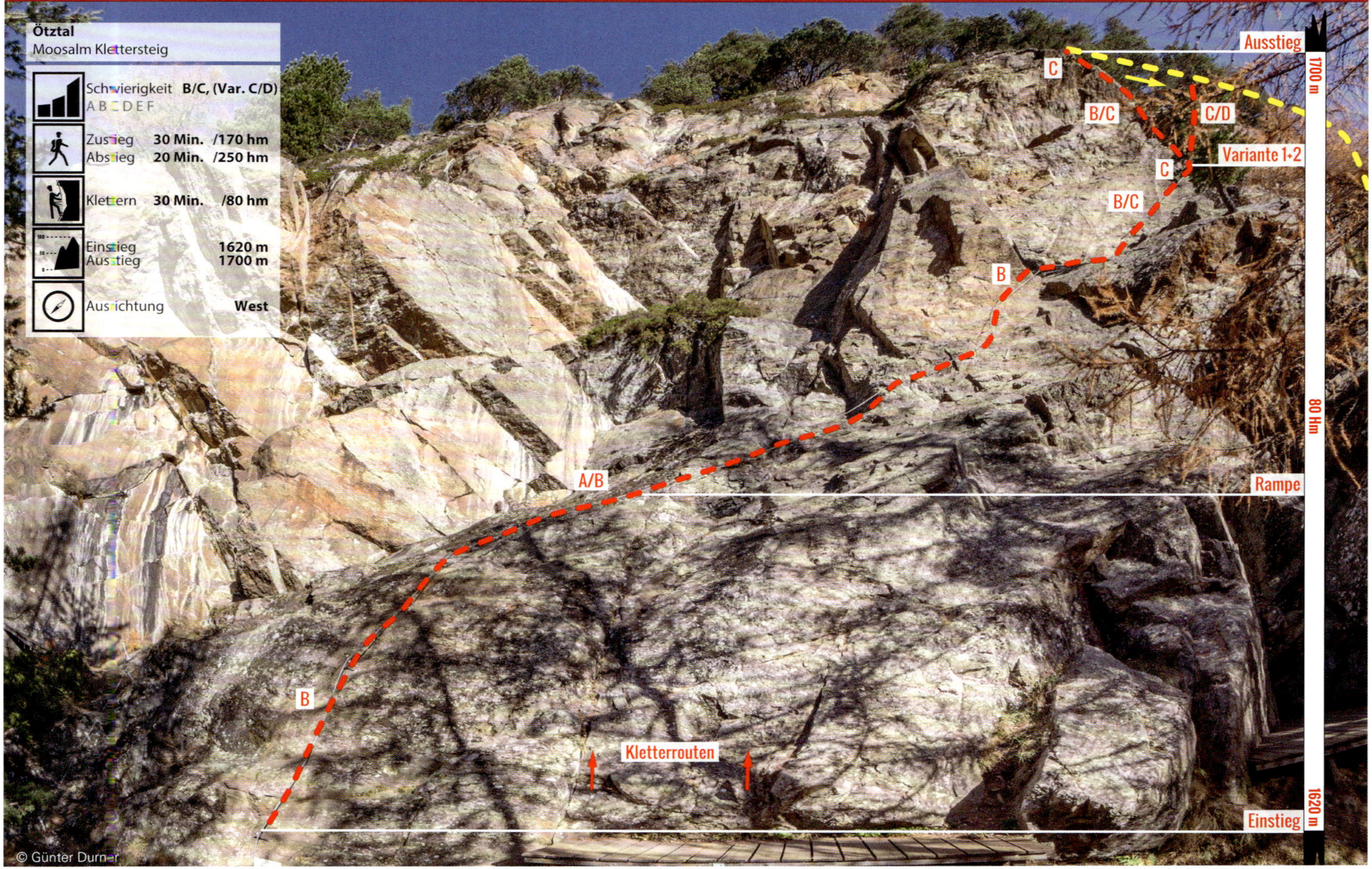

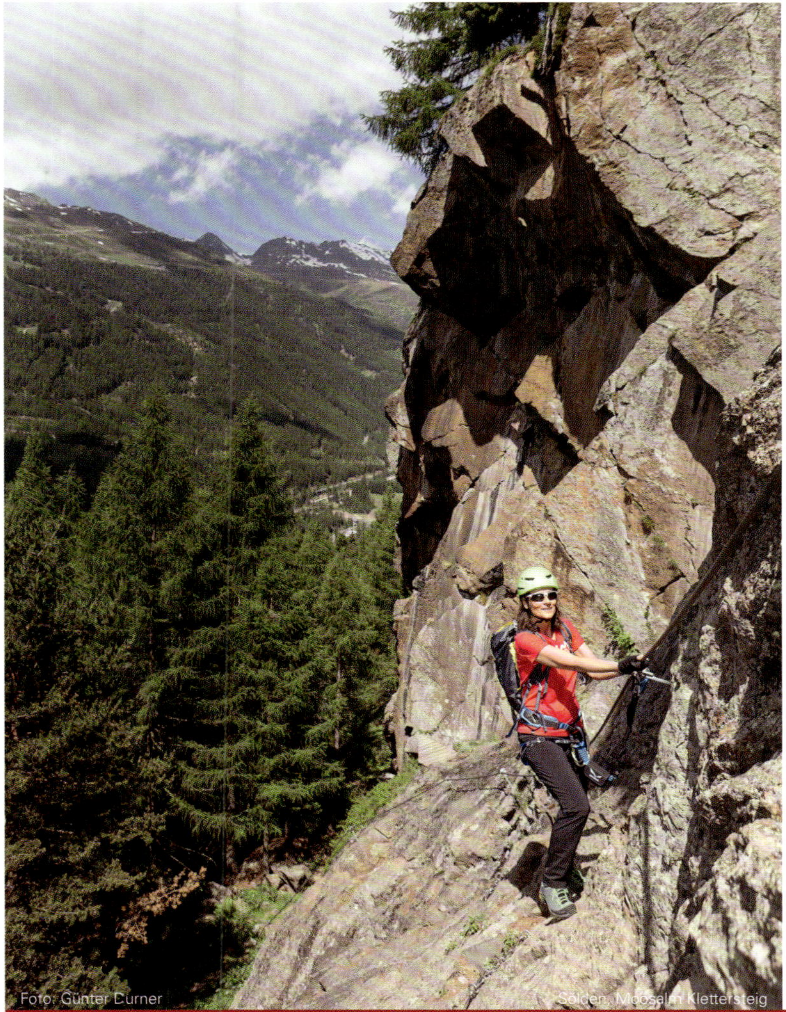

Foto: Günter Durner

Sölden, Moosalm Klettersteig

ZUFAHRT/ZUSTIEG

Auf der Ötztaler Bundesstraße B186 etwa 36 Km nach Sölden bis zur Talstation der Gaislachkoglbahn fahren. Hier links (Einfahrt K) abbiegen und der Wohlfahrtstraße an der Ötztaler Ache etwa 300 m folgen. Nach der Brücke weiter auf der Plattestraße bis zur Moosalmstraße und dort parken. Vom Parkplatz 500 m auf der Moosalmstraße, an der Moosalm vorbei bis zu einer Schranke gehen. Von dort dem Forstweg 1 Km bis zu einer Linkskehre mit einer Wiese folgen. Von der Infotafel erreicht man auf einem Pfad in wenigen Minuten den Wandfuß. Vom Parkplatz 30 Min., 170 Hm, 1,5 Km.

BESCHREIBUNG

Interessanter, sehr steiler Klettersteig im rechten Teil des Klettergarten.

SCHWIERIGKEIT „B/C", Variante „C/D"

Sportlicher Klettersteig mit Stellen C/D, und zwei Ausstiegsvarianten.

STEIGLÄNGE UND ZEITAUFWAND

Zustieg	30 Min.	(170 Hm)
Klettern	30 Min.	(80 Hm, 150 m Seillänge)
Abstieg	20 Min.	(250 Hm)
Gesamtzeit	2:00 Std.	

ABSTIEG

Vom Ausstieg rechts dem teilweise gesichertem Steig zum Einstieg folgen.

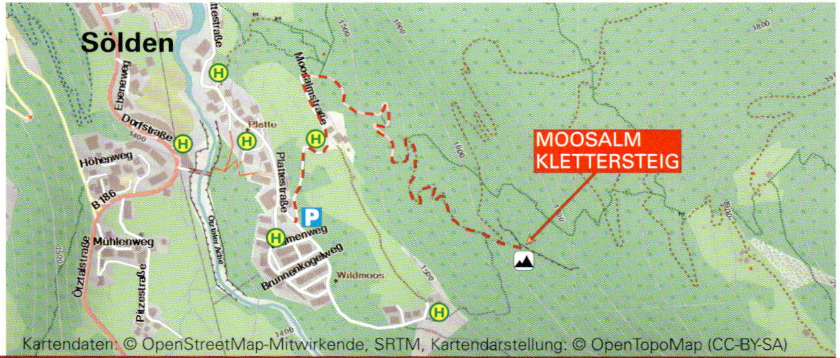

Kartendaten: © OpenStreetMap-Mitwirkende, SRTM, Kartendarstellung: © OpenTopoMap (CC-BY-SA)

MOOSALM KLETTERSTEIG

ZIRBENWALD KLETTERSTEIG

P GPS: 32 T 654422 5192757 Höhe: 1907 m
GPS: 32 T 653665 5191820 Höhe: 1940 m

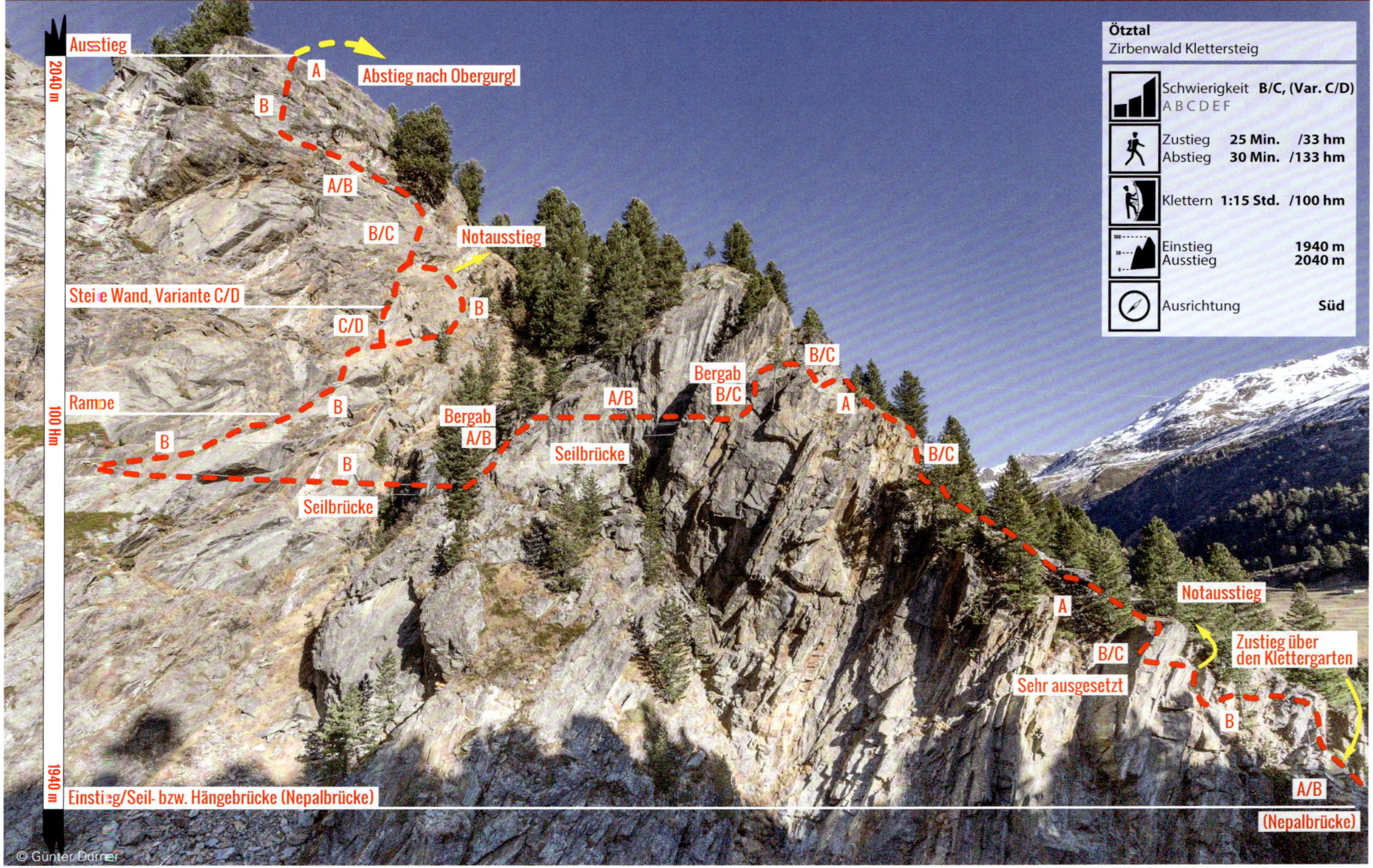

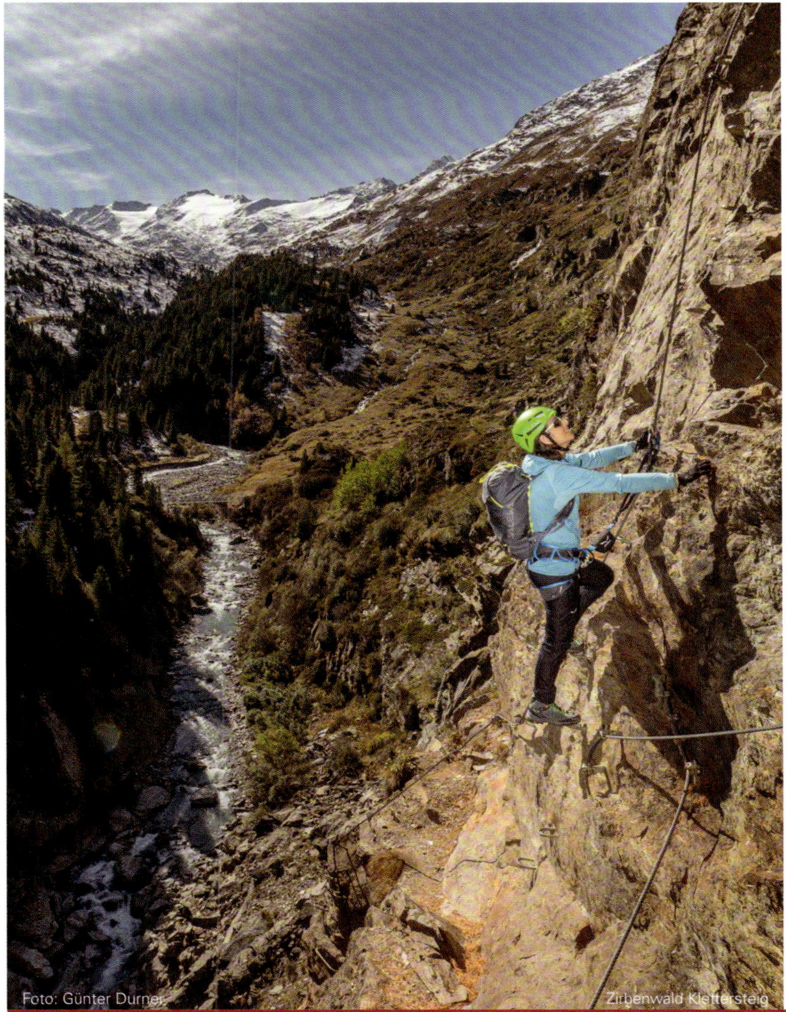

ZUFAHRT/ZUSTIEG

Vom Kreisverkehr beim Beginn des Ötztals auf der Ötztaler Bundesstraße B186 etwa 36 Km bis nach Sölden, von dort weitere 15 Km bis nach Obergurgl fahren. In Obergurgl gibt es am Ortseingang und an der Kirche ein Parkhaus (gebührenpflichtig). Alle anderen Parkplätze sind privat oder ausschließlich für Hotelgäste reserviert. Am südlichen Ortsende von Obergurgl folgt man dem Weg zur Zirben Alm. Vom Parkplatz 30 Min., 33 Hm, 1,3 Km.

BESCHREIBUNG

Ein abwechslungsreicher Klettersteig mit drei Seilbrücken. Wer die erste lange Seil- bzw. Hängebrücke (Nepalbrücke) nicht gehen will, kann über den Zirbenwald Klettergarten zusteigen.

SCHWIERIGKEIT „B/C", Variante „C/D"

Sportlicher Klettersteig mit Stellen B/C, zwei Stellen senkrecht bergab.

STEIGLÄNGE UND ZEITAUFWAND

Zustieg	25 Min.	(33 Hm)
Klettern	1:15 Std.	(100 Hm, 400 m Seillänge)
Abstieg	30 Min.	(133 Hm)
Gesamtzeit	2:10 Std.	

ABSTIEG

Vom Ausstieg über den Wanderweg Nr. 9 nach Obergurgl zurück.

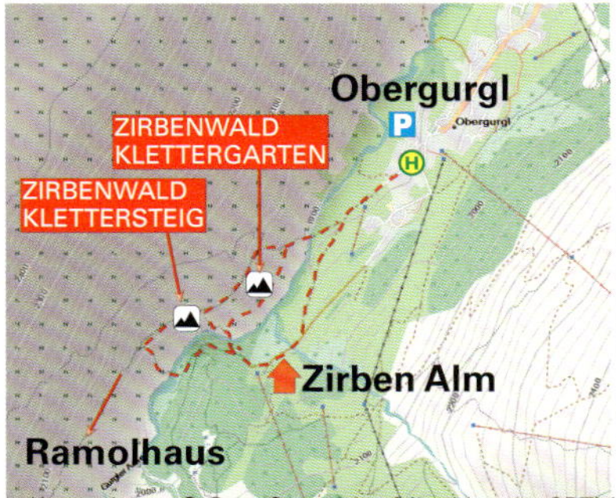

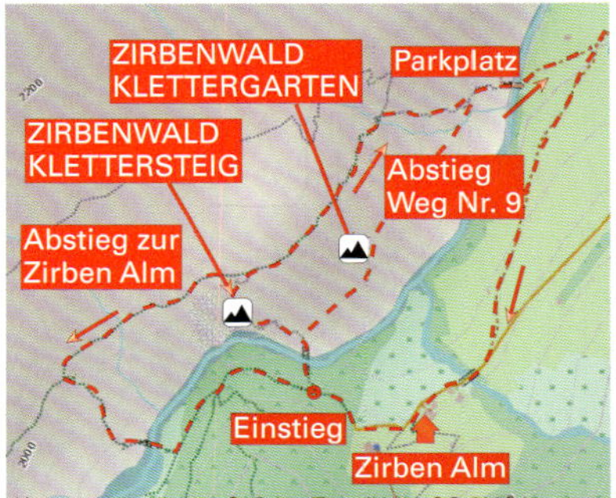

Kartendaten: © OpenStreetMap-Mitwirkende, SRTM, Kartendarstellung: © OpenTopcMap (CC-BY-SA)

ZIRBENWALD KLETTERSTEIG

KLETTERSTEIG SCHWÄRZENKAMM

GPS: 32 T 654422 5192757 Höhe: 1907 m
GPS: 32 T 651664 5187430 Höhe: 2410 m

Ötztal
Klettersteig Schwärzenkamm

Schwierigkeit **C** (A B C D E F)	
Zustieg **2:45 Std.** **/503 hm**	
Abstieg **3:00 Std.** **/959 hm**	
Klettern **2:00 Std.** **/320 hm**	
Einstieg	**2410 m**
Ausstieg	**2730 m**
Ausrichtung	**Nordost**

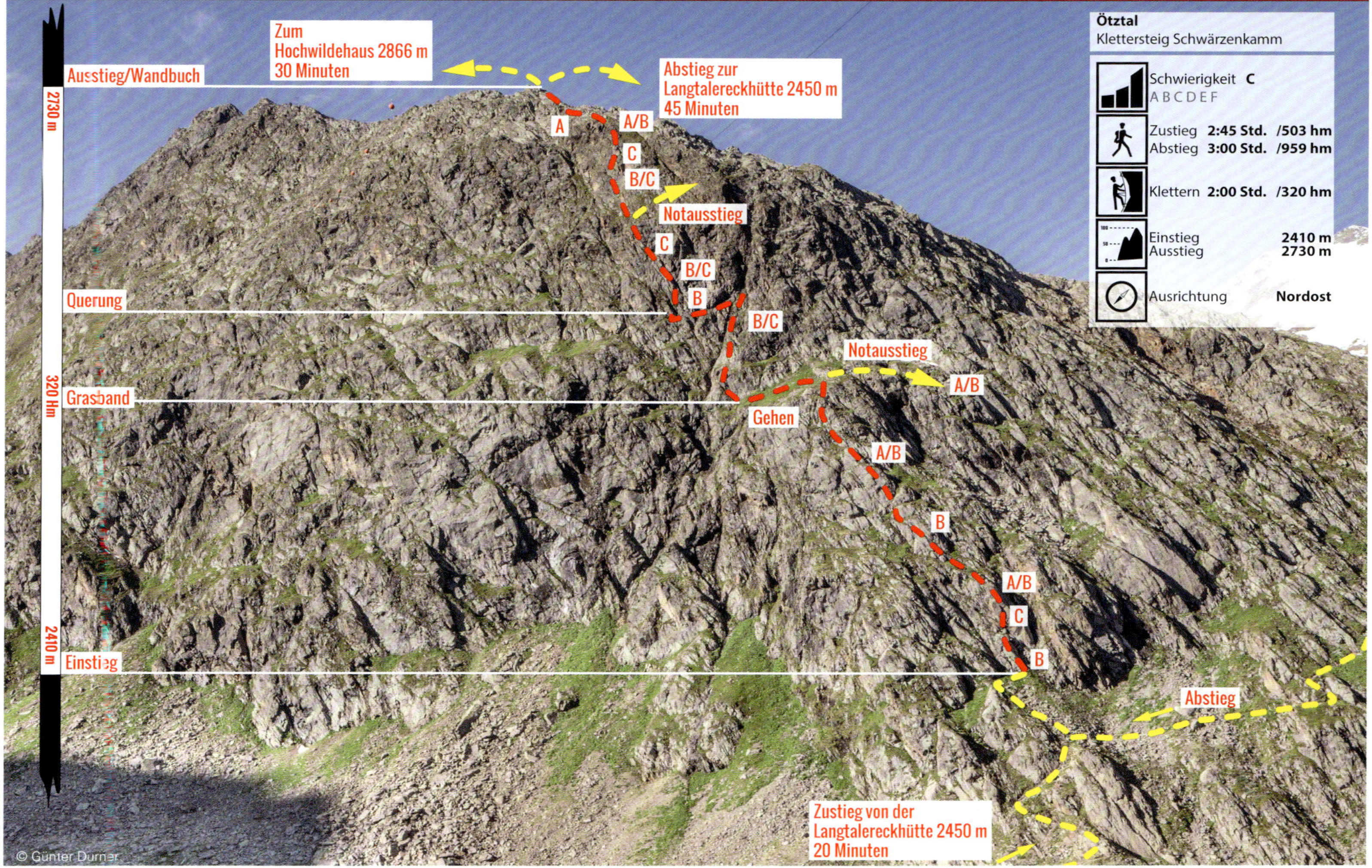

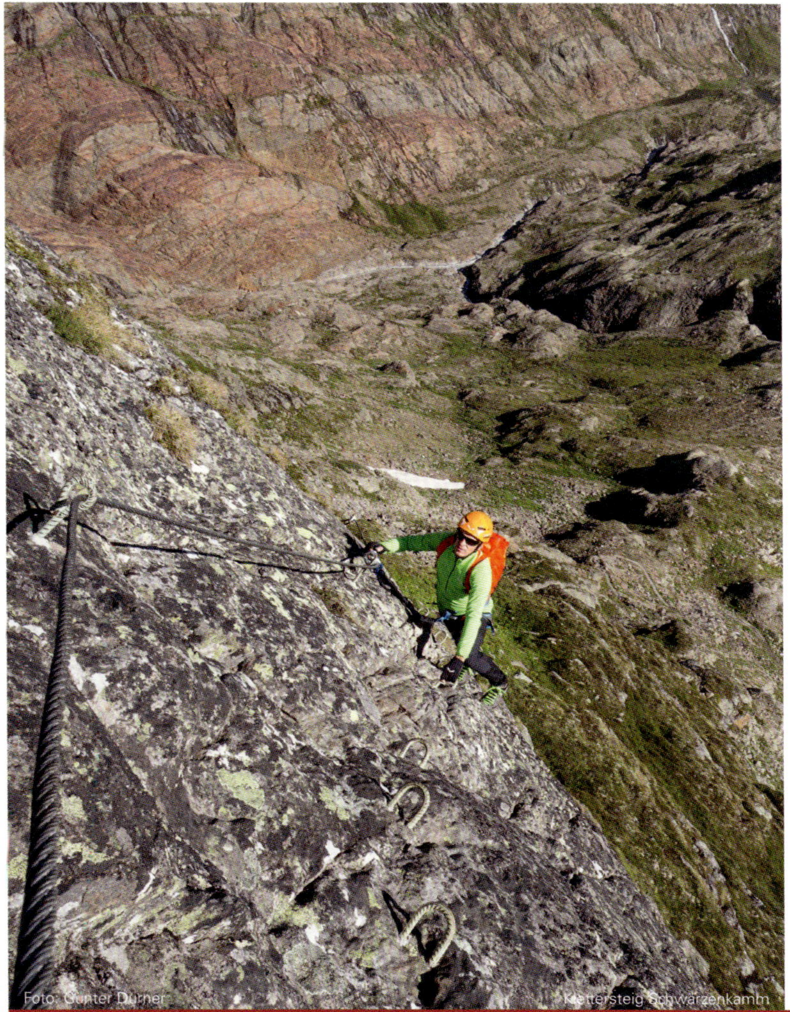

ZUFAHRT/ZUSTIEG

Vom Kreisverkehr beim Beginn des Ötztals auf der Ötztaler Bundesstraße B186 etwa 36 Km bis nach Sölden, von dort weitere 15 Km bis nach Obergurgl fahren. In Obergurgl gibt es an der Kirche einen gebührenpflichtigen Parkplatz, bzw. das Zentrum Parkhaus. Alle anderen Parkplätze sind privat oder ausschließlich für Hotelgäste reserviert. Bei der Festkogelbahn am Ortseingang parkt man kostenlos. Am südlichen Ortsende von Obergurgl folgt man dem Wanderweg zur Langtalereckhütte.
Vom Parkplatz 2:45 Std., 503 Hm, 8,5 Km.

BESCHREIBUNG

Ein herrlicher Panorama-Klettersteig inmitten der Obergurgler Gletscherwelt.

SCHWIERIGKEIT „C"

Hochalpiner Klettersteig mit Stellen C, meist aber A/B und leichter.

STEIGLÄNGE UND ZEITAUFWAND

Zustieg	2:45 Std.	(503 Hm)
Klettern	2:00 Std.	(320 Hm, 700 m Seillänge)
Abstieg	3:00 Std.	(959 Hm)
Gesamtzeit	8:00 Std.	

ABSTIEG

Vom Ausstieg über den Wanderweg Nr. 922 nach Obergurgl zurück.

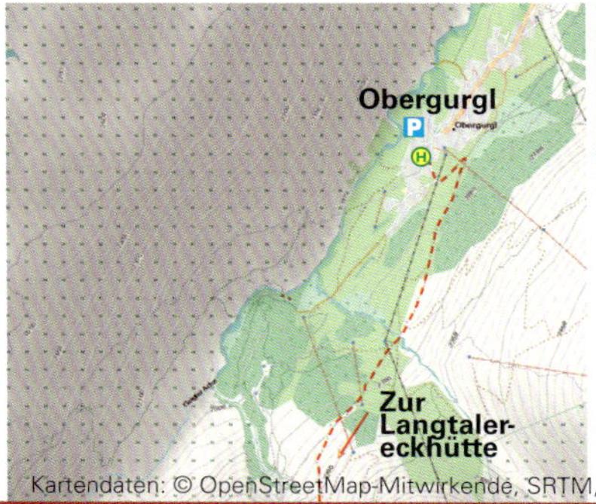

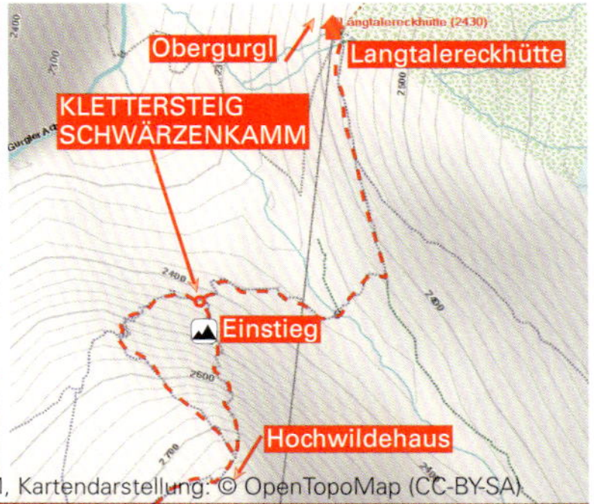

Kartendaten: © OpenStreetMap-Mitwirkende, SRTM, Kartendarstellung: © OpenTopoMap (CC-BY-SA)

MANDLERS BODEN

P GPS: 32 T 635520 5220057 Höhe: 1115 m

GPS: 32 T 635391 5219952 Höhe: 1155 m

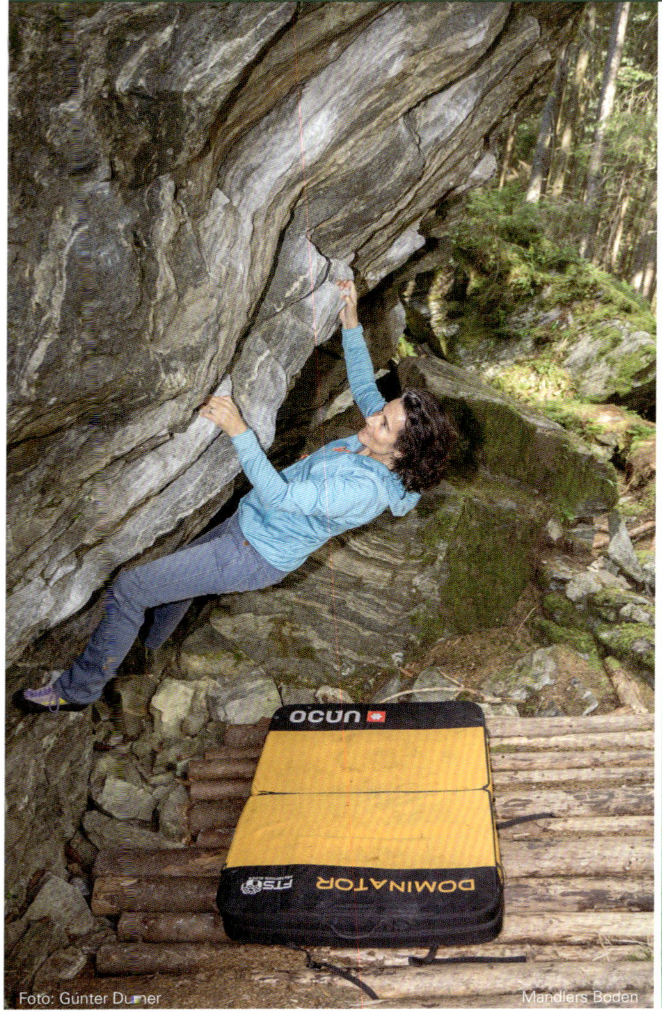

Foto: Günter Durner

Mandlers Boden

Routenaufteilung							
Schwierigkeitsgrad (FB)	3	4	5	6	7	8	9
Anzahl der Routen	3	15	42	79	23	1	-

Routenart Einseillängen (ES), Mehrseillängen (MS), 180 Boulder

Routenlänge 1-5 m

Zustieg 10 Min. ⇧ bergauf, ⇨ eben, ⇩ bergab (40 Hm)

Absicherung ★★★★★

Umlenkung Ring Kette Sauschwanz

Ausrichtung Nord, Ost, Süd, West

Winterklettergebiet ja, nein

Familienfreundlich ja, nein

Felsqualität Rauer Granit mit Leisten und Dellen / sehr gut.

Wandneigung Senkrechte bis überhängende Boulder.

Wandfuß Wald/Wiesengelände, kindertauglich

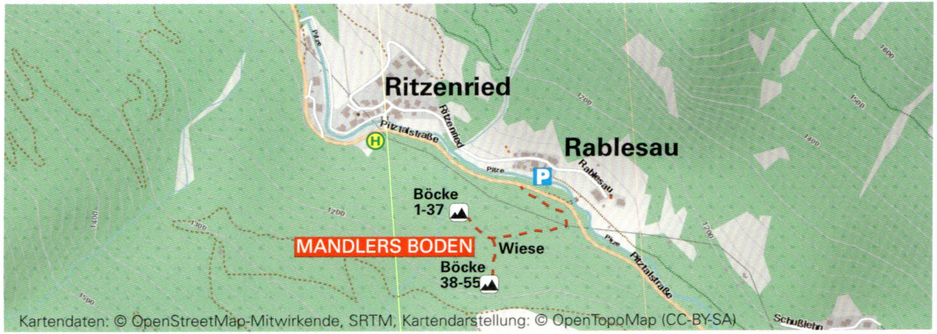

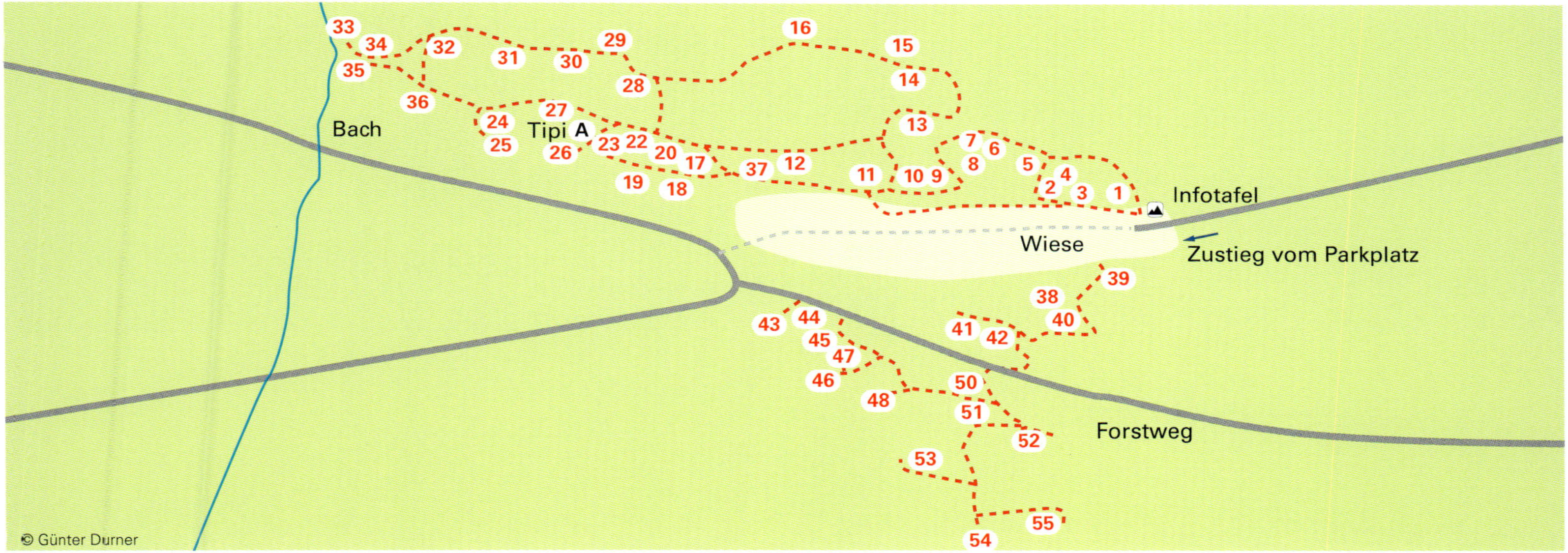

ZUFAHRT/ZUSTIEG

Auf der Fitztaler Bundesstraße L16 von Arzl (im Pitztal) bis zum Ort Ritzenried fahren. Vom Ortsausgang Ritzenried 400 m weiter bis zu einem Parkplatz auf der linken Straßenseite fahren. Hier parken. Die Straßenseite wechseln und 100 m talauswärts gehen. Dann links bergauf, dem beschilderten Wanderweg, bis zu einer Wegkreuzung bei einem Strommasten folgen. Von hier weiter auf dem rechten Weg bis zu einer Wiese. Links und rechts der Wiese befinden sich die Boulderblöcke. Die einzelnen Boulderblöcke sind durch Pfade miteinander verbunden.

BESCHREIBUNG

Das Bouldergebiet Mandlers Boden bietet ein reichhaltiges und abwechslungsreiches Angebot an Bouldermöglichkeiten. Bei Familien mit Kindern ist das Gebiet sehr beliebt. Die über 50 Boulderblöcke befinden sich rund um eine Wiese in einem wunderschönen Wald. Die große Wiese mitten im Bouldergebiet ist ideal geeignet um dort Rast zu machen. Die Schwierigkeiten an den Boulderblöcken liegen größtenteils im Bereich 3a bis 7a. An manchen Blöcken gibt es Linien im Bereich von 7a bis 8a. Das Absprunggelände an den Blöcken ist meist eben, an einigen Stellen gibt es Holzpodeste. Zwischen den Blöcken befindet sich ein extra für Kinder errichtetes Tipi aus Holz.

ERSCHLIESSER

Die Boulderer Alex, Domi, Öfi, Dalton, Julia und Berni erschlossen etwa 180 Boulder, die sich an über 50 Blöcken befinden.

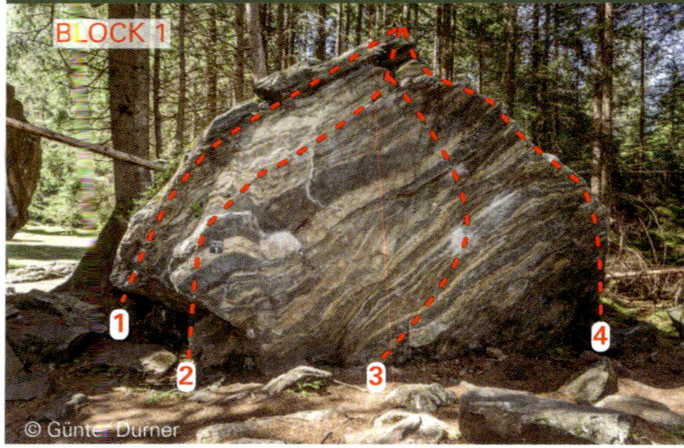

BLOCK 1

1 Kluan Gmocht .... 6b .... sd
2 War schu da .... 6a .... sd
3 Heben und aufi .... 6b+ ..... sd
4 Ramba Zamba .... 6b .... sd

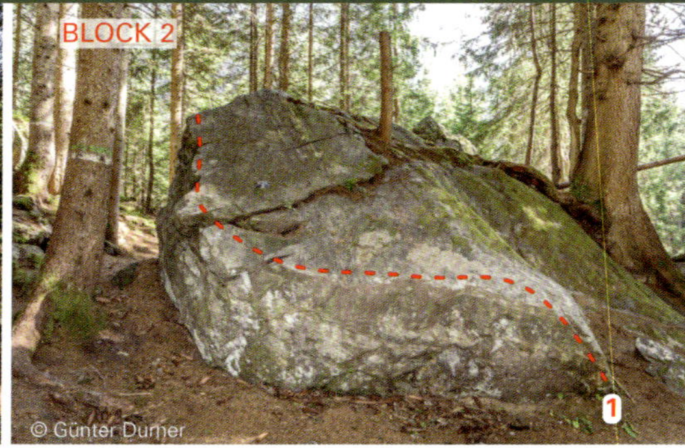

BLOCK 2

1 Little Low Ball .... 6c .... sd

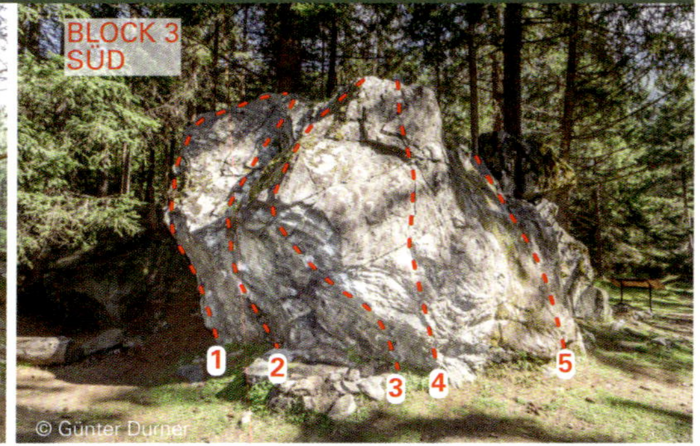

BLOCK 3 SÜD

1 Blutfehde (über links klettern) .... 6c+ ..... sd
2 Kungfu Panda (li. Leiste, re. Bankl) .... 6b .... sd
3 Räucherstäbchen .... 7a .... sd
4 Am Feuer .... 4a .... sd
5 Holzfäller .... 3b+ ..... sd

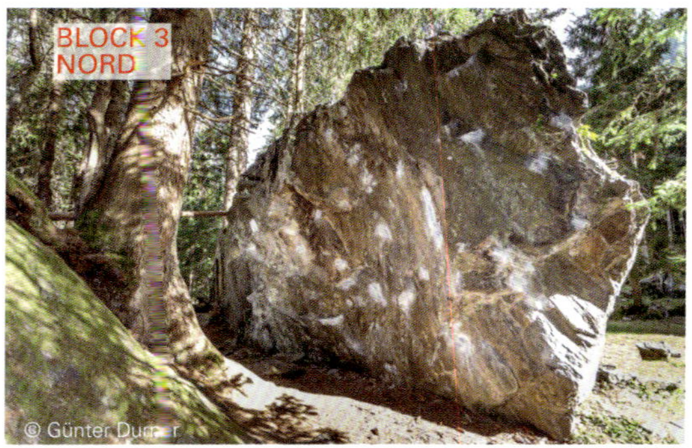

BLOCK 3 NORD

Mehrere Boulder

BLOCK 4

1 Butterkeks .... 5a .... sd
2 Butterkeks extension (von li. nach re.) . 5c+ ..... sd
3 Guck mal .... 4a .... sd
4 Klaub auf .... 4c .... sd
5 Dreckfinger (von re. nach li.) .... 5c+ ..... sd

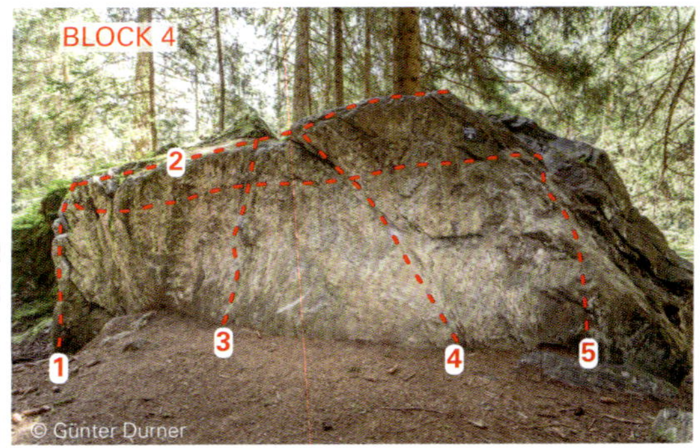

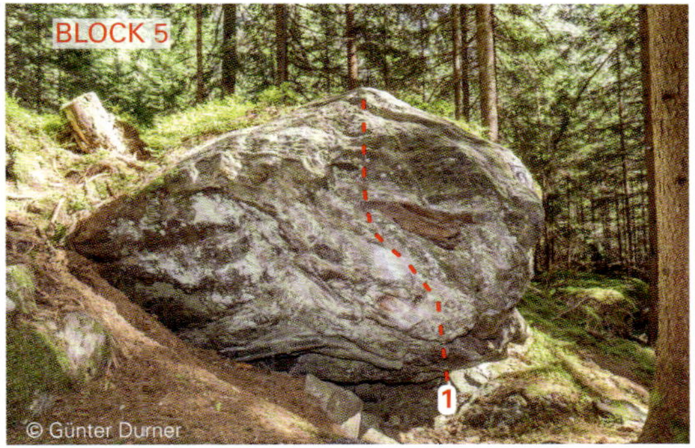

BLOCK 5

1 Hummeln im Arsch .... 7a .... sd

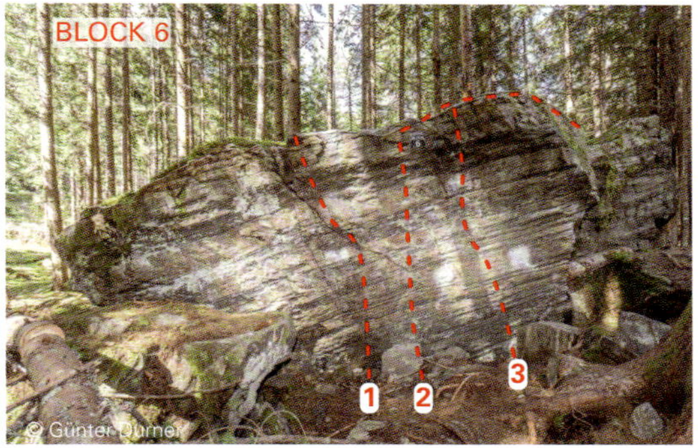

BLOCK 6

1 Schluuuuuf.................................. 6b .... sd
2 Schlumpfhausen (li. nach re.) .... 6b .... sd
3 Schmierfix.................................... 6c .... sd

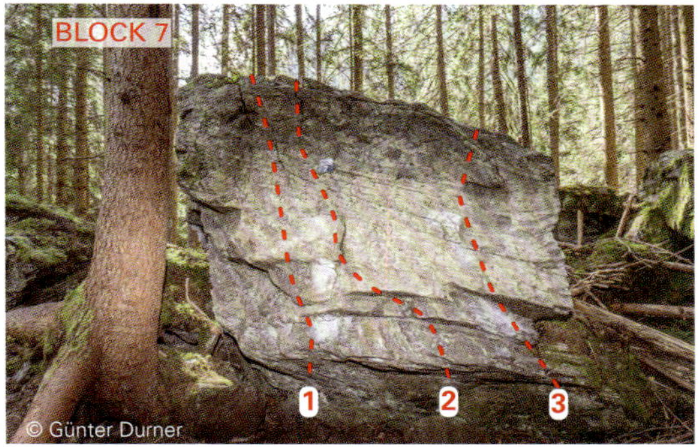

BLOCK 7

1 Muggen Schwarm........................ 5c .... sd
2 Bamschabl .... 5c .... sd
3 Muggenstrunz .... 5c .... sd

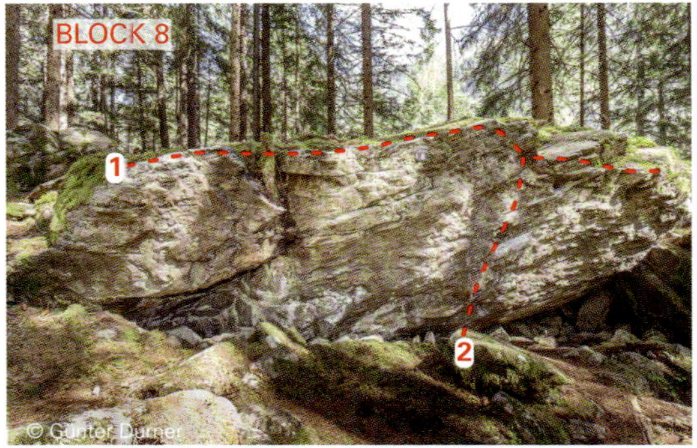

BLOCK 8

1 Der Schmuggler .... 6a .... -
2 Kurz und Bündig.......................... 6a .... -

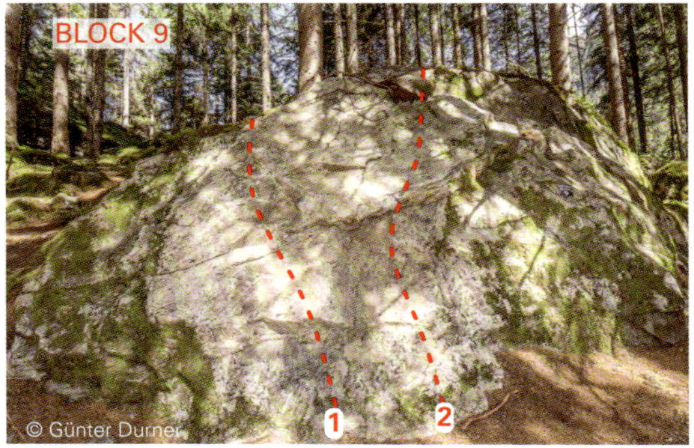

BLOCK 9

1 Tim .... 5a .... -
2 Strupi .... 5c+ .... -

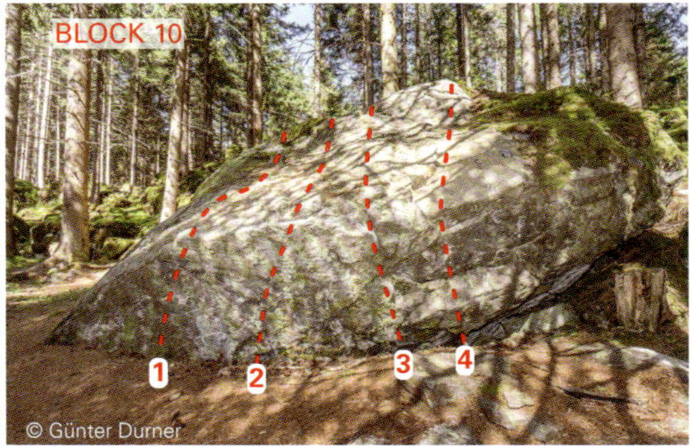

BLOCK 10

1-4 Verschiedene Varianten................ bis 6a .... -

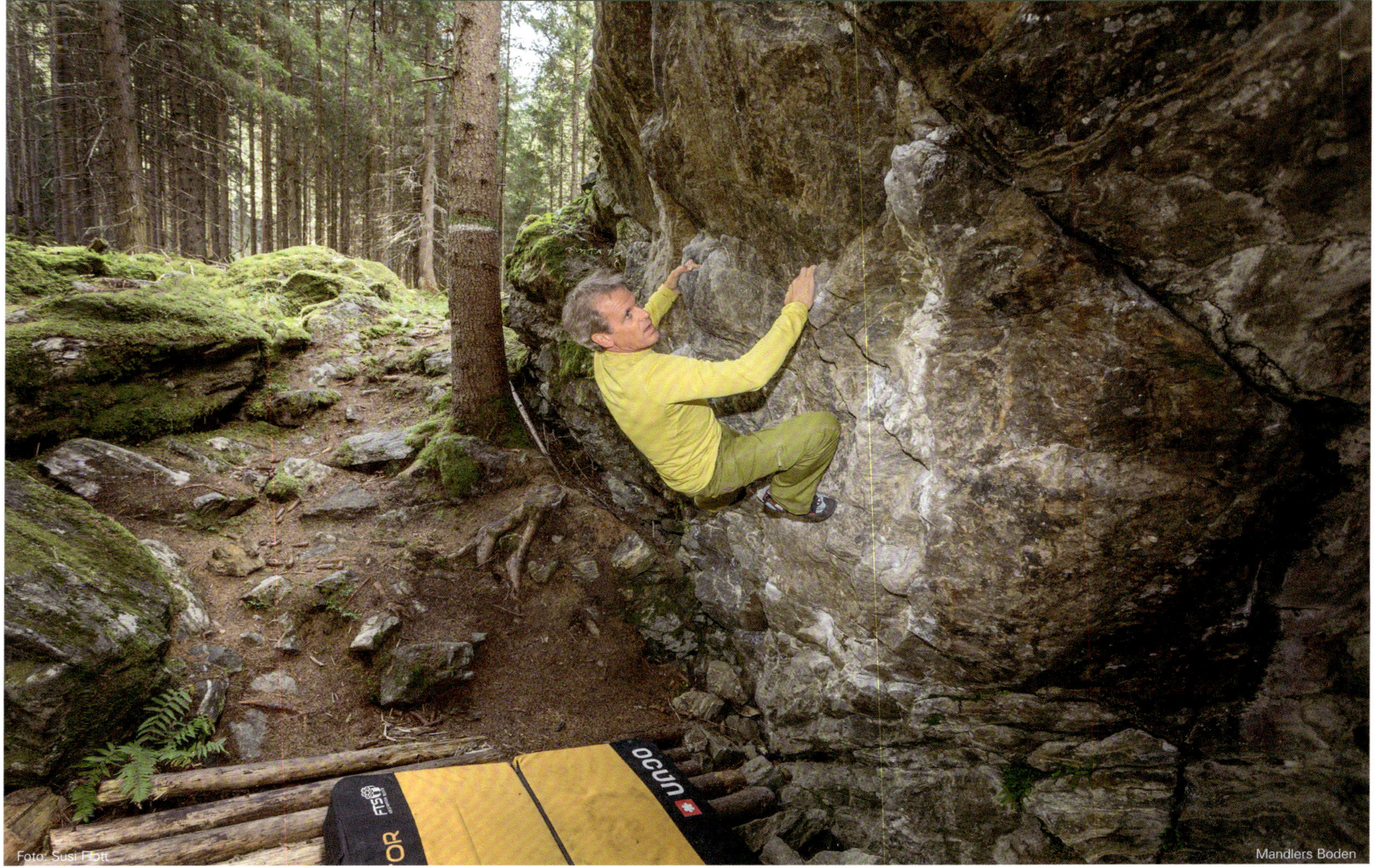

Foto: Susi Flott

Mandlers Boden

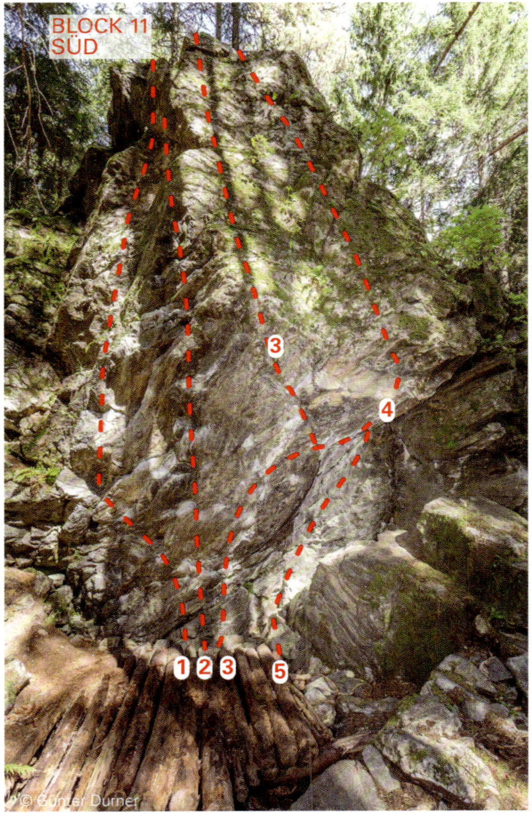

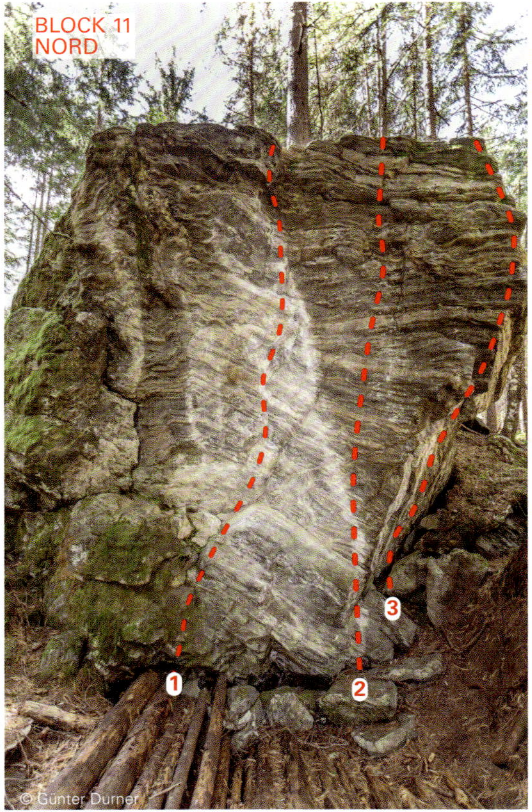

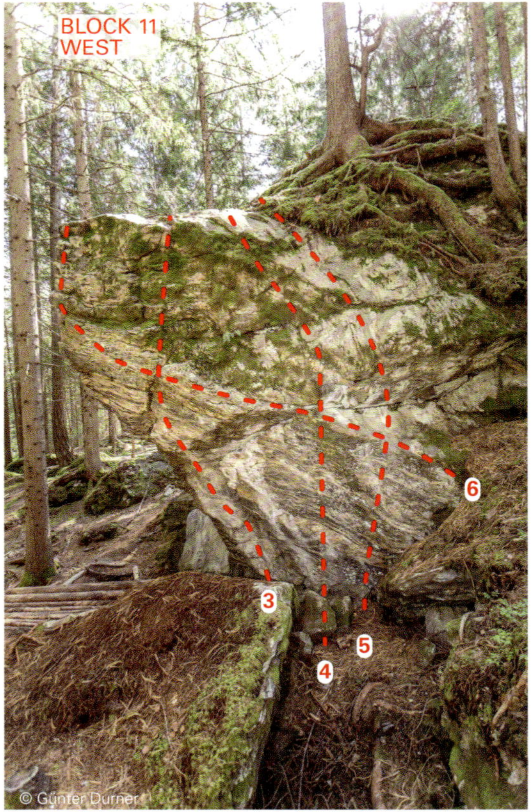

BLOCK 11 SÜD

1 Darth Vader .... 6b .... -
2 Meister Yoda .... 6b .... -
3 Anakin Skywalker .... 6b+ .... -
4 Obi-Wan Kenobi .... 6c .... -
5 Jar Jar Binks .... 6c+ .... -

BLOCK 11 NORD

1 Sternenschmiede .... 6b+ .... -
2 Focus .... 6c .... -
3 Gefährliche Liebe .... 6c .... -

BLOCK 11 WEST

3 Gefährliche Liebe .... 6c .... -
4 Seitensprung .... 6b .... -
5 Neben Buhler .... 6c+ .... -
6 Querdenker .... 7a .... -

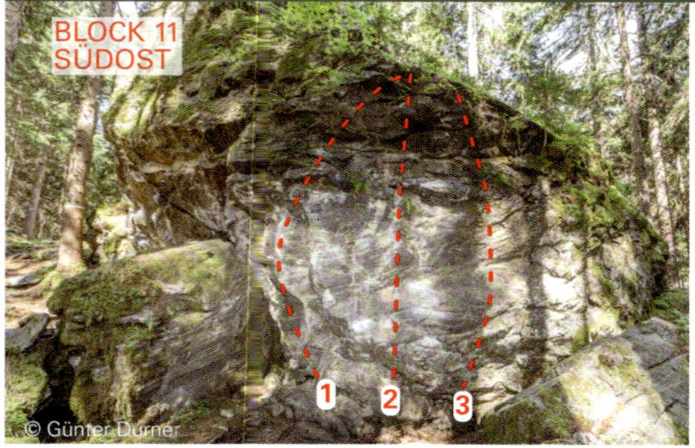

BLOCK 11 SÜDOST

1 Raumsonde. .... 6b .... -
2 Sternenschmiede .... 6b .... -
3 Sternenschiff .... 6b .... -

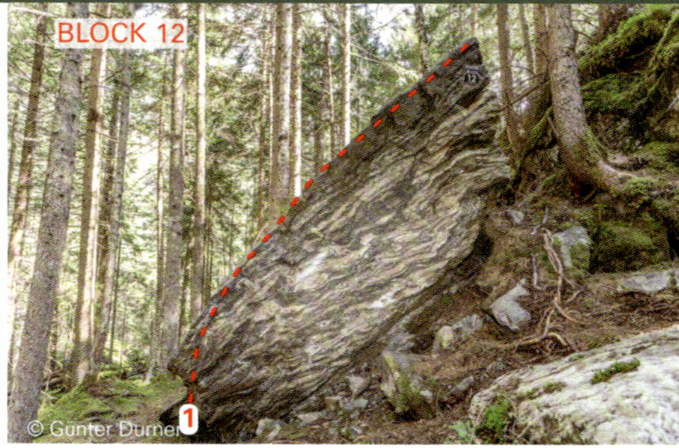

BLOCK 12

1 Herzbluat .... 6a .... sd

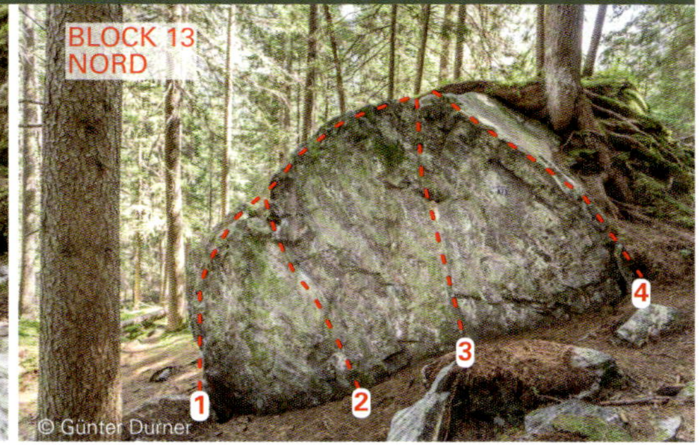

BLOCK 13 NORD

1 Pfifferling (von li. nach re.) .... 5c .... sd
2 Nix fia groaße .... 6b .... sd
3 Holladrioooo .... 6a .... sd
4 Erdmandl .... 5c .... sd

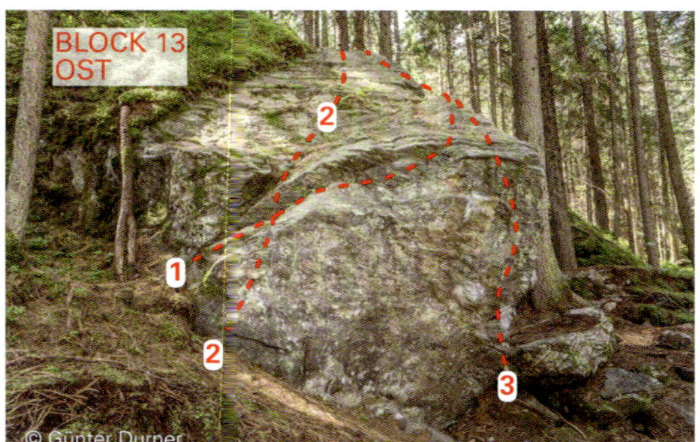

BLOCK 13 OST

1 Umadum (von li. nach ganz re.) .... 6a+ ..... sd
2 Hiasl .... 5c .... sd
3 Pitzpark .... 7a .... sd

BLOCK 14

1 Hänse die Bremse .... 6a .... sd
2 Else die Gelse .... 6a .... sd
3 Sabine die Bine .... 5c+ ..... sd
4 Zwiespalt .... 6a .... sd

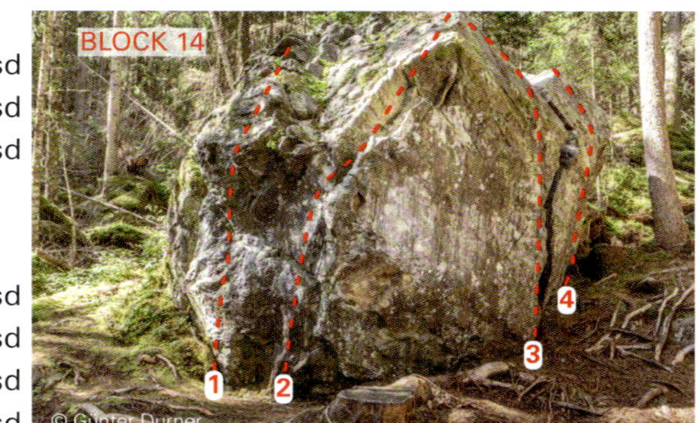

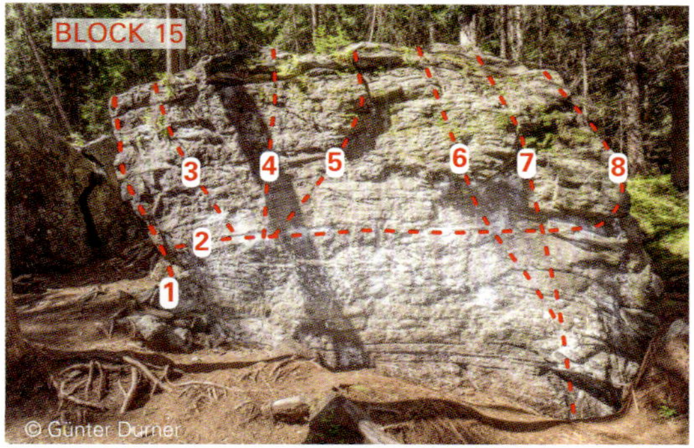

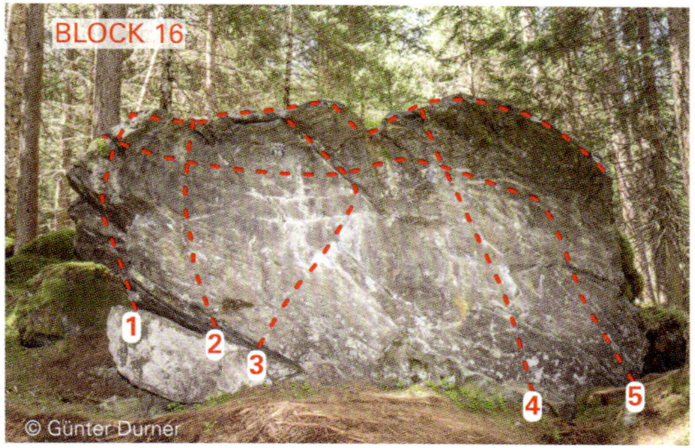

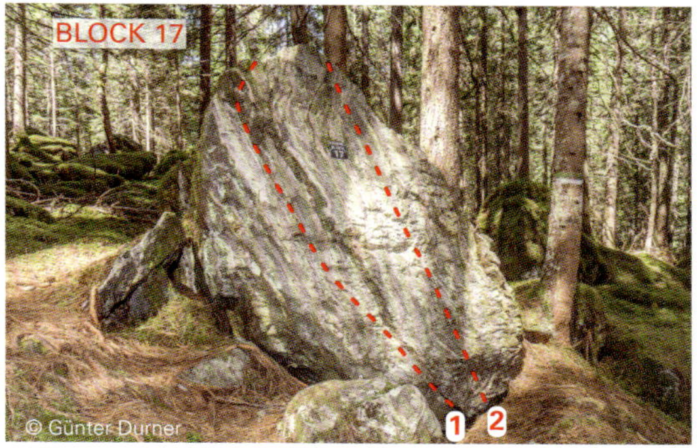

BLOCK 15

1	Pitztaler Kasknedl	6a+	sd
2	Pitzexpress (unten rum)	7a+	sd
3	Tvb Pitztal	6b	sd
4	Pitztalbungee (definiert)	7b	sd
5	Murmele	6c+	sd
6	Pitztaler Madle	6c	sd
7	Schofschoad	6b+	sd
8	Sparziergang	3a	sd

BLOCK 16

1	Goaßfuass	6a	sd
2	Cool	6a+	sd
3	Zwiederwurzn	6a+	sd
4	Projekt	-	sd
5	Holzfuaß	5c	sd

BLOCK 17

1	Banannnnaaa	4a	-
2	Heinooo	4a	-

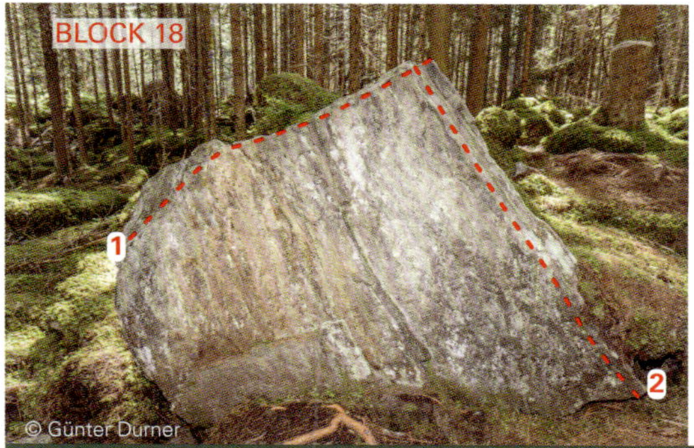

BLOCK 18

1	Max	4c	sd
2	Moritz	4a	sd

BLOCK 19

1	Projekt	-	-
2	Projekt	-	-

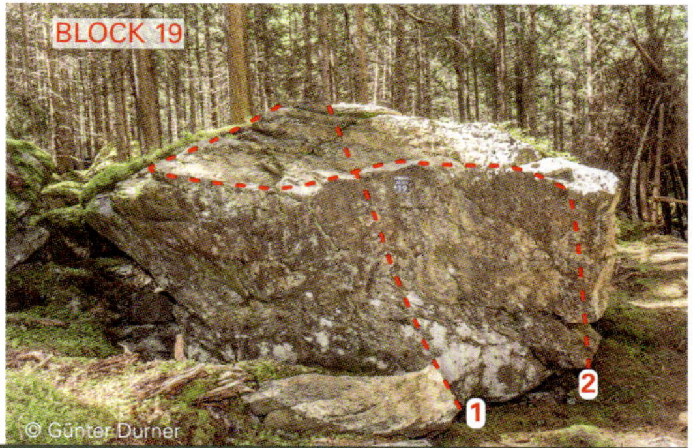

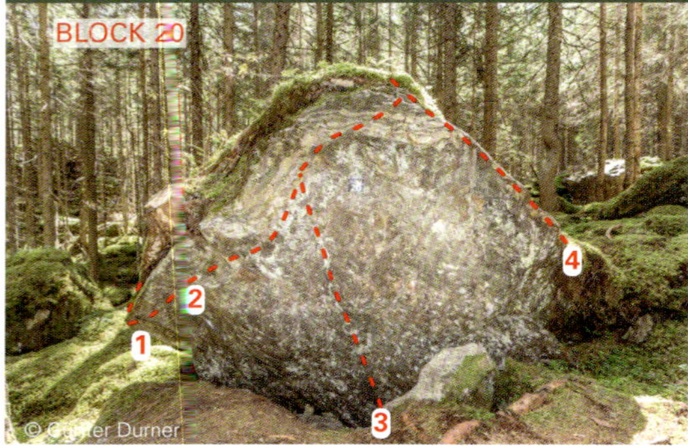

BLOCK 20

1	Projekt (von li. nach re.)	-	sd
2	Gundel Gaukelei	6a	sd
3	Struwwelpeter	5b	sd
4	Donald Duck	5b	sd

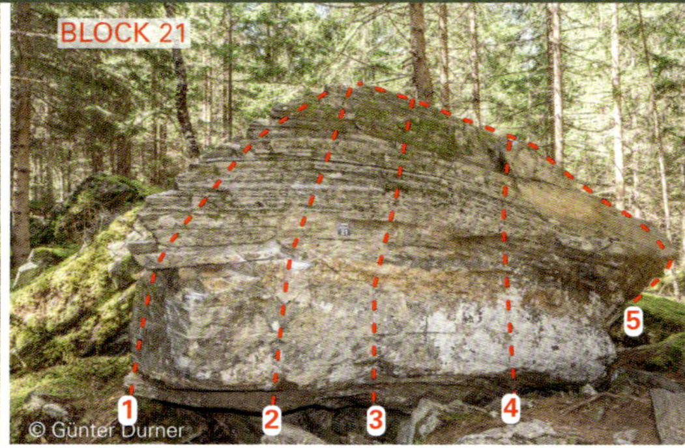

BLOCK 21

1	Strohhuttango	5c	sd
2	Grazie	6b	sd
3	Label	7a	sd
4	Fischers Fritz	6c+	sd
5	Ameisenstraße	5c	sd

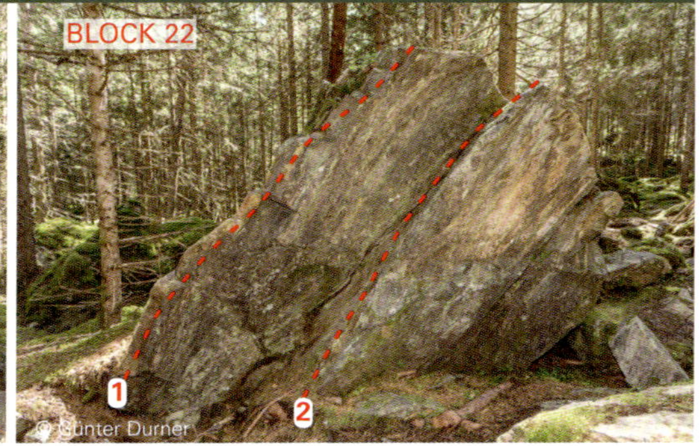

BLOCK 22 NORD

1	Hänsel	4a	-
2	Gretel	3ab	-

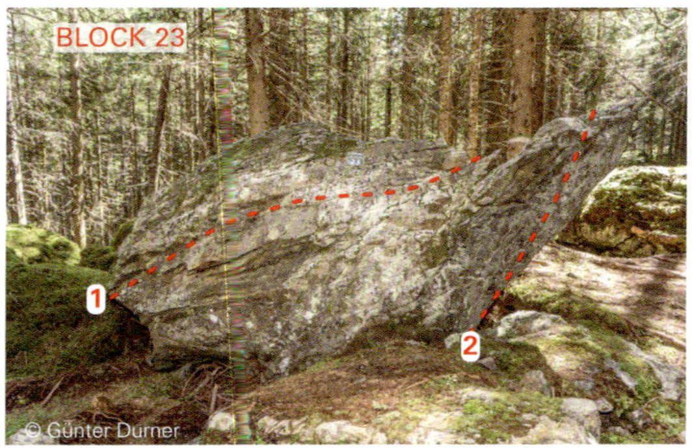

BLOCK 23

1	Jogibär	5b+	-
2	Minions	-	-

BLOCK 24

1	Die drei ???	6a	-
2	Die Wespe	5c+	-

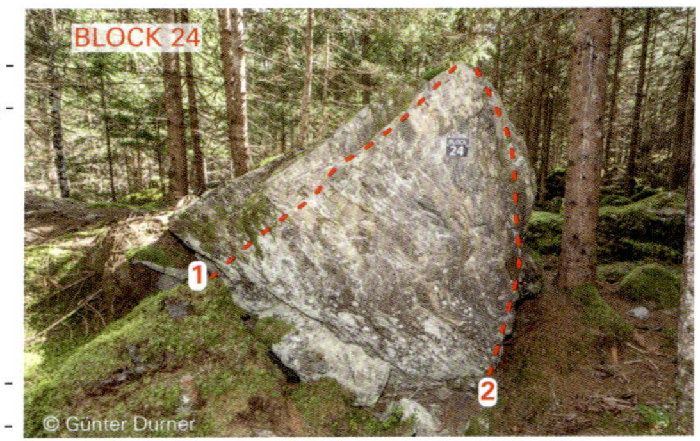

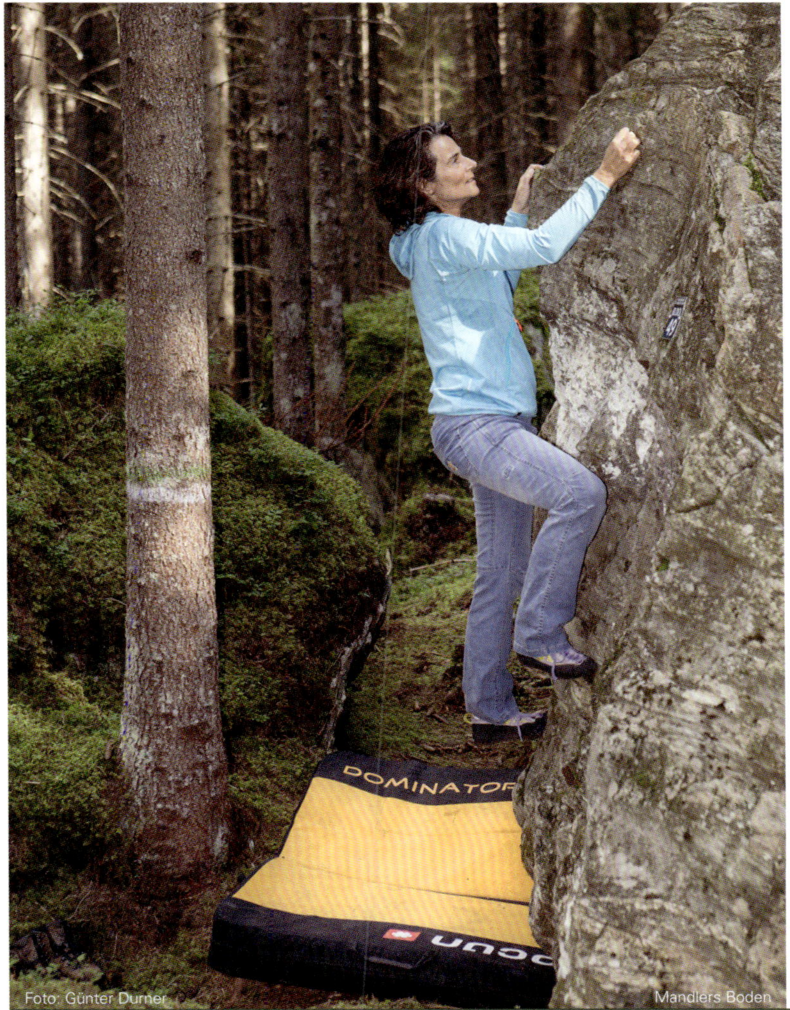

Foto: Günter Durner

Mandlers Boden

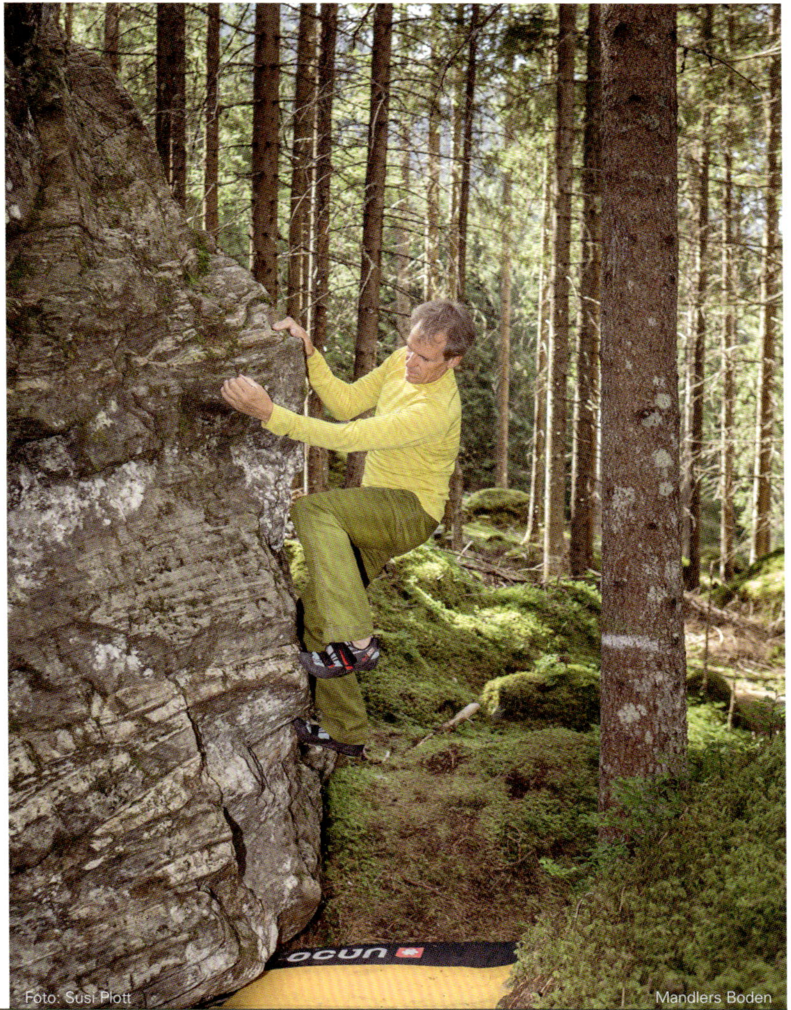

Foto: Susi Plott

Mandlers Boden

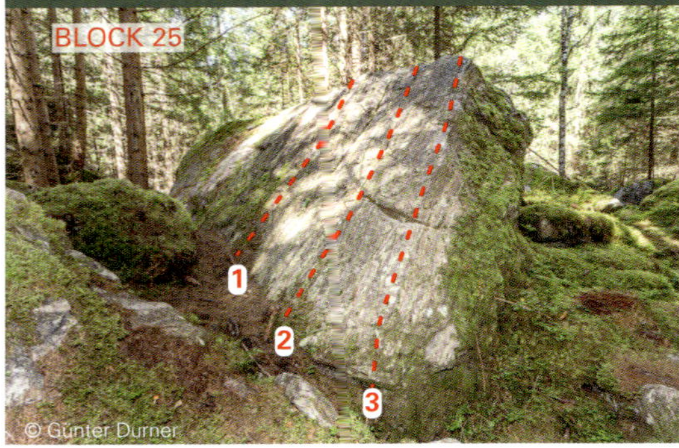

BLOCK 25

1	Ameisen Doktor (ohne Hände)	2a	sd
2	Ameisenbaby (ohne Hände)	2a	sd
3	Ameisenbär	4c	sd

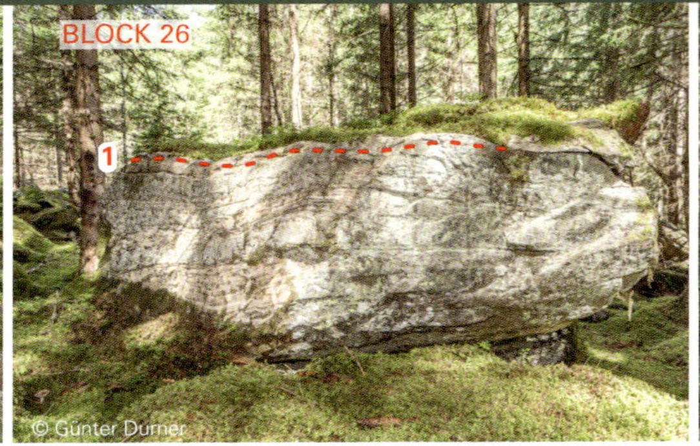

BLOCK 26

1	Lucky Luke	6a	-

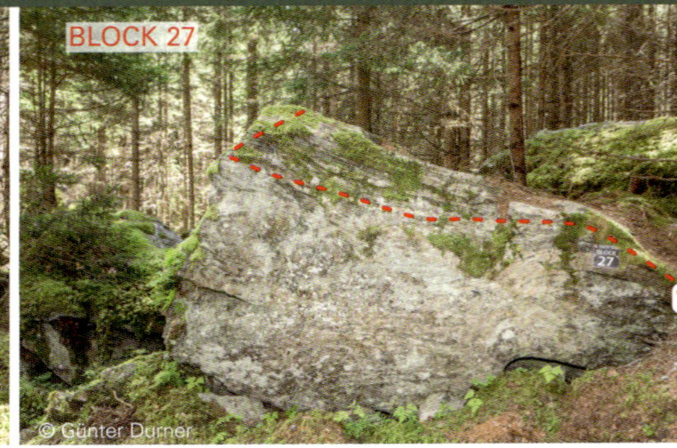

BLOCK 27

1	Dagobert Duck	6a	-

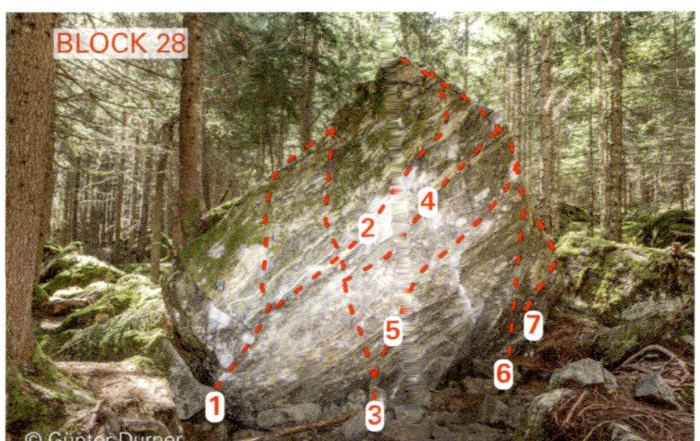

BLOCK 28

1	Marlies und Benni	7b	sd
2	Mach mal.......jaaa mann	7b+	sd
3	Wildspitz Rodeo (von re. nach li.)	7b	sd
4	Wildschwein Alarm (Start bei Nr. 6)	7a+	sd
5	Spaceball (Start bei Nr. 6))	6b+	sd
6	Reklamation (Kante hoch)	6a	sd
7	Verlängert (Verlängerung nach re. + Kante)	6b	sd

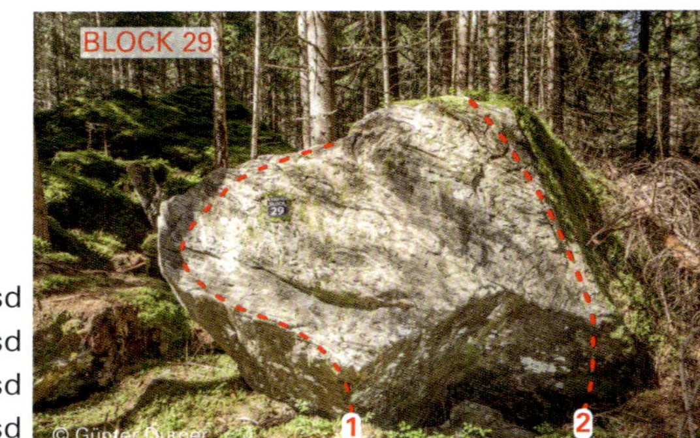

BLOCK 29

1	Ei des Kolumbus (Projekt)	-	-
2	Gordischer Knoten (Projekt)	-	-

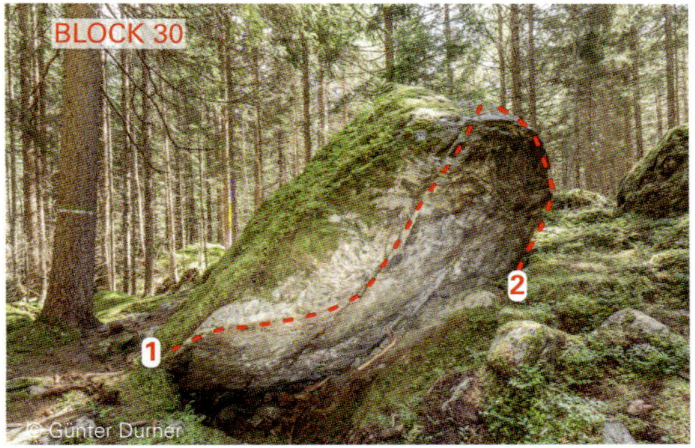

BLOCK 30

1 Sharp Edge ....6c .... sd
2 Die Gartenzwerg Invasion ....4a .... sd

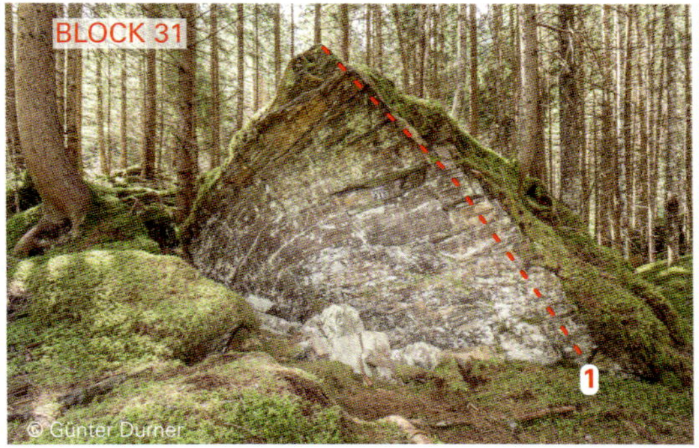

BLOCK 31

1 Landschaftsgärtner ....5a .... sd

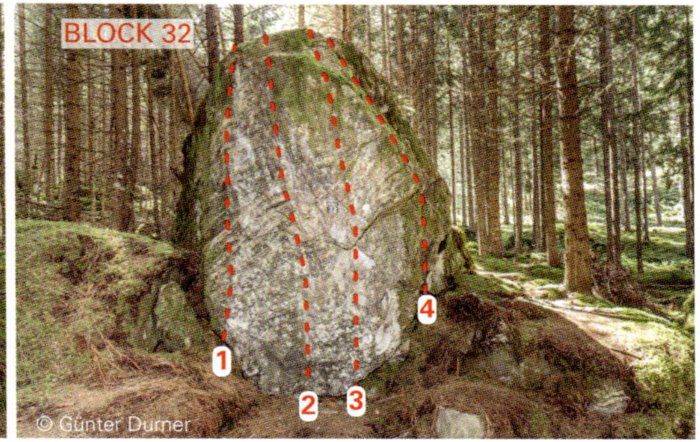

BLOCK 32

1 Bmann...6b .... sd
2 Projekt (definiert) ....- .... sd
3 Bart Simson ....6b .... sd
4 Nasenbär im Moos ....5c .... sd

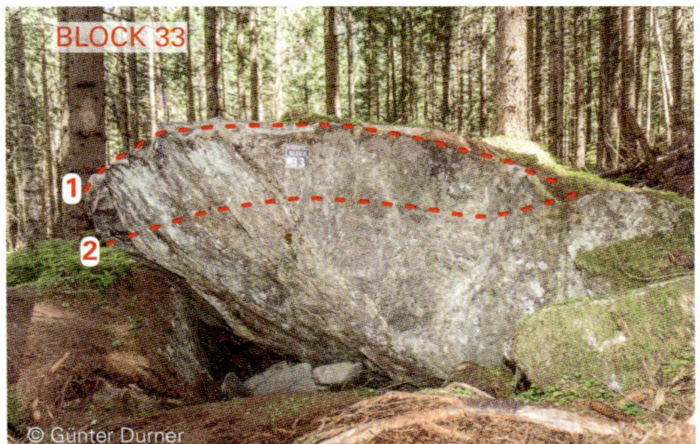

BLOCK 33

1 Blockziachen ....6a .... -
2 Wasserwelten ....5c+ .... -

BLOCK 34

1 Kasamandl ....6a .... -
2 Bearfoot ....4b .... -

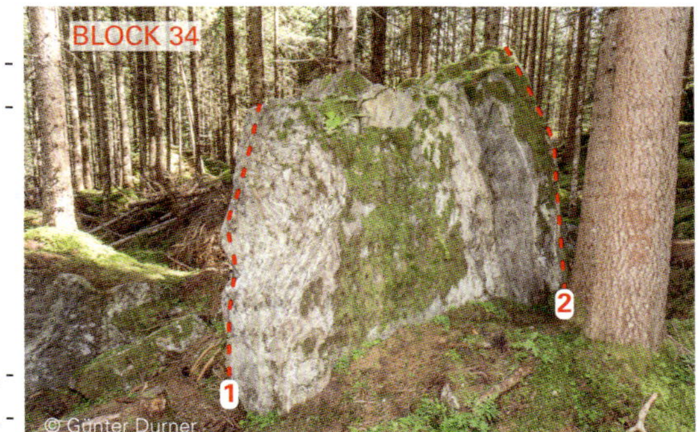

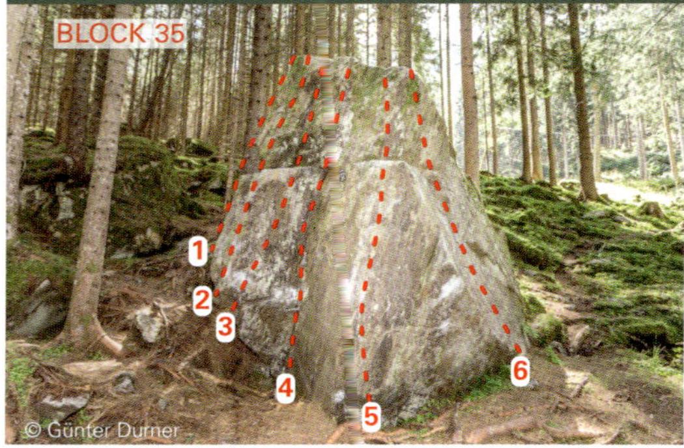

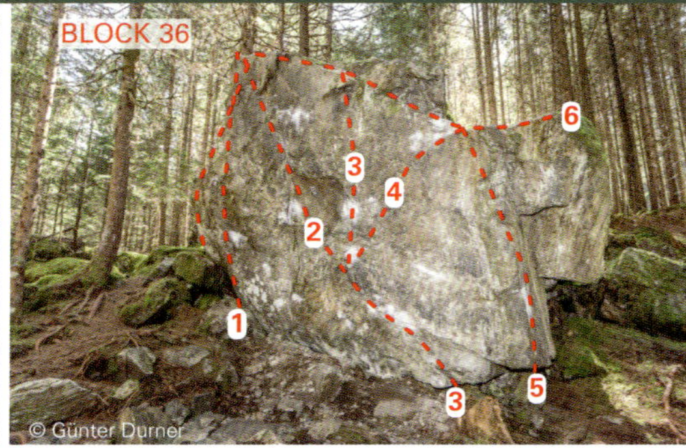

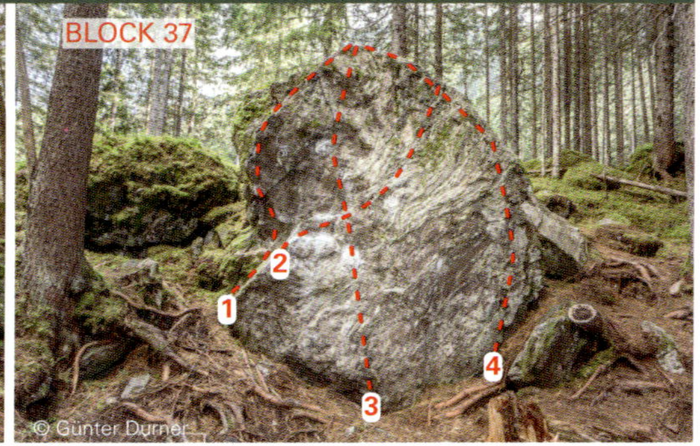

BLOCK 35

1	Sieben Zwerge	6a	sd
2	Zaubertrank	5c	sd
3	Schneewittchen	6a+	sd
4	Wildwechsel	5c+	sd
5	Bob der Baumeister	5b	-
6	Running Gag (mit Anlauf!)	6a	-

BLOCK 36

1	Diana	6b+	sd
2	Black Velvet	7b+	sd
3	Gozilla	7c	sd
4	Son Goku	7c	sd
5	Steinbeißer	7b	sd
6	Almabtrieb (Kante von li. nach re.)	6a	-

BLOCK 37

1	Blattschuss	5c+	sd
2	Jägerlatein	6a	sd
3	Querschläger	6a	sd
4	Jägerexpress	5c	sd

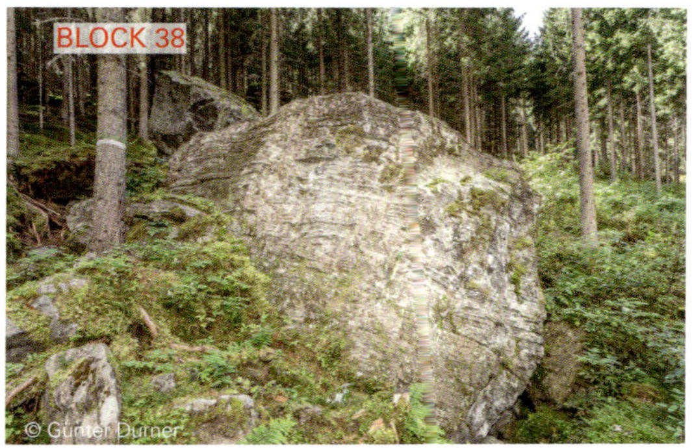

BLOCK 38
Mehrere Boulder

BLOCK 39
Mehrere Boulder

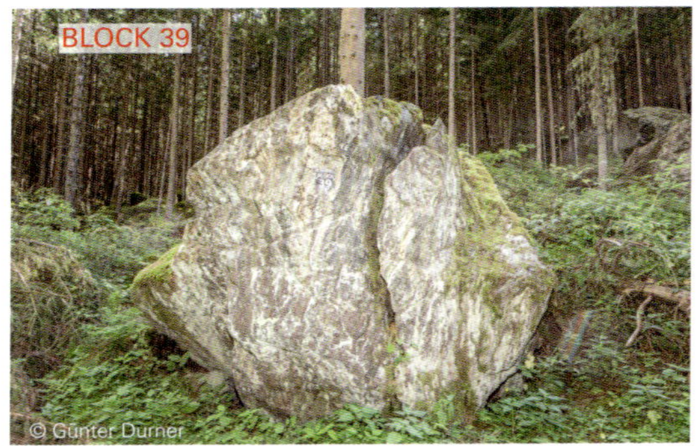

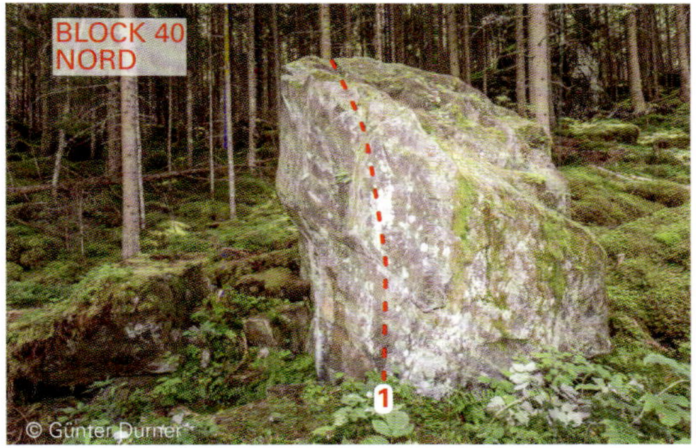

BLOCK 40 NORD

1 Der Böse Wolf .... 5c .... -

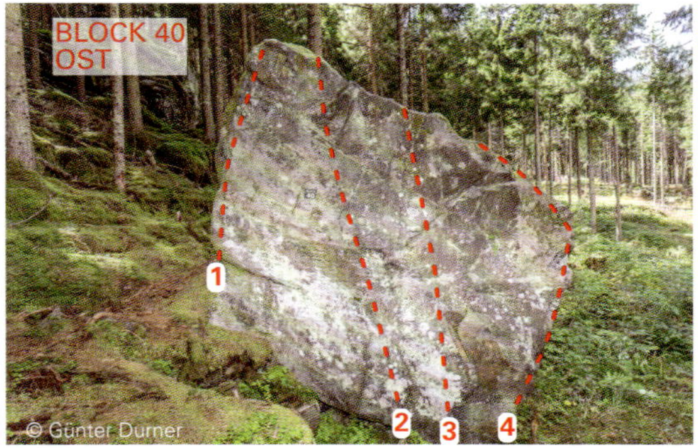

BLOCK 40 OST

1 Projekt .... - .... -
2 Pipi Langstrumpf .... 6a .... -
3 Rumpelstilzchen .... 5b .... -
4 Der Böse Wolf .... 5c .... -

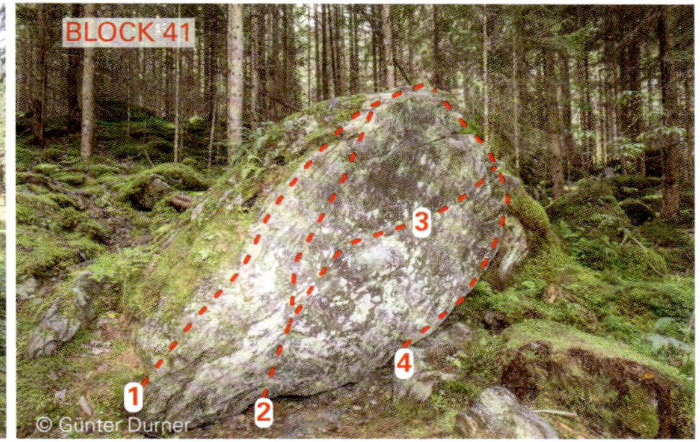

BLOCK 41

1 Das tapfere Schneiderlein .... 6a .... -
2 Die Wichtelmänner .... 5c .... -
3 Pojekt .... - .... -
4 Pojekt .... - .... -

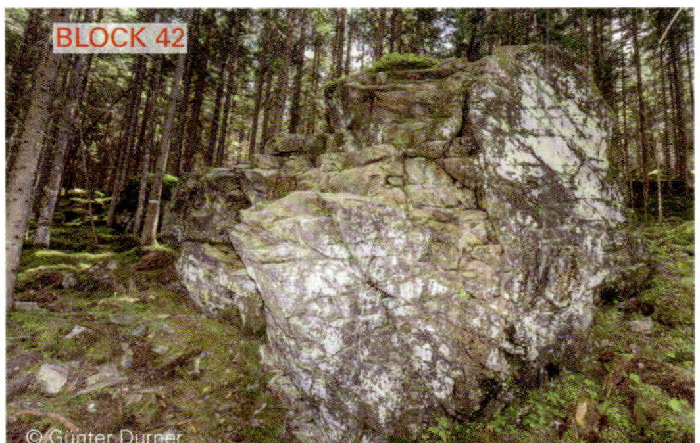

BLOCK 42

1 Verschiedene Boulder möglich .... - .... -

BLOCK 43

1 Der Froschkönig .... 5c .... -

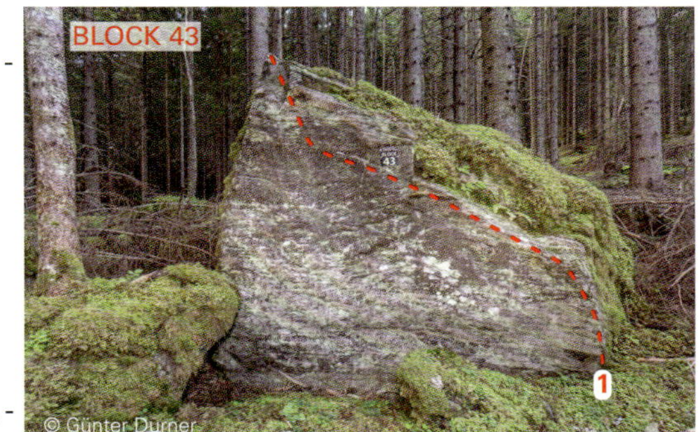

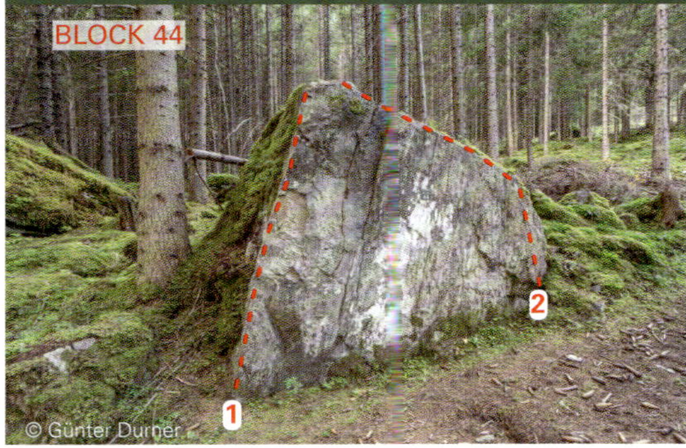

BLOCK 44

1 Drosselbart ....5a .... -
2 Bremer Stadtmusikanten ....4c .... -

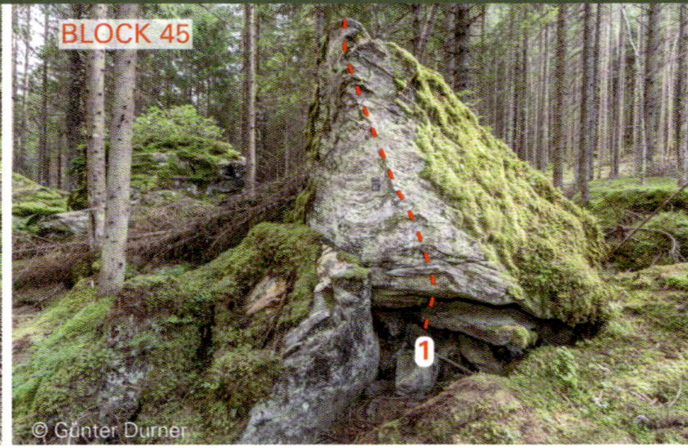

BLOCK 45

1 Zauberer von Oz..........................6b .... -

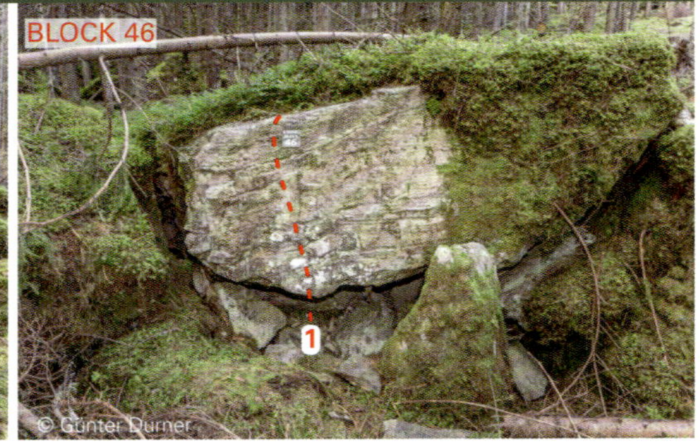

BLOCK 46

1 Fair Play ....6b .... sd

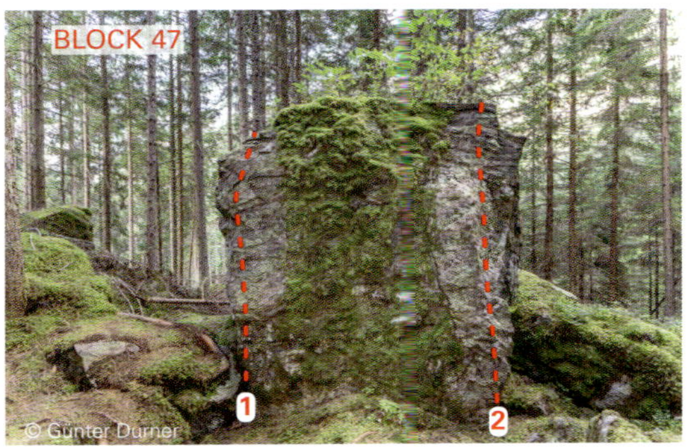

BLOCK 47

1 Tick ....5c .... -
2 Trick ....5c+ .... -
3 Track (rechts ums Eck)..........................5c .... -

BLOCK 48

1 Fragile ....6b .... -

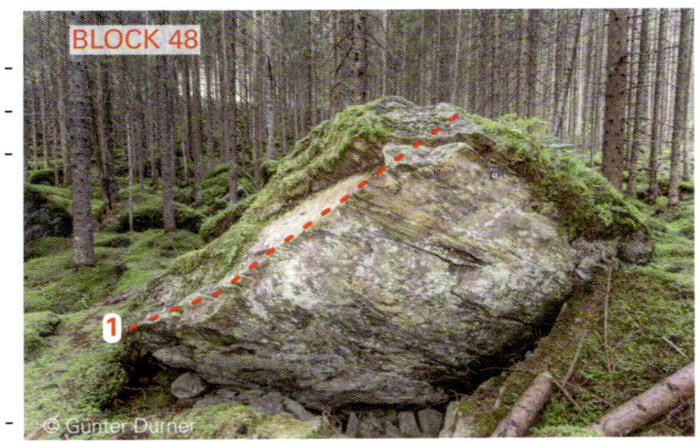

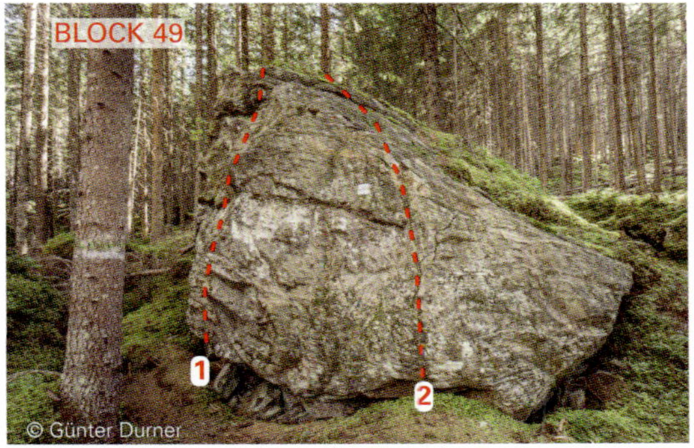

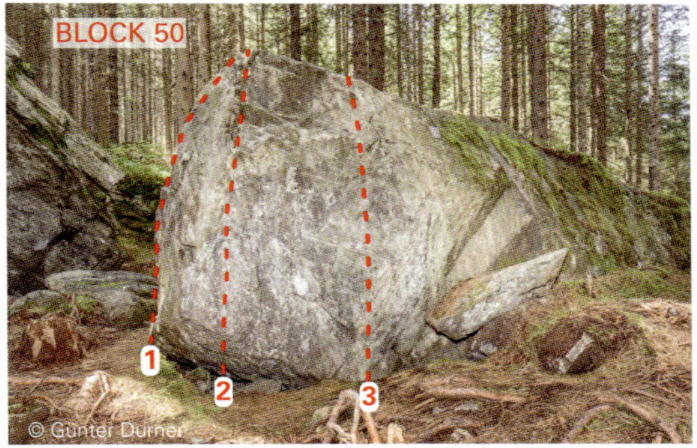

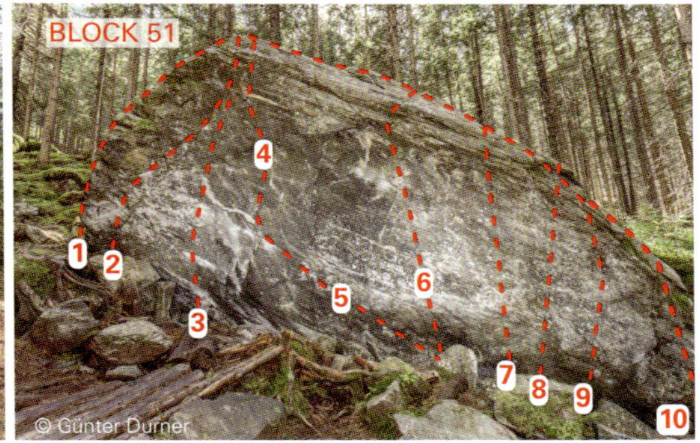

BLOCK 49

1 Ohne Moos nix Los .... 5c .... -

2 Simba .... 5c .... -

BLOCK 50

1 Papa Schlumpf .... 4a .... -

2 Schlaubi .... 4c .... -

3 Fauli Schlumpf............................ 4c .... -

BLOCK 51

1 Batcave .... 6a+ .... -

2 Catwoman .... 6b+ .... -

3 Der Joker .... 8a .... -

4 Poket Knife.................................. 7c+ .... -

(Pocket Knife, Start wie 5 dann nach links zu 1 und in der Mitte mantle).

5 The Dark Night Rises .... 8a .... -

(Verlängerung nach rechts.)

6 The Riddler .... 8a+ .... -

7 Alfred .... 7c+ .... -

8 Alfred Pennyworth .... 6b+ .... -

9 Gotham City .... 6b+ .... -

10 Batman Beginns .... 6b .... -

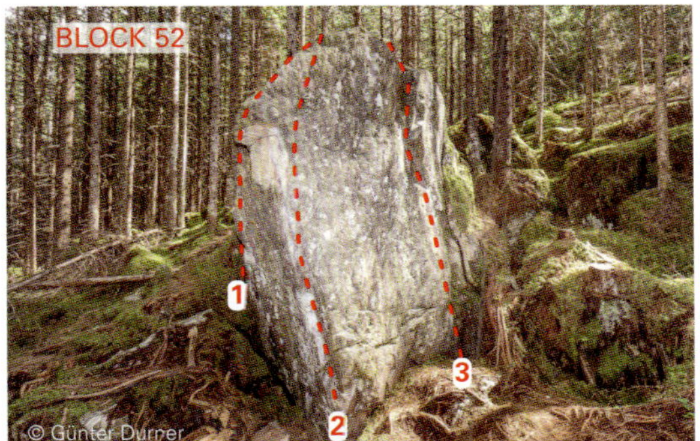

BLOCK 52

1 Sheela .... 6a+ .... -

2 He-Man .... 7a .... -

3 Räuber Hotzenplotz .... 6a .... -

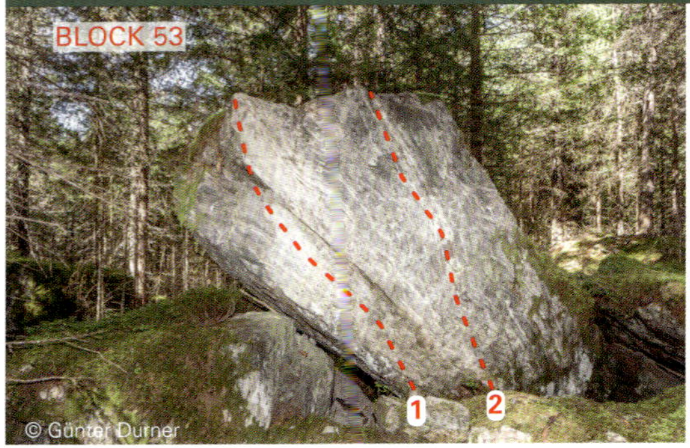

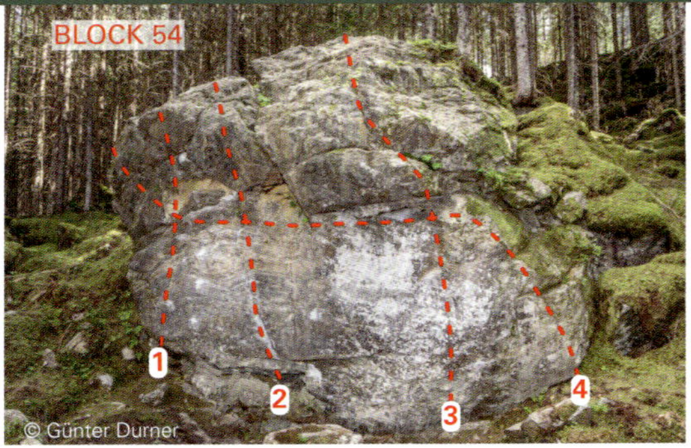

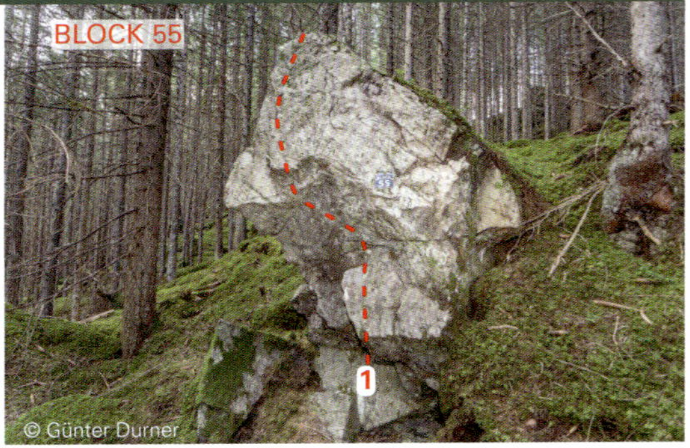

BLOCK 53

1 Der schiefe Turm .... 6a .... -
2 Aufstieg K2 .... 5a .... -

BLOCK 54

1 Ninja Skil .... 7b+/c ..... -
2 Virgin Crack (nur der Riss) .... 7a .... -
3 Snake Face .... 6b .... -
4 Alpine Querung .... 6b .... -

BLOCK 55

1 Two Bad .... 6a+ .... -

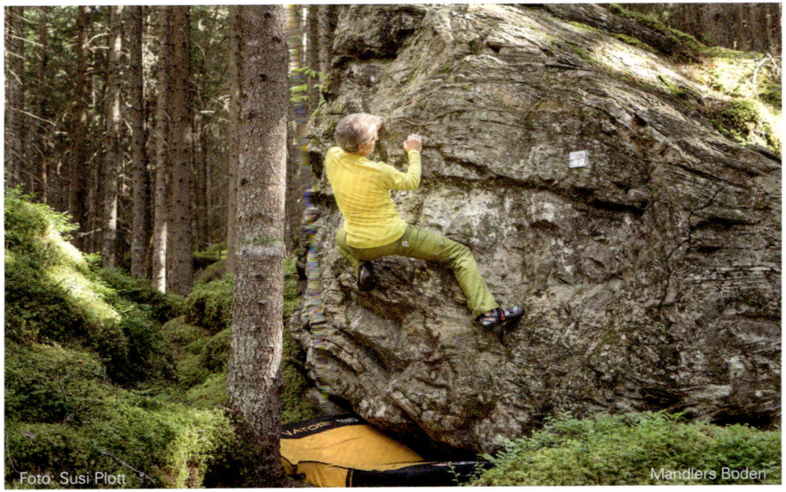

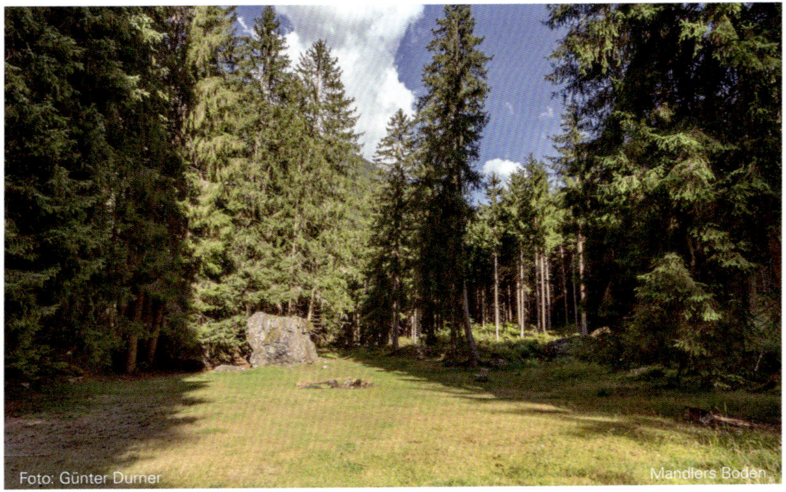

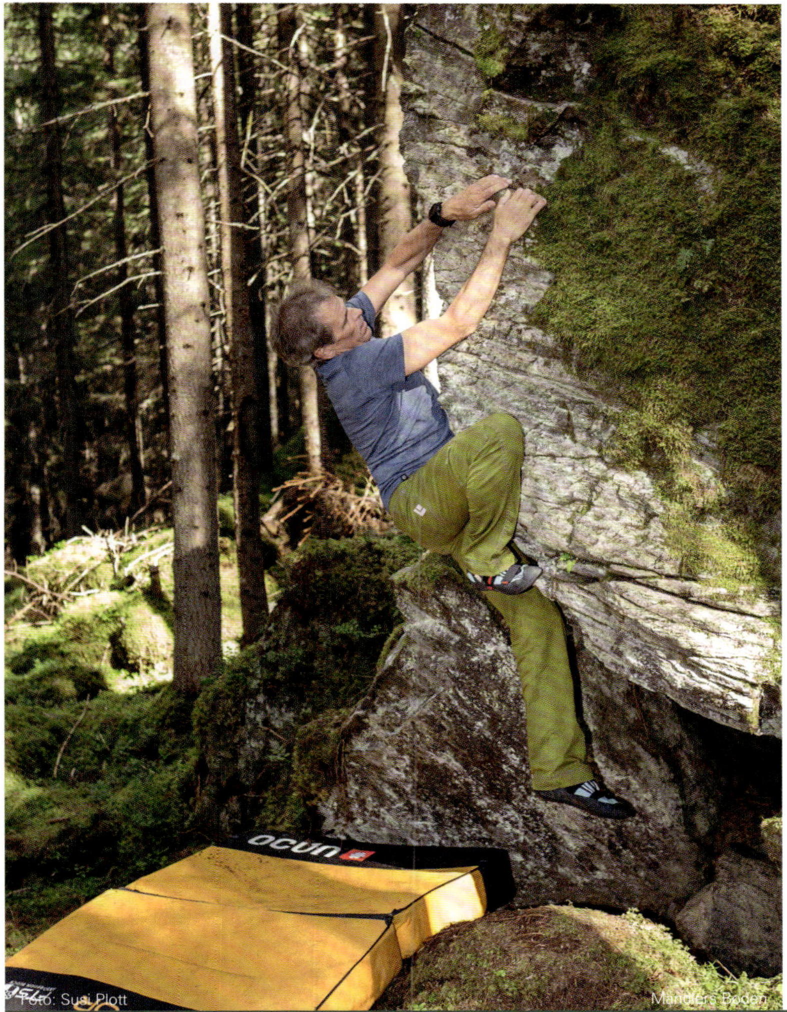

Foto: Susi Plott

Mandlers Boden

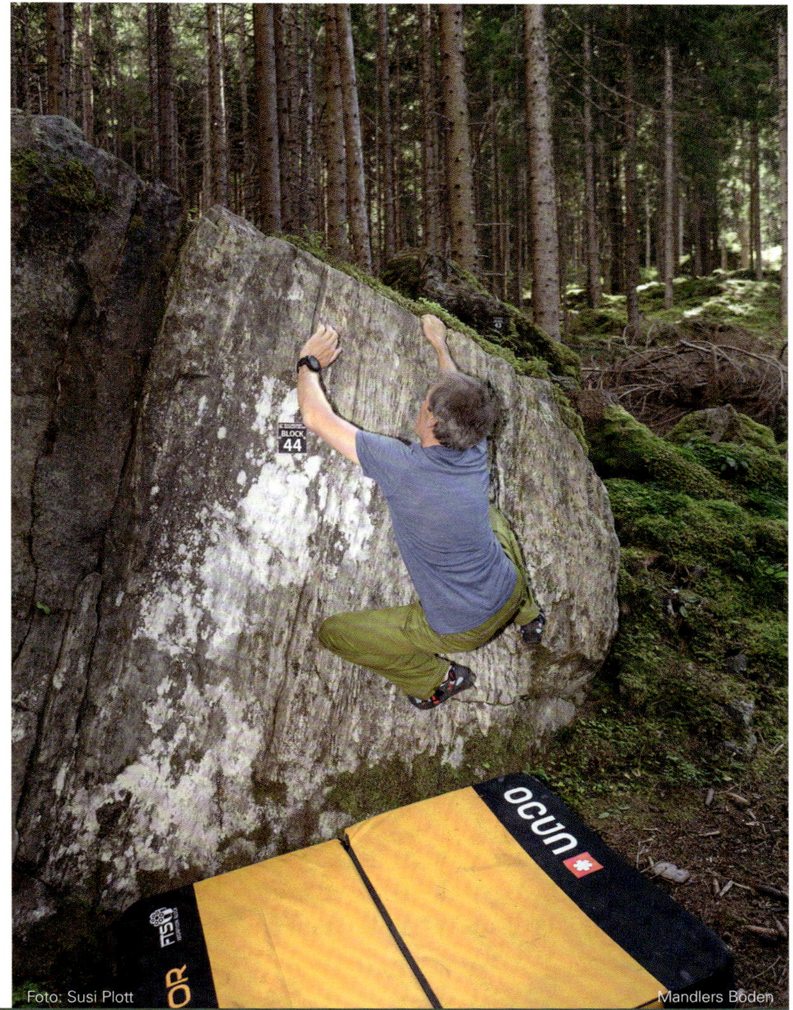

Foto: Susi Plott

Mandlers Boden

KLETTERPARK JERZENS-HOCHZEIGER

P GPS: 32 T 633294 5223592 Höhe: 1457 m
GPS: 32 T 633471 5224539 Höhe: 1724 m

162

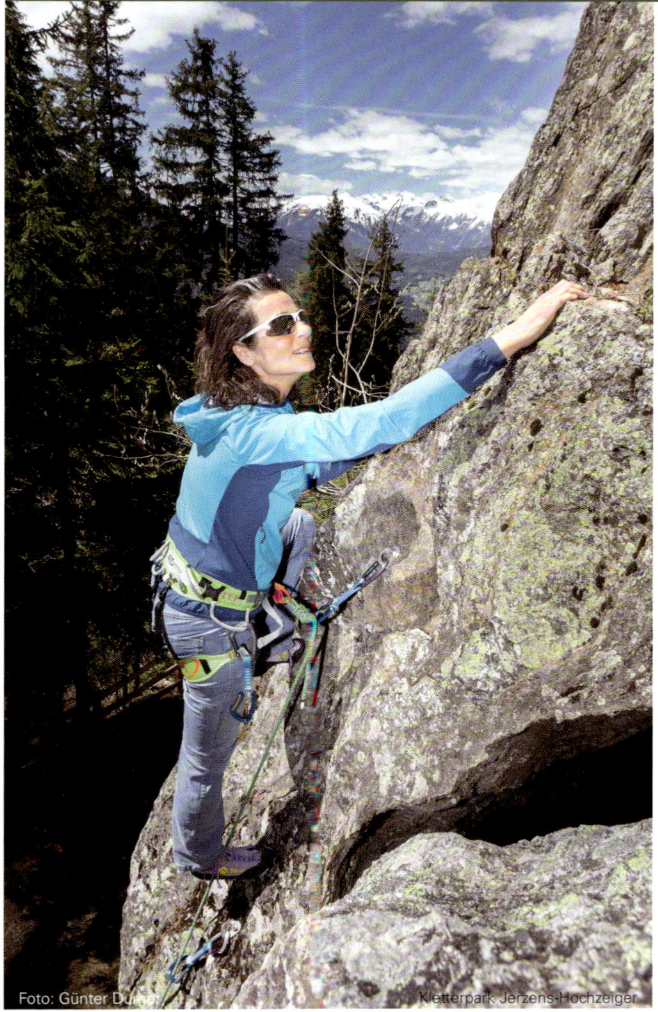

Foto: Günter Durner — Kletterpark Jerzens-Hochzeiger

Routenaufteilung

Schwierigkeitsgrad (Franz.)	3	4	5	6	7	8	9
Anzahl der Routen	3	6	-	-	-	-	-

Routenart 10 Einseillängen (ES), Mehrseillängen (MS), 1 Boulder

Routenlänge 10-20 m

Zustieg 45 Min. ⇧ bergauf, ⇨ eben, ⇩ bergab (267 Hm)

Absicherung ★★★★★

Umlenkung Ring, Kette, Sauschwanz

Ausrichtung Nord, Ost, Süd, West

Winterklettergebiet ja, nein

Familienfreundlich ja, nein

Felsqualität Rauer Granit mit Leisten und Dellen / sehr gut.

Wandneigung Senkrechte bis leicht überhängende Kletterei.

Wandfuß Wald/Wiesengelände, kindertauglich

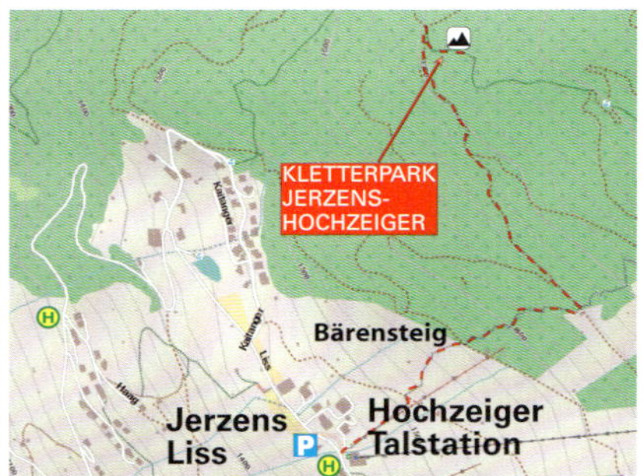

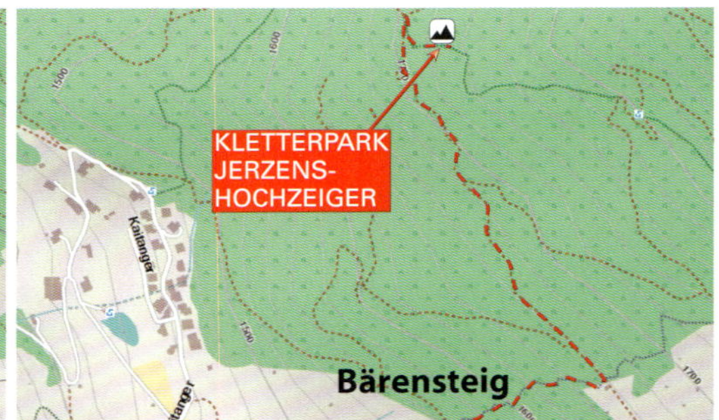

Kartendaten: © OpenStreetMap-Mitwirkende, SRTM, Kartendarstellung: © OpenTopoMap (CC-BY-SA)

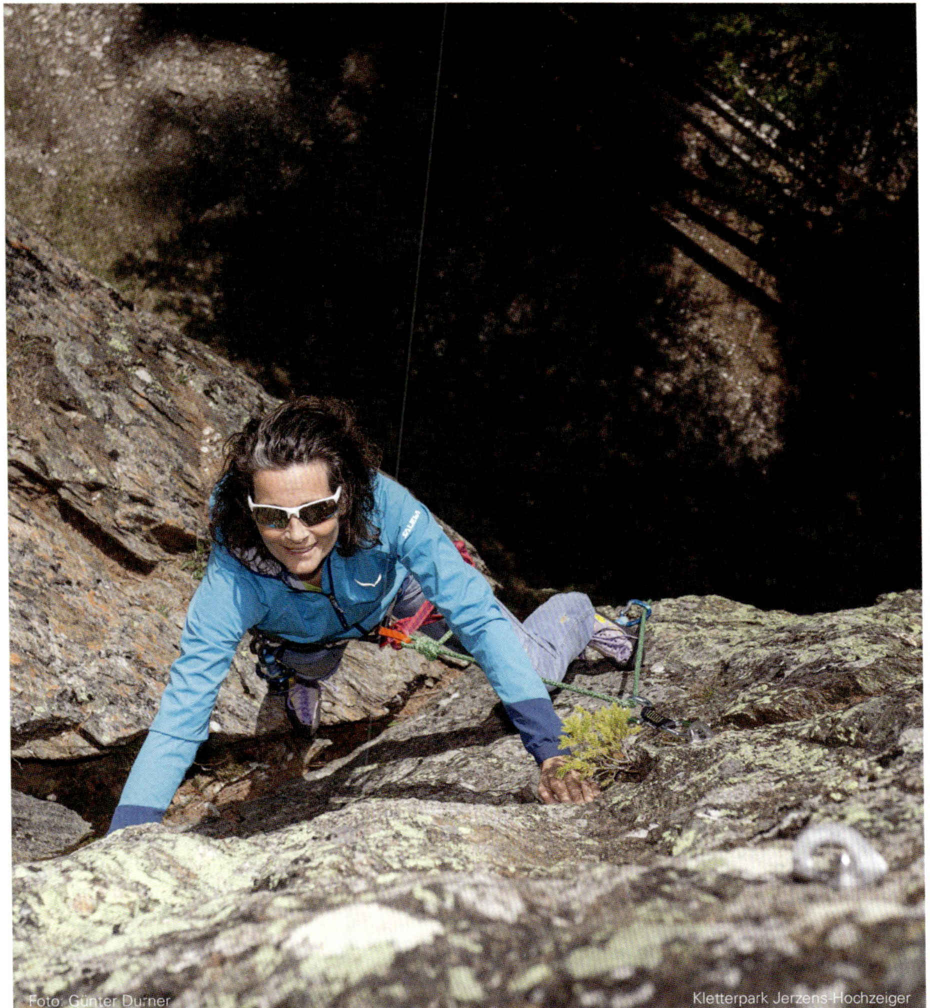

Foto: Günter Durner

Kletterpark Jerzens-Hochzeiger

ZUFAHRT/ZUSTIEG

Auf der Pitztaler Bundesstraße L16 von Arzl (im Pitztal) bis zum Ort Wenns fahren. Vom Ortsausgang Wenns 3,4 Km bis zum Abzweig Richtung Jerzens fahren. Dann auf der steilen Straße ca. 2,3 Km (356 Hm) bis nach Jerzens hochfahren. Parkplätze gibt es an der Talstation Liss. Es gibt die Möglichkeit über den Bärensteig ca. 45 Min. oder über den Wirtschaftsweg der Rodelbahn ca. 45 Min. zum Kletterpark aufzusteigen (ca. 267 Hm). Von der Talstation Liss folgt man dem Wegweiser „Kletterpark Jerzens-Hochzeiger". Der Bärensteig führt direkt unterhalb des Skilift, sehr steil bis zu einer Forststraße, hinauf. Bei einem kleinen Infostand über die Zirbe folgt man dem Steig bis zu einer weiteren Forststraße, hier links bis zu einer Abzweigung gehen. Nun geradeaus bis die Forststraße eine Kehre macht. In der Kehre geradeaus weitergehen, bis zum Abzweig nach rechts zum Kletterpark.

Alternativer Zustieg mit Kindern
Auffahrt mit der Hochzeiger Bergbahn zur Mittelstation. Von dort über einen Forstweg, an der Tanzalpe und der Stalder Hütte vorbei, bis zum Kletterpark Jerzens-Hochzeiger absteigen (ca. 20 Min.)

BESCHREIBUNG

Im Kletterpark Jerzens-Hochzeiger gibt es verschiedene Klettermöglichkeiten wie zwei einfache Übungsklettersteige mit einer Seilbrücke. Nähere Infos zum Klettersteig siehe unter Klettersteig Liss, Jerzens-Hochzeiger. Für die ersten Kletterversuche an einem Felsen sind künstliche Griffe geschraubt, sodass alle Familienmitglieder dort oder an den einfachen Kletterouten den Einstieg in den Klettersport machen können. Im Klettergarten gibt es eine Routenübersichtstafel und überdachte Sitzmöglichkeiten sowie Tische.

ERSCHLIESSER

Alpin Center Hochzeiger

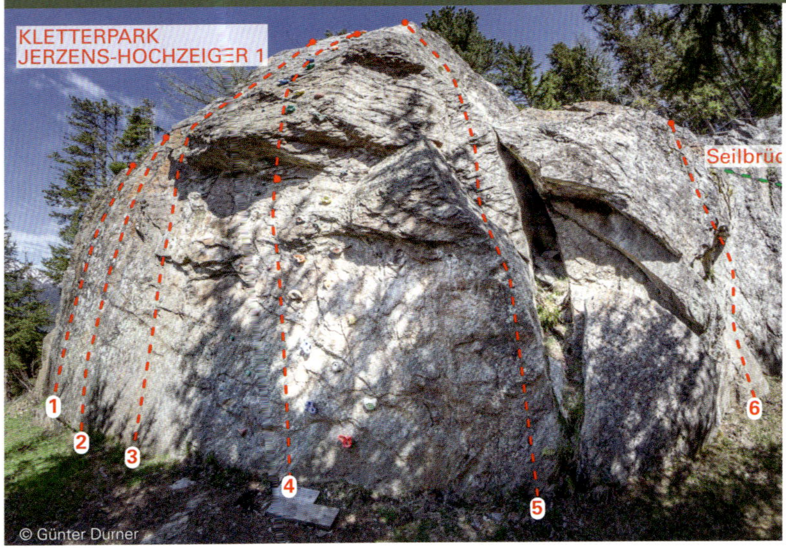

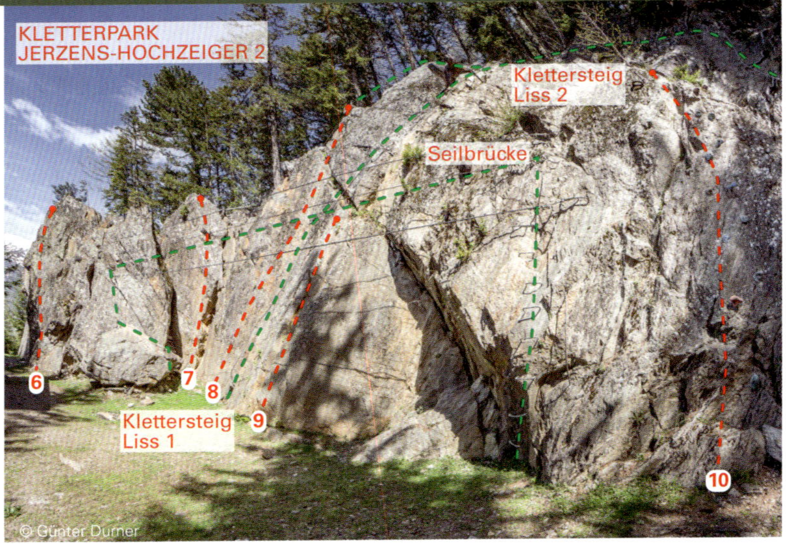

KLETTERPARK JERZENS-HOCHZEIGER

1	Piz Valley	4a	10 m
2	Spider Route	6b	12 m
3	Hochzeiger Step	4a	15 m
4	Kunstgriffe	3a	15 m
5	No Name 1	4a	15 m
6	No Name 2	4a	8 m
7	Capricorn	4a	15 m
8	Route 3000	4a	20 m
9	Short Corner	3	6 m
10	Kunstgriffe	3a	15 m
11	Pitzi Boulder (20 m rechts)	2	4 m

Infos zum Klettersteig siehe „Klettersteig Liss, Jerzens-Hochzeiger".

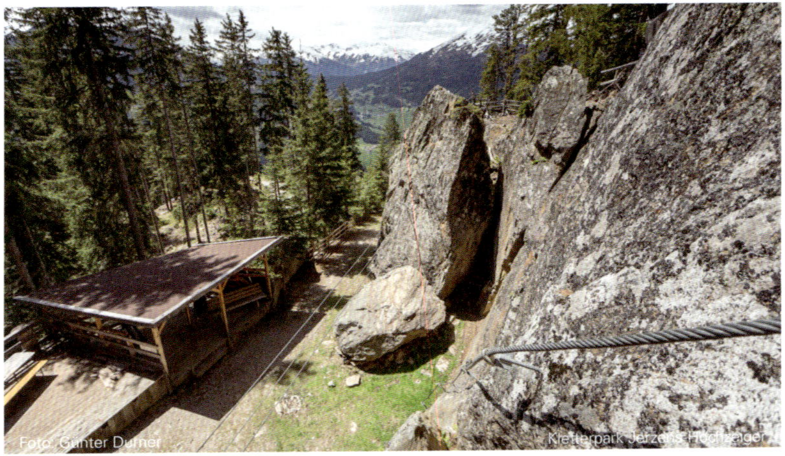

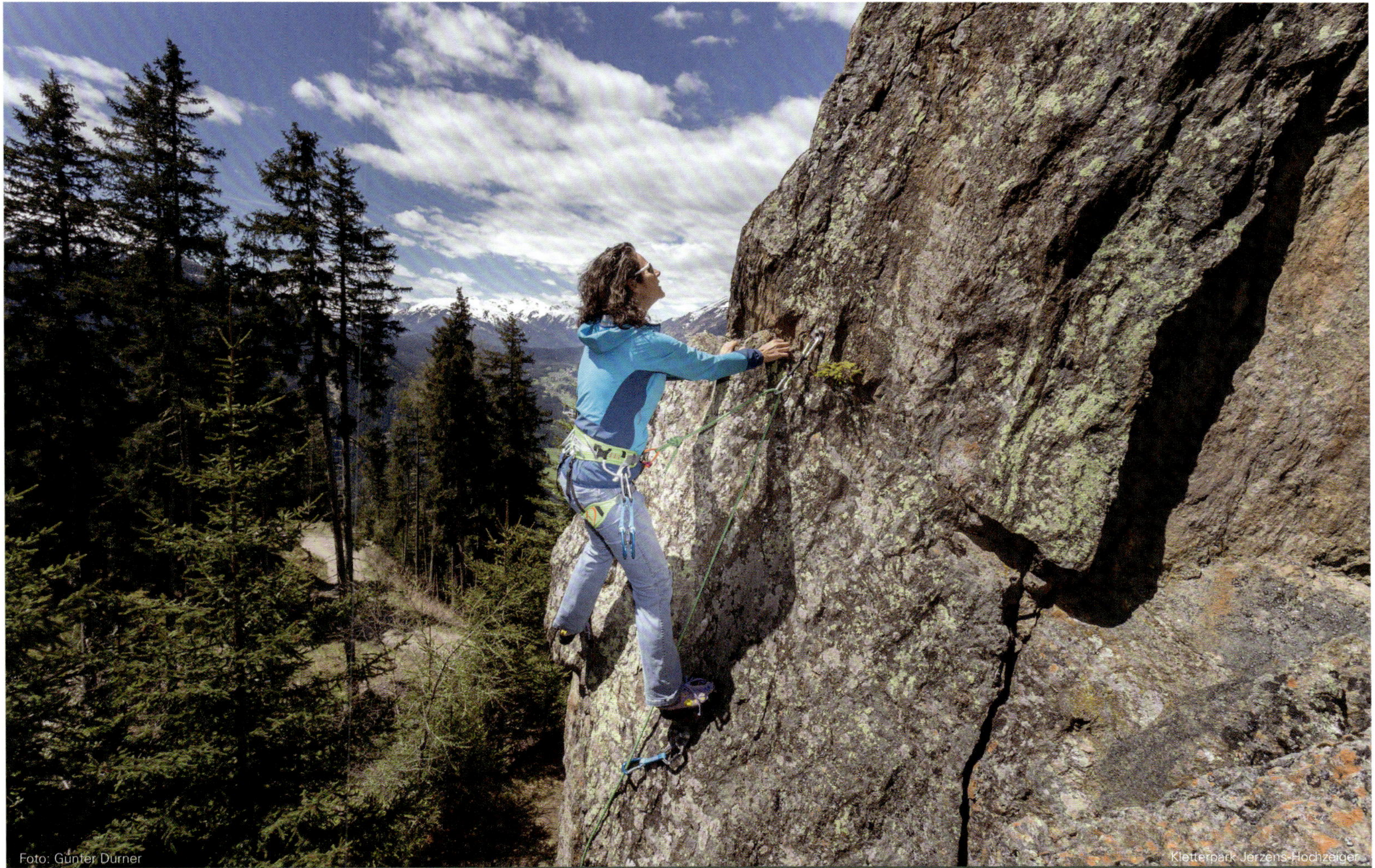

KLETTERPARK JERZENS-HOCHZEIGER

DOWN UNDER

P GPS: 32 T 632290 5222177 Höhe: 1434 m
GPS: 32 T 632924 5221660 Höhe: 1340 m

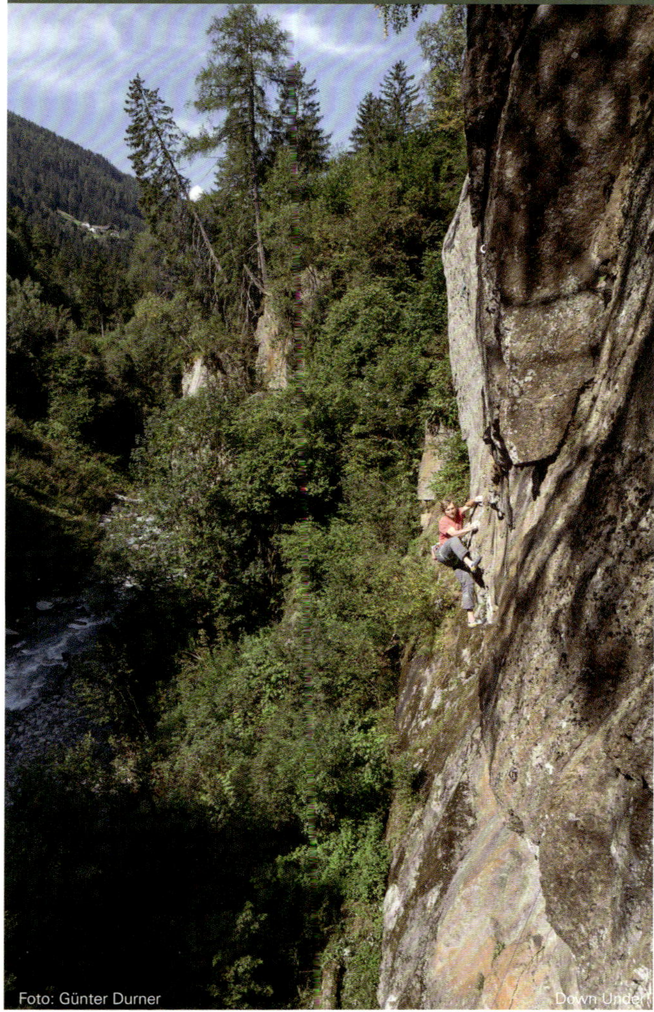

Foto: Günter Durner

Routenaufteilung

Schwierigkeitsgrad (Franz.)	3	4	5	6	7	8	9
Anzahl der Routen	-	-	-	1	4	2	-

Routenart 7 Einseillängen (ES), Mehrseillängen (MS), Boulder

Routenlänge 25 m

Zustieg 15 Min. ⇧ bergauf, ⇨ eben, ⇩ bergab (20 Hm)

Absicherung ★★★★★

Umlenkung Ring, Kette, Sauschwanz

Ausrichtung Nord, Ost, Süd, West

Winterklettergebiet ja, nein

Familienfreundlich ja, nein

Felsqualität Rauer Granit mit Leisten und Dellen / sehr gut.

Wandneigung Senkrechte bis überhängende Kletterei.

Wandfuß Schmaler Wandfuß, am Bachbett der Pitze

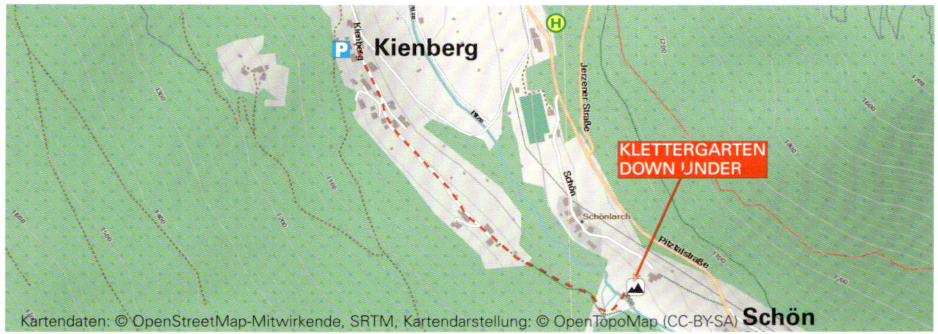

Kartendaten: © OpenStreetMap-Mitwirkende, SRTM, Kartendarstellung: © OpenTopoMap (CC-BY-SA)

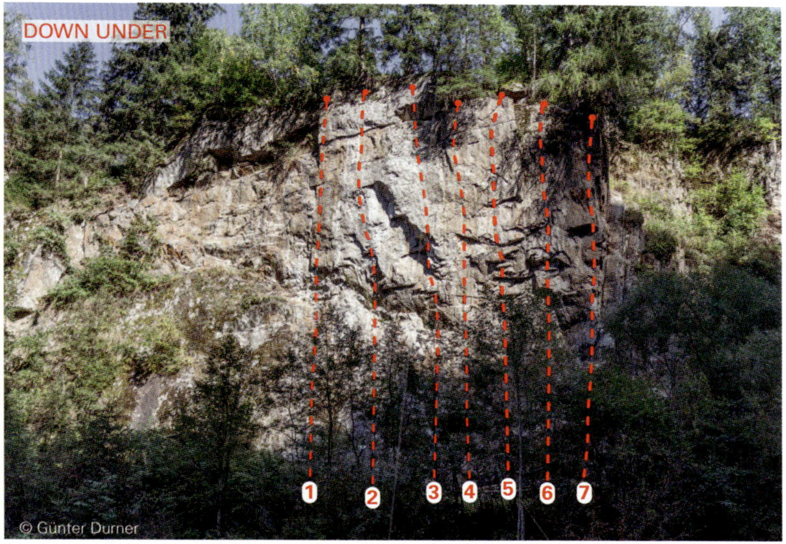

DOWN UNDER

	Route	Grad	Länge
1	Kangaroojump	6c+	25 m
2	El Matador	8a+	25 m
3	Gierlibeta	8a	25 m
4	Bauernsau	7c	25 m
5	Schluchtenscheißer	7c+/8a	25 m
6	BrokenGossipgirl	7c+	25 m
7	Better tall than small	7b	25 m

ZUFAHRT/ZUSTIEG

Auf der Pitztaler Bundesstraße L16 von Arzl (im Pitztal) bis zum Ort Wenns fahren. Vom Ortsausgang Wenns 3,1 Km bis zum Abzweig nach Kienberg fahren. Am Autohaus Reinstadler vorbei, nach der Brücke über die Pitze bergauf nach Kienberg fahren. In Kienberg parken. Bitte keine Einfahrten zuparken.

In Kienberg dem Hinweisschild „Pitzeklamm" folgen. Nach der Brücke über den Schildbach links zur Pitze absteigen. Hier ca. 100 Meter flussaufwärts bis zu einem Fixseil, das über die Pitze gespannt ist, gehen. Mit dem Seil kann man sich auf die gegenüberliegende Bachseite hangeln.

BESCHREIBUNG

Der Klettergarten Down Under liegt am Westufer der Pitze unterhalb vom Ort Schön. Bisher gibt es sieben sehr schwierige, kraftraubende und anspruchsvolle Routen. Zudem viele weitere Projekte.

ERSCHLIESSER

Markus Kärle, Magnus Stangl

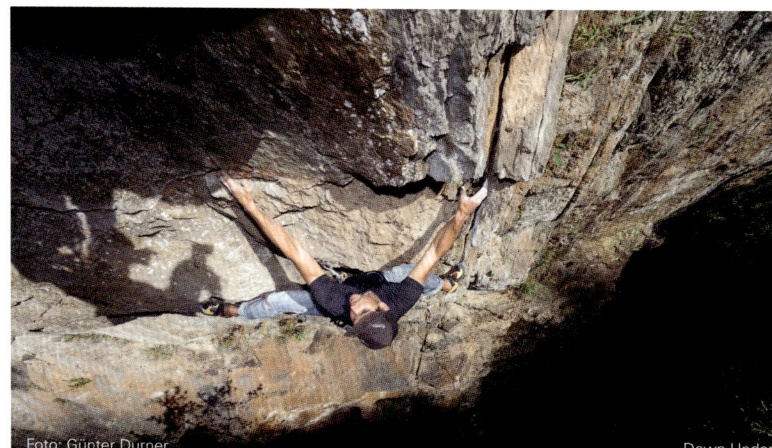

Foto: Günter Durner

Down Under

UNTERWELT

GPS: 32 T 636951 5218878 Höhe: 1016 m
GPS: 32 T 636889 5218950 Höhe: 1000 m

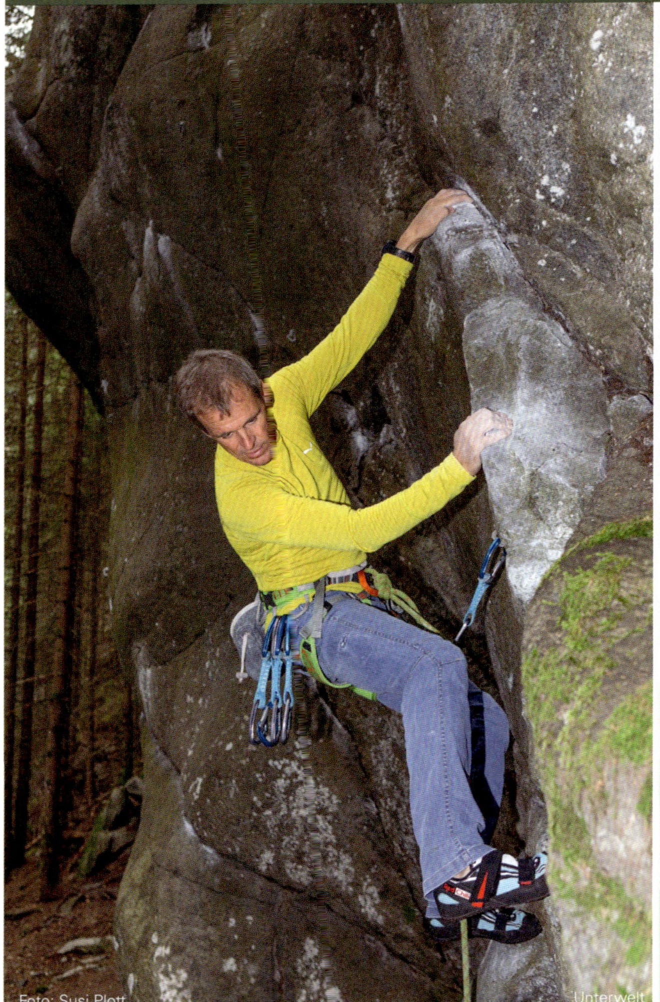

Foto: Susi Plott

Routenaufteilung	Schwierigkeitsgrad (Franz.)	3	4	5	6	7	8	9
	Anzahl der Routen	-	-	7	24	12	8	-

Routenart 57 Einseillängen (ES), Mehrseillängen (MS), Boulder

Routenlänge 8-30 m

Zustieg 10 Min. ⇧ bergauf, ⇨ eben, ⇩ bergab (100 Hm)

Absicherung ★★★★★

Umlenkung Ring Kette Sauschwanz

Ausrichtung Nord, Ost, Süd, West

Winterklettergebiet ja, nein

Familienfreundlich ja, nein

Felsqualität Rauer Granit mit Leisten und Dellen / sehr gut.

Wandneigung Senkrechte bis leicht überhängende Kletterei.

Wandfuß Schmaler Wandfuß, Waldgelände mit Wanderweg

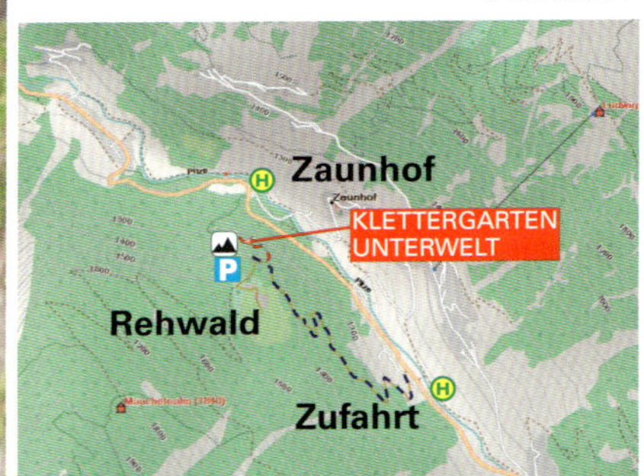

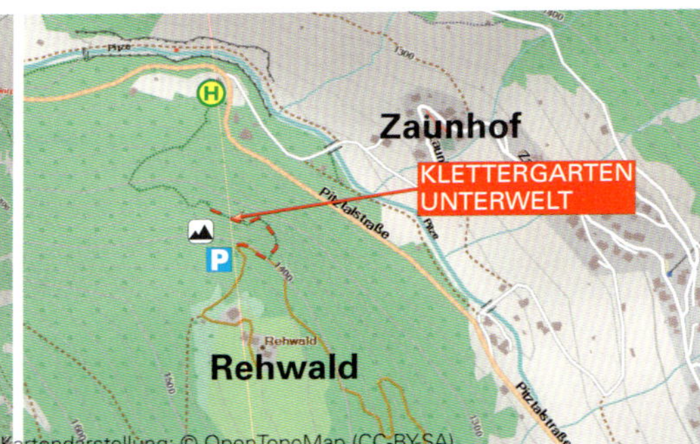

Kartendaten: © OpenStreetMap-Mitwirkende, SRTM, Kartendarstellung: © OpenTopoMap (CC-BY-SA)

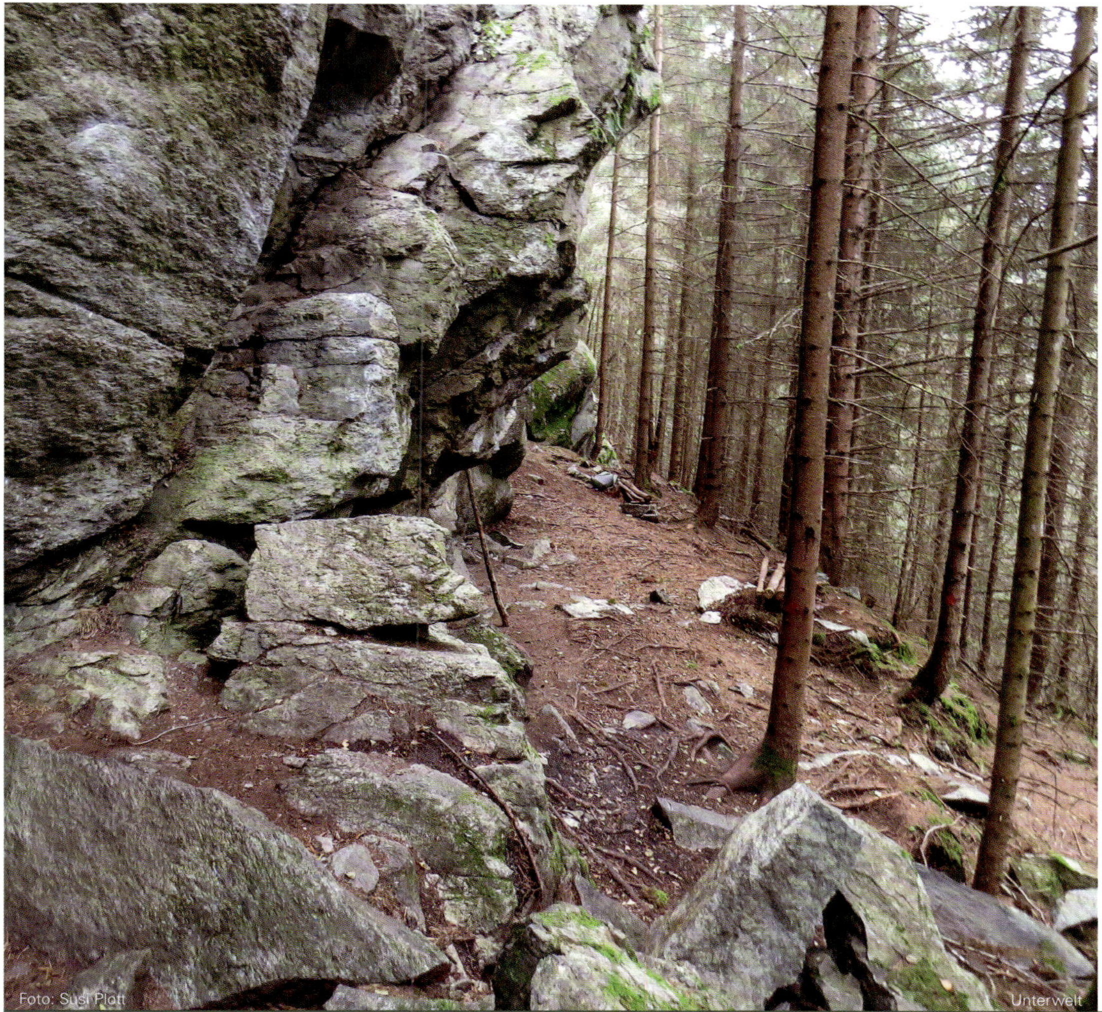

ZUFAHRT/ZUSTIEG

Auf der Pitztaler Bundesstraße L16 von Arzl (im Pitztal) über Wenns Richtung St. Leonhard fahren. Nach dem Ort Wiese etwa 1,7 Km weiterfahren bis vor dem Tunnel (erster Tunnel im Pitztal), rechts bergauf die Straße Richtung Rehwald abzweigt. Auf dieser Straße ca. 1,5 Km bis zur 6. Kehre hochfahren. Im Bereich der Kehre gibt es einige Parkmöglichkeiten. Etwa 100 m vor der Kehre zweigt ein Wanderweg (Hinweisschild Klettergarten) nach unten ab.
Diesem rot markierten Weg, der nach Zaunhof hinunter führt, etwa 5-10 Min. folgen.

BESCHREIBUNG

Der Klettergarten Unterwelt besteht aus mehreren Sektoren, die sich in einem steilen Bergwald befinden. Der Klettergarten ist nach Nordosten ausgerichtet. An heißen Sommertagen bieten sich hier ideale Bedingungen zum Klettern, da es dann angenehm kühl ist. Die beste Zeit ist Anfang Mai bis Ende September. Nach Regen sollte mindestens zwei Tage gewartet werden bis der Fels abgetrocknet ist. Der Sektor Hellraiser, Sektor Mafia und einige Routen im Sektor Sphinx bleiben bei Regen länger trocken. Bis zum Schwierigkeitsgrad 7a sind die Routen sehr hart bewertet. Alle Routen sind gut abgesichert, die Stände sind alle mit Umlenkkarabinern ausgestattet.

ERSCHLIESSER

Patric Rupprich

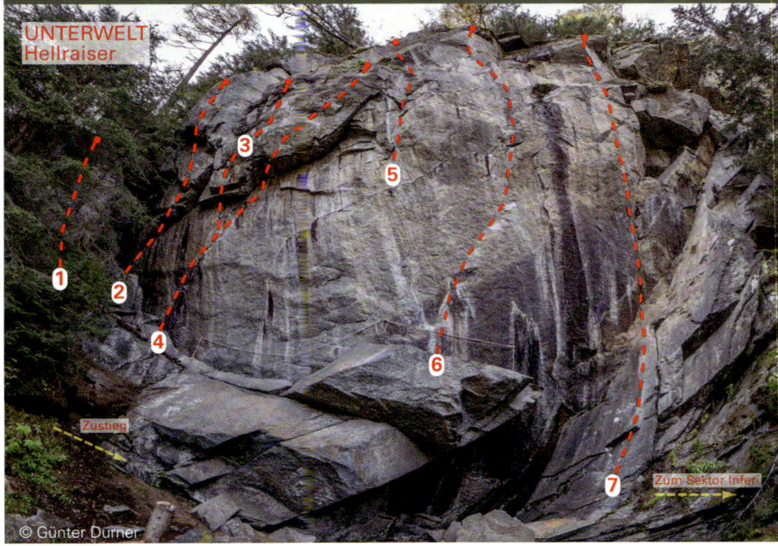

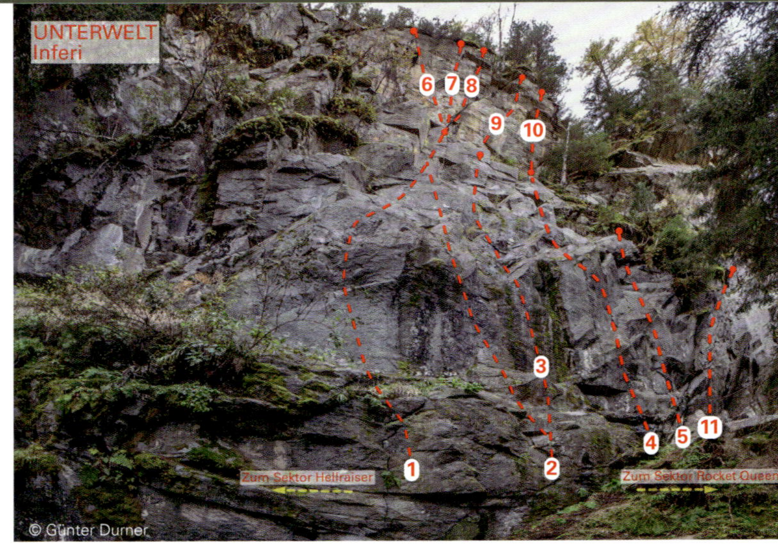

HELLRAISER

Nr.	Route	Grad	Länge
1	Hellraiser	6c+	8 m
2	Moral und Ethik	8c	15 m
3	Hellboy	8c	17 m
4	The Gundl	8c	25 m
5	Projekt	?	25 m
6	Hellfire	8a+	25 m
7	Projekt	-	25 m

INFERI

Nr.	Route	Grad	Länge
1	Blutmond	5c	20 m
2	Mondfinsternis	6a	20 m
3	Inferi	6a	20 m
4	Scheiterhaufen	5c	20 m
5	Feel the Fire	6a	12 m
6	My Funeral	6c	10 m
7	Hearts of Stone	6c+	10 m
8	Soulmate	6c	10 m
9	Projekt	-	10 m
10	Blood and Wine	6c	10 m
11	Schwarz blüht der Enzian	5b	15 m

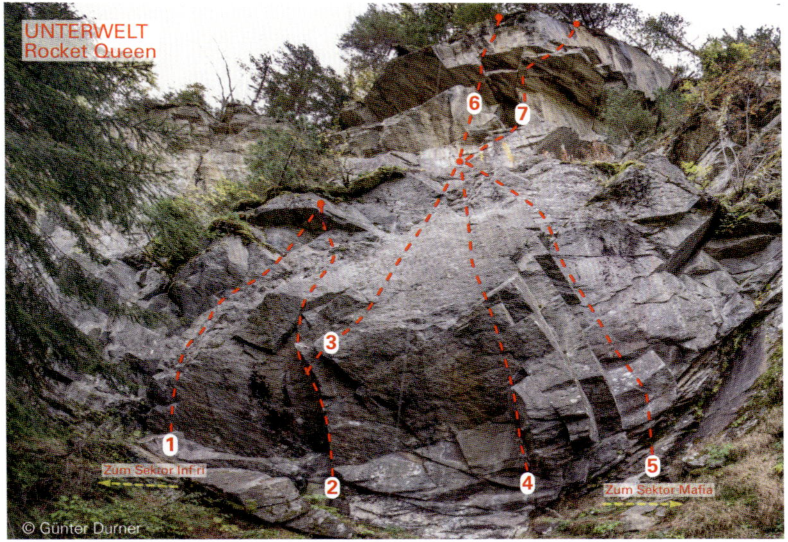

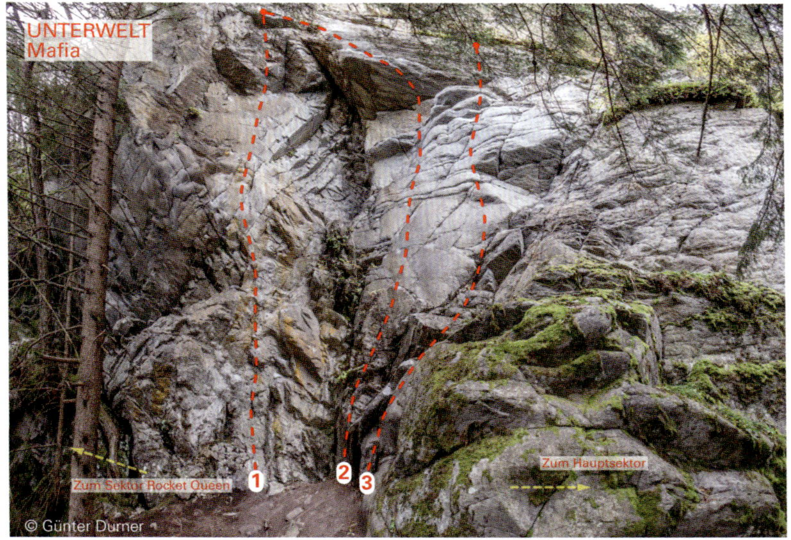

ROCKET QUEEN

1	Schwarz blüht der Enzian	5b	10 m
2	Trojan links	6c	10 m
3	Trojan rechts	6c+	15 m
4	Soulitude	6c	20 m
5	Rocket Queen	6a+	20 m
6	Vergängnis	6c	30 m
7	Agonie	6c	30 m

MAFIA

1	Camorra	7a+	15 m
2	Cosa Nostra	8a	15 m
3	Il Padre	5c	18 m

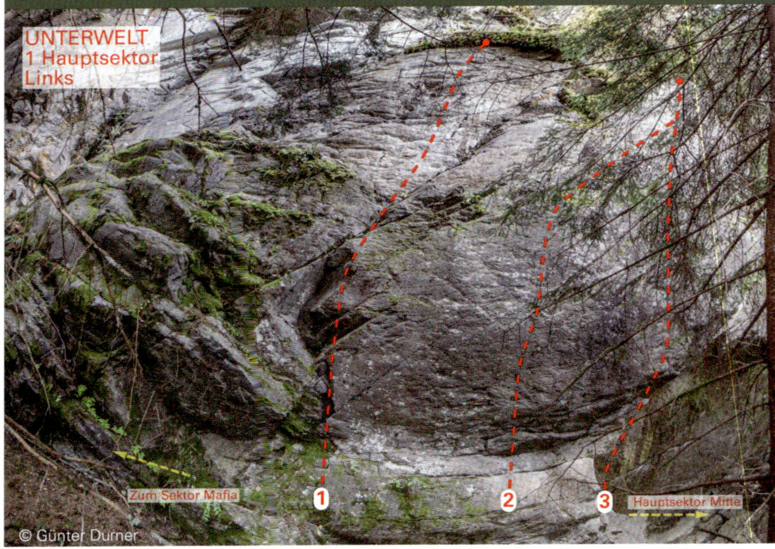

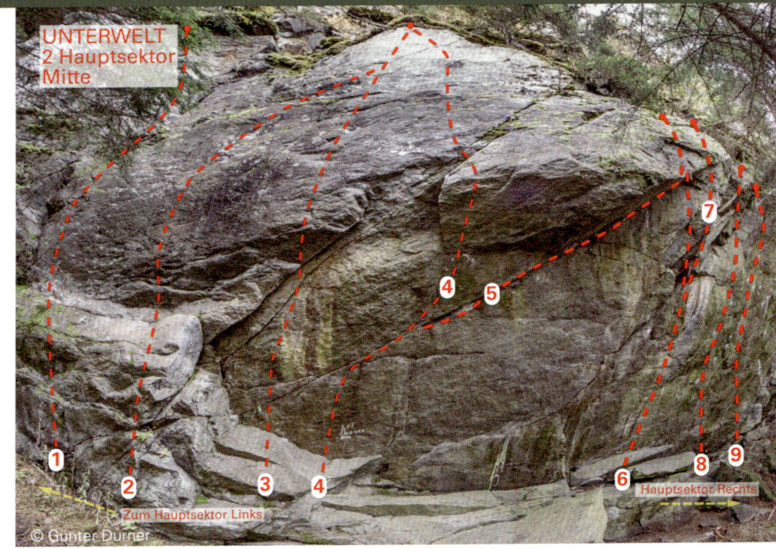

HAUPTSEKTOR

Nr.	Route	Grad	Länge
1	Midian	5b	12 m
2	Projekt	-	15 m
3	Manticore	7c	15 m
4	Dark Angel	8a	15 m
5	Höllental (Let it shower)	8c+	15 m
6	Projekt - Der Fährmann	-	15 m
7	Styx	7b+	12 m
8	Stairway to Hell	7c/+	10 m
9	Danzig	7c+	10 m

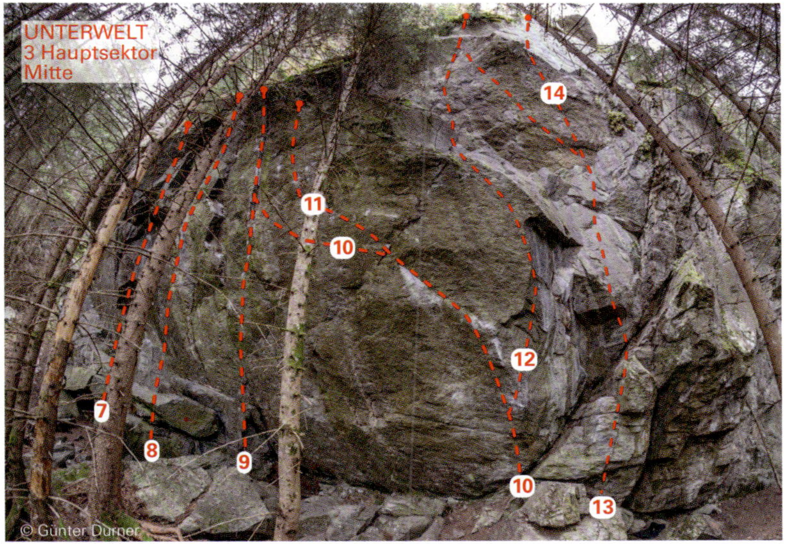

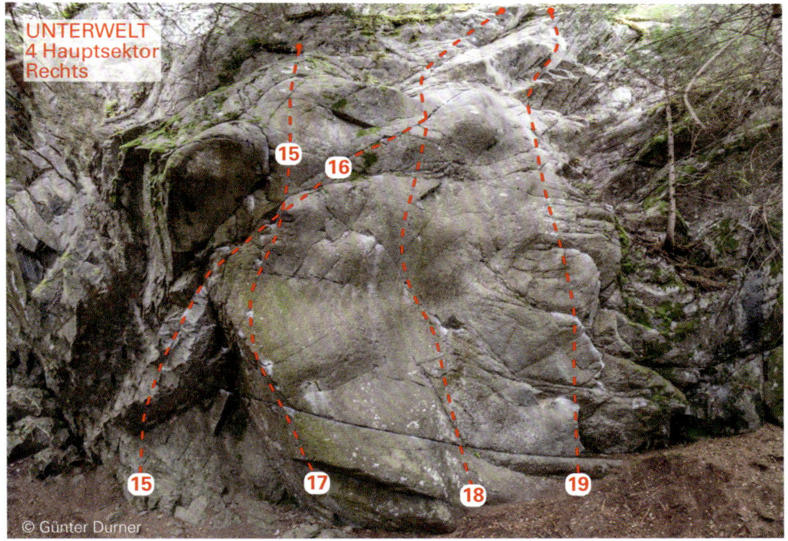

HAUPTSEKTOR

7	Styx	7b+	12 m
8	Stairway to Hell	7c+	10 m
9	Danzig	7c+	10 m
10	Apocalypse	8a	12 m
11	Purgatory	7b	12 m
12	Unterwelt	6b+	18 m
13	Resident Evil	7c	18 m
14	Zombie	7a+	18 m
15	Fear of the Dark	6b+	10 m
16	Fear of the Darkness	6c	20 m
17	Killers	7c	10 m
18	Prince of Darkness	7a	20 m
19	Eisblumen	6a	20 m

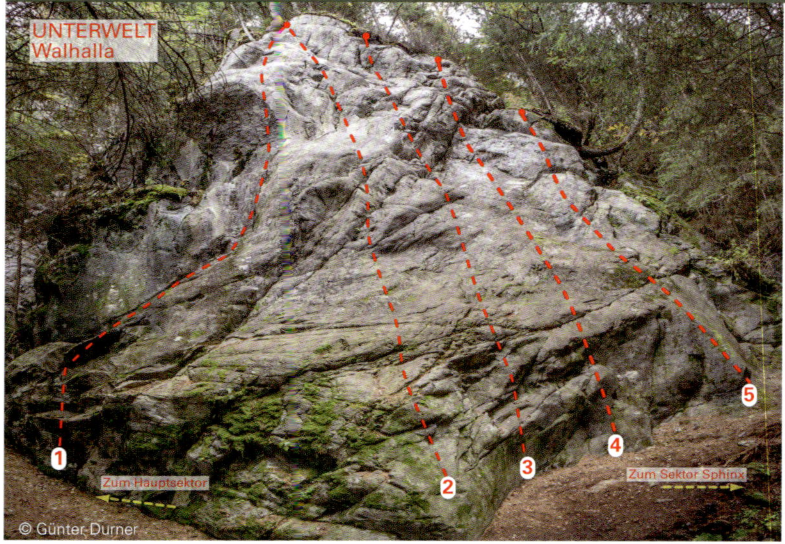

WALHALLA

Nr.	Route	Grad	Länge
1	Mitternacht	6a	20 m
2	Sleeping Sun	6a+	20 m
3	Persephome	6a	18 m
4	Out of the Shadows	6b	18 m
5	Walhalla	5b	15 m

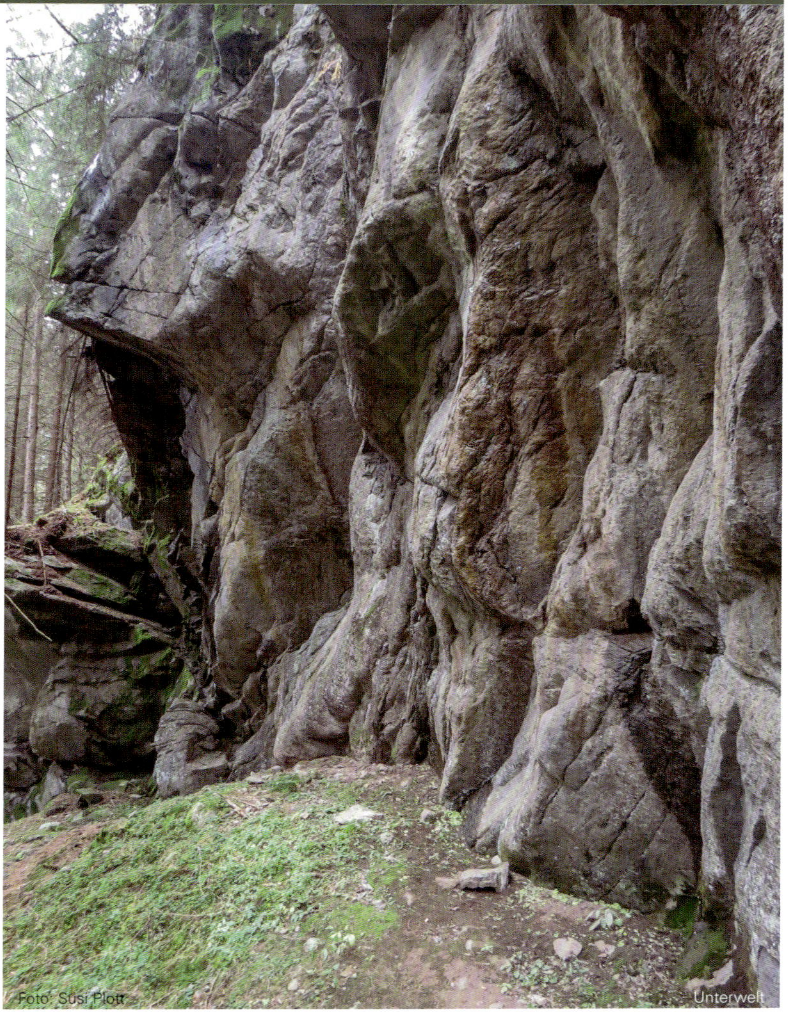

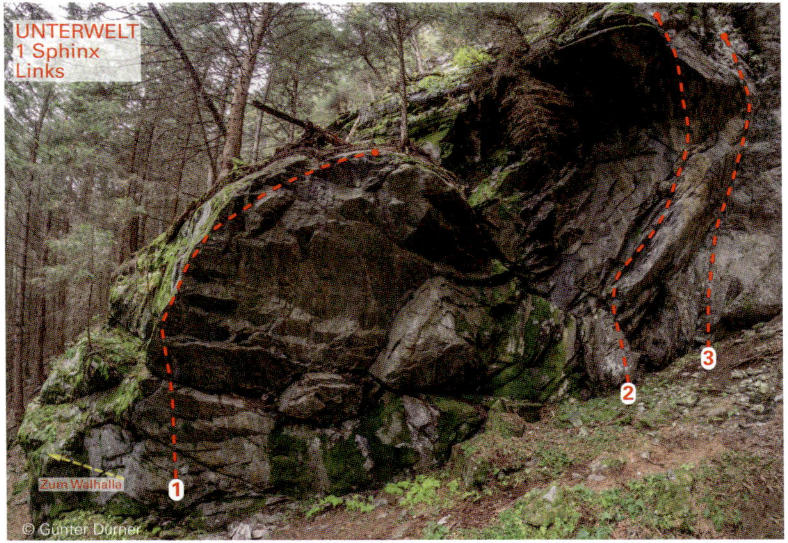

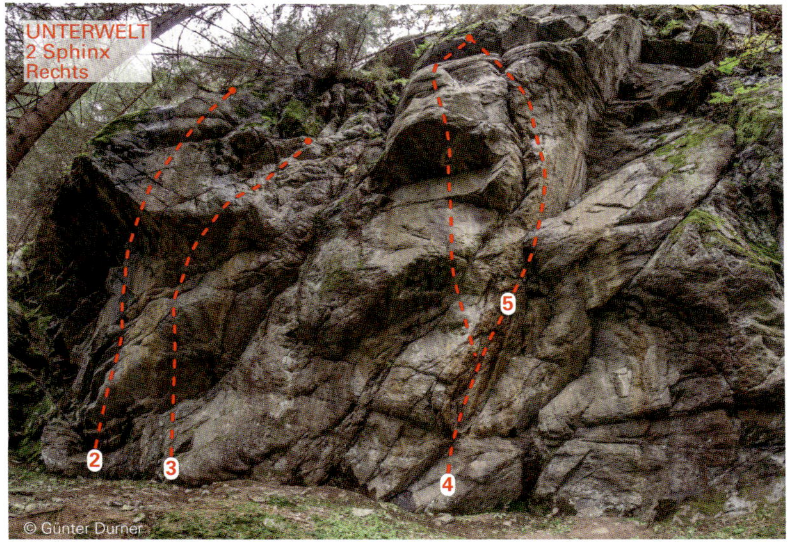

SPHINX

1	Geisterstunde	6b+	8 m
2	Sphinx	7b	15 m
3	Projekt	-	10 m
4	The Clansman	7b+	17 m
5	Fessura del Diablo	6c	17 m

SCHEIBRAND

P GPS: 32 T 638607 5216846 Höhe: 1290 m
GPS: 32 T 638385 5216771 Höhe: 1350 m

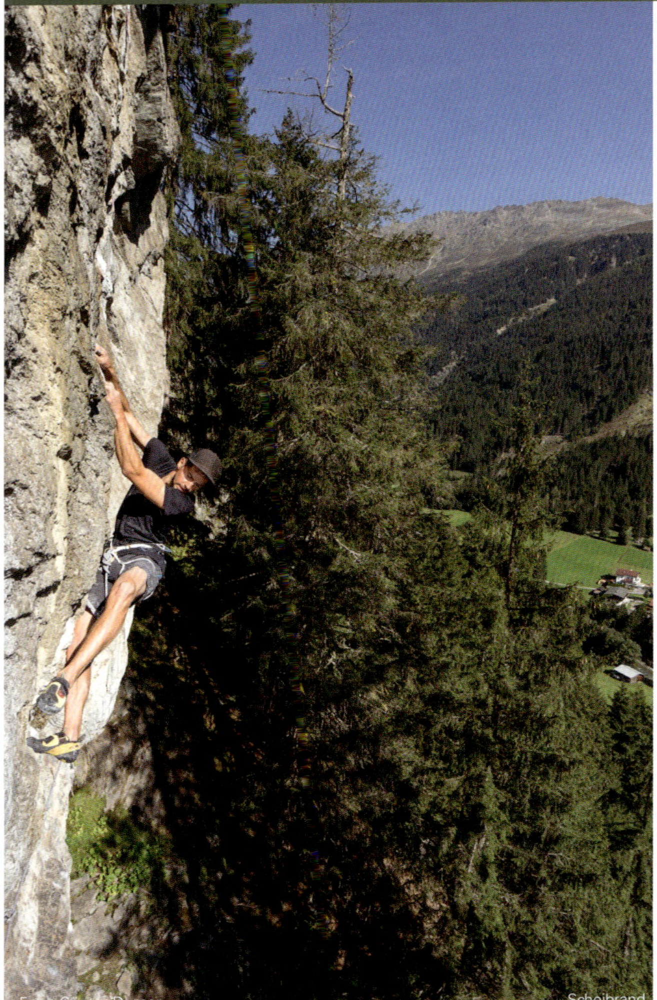

Routenaufteilung	Schwierigkeitsgrad (Franz.)	3	4	5	6	7	8	9
	Anzahl der Routen	-	-	-	4	15	8	-

Routenart	24 Einseillängen (ES), Mehrseillängen (MS), Boulder
Routenlänge	8-30 m
Zustieg	20 Min. ⇧ bergauf, ⇨ eben, ⇩ bergab (60 Hm)
Absicherung	★★★★★
Umlenkung	Ring, Kette, Sauschwanz
Ausrichtung	Nord, Ost, Süd, West
Winterklettergebiet	ja, nein
Familienfreundlich	ja, nein
Felsqualität	Rauer Granit mit Leisten und Dellen / sehr gut.
Wandneigung	Senkrechte bis leicht überhängende Kletterei.
Wandfuß	Schmaler Wandfuß, Waldgelände mit Fixseile

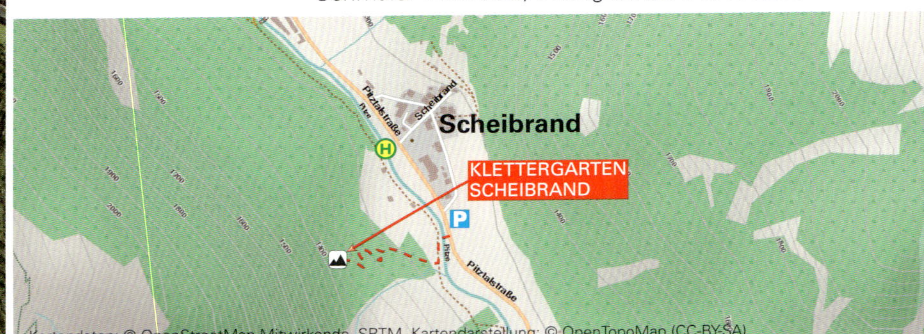

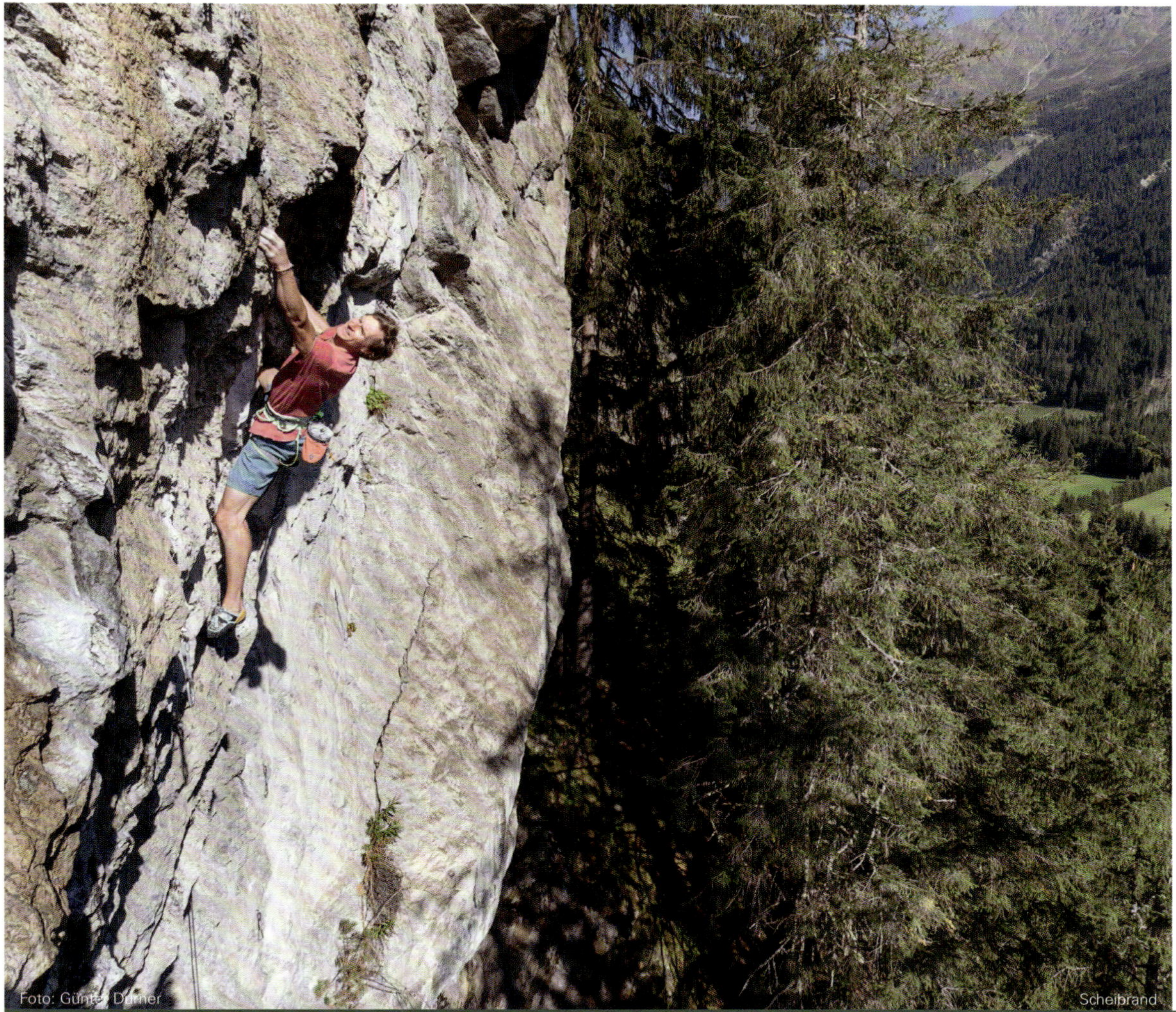

ZUFAHRT/ZUSTIEG

Auf der Pitztaler Bundesstraße L16 von Arzl über Wenns Richtung St. Leonhard fahren. Nach dem Ort Wiese ca. 3,6 Km weiterfahren bis zum Ort Scheibrand. Am Ortsende von Scheibrand befindet sich auf der linken Straßenseite das Autohaus Santeller. Von hier noch ca. 100 m weiterfahren, bis rechts eine Brücke über die Pitze kommt. Im Bereich der Brücke gibt es Parkmöglichkeiten.

Über die Brücke, dann 50 m auf dem Forstweg flussaufwärts gehen. Hier zweigt nach rechts ein schmaler Forstweg ab, diesem bis zum Ende (ca. 100 m) folgen. Nun dem steilen Pfad folgen. Kurz vor der Felswand über Trittstufen an einem Fixseil entlang bis zu den Einstiegen. Insgesamt ca. 20 Min..

BESCHREIBUNG

Der Klettergarten Scheibrand befindet sich nach dem Ort Scheibrand auf der rechten (westlichen Talseite) und ist vom Parkplatz aus sichtbar. An der senkrechten bis überhängende Wand gibt es ausschließlich schwere Routen. Die beste Zeit ist Anfang Mai bis Ende September.

ERSCHLIESSER

Benedikt Walser, Patric Rupprich

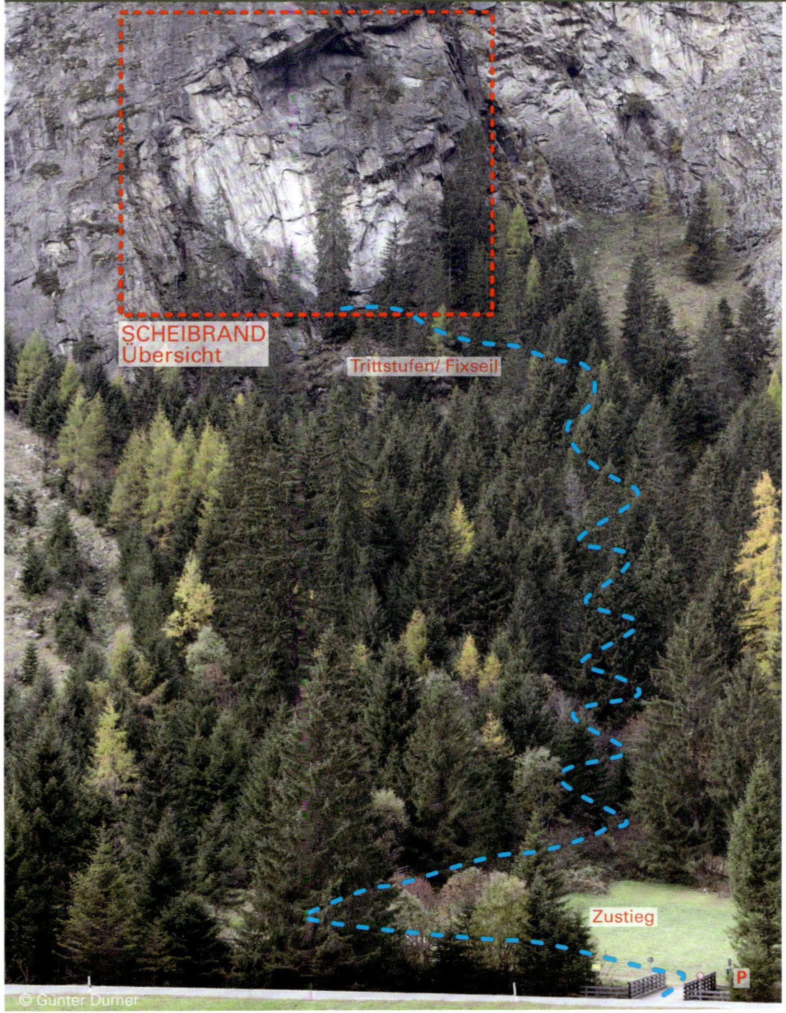
SCHEIBRAND
Übersicht
Trittstufen/ Fixseil
Zustieg
P
© Günter Durner

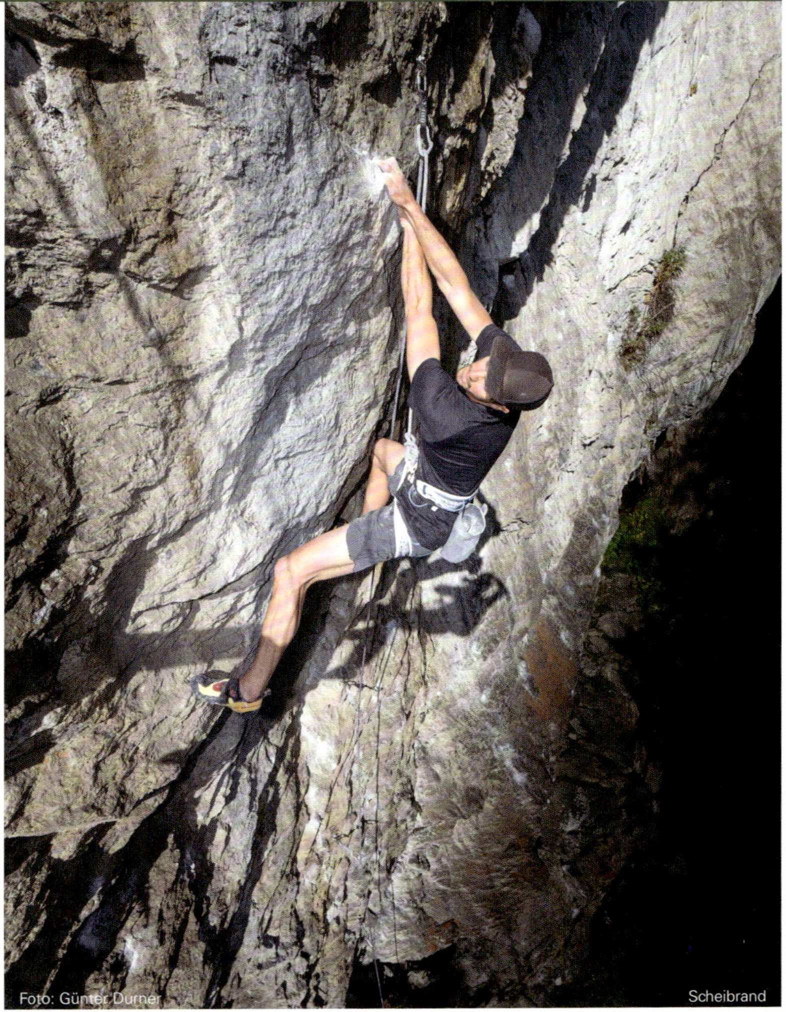
Foto: Günter Durner
Scheibrand

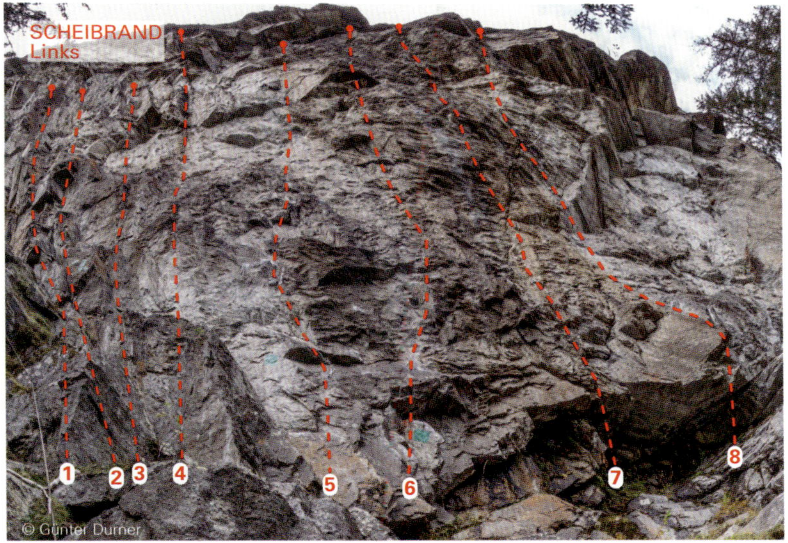

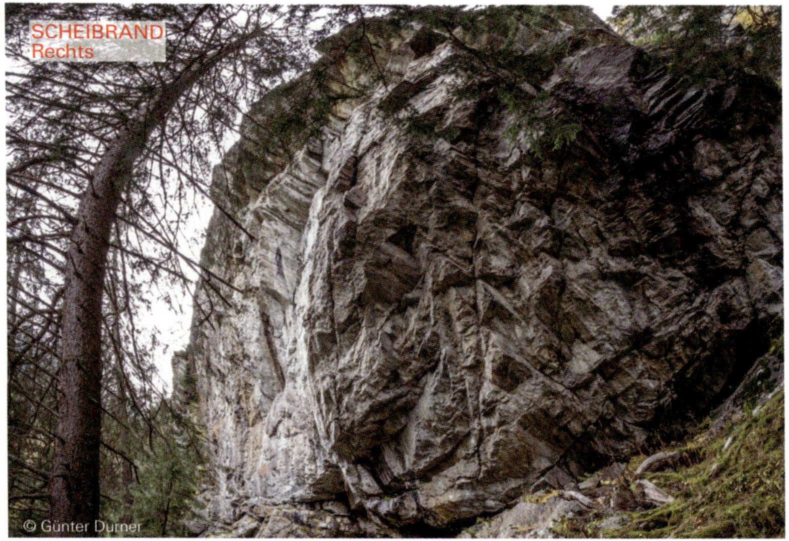

SCHEIBRAND

Nr.	Route	Grad	Länge
1	Men in trees	7a (Verlängerung 7c+)	25 m
2	An angel dies and falls from heaven	7c (Verlängerung 8a)	25 m
3	Nymphetamine	8a (Verlängerung 8b)	25 m
4	In memoriam Steve	7a (Verlängerung 7b)	25 m
5	Fastenzeit	7b+	28 m
6	Mensch ärgere dich nicht	6c+	28 m
7	Roof Raider	7c+	28 m
8	Start	7b	28 m
9	Pol Pot	7a+	28 m
10	Space Girl	8a	28 m
11	Lady Cracker	6c+	28 m
12	Barfuss	7b	28 m
13	El Schuppo	6b	28 m
14	Hoisn Sepp	7b+	28 m
15	N.N.	7b	28 m
16	Moonwalk	7b	28 m
17	Rope Killer	6b+	28 m
18	Ramazan	7c+	28 m
19	Schussler Connection	8a+	28 m
20	Rope Killer ext.	8a	28 m
21	Blair Witch Project	8c	28 m
22	Nymphitamine	8a	28 m
23	Amphetamine	8a	28 m

STILLEBACH RICHI´S WALL

P GPS: 32 T 641427 5211937 Höhe: 1410 m
GPS: 32 T 641569 5212242 Höhe: 1450 m

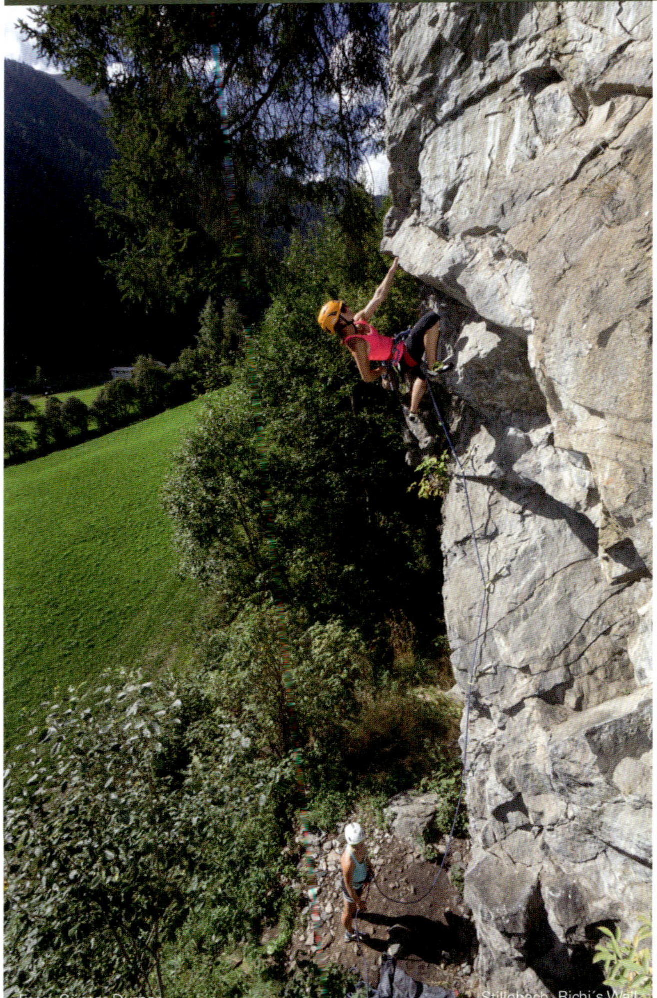
Foto: Günter Durner
Stillebach, Richi´s Wall

Routenaufteilung							
Schwierigkeitsgrad (Franz.)	3	4	5	6	7	8	9
Anzahl der Routen	1	3	2	8	-	-	-

Routenart 14 Einseillängen (ES), Mehrseillängen (MS), Boulder

Routenlänge 15-27 m

Zustieg 10 Min. ⇧ bergauf, ⇨ eben, ⇩ bergab (40 Hm)

Absicherung ★★★★★

Umlenkung Ring, Kette, Sauschwanz

Ausrichtung Nord, Ost, Süd, West

Winterklettergebiet ja, nein

Familienfreundlich ja, nein

Felsqualität Rauer Granit mit Leisten und Dellen / sehr gut.

Wandneigung Senkrechte bis leicht überhängende Kletterei.

Wandfuß Breiter Wandfuß, Wald/Wiesen, kindertauglich

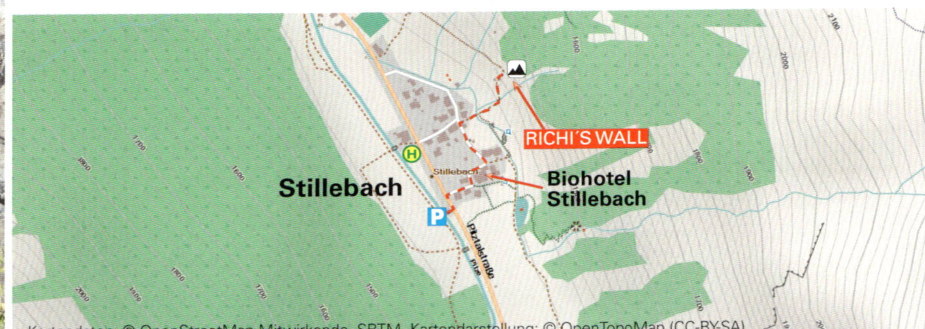

Kartendaten: © OpenStreetMap-Mitwirkende, SRTM, Kartendarstellung: © OpenTopoMap (CC-BY-SA)

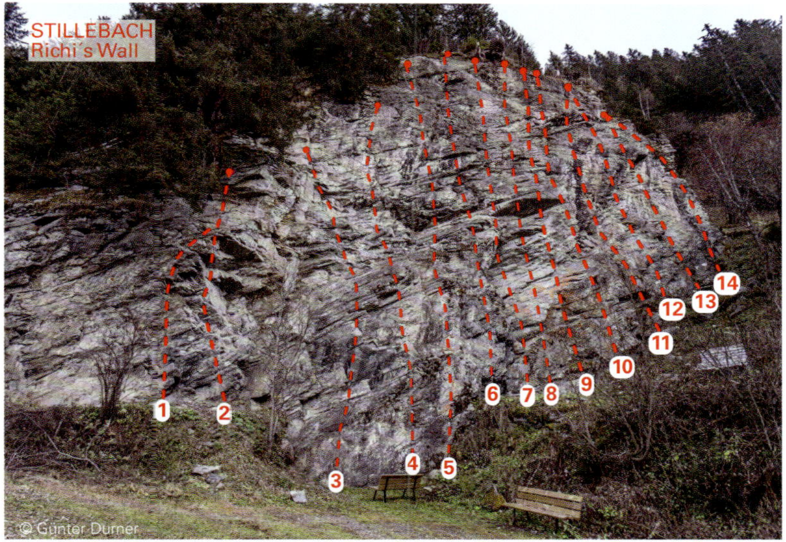

ZUFAHRT/ZUSTIEG

Auf der Pitztaler Bundesstraße L16 von Arzl (im Pitztal) über Wenns Richtung St. Leonhard fahren. Nach St. Leonhard 2,4 Km weiterfahren bis zum Ortsteil Stillebach. Am südlichen Ortsausgang von Stillebach befindet sich der Parkplatz auf der rechten Straßenseite, gegenüber vom Badeteich Stillebach. Nach Überqueren der Straße geht man am Biohotel Stillebach vorbei und erreicht den Klettergarten nach etwa 10 Minuten. Beim Biohotel Stillebach ist auch der Kletterstadl-Boulderraum.

BESCHREIBUNG

Die 14 Routen an dem kleinen aber feinem Felsen sind ideal für einen Ausflug ins Pitztal. Sowohl Einsteiger als auch Fortgeschrittene finden an dem Felsen schöne Routen vor. Nach dem Klettern besteht die Möglichkeit beim kleinen Badeteich in Stillebach den restlichen Tag zu verbringen. Falls es zu regnen beginnt, zieht man sich in den Kletterstadl-Boulderraum zurück.

ERSCHLIESSER

Alfred Dworak

RICHI´S WALL

Nr.	Route	Grad	Länge
1	I.M. Lex Neururer	5c	15 m
2	S'Rampele	4b	15 m
3	Rocky	4c	17 m
4	Richi	5c	20 m
5	Stabwedel	6a	25 m
6	Alpine-Adenture	6b	22 m
7	Sportfreunde	6b	22 m
8	Helden	6b	27 m
9	I Monster	6b+	27 m
10	Daydream in blue	6c	27 m
11	Wise Guys	6c	27 m
12	Nuklear Tango	6c	27 m
13	Thaddäus	4c	27 m
14	Spongebob	3a	27 m

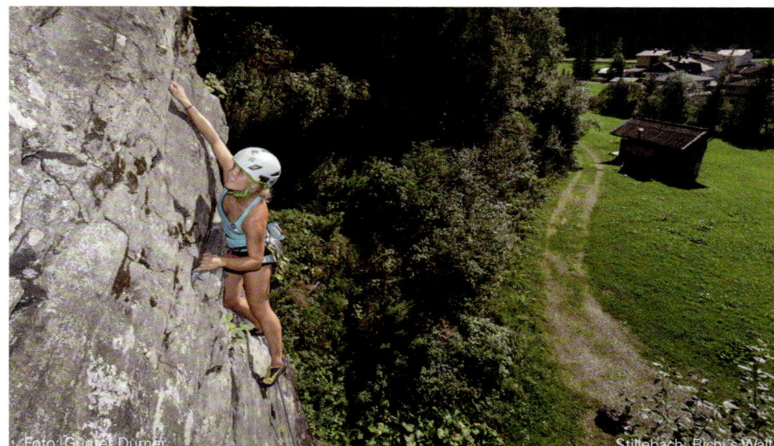

PLANGEROSS HEXENKESSEL

P GPS: 32 T 642008 5205946 Höhe: 1596 m
GPS: 32 T 642695 5206185 Höhe: 1940 m

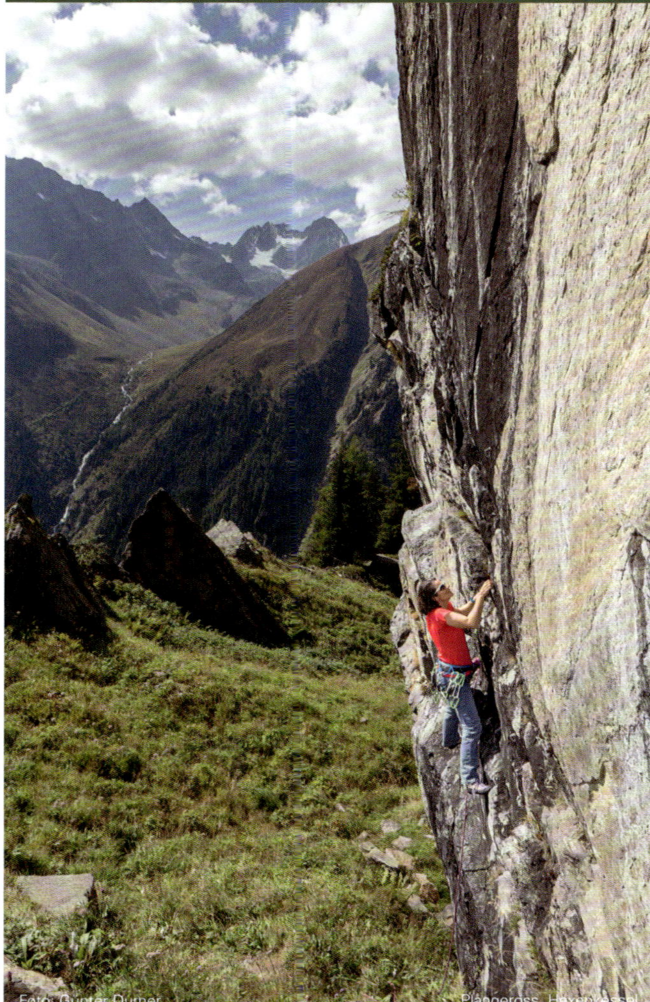
Foto: Günter Durner
Plangeross, Hexenkessel

Routenaufteilung

Schwierigkeitsgrad (Franz.)	3	4	5	6	7	8	9
Anzahl der Routen	-	-	5	22	33	25	-

Routenart 85 Einseillängen (ES), Mehrseillängen (MS), Boulder

Routenlänge 10-30 m

Zustieg 45 Min. ⇧ bergauf, ⇨ eben, ⇩ bergab (340 Hm)

Absicherung ★★★★★

Umlenkung Ring, Kette, Sauschwanz

Ausrichtung Nord, Ost, Süd, West

Winterklettergebiet ja, nein

Familienfreundlich ja, nein

Felsqualität Fester Gneis mit Leisten und Rissen / sehr gut.

Wandneigung Senkrechte bis überhängende Kletterei.

Wandfuß Breiter Wandfuß, Wiesen, oberer Bereich extrem steil

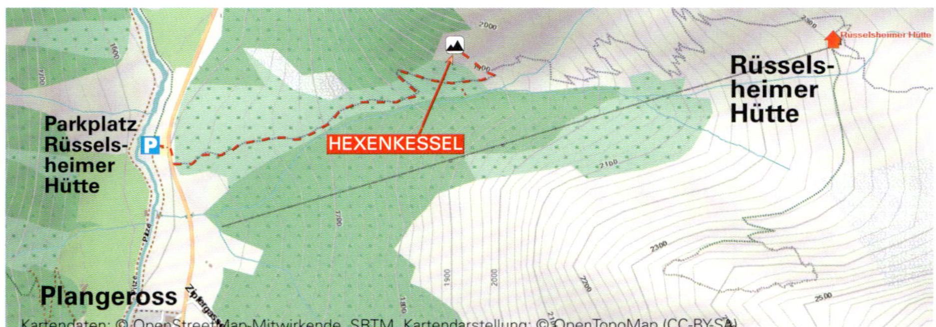

Kartendaten: © OpenStreetMap-Mitwirkende, SRTM, Kartendarstellung: © OpenTopoMap (CC-BY-SA)

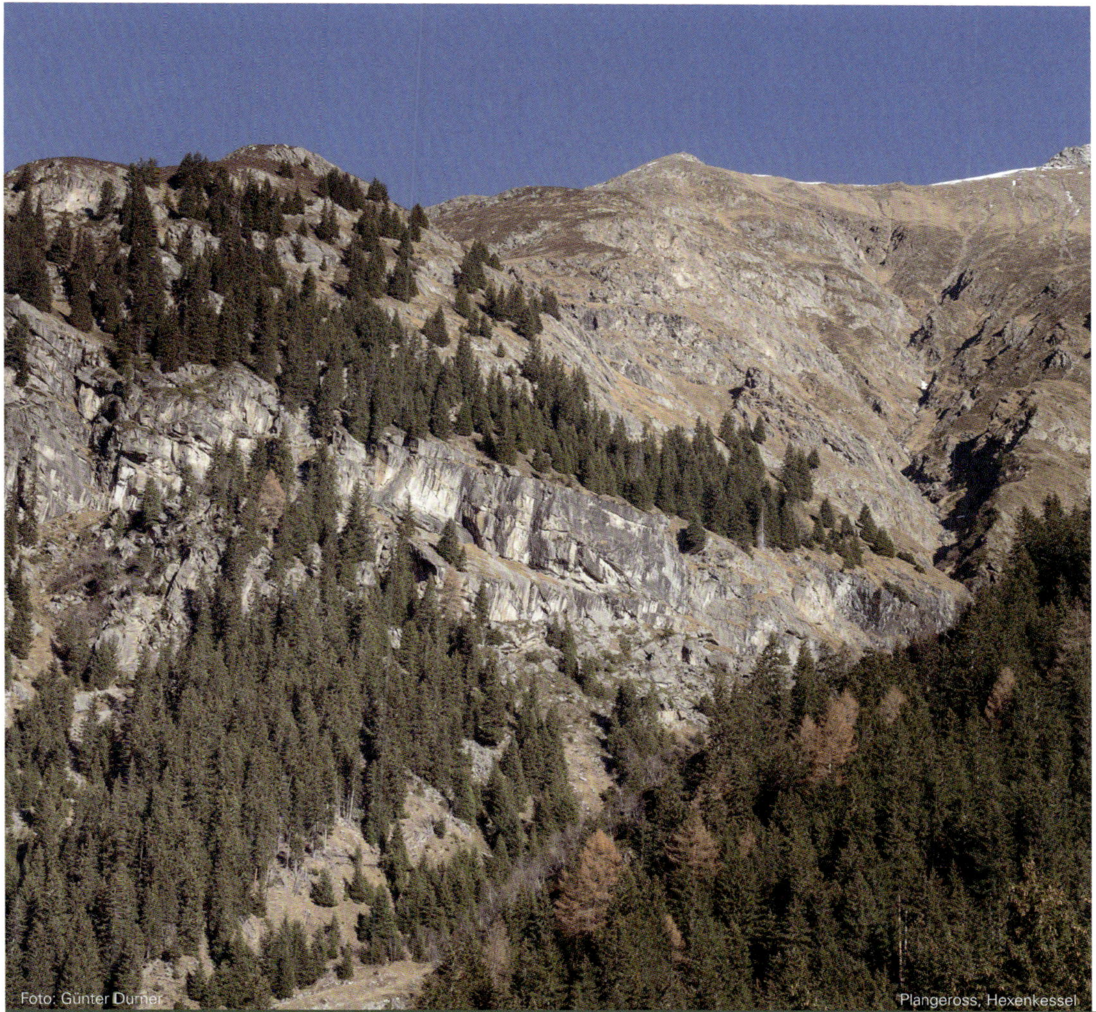

ZUFAHRT/ZUSTIEG

Auf der Pitztaler Bundesstraße L16 von Arzl (im Pitztal) über Wenns Richtung St. Leonhard fahren. Nach dem Ort Weißwald 500 m weiterfahren bis zum Parkplatz der Rüsselsheimer- und Kaunergrathütte. Dort parken. Vom Parkplatz dem Wanderweg 911 in Richtung Rüsselsheimer Hütte ca. 30 Min. steil bergauf folgen. Bei den Felsen den Weg links verlassen und über Steigspuren zum Klettergarten aufsteigen
Insgesamt ca. 45 Min..

Da der Zustieg durch einen Lawinenstrich führt, ist speziell im Frühjahr (auch bei schneefreiem Zustieg) auf Lawinen aus dem hochalpinen Bereich zu achten.

BESCHREIBUNG

Der Klettergarten Hexenkessel befindet sich auf fast 2000 m in einer faszinierenden hochalpinen Landschaft. An den senkrechten bis überhängenden Wänden gibt es ausschließlich schwere Routen. Obwohl sich der Felsriegel in einer extrem steilen Südwestflanke befindet gibt es am Einstiegsbereich eine fast ebene Wiese, die perfekt zum Sichern geeignet ist. Die beste Zeit um dort zu Klettern ist im Sommer und im Herbst. Alle Routen sind gut ausgerüstet, die Stände mit Umlenkkarabinern ausgestattet und die Routennamen an den Einstiegen angeschrieben.

ERSCHLIESSER

Bertram Tschiderer, Patric Rupprich

PLANGEROSS HEXENKESSEL

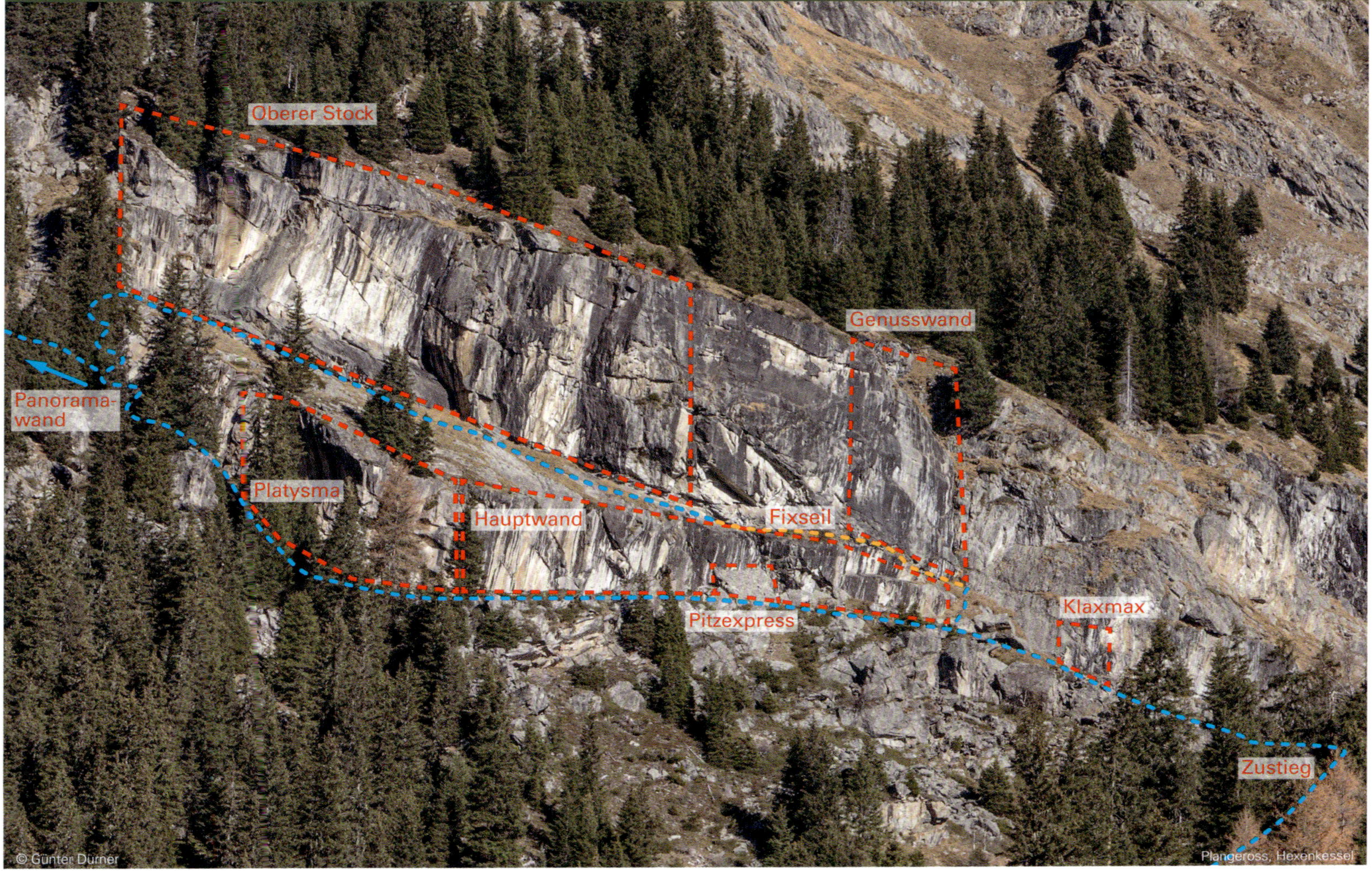
Oberer Stock
Genusswand
Panorama-
wand
Platysma
Hauptwand
Fixseil
Pitzexpress
Klaxmax
Zustieg
© Günter Durner
Plangeross, Hexenkessel

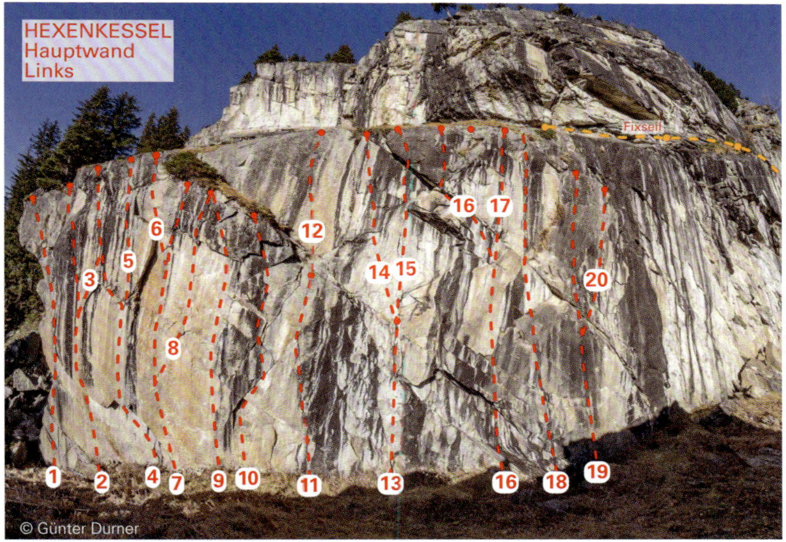

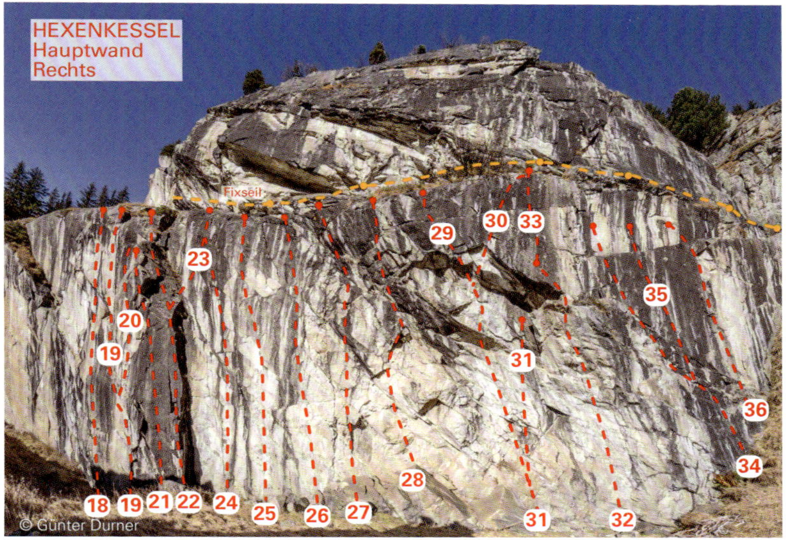

HAUPTWAND

Nr.	Route	Grad	Länge
1	Sky Run	7b+	25 m
2	Poison Girl	8a	25 m
3	Projekt (Powergirl)	-	-
4	Black Power	8b	25 m
5	Projekt (offen)	-	22 m
6	Projekt (offen)	-	22 m
7	Born to loose	8b	20 m
8	Born to climb	8a	20 m
9	Schallmauer	7c+	20 m
10	Triad	7c	18 m
11	Medea	8a	12 m
12	Callboy	8a	25 m
13	Goa	7b+	12 m
14	Demolition Man	7c+	23 m
15	Walking Souls	8a	25 m
16	Maturareise	7b+	25 m
17	Metaxa	7c	20 m
18	Streghe Doccione	7b	20 m
19	Hüttenwirtsweg	6b+	18 m
20	Hexenkessel	7b	18 m
21	Cut	7a+	18 m
22	Matrix	7a	22 m
23	Matrix Boy	7b	22 m
24	Strudl Boy	8a	20 m
25	Phoenix	8a	20 m
26	Phantasmagoria	8b	20 m
27	Arcese	7a	20 m
28	Watzeblick	6c+	20 m
29	Hot Shots	8a	15 m
30	Projekt (offen)	-	20 m
31	Piazriss	6a	10 m
32	Black Jack	7a	10 m
33	Jack Black	7a+	15 m
34	Gipfelstürrner	5c	10 m
35	Hebys Diavolo	6c	10 m
36	D.N.A.	6c	10 m

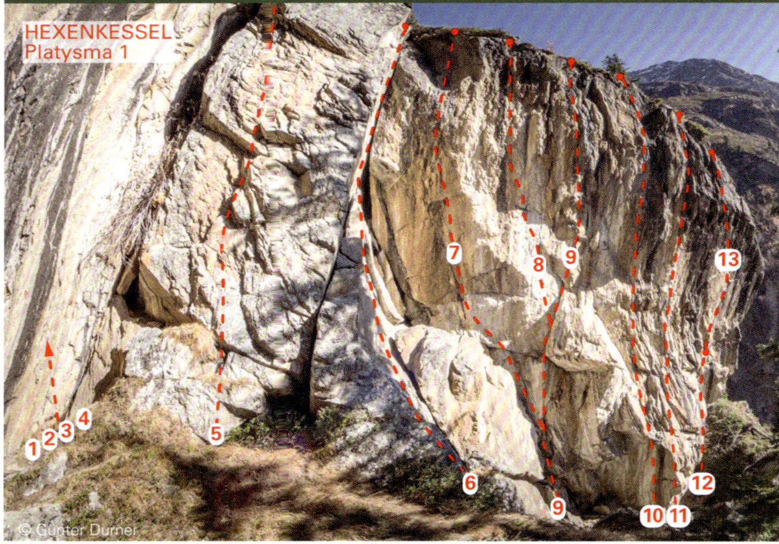

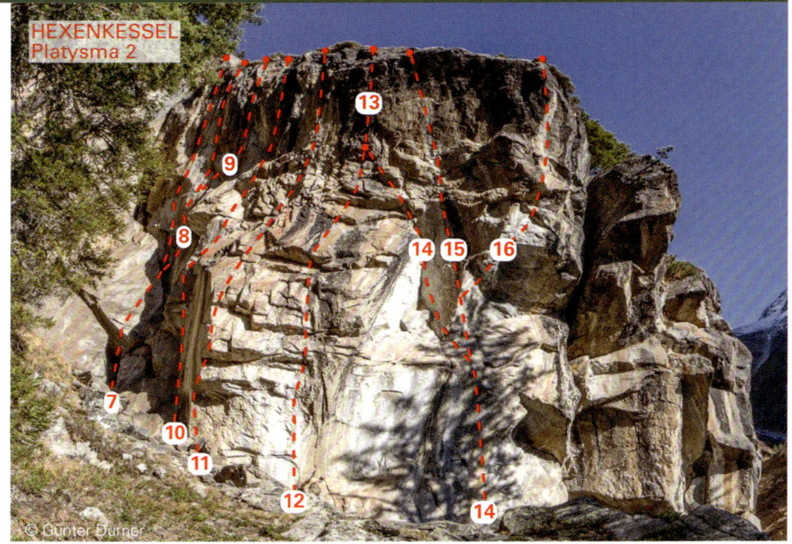

PLATYSMA

	Route	Grade	Length
1	Turm zu Babel	7a	10 m
2	Projekt (Pati)	8b	10 m
3	Kain	5c	10 m
4	Abel	6a	12 m
5	Sodom und Gomorra	6b	10 m
6	Ezechiel	6c	18 m
7	Mister Jones	8a	18 m
8	L.S.D.	8a	18 m
9	Millenium	7c+	18 m
10	Poseidon	7b+	18 m
11	Californication	7c	18 m
12	Prova Luce	7c	12 m
13	Calysma	8a+	18 m
14	Firefox	7c+	8 m
15	Platysma	8b	22 m
16	Starseed	7c+	22 m
17	Mad Man	8a+	20 m
18	Hypnotize	7a+	8 m
19	House of Pain	8b	20 m
20	Slimfast	6b+	15 m
21	Wild Men Weekend	6a	15 m

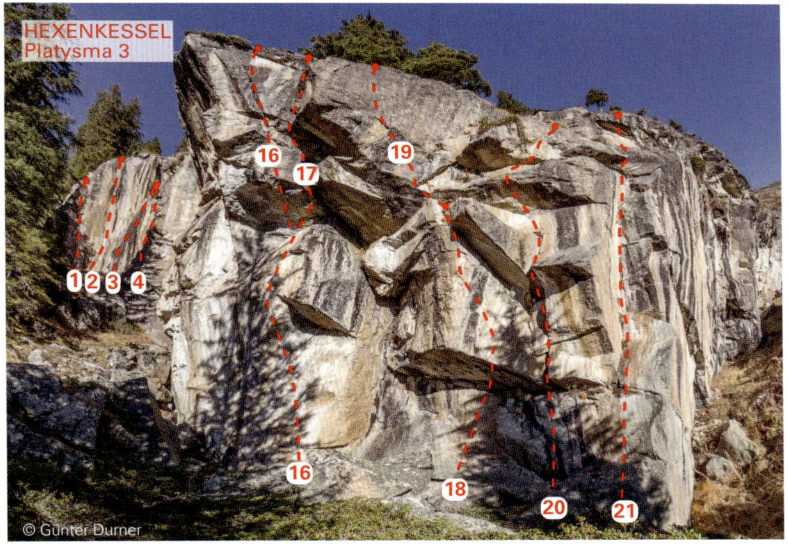

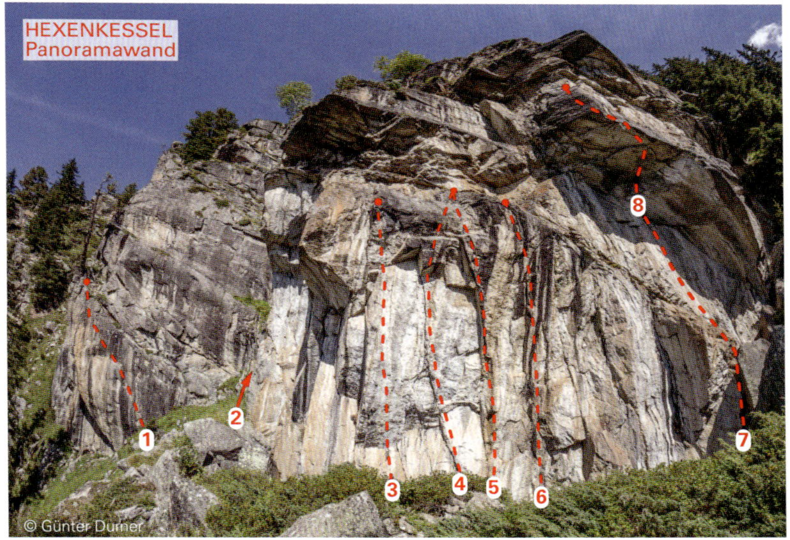

PLATYSMA

16	Starseed	7c+	22 m
17	Mad Man	8a+	20 m
18	Hypnotize	7a+	8 m
19	House of Pain	8b	20 m
20	Slimfast	6b+	15 m
21	Wild Men Weekend	6a	15 m

PANORAMAWAND

1	Projekt (Pati)	-	20 m
2	Hitzschlag in November	7a	30 m
3	Digital Face	7c+	12 m
4	Projekt (Bertram)	-	12 m
5	Ground Control	8a	12 m
6	Dreamliner	7b	12 m
7	Race the Roof	7c+	15 m
8	Fast Food	8a	15 m

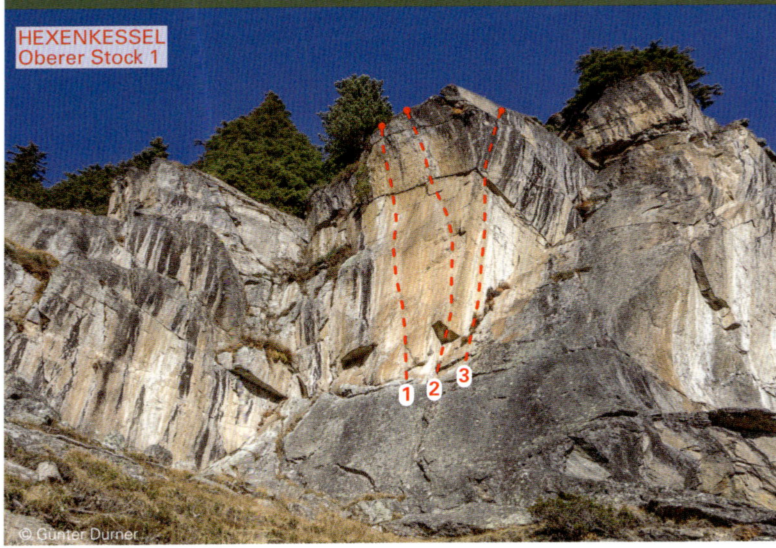

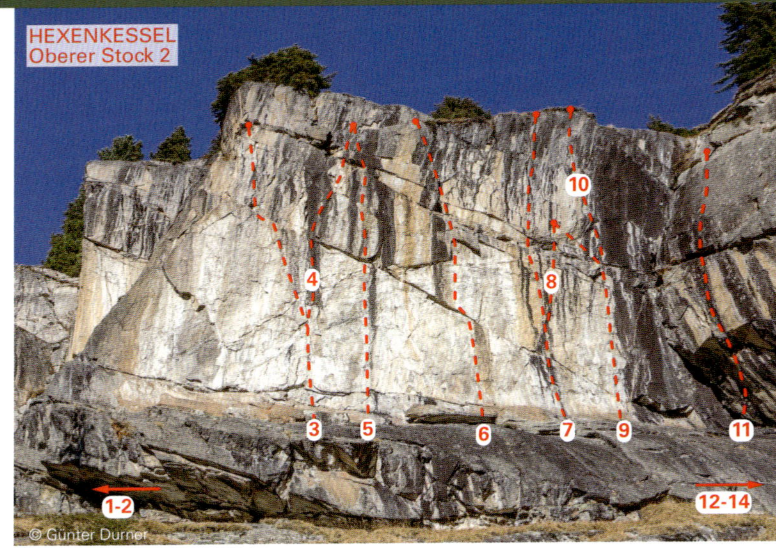

OBERER STOCK

Nr.	Route	Grad	Länge
1	Februar 2001	7b+	20 m
2	Westpfeiler	7c+	20 m
3	Sleepy Hollow	8b+	25 m
4	Projekt (offen)	-	25 m
5	Powerzone	8a+	25 m
6	Projekt (Bertram)	-	25 m
7	Projekt (offen)	-	15 m
8	Projekt (offen)	-	25 m
9	Local Hero	7a	15 m
10	Projekt (offen)	-	25 m
11	Phantasia	7c+	25 m
12	Cosmique	6c+	20 m
13	Power Scream	7b	30 m
14	Airline	8a+	15 m

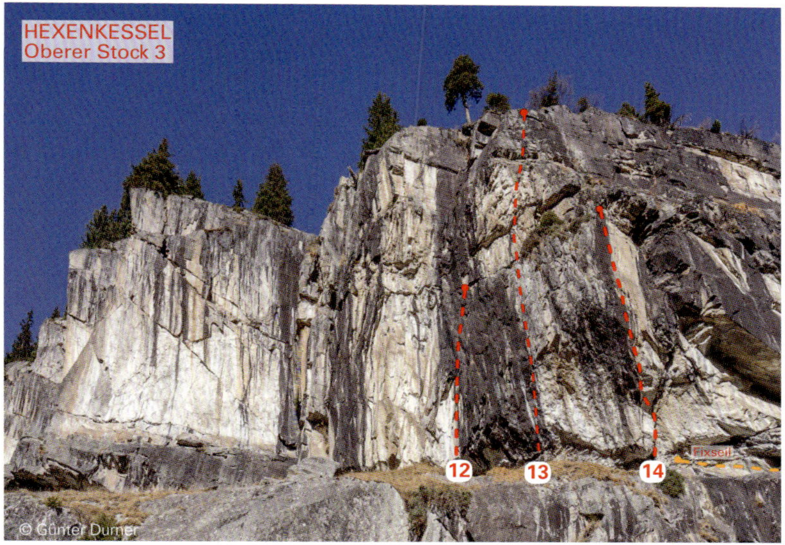

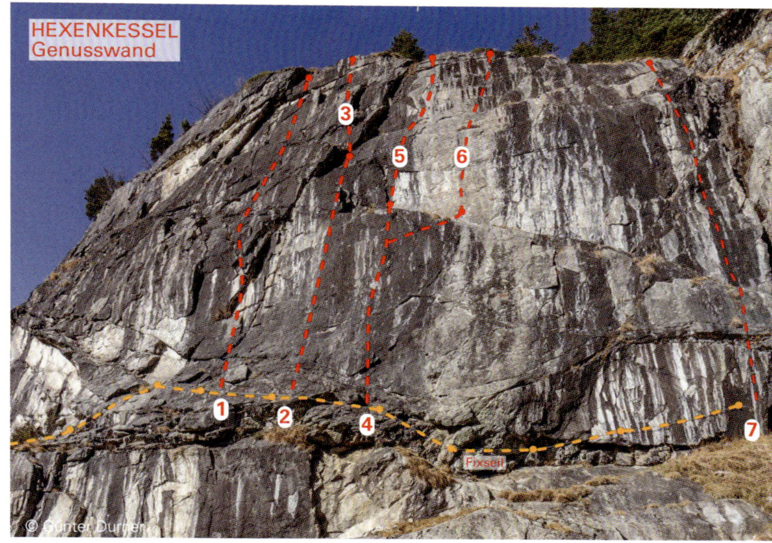

OBERER STOCK

12	Cosmique	6c+	20 m
13	Power Scream	7b	30 m
14	Airline	8a+	15 m

GENUSSWAND

1	Black Happy	5c	30 m
2	Sternschnuppe	6a	15 m
3	Devastor	6b	35 m
4	Duke Nukem	5b	10 m
5	Shrinker	7a	30 m
6	Freezer	6c+	30 m
7	Edge Badge	6a	20 m

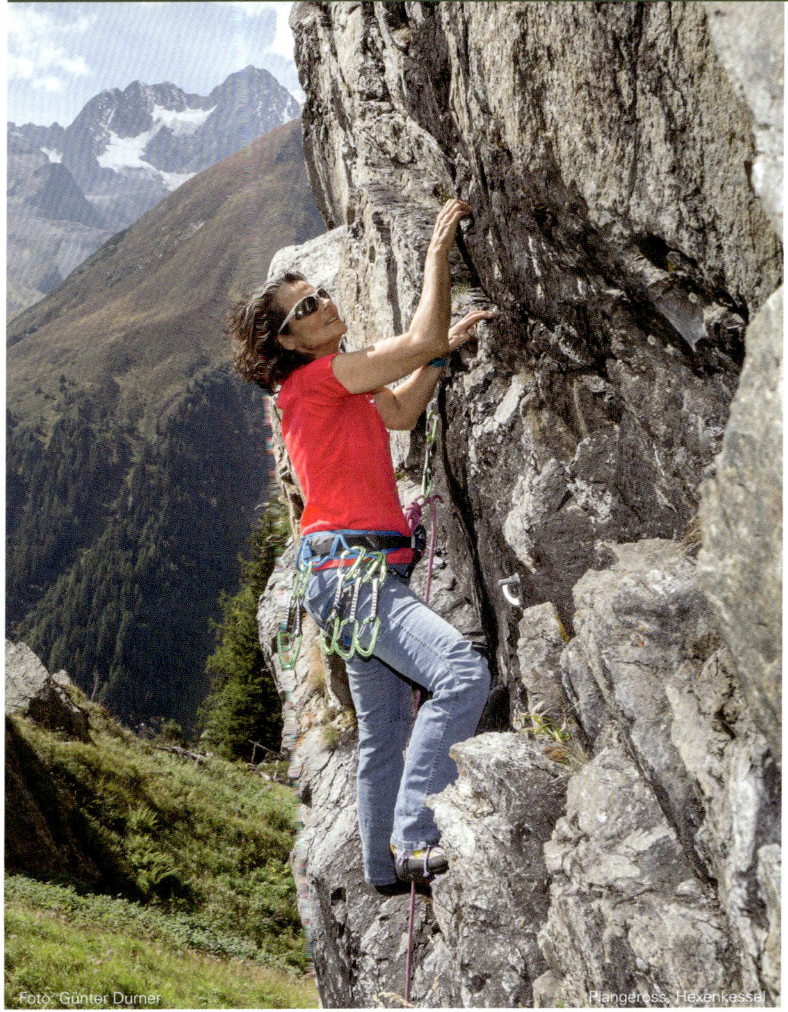
Foto: Günter Durner
Plangeross, Hexenkessel

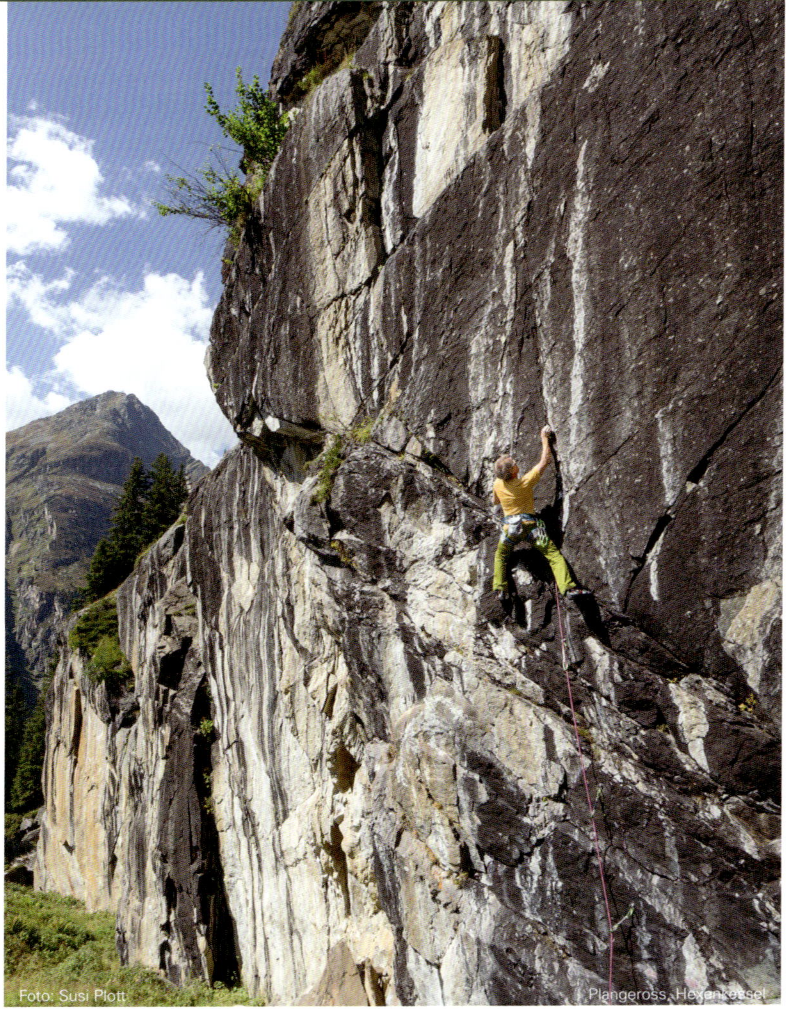
Foto: Susi Plott
Plangeross, Hexenkessel

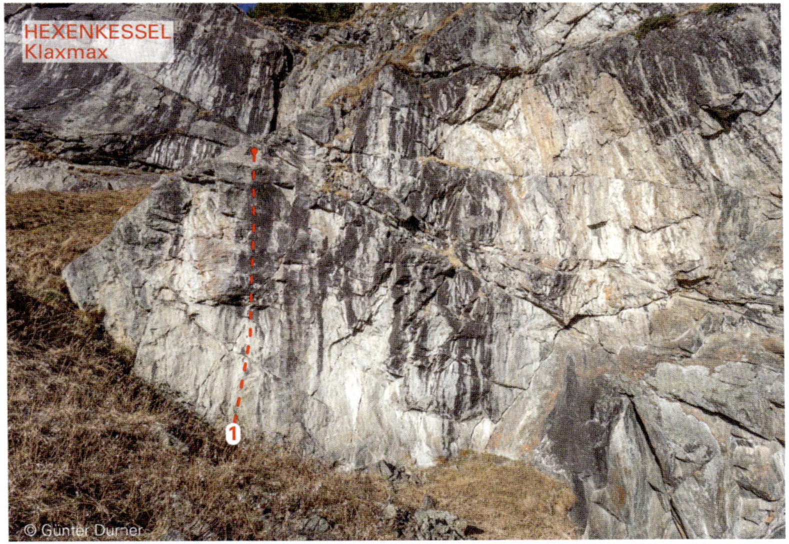

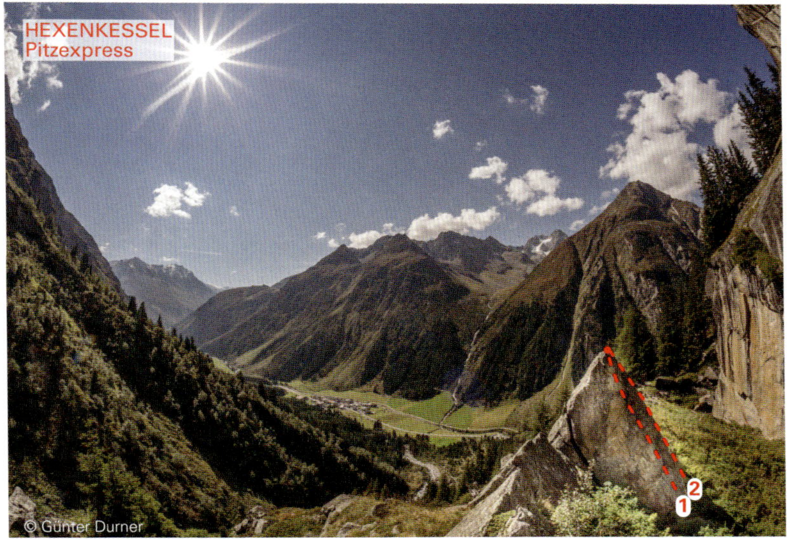

KLAXMAX

1 Klaxmax .... 7b+ .... 8 m

PITZEXPRESS

1 Sex on the rocks .... 6a .... 8 m
2 Pitzexpress .... 5c .... 8 m

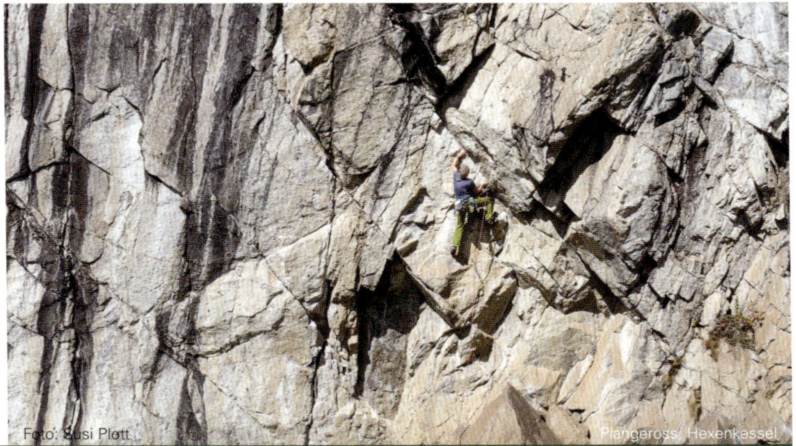

Foto: Susi Plott — Plangeross/ Hexenkessel

KAUNERGRATHÜTTE

P GPS: 32 T 642008 5205946 Höhe: 1612 m
GPS: 32 T 637384 5206165 Höhe: 2827 m

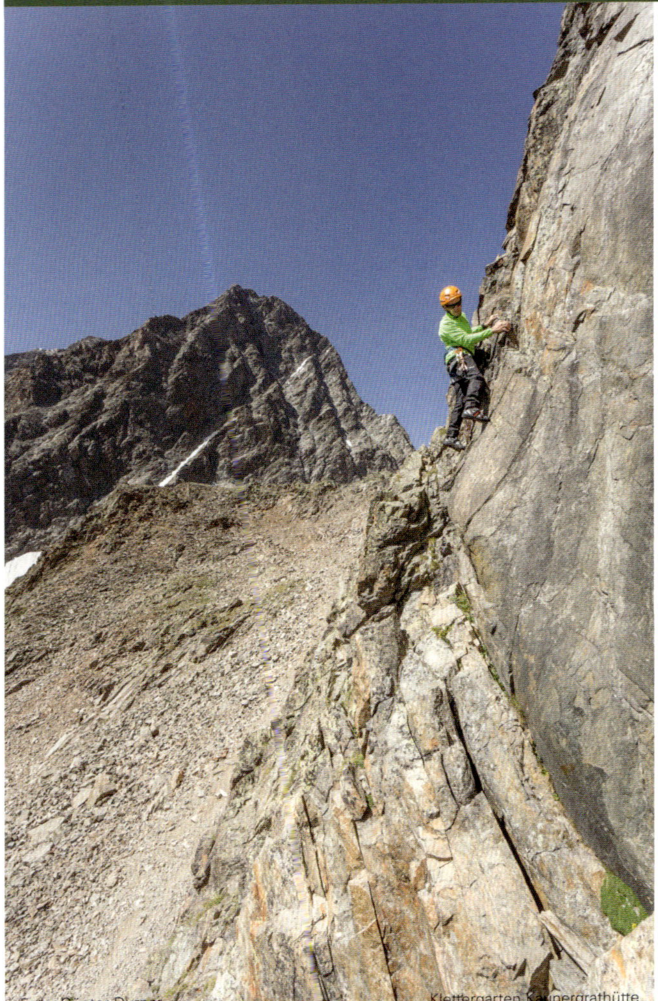

Foto: Günter Durner — Klettergarten Kaunergrathütte

Routenaufteilung							
Schwierigkeitsgrad (Franz.)	2	3	4	5	6	7	8
Anzahl der Routen	5	8	10	2	3	1	-

Routenart 17 Einseillängen (ES), 13 Mehrseillängen (MS), Boulder

Routenlänge 8-60 m

Zustieg 2 Std. 30 Min. ⇧ bergauf, ⇨ eben, ⇩ bergab (1215 Hm)

Absicherung ★★★★★

Umlenkung Ring, Kette, Sauschwanz

Ausrichtung Nord, Ost, Süd, West

Winterklettergebiet ja, nein

Familienfreundlich ja, nein

Felsqualität Fester Gneis mit Leisten und Rissen / sehr gut.

Wandneigung Flache bis leicht überhängende Kletterei.

Wandfuß Flacher bis steiler Wandfuß mit Geröll

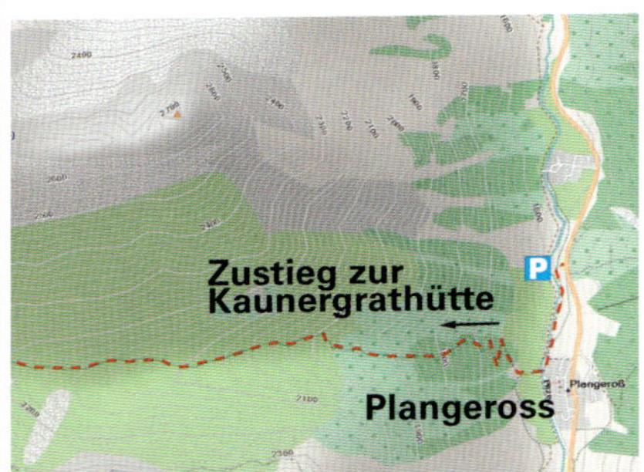

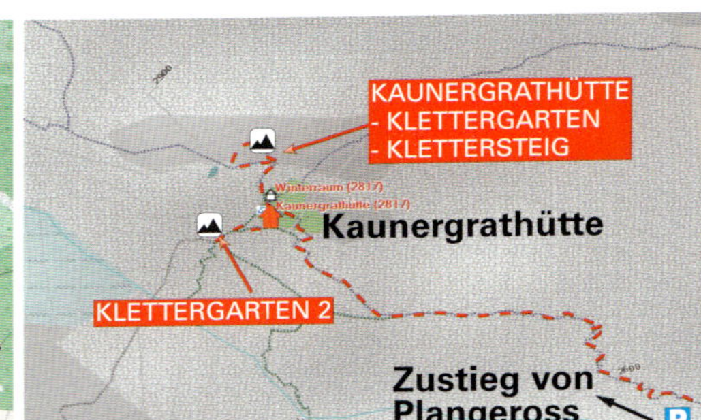

Kartendaten: © OpenStreetMap-Mitwirkende, SRTM, Kartendarstellung: © OpenTopoMap (CC-BY-SA)

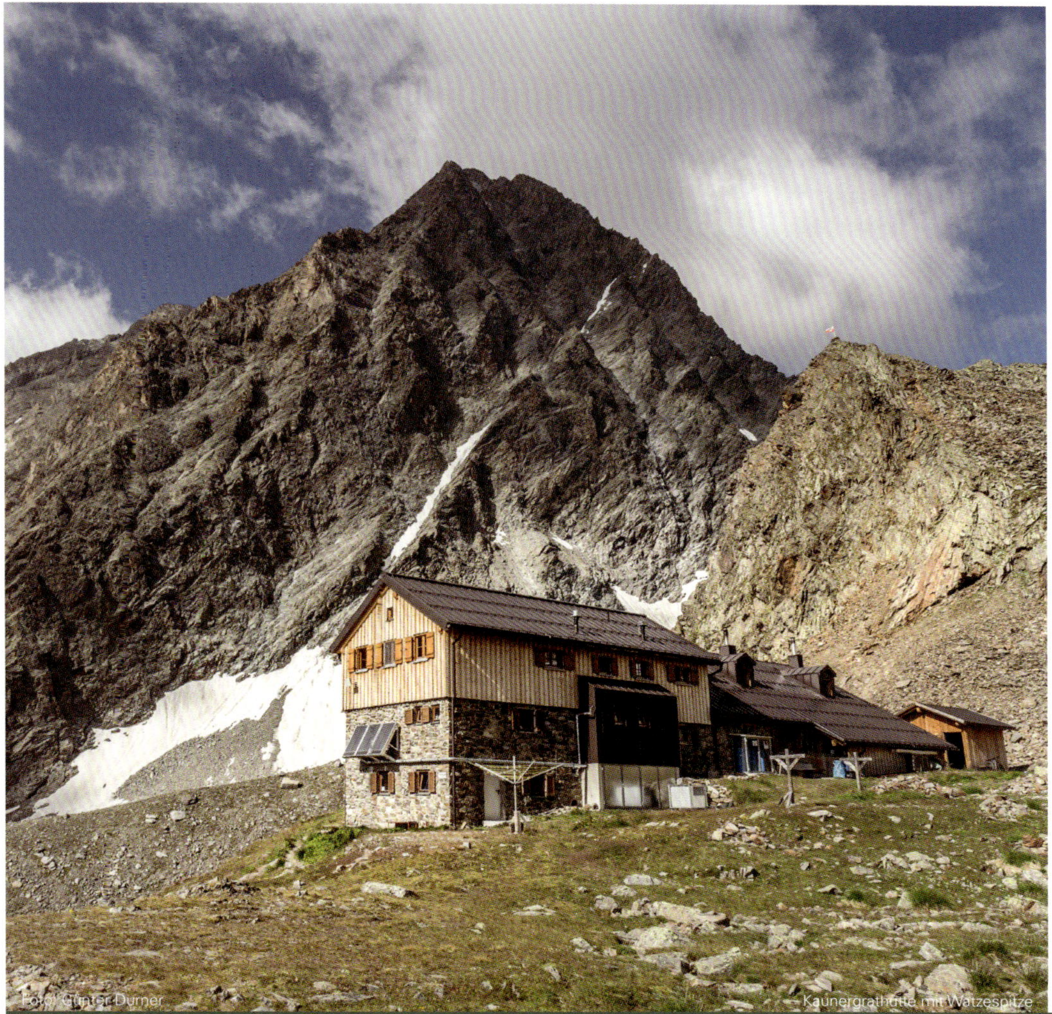

Foto: Günter Durner

Kaunergrathütte mit Watzespitze

ZUFAHRT/ZUSTIEG

Auf der Pitztaler Bundesstraße L16 von Arzl (im Pitztal) über Wenns Richtung St. Leonhard fahren. Nach dem Ort Weißwald 500 m weiterfahren bis zum Parkplatz der Rüsselsheimer- und Kaunergrathütte. Dort parken.
Vom Parkplatz dem Wanderweg 927 in Richtung Plangeross folgen. Nach der Brücke über die Pitze auf dem Weg 927 zur Plangeross-Alm, dann über eine Seitenmoräne zum Karlesegg (2452 m) und weiter auf dem Weg 926 zur Kaunergrathütte (2817 m) aufsteigen.
Gehzeit 3:30 Std. Der Klettergarten ist von der Kaunergrathütte in ca. 5 Min. erreichbar.

BESCHREIBUNG

Die Kaunergrathütte liegt in einer beeindruckenden, wunderschönen und hochalpinen Umgebung. Rund um die Hütte gibt es zahlreiche Möglichkeiten zum Klettern. Der Klettergarten direkt bei der Hütte bietet viele, vor allem leichte Routen. Die meisten Routen können auch Toprope geklettert werden. Durch die bis zu 80 m hohe, imposante Felswand, führt auch ein Übungsklettersteig. Auf dem kleinen Gipfel direkt bei der Hütte führen drei Mehrseillängenrouten.
Zudem gibt es an der Watzespitze gut abgesicherte hochalpine Kletterrouten im Schwierigkeitsgrad (UIAA) 3+ bis 7-.

Die Hütte ist von Mitte Juni bis Mitte September bewirtschaftet. Ausrüstung zum Klettern kann in der Hütte ausgeliehen werden (bitte anmelden).

ERSCHLIESSER

Fritz Walter, Andreas Jeitner, Florian Schranz

KAUNERGRATHÜTTE

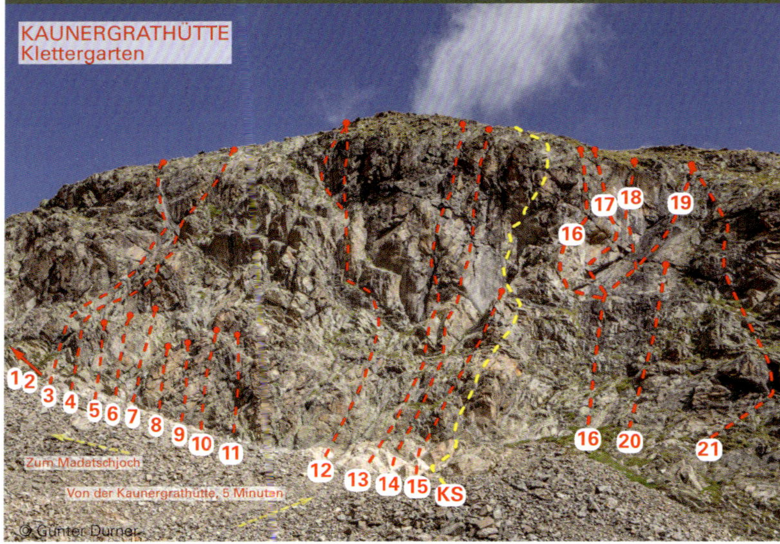

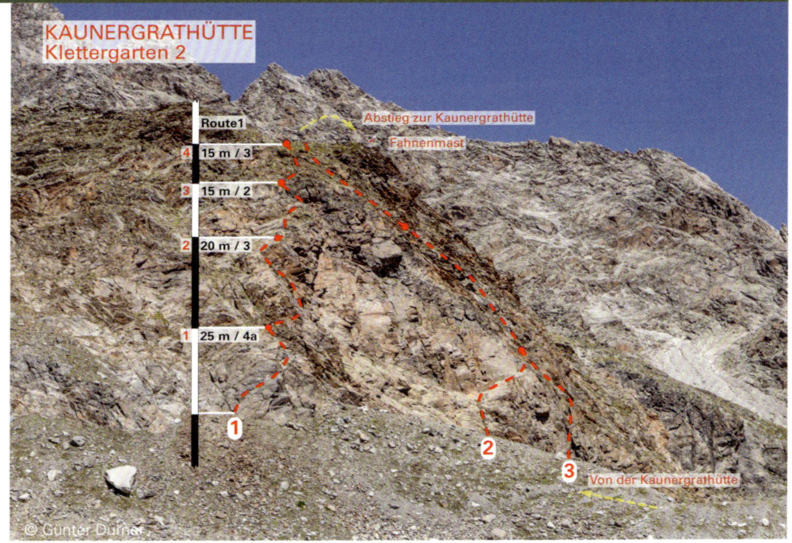

KAUNERGRATHÜTTE KLETTERGARTEN

Nr.		Grad	Länge
1	-	2	45 m
2	-	2	45 m
3	- (2 SL.)	4b	65 m
4	- (2 SL.)	3b	65 m
5	-	2	8 m
6	-	2	8 m
7	-	2	25 m
8	-	4b	10 m
9	-	4b	12 m
10	-	3c	15 m
11	-	4a	15 m
12	- (3 SL.)	4a	70 m
13	- (2 SL.)	3c	65 m
14	- (2 SL.)	4b	65 m
15	-	-	m
16	-	6c	60 m
17	-	6a+	25 m
18	-	6b+	25 m
19	-	3a	60 m
20	-	3a	25 m
21	- (2 SL.)	3a	45 m

KLETTERGARTEN 2

Nr.		Grad	Länge
1	Route 1 (4 SL.)	4a (4a, 3, 2, 3)	75 m
2	Route 2	3	25 m
3	Route 3	4c	25 m

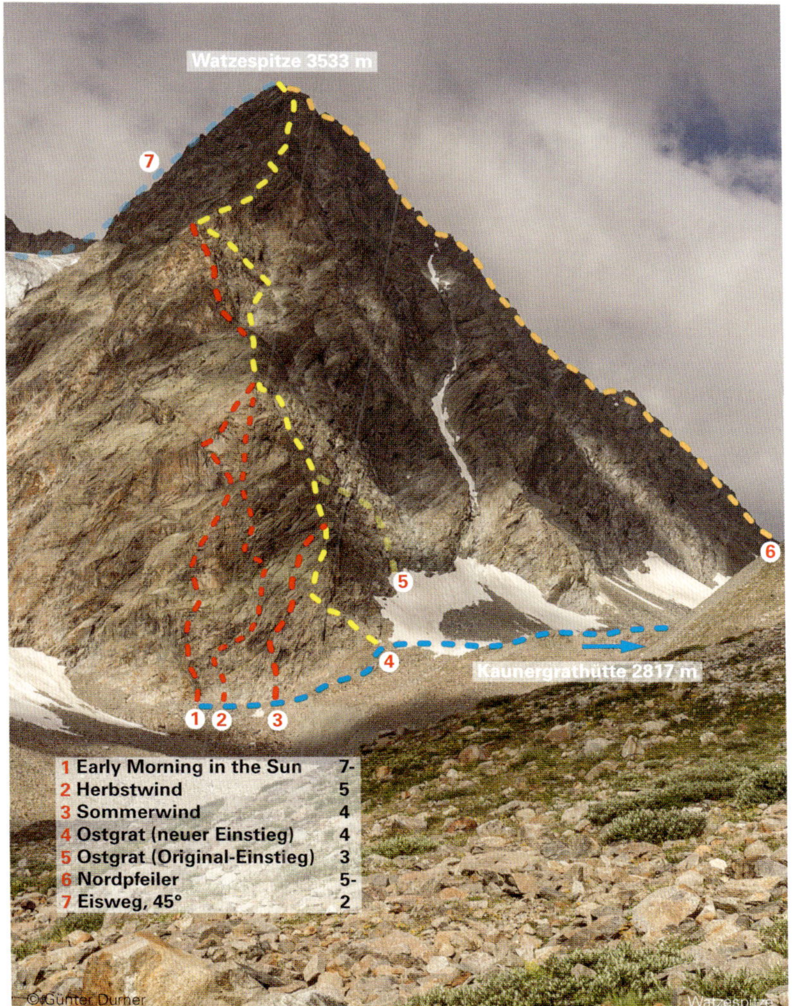

KLETTERROUTEN AN DER WATZESPITZE

An der Watzespitze Ostwand gibt es neben dem klassischem Ostgrat drei gut abgesicherte hochalpine Kletterrouten im Schwierigkeitsgrad (UIAA) 3+ bis 7-. Die Routen haben einen hochalpinen Charakter und sind daher für Hallen-Sportkletterer nicht zu empfehlen. Es handelt sich um schöne Genussklettereien in festem Fels. Zudem gibt es an der Verpeilspitze (3425 m) und an der Parstleswand (3091 m) weitere lohnende Kletterrouten. Infos zum Klettergebiet Kaunergrathütte gibt es auf der Webseite der Kaunergrathütte.

ERSCHLIESSER

Florian Schranz, Matthias Ragg, Fritz Walter, Andreas Jeitner

ZUSTIEG

Zu den Routen 1-5 von der Kaunergrathütte in ca. 15 Min..

ABSTIEG

Über den Normalweg (Ostgrat) absteigen (Abseilpiste)

AUSRÜSTUNG

60 m Doppel- oder Einfachseil, 12 Expressschlingen, 1 Satz Klemmkeile vorteilhaft, Helm.

1 Early morning in the sun .... (12 SL.) 7-
2 Herbstwind .... (9 SL.) 5
3 Sommerwind .... (4 SL.) 4
4 Ostgrat .... (700 Hm) 4
Schöner langer Grat, eine Stelle 4, Stellen 3, meist 1-2; Abstieg über den „Eisweg" bis 45°, Orientierung trotz zahlreicher Markierungen besonders im Abstieg nicht ganz einfach zu finden (Aufstieg 4 Std.).
5 Ostgrat Original-Einstieg 3
6 Nordpfeiler .... (700 Hm) 5-
Anspruchsvoller Grat in hochalpiner Umgebung, der seit 2020 eingebohrt ist (Aufstieg 4-5 Std.).
7 Eisweg 45° .... (700 Hm) 2

GLETSCHERSTUBE

P GPS: 32 T 642777 5202239 Höhe: 1740 m
GPS: 32 T 643976 5201041 Höhe: 1915 m

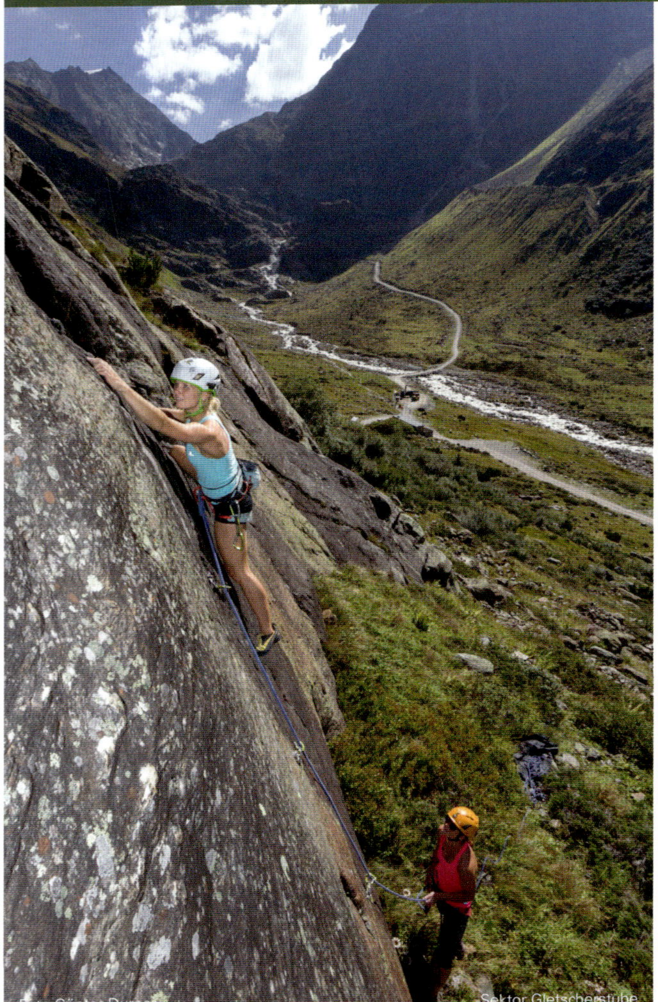

Routenaufteilung

Schwierigkeitsgrad (Franz.)	2	3	4	5	6	7	8
Anzahl der Routen	3	6	12	12	10	2	-

Routenart 40 Einseillängen (ES), 7 Mehrseillängen (MS), Boulder

Routenlänge 10-20 m

Zustieg 50 Min. ⇧ bergauf, ⇨ eben, ⇩ bergab (175 Hm)

Absicherung ★★★★★

Umlenkung Ring, Kette, Sauschwanz

Ausrichtung Nord, Ost, Süd, West

Winterklettergebiet ja, nein

Familienfreundlich ja, nein

Felsqualität Fester, plattiger Gneis / sehr gut.

Wandneigung

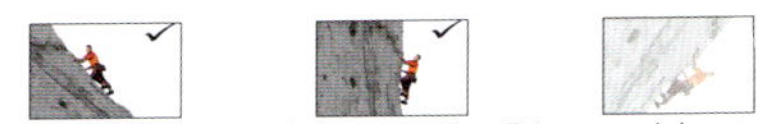

Flache bis leicht steile Plattenkletterei.

Wandfuß

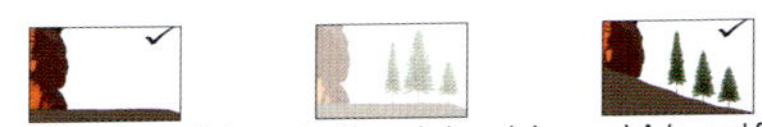

Flacher bis steiler blockiger Wandfuß mit Geröll

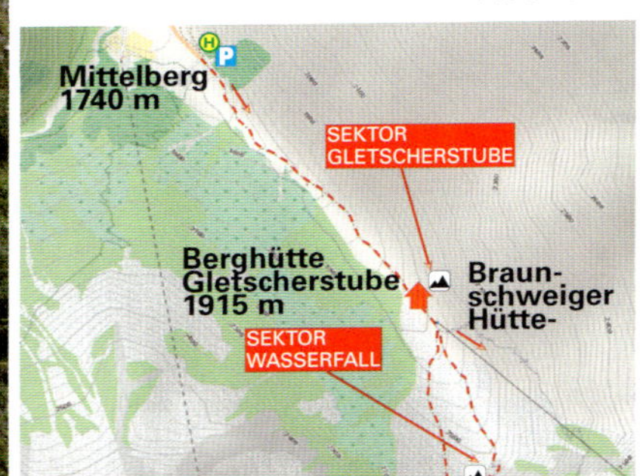

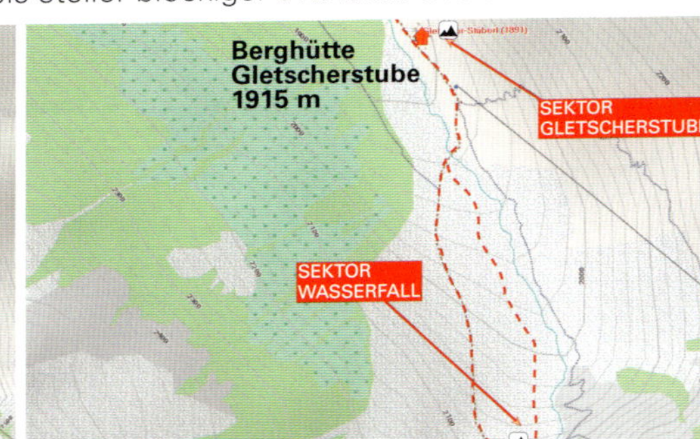

Kartendaten: © OpenStreetMap-Mitwirkende, SRTM, Kartendarstellung: © OpenTopoMap (CC-BY-SA)

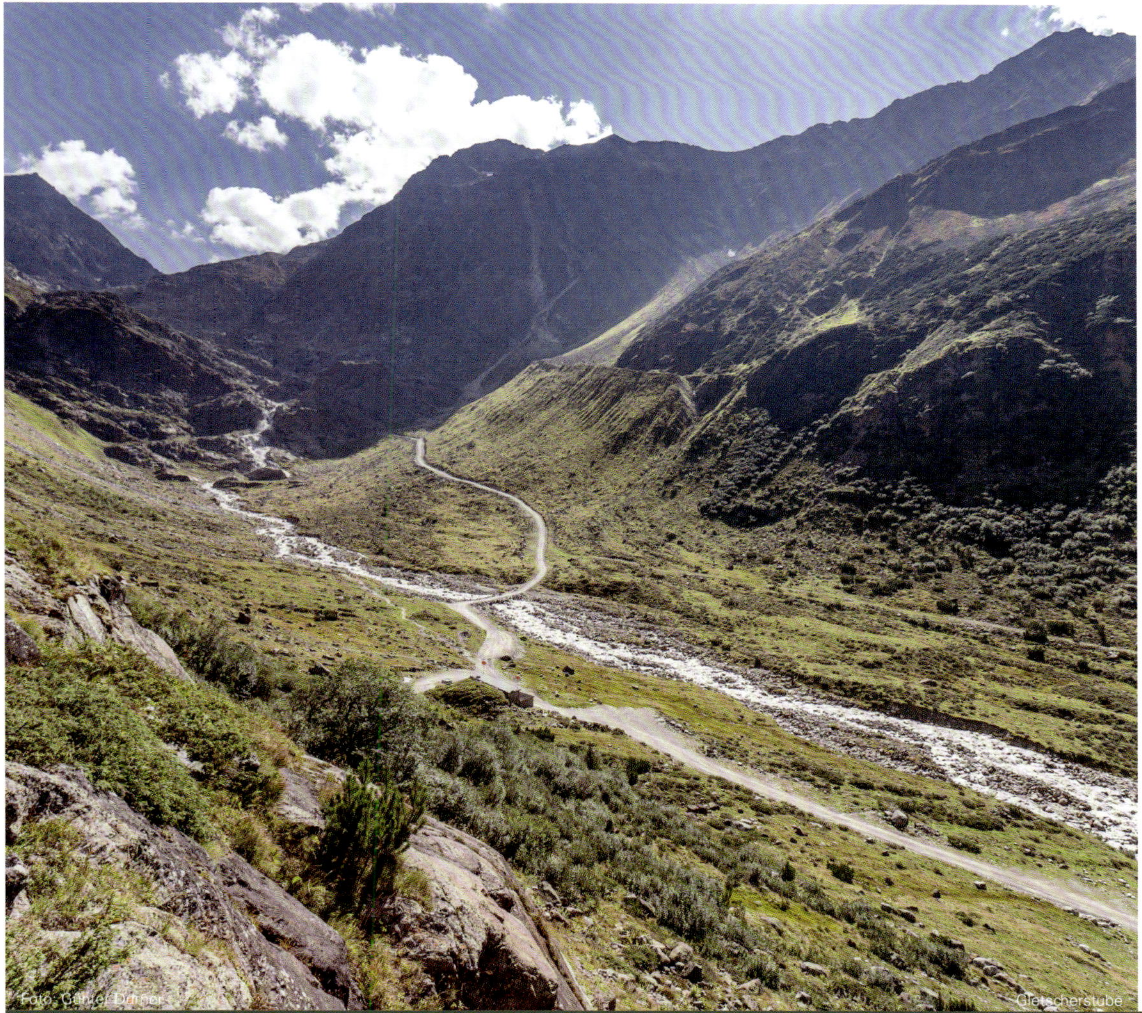

Foto: Günter Durner

Gletscherstube

ZUFAHRT/ZUSTIEG

Auf der Pitztaler Bundesstraße L16 von Arzl (im Pitztal) über Wenns nach Mittelberg fahren. Bevor man zur Pitztaler Gletscherbahn rechts abbiegt, folgt man dem Straßenverlauf geradeaus bis zum Wanderparkplatz.
Vom Parkplatz auf dem Forstweg in Richtung Braunschweiger Hütte bis zum Gasthaus Gletscherstube (1915 m) gehen.
Vom Parkplatz 50 Min., 175 Hm, 1,7 Km.

Den Sektor 1 (Gletscherstube) erreicht man von Gasthaus Gletscherstube in 5 Min., den Sektor 2 (Wasserfall) in etwa 20 Minuten.

BESCHREIBUNG

Für alle Kletterer, die in einer überwältigenden Hochgebirgslandschaft klettern wollen eignen sich die familienfreundlichen Klettergebiete südlich von Mittelberg nahe dem Pitztaler Gletscher. Das Klettergebiet besteht aus zwei Sektoren. Nur 100 m oberhalb vom Gasthaus Gletscherstube gibt es einige kurze und leichte Routen über Platten. Der Sektor Wasserfall bietet sowohl kurze hervorragende Sportkletterrouten und auch Mehrseillängenrouten. Außerdem befinden sich dort auch vier Klettersteige.

ERSCHLIESSER

Alfred Dworak

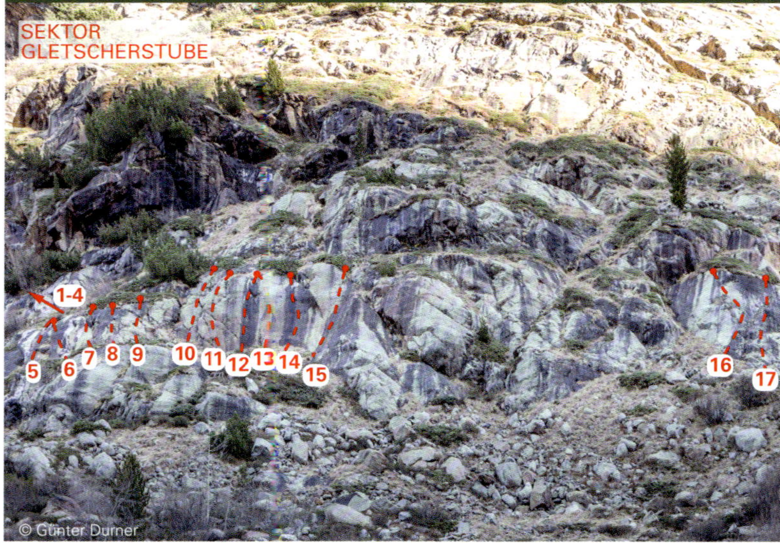

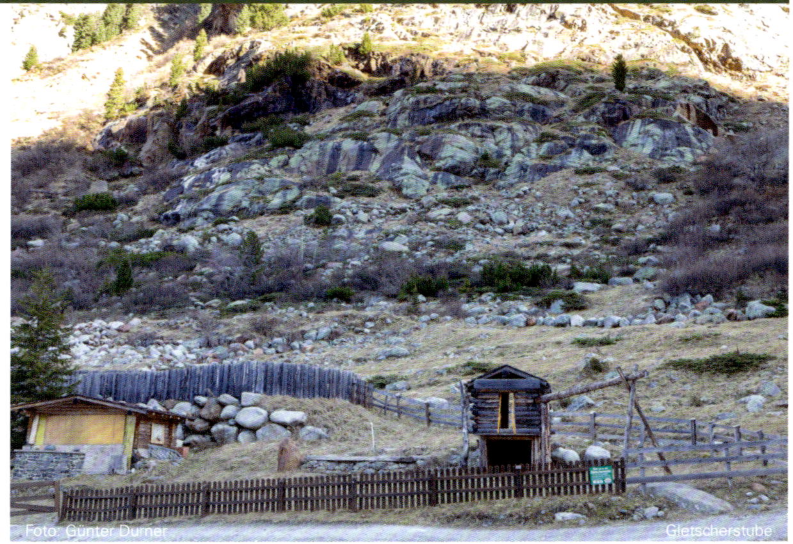

SEKTOR GLETSCHERSTUBE

Nr.	Route	Grad	Länge
1	Haflinger Jump	5b+	12 m
2	Pippi Lotta	5a	14 m
3	Haxndudiriaho	6b+	15 m
4	S´ Zupferl	6b+	15 m
5	Affl	2c	8 m
6	Kaiserschmarrenwirtin	3c	8 m
7	Louis	2c	8 m
8	Fischkönig	3a	8 m
9	www.gletscherstube.at	3a	8 m
10	S´Kantele ole	4b	5 m
11	Hale	6a+	5 m
12	Kaltstart	7a+	5 m
13	Piazerei	6b	6 m
14	Granebitten	4c	6 m
15	Gletscherschliff	-	6 m
16	Max	3b	6 m
17	Moritz	3a	6 m

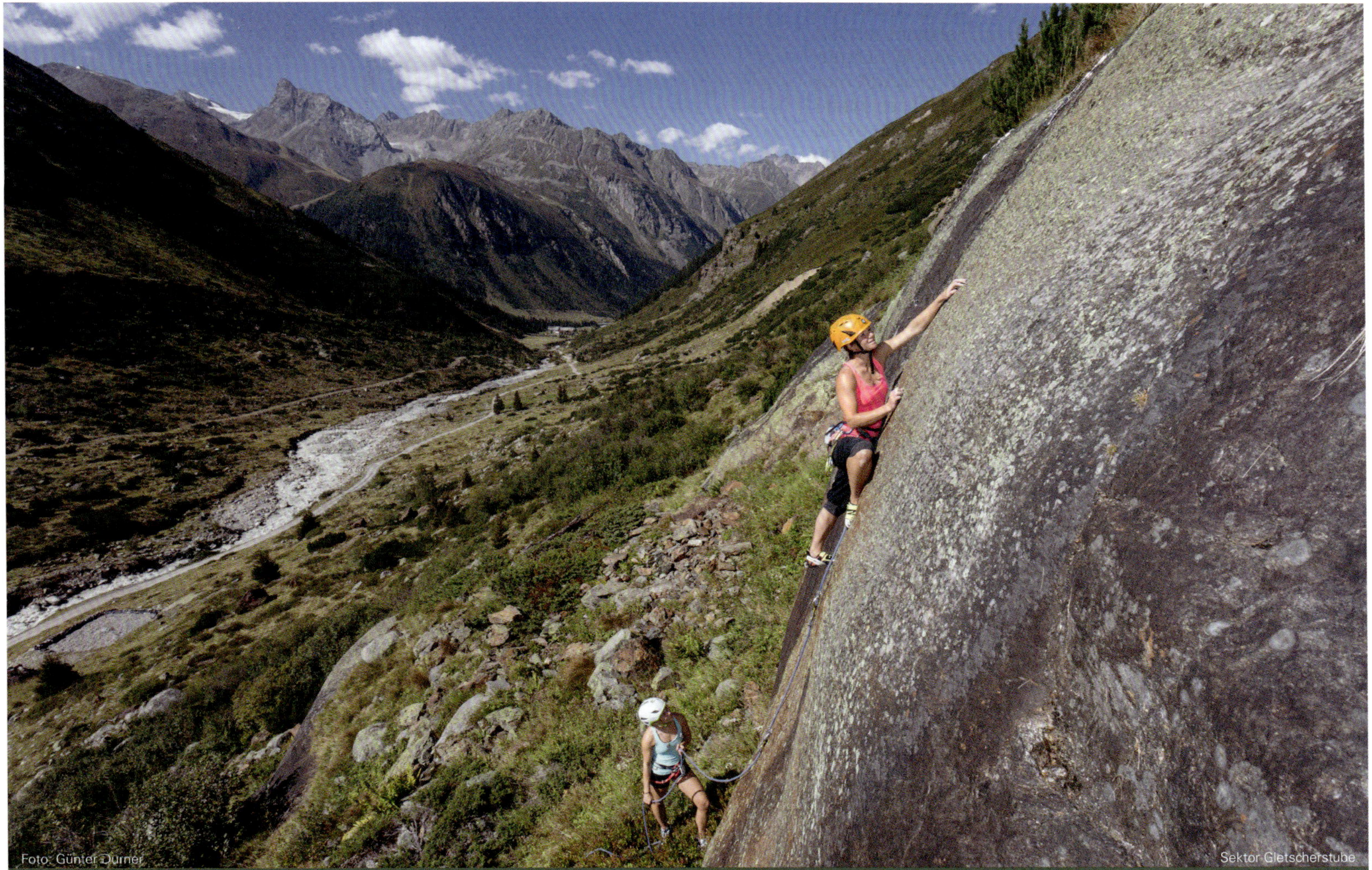
Foto: Günter Durner
Sektor Gletscherstube

SEKTOR GLETSCHERSTUBE

SEKTOR WASSERFALL

GPS: 32 T 642777 5202239 Höhe: 1740 m
GPS: 32 T 644226 5200035 Höhe: 2080 m

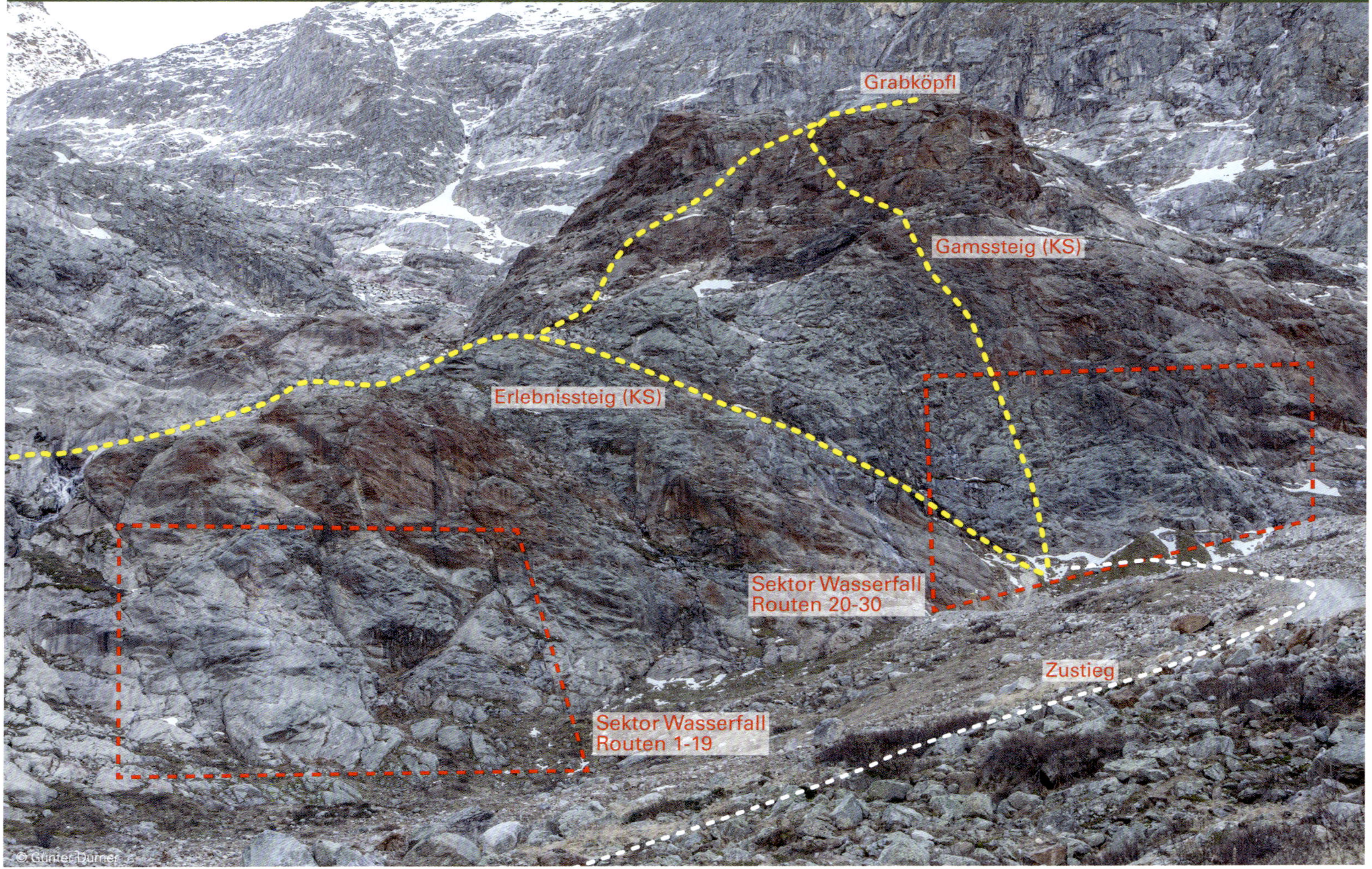

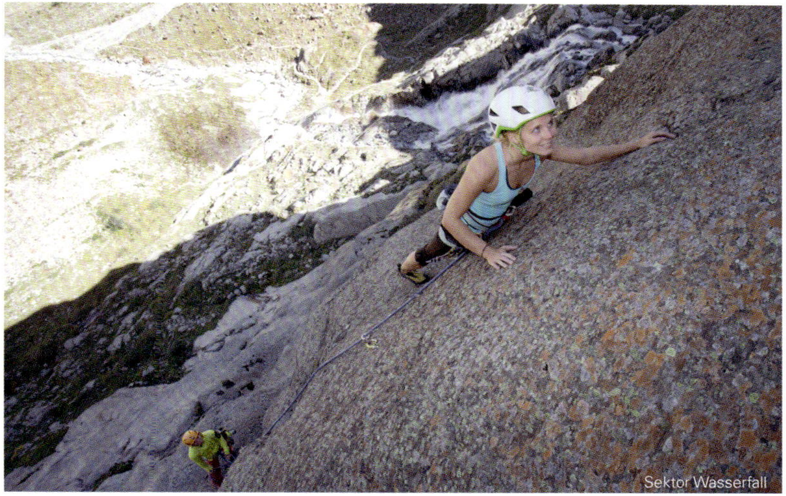

Sektor Wasserfall

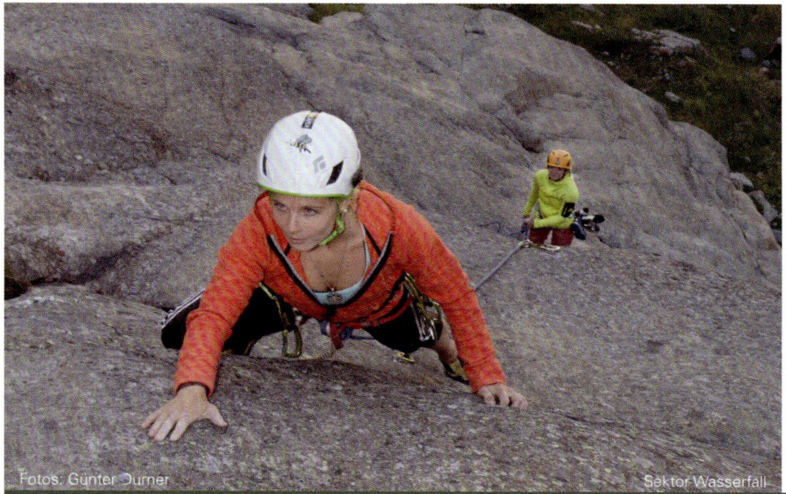

Fotos: Günter Durner

Sektor Wasserfall

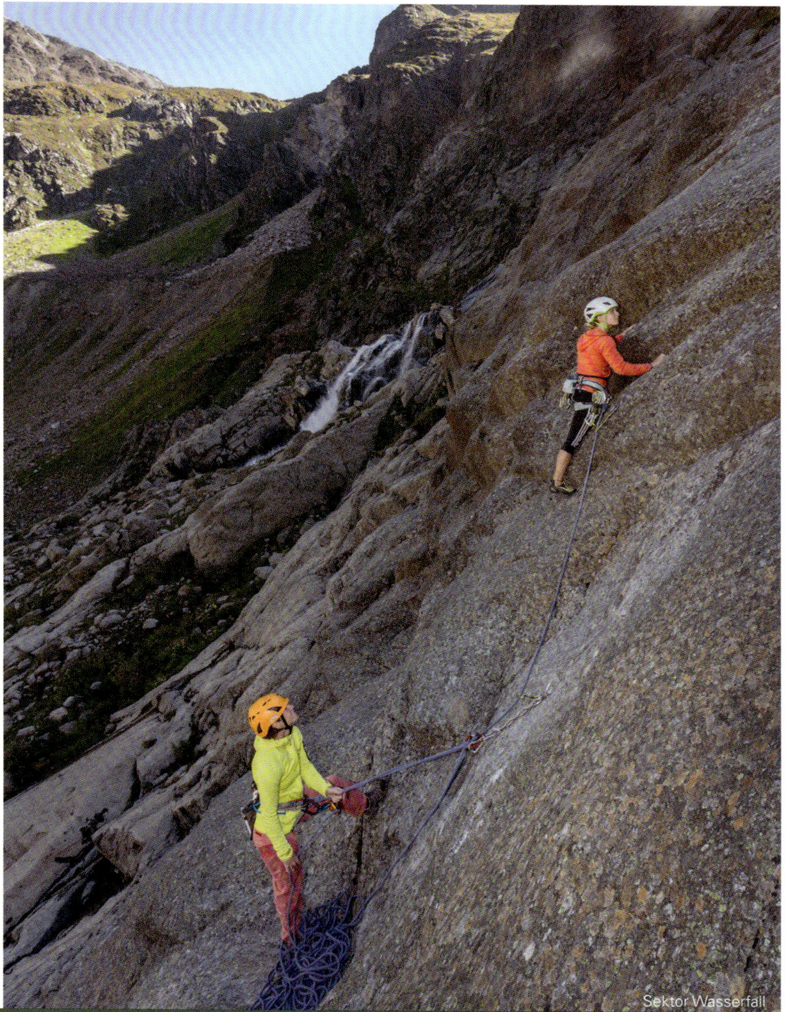

Sektor Wasserfall

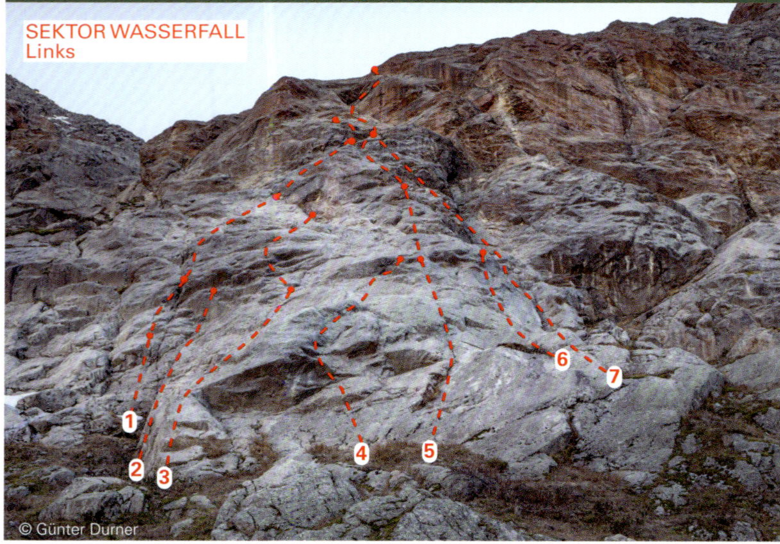

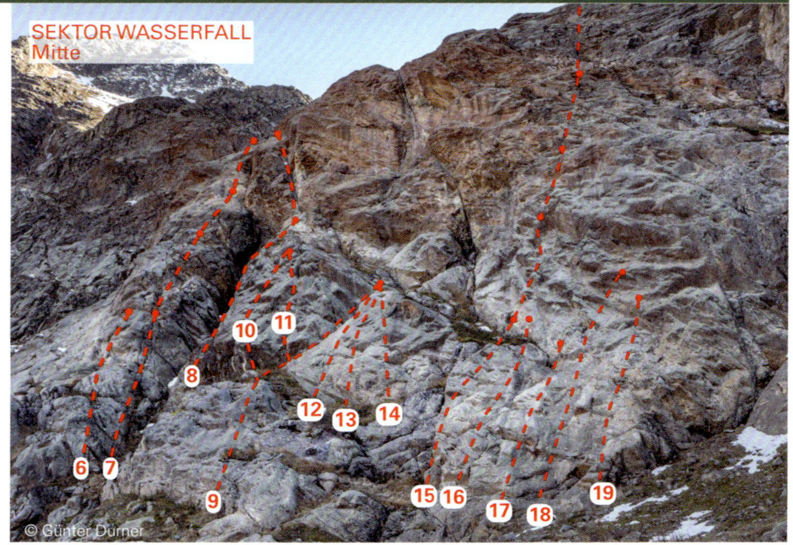

SEKTOR WASSERFALL

Nr.	Route	Grad	Länge
1	Nikita (4 SL.)	4a (3, 3, 3b, 4a)	50 m
2	Barfuß	6b+	10 m
3	Nordwand (2 SL.)	5a (5a, 4b)	24 m
4	Romlex	5b	10 m
5	Schmittchen (4 SL.)	4a (3, 2, 4a, 4a)	50 m
6	Ohne Dich	3b	10 m
7	Bosch Baby (4 SL.)	4a (3, 4b, 4a, 4a)	50 m
8	IM Richard Gundolf (2 SL.)	6c (6b+, 6c)	25 m
9	Bombenleger	2c	15 m
10	Ring of Fire	7b+	10 m
11	Mein kleiner grüner Kaktus	6b	10 m
12	Beckumexpress	5c	15 m
13	Salonschleicher	4b	15 m
14	Und sie tanzten einen Tango	4a	15 m
15	Kurz vor Null (4 SL.)	6c+ (3, 6c+, 6c+, 6a+)	60 m
16	Einudi: Dietro Casa	4b	6 m
17	Freya	4b	6 m
18	Passagio	4b	6 m
19	Wandering Eye	4b	6 m

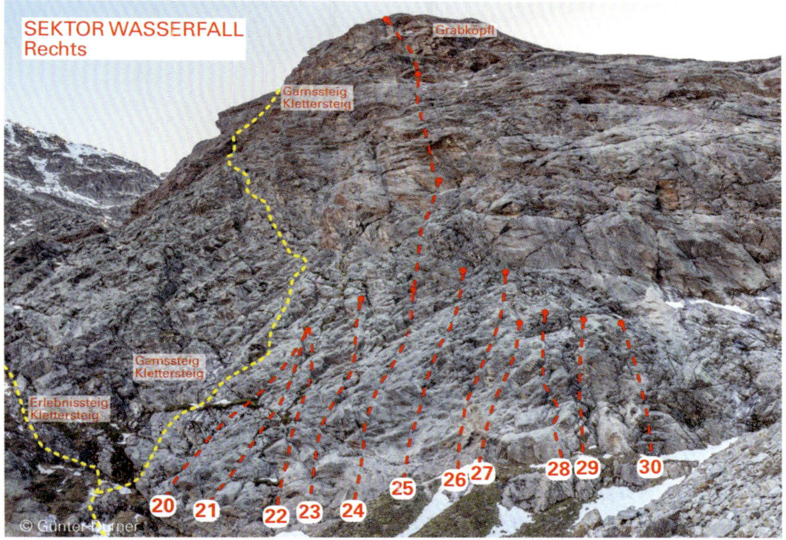

SEKTOR WASSERFALL

Nr.	Route	Grad	Länge
20	Sommer	6a	20 m
21	Sonne	5a	20 m
22	Sonnenschein	5b	20 m
23	Nooky	4c	20 m
24	Federspiel (4 SL.)	6b+ (4b, 6b+, 6b+, 6b)	60 m
25	B 52´s	6a+	20 m
26	Bangels	5c+	20 m
27	Queen	5c	20 m
28	Midnight Oil	5a	20 m
29	Status Quo	5b	20 m
30	Rolling Stones	5a	20 m

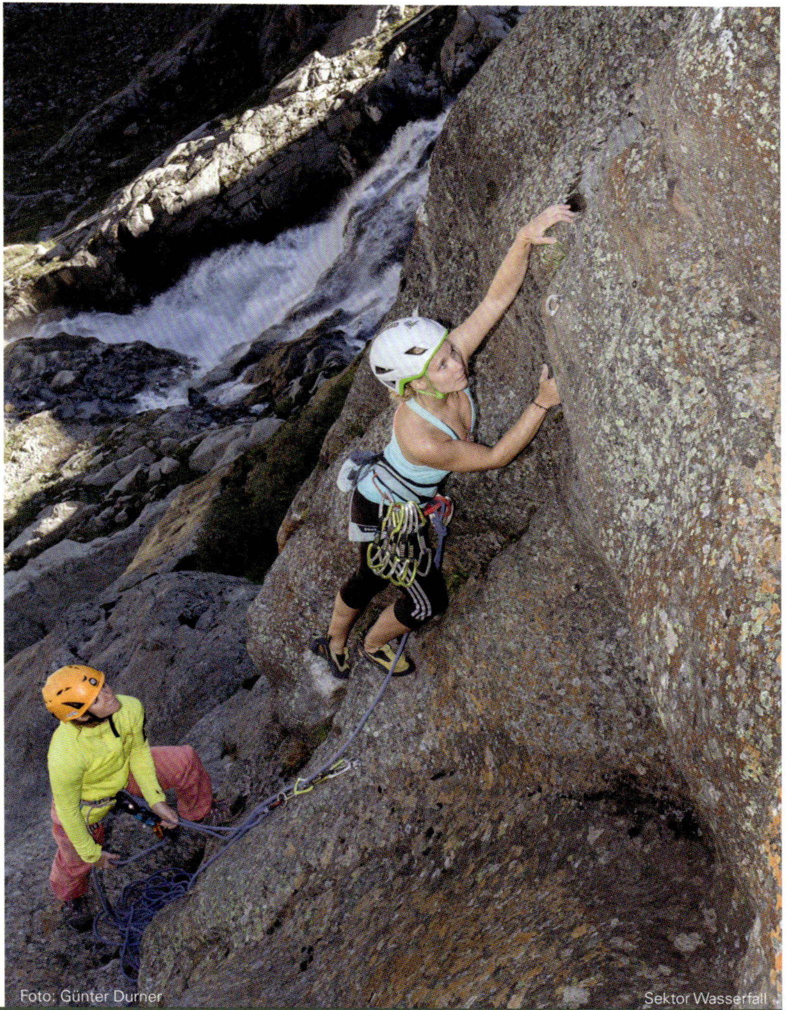

STEINWAND KLETTERSTEIG

GPS: 32 T 633140 5229659 Höhe: 880 m
GPS: 32 T 633028 5229627 Höhe: 950 m

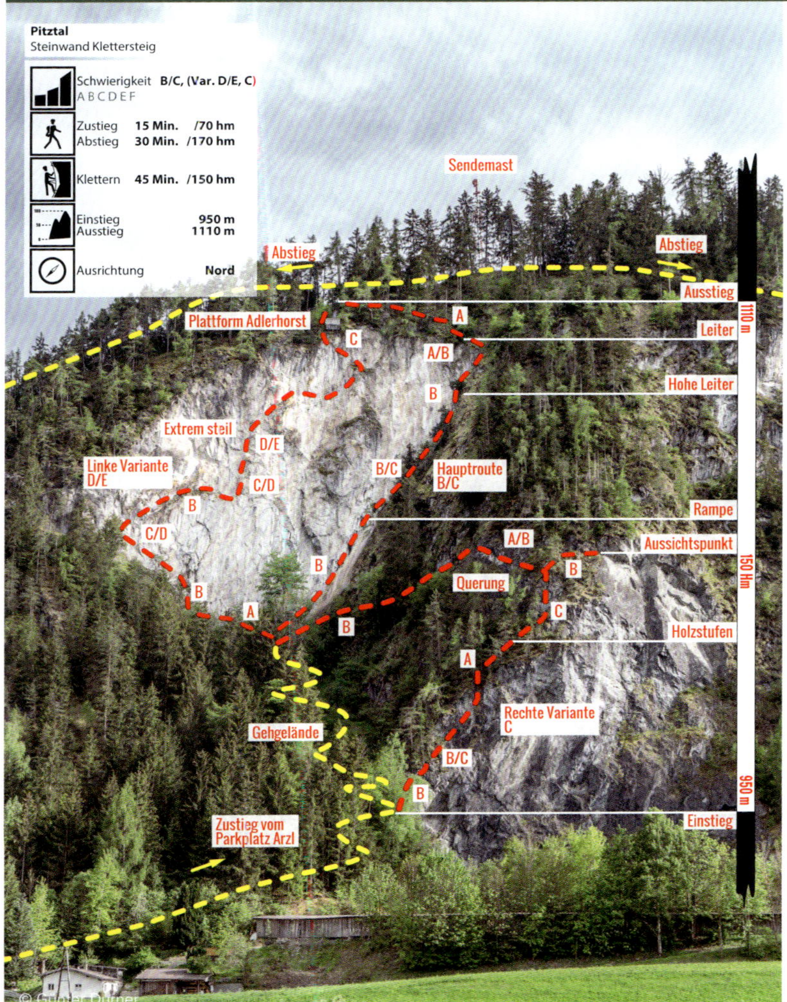

pitztal.com

BESCHREIBUNG

Der ortsnahe Steinwand Klettersteig bei Arzl (im Pitztal) ist schnell und einfach zu erreichen. Durch die schattige Nordwand führt eine Hauptroute im Schwierigkeitsgrad B/C. Daneben gibt es noch zwei Varianten. Am Ausstieg befindet sich die Aussichtsplattform Adlerhorst, von der man einen sensationellen Blick ins Tal hat. Die Aussichtsplattform Adlerhorst ist für „Nichtklettersteiggeher“ über zwei verschiedene Wanderwege erreichbar.

SCHWIERIGKEIT „B/C“, Varianten „D/E, C“

Sportlicher Klettersteig mit zwei unterschiedlich schweren Varianten. Die linke Variante ist extrem steil und liegt im Schwierigkeitsbereich D/E, diese Route wurde nach der Kletterweltmeisterin Angy Eiter „Angy Eiter Route“ benannt. Die rechte, leichtere Variante liegt im Bereich (C).

STEIGLÄNGE UND ZEITAUFWAND

Zustieg	15 Min.	(70 Hm)
Klettern	45 Min.	(150 Hm, 350 m Seillänge)
Abstieg	30 Min.	(220 Hm)
Gesamtzeit	1:30 Std.	

ABSTIEG

Auf verschiedenen Wegen kommt man schnell und bequem ins Tal. Für die kürzeste Strecke zurück zum Parkplatz geht man ab dem Sender zuerst ein kleines Stück den breiten Weg nach unten und zweigt gleich nach rechts Richtung Arzl ab.

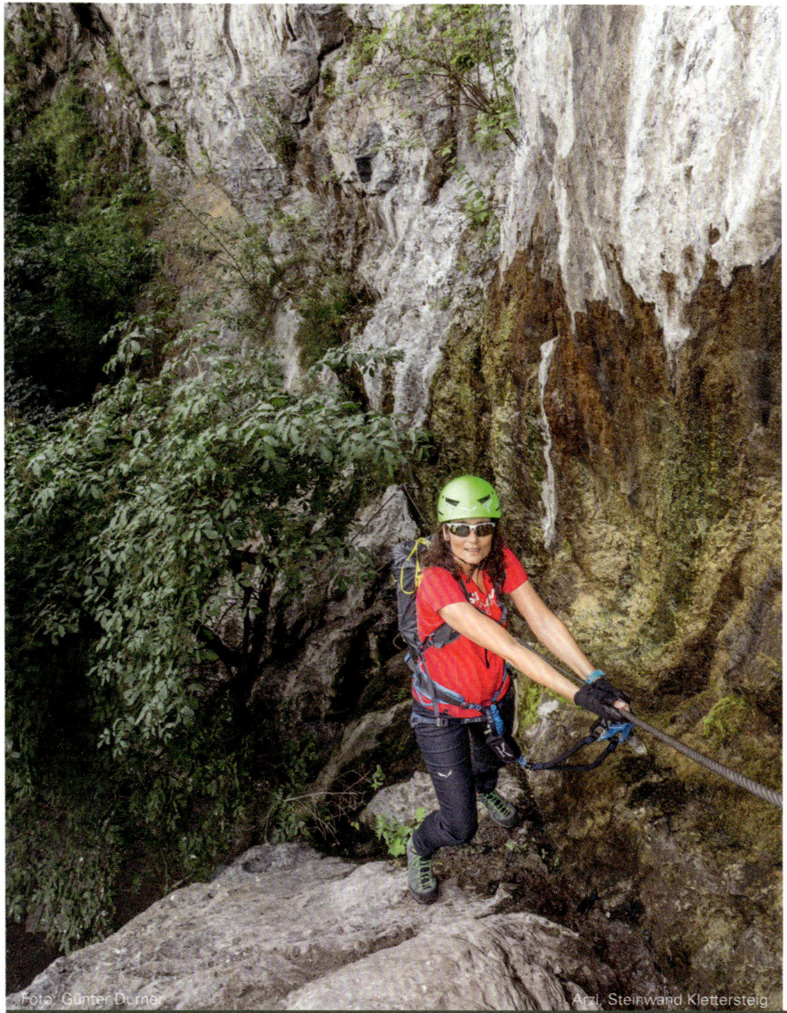

ZUFAHRT/ZUSTIEG

Die Autobahn A12 bei der Abfahrt Imst verlassen und bis zum Kreisverkehr beim Beginn des Pitztals fahren. Auf der Pitztaler Bundesstraße L16 bis nach Arzl (im Pitztal) fahren. Im Ort der Beschilderung Richtung Parkplatz Klettersteig folgen (Feuerwehrhalle).

Vom Parkplatz ist die Steinwand mit dem Klettersteig bereits sichtbar. Auf der asphaltierten Straße steil bergauf bis zur Weggabelung gehen. Hier rechts bis zum Abzweig links in den Wald. Dann dem Steig bis zum Einstieg folgen.

Vom Parkplatz 15 Min., 70 Hm, 0,3 Km.

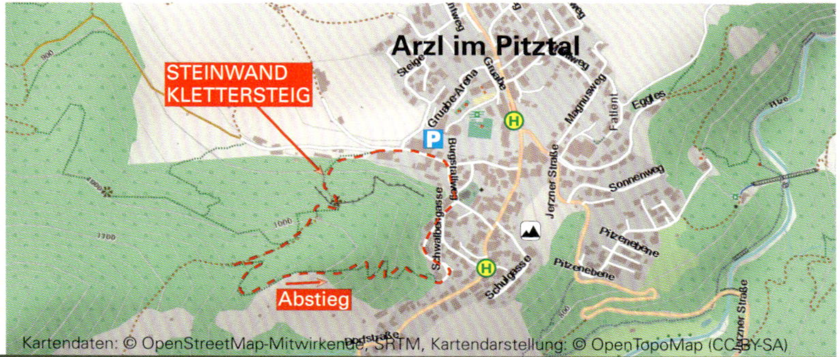

KLETTERSTEIG LISS, JERZENS-HOCHZEIGER

P GPS: 32 T 633294 5223592 Höhe: 1457 m
GPS: 32 T 633471 5224539 Höhe: 1724 m

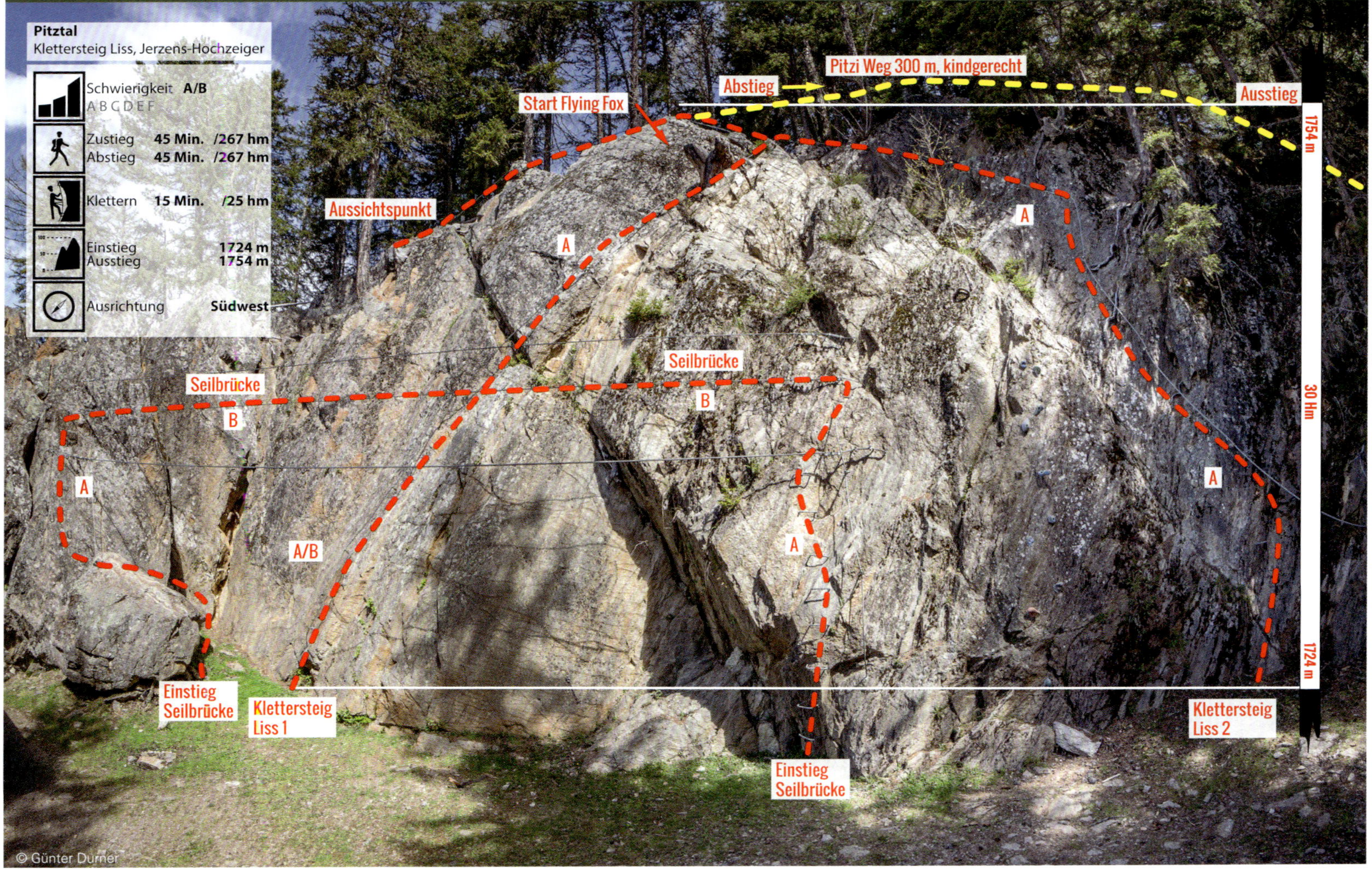

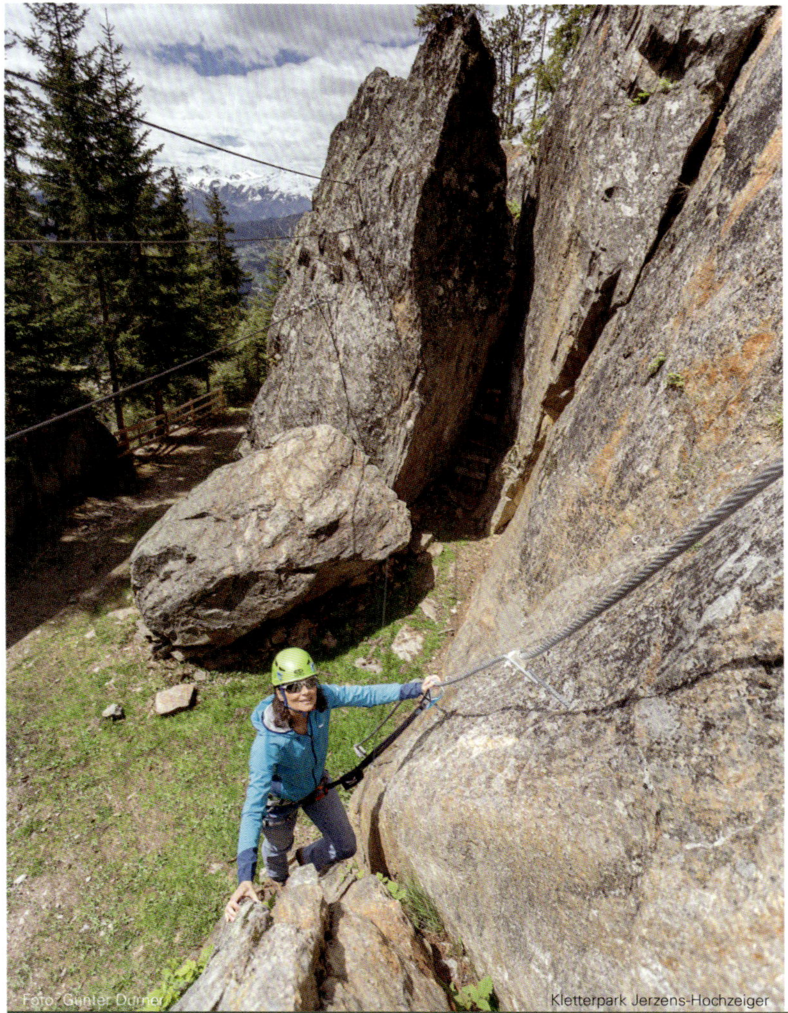

Foto: Günter Durner

Kletterpark Jerzens-Hochzeiger

ZUFAHRT/ZUSTIEG

Von der Talstation Liss folgt man dem Wegweiser „Kletterpark Jerzens-Hochzeiger", der Bärensteig führt direkt unterhalb des Skilift, sehr steil bis zu einer Forststraße, hinauf. Bei einem kleinen Infostand über die Zirbe folgt man dem Steig bis zu einer weiteren Forststraße, hier links bis zu einer Abzweigung gehen. Nun geradeaus bis die Forststraße eine Kehre macht, in der Kehre geradeaus bis ein Weg rechts zum Kletterpark abzweigt.

BESCHREIBUNG

Der Klettersteig befindet sich im Kletterpark Jerzens-Hochzeiger und ist ideal geeignet um erste Erfahrungen auf einem Klettersteig zu sammeln.

SCHWIERIGKEIT „A/B"

Kurzer, sportlicher Klettersteig mit einer Stelle A/B (gleich beim Einstieg), dann meist leichter.

STEIGLÄNGE UND ZEITAUFWAND

Zustieg	45 Min.	(267 Hm)
Klettern	15 Min.	(25 Hm, 100 m Seillänge)
Abstieg	45 Min.	(267 Hm)
Gesamtzeit	1:45 Std.	

ABSTIEG

Über den Pitzi Weg (Kindgerecht) etwa 300 m absteigen.

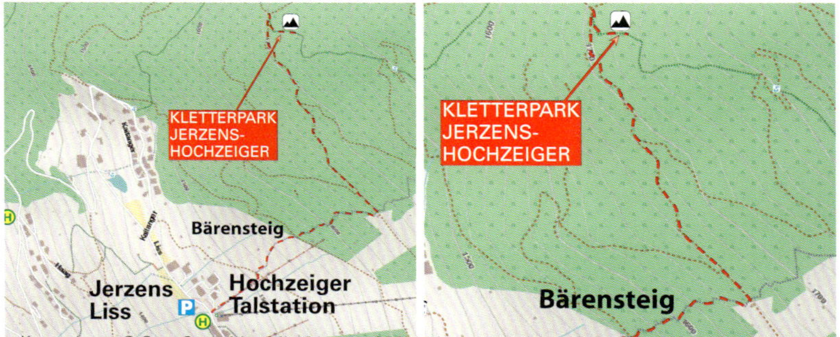

Kartendaten: © OpenStreetMap-Mitwirkende, SRTM, Kartendarstellung: © OpenTopoMap (CC-BY-SA)

KLETTERSTEIG KAUNERGRATHÜTTE

P GPS: 32 T 642008 5205946 Höhe: 1612 m
GPS: 32 T 637384 5206165 Höhe: 2827 m

Pitztal
Klettersteig Kaunergrathütte

Schwierigkeit	**C/D** (A B C D E F)
Zustieg	**3:30 Std./~215 hm**
Abstieg	**3:45 Std./1295 hm**
Klettern	**20 Min. /80 hm**
Einstieg	**2827 m**
Ausstieg	**2907 m**
Ausrichtung	**Süd**

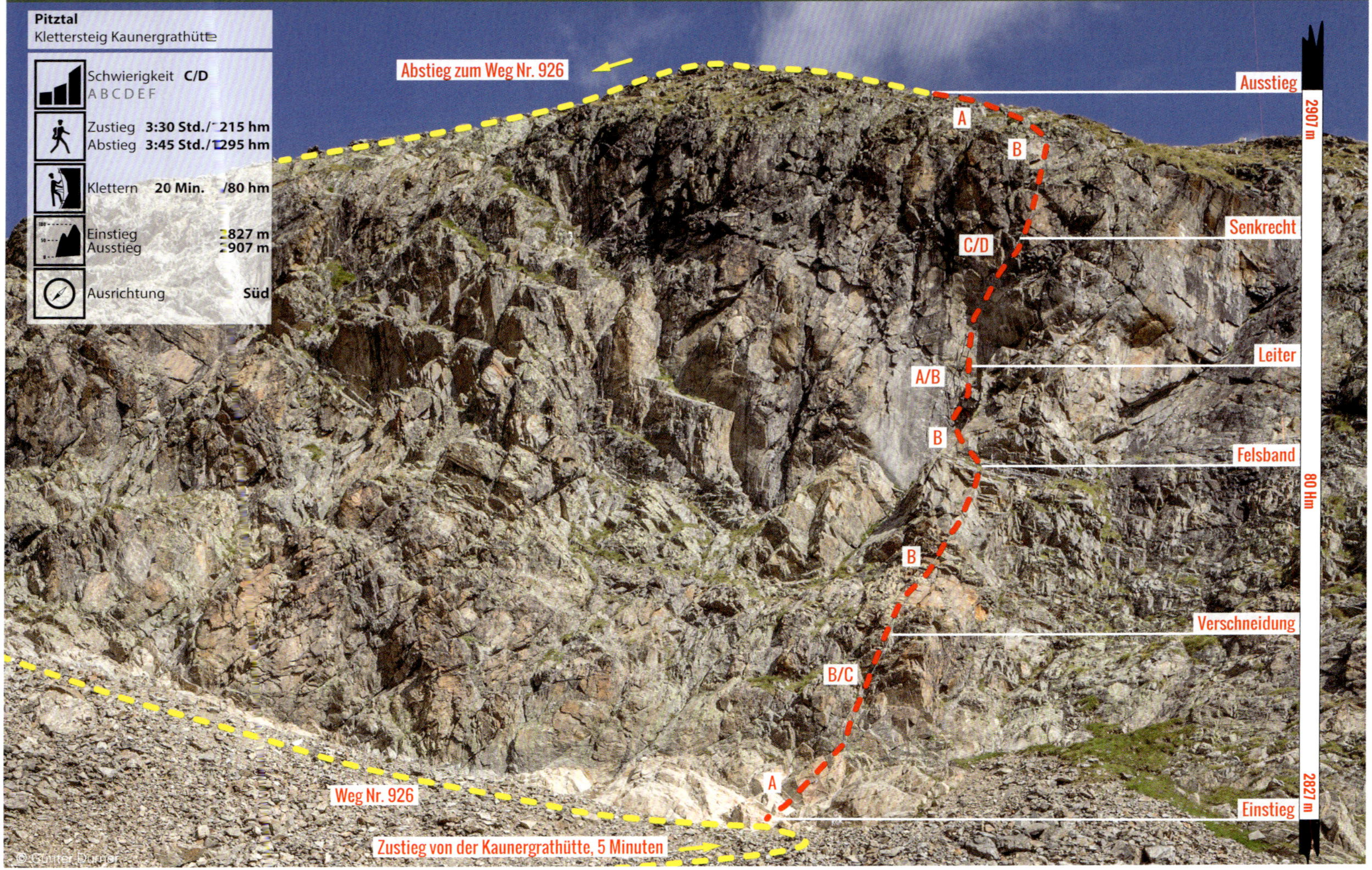

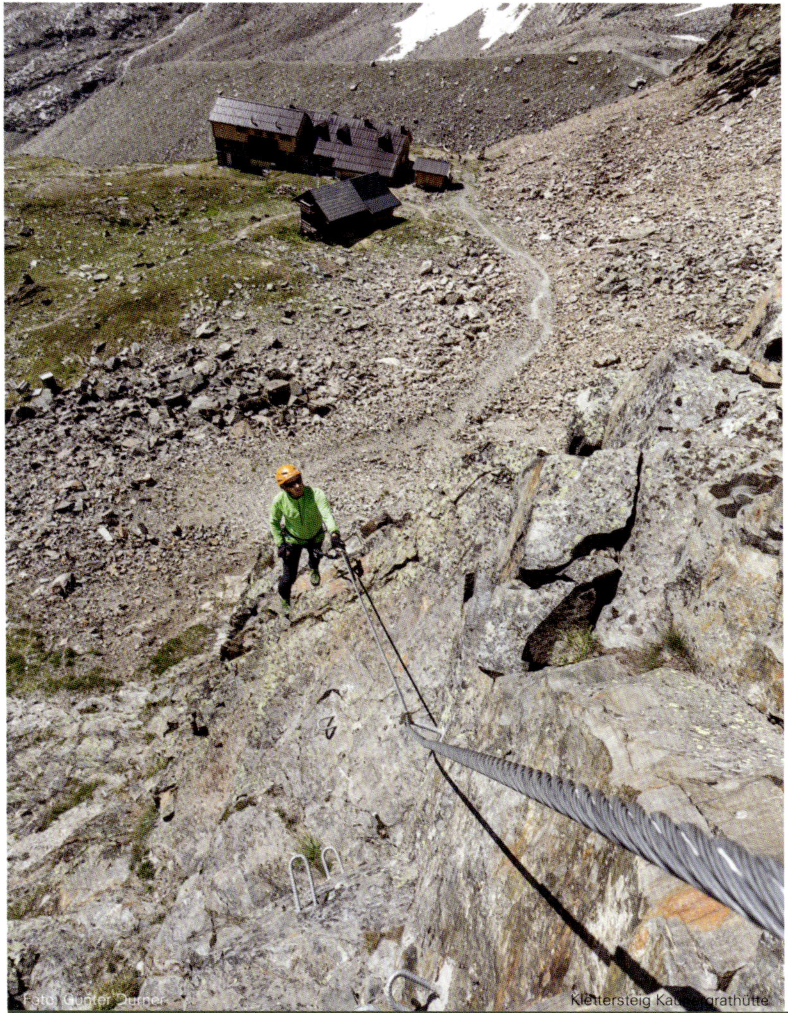

ZUFAHRT/ZUSTIEG

Auf der Pitztaler Bundesstraße L16 von Arzl (im Pitztal) über Wenns Richtung St. Leonhard fahren. Nach dem Ort Weißwald ca. 500 m weiterfahren bis zum Parkplatz der Rüsselsheimer- und Kaunergrathütte. Dort parken. Vom Parkplatz dem Weg 927 in Richtung Plangeross folgen. Nach der Brücke über die Pitze auf dem Weg 927 zur Kaunergrathütte (2817 m) aufsteigen. Vom Parkplatz 3:30 Std., 1215 Hm, 6,5 Km.
Der Klettersteig ist von der Kaunergrathütte in ca. 5 Min. zu erreichen.

BESCHREIBUNG

Der Klettersteig befindet sich direkt bei der Kaunergrathütte und ist ideal geeignet um Erfahrungen auf einem Klettersteig zu sammeln.

SCHWIERIGKEIT „C/D"

Kurzer, sportlicher Klettersteig mit einer Stelle C, meist leichter.

STEIGLÄNGE UND ZEITAUFWAND

Zustieg	5 Min.	(10 Hm)
Klettern	20 Min.	(80 Hm, 100 m Seillänge)
Abstieg	15 Min.	(90 Hm)
Gesamtzeit	40 Min.	

ABSTIEG

Vom Ausstieg nach links zum Wanderweg Nr. 926 absteigen.

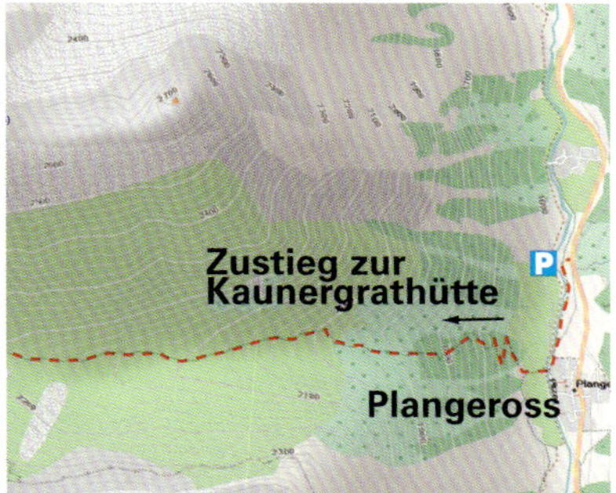

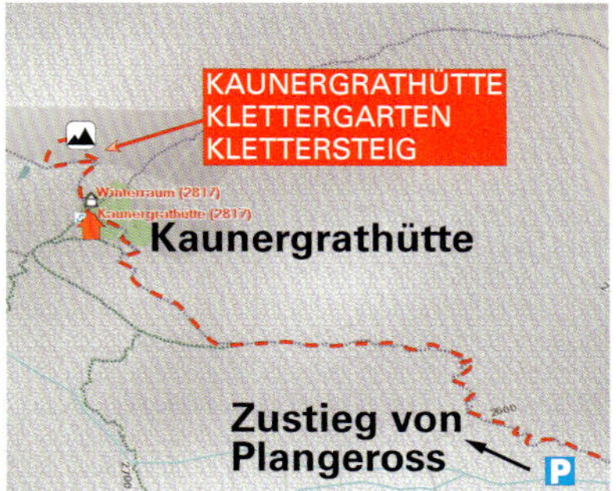

Kartendaten: © OpenStreetMap-Mitwirkende, SRTM, Kartendarstellung: © OpenTopoMap (CC-BY-SA)

KLETTERSTEIG KAUNERGRATHÜTTE

KLETTERPARK PITZTALER GLETSCHER 210

P GPS: 32 T 642777 5202239 Höhe: 1740 m
GPS: 32 T 644226 5200035 Höhe: 2080 m

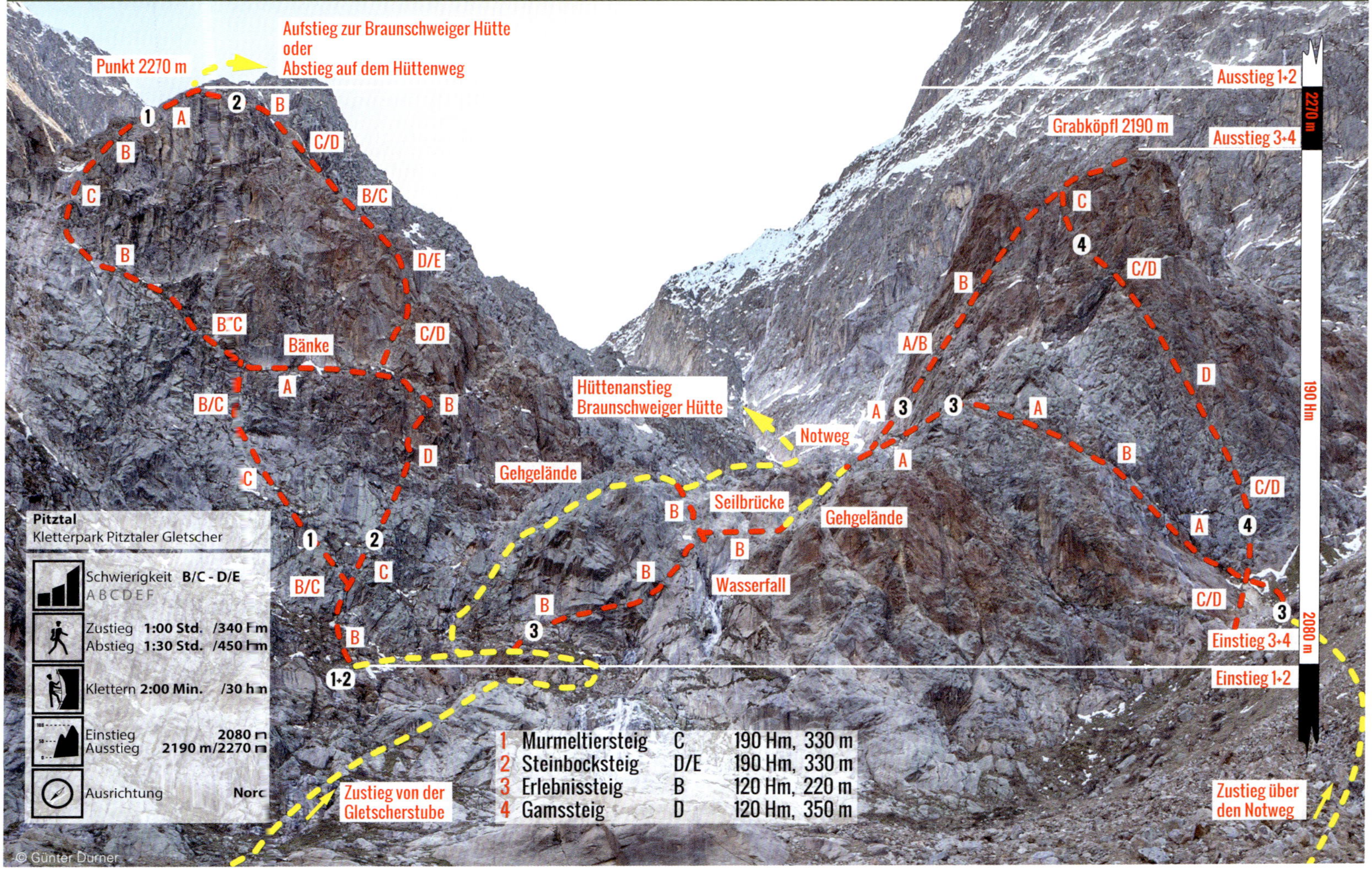

Pitztal
Kletterpark Pitztaler Gletscher

Schwierigkeit B/C - D/E
A B C D E F
Zustieg 1:00 Std. /340 Hm
Abstieg 1:30 Std. /450 Hm
Klettern 2:00 Min. /30 h m
Einstieg 2080 m
Ausstieg 2190 m/2270 m
Ausrichtung Nord

1	Murmeltiersteig	C	190 Hm, 330 m
2	Steinbocksteig	D/E	190 Hm, 330 m
3	Erlebnissteig	B	120 Hm, 220 m
4	Gamssteig	D	120 Hm, 350 m

pitztal.com

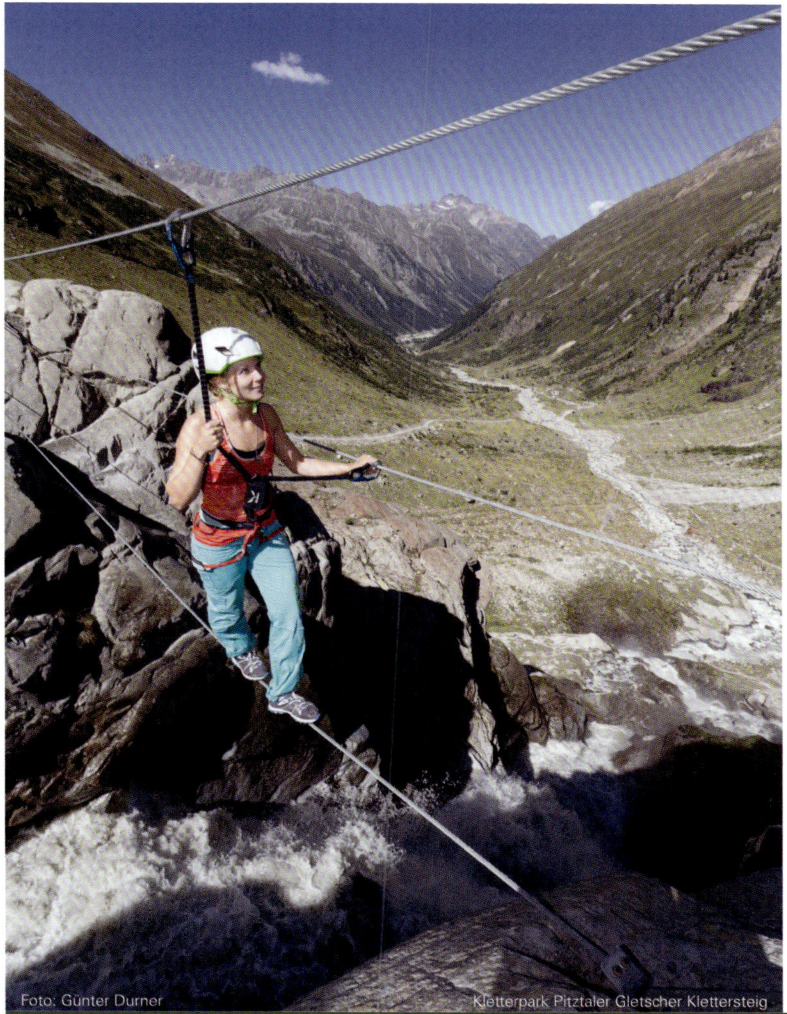

Foto: Günter Durner

Kletterpark Pitztaler Gletscher Klettersteig

ZUFAHRT/ZUSTIEG

Auf der Pitztaler Bundesstraße L 16 von Arzl (im Pitztal) über Wenns nach Mittelberg fahren. Bevor man zur Pitztaler Gletscherbahn rechts abbiegt, folgt man dem Straßenverlauf geradeaus bis zum Wanderparkplatz. Vom Parkplatz dem Forstweg in Richtung Braunschweiger Hütte bis zur Gletscherstube 1915 m folgen. Vom Parkplatz 45 Min., 175 Hm, 1,7 Km. Von Gasthaus Gletscherstube in 20 Min. zum Einstieg des Murmeltier- bzw. Erlebnissteiges (Tafeln). Insgesamt ca. 1 Stunde.

BESCHREIBUNG

Vier unterschiedliche Klettersteige genaue Beschreibung siehe nachfolgend.

SCHWIERIGKEIT „C - D/E“

Je nach Steig verschiedene Schwierigkeitsgrade.

STEIGLÄNGE UND ZEITAUFWAND

Zustieg	1 Std.	(340 Hm)
Klettern	2:00 Std.	(bis 190 Hm, bis 350 m Seillänge)
Abstieg	1:30 Std.	(450 Hm)
Gesamtzeit	4:30 Std.	

ABSTIEG

Über die markierten Wege zur Gletscherstube und weiter bis nach Mittelberg absteigen.

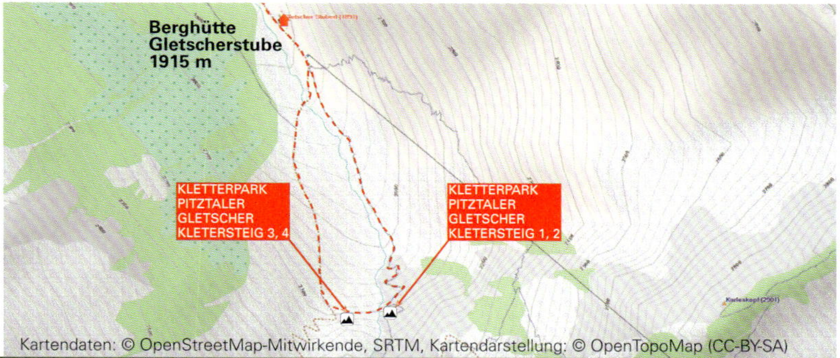

KLETTERPARK PITZTALER GLETSCHER

P GPS: 32 T 642777 5202239 Höhe: 1740 m
GPS: 32 T 644226 5200035 Höhe: 2080 m

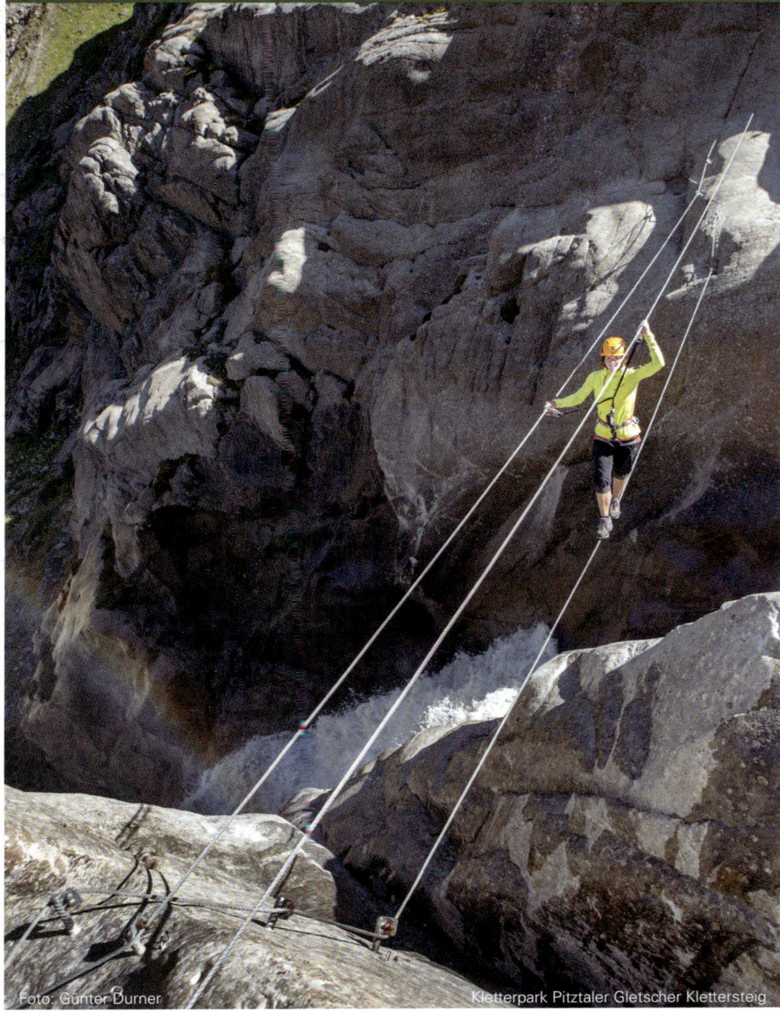

Foto: Günter Durner — Kletterpark Pitztaler Gletscher Klettersteig

pitztal.com

1 MURMELTIERSTEIG

Eine Stelle C, meist B und B/C, 190 Hm, (330 m)

Der Murmeltiersteig ist an mehreren Stufen anspruchsvoll und es wird sehr lohnend über den Granit bis maximale Schwierigkeit von C geklettert. Es finden sich Tritthilfen, wo notwendig, aber es bleibt noch jede Menge Kontakt zum Fels. Diese Route ist für Kinder ab 10 Jahren geeignet

2 STEINBOCKSTEIG

Eine Stelle D/E einige Stellen D, 190 Hm, (330 m)

Der Steinbocksteig ist für erfahrene Klettersteiggeher. Die grauen und roten Granitplatten sind ohne Tritthilfen versehen. Modern gebaut und den herrlichen Fels und seine Formationen zu einem Genussweg kombiniert, zieht der Steig meist vertikal im Zickzack elegant nach oben.
Maximale Schwierigkeit liegt bei D/E.

3 ERLEBNISSTEIG

Meist B, 120 Hm, (220 m)

Der Erlebnissteig ist für Einsteiger und jene die erst seit kurzem in den Klettersteigen unterwegs sind. Der Erlebnissteig verbindet durch die Seilbrücke die Steige links und rechts vom Wasserfall und führt über einen leichten Anstieg (B) auf das Grabköpfl.
Mit der maximalen Schwierigkeit B ist dieser Klettersteig auch für Kinder geeignet und macht auf Grund der naturnahen Bauart Lust auf mehr.

4 GAMSSTEIG

Überwiegend D, 120 Hm, (350 m)

Der Gamssteig rundet das Angebot im Kletterpark Pitztaler Gletscher ab. Mit dem maximalen Schwierigkeitsgrad D ist der Gamssteig, der zum Grabköpfl führt eine ideale Route für erfahrene Klettersteiggeher.

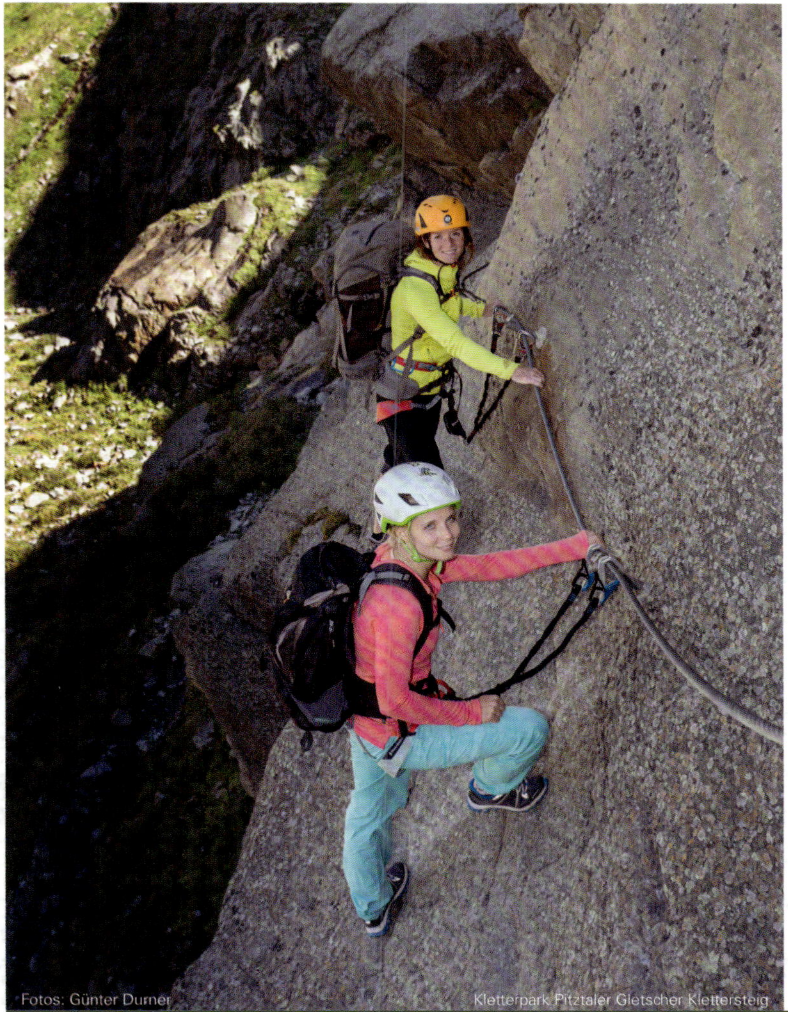

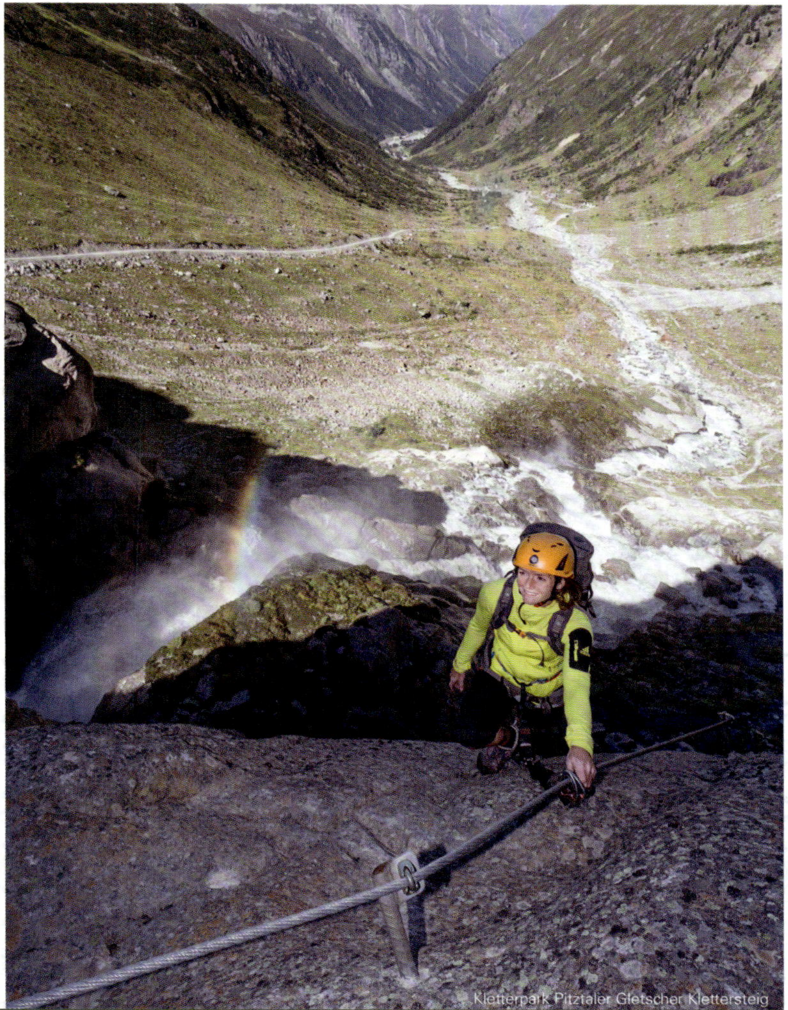

KLETTERPARK PITZTALER GLETSCHER

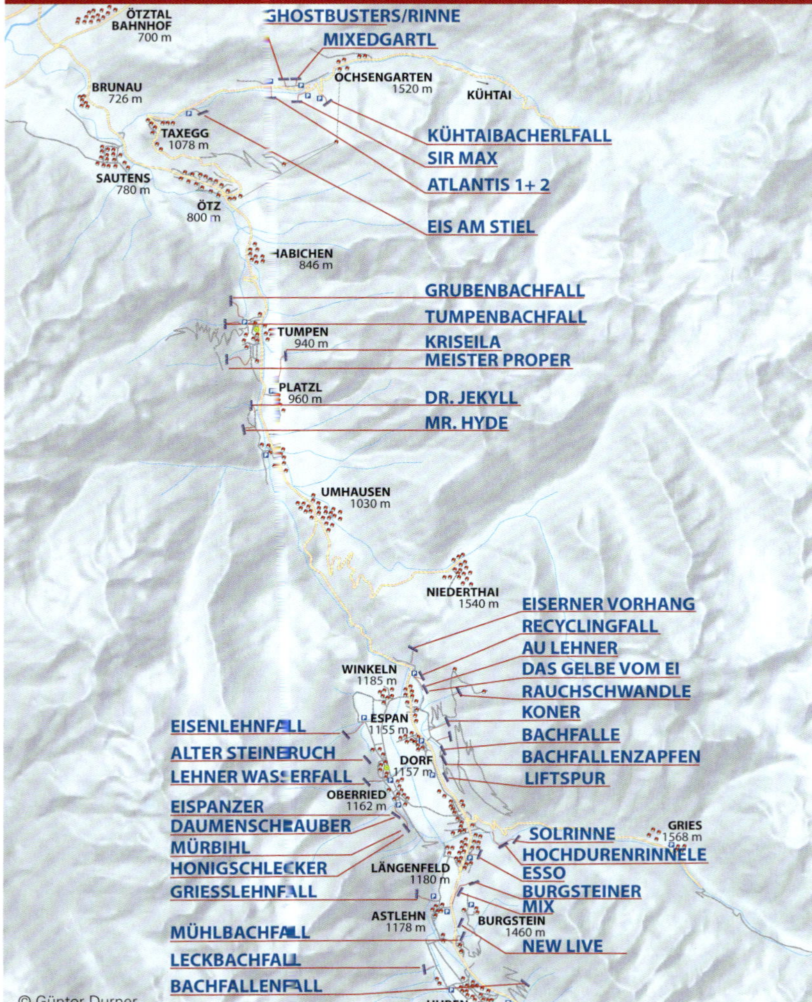
ÖTZTAL BAHNHOF 700 m
GHOSTBUSTERS/RINNE
MIXEDGARTL
OCHSENGARTEN 1520 m
KÜHTAI
BRUNAU 726 m
TAXEGG 1078 m
KÜHTAIBACHERLFALL
SIR MAX
ATLANTIS 1+ 2
SAUTENS 780 m
ÖTZ 800 m
EIS AM STIEL
HABICHEN 846 m
GRUBENBACHFALL
TUMPENBACHFALL
TUMPEN 940 m
KRISEILA
MEISTER PROPER
PLATZL 960 m
DR. JEKYLL
MR. HYDE
UMHAUSEN 1030 m
NIEDERTHAI 1540 m
EISERNER VORHANG
RECYCLINGFALL
AU LEHNER
DAS GELBE VOM EI
WINKELN 1185 m
RAUCHSCHWANDLE
KONER
EISENLEHNFALL
ESPAN 1155 m
BACHFALLE
ALTER STEINBRUCH
DORF 1157 m
BACHFALLENZAPFEN
LEHNER WASSERFALL
LIFTSPUR
OBERRIED 1162 m
EISPANZER
DAUMENSCHRAUBER
GRIES 1568 m
SOLRINNE
MÜRBIHL
HOCHDURENRINNELE
HONIGSCHLECKER
LÄNGENFELD 1180 m
ESSO
GRIESSLEHNFALL
BURGSTEINER
MIX
ASTLEHN 1178 m
BURGSTEIN 1460 m
MÜHLBACHFALL
NEW LIVE
LECKBACHFALL
BACHFALLENFALL
HUBEN
© Günter Durner

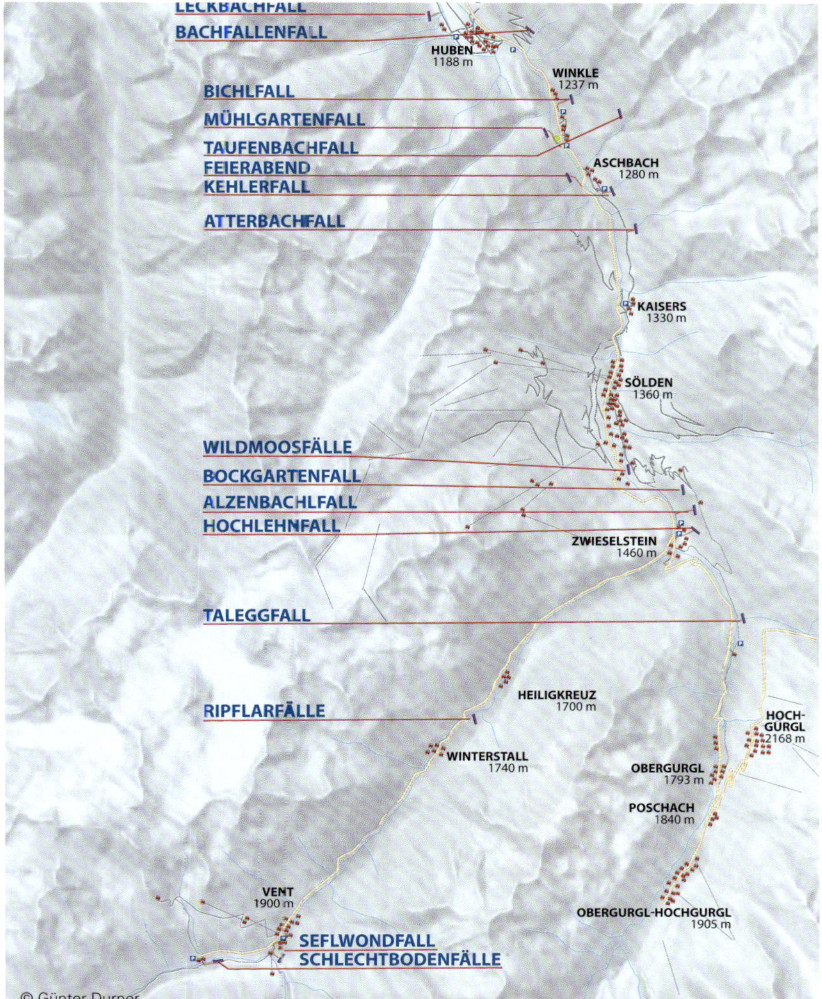

Aschbach

Kaisers/Sölden

Sölden

Zwieselstein

Vent/Heiligkreuz

Vent

Vent/Rofen

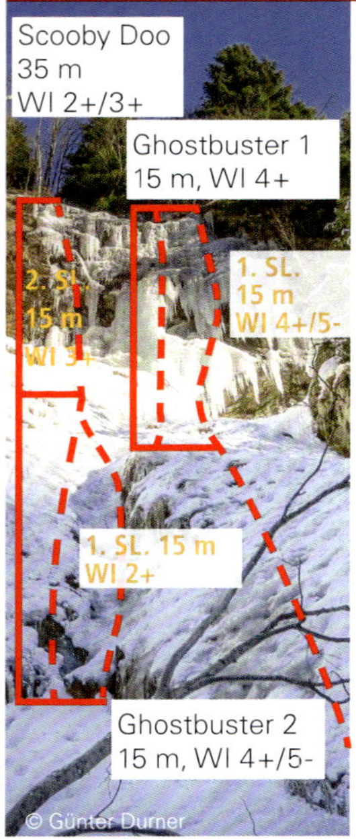

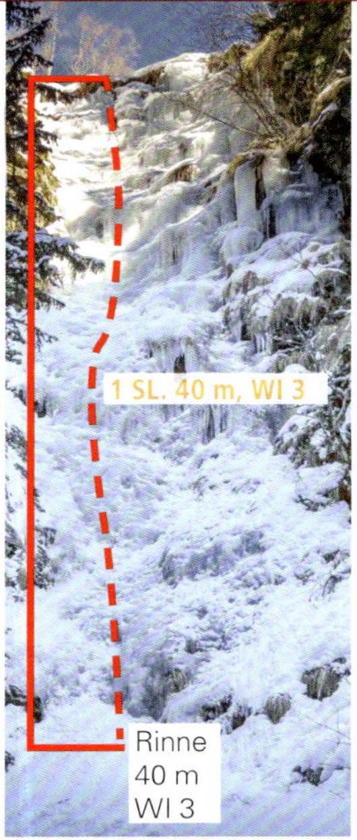

Ghostbusters 1+2
Scooby Doo
Rinne

Die verschiedenen kleinen Eisfälle und Eisrinnen eigen sich gut für Eiskletterkurse und Anfänger und sind daher gut besucht.

Bachname.............. Keiner
Lawinengefahr .... Kaum
Ausrichtung............... Süd
Höhenlage........... 1400 m
Schwierigkeit .... WI 2-5-
Eisfallhöhe .... 15-40 m
Seillängen .... 2 SL.
Zustieg .... 10 Min.
Eisfallbegehung.... 30 Min.
Abstieg................ 10 Min.
Abstieg...............Abseilen
Über den Eisfall mittels Eisuhren und Bäumen abseilen.

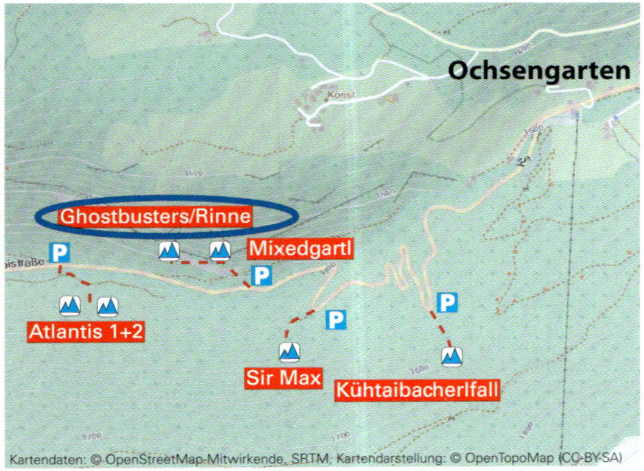

Zufahrt/Zustieg
In Oetz am Ortsende beim Kreisverkehr links abbiegen und 7,5 Km in Richtung Kühtai fahren. Kurz vor der ersten Kehre, vor Ochsengarten, im Bereich einer Brücke parken. Von hier auf der Straße etwas zurück, dann zu einem Forstweg und durch den Wald zu den schon sichtbaren Eisfällen gehen.

P 32 T 645518 5231727
32 T 645256 5231766

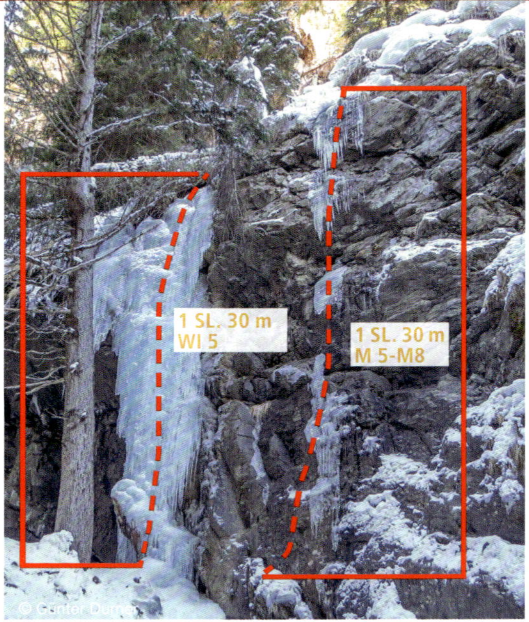

Mixedgartl
Sehr schöner, gut abgesicherter (Bohrhaken) Klettergarten um Mixed-Touren zu klettern.

Bachname.............. Keiner
Lawinengefahr .... Kaum
Ausrichtung............... Süd
Höhenlage........... 1400 m
Schwierigkeit M5-M8
Eisfallhöhe .... 15-35 m
Seillängen .... 1 SL.
Zustieg .... 10 Min.
Eisfallbegehung.... 30 Min.
Abstieg................ 10 Min.
Abstieg...............Abseilen
Über den Eisfall mittels Eisuhren, Bäumen oder teilweise Bohrhaken abseilen.

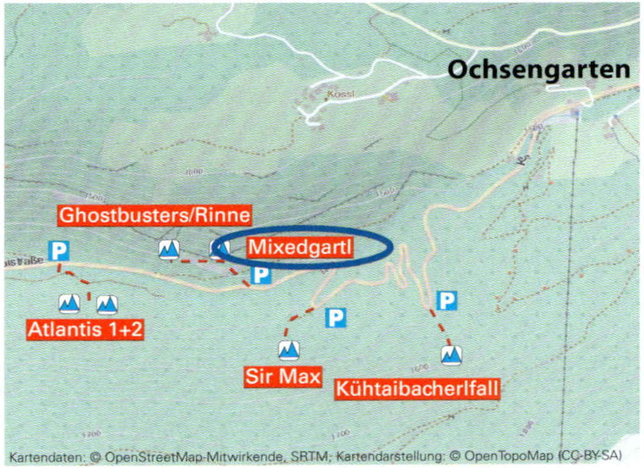

Zufahrt/Zustieg
In Oetz am Ortsende beim Kreisverkehr links abbiegen und 7,5 Km in Richtung Kühtai fahren. Kurz vor der ersten Kehre, vor Ochsengarten, im Bereich einer Brücke parken. Von hier auf der Straße etwas zurück, dann zu einem Forstweg und durch den Wald zu den schon sichtbaren Eisfällen gehen.

P 32 T 645518 5231727
32 T 645339 5231730

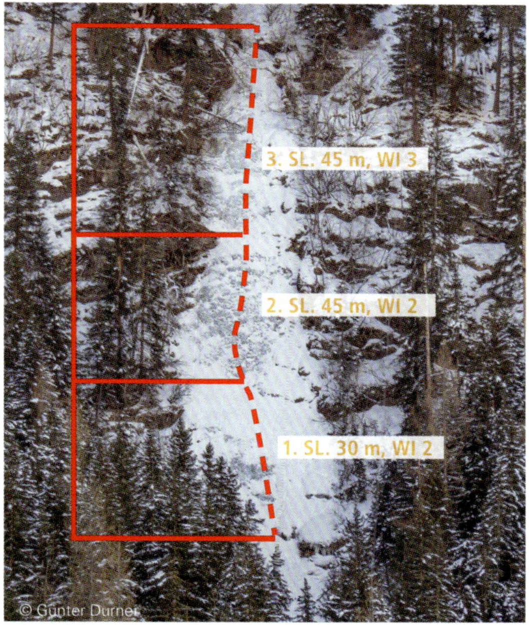

Kühtaibacherlfall

Schöner, einfacher, nicht allzu steiler Eisfall, der gut für Eiskletteranfänger geeignet ist. Hier gibt es gebohrte Standplätze zum Abseilen.

Bachname.............. Keiner
Lawinengefahr .... Kaum
Ausrichtung ....Nord/NW
Höhenlage .... 1500 m
Schwierigkeit ....WI 3
Eisfallhöhe .... 120 m
Seillängen .... 3 SL.
Zustieg .... 15 Min.
Eisfallbegehung....... 2 Std.
Abstieg................ 20 Min.
Abstieg...............Abseilen
Über den Eisfall mittels Eisuhren und Bäumen abseilen.

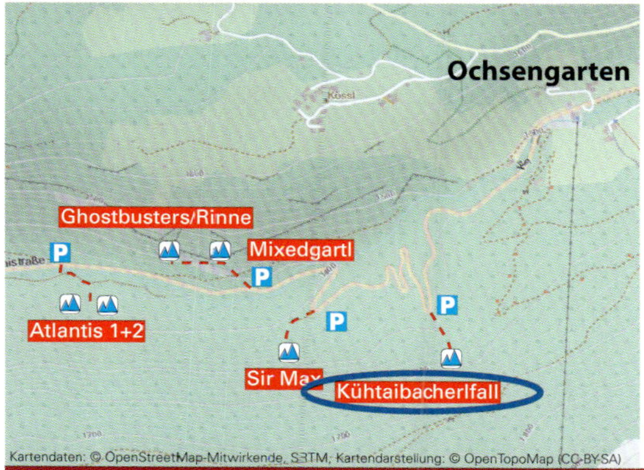

Zufahrt/Zustieg
In Oetz am Ortsende beim Kreisverkehr links abbiegen und 8,5 Km in Richtung Kühtai fahren. Am Parkplatz zum Mixedgartl vorbei und weiter bis zur letzten Serpentine (Linkskurve). Hier parken. Von hier bis zu einem Bachbett und über dieses hinauf zum Eisfall gehen.

P 32 T 645921 5231650
32 T 646035 5231531

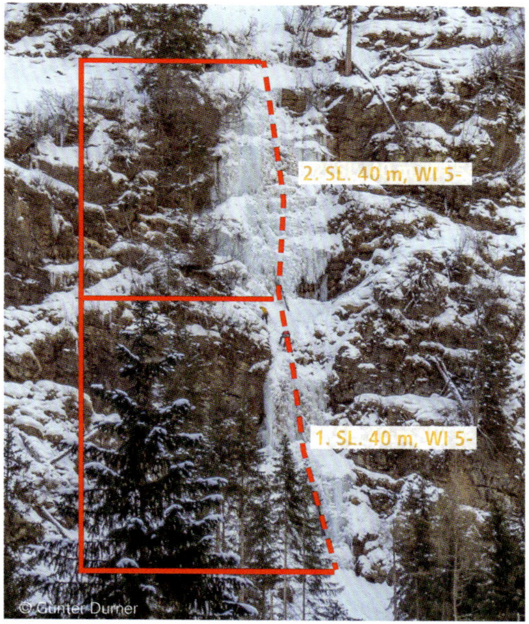

Sir Max

Gut gestufter, einfacher, schöner Eisfall mit zwei Steilstufen.

Bachname.............. Keiner
Lawinengefahr .... Kaum
Ausrichtung..............Nord
Höhenlage........... 1400 m
Schwierigkeit ....WI 5-
Eisfallhöhe .... 80 m
Seillängen .... 2 SL.
Zustieg .... 10 Min.
Eisfallbegehung.... 1,5 Std.
Abstieg................ 20 Min.
Abstieg...............Abseilen
Über den Eisfall mittels Eisuhren und Bäumen abseilen.

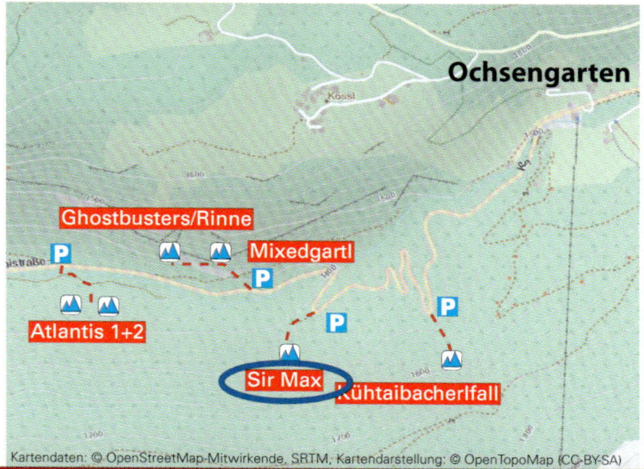

Zufahrt/Zustieg
In Oetz am Ortsende beim Kreisverkehr links abbiegen und 7,8 Km in Richtung Kühtai fahren. Am Parkplatz zum Mixedgartl vorbei und weiter bis zur zweiten, markanten Serpentine. Hier parken. Von hier flach talauswärts bis zu einem Bachbett. Über das Bachbett mühsam hinauf zum Eisfall.

P 32 T 645603 5231643
32 T 645492 5231502

5 ATLANTIS 1 Ochsengarten

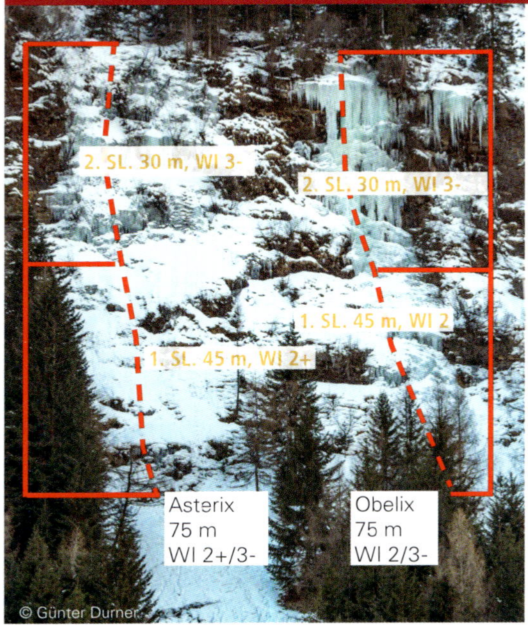

Atlantis 1
Asterix/Obelix

Zwei kurze, einfache Eisfälle mit zwei Steilstufen.

Bachname .... Keiner
Lawinengefahr .... Kaum
Ausrichtung ....Nord
Höhenlage .... 1300 m
Schwierigkeit .....WI 2+/3-
Eisfallhöhe .... 75 m
Seillängen .... 2 SL.
Zustieg .... 25 Min.
Eisfallbegehung....... 1 Std.
Abstieg................ 40 Min.
Abstieg..............Abseilen

Über den Eisfall mittels Eisuhren und Bäumen abseilen.

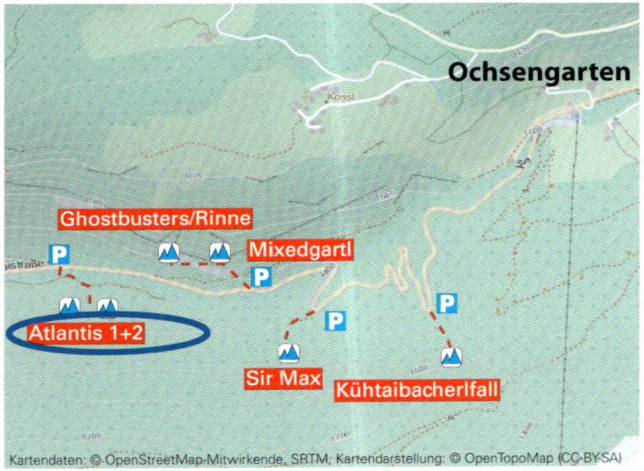

Zufahrt/Zustieg

In Oetz am Ortsende beim Kreisverkehr links abbiegen und 6,8 Km in Richtung Kühtai fahren. 650 m vor den Serpentinen zweigt links eine Forststraße ab. Hier parken. Von hier über eine Brücke, dann links dem Forstweg bis zum Ende folgen. Dann linkshaltend über eine Lichtung bis zum Eisfall aufsteigen.

P 32 T 644887 5231769
32 T 644949 5231694

6 ATLANTIS 2 Ochsengarten

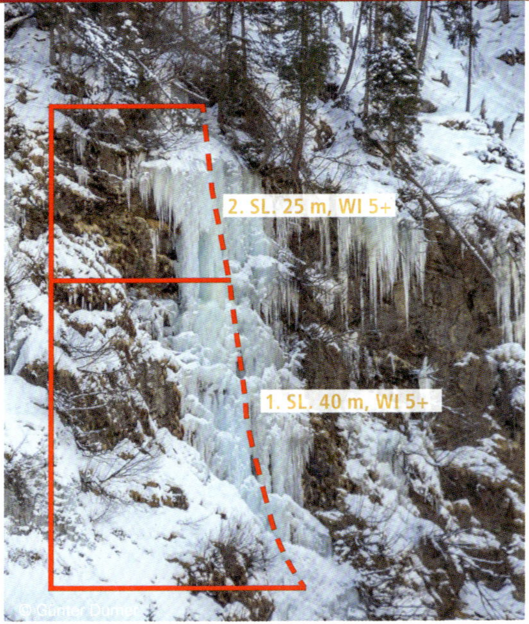

Atlantis 2

Steiler, schwerer Eisfall an einem Felsriegel.

Bachname .... Keiner
Lawinengefahr .... Kaum
Ausrichtung ....Nord
Höhenlage .... 1300 m
Schwierigkeit .... WI 5+
Eisfallhöhe .... 65 m
Seillängen .... 2 SL.
Zustieg .... 25 Min.
Eisfallbegehung....... 1 Std.
Abstieg.................. 1 Std.
Abstieg..............Abseilen

Über den Eisfall mittels Eisuhren und Bäumen abseilen.

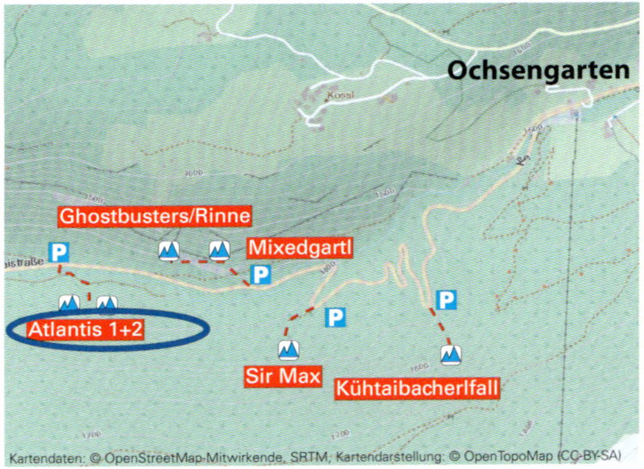

Zufahrt/Zustieg

In Oetz am Ortsende beim Kreisverkehr links abbiegen und 6,8 Km in Richtung Kühtai fahren. 650 m vor den Serpentinen zweigt links eine Forststraße ab. Hier parken. Von hier über eine Brücke, dann links dem Forstweg bis zum Ende folgen. Dann linkshaltend über eine Lichtung bis zum Eisfall aufsteigen.

P 32 T 644887 5231769
32 T 644949 5231694

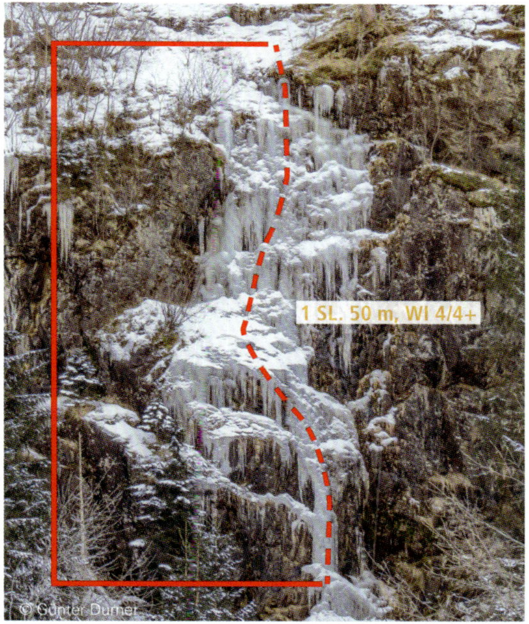

Eis am Stiel

Steiler, schwerer Eisfall an einem Felsriegel. Aufgrund des teilweise überhängenden Felsens oft schlechte Eisverhältnisse.

Bachname .... Keiner
Lawinengefahr .... Kaum
Ausrichtung .... Nord
Höhenlage .... 1150 m
Schwierigkeit ...... WI 4/4+
Eisfallhöhe .... 50 m
Seillängen .... 1 SL.
Zustieg .... 15 Min.
Eisfallbegehung .... 1 Std.
Abstieg .... 20 Min.
Abstieg .... Abseilen

Über den Eisfall mittels Eisuhren und Bäumen abseilen.

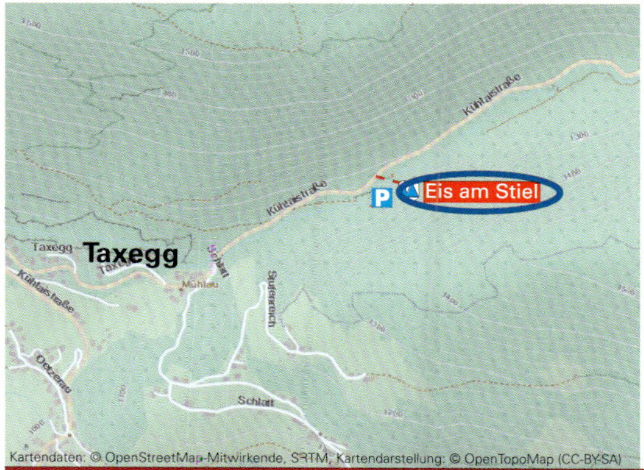

Zufahrt/Zustieg

In Oetz am Ortsende beim Kreisverkehr links abbiegen und 5 Km in Richtung Kühtai fahren. Nach der Nederbachbrücke 650 m weiterfahren. Dann auf der rechten Straßenseite parken. Von hier zum Nederbach absteigen dann durch das Bachbett und zum Eisfall aufsteigen. Weiter oben gibt es eine Brücke über die man auch auf die andere Bachseite gelangen kann.

P 32 T 643349 5231374
32 T 643460 5231320

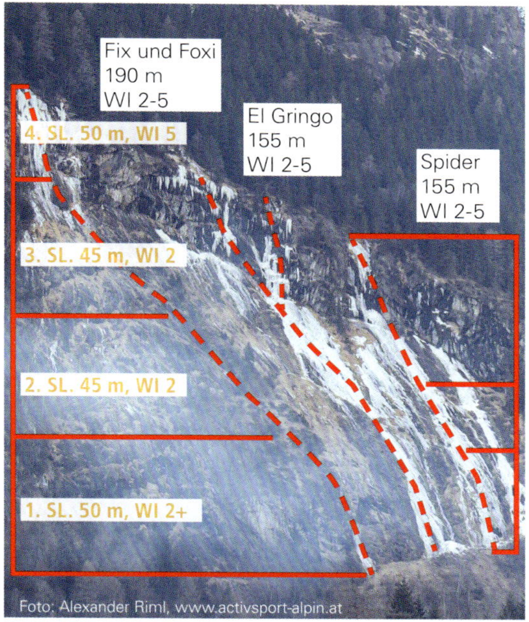

Grubenbachfall

Drei Eisfälle (Eispanzer) nebeneinander. Der untere Bereich des Eisfalles ist leicht geneigt und einfacher, der obere Teil besteht aus einer Steilstufe.

Bachname .... Keiner
Lawinengefahr .... Kaum
Ausrichtung .... Ost
Höhenlage .... 1000 m
Schwierigkeit .... WI 5
Eisfallhöhe ...... 150-200 m
Seillängen .... 3-4 SL.
Zustieg .... 15 Min.
Eisfallbegehung .... 2,5 Std.
Abstieg .... 20 Min.
Abstieg .... Abseilen

Über den Eisfall (teilweise Bohrhaken) abseilen.

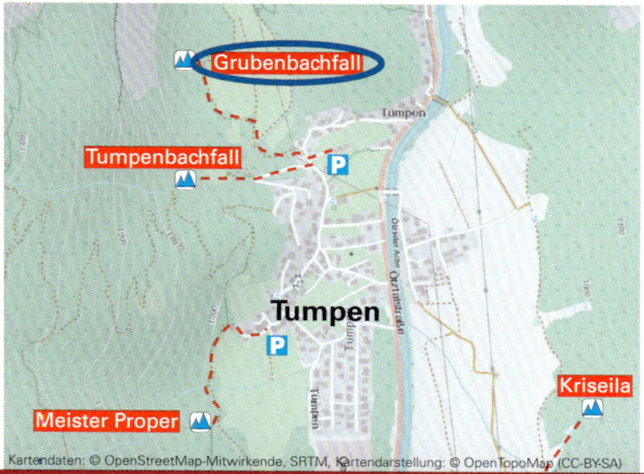

Zufahrt/Zustieg

Von Oetz nach Tumpen fahren und nach der Bushaltestelle rechts Richtung Gasthof Plattner und Armelenhütte abbiegen. Im Bereich der Schule parken. Von dort zum bereits sichtbaren Eispanzer talauswärts gehen. Beim Bauernhof links abbiegen. Dem Forstweg bis unter die Eisfälle folgen dann direkt aufsteigen.

P 32 T 644645 5226355
32 T 644186 5226711

9 TUMPENBACHFALL Tumpen

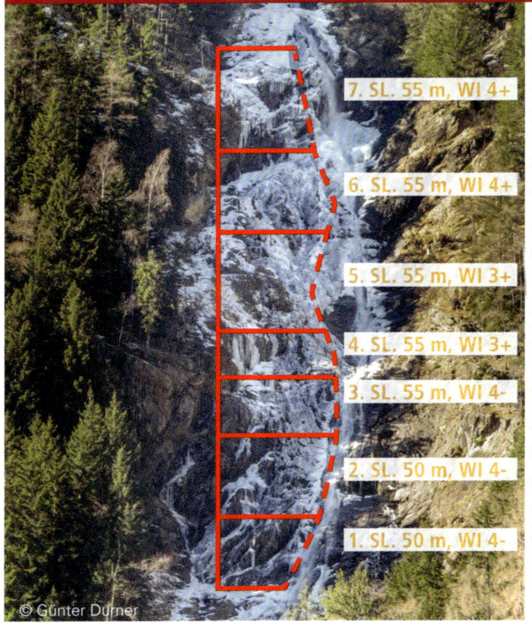

Tumpenbachfall

Sehr langer und markanter Eisfall oberhalb von Tumpen. Es gibt gebohrte Standplätze vom Canyoning, die zum Teil auch beim Eisklettern benützt werden können.

Bachname..... Tumpenbach
Lawinengefahr .... Kaum
Ausrichtung .... Ost
Höhenlage .... 1000 m
Schwierigkeit .... WI 4+
Eisfallhöhe .... 380 m
Seillängen .... 7 SL.
Zustieg .... 15 Min.
Eisfallbegehung.... 2,5 Std.
Abstieg................ 20 Min.
Abstieg............ Absteigen
Zu Fuß über die Forststraße absteigen.

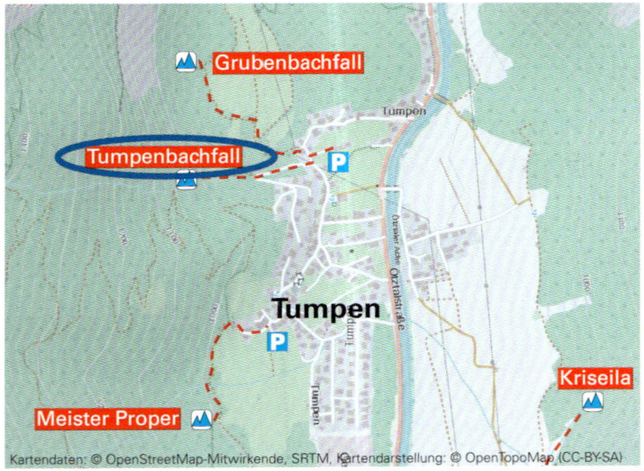

Zufahrt/Zustieg

Von Oetz nach Tumpen fahren und nach der Bushaltestelle rechts Richtung Gasthof Plattner und Armelenhütte abbiegen. Beschilderung Richtung Armelenhütte folgen. In der 1. Kehre parken. Von dort über eine Holzbrücke dann auf der rechten Bachseite zum Eisfall aufsteigen.

P 32 T 644392 5226291
32 T 644097 5226383

10 MEISTER PROPER Tumpen

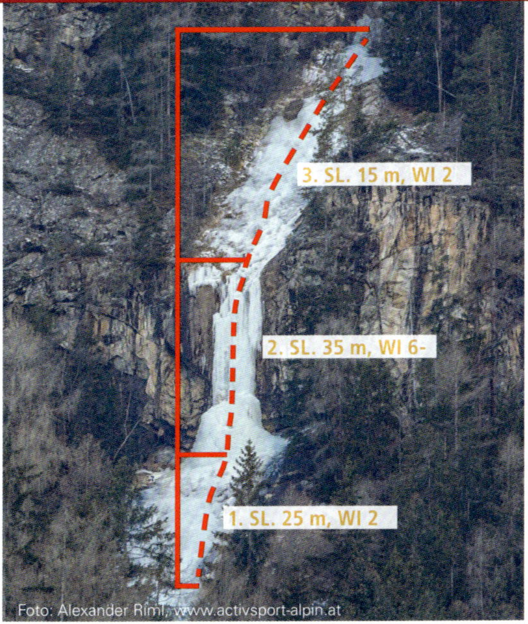

Meister Proper

Kurzer, aber sehr schwerer Eisfall. Im Mittelsteil steht meist eine freistehende Eissäule.

Bachname.............. Keiner
Lawinengefahr .... Kaum
Ausrichtung .... Ost
Höhenlage .... 1050 m
Schwierigkeit .... WI 6-
Eisfallhöhe .... 75 m
Seillängen .... 3 SL.
Zustieg .... 30 Min.
Eisfallbegehung.... 1,5 Std.
Abstieg................... 1 Std.
Abstieg............... Abseilen
Über den Eisfall mittels Eisuhren und Bäumen abseilen.

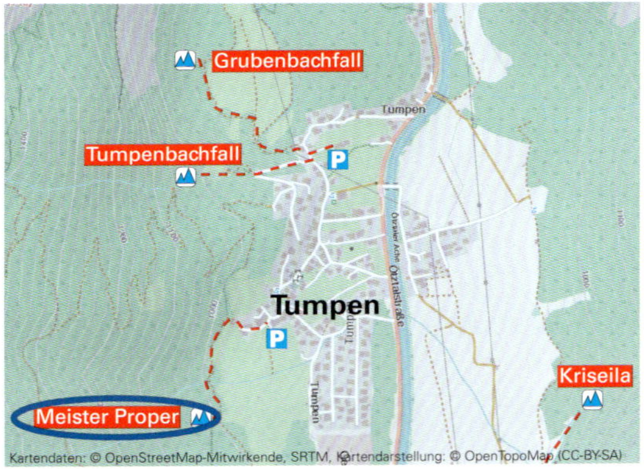

Zufahrt/Zustieg

Von Oetz nach Tumpen fahren. Kurz vor dem Ortsende (Schild) von Tumpen rechts abbiegen und in der Nähe der Kirche parken. Von der Kirche dem Weg talaufwärts bis zum Dorfbrunnen folgen. Nach dem Brunnen in Richtung Gesteigalm, dann durch den Wald zum bereits sichtbaren Eisfall aufsteigen.

P 32 T 644491 5226099
32 T 644263 5225687

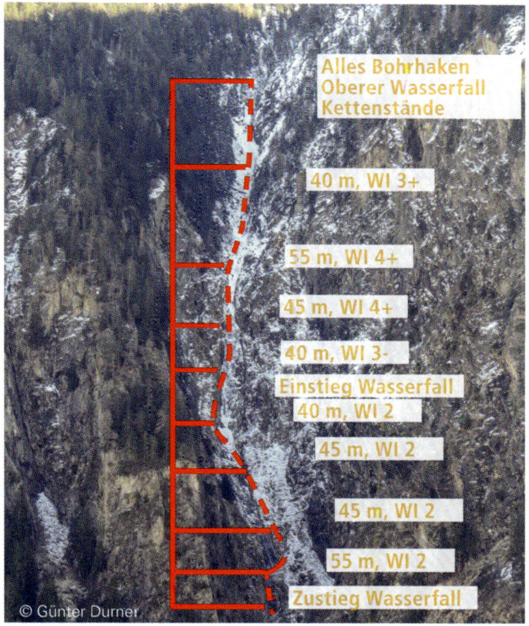

Kriseila

Äußerst langer, imposanter Eisfall. Im unteren Teil WI 2, im oberen Teil sehr schwer WI 4+ und anspruchsvoll. Es gibt gebohrte Standplätze.

Bachname........Kriseilbach
Lawinengefahr .... Kaum
Ausrichtung.............West
Höhenlage............1100 m
Schwierigkeit .... WI 4+
Eisfallhöhe ....365 m
Seillängen .... 9 SL.
Zustieg ....30 Min.
Eisfallbegehung...... 3 Std.
Abstieg................ 1,5 Std.
Abstieg...............Abseilen

Über den Eisfall mittels Eisuhren, den gebohrten Standplätzen und an den Bäumen abseilen.

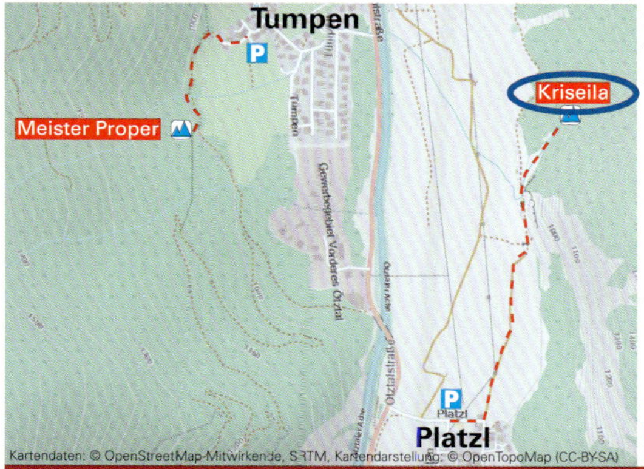

Zufahrt/Zustieg

Von Oetz nach Tumpen fahren. Nach dem Ortsende über die Ötztaler Ache fahren und danach links Richtung Platzl abbiegen. Auf dem Parkplatz Engelswand parken. Dem Fortsweg zum Klettergarten Engelswand folgen .Vom Klettergarten Engelswand weiter dann rechts durch den Birkenwald zum Eisfall aufsteigen.

P 32 T 645036 5224851
32 T 645348 5225782

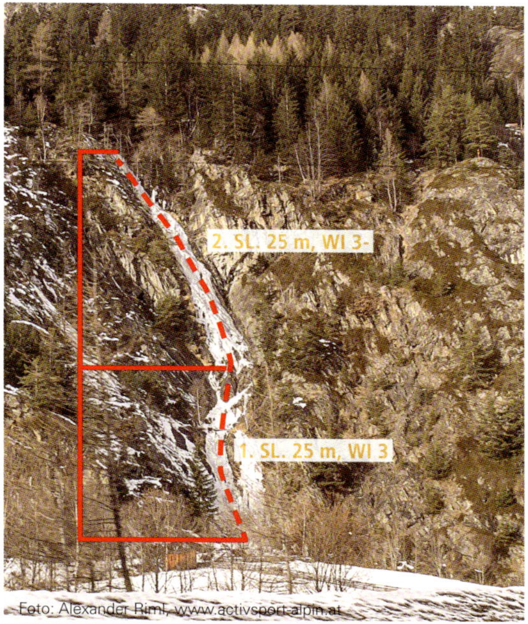

Dr. Jekyll

Leichter Eisfall, der in einer nicht allzu steilen Rinne verläuft. Der Eisfall ist nur nach langen, kalten Kälteperioden vorhanden. Es gibt gebohrte Standplätze.

Bachname......Gehsteigmur
Lawinengefahr .... Kaum
Ausrichtung................Ost
Höhenlage........... 1000 m
Schwierigkeit ....WI 3
Eisfallhöhe .... 50 m
Seillängen .... 2 SL.
Zustieg .... 25 Min.
Eisfallbegehung....... 1 Std.
Abstieg................ 20 Min.
Abstieg...............Abseilen

Am rechten Rand an Bäumen oder an den gebohrten Standplätzen über den Eisfall abseilen.

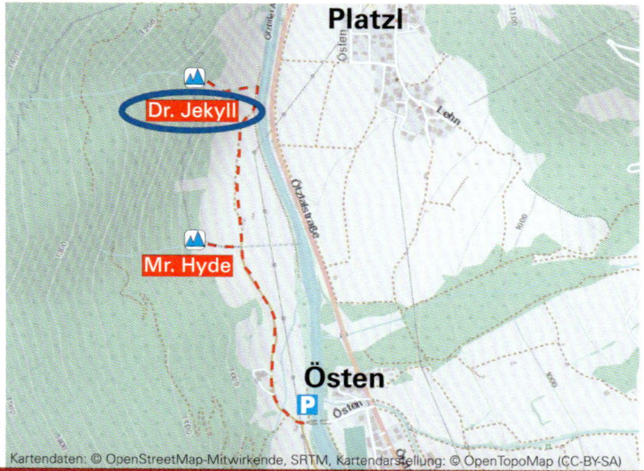

Zufahrt/Zustieg

Von Tumpen nach Umhausen fahren und im Ortsteil Östen (kurz vor Umhausen) rechts zum Fußballplatz abbiegen. Vor der überdachten Brücke gibt es links Parkmöglichkeiten. Dem Weg, entlang des Baches, in nördlicher Richtung bis zum Ende folgen. Dann nach links zum Eisfall aufsteigen.

P 32 T 644890 5223609
32 T 644637 5224602

13 MR. HYDE Platzl

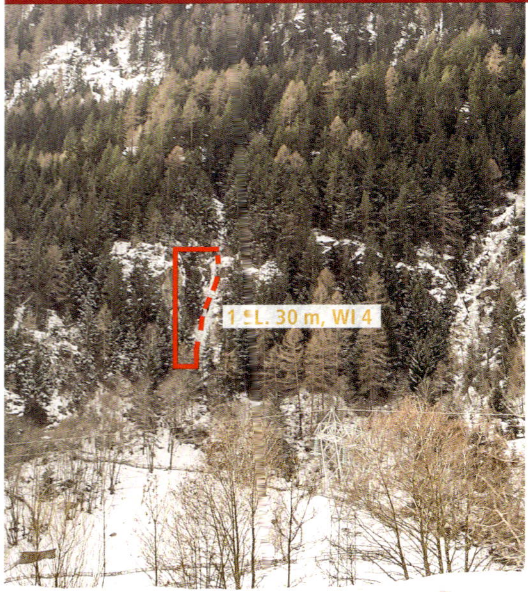

Foto: Alexander Riml, www.activsport-alpin.at

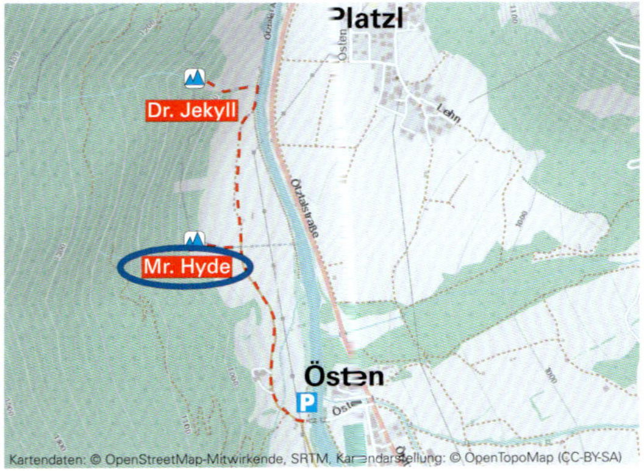

Mr. Hyde

Kurzer, mittelschwerer und nicht allzu steiler Eisfall.

Bachname...... Klammbach
Lawinengefahr........ Kaum
Ausrichtung.........Ost/NO
Höhenlage........... 1000 m
Schwierigkeit...........WI 4
Eisfallhöhe.............. 30 m
Seillängen............... 1 SL.
Zustieg................ 15 Min.
Eisfallbegehung.... 30 Min.
Abstieg................ 20 Min.
Abstieg...............Abseilen

Über den Eisfall mittels Eisuhren und Bäumen abseilen.

Zufahrt/Zustieg

Von Tumpen nach Umhausen fahren und im Ortsteil Östen (kurz vor Umhausen) rechts zum Fußballplatz abbiegen. Vor der überdachten Brücke gibt es links Parkmöglichkeiten. Dem Weg, entlang des Baches, in nördlicher Richtung folgen bis zu einem Weg über die Wiese. Die Wiese überqueren und zum Waldrand gehen, dort dem Bachlauf hinauf zum Eisfall folgen.

P 32 T 644885 5223609
32 T 644522 5224053

14 EISERNER VORHANG Au

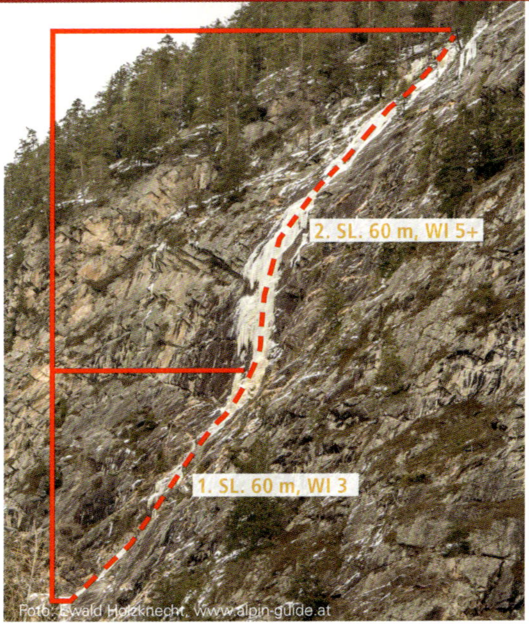

Foto: Ewald Holzknecht, www.alpin-guide.at

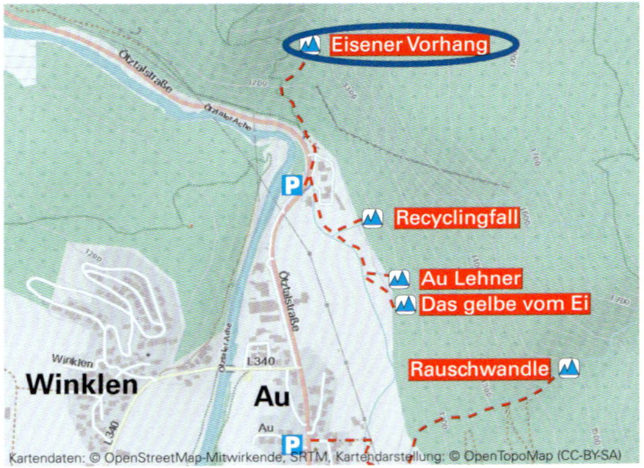

Eiserner Vorhang

Steiler Eisfall, der aufgrund der Sonneneinstrahlung und des schwarzen Felsens oft wenig Eis hat. Der Eisfall ist nicht ganz ungefährlich, da er oft hinterspült ist.

Bachname.............. Keiner
Lawinengefahr........ Kaum
Ausrichtung.........Süd/SW
Höhenlage........... 1280 m
Schwierigkeit......... WI 5+
Eisfallhöhe............ 120 m
Seillängen............... 2 SL.
Zustieg................ 30 Min.
Eisfallbegehung....... 2 Std.
Abstieg................... 1 Std.
Abstieg............ Absteigen

Über einen Pfad, der auch im Sommer von den Kletterern benutzt wird, absteigen. Der Pfad verläuft in Richtung Wiesle.

Zufahrt/Zustieg

Von Umhausen Richtung Längenfeld, bis zum Ortsteil Au (Recyclinghof) fahren. Hier rechts auf den Parkplatz an der Ötztaler Ache fahren. Von dort dem Wanderweg Richtung Wiesle, bis zu einer Lichtung, folgen. Diese queren und direkt zum Wasserfall gehen. (Markanter Bildstock am Baum).

P 32 T 648192 5218743
32 T 648192 5218743

15 RECYCLINGFALL Au

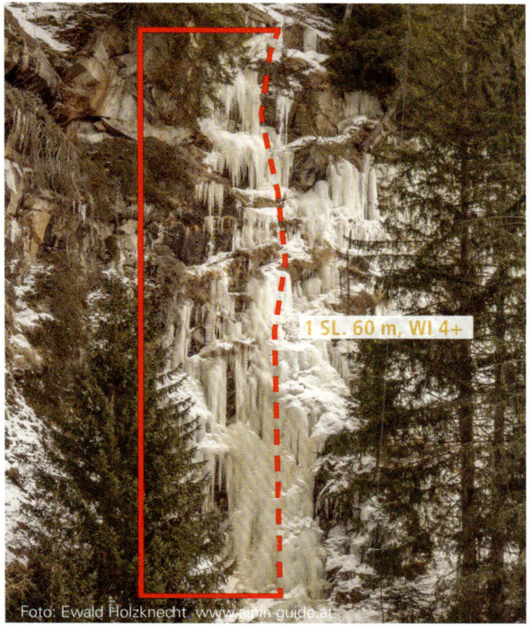

Recyclingfall

Anspruchsvoll, senkrechte Stellen über mehrere Stufen, teils nur Eiszapfen.

Bachname.........Hemerach
Lawinengefahr........ Kaum
Ausrichtung........ Südwest
Höhenlage........... 1200 m
Schwierigkeit......... WI 4+
Eisfallhöhe.............. 60 m
Seillängen............... 1 SL.
Zustieg................ 10 Min.
Eisfallbegehung....... 1 Std.
Abstieg................ 10 Min.
Abstieg...............Abseilen

Über den Eisfall mittels Eisuhren und Bäumen abseilen.

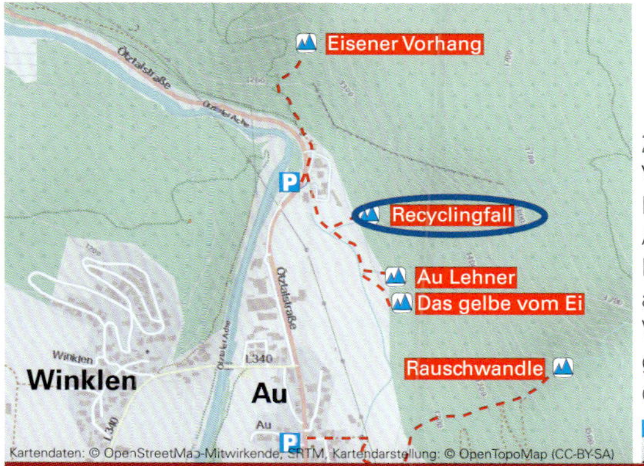

Zufahrt/Zustieg

Von Umhausen Richtung Längenfeld, bis zum Ortsteil Au (Recyclinghof) fahren. Hier rechts auf den Parkplatz an der Ötztaler Ache fahren. Von dort zum Klärwerk gehen. Direkt dahinter ist der Eisfall bereits sichtbar.

P 32 T 648192 5218743
32 T 648382 5218623

16 AU LEHNER Au

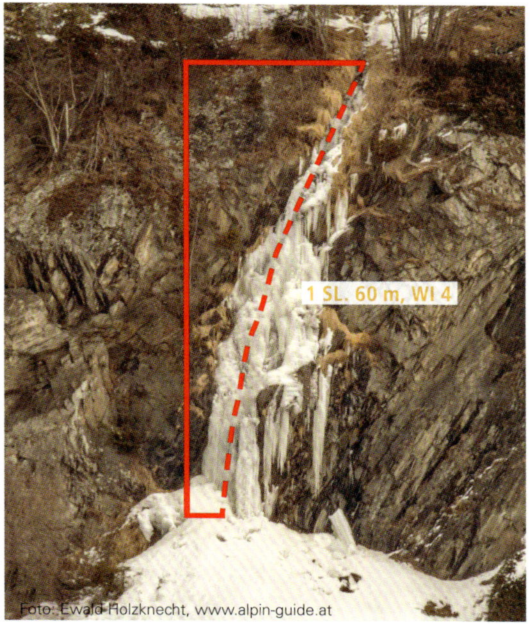

Au Lehner

Kurzer, steiler Eisfall in der Nähe des Klärwerks. Kann auch Toprope geklettert werden.

Bachname................Mure
Lawinengefahr........ Kaum
Ausrichtung........ Südwest
Höhenlage........... 1200 m
Schwierigkeit...........WI 4
Eisfallhöhe.............. 60 m
Seillängen............... 1 SL.
Zustieg................ 20 Min.
Eisfallbegehung.... 45 Min.
Abstieg................ 15 Min.
Abstieg...............Abseilen

Über den Eisfall mittels Eisuhren und Bäumen abseilen.

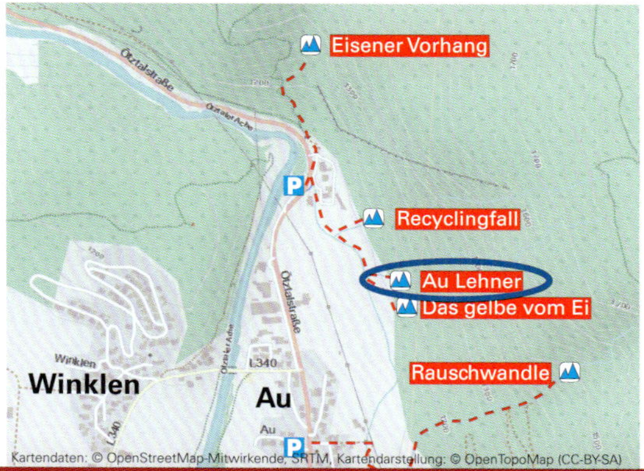

Zufahrt/Zustieg

Von Umhausen Richtung Längenfeld, bis zum Ortsteil Au (Recyclinghof) fahren. Hier rechts auf den Parkplatz an der Ötztaler Ache fahren. Von dort zum Klärwerk gehen und dann nach rechts auf dem Winterwanderweg Richtung Süden bis zum Eisfall gehen.

P 32 T 648192 5218743
32 T 648451 5218481

17 DAS GELBE VOM EI Au

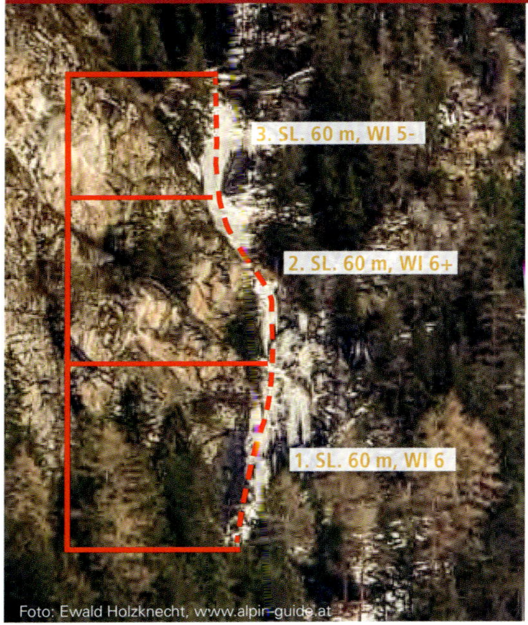

Foto: Ewald Holzknecht, www.alpir-guide.at

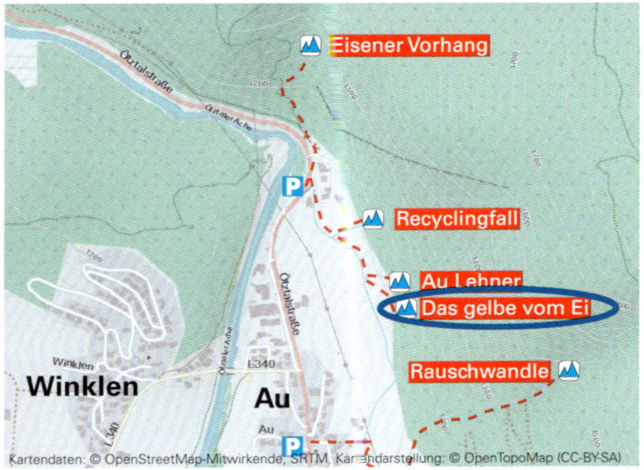

Kartendaten: © OpenStreetMap-Mitwirkende, SRTM, Kartendarstellung: © OpenTopoMap (CC-BY-SA)

Das gelbe vom Ei

Ein anspruchsvoller Eisfall mit senkrechten Stellen über mehrere Stufen, teils nur Eiszapfen.

Bachname............. Keiner
Lawinengefahr........ Kaum
Ausrichtung........ Südwest
Höhenlage........... 1400 m
Schwierigkeit......... WI 6+
Eisfallhöhe............ 180 m
Seillängen............... 3 SL.
Zustieg................ 45 Min.
Eisfallbegehung.... 2,5 Std.
Abstieg................ 45 Min.
Abstieg...............Abseilen

Über den Eisfall mittels Eisuhren und Bäumen abseilen.

Zufahrt/Zustieg

Von Umhausen Richtung Längenfeld, bis zum Ortsteil Au (Recyclinghof) fahren. Hier rechts auf den Parkplatz an der Ötztaler Ache fahren. Von dort zum Klärwerk genen und dann nach rechts auf dem Winterwanderweg Richtung Süden. Man geht über eine Lichtung zu zwei kleinen Wasserfällen, rechts vorbei unter einen kleinen Fels bis zum Einstieg des Wasserfalls.

P 32 T 648192 5218743
32 T 648451 5218481

18 RAUSCHWANDLE Au

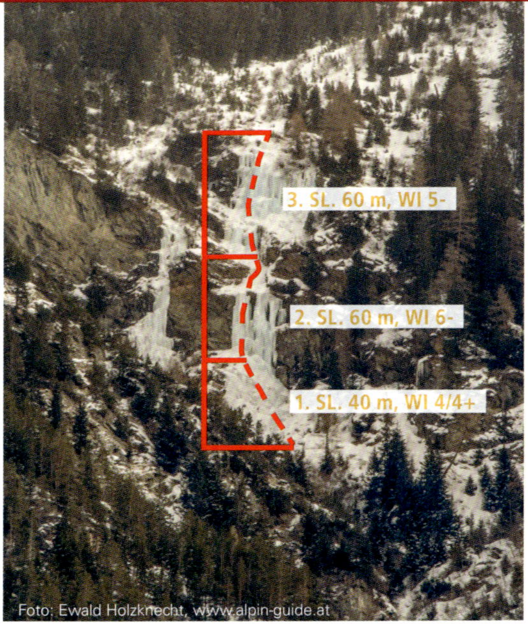

Foto: Ewald Holzknecht, www.alpin-guide.at

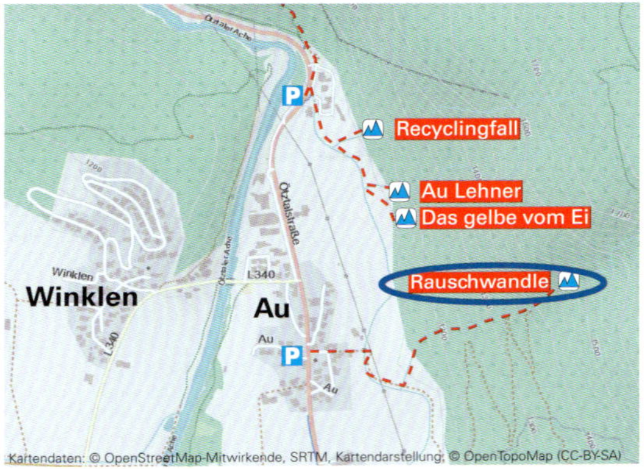

Kartendaten: © OpenStreetMap-Mitwirkende, SRTM, Kartendarstellung: © OpenTopoMap (CC-BY-SA)

Rauschwandle

Ein schwieriger Eisfall, der sich über über mehrere senkrechte Stufen erstreckt.

Bachname......... Auerbach
Lawinengefahr........ Kaum
Ausrichtung........ Südwest
Höhenlage........... 1800 m
Schwierigkeit..........WI 6-
Eisfallhöhe............ 160 m
Seillängen............... 3 SL.
Zustieg................ 1,5 Std.
Eisfallbegehung.... 2,5 Std.
Abstieg................ 2,5 Std.
Abstieg...............Abseilen

Über den Eisfall mittels Eisuhren und Bäumen abseilen oder etwas aufsteigen bis zum Weg, der Oberhemerachalm. Auf dem Forstweg zurück ins Tal.

Zufahrt/Zustieg

Von Umhausen Richtung Längenfeld, bis zum Ortsteil Au fahren und bei der Kapelle parken. Dann nach Westen 100 m Richtung Dorf gehen, dann links abbiegen und durch einen Tunnel gehen. Am Ende des Weges links und nach 300 m wieder nach rechts Richtung Hemerachalm abbiegen. Auf einer Höhe von 1700 m überquert man den Auerbach.

P 32 T 648227 5217961
32 T 649189 5218338

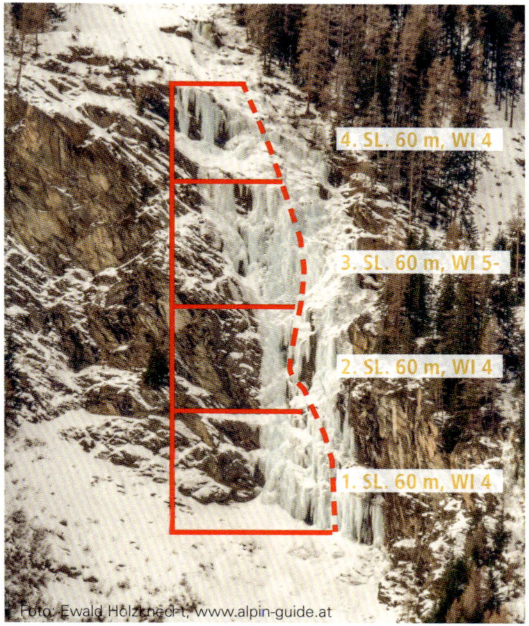

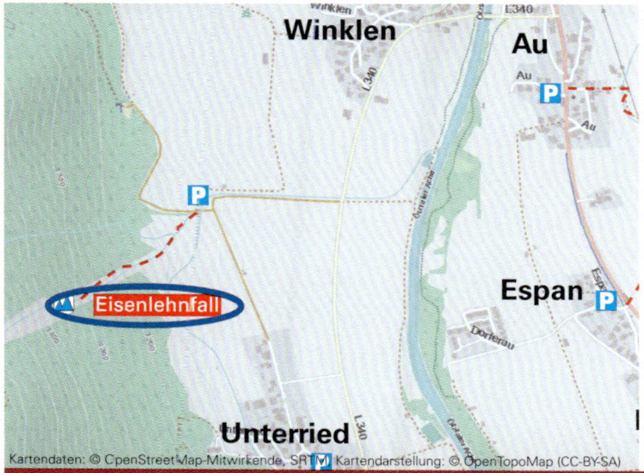

Eisenlehnfall

Im unteren Teil sehr steiler, schwerer Eisfall. Oberhalb des Eisfall hat es ein großes Einzugsgebiet für Lawinen.

Bachname......... Eisenbach
Lawinengefahr .... Ja
Ausrichtung .... Nordost
Höhenlage .... 1360 m
Schwierigkeit .... WI 5-
Eisfallhöhe .... 240 m
Seillängen .... 4 SL.
Zustieg .... 1 Std.
Eisfallbegehung .... 3 Std.
Abstieg .... 1 Std.
Abstieg .... Abseilen

Am rechten Rand an Bäumen über den Eisfall abseilen oder noch ca. 100 m bis zu einem Forstweg aufsteigen und auf diesem hinunter gehen (1,5 Std.).

Zufahrt/Zustieg

Von Umhausen Richtung Längenfeld, bis zum Ortsteil Au fahren. In die erste Einfahrt rechts nach Winklen abbiegen und dann weiter in Richtung Unterried fahren. Nach einer kleinen Brücke rechts in Richtung Wurzbergalm fahren. Bei der kleinen Brücke unterhalb des Wasserfalls parken und von hier weglos am Bach entlang zum Eisfall hoch gehen.

P 32 T 647221 5217618
32 T 646745 5217297

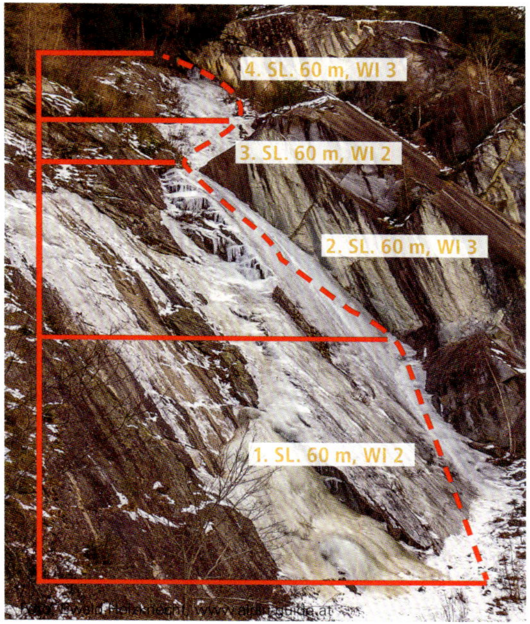

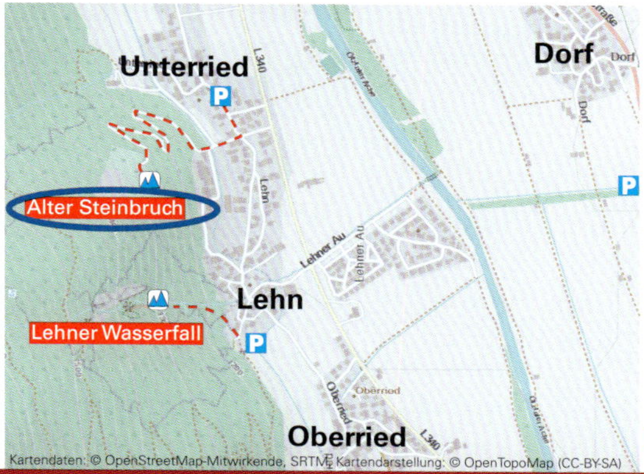

Alter Steinbruch (Links)

Eisfall im ehemaligen Steinbruch von Unterried mit kurzen steilen Passagen meist aber flach.

Bachname .... Keiner
Lawinengefahr .... Kaum
Ausrichtung .... Nordost
Höhenlage .... 1280 m
Schwierigkeit .... WI 3
Eisfallhöhe .... 240 m
Seillängen .... 4 SL.
Zustieg .... 15 Min.
Eisfallbegehung .... 1,5 Std.
Abstieg .... 15 Min.
Abstieg .... Abseilen

Über den Eisfall mittels Eisuhren abseilen. Keine Bäume.

Zufahrt/Zustieg

Von Umhausen Richtung Längenfeld, bis zum Ortsteil Au fahren. In die erste Einfahrt rechts nach Winklen abbiegen und dann weiter in Richtung Unterried fahren. In der Nähe des Gewerbegebietes parken. Bei der Toni Auer Zimmerei, bei einer Schranke, den Alten Weg bis zu einer Abzweigung folgen. Hier rechts halten und bis zu einen kleinen Plateau hochgehen.

P 32 T 647574 5216721
32 T 647386 5216621

21 ALTER STEINBRUCH Unterried

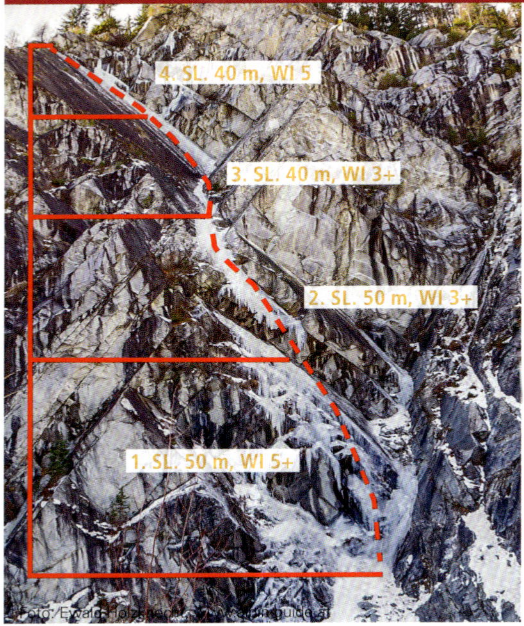

Foto: Ewald Holzknecht, www.alpin-guide.at

Alter Steinbruch (Mitte)

Eisfall im ehemaligen Steinbruch von Unterried mit kurze steile Passagen meist aber flach.

Bachname.............. Keiner
Lawinengefahr .... Kaum
Ausrichtung..........Nordost
Höhenlage........... 1280 m
Schwierigkeit ....WI 5
Eisfallhöhe .... 180 m
Seillängen .... 4 SL.
Zustieg .... 15 Min.
Eisfallbegehung.... 1,5 Std.
Abstieg................ 15 Min.
Abstieg...............Abseilen

Über den Eisfall mittels Eisuhren abseilen. Keine Bäume.

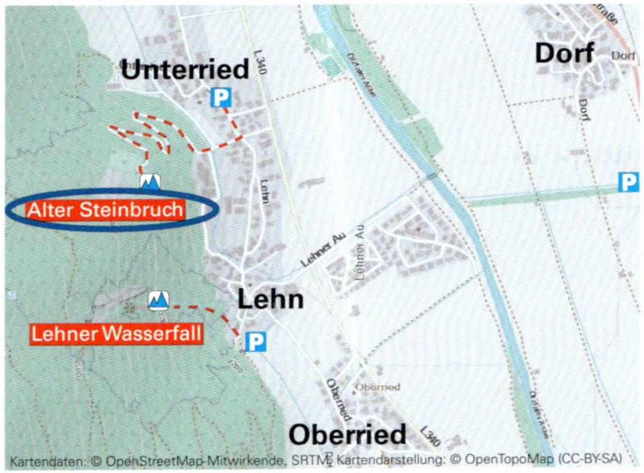

Kartendaten: © OpenStreetMap-Mitwirkende, SRTM, Kartendarstellung: © OpenTopoMap (CC-BY-SA)

Zufahrt/Zustieg

Von Umhausen Richtung Längenfeld, bis zum Ortsteil Au fahren. In die erste Einfahrt rechts nach Winklen abbiegen und dann weiter in Richtung Unterried fahren. In der Nähe des Gewerbegebietes parken. Bei der Toni Auer Zimmerei, bei einer Schranke, den Alten Weg bis zu einer Abzweigung folgen. Hier rechts halten und bis zu einen kleinen Plateau hochgehen.

P 32 T 647574 5216721
32 T 647386 5216621

22 ALTER STEINBRUCH Unterried

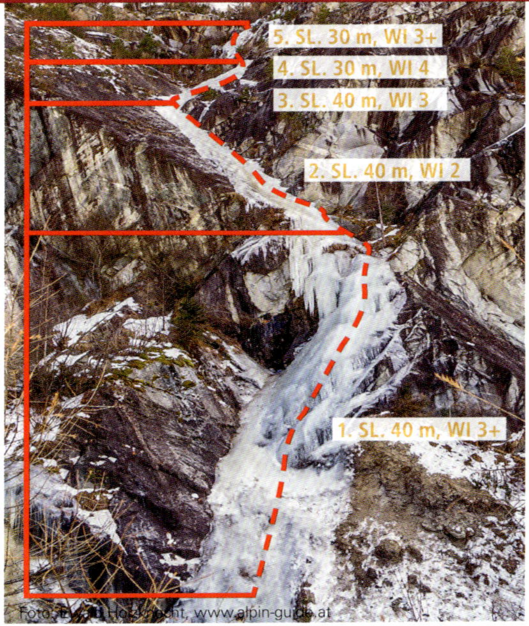

Foto: Ewald Holzknecht, www.alpin-guide.at

Steinbruch (Rechts)

Eisfall im ehemaligen Steinbruch von Unterried mit kurze steile Passagen meist aber flach.

Bachname.............. Keiner
Lawinengefahr .... Kaum
Ausrichtung..........Nordost
Höhenlage........... 1280 m
Schwierigkeit .... WI 3+
Eisfallhöhe .... 180 m
Seillängen .... 5 SL.
Zustieg .... 15 Min.
Eisfallbegehung.... 1,5 Std.
Abstieg................ 15 Min.
Abstieg...............Abseilen

Über den Eisfall mittels Eisuhren abseilen. Keine Bäume.

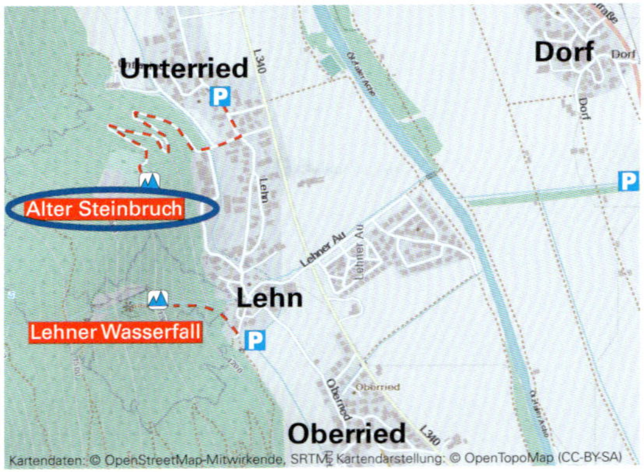

Kartendaten: © OpenStreetMap-Mitwirkende, SRTM, Kartendarstellung: © OpenTopoMap (CC-BY-SA)

Zufahrt/Zustieg

Von Umhausen Richtung Längenfeld, bis zum Ortsteil Au fahren. In die erste Einfahrt rechts nach Winklen abbiegen und dann weiter in Richtung Unterried fahren. In der Nähe des Gewerbegebietes parken. Bei der Toni Auer Zimmerei, bei einer Schranke, den Alten Weg bis zu einer Abzweigung folgen. Hier rechts halten und bis zu einen kleinen Plateau hochgehen.

P 32 T 647574 5216721
32 T 647386 5216621

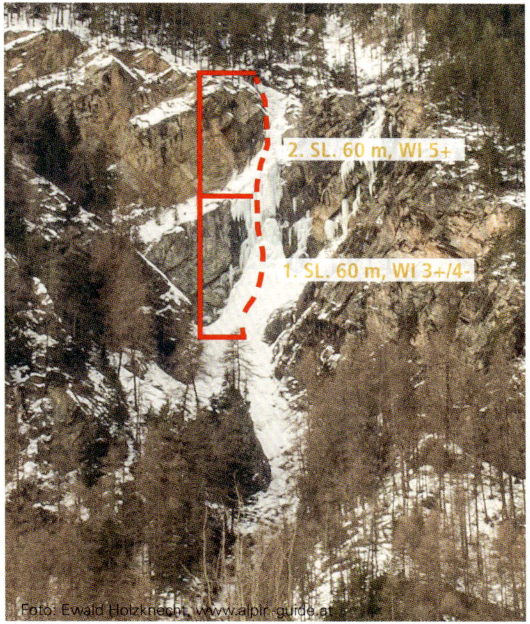

Lehner Wasserfall

Sehr schwieriger, steiler und teils überhängender, Eisfall, der meist viel Wasser führt und deshalb nicht ganz zugefriert.

Bachname .... Lehnbach
Lawinengefahr .... Keine
Ausrichtung .... Nordost
Höhenlage .... 1400 m
Schwierigkeit .... WI 5+
Eisfallhöhe .... 120 m
Seillängen .... 2 SL.
Zustieg .... 20 Min.
Eisfallbegehung .... 2 Std.
Abstieg .... 30 Min.
Abstieg .... Abseilen
Über den Eisfall mittels Eisuhren abseilen.

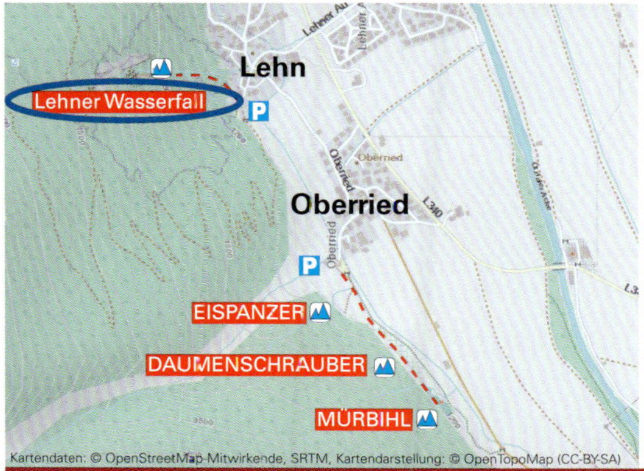

Zufahrt/Zustieg

Von Umhausen nach Längenfeld fahren und beim ersten Kreisverkehr (nach dem Ortseingang) rechts Richtung „Oberried-Lehn" abbiegen. Bei der Bushaltestelle links zum Heimatmuseum und weiter zum Parkplatz des Lehner Wasserfall Klettersteig. Zustieg wie zum Klettersteig, kurz vor der Seilbrücke des Klettersteiges zur Aussichtsplattform abzweigen, dann über wegloses Gelände bis zum Eisfall aufsteigen.

P 32 T 647673 5216293
32 T 647265 5216265

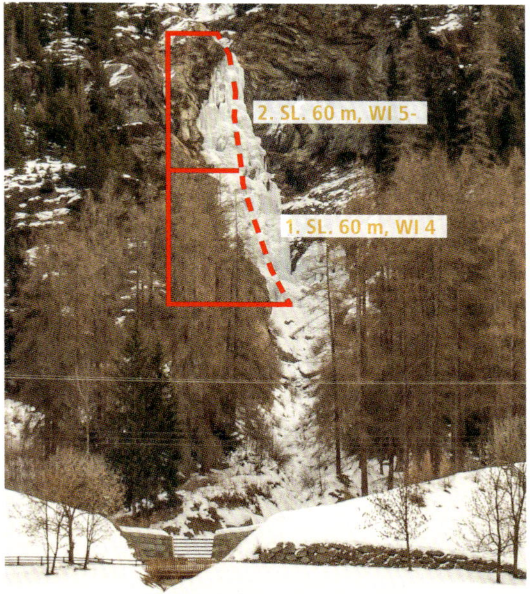

Foto: Ewald Holzknecht, www.alpin-guide.at

Koner

Mittelschwerer bis schwerer durchwegs senkrechter Eisfall. Achtung der Eisfall ist fast immer hinterspült.

Bachname .... Konerbach
Lawinengefahr .... Ja
Ausrichtung .... Südwest
Höhenlage .... 1300 m
Schwierigkeit .... WI 5-
Eisfallhöhe .... 120 m
Seillängen .... 2 SL.
Zustieg .... 30 Min.
Eisfallbegehung .... 2 Std.
Abstieg .... 30 Min.
Abstieg .... Abseilen
Über den Eisfall mittels Eisuhren und Bäumen abseilen.

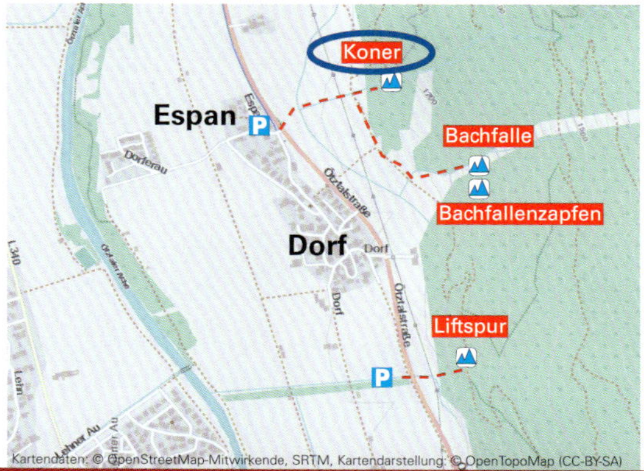

Zufahrt/Zustieg

Von Umhausen Richtung Längenfeld, bis nach Espan fahren und bei der Kapelle parken. Dann die Bundesstraße überqueren und über die Wiese zum Waldrand gehen. Von dort über den steilen Hang zum Eisfall aufsteigen.

P 32 T 648557 5217196
32 T 647673 5216293

25 BACHFALLE Dorf/Espan

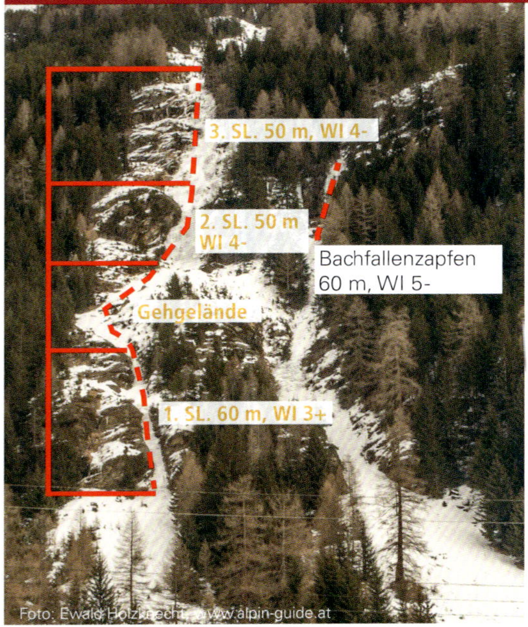

Foto: Ewald Holzknecht, www.alpin-guide.at

Bachfalle

Ein mittelschwerer, Eisfall, mit kurzen senkrechten Stellen.

Bachname..........Bachfalle
Lawinengefahr.............Ja
Ausrichtung........Südwest
Höhenlage...........1300 m
Schwierigkeit..........WI 4-
Eisfallhöhe............240 m
Seillängen...............3 SL.
Zustieg................10 Min.
Eisfallbegehung. 1-1,5 Std.
Abstieg................20 Min.
Abstieg...............Abseilen

Über den Eisfall mittels Eisuhren und Bäumen abseilen.

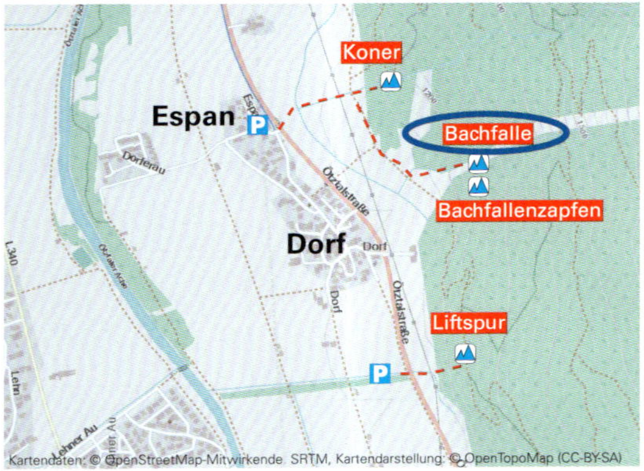

Kartendaten: © OpenStreetMap-Mitwirkende, SRTM, Kartendarstellung: © OpenTopoMap (CC-BY-SA)

Zufahrt/Zustieg

Von Umhausen Richtung Längenfeld, bis nach Espan fahren und bei der Kapelle parken. Dann die Bundesstraße überqueren und über die Wiese zum Waldrand gehen. Dort rechts am Waldrand entlang. Dann über steile Hänge hinauf zum Eisfall gehen.

P 32 T 648558 5217196
32 T 650803 5211719

26 BACHFALLENZAPFEN Dorf/Espan

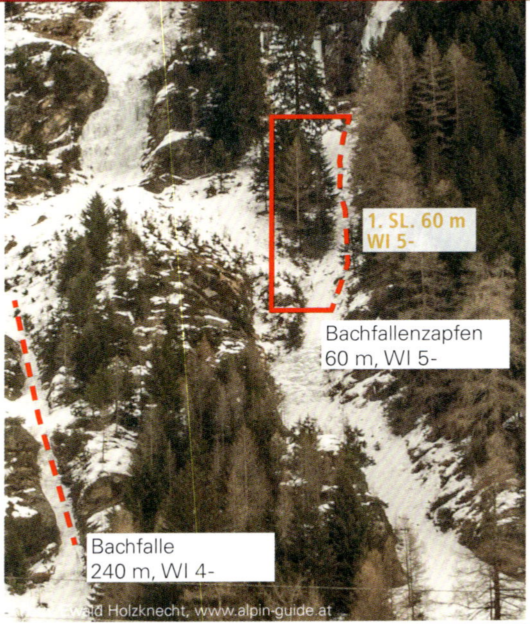

...ald Holzknecht, www.alpin-guide.at

Bachfallenzapfen

Sehr steiler Eisfall, der teilweise nur aus Eiszapfen besteht.

Bachname..........Bachfalle
Lawinengefahr.............Ja
Ausrichtung........Südwest
Höhenlage...........1400 m
Schwierigkeit..........WI 5-
Eisfallhöhe..............60 m
Seillängen...............1 SL.
Zustieg................15 Min.
Eisfallbegehung.......1 Std.
Abstieg................20 Min.
Abstieg...............Abseilen

Über den Eisfall mittels Eisuhren und Bäumen abseilen.

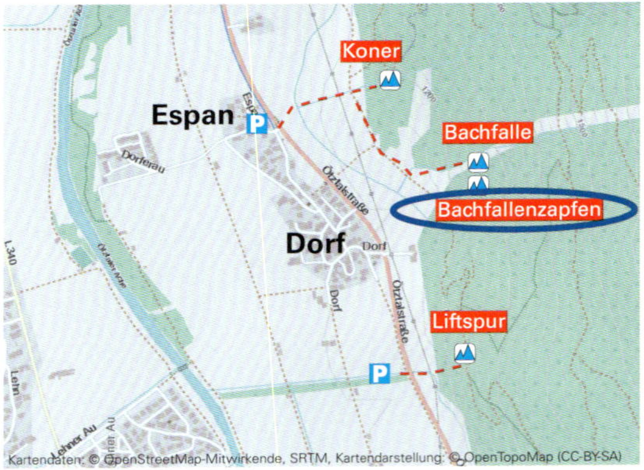

Kartendaten: © OpenStreetMap-Mitwirkende, SRTM, Kartendarstellung: © OpenTopoMap (CC-BY-SA)

Zufahrt/Zustieg

Von Umhausen Richtung Längenfeld, bis nach Espan fahren und bei der Kapelle parken. Dann die Bundesstraße überqueren und über die Wiese zum Waldrand gehen. Dort rechts am Waldrand entlang. Dann über steile Hänge hinauf zum Eisfall gehen.

P 32 T 648558 5217196
32 T 650803 5211719

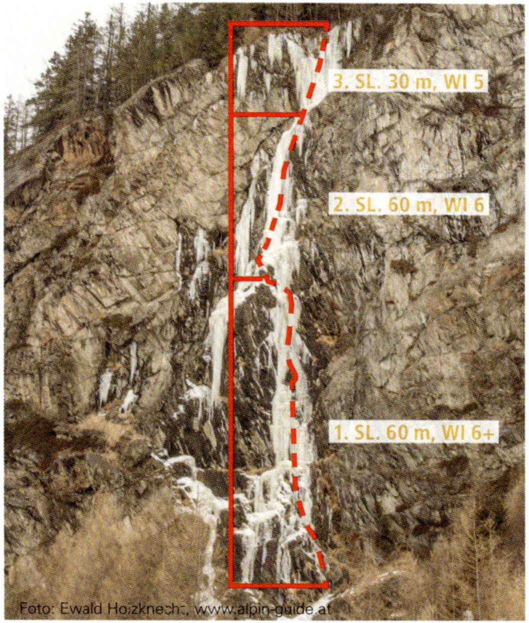

Foto: Ewald Holzknecht, www.alpin-guide.at

Liftspur

Extremer, sehr schwieriger, steiler Eisfall mit einzelnen Säulen. Durchwegs senkrecht, fast keine Rastpositionen.

Bachname.............. Keiner
Lawinengefahr ....Keine
Ausrichtung........ Südwest
Höhenlage............1150 m
Schwierigkeit .... WI 6+
Eisfallhöhe .... 180 m
Seillängen .... 3 SL.
Zustieg .... 5 Min.
Eisfallbegehung....... 2 Std.
Abstieg................ 20 Min.
Abstieg............ Absteigen

Beim Ausstieg des Eisfalls rechts halten, dann über einen schmalen Pfad (meist Steigspuren) durch den Wald in Richtung Längenfeld absteigen.

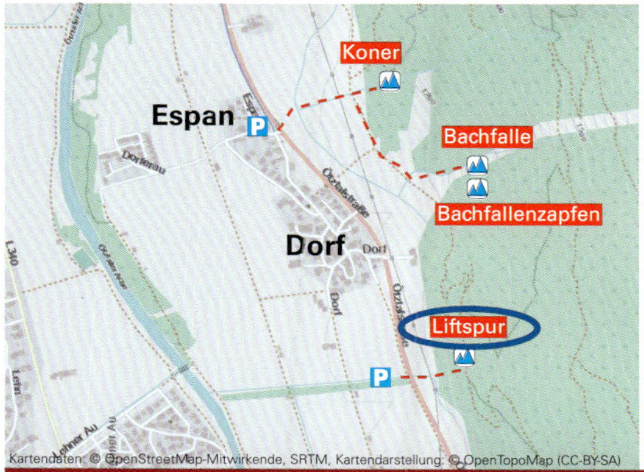

Kartendaten: © OpenStreetMap-Mitwirkende, SRTM, Kartendarstellung: © OpenTopoMap (CC-BY-SA)

Zufahrt/Zustieg

Von Umhausen Richtung Längenfeld fahren und zum Ortsteil Dorf fahren. Am Ortsende verläuft neben der Bundesstraße ein Wirtschaftsweg, auf diesem ca. 600 m Richtung Längenfeld fahren. Dann am Straßenrand des Wirtschaftsweges parken (so dass jeder vorbei kommt) und über die Straße direkt zum Einstieg gehen.

P 32 T 648884 5216488
32 T 648991 5216544

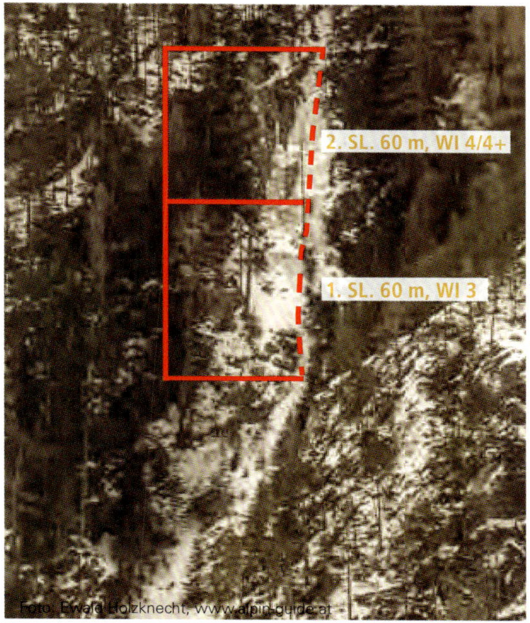

Foto: Ewald Holzknecht, www.alpin-guide.at

Eispanzer

Kurzer steiler Eisfall mit Eiszapfen am Beginn des Klettergartens Oberried vor dem ersten Sektor.

Bachname............... Keiner
Lawinengefahr ....Keine
Ausrichtung..........Nordost
Höhenlage............1180 m
Schwierigkeit .... WI 4+
Eisfallhöhe .... 120 m
Seillängen .... 2 SL.
Zustieg .... 10 Min.
Eisfallbegehung....... 1 Std.
Abstieg................ 10 Min.
Abstieg...............Abseilen

Über den Eisfall mittels Eisuhren abseilen. Keine Bäume.

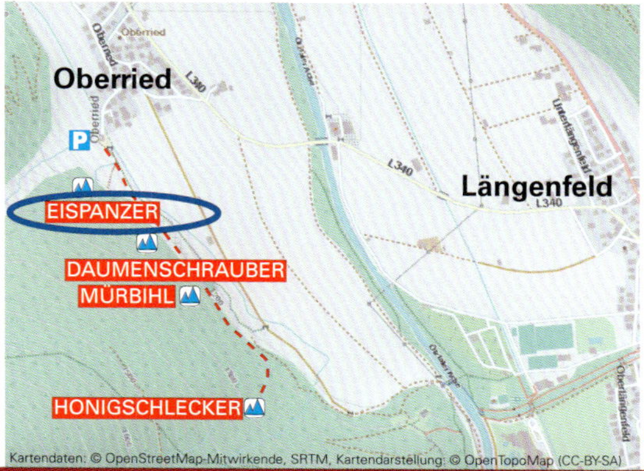

Kartendaten: © OpenStreetMap-Mitwirkende, SRTM, Kartendarstellung: © OpenTopoMap (CC-BY-SA)

Zufahrt/Zustieg

Am Ortseingang von Längenfeld (von Norden kommend) beim Kreisverkehr rechts Richtung „Oberried-Lehn-Au“ abbiegen. Geradeaus über die Brücke nach Oberried fahren. Hier bis zur Informationstafel, dann links und nach 300 m auf dem Parkplatz „Feuerwehr Geräte Halle Oberried“ parken. Nun auf dem südlichen Weg, durch das Gatter und danach rechts zum Eisfall gehen.

P 32 T 647951 5215706
32 T 647925 5215593

29 DAUMENSCHRAUBER Oberried

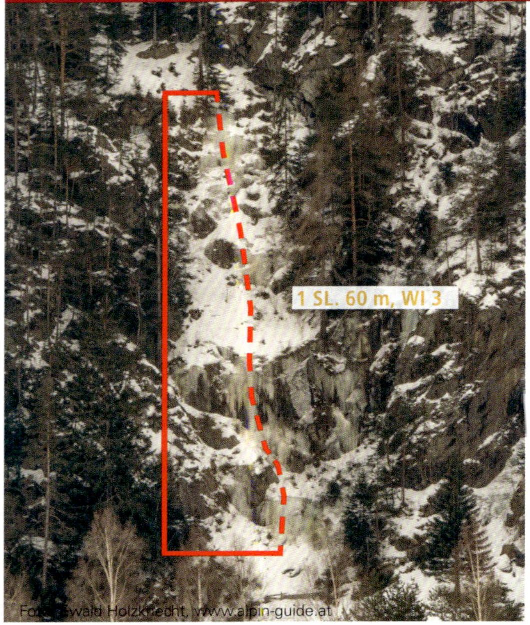

Daumenschrauber

Kurzer Eisfall zwischen den Kletterfelsen des Klettergartens Oberried.

Bachname.............. Keiner
Lawinengefahr ....Keine
Ausrichtung..........Nordost
Höhenlage........... 1200 m
Schwierigkeit ....WI 3
Eisfallhöhe .... 60 m
Seillängen .... 1 SL.
Zustieg .... 10 Min.
Eisfallbegehung.... 30 Min.
Abstieg................ 10 Min.
Abstieg...............Abseilen

Über den Eisfall mittels Eisuhren und Bäumen abseilen.

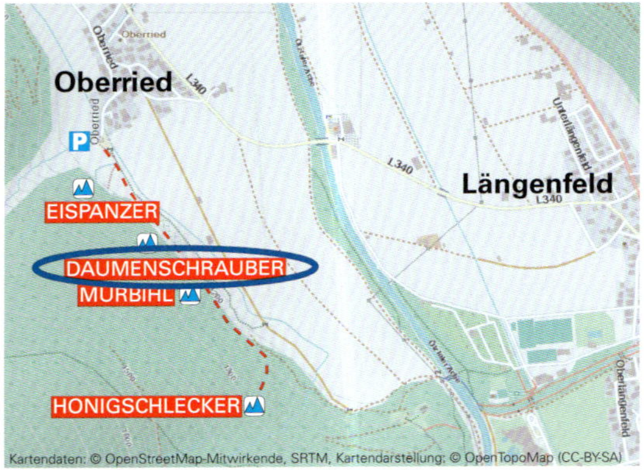

Zufahrt/Zustieg

Am Ortseingang von Längenfeld (von Norden kommend) beim Kreisverkehr rechts Richtung „Oberried-Lehn-Au" abbiegen. Geradeaus über die Brücke nach Oberried fahren. Hier bis zur Informationstafel, dann links und nach 300 m auf dem Parkplatz „Feuerwehr Geräte Halle Oberried" parken. Nun auf dem südlichen Weg, durch das Gatter und zum Klettergarten gehen. Der Eisfall ist dann schon sichtbar.

P 32 T 647951 5215706
32 T 647973 5215516

30 MÜRBIHL Oberried

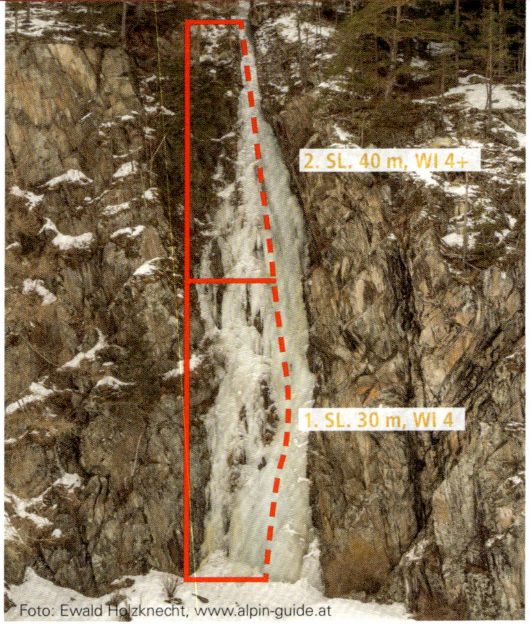

Mürbihl

Kurzer Eisfall zwischen den Kletterfelsen des Klettergartens Oberried.

Bachname.............. Keiner
Lawinengefahr ....Keine
Ausrichtung..........Nordost
Höhenlage............1180 m
Schwierigkeit .... WI 4+
Eisfallhöhe .... 70 m
Seillängen .... 2 SL.
Zustieg .... 10 Min.
Eisfallbegehung.... 30 Min.
Abstieg................ 10 Min.
Abstieg...............Abseilen

Über den Eisfall abseilen (teilweise Bohrhaken).

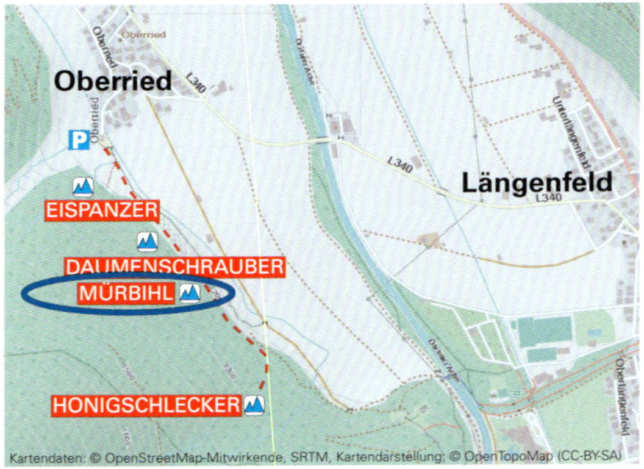

Aufahrt/Zustieg

Am Ortseingang von Längenfeld (von Norden kommend) beim Kreisverkehr rechts Richtung „Oberried-Lehn-Au" abbiegen. Geradeaus über die Brücke nach Oberried fahren. Hier bis zur Informationstafel, dann links und nach 300 m auf dem Parkplatz „Feuerwehr Geräte Halle Oberried" parken. Nun auf dem südlichen Weg, durch das Gatter und zum Klettergarten gehen. Der Eisfall ist dann schon sichtbar.

P 32 T 647951 5215706
32 T 648268 5215291

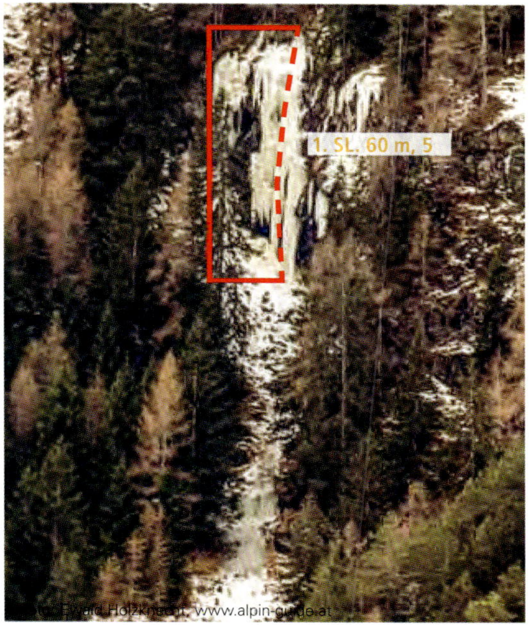

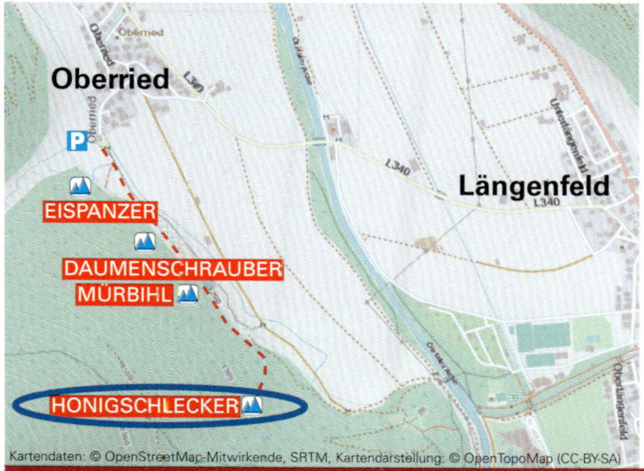

Honigschlecker

Kurzer steiler Eisfall mit Eiszapfen am Ende des Klettergartens Oberried nach dem letzten Sektor.

Bachname.............. Keiner
Lawinengefahr ....Keine
Ausrichtung..........Nordost
Höhenlage........... 1280 m
Schwierigkeit ....WI 5
Eisfallhöhe .... 60 m
Seillängen .... 1 SL.
Zustieg .... 50 Min.
Eisfallbegehung....... 1 Std.
Abstieg................ 50 Min.
Abstieg...............Abseilen

Über den Eisfall mittels Eisuhren abseilen. Keine Bäume.

Zufahrt/Zustieg

Am Ortseingang von Längenfeld (von Norden kommend) beim Kreisverkehr rechts Richtung „Oberried-Lehn-Au" abbiegen. Geradeaus über die Brücke nach Oberried fahren. Hier bis zur Informationstafel, dann links und nach 300 m auf dem Parkplatz „Feuerwehr Geräte Halle Oberried" parken. Nun auf dem südlichen Weg, durch das Gatter und am Klettergarten vorbei gehen. Nach dem letzten Sektor (Klettergarten) befindet sich rechts der Eisfall.

P 32 T 647951 5215706
32 T 648416 5215024

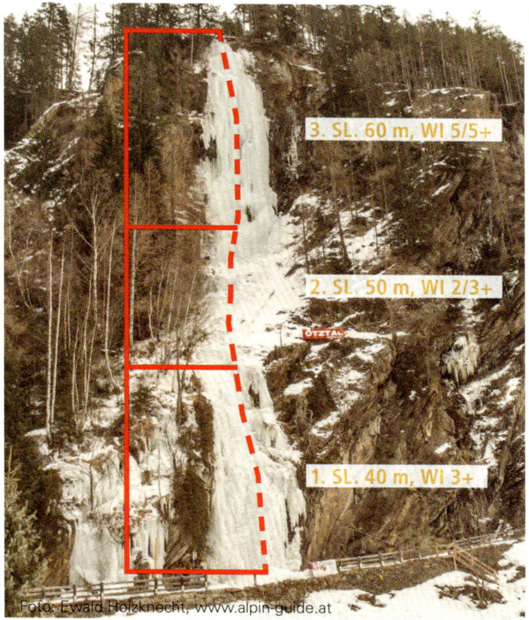

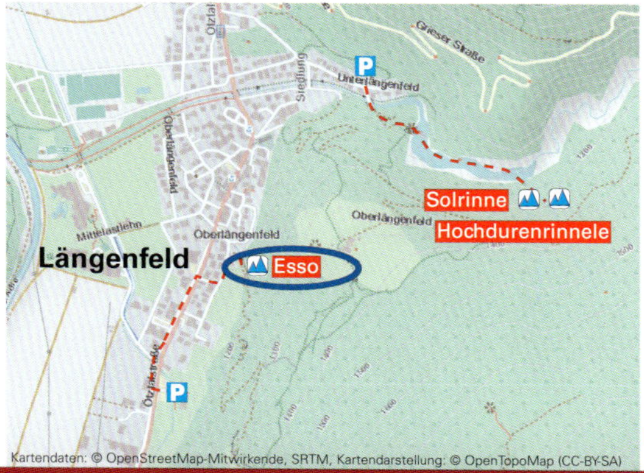

Esso

Schwieriger, steiler Eisfall mit einem flacheren Mittelteil. Der Eisfall befindet sich direkt in Längenfeld.

Bachname......... Stadlrinne
Lawinengefahr .... Kaum
Ausrichtung.......Nordwest
Höhenlage............1150 m
Schwierigkeit .... WI 5+
Eisfallhöhe .... 180 m
Seillängen .... 3 SL.
Zustieg .... 5 Min.
Eisfallbegehung.... 1-2 Std.
Abstieg................ 40 Min.
Abstieg...............Abseilen

Über den Wasserfall abseilen oder einen schmalen Pfad bis zur Brand Alm folgen, dann auf dem Wanderweg nach Längenfeld gehen.

Zufahrt/Zustieg

Am Ortsende von Längenfeld nach dem Kreisverkehr parken. Dann auf der Hauptstraße in nördlicher Richtung durch Längenfeld gehen. Auf Höhe vom Intersport Riml rechts zum bereits sichtbaren Eisfall gehen.

P 32 T 649412 5214288
32 T 649640 5214694

31 HONIGSCHLECKER Oberried

32 ESSO Längenfeld

33 HOCHDURENRINNELE Längenfeld

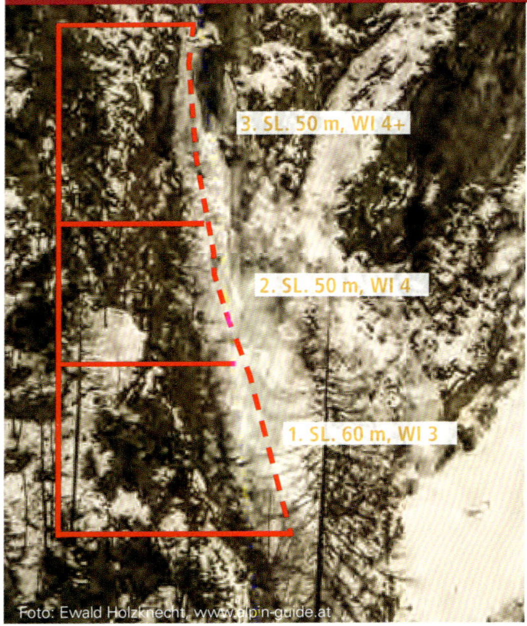

Hodurenrinnele

Mittelschwerer Eisfall bei Längenfeld.

Bachname........Hochduren
Lawinengefahr ....Ja
Ausrichtung..............Nord
Höhenlage........... 1200 m
Schwierigkeit .... WI 4+
Eisfallhöhe .... 160 m
Seillängen .... 3 SL.
Zustieg .... 20 Min.
Eisfallbegehung.... 1-2 Std.
Abstieg.................. 1 Std.
Abstieg...............Abseilen
Über den Eisfall mittels Eisuhren abseilen.

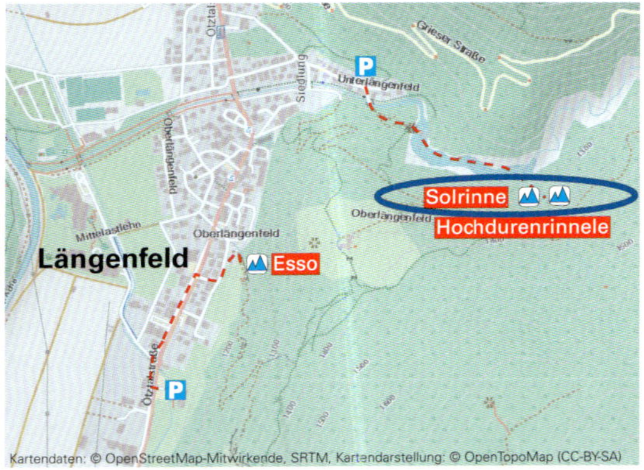

Zufahrt/Zustieg

In Längenfeld (von Norden kommend) 50 m nach der Touristinformation links (Unterlängenfeld) in die Siedlung Klamm abbiegen und bis zu den letzten Häusern bei der Kapelle zum Hl. Nepomuk fahren. Vom Parkplatz über einen Fahrweg hinter die Staumauer, dem Bachverlauf 150 m folgen.

P 32 T 649954 5215196
32 T 650604 5214843

34 SOLRINNE Längenfeld

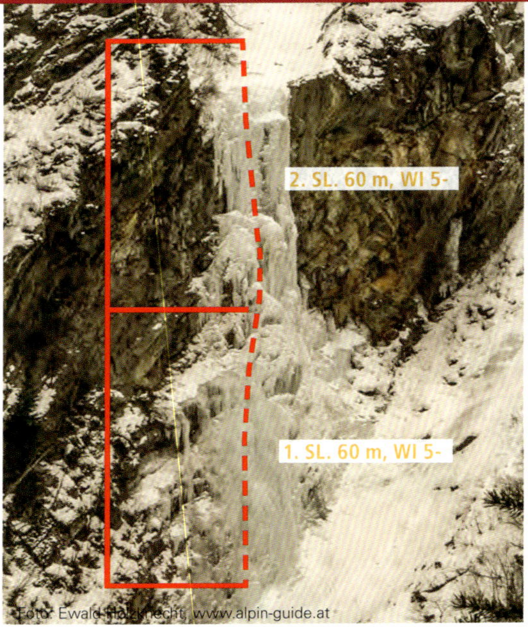

Solrinne

Kurzer, mittelschwerer bis schwieriger, meist senkrechter Eisfall bei Längenfeld.

Bachname........... Solrinne
Lawinengefahr ....Ja
Ausrichtung..............Nord
Höhenlage........... 1200 m
Schwierigkeit ....WI 5-
Eisfallhöhe .... 120 m
Seillängen .... 2 SL.
Zustieg .... 20 Min.
Eisfallbegehung.... 1-2 Std.
Abstieg.................. 1 Std.
Abstieg...............Abseilen
Über den Eisfall mittels Eisuhren abseilen.

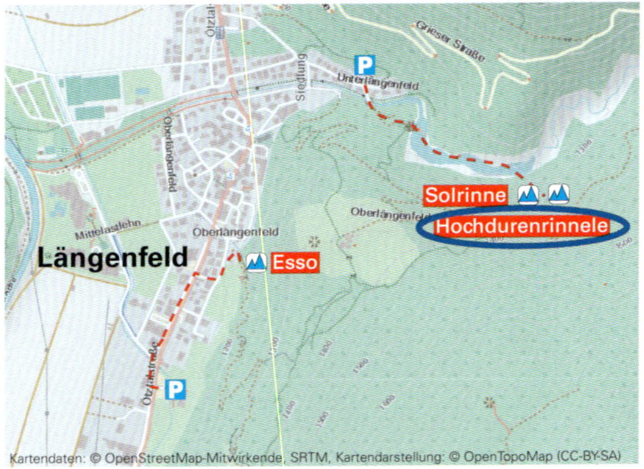

Zufahrt/Zustieg

In Längenfeld (von Norden kommend) 50 m nach der Touristinformation links (Unterlängenfeld) in die Siedlung Klamm abbiegen und bis zu den letzten Häusern bei der Kapelle zum Hl. Nepomuk fahren. Vom Parkplatz über einen Fahrweg hinter die Staumauer, dem Bachverlauf 150 m folgen.

P 32 T 649954 5215196
32 T 650556 5214773

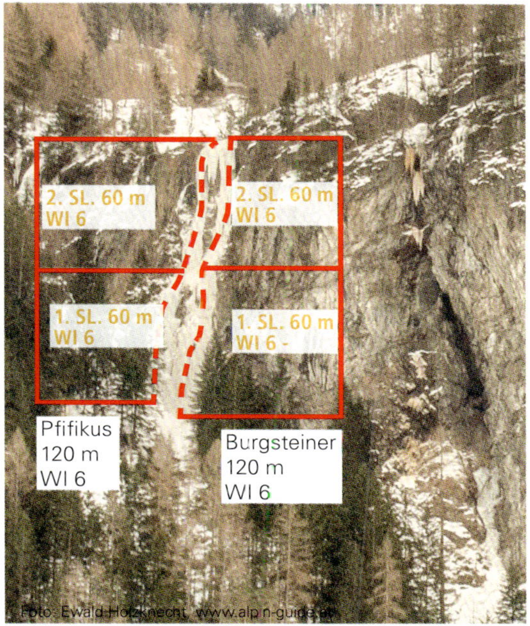

Foto: Ewald Holzknecht www.alpin-guide.at

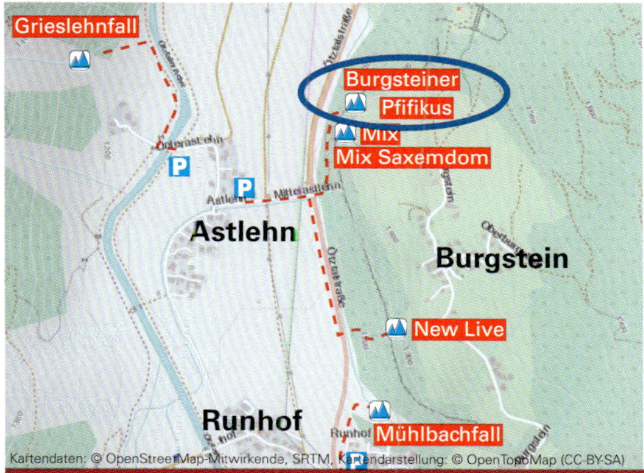

Kartendaten: © OpenStreetMap-Mitwirkende, SRTM, Kartendarstellung: © OpenTopoMap (CC-BY-SA)

Pfifikus/Burgsteiner

Beliebter, oft begangener Eisfall nördlich vom Reinhard-Schiestl Klettersteig. Anspruchsvoller Eisfall mit mehreren senkrechten Stellen, teils nur Eiszapfen.

Bachname .... Betze
Lawinengefahr .... Kaum
Ausrichtung ....Nordwest
Höhenlage .... 1280 m
Schwierigkeit ....WI 6
Eisfallhöhe .... 120 m
Seillängen .... 2 SL.
Zustieg .... 15 Min.
Eisfallbegehung....2-3 Std.
Abstieg................ 20 Min.
Abstieg............ Absteigen

Zu Fuß auf der Forststraße, die von Längenfeld nach Burgstein führt.

Zufahrt/Zustieg

Von Längenfeld Richtung Sölden fahren, etwa 1 km nach Längenfeld (auf Höhe der Burgsteiner Wand) rechts nach Astlehn abbiegen. Auf dem ausgeschilderten Parkplatz vom Klettersteig parken. Die Bundesstraße überqueren, dem Pfad über die Brücke und dann links an der Felswand entlang Richtung Norden folgen. Die Eisfälle befinden sich hinter dem Einstieg zum Klettersteig.

P 32 T 649173 5213479
32 T 649412 5213827

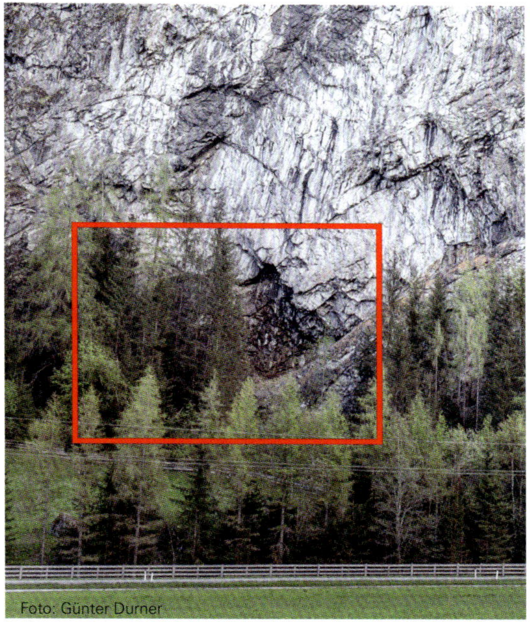
Foto: Günter Durner

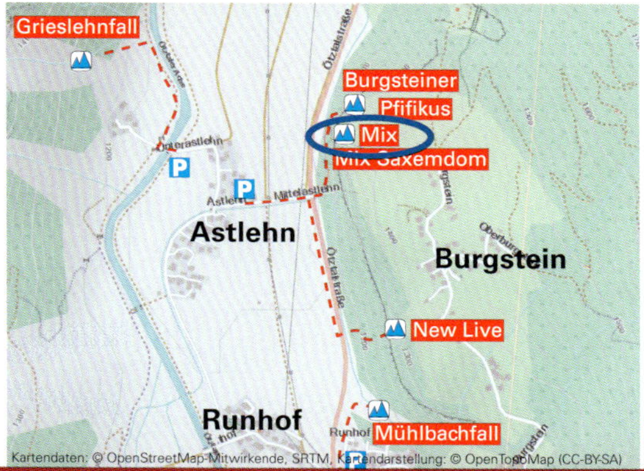

Kartendaten: © OpenStreetMap-Mitwirkende, SRTM, Kartendarstellung: © OpenTopoMap (CC-BY-SA)

Mix

Nördlich vom Reinhard-Schiestl Klettersteig gibt es am Wandfuß der Burgsteiner Wand ein kleines Mixedklettergebiet mit gebohrten Standplätzen. Teilweise nur Eiszapfen.

Bachname.............. Keiner
Lawinengefahr .... Kaum
Ausrichtung ....Nordwest
Höhenlage .... 1280 m
Schwierigkeit ....M 7, M 8-
Eisfallhöhe .... 120 m
Seillängen .... 2 SL.
Zustieg .... 15 Min.
Eisfallbegehung....2-3 Std.
Abstieg................ 20 Min.
Abstieg...............Abseilen

Zufahrt/Zustieg

Von Längenfeld Richtung Sölden fahren, etwa 1 km nach Längenfeld (auf Höhe der Burgsteiner Wand) rechts nach Astlehn abbiegen. Auf dem ausgeschilderten Parkplatz vom Klettersteig parken. Die Bundesstraße überqueren, dem Pfad über die Brücke und dann links an der Felswand entlang Richtung Norden folgen. Die Eisfälle befinden sich hinter dem Einstieg zum Klettersteig.

P 32 T 649173 5213479
32 T 649357 5213785

37 MIX SAXEMDOM Burgstein

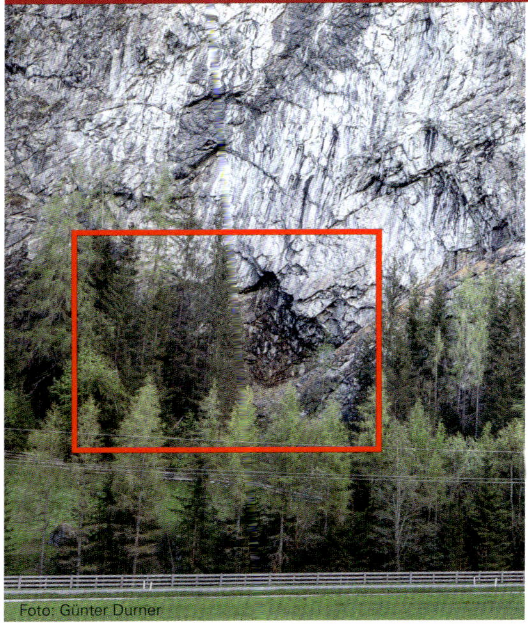

Foto: Günter Durner

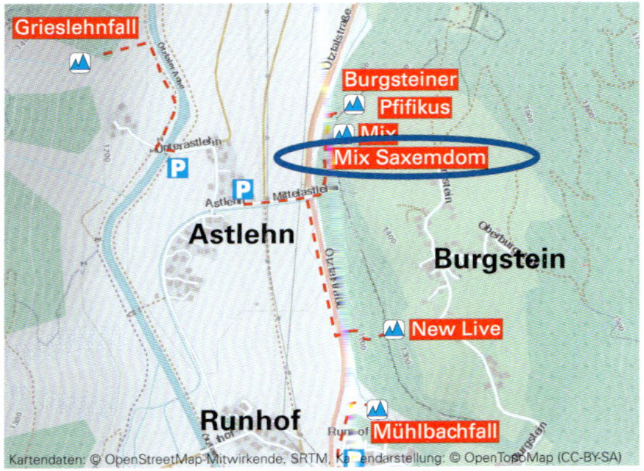

Kartendaten: © OpenStreetMap-Mitwirkende, SRTM, Kartendarstellung: © OpenTopoMap (CC-BY-SA)

Mix Saxedom

Nördlich vom Reinhard-Schiestl Klettersteig gibt es am Wandfuß der Burgsteiner Wand ein kleines Mixedklettergebiet mit gebohrten Standplätzen. Teilweise nur Eiszapfen.

Bachname.............. Keiner
Lawinengefahr .... Kaum
Ausrichtung.......Nordwest
Höhenlage........... 1280 m
Schwierigkeit ....M 8+
Eisfallhöhe .... 60 m
Seillängen .... 1 SL.
Zustieg .... 15 Min.
Eisfallbegehung.... 2-3 Std.
Abstieg................ 20 Min.
Abstieg...............Abseilen

Zufahrt/Zustieg

Von Längenfeld Richtung Sölden fahren, etwa 1 km nach Längenfeld (auf Höhe der Burgsteiner Wand) rechts nach Astlehn abbiegen. Auf dem ausgeschilderten Parkplatz vom Klettersteig parken. Die Bundesstraße überqueren, dem Pfad über die Brücke und dann links an der Felswand entlang Richtung Norden folgen. Die Eisfälle befinden sich hinter dem Einstieg zum Klettersteig.

P 32 T 649173 5213479
32 T 649357 5213785

38 NEW LIVE Burgstein

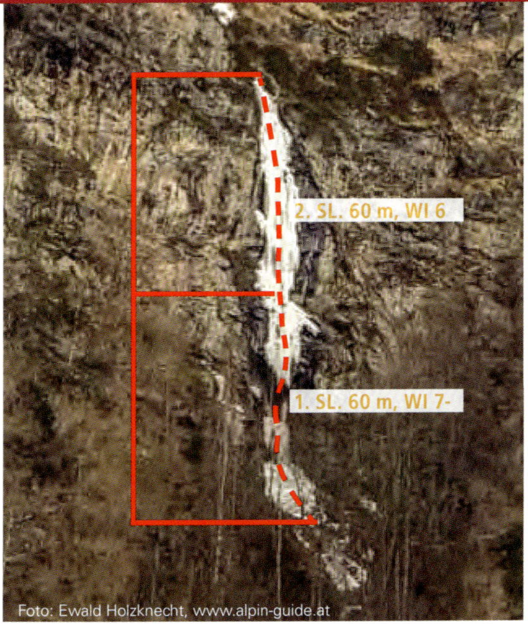

Foto: Ewald Holzknecht, www.alpin-guide.at

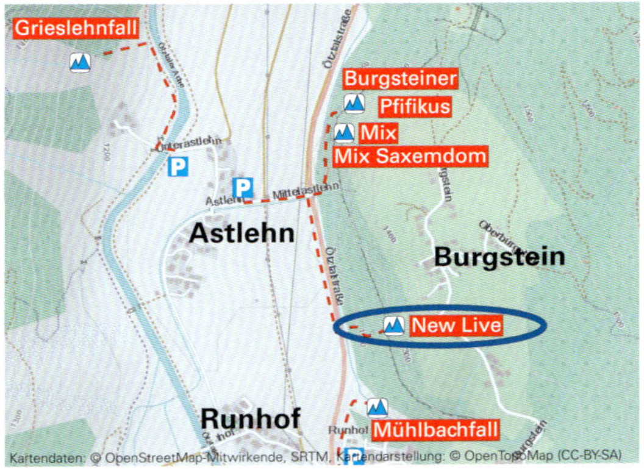

Kartendaten: © OpenStreetMap-Mitwirkende, SRTM, Kartendarstellung: © OpenTopoMap (CC-BY-SA)

New Live

Sehr steiler, schmaler Eisfall.

Bachname.............. Keiner
Lawinengefahr .... Kaum
Ausrichtung.............West
Höhenlage........... 1200 m
Schwierigkeit ....WI 7-
Eisfallhöhe .... 120 m
Seillängen .... 2 SL.
Zustieg .... 15 Min.
Eisfallbegehung....... 2 Std.
Abstieg................ 20 Min.
Abstieg...............Abseilen

Über den Eisfall mittels Eisuhren abseilen.

Zufahrt/Zustieg

Von Längenfeld Richtung Sölden fahren, etwa 1 km nach Längenfeld (auf Höhe der Burgsteiner Wand) rechts nach Astlehn abbiegen. Auf dem ausgeschilderten Parkplatz vom Klettersteig parken. Nun entlang der Bundesstraße 150 m Richtung Sölden (Süden) gehen, bis auf der linken Seite eine Holzbrücke kommt. Hier links über die Brücke und dann weglos zum Eisfall aufsteigen.

P 32 T 649173 5213479
32 T 649375 5213098

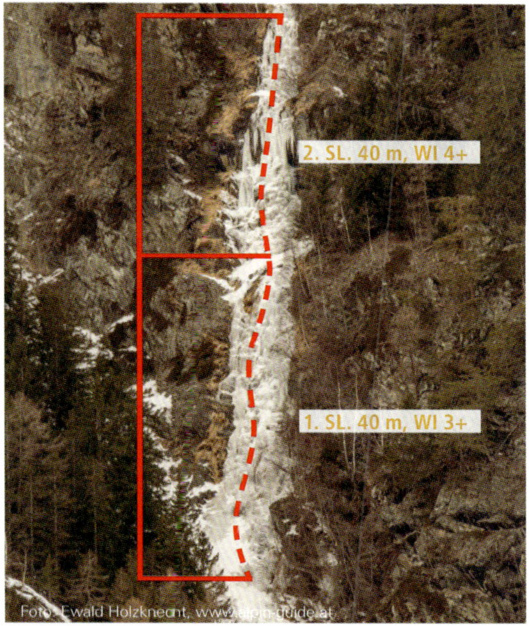

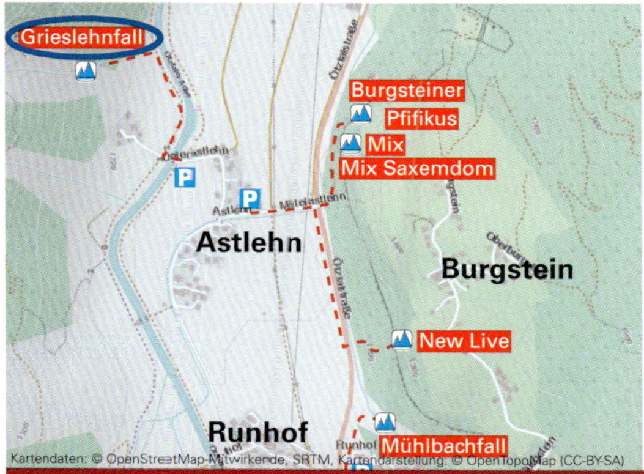

Griesslehnfall

Leichter, langer Eisfall in einer bewaldeten Rinne. Fast keine senkrechten Stellen.

Bachname........... Äußerer Astlehnbach
Lawinengefahr .... Kaum
Ausrichtung................Ost
Höhenlage........... 1230 m
Schwierigkeit ...WI 3+, 4+
Eisfallhöhe .... 80 m
Seillängen .... 2 SL.
Zustieg .... 15 Min.
Eisfallbegehung. 1-1,5 Std.
Abstieg................ 20 Min.
Abstieg...............Abseilen

Über den Eisfall mittels Eisuhren und Bäumen abseilen.

Zufahrt/Zustieg

Von Längenfeld Richtung Sölden fahren, etwa 1 km nach Längenfeld rechts nach Astlehn abbiegen. Hier bis zum Ende der Straße fahren, dann rechts abbiegen und bis zur nächsten Kreuzung fahren. Dort links und bis zur Brücke fahren. Hier parken. Dann nach der Brücke rechts der Loipe 400 m Richtung Längenfeld gehen. Der Eisfall ist von der Loipe aus sichtbar. Über die Lichtung bis zum Einstieg des Eisfalls hochsteigen.

P 32 T 648823 5213612
32 T 648586 5213886

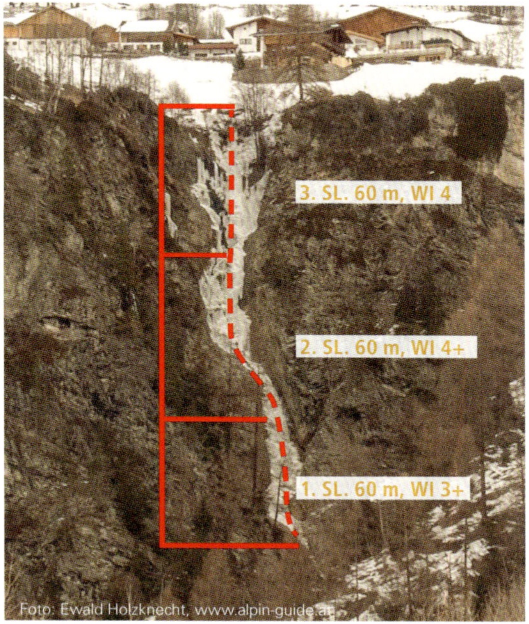

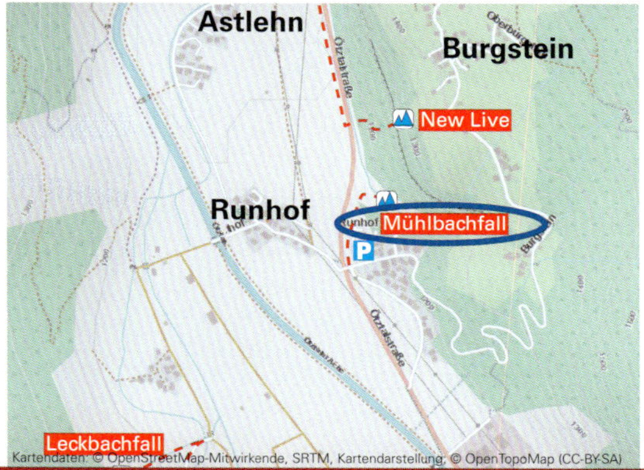

Mühlbachfall

Mittelschwerer Eisfall mit einigen kurzen, senkrechten Stellen.

Bachname.. Klammlasbach
Lawinengefahr ....Keine
Ausrichtung.......Nordwest
Höhenlage........... 1280 m
Schwierigkeit .... WI 3+
Eisfallhöhe .... 180 m
Seillängen .... 2 SL.
Zustieg .... 10 Min.
Eisfallbegehung. 1-1,5 Std.
Abstieg................ 10 Min.
Abstieg...............Abseilen

Über den Eisfall mittels Eisuhren und Bäumen abseilen oder weiter bis zur Burgsteinstraße aufsteigen und dann auf der Straße bergab gehen (30 Min.).

Zufahrt/Zustieg

Von Längenfeld Richtung Sölden bis zum Ortsteil Runhof fahren. Hier links Richtung Burgstein abbiegen und gleich danach parken. Vom Parkplatz, am linken Dorfrand zu den letzten Häusern gehen. Ab hier auf weglosen Gelände bis zum Eisfall gehen. (Alternativ: 100 m an der Bundesstraße entlang Richtung Längenfeld gehen, dann rechts dem Bach hinauf zum Eisfall folgen)

P 32 T 649473 5212818
32 T 649473 5212818

41 LECKBACHFALL Huben/Mühl

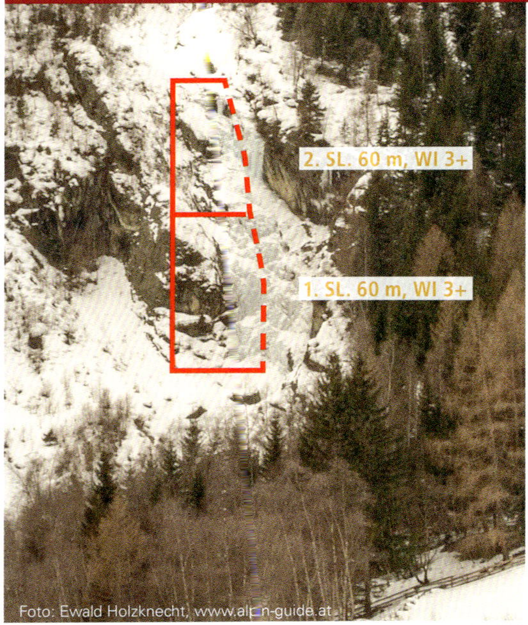

Leckbachfall

Leichter bis mittelschwerer Eisfall mit einigen senkrechten Stellen.

Bachname......... Leckbach
Lawinengefahr .... Ja
Ausrichtung.......... Nordost
Höhenlage........... 1250 m
Schwierigkeit .... WI 3+
Eisfallhöhe .... 120 m
Seillängen .... 2 SL.
Zustieg .... 10 Min.
Eisfallbegehung. 1,5-2 Std.
Abstieg................ 10 Min.
Abstieg...............Abseilen

Über den Eisfall mittels Eisuhren und Bäumen abseilen.

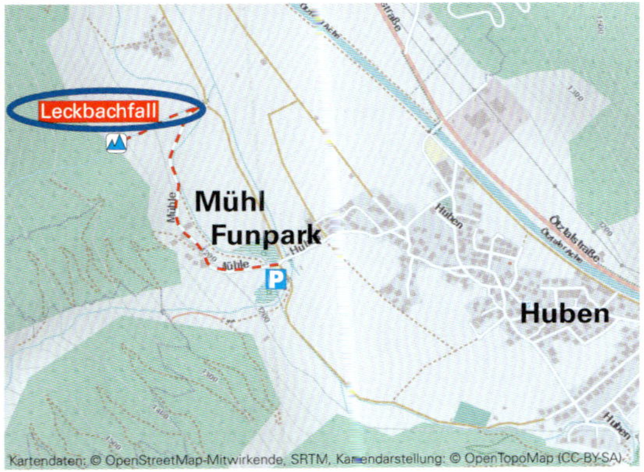

Zufahrt/Zustieg

Von Längenfeld Richtung Sölden bis nach Huben fahren. Hier am Ortsanfang rechts und bis zur Kirche fahren. Vor der Kirche dann rechts zum Funpark weiterfahren und hier parken. Nun dem Weg in nördlicher Richtung, am Funpark vorbei, bis zum Bachverlauf folgen. Jetzt im Bachbett zum Eisfall aufsteigen.

P 32 T 649193 5211684
32 T 648676 5211999

42 BACHFALLENFALL Huben/Mühl

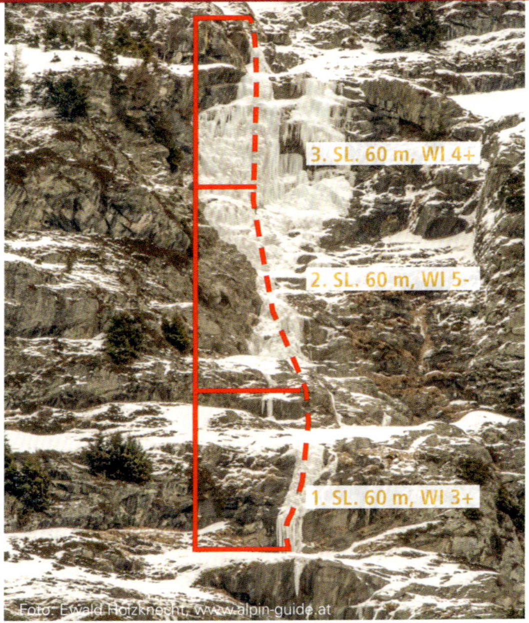

Bachfallenfall

Leichter bis mittelschwerer Eisfall mit einigen senkrechten Stellen.

Bachname....... Tiefenrinne
Lawinengefahr .... Ja
Ausrichtung........ Südwest
Höhenlage........... 1280 m
Schwierigkeit ....WI 5-
Eisfallhöhe .... 180 m
Seillängen .... 3 SL.
Zustieg .... 20 Min.
Eisfallbegehung.... 2-3 Std.
Abstieg................ 20 Min.
Abstieg...............Abseilen

Über den Eisfall mittels Eisuhren und Bäumen abseilen.

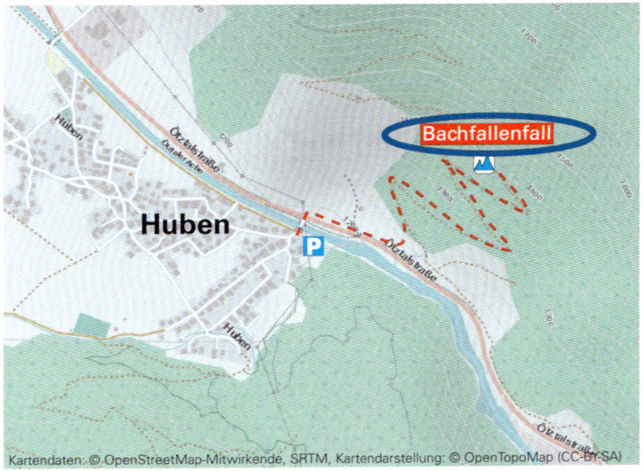

Zufahrt/Zustieg

Von Längenfeld Richtung Sölden bis nach Huben fahren. Hier am Ortsende (nach der zweiten Einfahrt von Huben) auf der rechten Straßenseite in einer Ausweiche parken. Auf dem Weg zur Platter Grube, bis zur 4.Kehre hochgehen und dann über wegloses Gelände zum Eisfall gehen.

P 32 T 650296 5211542
32 T 650803 5211719

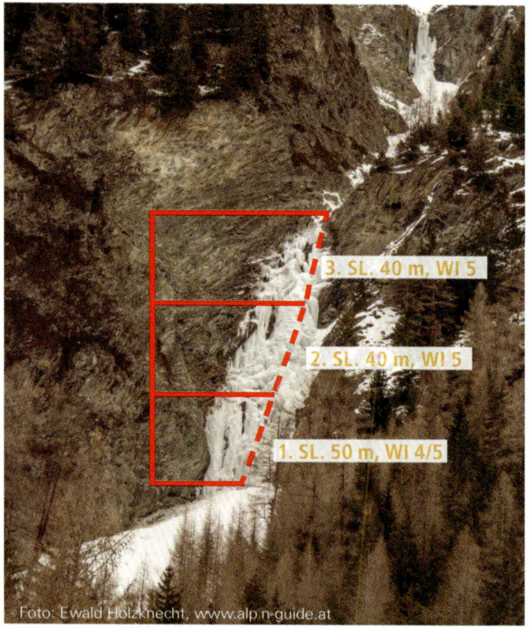

Bichlfall

Schwerer, sehr steiler Eisfall.

Bachname....... Bichl-Rinne
Lawinengefahr .... Ja
Ausrichtung ... Südwest/W
Höhenlage .... 1320 m
Schwierigkeit .... WI 5
Eisfallhöhe .... 180 m
Seillängen .... 3 SL.
Zustieg .... 15 Min.
Eisfallbegehung .... 2,5 Std.
Abstieg .... 15 Min.
Abstieg .... Abseilen

Über den Eisfall mittels Eisuhren und Bäumen abseilen.

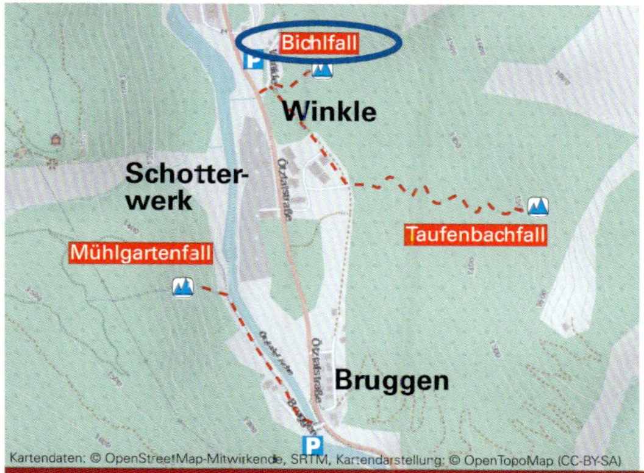

Zufahrt/Zustieg

Von Längenfeld Richtung Sölden, bis zum Ort Winkle (hinter dem Ort Huben) fahren. Nach dem Schotterwerk, auf der linken Seite in der Industriezone (oder bei der Tankstelle) parken. Über den Forstweg bis zu einer Holzbrücke gehen und von dort am Bach entlang bis zum Eisfall hinaufgehen.

P 32 T 651497 5210191
32 T 651658 5210246

43 BICHLFALL Winkle/Bruggen

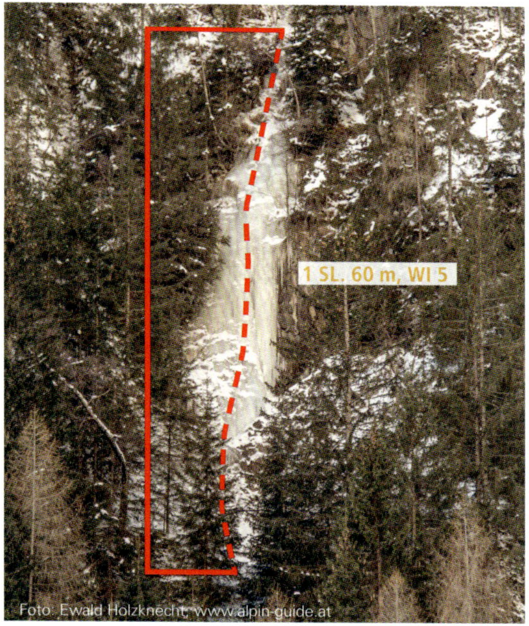

Mühlgartenfall

Mittelschwerer, steiler und schmaler Eisfall.

Bachname......... Mühlrinne
Lawinengefahr .... Keine
Ausrichtung .... Nordost
Höhenlage .... 1260 m
Schwierigkeit .... WI 5
Eisfallhöhe .... 60 m
Seillängen .... 1 SL.
Zustieg .... 30 Min.
Eisfallbegehung .... 30 Min.
Abstieg .... 40 Min.
Abstieg .... Abseilen

Über den Eisfall mittels Eisuhren und Bäumen abseilen.

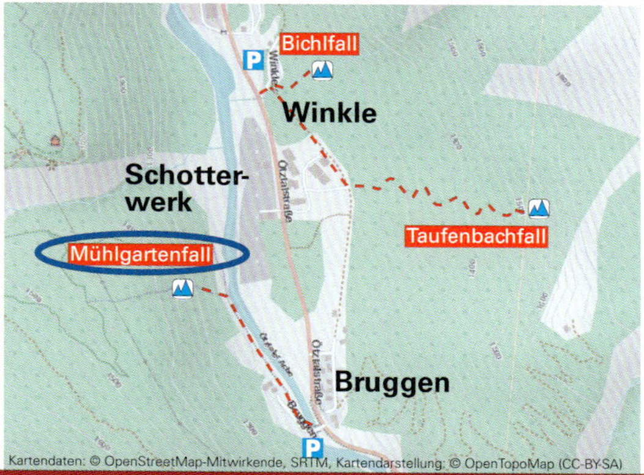

Zufahrt/Zustieg

Von Längenfeld Richtung Sölden, bis zum Ort Bruggen (hinter dem Ort Huben) fahren. In Bruggen, bei der Bushaltestelle, links abbiegen und bis zum Ende der Straße fahren. Hier rechts und bis zu Haid & Falkner fahren, hier parken. Von der Brücke, auf der linken Bachseite bis zu letzten Häusern gehen. Dann weglos bis zum Eisfall hochgehen.

P 32 T 651630 5209176
32 T 651260 5210773

44 MÜHLGARTENFALL Winkle/Bruggen

45 TAUFENBACHFALL Winkle/Bruggen

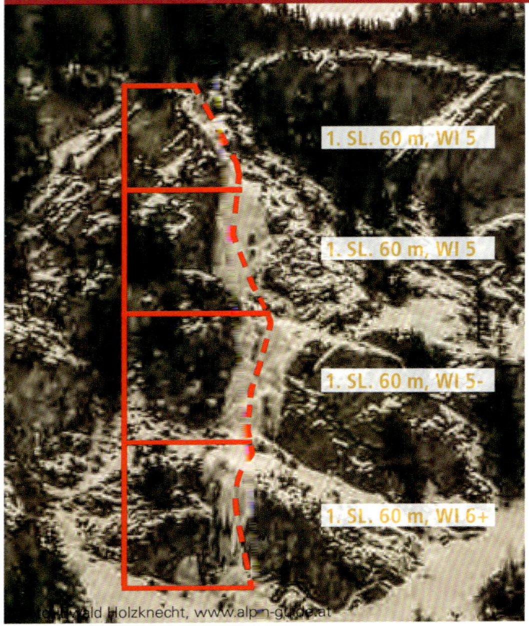

Taufenbachfall

Sehr schwerer, steiler Eisfall. Schmale Eisrinne mit vielen Eiszapfen.

Bachname.... Taufen-Rinne
Lawinengefahr .... Kaum
Ausrichtung........ Südwest
Höhenlage........... 1320 m
Schwierigkeit .... WI 6+
Eisfallhöhe .... 240 m
Seillängen .... 4 SL.
Zustieg .... 1 Std..
Eisfallbegehung.... 2,5 Std.
Abstieg................... 1 Std.
Abstieg...............Abseilen

Über den Eisfall mittels Eisuhren und Bäumen abseilen. Oder zur Grubealm (1678 m) absteigen und über den Forstweg zurück gehen (dauert 2 Std.).

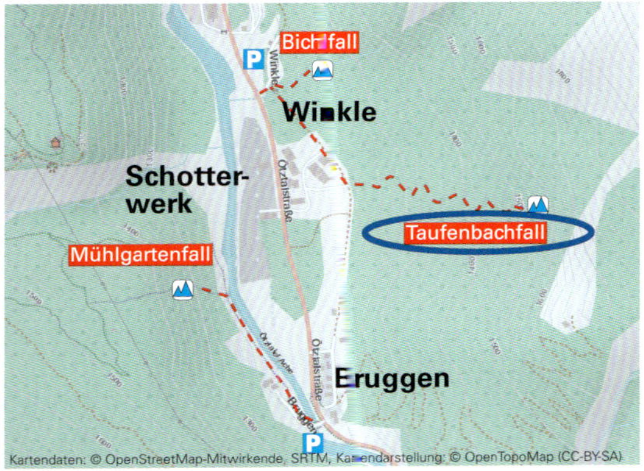

Zufahrt/Zustieg

Von Längenfeld Richtung Sölden, bis zum Ort Winkle (hinter dem Ort Huben) fahren. Nach dem Schotterwerk, auf der linken Seite in der Industriezone (oder bei der Tankstelle) parken. Von hier über den Radweg zur Taufen Rinne und dann über die Lichtung zum bereits sichtbaren Eisfall aufsteigen.

P 32 T 651497 5210191
32 T 652166 5209889

46 FEIERABEND Aschbach

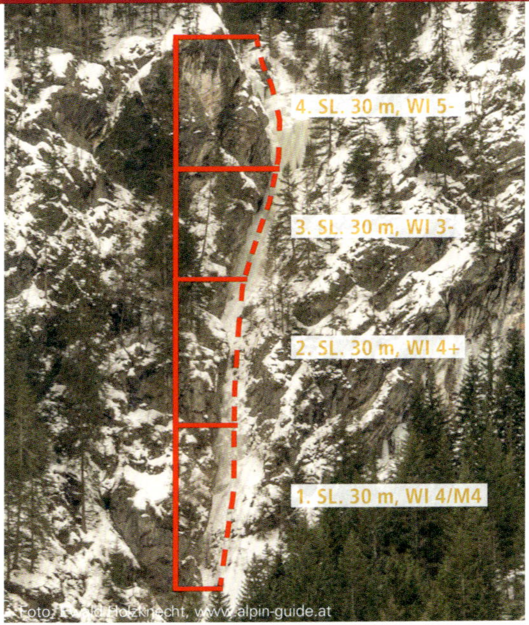

Feierabend

Leichter bis mittelschwerer Eisfall mit zwei Steilstufen.

Bachname....... Tiefer Bach
Lawinengefahr .... Kaum
Ausrichtung..........Nordost
Höhenlage........... 1600 m
Schwierigkeit ....WI 5-
Eisfallhöhe .... 120 m
Seillängen .... 4 SL.
Zustieg .... 25 Min.
Eisfallbegehung. 2-2,5 Std.
Abstieg................ 20 Min.
Abstieg...............Abseilen

Über den Eisfall mittels Eisuhren und Bäumen abseilen.

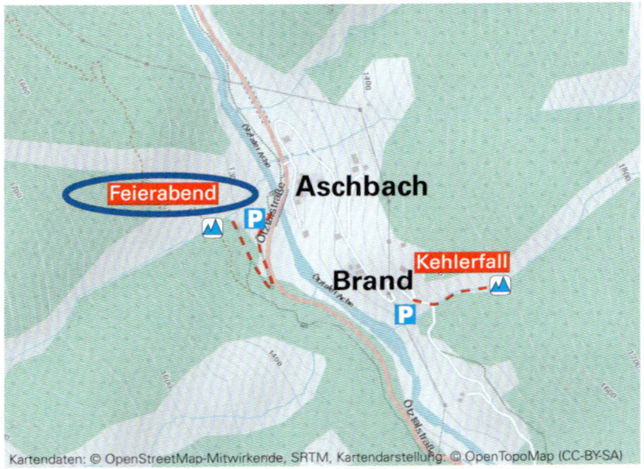

Zufahrt/Zustieg

Von Längenfeld Richtung Sölden, bis zum Ort Aschbach fahren. Nach der Brücke über die Ötztaler Ache, rechts bei der Schranke parken. Von dort folgt man dem Fahrweg bis zu einer Rechtskurve und geht dann rechts durch den Wald bis zum Eisfall hoch.

P 32 T 652138 5208214
32 T 652515 5208184

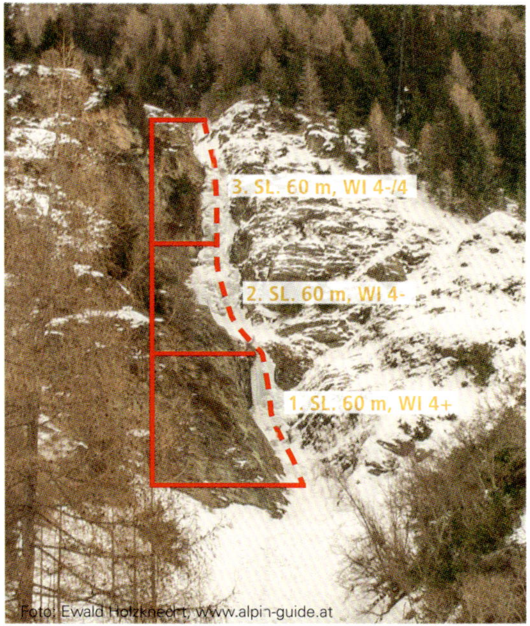

Kehlerfall

Leichter Eisfall mit kurzen Steilstufen.

Bachname..........Atterbach
Lawinengefahr ....Ja
Ausrichtung........ Südwest
Höhenlage........... 1380 m
Schwierigkeit .... WI 4+
Eisfallhöhe .... 180 m
Seillängen .... 4 SL.
Zustieg .... 10 Min.
Eisfallbegehung. 2-2,5 Std.
Abstieg................ 10 Min.
Abstieg...............Abseilen
Über den Eisfall mittels Eisuhren und Bäumen abseilen.

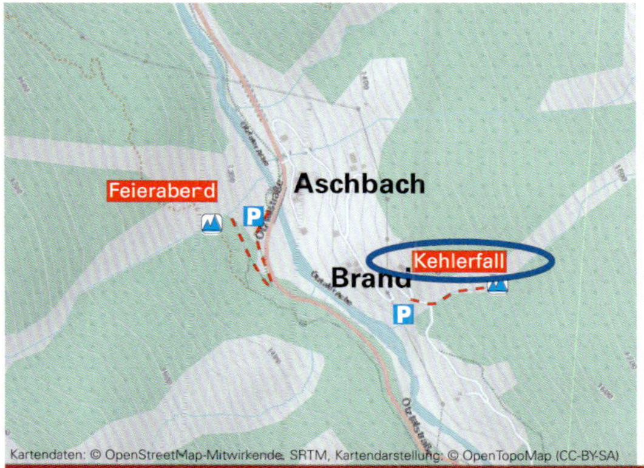

Zufahrt/Zustieg

Von Längenfeld Richtung Sölden, bis zum Ort Aschbach fahren. Nach dem Tunnel links und Richtung Brand fahren. Bis zur letzten Kurve, in der ein Forstweg abzweigt, fahren. Hier parken. Dem Forstweg Richtung Innerbrand, bis man direkt den Bach überquert, folgen.

P 32 T 652515 5208184
32 T 652596 5208182

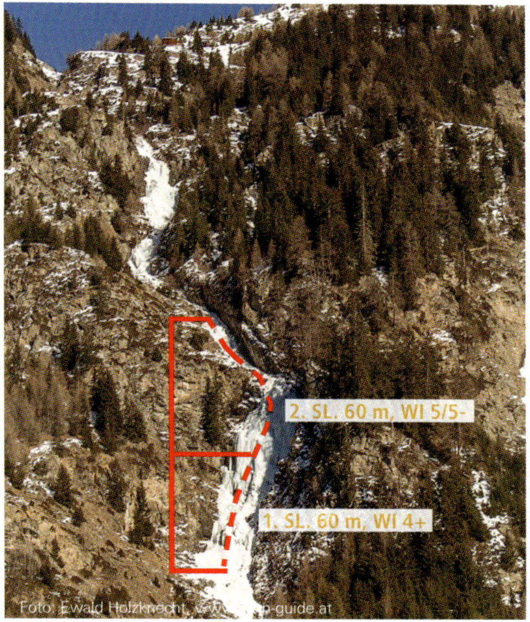

Atterbachfall

Breiter Eisfall mit kurzen Steilstufen. Meist werden nur die ersten zwei Seillängen begangen, da der Abstieg aus dem oberen Gelände schwierig ist.

Bachname..........Atterbach
Lawinengefahr .... Kaum
Ausrichtung.......West/SW
Höhenlage........... 1460 m
Schwierigkeit .... WI 5+
Eisfallhöhe .... 120 m
Seillängen .... 2 SL.
Zustieg .... 50 Min.
Eisfallbegehung. 2-2,5 Std.
Abstieg................ 50 Min.
Abstieg...............Abseilen
Über den Eisfall mittels Eisuhren und Bäumen abseilen.

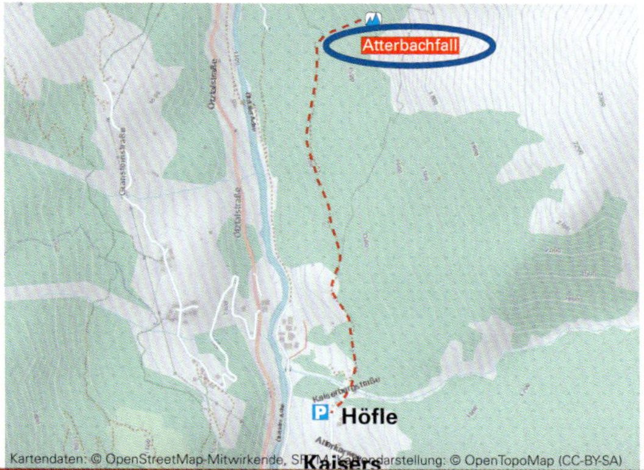

Zufahrt/Zustieg

Von Längenfeld Richtung Sölden, bis zum Ort Höfle (kurz vor Sölden) fahren. Hier nach dem Tunnel links abbiegen und nach Kaisers/Höfle fahren. Direkt bei Höfle kann geparkt werden (wenig Parkmöglichkeiten). Dem Forstweg Richtung Längenfeld (Brand) bis zu einer kleinen Holzbrücke folgen. Von dort in das Bachbett und über dieses bis zum Eisfall hochgehen.

P 32 T 653186 5205925
32 T 653282 5207414

49 WILDMOOSFALL Sölden

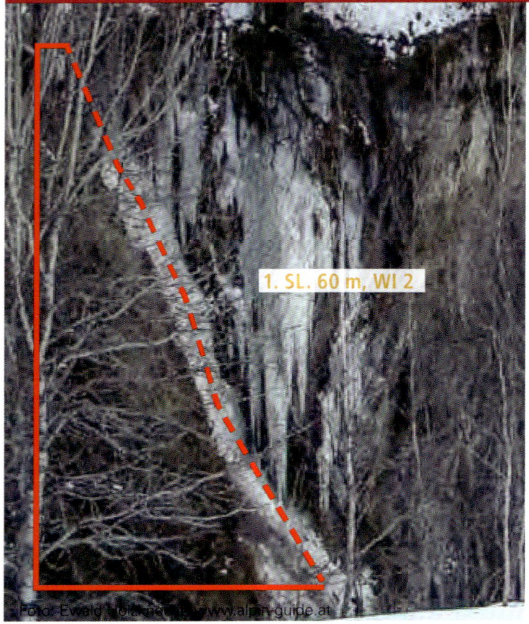

Wildmoosfall (Links)
Kurzer steiler Eisfall mit Eiszapfen. Toprope ist möglich.

Bachname.............. Keiner
Lawinengefahr ....Keine
Ausrichtung.............West
Höhenlage........... 1340 m
Schwierigkeit ....WI 2
Eisfallhöhe .... 60 m
Seillängen .... 1 SL.
Zustieg .... 10 Min.
Eisfallbegehung....... 1 Std.
Abstieg................ 10 Min.
Abstieg...............Abseilen

Über den Eisfall mittels Eisuhren und Bäumen abseilen.

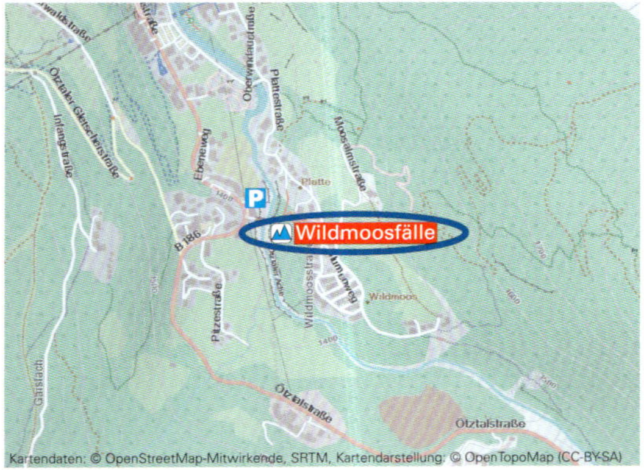

Zufahrt/Zustieg
In Sölden (von Norden kommend) bis zum Ortsende, zum M-Preis fahren. (Beim M-Preis nur Parkmöglichkeit für Kunden). Vom M-Preis über die Hängebrücke, zu den bereits sichtbaren Eisfällen gehen. Der Abstieg zum Eisfall ist links (flussabwärts) oder Abseilen.

P 32 T 653132 5202092
32 T 653182 5201997

50 WILDMOOSFALL Sölden

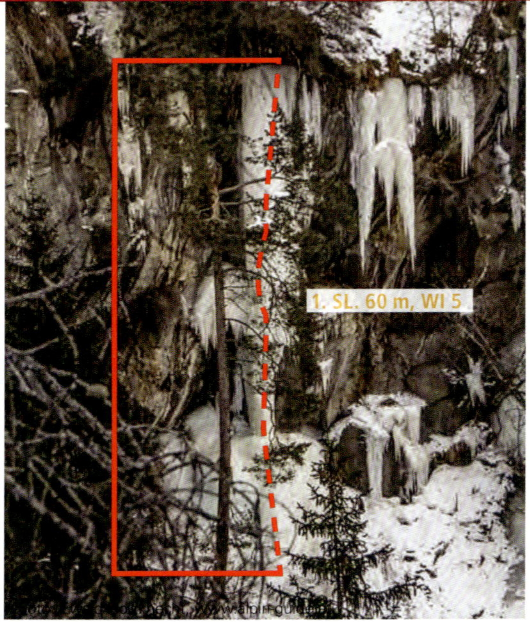

Wildmoosfall (Mitte)
Kurzer steiler Eisfall mit Eiszapfen. Toprope ist möglich.

Bachname.............. Keiner
Lawinengefahr ....Keine
Ausrichtung.............West
Höhenlage........... 1340 m
Schwierigkeit ....WI 5
Eisfallhöhe .... 60 m
Seillängen .... 1 SL.
Zustieg .... 10 Min.
Eisfallbegehung....... 1 Std.
Abstieg................ 10 Min.
Abstieg...............Abseilen

Über den Eisfall mittels Eisuhren und Bäumen abseilen.

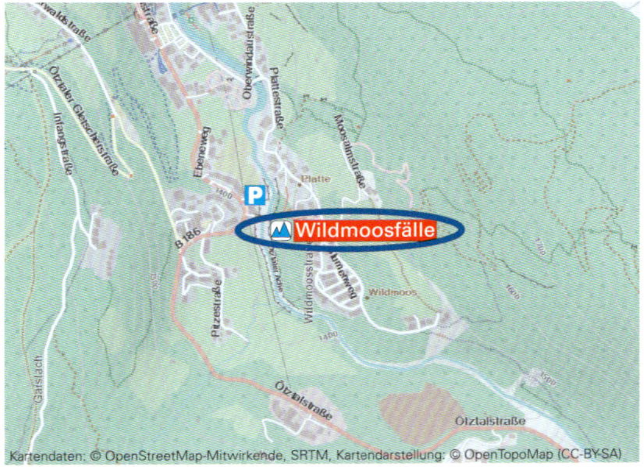

Zufahrt/Zustieg
In Sölden (von Norden kommend) bis zum Ortsende, zum M-Preis fahren. (Beim M-Preis nur Parkmöglichkeit für Kunden). Vom M-Preis über die Hängebrücke, zu den bereits sichtbaren Eisfällen gehen. Der Abstieg zum Eisfall ist links (flussabwärts) oder Abseilen.

P 32 T 653132 5202092
32 T 653182 5201997

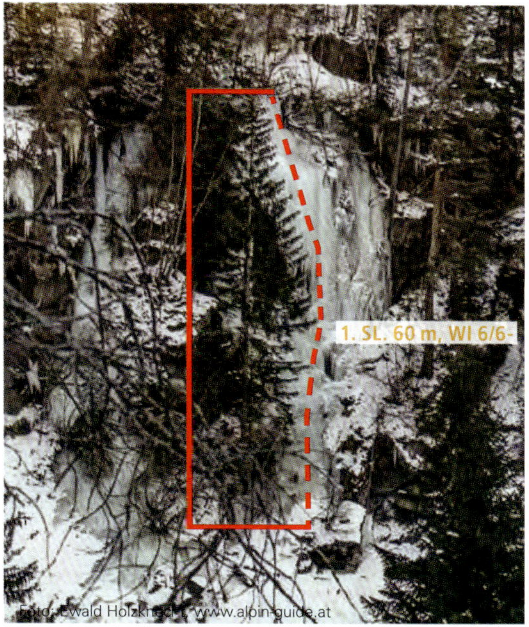

Wildmoosfall (Rechts)

Kurzer steiler Eisfall mit Eiszapfen. Toprope ist möglich.

Bachname .... Keiner
Lawinengefahr ....Keine
Ausrichtung .... West
Höhenlage .... 1340 m
Schwierigkeit .... WI 6/6-
Eisfallhöhe .... 60 m
Seillängen .... 1 SL.
Zustieg .... 10 Min.
Eisfallbegehung .... 1 Std.
Abstieg .... 10 Min.
Abstieg ....Abseilen

Über den Eisfall mittels Eisuhren und Bäumen abseilen.

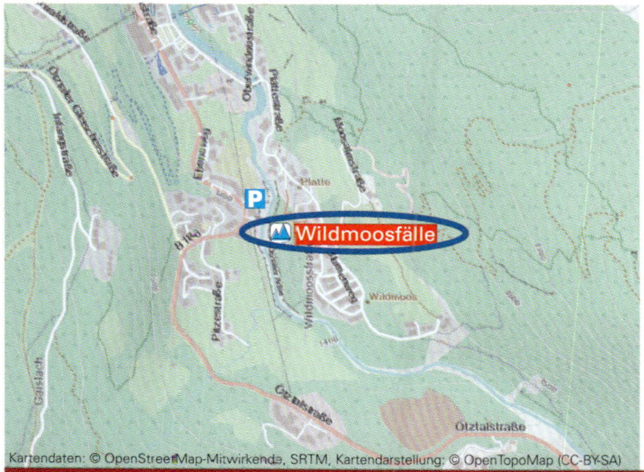

Zufahrt/Zustieg

In Sölden (von Norden kommend) bis zum Ortsende, zum M-Preis fahren. (Beim M-Preis nur Parkmöglichkeit für Kunden). Vom M-Preis über die Hängebrücke, zu den bereits sichtbaren Eisfällen gehen. Der Abstieg zum Eisfall ist links (flussabwärts) oder Abseilen.

P 32 T 653132 5202092
32 T 653182 5201997

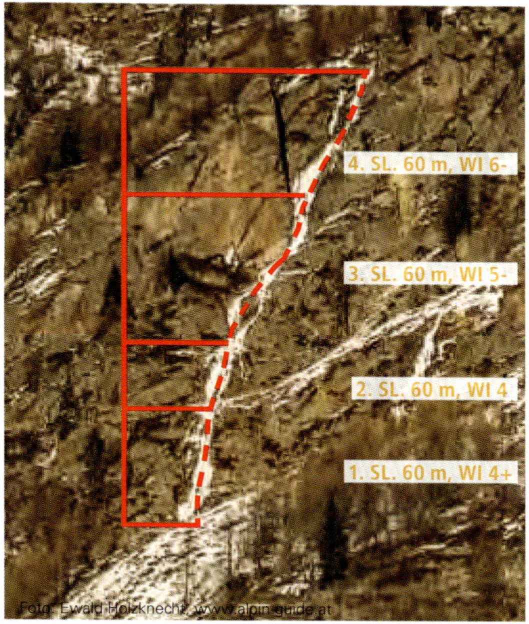

Bockgartenfall

Flacher, kurzer Eisfall.

Bachname .... Bockgarten
Lawinengefahr ....ja
Ausrichtung ....West/SW
Höhenlage .... 1640 m
Schwierigkeit ....WI 6-
Eisfallhöhe .... 240 m
Seillängen .... 4 SL.
Zustieg .... 1 Std.
Eisfallbegehung....3,5 Std.
Abstieg.................. 1 Std.
Abstieg...............Abseilen

Über den Eisfall mittels Eisuhren abseilen.

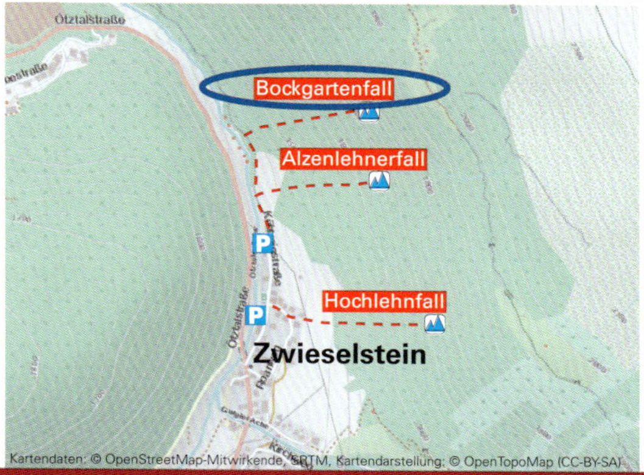

Zufahrt/Zustieg

Von Sölden Richtung Obergurgl bis nach Zwieselstein fahren. Hier nach der Brücke links abbiegen und der Straße bis zum Ende folgen. Parkmöglichkeiten gibt es am Ortsrand von Zwieselstein. Dem Weg Richtung Sölden folgen und dann rechts den Hang zum Eisfall aufsteigen.

P 32 T 654357 5200811
32 T 654622 5201174

53 ALZENLEHNERFALL Zwieselstein

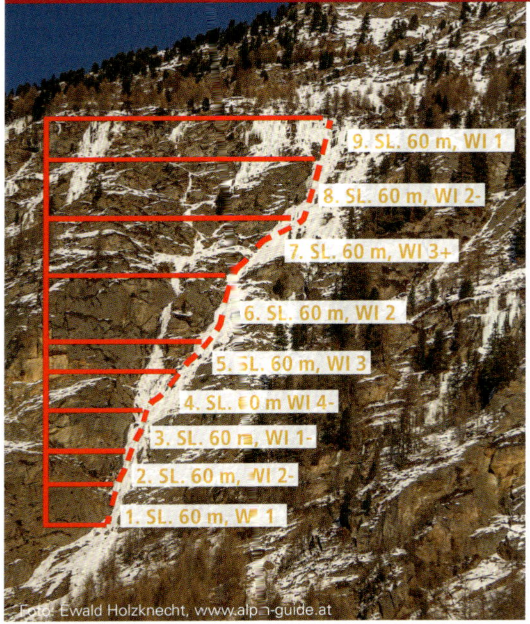

Foto: Ewald Holzknecht, www.alpin-guide.at

Alzenlehnerfall

Ein nicht allzu schwerer, sehr langer, alpiner Eisfall.

Bachname.......Alzenlehner
Lawinengefahr ....ja
Ausrichtung.......West/SW
Höhenlage........... 1600 m
Schwierigkeit ....WI 4
Eisfallhöhe .... 540 m
Seillängen .... 9 SL.
Zustieg .... 1 Std.
Eisfallbegehung.... 4,5 Std.
Abstieg.................. 2 Std.
Abstieg...............Abseilen

Über den Eisfall mittels Eisuhren abseilen, oder vom Ausstieg linkshaltend bis zum Wanderweg, der zur Brunnachalm führt aufsteigen. Von der Brunnachalm (1973 m) auf dem markierten Weg durch die Kühtrainschlucht zurück nach Zwieselstein.

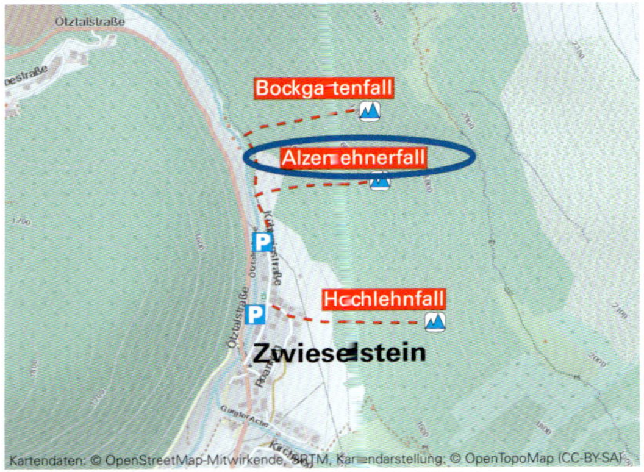

Kartendaten: © OpenStreetMap-Mitwirkende, SRTM, Kartendarstellung: © OpenTopoMap (CC-BY-SA)

Zufahrt/Zustieg

Von Sölden Richtung Obergurgl bis nach Zwieselstein fahren. Hier nach der Brücke links abbiegen und der Straße bis zum Ende folgen. Parkmöglichkeiten gibt es am Ortsrand von Zwieselstein. Dem Weg Richtung Sölden folgen und dann rechts den Hang zum Eisfall aufsteigen.

P 32 T 654357 5200811
32 T 654662 5201067

54 HOCHLEHNFALL Zwieselstein

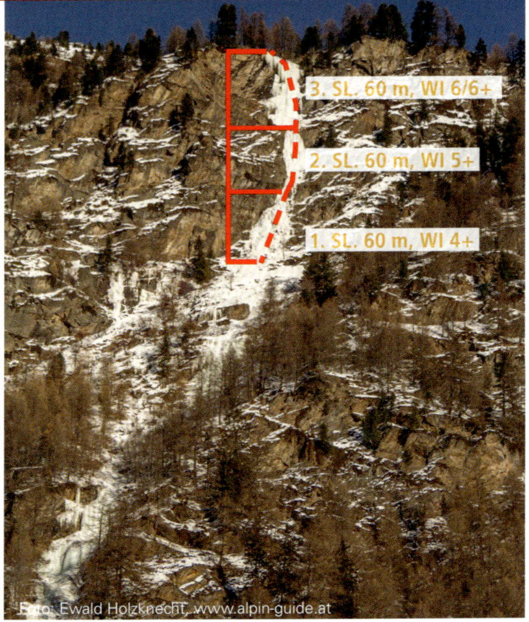

Foto: Ewald Holzknecht, www.alpin-guide.at

Hochlehnfall

Im unteren Teil flacher Eisfall mit kurzen Steilstufen. Oben gibt es eine extrem steile und lange Steilstufe.

Bachname......... Hochlehn
Lawinengefahr ....Ja
Ausrichtung........ Südwest
Höhenlage........... 1680 m
Schwierigkeit .... WI 6+
Eisfallhöhe .... 180 m
Seillängen .... 3 SL.
Zustieg .... 1 Std.
Eisfallbegehung.3-3,5 Std.
Abstieg................ 50 Min.
Abstieg...............Abseilen

Über den Eisfall mittels Eisuhren und Bäumen abseilen.

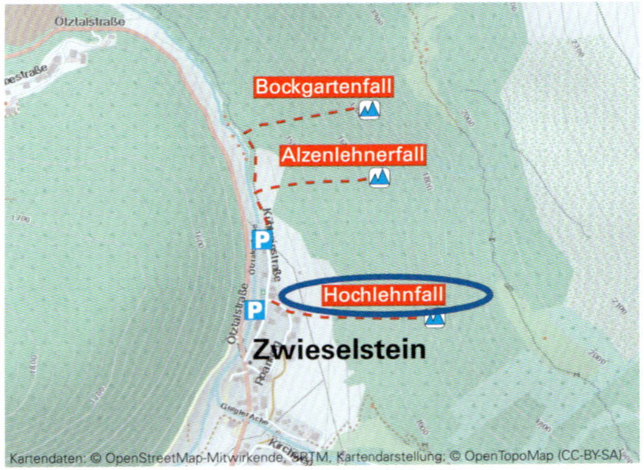

Kartendaten: © OpenStreetMap-Mitwirkende, SRTM, Kartendarstellung: © OpenTopoMap (CC-BY-SA)

Zufahrt/Zustieg

Von Sölden Richtung Obergurgl bis nach Zwieselstein fahren. Gegenüber vom Gasthof Zwieselstein gibt es einen großen Parkplatz. Direkt hinter dem Gasthof Hotel Neue Post über wegloses Gelände bis zum Eisfall hinaufsteigen. Der Zustieg ist schwierig und führt durch felsdurchsetztes Gelände.

P 32 T 654312 5200487
32 T 654847 5200544

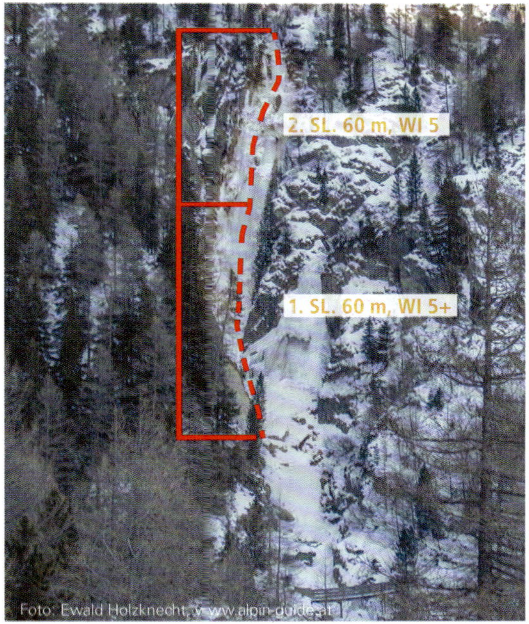

Foto: Ewald Holzknecht, www.alpin-guide.at

Taleggfall

Sehr steiler Eisfall, der zum Teil viel Wasser führt.

Bachname.... Timmelsbach
Lawinengefahr .... Kaum
Ausrichtung........ Südwest
Höhenlage........... 1660 m
Schwierigkeit .... WI 5+
Eisfallhöhe .... 120 m
Seillängen .... 2 SL.
Zustieg .... 30 Min.
Eisfallbegehung....... 2 Std.
Abstieg................. 40 Min.
Abstieg...............Abseilen

Über den Eisfall mittels Eisuhren und Bäumen abseilen.

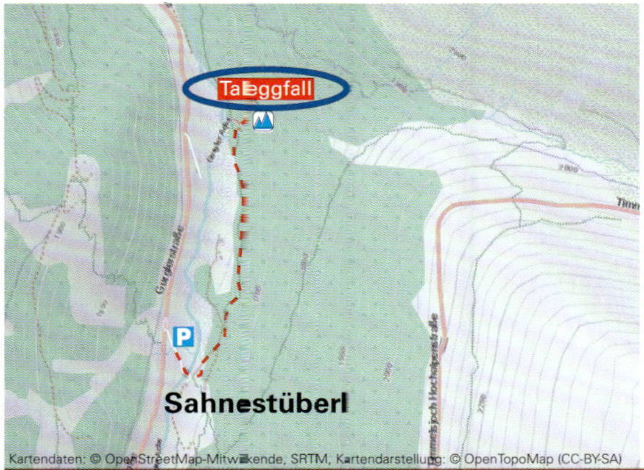

Kartendaten: © OpenStreetMap-Mitwirkende, SRTM, Kartendarstellung: © OpenTopoMap (CC-BY-SA)

Zufahrt/Zustieg

Von Sölden Richtung Obergurgl fahren. Hinter Zwieselstein, kurz vor einer Lawinengalerie zweigt links der Weg zum Sahnestüberl ab. Hier parken. Dem Wanderweg, am Sahnestüberl vorbei, Richtung Sölden bis zu einer Holzbrücke folgen. Dort direkt zum Eisfall hochgehen.

P 32 T 655607 5197957
32 T 655749 5198715

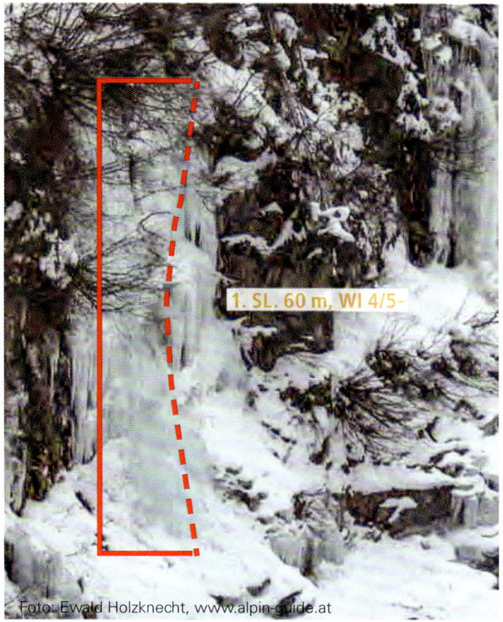

Foto: Ewald Holzknecht, www.alpin-guide.at

Ripflar (Links)

Leichter bis mittelschwerer Eisfall, direkt neben der Brücke an der Straße zwischen Heiligkreuz und Winterstall. Der Platz wird in der Karte als Easpan bezeichnet. Der Eisfall kann auch Toprope geklettert werden.

Bachname.............. Keiner
Lawinengefahr ....Keine
Ausrichtung..............Nord
Höhenlage........... 1690 m
Schwierigkeit .... WI 4/5-
Eisfallhöhe .... 60 m
Seillängen .... 1 SL.
Zustieg .... 5 Min.
Eisfallbegehung.... 30 Min.
Abstieg................ 15 Min.
Abstieg...............Abseilen

Über den Eisfall an den Bäumen abseilen.

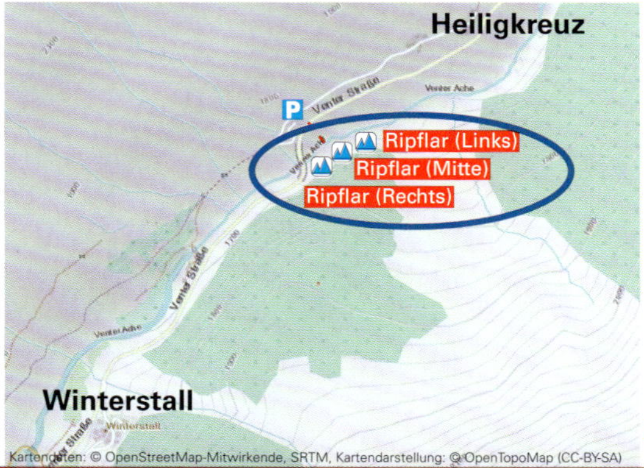

Kartendaten: © OpenStreetMap-Mitwirkende, SRTM, Kartendarstellung: © OpenTopoMap (CC-BY-SA)

Zufahrt/Zustieg

Von Sölden nach Zwieselstein und dort Richtung Vent weiterfahren. Von Heiligstein noch 860 m weiter bis zur Brücke über die Venter Ache fahren. Rechts vor der Brücke parken. Die Straße überqueren und über das Feld (links der Brücke) bis zum Eisfall gehen.

P 32 T 649814 5196492
32 T 649836 5196402

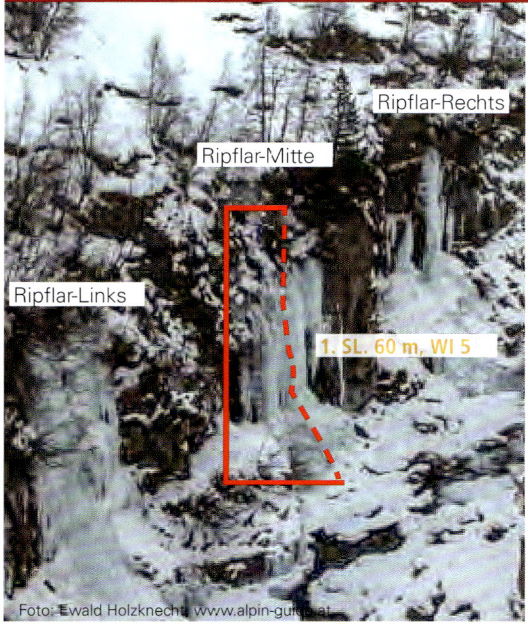

Ripflar (Mitte)

Mittelschwerer Eisfall, direkt neben der Brücke an der Straße zwischen Heiligkreuz und Winterstall. Der Platz wird in der Karte als Easpan bezeichnet. Der Eisfall kann auch Toprope geklettert werden.

Bachname.............. Keiner
Lawinengefahr ....Keine
Ausrichtung..............Nord
Höhenlage........... 1690 m
Schwierigkeit ....WI 5
Eisfallhöhe .... 60 m
Seillängen .... 1 SL.
Zustieg .... 5 Min.
Eisfallbegehung.... 30 Min.
Abstieg................ 15 Min.
Abstieg...............Abseilen
Über den Eisfall an den Bäumen abseilen.

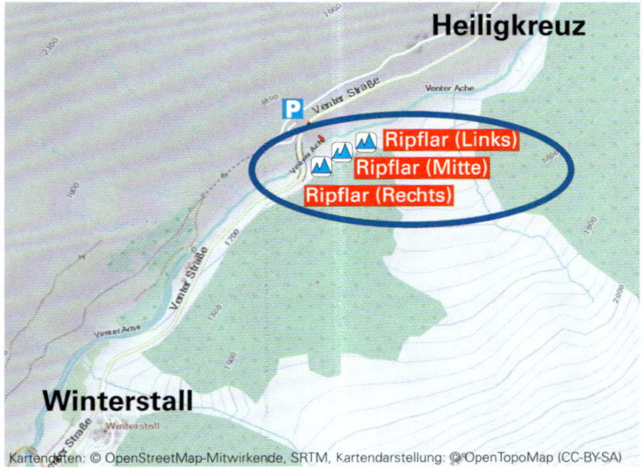

Zufahrt/Zustieg

Von Sölden nach Zwieselstein und dort Richtung Vent weiterfahren. Von Heiligstein noch 860 m weiter bis zur Brücke über die Venter Ache fahren. Rechts vor der Brücke parken. Die Straße überqueren und über das Feld (links der Brücke) bis zum Eisfall gehen.

P 32 T 649814 5196492
32 T 649836 5196402

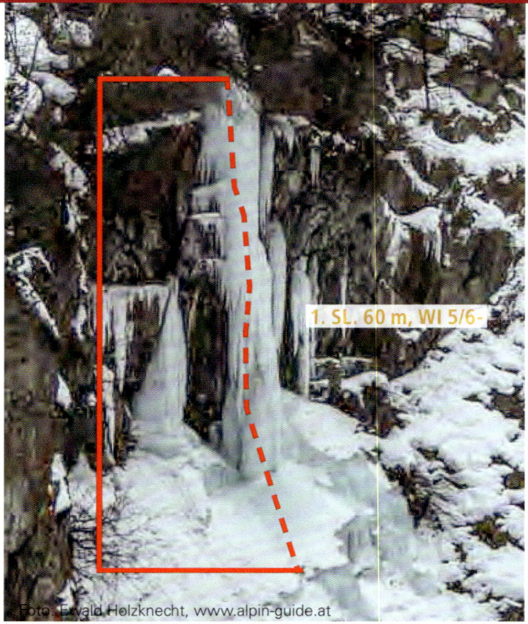

Ripflar (Rechts)

Schwerer Eisfall, direkt neben der Brücke an der Straße zwischen Heiligkreuz und Winterstall. Der Platz wird in der Karte als Easpan bezeichnet. Der Eisfall kann auch Toprope geklettert werden.

Bachname.............. Keiner
Lawinengefahr ....Keine
Ausrichtung..............Nord
Höhenlage........... 1690 m
Schwierigkeit .... WI 5/6-
Eisfallhöhe .... 60 m
Seillängen .... 1 SL.
Zustieg .... 5 Min.
Eisfallbegehung.... 30 Min.
Abstieg................ 15 Min.
Abstieg...............Abseilen
Über den Eisfall an den Bäumen abseilen.

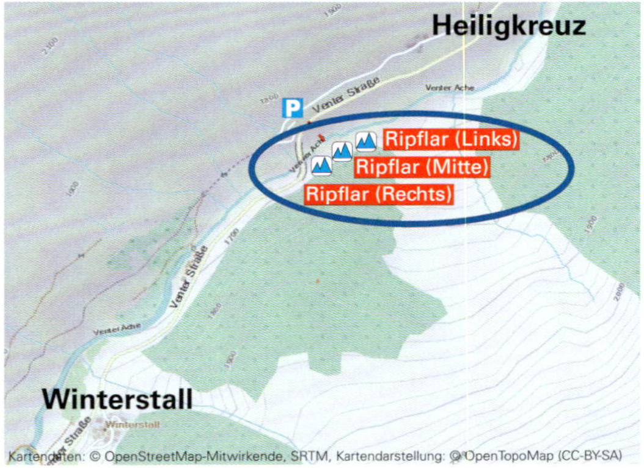

Zufahrt/Zustieg

Von Sölden nach Zwieselstein und dort Richtung Vent weiterfahren. Von Heiligstein noch 860 m weiter bis zur Brücke über die Venter Ache fahren. Rechts vor der Brücke parken. Die Straße überqueren und über das Feld (links der Brücke) bis zum Eisfall gehen.

P 32 T 649814 5196492
32 T 649836 5196402

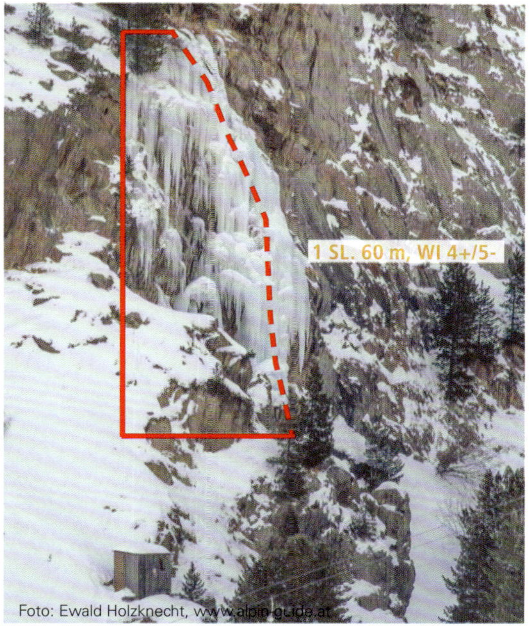

Seflwondfall

Kurzer, steiler Eisfall. Gut geeignet als Übungsgelände, Toprope möglich.

Bachname.............. Keiner
Lawinengefahr ....Keine
Ausrichtung.......Nordwest
Höhenlage........... 1920 m
Schwierigkeit ....WI 5-
Eisfallhöhe .... 60 m
Seillängen .... 1 SL.
Zustieg .... 15 Min.
Eisfallbegehung.... 40 Min.
Abstieg.................. 5 Min.
Abstieg...............Abseilen

Über den Eisfall mittels Eisuhren und Bäumen abseilen.

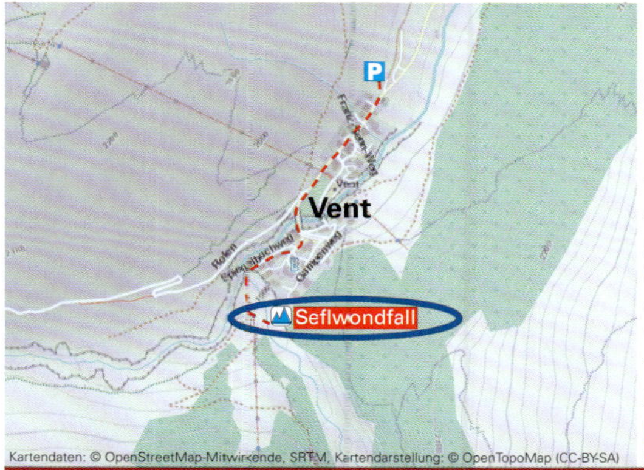

Zufahrt/Zustieg

Von Sölden nach Zwieselstein und dort Richtung Vent weiterfahren. In Vent am Ortseingang auf dem Parkplatz parken. Dann durch den Ort bis zum Ortsende gehen und dort dem Wanderweg Richtung Martin-Busch-Hütte folgen. An der linken Bachseite bis zum Eisfall gehen.

P 32 T 646131 5191739
32 T 645815 5190971

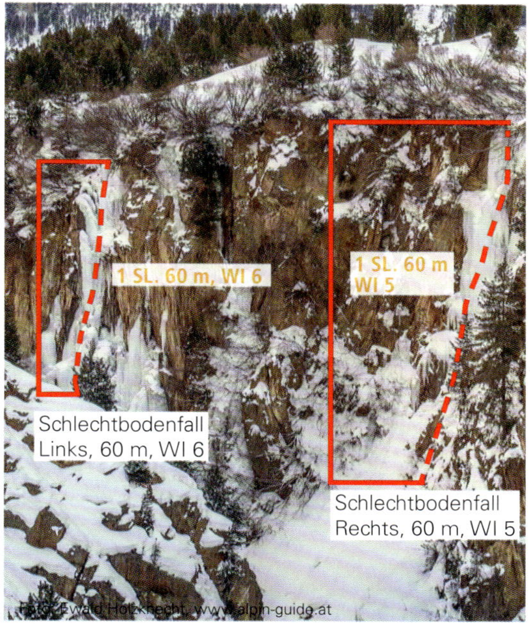

Schlechtbodenfälle

Zwei kurze, steile Eisfälle. Gut geeignet als Übungsgelände, Toprope möglich.

Bachname.............. Keiner
Lawinengefahr ....Keine
Ausrichtung....... Nord/NW
Höhenlage........... 2000 m
Schwierigkeit .... WI 5/6
Eisfallhöhe .... 60 m
Seillängen .... 1 SL.
Zustieg .... 10 Min.
Eisfallbegehung.... 30 Min.
Abstieg................ 10 Min.
Abstieg...............Abseilen

Über den Eisfall mittels Eisuhren und Bäumen abseilen.

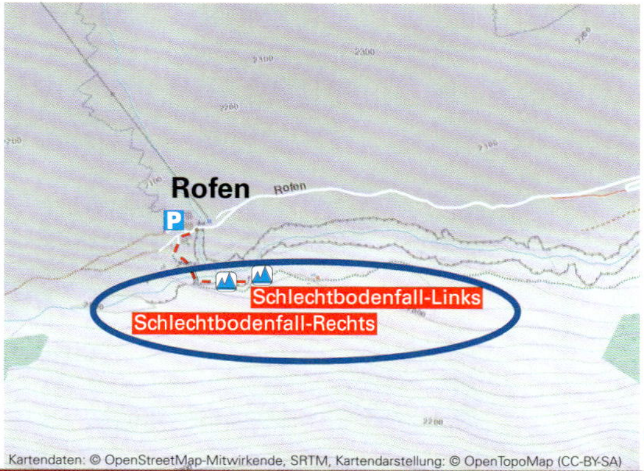

Zufahrt/Zustieg

Von Sölden nach Zwieselstein und dort Richtung Vent weiterfahren. Von Vent nach Rofen fahren und beim Berggasthof Rofenhof parken. Von dort über die Hängebrücke und 500 m Richtung Vent gehen. Die Eisfälle sind von der Brücke aus sichtbar.

P 32 T 644274 5190925
32 T 644452 5190875

1 DORFBACH JERZENS Jerzens

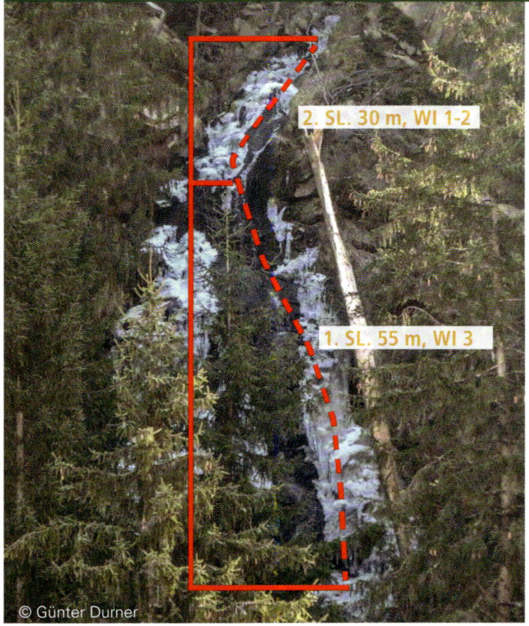

© Günter Durner

Dorfbach Jerzens

Leichter, kurzer Eisfall unterhalb des Ortes Jerzens. Erreichbar durch vorheriges Absteigen durch den Wald oder durch Abseilen über den Eisfall.

Bachname.. Jerzener Bach
Lawinengefahr ....Keine
Ausrichtung ....West
Höhenlage .... 950 m
Schwierigkeit ....WI 3
Eisfallhöhe .... 90 m
Seillängen .... 2 SL.
Zustieg .... 15 Min.
Eisfallbegehung....... 1 Std.
Abstieg................ 15 Min.
Abstieg...............Abseilen
An Bäumen zum Einstieg abseilen.

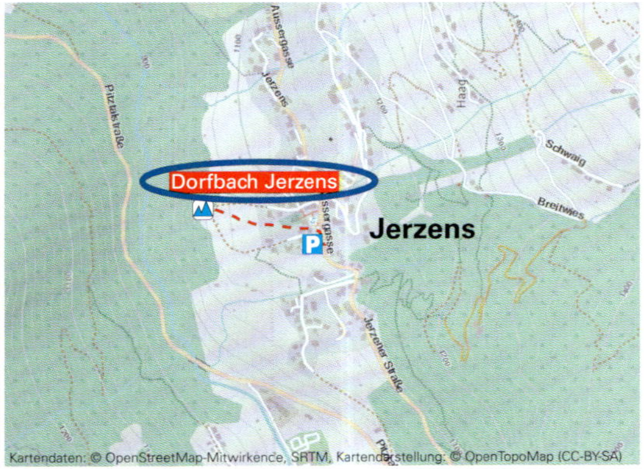

Zufahrt/Zustieg
Von Wenns bis zur Kirche von Jerzens fahren. Im Bereich der Kirche gibt es Parkmöglichkeiten. Von der Kirche in westlicher Richtung am Dorfbach bergab bis zum Wiesenrand gehen. Dann steil im Wald, links des Dorfbaches, bis zum Einstieg absteigen oder an den Bäumen über den Eisfall abseilen.

P 32 T 632396 5223190
32 T 632066 5223291

2 GRASLER Schön

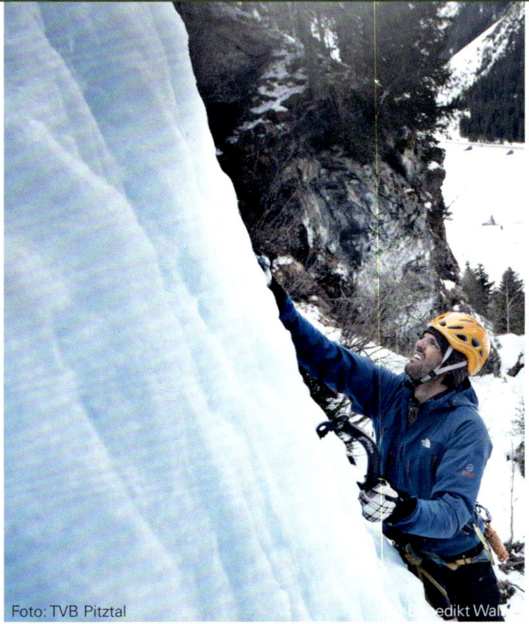
Foto: TVB Pitztal

Grasler

Mittelschwerer, kurzer Eisfall im Wald gegenüber dem Ort Schön. Der Eisfall kann nur durch Abseilen erreicht werden.

Bachname.............. Keiner
Lawinengefahr ....Keine
Ausrichtung ....Ost
Höhenlage .... 1000 m
Schwierigkeit ....WI 4
Eisfallhöhe .... 50 m
Seillängen .... 2 SL.
Zustieg .... 25 Min.
Eisfallbegehung.... 45 Min.
Abstieg................ 25 Min.
Abstieg............ Absteigen
In Abstiegsrichtung rechts ca. 100 m leicht schräg abwärts und in einem Bogen zum Pitzenschluchtsteig hinunter.

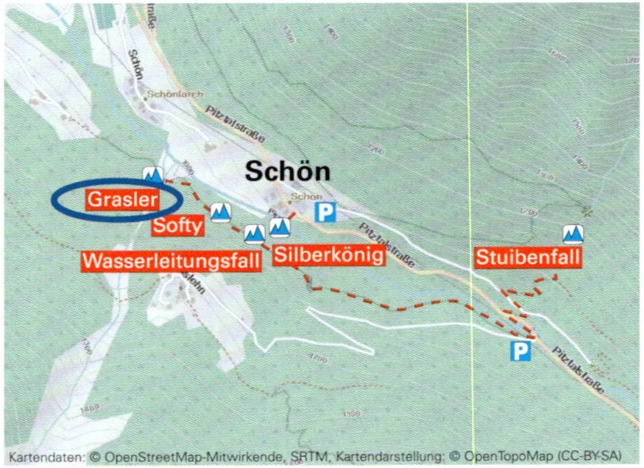

Zufahrt/Zustieg
Von Wenns bis nach Schön fahren. Nach der Ortschaft Schön führt eine Brücke über die Pitze (Abzweigung nach Graslehn). Bei der Brücke rechts parken. Von der Brücke dem Wanderweg talauswärts auf der linken Bachseite bis etwa auf Höhe von der Pension Köhler folgen. Von hier auf dem Steig weiter talauswärts bis zum Einstieg.

P 32 T 633899 5221198
32 T 632902 5221662

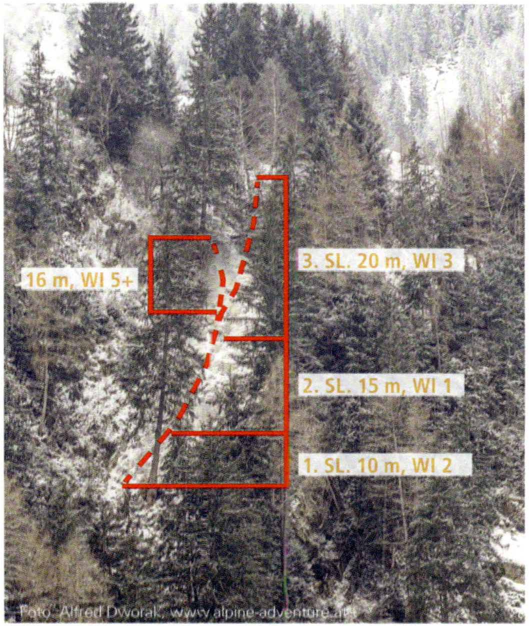

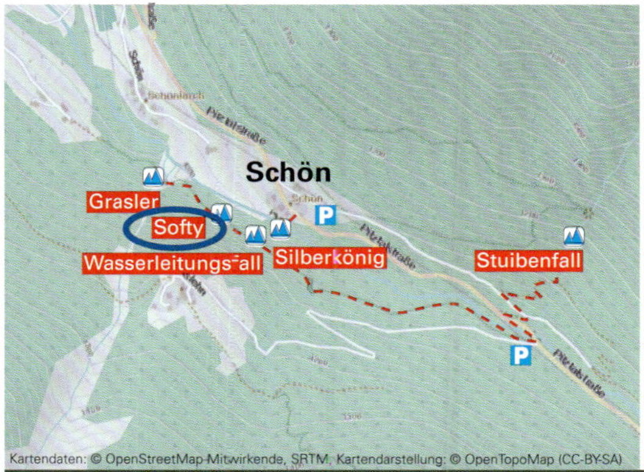

Softy

Ostseitig ausgerichteter Wasserfall, der nur nach vorherigem Abseilen bis zur Pitze geklettert werden kann.

Bachname .... Schildbach
Lawinengefahr .... Keine
Ausrichtung .... Ost
Höhenlage .... 1100 m
Schwierigkeit ...... WI 2-5+
Eisfallhöhe .... 60 m
Seillängen .... 4 SL.
Zustieg .... 20 Min.
Eisfallbegehung .... 1 Std.
Abstieg .... 10 Min.
Abstieg .... Abseilen
An Bäumen zum Einstieg abseilen.

Zufahrt/Zustieg

Von Wenns bis nach Schön fahren. Nach der Ortschaft Schön führt eine Brücke über die Pitze (Abzweigung nach Graslehn). Bei der Brücke rechts parken. Von der Brücke dem Wanderweg talauswärts auf der linken Bachseite bis etwa auf Höhe von der Pension Köhler folgen. Von dort geht es ein kurzes Stück abwärts, der Zustieg ist in weiterer Folge markiert und führt abseilend in die Pitzeschlucht.

P 32 T 633899 5221197
32 T 633015 5221594

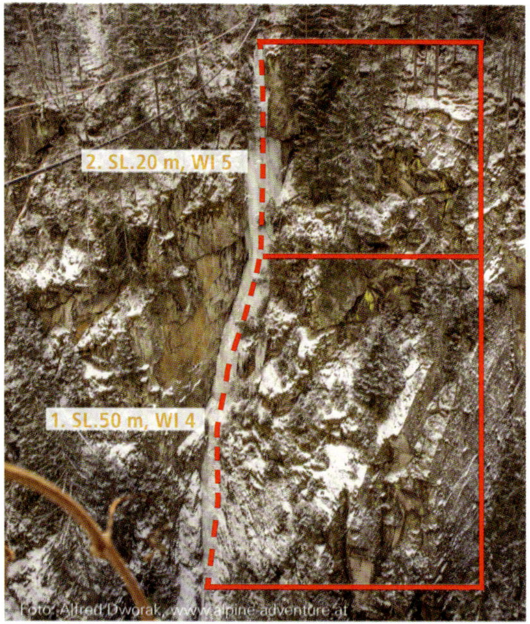

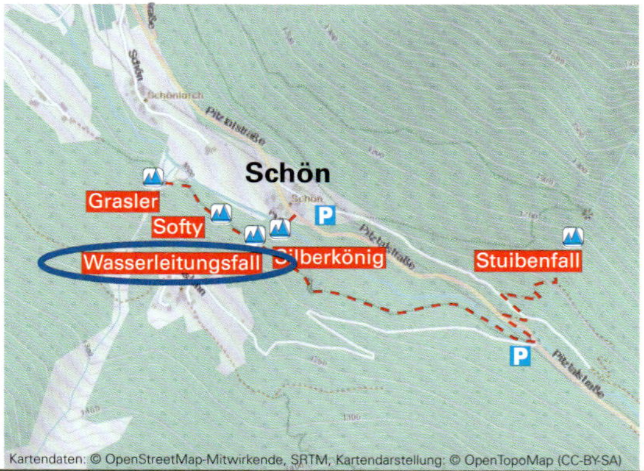

Wasserleitungsfall

Mittelschwerer Eisfall gegenüber dem Ort Schön. Der Eisfall kann nur durch Abseilen erreicht werden.

Bachname .... Keiner
Lawinengefahr .... Keine
Ausrichtung .... Ost
Höhenlage .... 1000 m
Schwierigkeit .... WI 3-5
Eisfallhöhe .... 50 m
Seillängen .... 2 SL.
Zustieg .... 20 Min.
Eisfallbegehung .... 45 Min.
Abstieg .... 15 Min.
Abstieg .... Abseilen
An Bäumen zum Einstieg abseilen.

Zufahrt/Zustieg

Von Wenns bis nach Schön fahren. Nach der Ortschaft Schön führt eine Brücke über die Pitze (Abzweigung nach Graslehn). Bei der Brücke rechts parken. Von der Brücke dem Wanderweg talauswärts auf der linken Bachseite bis etwa auf Höhe von der Pension Köhler folgen. Hier rechts bergab (Markierungen) bis zu einer Abseilstelle (gelbe Hinweistafel) gehen. Dann in die Pitzeschlucht abseilen.

P 32 T 633895 5221192
32 T 633176 5221525

5 SILBERKÖNIG Schön

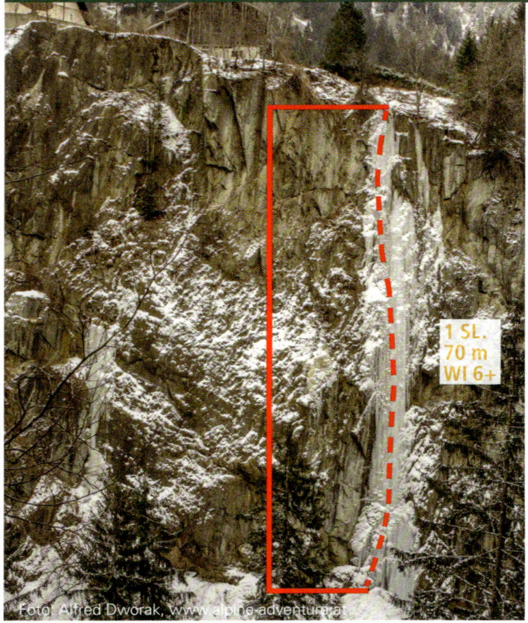

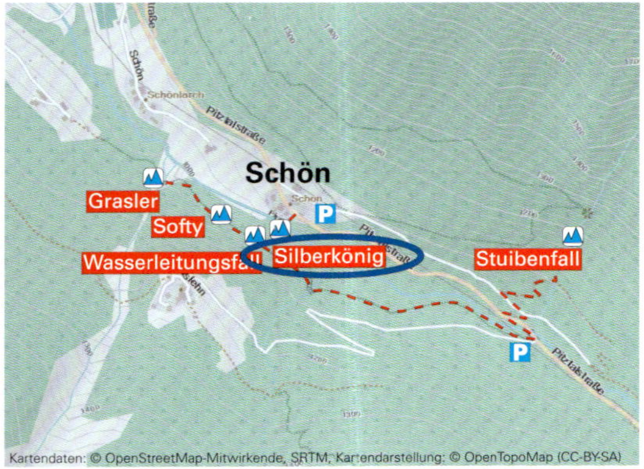

Silberkönig

Drei extrem schwere, anspruchsvolle Eisfälle. Möglichkeit von Toprope. Seit einigen Jahren läuft vom Gasthof Schön fast kein Wasser mehr über die Wand, daher wenig bis kein Eis. Teilweise Mixedkletterei.

Links Eisprinz WI 6-
Mitte Eiertanz WI 6
Rechts Silberkönig WI 6

BachnameKeiner
Lawinengefahr ....Keine
Ausrichtung ....West
Höhenlage ....950 m
Schwierigkeit .... WI 6+
Eisfallhöhe .... 75 m
Seillängen .... 2 SL.
Zustieg .... 5 Min.
Eisfallbegehung.... 60 Min.
Abstieg................ 15 Min.
Abstieg...............Abseilen

Zufahrt/Zustieg

Von Wenns bis nach Schön fahren. Beim Gasthaus „Schön" parken. Bitte fragen, da es Privatparkplätze sind. Hinter der Pension Köhler geht es zur Schluchtkante. Von hier zweimal abseilen.

P 32 T 633194 5221551
32 T 633187 5221543

6 STUIBENFALL Schön

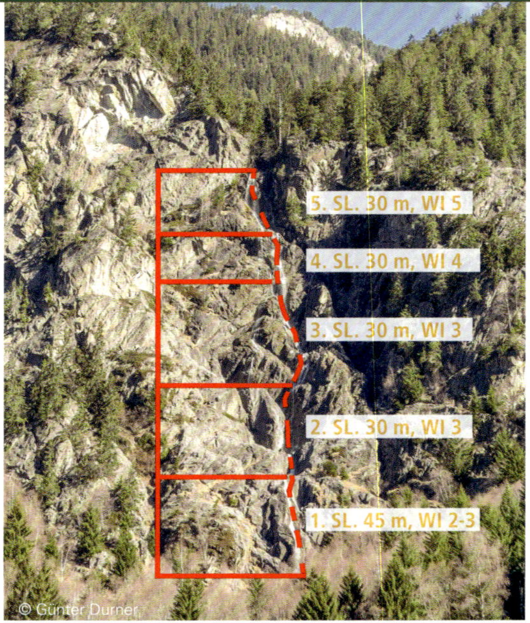

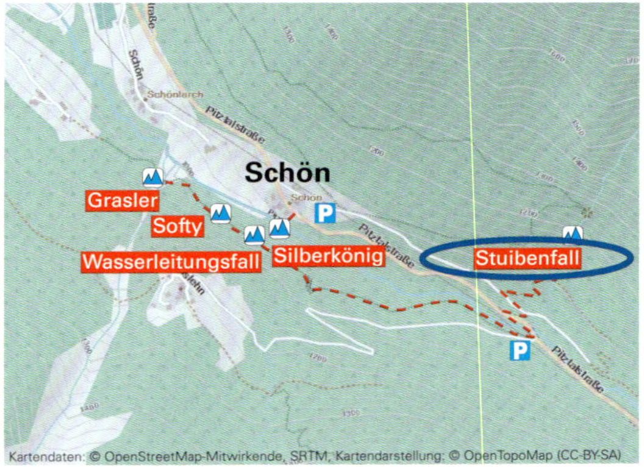

Stuibenfall

Sehr langer, anspruchsvoller Eisfall, der aufgrund der südwestlichen Ausrichtung der Sonne ausgesetzt ist. Oft wenig Eis und häufig hohe Eisschlaggefahr.

Bachname..... Stuibenbach
Lawinengefahr .... Kaum
Ausrichtung........ Südwest
Höhenlage........... 1300 m
Schwierigkeit ....WI 5
Eisfallhöhe ....210 m
Seillängen .... 5 SL.
Zustieg .... 30 Min.
Eisfallbegehung.... 2-3 Std.
Abstieg................ 40 Min.
Abstieg............ Absteigen

Vom Ausstieg nach rechts in den Wald und in diesem steil hinunter.

Zufahrt/Zustieg

Von Wenns bis nach Schön fahren. Nach der Ortschaft Schön führt eine Brücke über die Pitze (Abzweigung nach Graslehn). Bei der Brücke rechts parken. Über die Brücke zur linken Bachseite dann dem Forstweg folgen bis man direkt unter dem Eisfall steht.

P 32 T 633901 5221194
32 T 634060 5221606

7 WIESLE A Wiesle

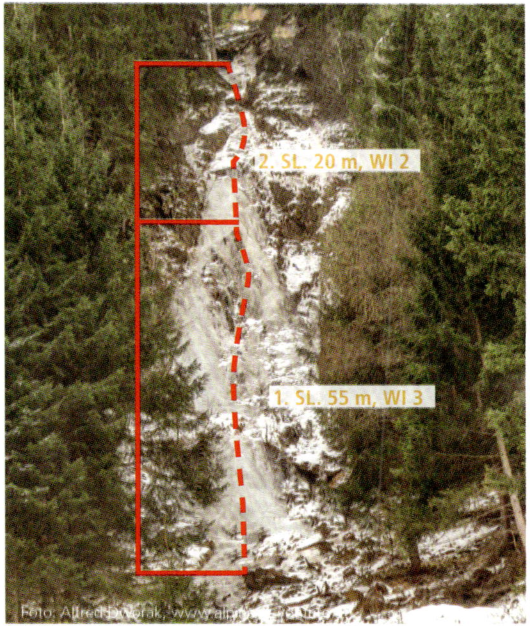

Wiesle A

Zwei ostseitig ausgerichtete Eisfälle hoch über dem Weiler Wiesle.

Bachname.............. Keiner
Lawinengefahr ....Keine
Ausrichtung................Ost
Höhenlage............1100 m
Schwierigkeit ....WI 3
Eisfallhöhe .... 75 m
Seillängen .... 2 SL.
Zustieg .... 20 Min.
Eisfallbegehung....... 1 Std.
Abstieg................ 20 Min.
Abstieg............ Absteigen

Vom Ausstieg nach rechts steil durch den Wald hinunter zurück zum Steig.

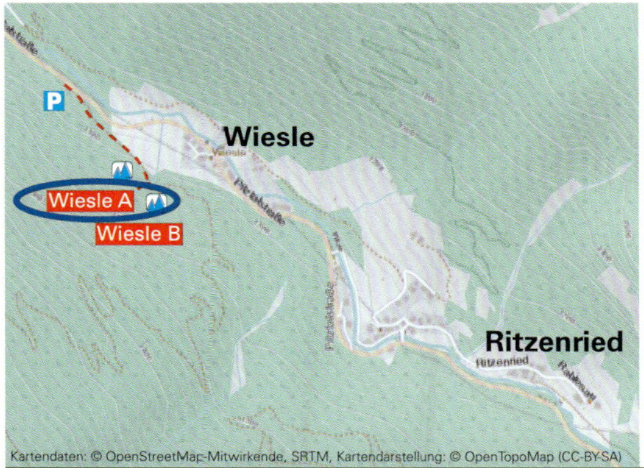

Zufahrt/Zustieg

Von Wenns bis nach Schön bzw. weiter bis kurz vor dem Weiler Wiesle fahren. Dort auf der linken Straßenseite parken. Rechts auf der Forststraße 300 m aufwärts Richtung Holzbrücke gehen. 20 m vor der Brücke rechts dem markierten Steig weiter folgen. In weiterer Folge zum Einstieg des Eisfalls links haltend hinauf.

P 32 T 634176 5220976
32 T 634354 5220733

8 WIESLE B Wiesle

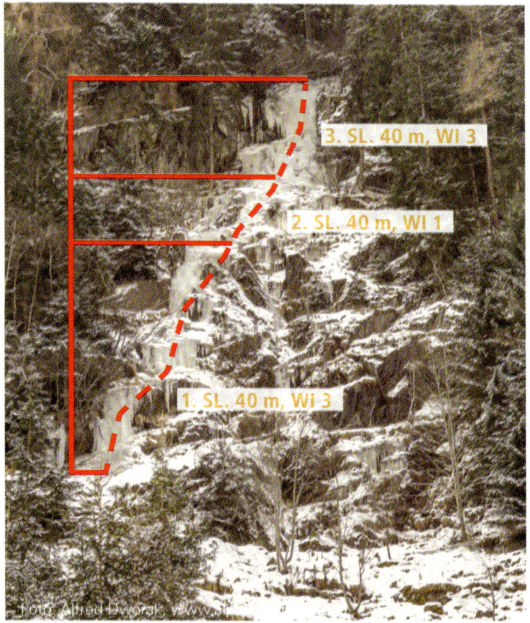

Wiesle B

Zwei ostseitig ausgerichtete Eisfälle hoch über dem Weiler Wiesle.

Bachname.............. Keiner
Lawinengefahr ....Keine
Ausrichtung................Ost
Höhenlage............1100 m
Schwierigkeit ....WI 3
Eisfallhöhe .... 80 m
Seillängen .... 3 SL.
Zustieg .... 40 Min.
Eisfallbegehung.... 1,5 Std.
Abstieg................ 30 Min.
Abstieg............ Absteigen

Vom Ausstieg ca. 250 m auf dem Steig links bis zur Forststraße gehen. Die Forststraße führt in vier Kehren zum Auto hinunter.

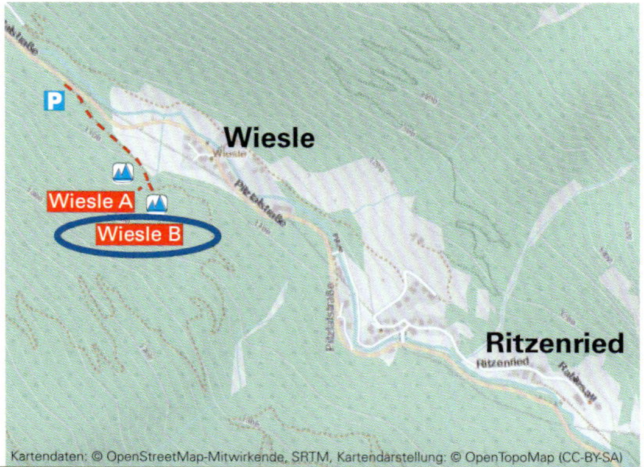

Zufahrt/Zustieg

Von Wenns bis nach Schön bzw. weiter bis kurz vor dem Weiler Wiesle fahren. Dort auf der linken Straßenseite parken. Rechts auf der Forststraße 300 m aufwärts Richtung Holzbrücke gehen. 20 m vor der Brücke rechts dem markierten Steig weiter folgen. In weiterer Folge zum Einstieg des Eisfalls links haltend hinauf.

P 32 T 634176 5220976
32 T 634422 5220628

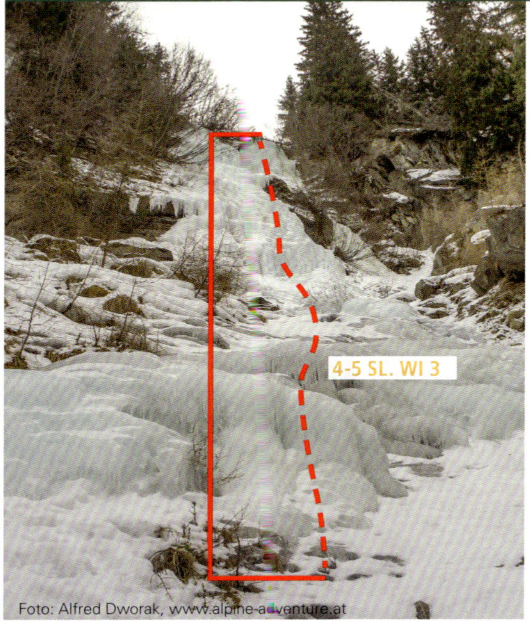

Foto: Alfred Dworak, www.alpine-adventure.at

Obere Wiese

Schöner Eisfall mit lohnendem Ausstieg.

Bachname.............. Keiner
Lawinengefahr .... Kaum
Ausrichtung ....Ost
Höhenlage .... 1300 m
Schwierigkeit ....WI 3
Eisfallhöhe .... 200 m
Seillängen ....4-5 SL.
Zustieg .... 30 Min.
Eisfallbegehung....... 2 Std.
Abstieg................ 30 Min.
Abstieg...............Abseilen

Über den Eisfall mittels Eisuhren und an den Bäumen abseilen.

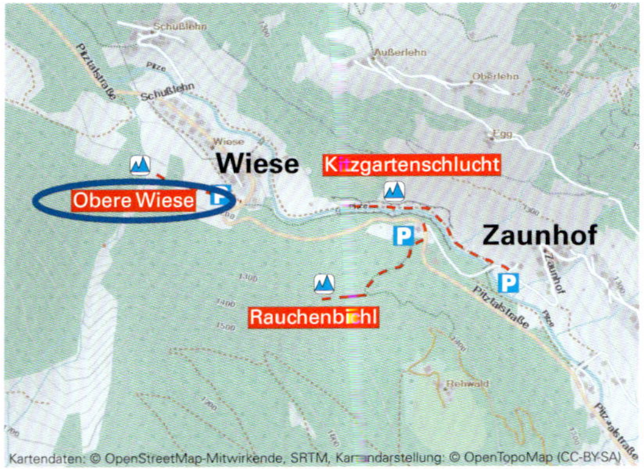

Zufahrt/Zustieg

Von Wenns bis nach Wiese fahren. Am Ende des Ortsteils befinden sich auf der linken Seite Parkmöglichkeiten. Dort wo eine Straße nach rechts Richtung Wasserfall Söllberg abzweigt. Dem Bachbett bis zum Eisfall folgen.

P 32 T 636387 5219243
32 T 635944 5219294

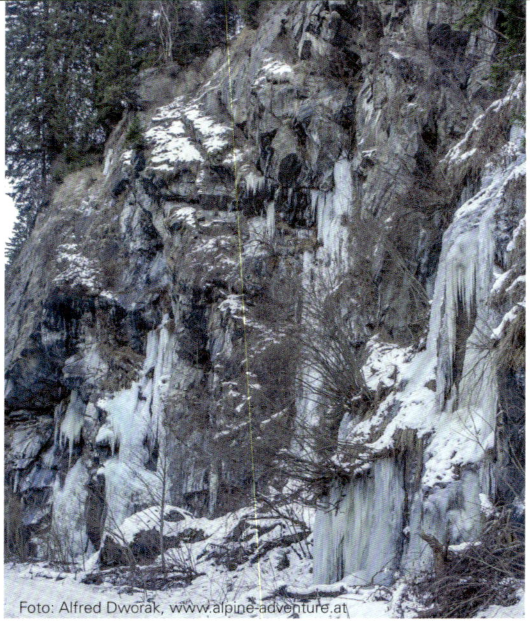

Foto: Alfred Dworak, www.alpine-adventure.at

Kitzgartenschlucht

Die Kitzgartenschlucht bietet sehr vielseitige Eisklettermöglichkeiten, sie ist ein idealer „Eisklettergarten“ bei Schlechtwetter und Lawinengefahr. Gute Möglichkeiten für Eiskletterkurse. Es gibt ca. 20 verschiedene Eis- und Mixedrouten in unterschiedlichen Schwierigkeitsgraden.

Bachname.............. Keiner
Lawinengefahr .... Kaum
Ausrichtung ....Nord
Höhenlage .... 1200 m
SchwierigkeitWI 3 bis M8+
Eisfallhöhe .... 50 m
Seillängen .... 1-2 SL.
Zustieg .... 10 Min.
Eisfallbegehung....... 1 Std.
Abstieg................ 10 Min.
Abstieg...............Abseilen

Über die verschiedenen Touren abseilen.

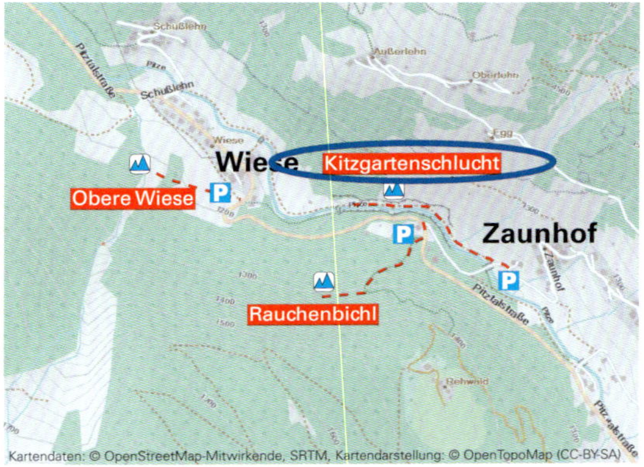

Zufahrt/Zustieg

Von Wenns bis nach Wiese fahren. 700 m nach Wiese, zweigt links eine Straße nach Zaunhof ab. Bis zur Brücke fahren und dort parken. Auf der rechten (nördlichen Seite), entlang der Pitze bis zu den Eisfällen gehen.

P 32 T 637126 5219069
32 T 636946 5219226

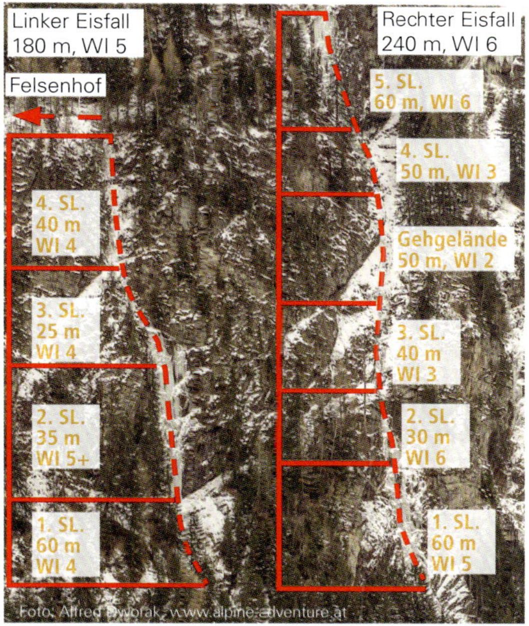

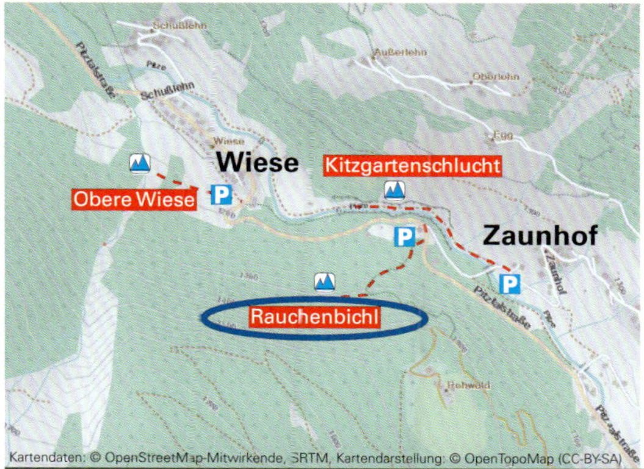

Rauchenbichl

Zwei sehr schwere, anspruchsvolle Eisfälle oberhalb der Ortschaft Wiese.

Bachname.............. Keiner
Lawinengefahr ....Ja
Ausrichtung..............Nord
Höhenlage........... 1300 m
Schwierigkeit ....WI 6
Eisfallhöhe ......180-240 m
Seillängen .... 5 SL.
Zustieg .... 30 Min.
Eisfallbegehung.... 2-3 Std.
Abstieg................ 40 Min.
Abstieg............ Absteigen

Beim linken Eisfall am Ausstieg schräg links durch den Wald hinauf bis zum Weiler Rehwald. Dann auf der Forststraße eine Kehre hinunter, bis links ein Steig zurück zum Parkplatz führt. Beim rechten Eisfall noch ca. 30 Hm bis zur Forststraße nach Rehwald aufsteigen.

Zufahrt/Zustieg

Von Wenns bis nach Wiese fahren. 700 m nach Wiese, zweigt links eine Straße nach Zaunhof ab. Dort parken. Dem markierten Steig in Richtung Gasthaus Felsenhof bis dort hin folgen, wo er links abbiegt. Hier gerade hinauf zum den Eisfällen gehen.

P 32 T 636937 5219180
32 T 636650 5219005

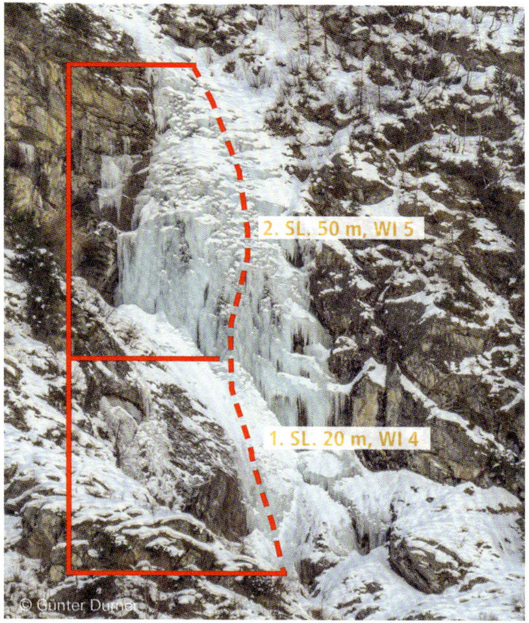

Mauchelebodenfall

Schöner nicht allzu steiler Eisfall oberhalb des Lawinentunnels von Boden.

Bachname........... Karbach
Lawinengefahr ....Ja
Ausrichtung.........Nordost
Höhenlage........... 1600 m
Schwierigkeit ....WI 5
Eisfallhöhe .... 70 m
Seillängen .... 2 SL.
Zustieg .... 30 Min.
Eisfallbegehung. 1-1,5 Std.
Abstieg................ 40 Min.
Abstieg...............Abseilen

Über den Eisfall mittels Eisuhren abseilen oder über den rechten, bewaldeten Rücken absteigen.

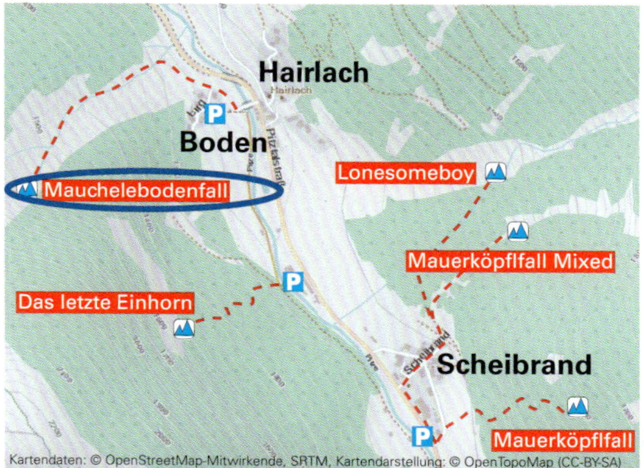

Zufahrt/Zustieg

Von Wenns bis kurz vor Scheibrand fahren. Nach der Straßengalerie im Bereich des Weilers Boden/Hairlach parken. Von hier entlang des rechten Lawinendammes bis zum Bachbett aufsteigen. Dann entlang des Bachbetts hinauf zum Eisfall gehen.

P 32 T 638101 5217912
32 T 637608 5217921

13 DAS LETZTE EINHORN Hairlach

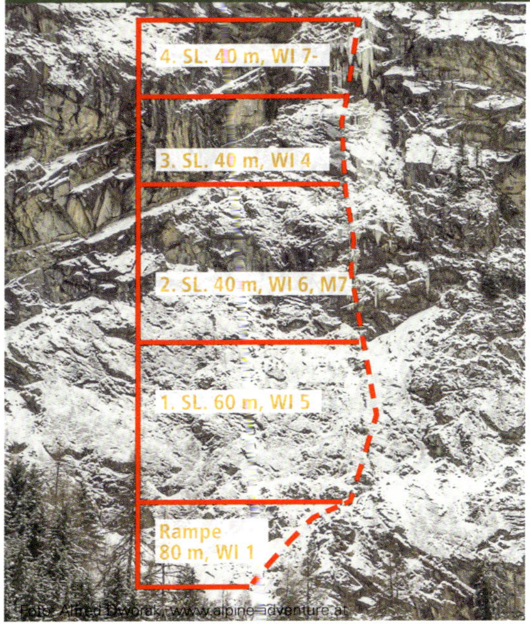

Das letzte Einhorn

Schöne, sehr anspruchsvolle und extreme Eislinie. Teilweise durch Bohrhaken abgesichert. Die 180 m lange und schwierige Eiskletterei endet mit einem freistehenden Zapfen am Ausstieg im Bereich WI 7-.

Bachname.............. Keiner
Lawinengefahr .... Kaum
Ausrichtung................Ost
Höhenlage........... 1500 m
Schwierigkeit ....WI 7-, M7
Eisfallhöhe .... 180 m
Seillängen .... 4 SL.
Zustieg .... 30 Min.
Eisfallbegehung....... 4 Std.
Abstieg................ 45 Min.
Abstieg...............Abseilen

Über den Eisfall an den Bohrhaken und mittels Eisuhren abseilen.

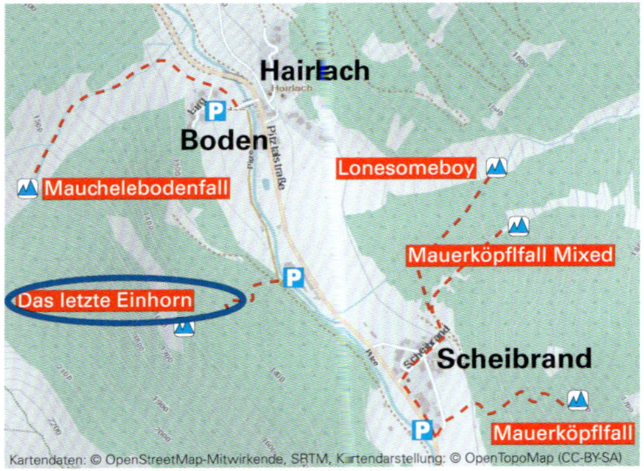

Zufahrt/Zustieg

Von Wenns nach Hairach fahren. Hinter dem Recyclinghof parken. Vom Parkplatz zum sichtbaren Eisfall aufsteigen. Zum Einstieg gelangt man über eine WI 1 Rampe.

P 32 T 638167 5217387
32 T 638022 5217305

14 LONESOMEBOY Scheibrand

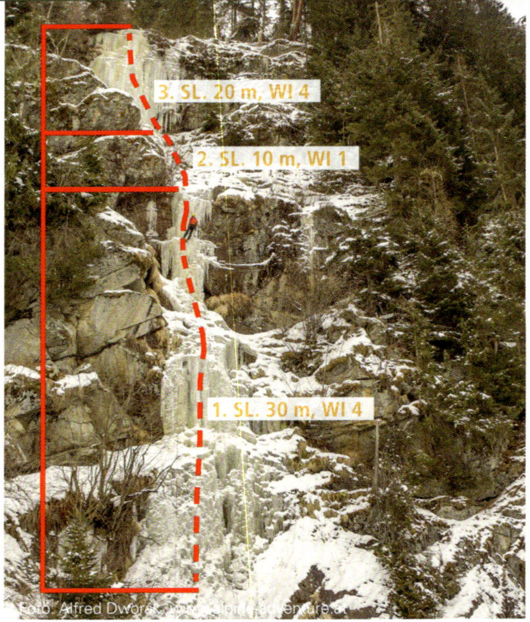

Lonesomeboy

Schöner nicht allzu steiler und anspruchsvoller Eisfall oberhalb von Scheibrand.

Bachname.............. Keiner
Lawinengefahr .... Kaum
Ausrichtung.............West
Höhenlage........... 1450 m
Schwierigkeit .... WI 4
Eisfallhöhe .... 60 m
Seillängen .... 3 SL.
Zustieg .... 30 Min.
Eisfallbegehung.... 1,5 Std.
Abstieg................ 20 Min.
Abstieg...............Abseilen

Über den Eisfall mittels Eisuhren abseilen.

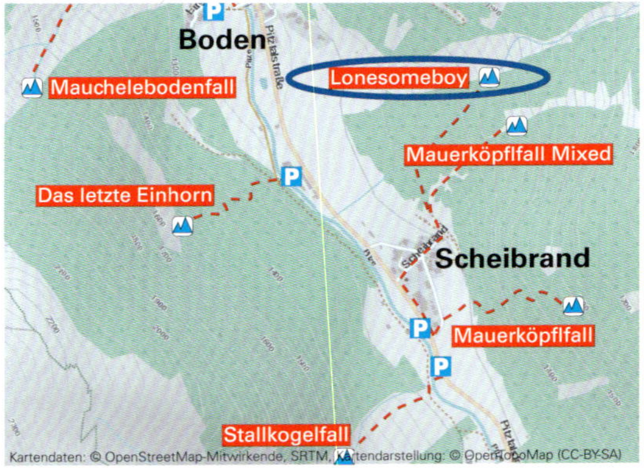

Zufahrt/Zustieg

Von Wenns bis nach Scheibrand fahren. Hier links parken. Durch die Ortschaft Scheibrand gehen, dann links durch den Wald hinauf zum Eisfall gehen.

P 32 T 638503 5217044
32 T 638803 5217720

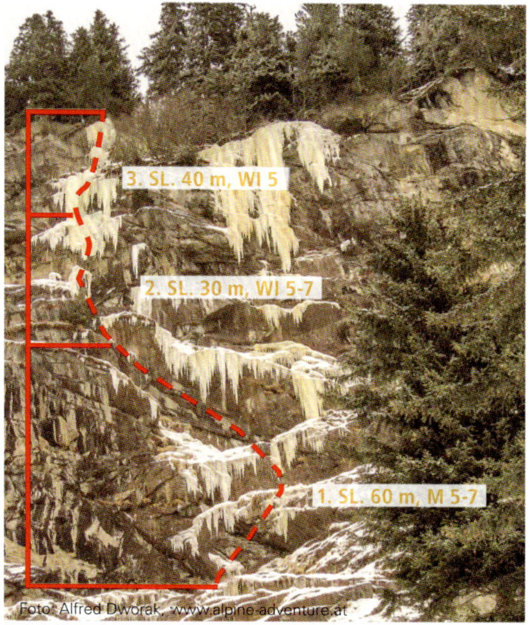

Mauerköpflfall Mixed

Sehr lohnende und anspruchsvolle Mixedroute.

Bachname .... Keiner
Lawinengefahr .... Kaum
Ausrichtung .... West
Höhenlage .... 1350 m
Schwierigkeit .... WI 7, M 5
Eisfallhöhe .... 130 m
Seillängen .... 3 SL.
Zustieg .... 45 Min.
Eisfallbegehung .... 2 Std.
Abstieg .... 30 Min.
Abstieg .... Abseilen
Über den Eisfall abseilen.

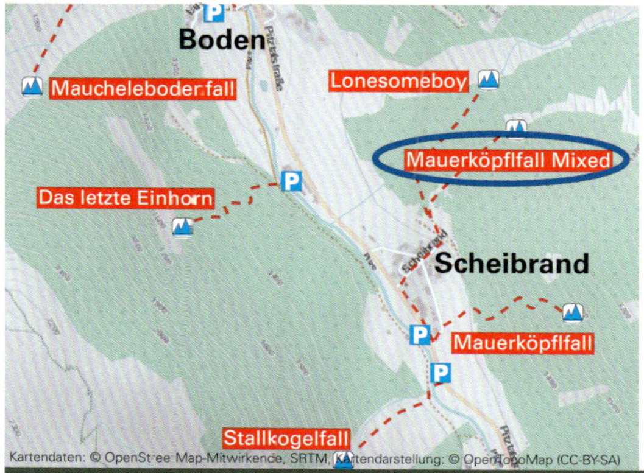

Zufahrt/Zustieg

Von Wenns bis Scheibrand fahren. Hier links parken. Durch die Ortschaft Scheibrand gehen, dann rechts durch den Wald hinauf zum Eisfall gehen.

P 32 T 638503 5217044
32 T 638818 5217565

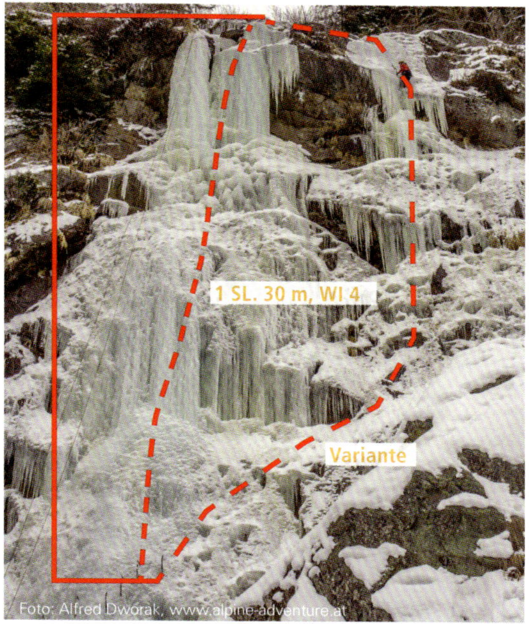

Mauerköpflfall

Schöner, mittelschwerer nicht allzu steiler Eisfall. Die steileren Passagen sind durch Flachstücke unterbrochen.

Bachname .... Keiner
Lawinengefahr .... Kaum
Ausrichtung .... West
Höhenlage .... 1600 m
Schwierigkeit .... WI 4
Eisfallhöhe .... 170 m
Seillängen .... 4 SL.
Zustieg .... 30 Min.
Eisfallbegehung .... 2-3 Std.
Abstieg .... 30 Min.
Abstieg .... Absteigen
Vom Ausstieg nach rechts gehen über den sehr steilen Wald (teilweise abseilen) zum Einstieg absteigen.

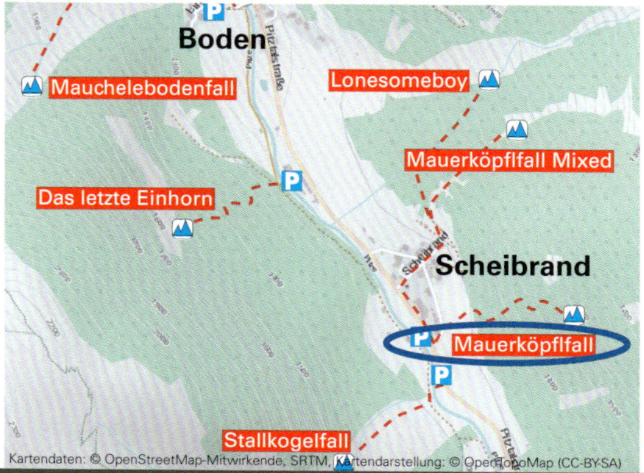

Zufahrt/Zustieg

Von Wenns bis Scheibrand fahren. Hier links parken. Durch die Ortschaft Scheibrand gehen, dann rechts durch den Wald hinauf zum Eisfall gehen.

P 32 T 638496 5217090
32 T 638985 5217071

17 STALLKOGELFALL Scheibrand

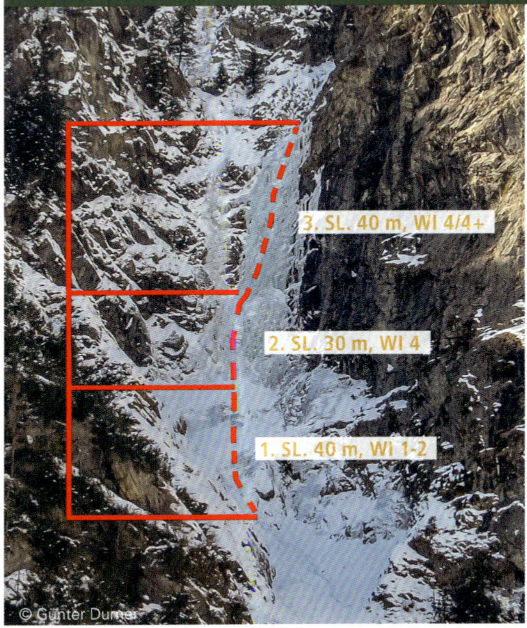

Stallkogelfall

Gewaltiges, breites Eisschild oberhalb von Scheibrand.

Bachname..... Dunkelrinner
Lawinengefahr .... Ja
Ausrichtung .... Ost
Höhenlage .... 1500 m
Schwierigkeit .... WI 4+
Eisfallhöhe .... 110 m
Seillängen .... 3 SL.
Zustieg .... 30 Min.
Eisfallbegehung.... 2-3 Std.
Abstieg .... 30 Min.
Abstieg .... Abseilen

Über den Eisfall mittels Eisuhren und Bäumen abseilen.

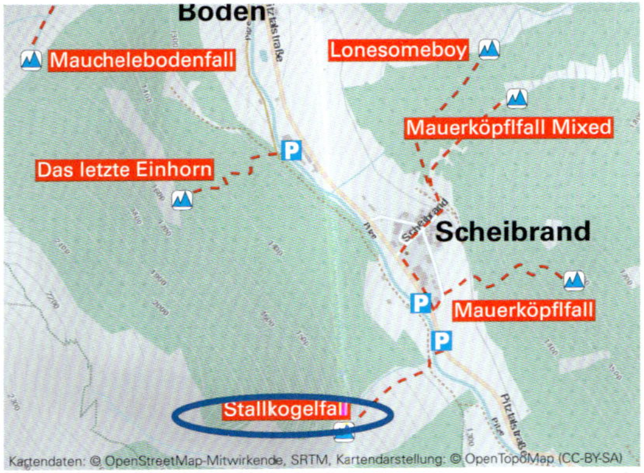

Zufahrt/Zustieg

Von Wenns bis Scheibrand fahren. Nach dem Ort bis zu einer Brücke (rechts) fahren. Hier rechts parken. Dann über die Brücke gehen und geradeaus zu dem sichtbaren Eisfall aufsteigen.

P 32 T 638619 5216832
32 T 638319 5216503

18 EGGENSTALLFALL Eggenstall

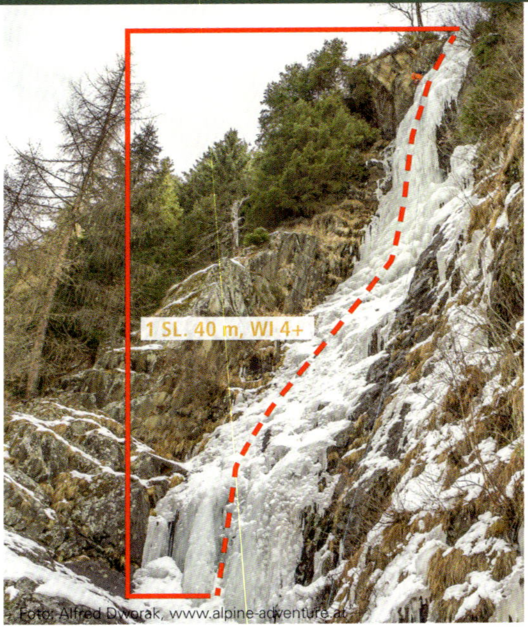

Eggenstallfall

Kompakter, mittelschwerer, nicht allzu steiler Eisfall.

Bachname...... Ronachbach
Lawinengefahr .... Kaum
Ausrichtung .... West
Höhenlage .... 1400 m
Schwierigkeit .... WI 4+
Eisfallhöhe .... 40 m
Seillängen .... 2 SL.
Zustieg .... 15 Min.
Eisfallbegehung....... 1 Std.
Abstieg .... 20 Min.
Abstieg .... Absteigen

Vom Ausstieg 50 m nach links gehen über den sehr steilen Wald (teilweise Abseilen) zum Einstieg absteigen.

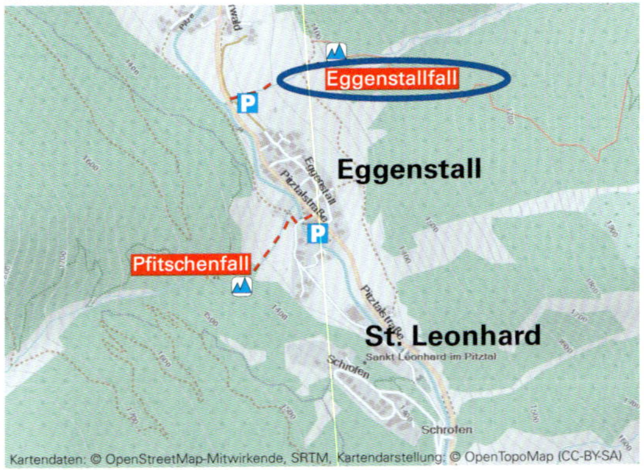

Zufahrt/Zustieg

Von Wenns bis Eggenstall fahren. In Eggenstall links parken. Dann entlang des Baches zum Eisfall gehen.

P 32 T 639747 5214921
32 T 640162 5215062

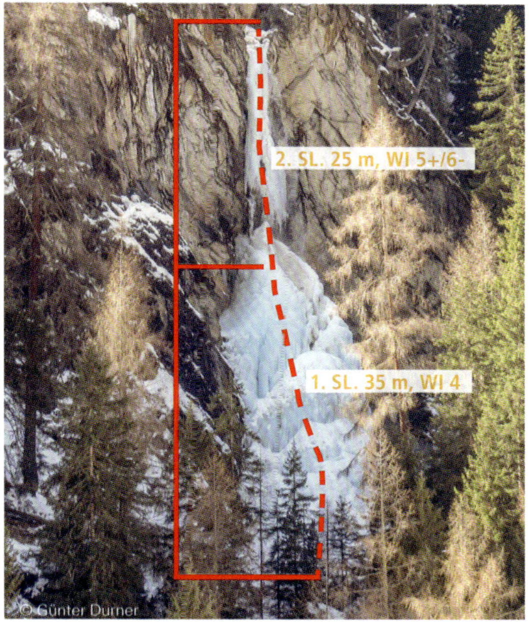

Pfitschenfall

Kurzer, steiler und sehr schwerer Eiszapfen, welcher selten ganz zugefroren ist.

Bachname........ Gschwand
Lawinengefahr .... Ja
Ausrichtung..........Nordost
Höhenlage........... 1400 m
Schwierigkeit ..... WI 5+/6-
Eisfallhöhe .... 60 m
Seillängen .... 2 SL.
Zustieg .... 20 Min.
Eisfallbegehung.... 1-2 Std.
Abstieg................ 20 Min.
Abstieg...............Abseilen

Am Ausstieg nach rechts zu einem Baum und an diesem und mittels Eisuhren abseilen. Oder beim Ausstieg nach links gehen über den sehr steilen Wald in einer Rinne zum Einstieg absteigen.

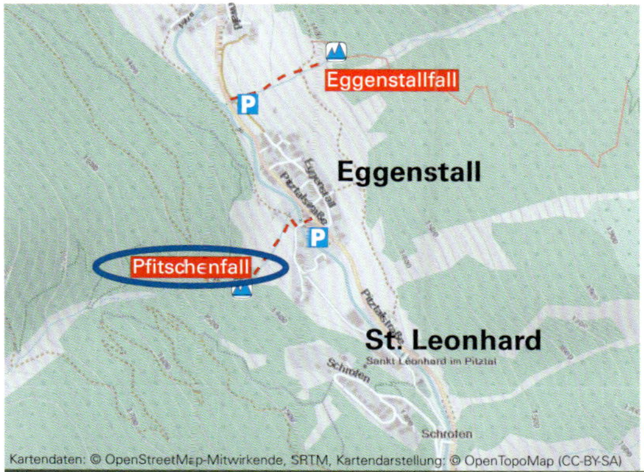

Zufahrt/Zustieg

Von Wenns nach Eggenstall fahren. Beim Gasthof Liesele rechts abbiegen und über die Brücke fahren. In der Nähe der Brücke gibt es Parkmöglichkeiten. Bitte nicht auf Privatgrund parken. Von hier entlang des Baches zum Eisfall gehen.

P 32 T 639948 5214560
32 T 639784 5214378

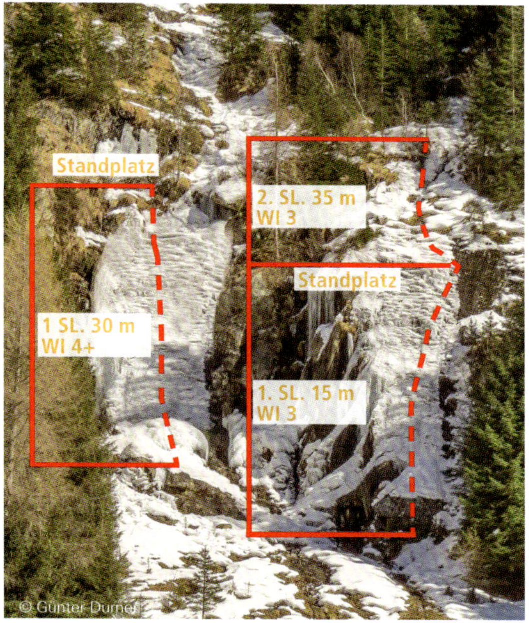

Garstiges Liesele

Zwei kurze, mittelschwere Eisfälle, die auch für Übungen und Schulungszwecke geeignet sind.

Bachname............... Keiner
Lawinengefahr .... Kaum
Ausrichtung............. West
Höhenlage........... 1400 m
Schwierigkeit .... WI 5
Eisfallhöhe .... 25 m
Seillängen .... 1 SL.
Zustieg .... 15 Min.
Eisfallbegehung....... 1 Std.
Abstieg................ 20 Min.
Abstieg...............Abseilen

Über den Eisfall mittels Eisuhren und Bäumen beziehungsweise den fixen Standplätzen abseilen.

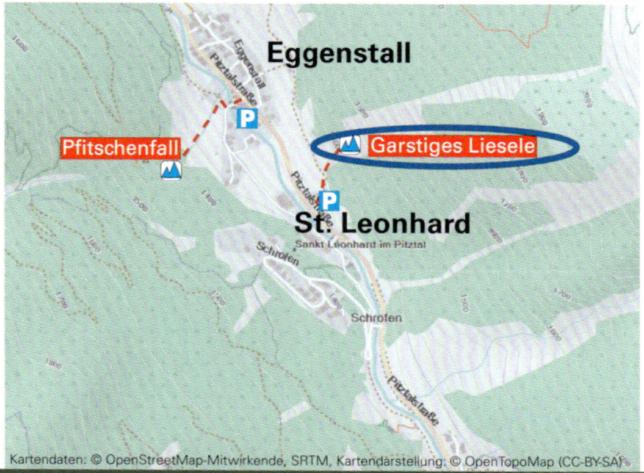

Zufahrt/Zustieg

Von Wenns bis zum Ortsanfang von St. Leonhard fahren. Dort parken. Bitte nicht auf Privatgrund parken. Dem Weg zum Waldrand folgen dann zu den beiden Eisfällen aufsteigen.

P 32 T 640192 5214278
32 T 640254 5214456

21 FALLEBACHFALL Piösmes

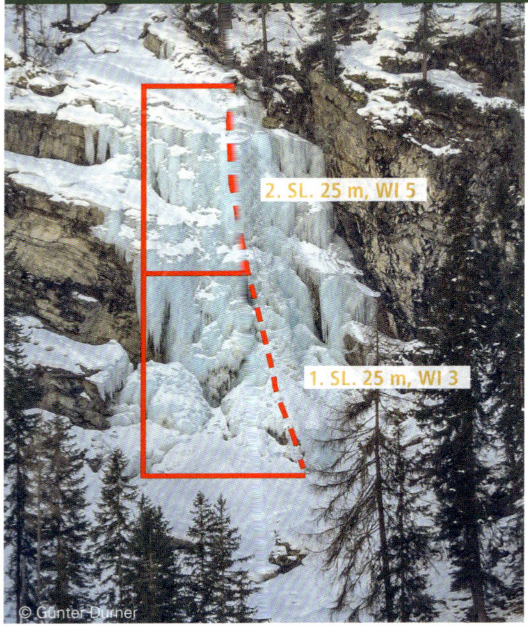

Fallebachfall
Schwerer, steiler und breiter Eisfall.

Bachname .... Keiner
Lawinengefahr .... Kaum
Ausrichtung .... Nordost
Höhenlage .... 1650 m
Schwierigkeit .... WI 4-5
Eisfallhöhe .... 40 m
Seillängen .... 2 SL.
Zustieg .... 15 Min.
Eisfallbegehung .... 1 Std.
Abstieg .... 20 Min.
Abstieg .... Abseilen

Am Ausstieg an Bäumen abseilen oder vom Ausstieg nach rechts auf einem Band zu einer Rinne und durch diese steil hinunter.

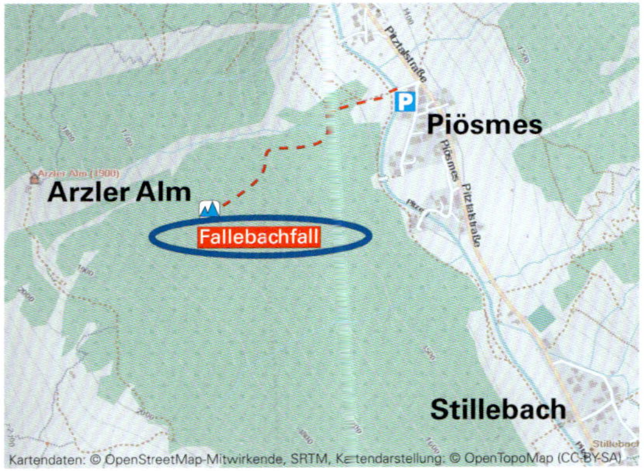

Zufahrt/Zustieg
Von Wenns nach Piösmes fahren. Dort parken. Bitte nicht auf Privatgrund parken. Dem Weg zum Waldrand folgen und dann zum Eisfall aufsteigen.

P 32 T 640884 5213057
32 T 640456 5212672

22 PIÖSMESFÄLLE Piösmes

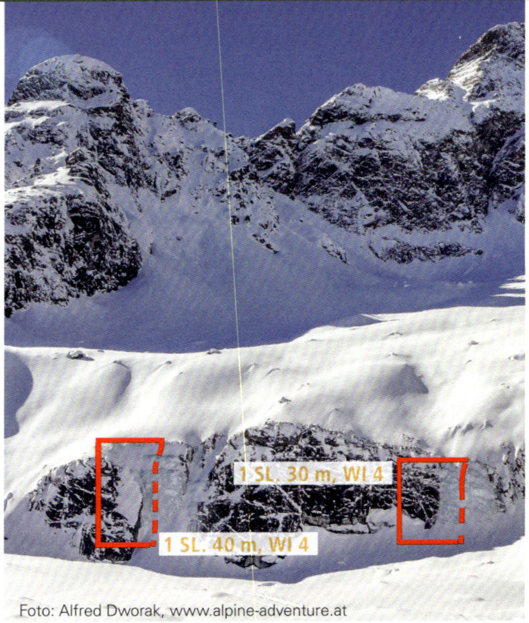

Foto: Alfred Dworak, www.alpine-adventure.at

Piösmesfälle
Zwei imposante Eissäulen oberhalb der Arzler Alm, am Fuße der Rofelewand. Die Eisfälle befinden sich im hochalpinen Gelände und sind am besten mit Tourenski (Schneeschuhe) über die Arzler Alm zu erreichen.

Bachname .... Keiner
Lawinengefahr .... Ja
Ausrichtung .... Nord
Höhenlage .... 2250 m
Schwierigkeit .... WI 4
Eisfallhöhe .... 30-40 m
Seillängen .... 1 SL.
Zustieg .... 2,5 Std.
Eisfallbegehung .... 1 Std.
Abstieg .... 2,5 Std.
Abstieg .... Abseilen

Über den Eisfall mittels Eisuhren abseilen.

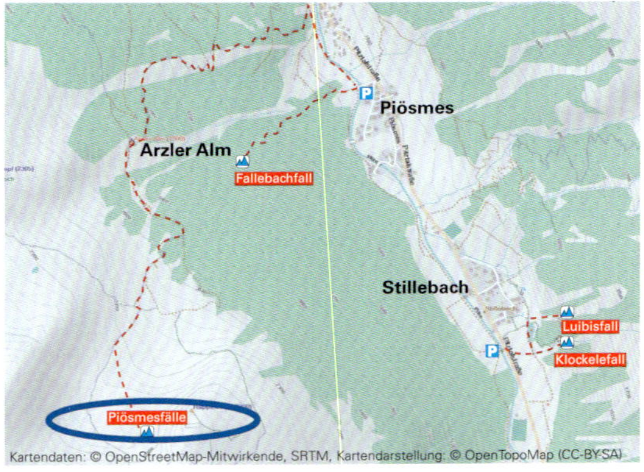

Zufahrt/Zustieg
Von Wenns nach Piösmes fahren. Beim Gasthaus gibt es Parkmöglichkeiten. Bitte nicht auf Privatgrund parken. Über die Brücke der Pitze, dann auf dem Forstweg weiter bis zur Arzler Alm. Beim Hinweisschild zum Kreuzjoch abbiegen. An zwei Jagdhütten vorbei, dann gerade hinauf zum Almboden und weiter bis zu den Eisfällen gehen.

P 32 T 640618 5213477
32 T 639933 5211243

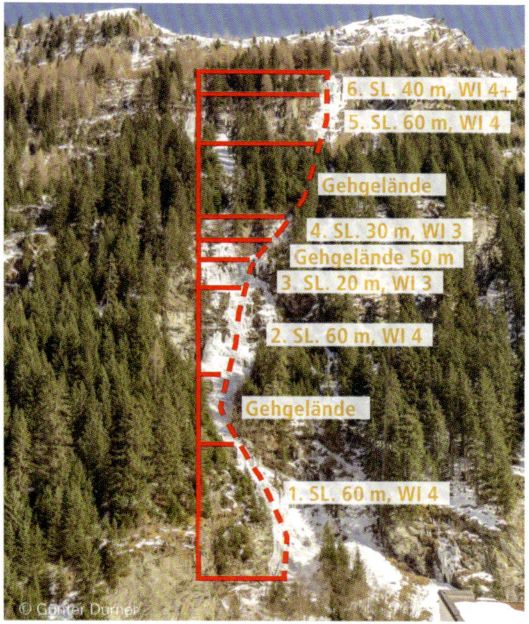

Luibisfall

Mittelschwerer, langer und gut gestufter Eisfall. Nach fast jeder Steilstufe ist es möglich aus dem Eisfall auszusteigen. Oft von Kursen besuchter Eisfall.

Bachname.............. Keiner
Lawinengefahr .... Kaum
Ausrichtung.............West
Höhenlage........... 1450 m
Schwierigkeit ...... WI 4/4+
Eisfallhöhe .... 460 m
Seillängen .... 6 SL.
Zustieg .... 15 Min.
Eisfallbegehung.... 2-3 Std.
Abstieg................ 30 Min.
Abstieg............ Absteigen

Vom Ausstieg etwa 300 m nach links gehen, dann durch den Wald zu einer Forststraße absteigen und auf diese hinunter nach Stillebach.

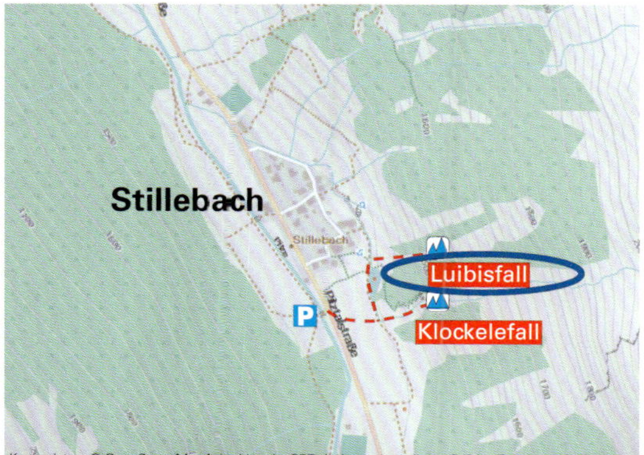

Zufahrt/Zustieg

Von Wenns nach Stillebach fahren. Am Ortsende von Stillebach rechts an der Bundesstraße parken. Bitte in Stillebach nicht auf Privatgrund parken. Vom Parkplatz aus die Bundesstraße überqueren, dann zwischen den Häusern hindurch bis zum sichtbaren Eisfall gehen.

P 32 T 641447 5211949
32 T 641813 5212016

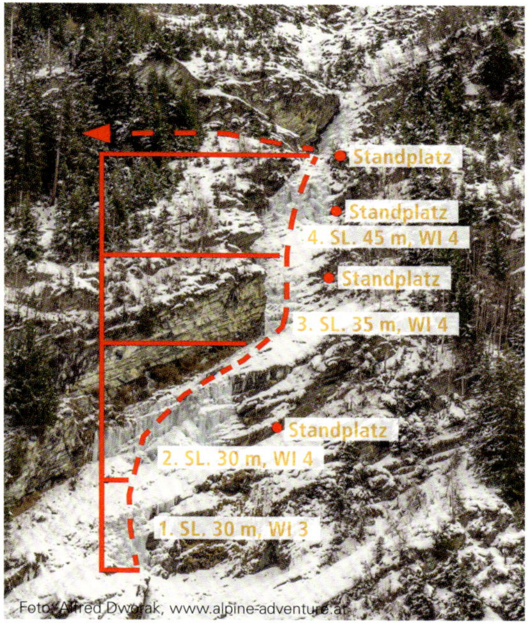

Klockelefall

Einfacher, gestufter nicht allzu steiler Eisfall. Gut geeignet für Anfänger.

Bachname.... Klockelebach
Lawinengefahr .... Kaum
Ausrichtung.............West
Höhenlage........... 1500 m
Schwierigkeit ....WI 4
Eisfallhöhe .... 120 m
Seillängen .... 4 SL.
Zustieg .... 15 Min.
Eisfallbegehung....2-3 Std.
Abstieg................ 30 Min.
Abstieg............ Absteigen

Vom Ausstieg nach links durch den Wald, dann unter einer Wand schräg sehr steil abwärts gehen. Oder über den Eisfall mittels Eisuhren oder an den fixen Standplätzen abseilen.

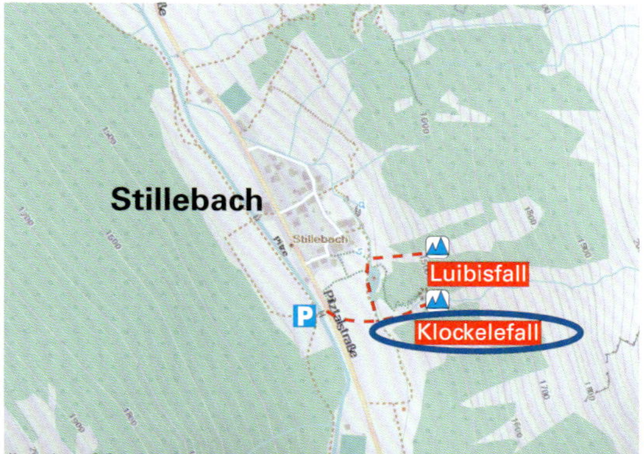

Zufahrt/Zustieg

Von Wenns nach Stillebach fahren. Am Ortsende von Stillebach rechts an der Bundesstraße parken. Bitte in Stillebach nicht auf Privatgrund parken. Vom Parkplatz aus zurück nach Stillebach, dann rechts dem Weg, an der Kneippanlage entlang, bis zum Waldrand (Teich) folgen. Dann direkt zum Eisfall aufsteigen.

P 32 T 641485 5211835
32 T 641819 5211873

25 MONSTERLINE Weixmannstall

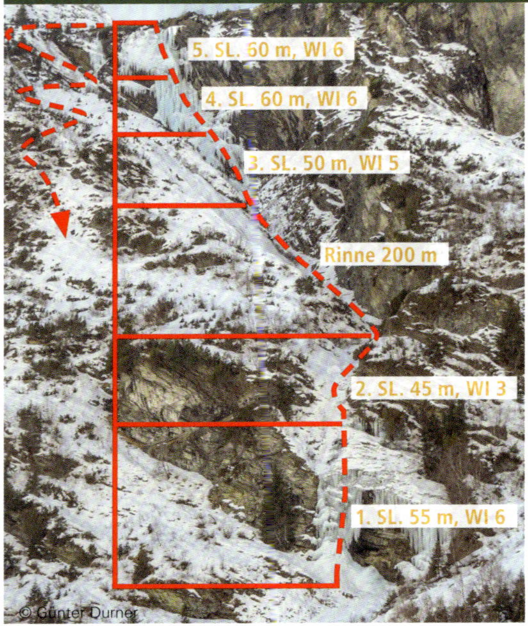

© Günter Durner

Monsterline

Extrem schwieriger, sehr steiler Eisfall. Der Eisfall gehört zu den anspruchsvollsten in Tirol. Im Mittelteil geht es über eine 200 m hohe, flache Rinne bis zum oberen Aufschwung hinauf.

Bachname.... Klockelebach
Lawinengefahr ....Ja
Ausrichtung..........Nordost
Höhenlage........... 1600 m
Schwierigkeit .... WI 6
Eisfallhöhe .... 270 m
Seillängen .... 5 SL.
Zustieg .... 40 Min.
Eisfallbegehung....4-5 Std.
Abstieg................... 1 Std.
Abstieg...............Abseilen

Über den Eisfall mittels Eisuhren abseilen oder über sehr steile Rinnen und Hänge absteigen.

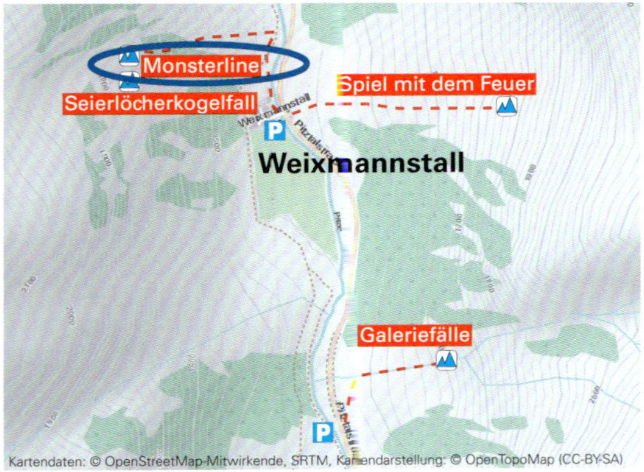

Kartendaten: © OpenStreetMap-Mitwirkende, SRTM, Kartendarstellung: © OpenTopoMap (CC-BY-SA)

Zufahrt/Zustieg

Von Wenns nach Weixmannstall fahren. Vor dem Ort auf der rechten Seite der Bundesstraße parken. Von der Bundesstraße rechts über die Brücke nach Weixmannstall, dann rechts über die Wiesen bis zum Hang und über diesen hinauf zum Eisfall gehen.

P 32 T 641662 5210929
32 T 641113 5211083

26 SPIEL M.D. FEUER Weixmannstall

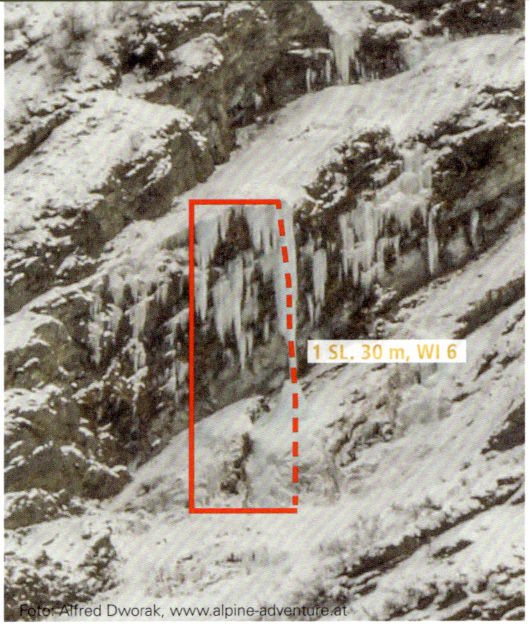

Foto: Alfred Dworak, www.alpine-adventure.at

Spiel mit dem Feuer

Extrem schwere Eissäule, die etwa auf 20 m frei steht. Nur kletterbar bei besten und sichersten Eisbedingungen. Die Eissäule wurde am 30.01.2010 von Bernhard Hangl und Markus Praxmarer erstbegangen.

Bachname.............. Keiner
Lawinengefahr ....Ja
Ausrichtung.............West
Höhenlage........... 1800 m
Schwierigkeit .... WI 6
Eisfallhöhe .... 30 m
Seillängen .... 1 SL.
Zustieg .... 40 Min.
Eisfallbegehung....... 2 Std.
Abstieg................ 30 Min.
Abstieg...............Abseilen

Über den Eisfall mittels Eisuhren abseilen.

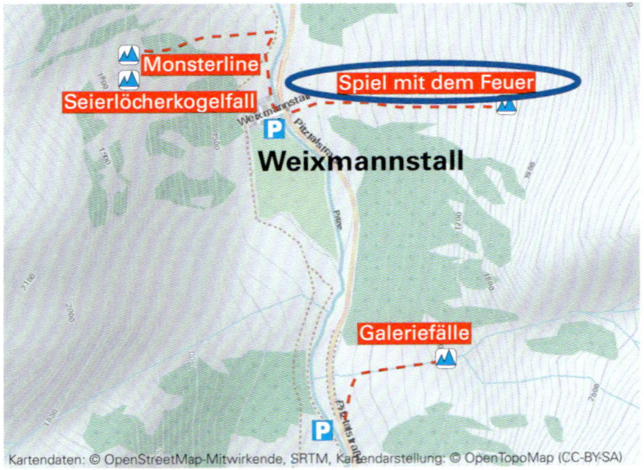

Kartendaten: © OpenStreetMap-Mitwirkende, SRTM, Kartendarstellung: © OpenTopoMap (CC-BY-SA)

Zufahrt/Zustieg

Von Wenns nach Weixmannstall fahren. Vor dem Ort auf der rechten Seite der Bundesstraße parken. Die Bundesstraße überqueren, dann über westseitige Hänge zur bereits sichtbaren Eissäule aufsteigen.

P 32 T 641662 5210929
32 T 642306 5211026

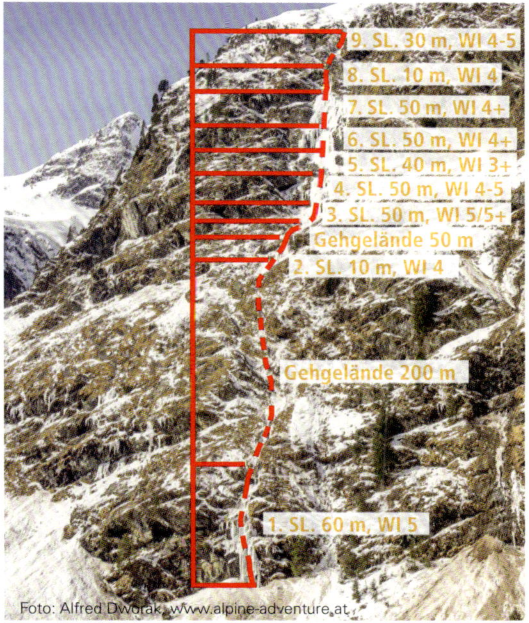

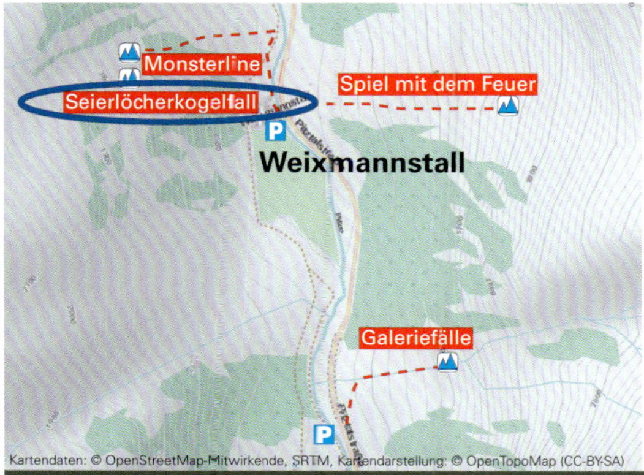

Seirlöcherkogelfall

Sehr schöner, langer Eisfall. Gegliedert durch Gehgelände. Die erste Seillänge WI 5 könnte man durch einen weiten Linksbogen umgehen. Im oberen Teil gibt es die Möglichkeiten eine leichtere oder schwerere Linie zu klettern. Bitte Lawineninformationen einholen.

Bachname............... keiner
Lawinengefahr .... Ja
Ausrichtung................ Ost
Höhenlage........... 1600 m
Schwierigkeit .... WI 5
Eisfallhöhe .... 300 m
Seillängen .... 9 SL.
Zustieg .... 15 Min.
Eisfallbegehung....4-5 Std.
Abstieg.................... 1 Std.
Abstieg...............Abseilen
Über den Eisfall mittels Eisuhren abseilen.

Zufahrt/Zustieg

Von Wenns nach Weixmannstall fahren. Dort parken (eventuell bei den Anwohnern fragen). Von dort zu den gut sichtbaren Eisfall gehen.

P 32 T 641659 5210923
32 T 641113 5211083

27 SEIRLÖCHERKOGELFALL Weixmannstall

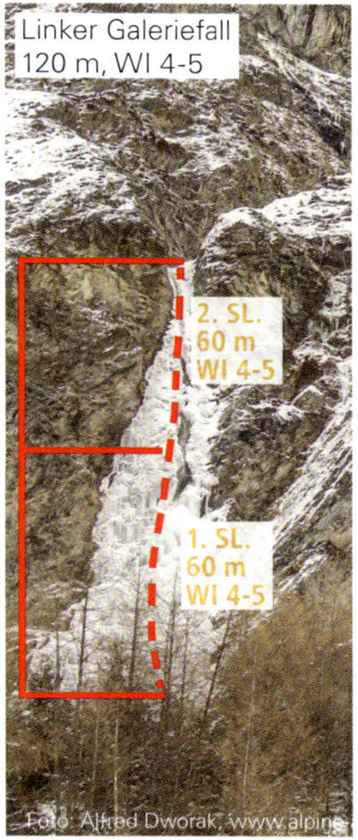

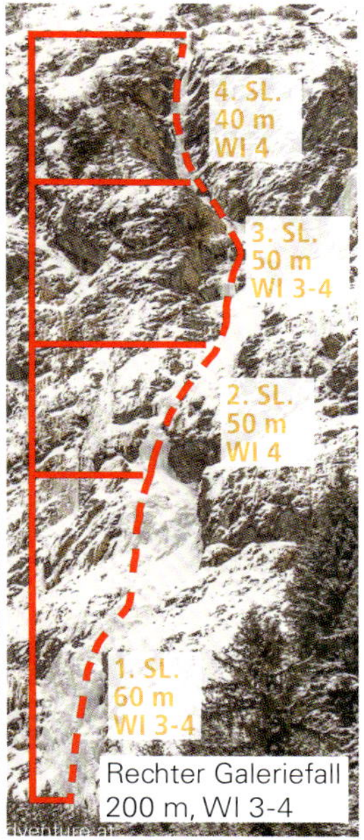

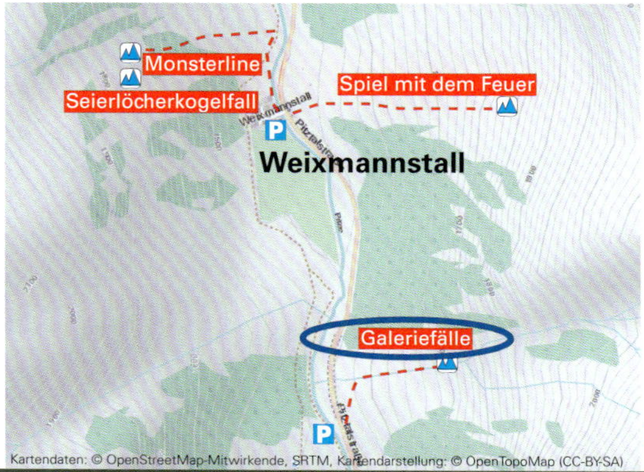

Galeriefälle

Zwei mittelschwere, lange, anspruchsvolle Eisfälle.

Bachname... Schützesbach
Lawinengefahr .... Ja
Ausrichtung........ Südwest
Höhenlage........... 1750 m
Schwierigkeit .... WI 4-5
Eisfallhöhe .... 200 m
Seillängen .... 4 SL.
Zustieg .... 40 Min.
Eisfallbegehung.... 2-3 Std.
Abstieg................ 30 Min.
Abstieg...............Abseilen
Über den Eisfall mittels Eisuhren abseilen. Von beiden Eisfällen kann abgestiegen werden. Beim linken Eisfall vom Ausstieg nach links queren, dann über Bänder steil hinunter. Beim rechten Eisfall nach rechts queren, dann in einer Rinne hinunter. Heikel und anspruchsvoll.

Zufahrt/Zustieg

Von Wenns nach Weixmannstall fahren. Dann 900 m weiter in Richtung Neurur bis hinter die Lawinengalerie (Schitzesgalerie). Südlich der Galerie parken. Über den Hang, der sich oberhalb der Lawinengalerie befindet bis zu den Eisfällen aufsteigen.

P 32 T 641861 5210012
32 T 642176 5210220

28 GALERIEFÄLLE Weixmannstall

29 NAMELESS Neurur

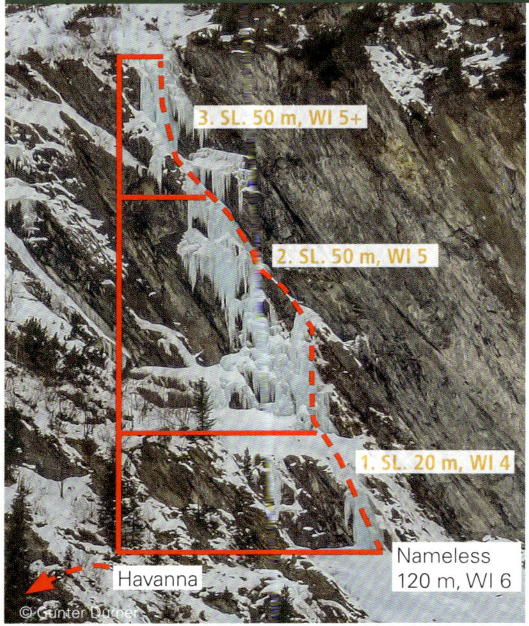

Nameless
Extrem steiler, schwerer Eisfall bei Neurur.

Bachname .... Keiner
Lawinengefahr .... Ja
Ausrichtung .... Ost
Höhenlage .... 1800 m
Schwierigkeit .... WI 6
Eisfallhöhe .... 120 m
Seillängen .... 3 SL.
Zustieg .... 1 Std.
Eisfallbegehung .... 2 Std.
Abstieg .... 1 Std.
Abstieg .... Abseilen

Über den Eisfall mittels Eisuhren abseilen.

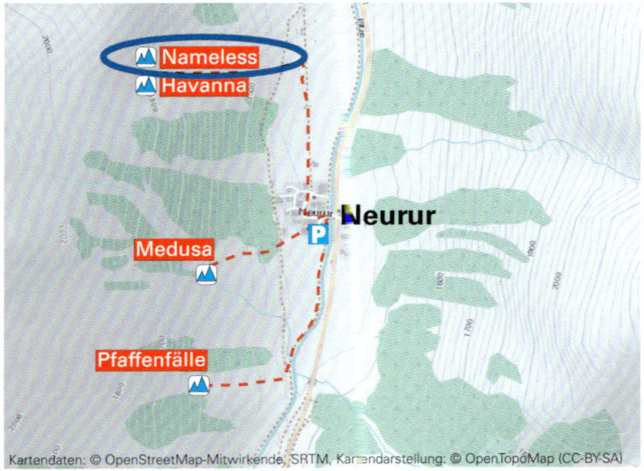

Zufahrt/Zustieg
Von Wenns nach Neurur fahren. Parken im Ort möglich nach Rücksprache mit Anrainer. Von der Bundesstraße rechts über die Brücke nach Neurur. Auf einem Forstweg, der talauswärts über die Wiese führt, gehen. Dann links über den steilen Hang hinauf zum Eisfall gehen.

P 32 T 641803 5209266
32 T 641287 5209683

30 HAVANNA Neurur

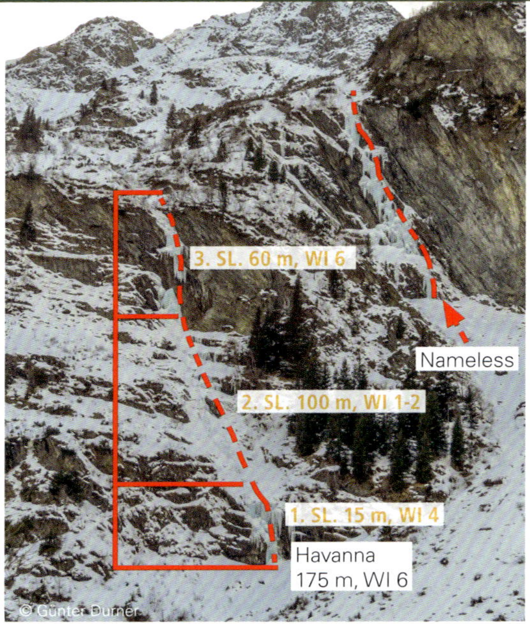

Havanna
Extrem schwere ca. 35 m hohe, freistehende Eissäule bei Neurur.

Bachname .... Keiner
Lawinengefahr .... Ja
Ausrichtung .... Ost
Höhenlage .... 1750 m
Schwierigkeit .... WI 6
Eisfallhöhe .... 175 m
Seillängen .... 3 SL.
Zustieg .... 1 Std.
Eisfallbegehung .... 2 Std.
Abstieg .... 1 Std.
Abstieg .... Abseilen

Über den Eisfall mittels Eisuhren abseilen.

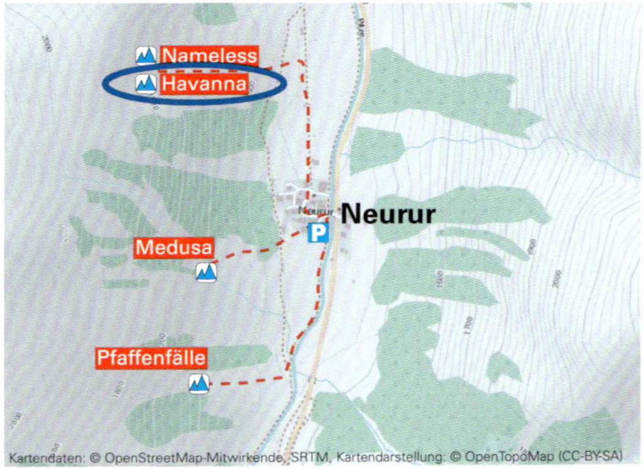

Zufahrt/Zustieg
Von Wenns nach Neurur fahren. Parken im Ort möglich nach Rücksprache mit Anrainer. Von der Bundesstraße rechts über die Brücke nach Neurur. Auf einem Forstweg, der talauswärts über die Wiese führt, gehen. Dann links über den steilen Hang hinauf zum Eisfall gehen.

P 32 T 641803 5209266
32 T 641291 5209714

31 MEDUSA Neurur

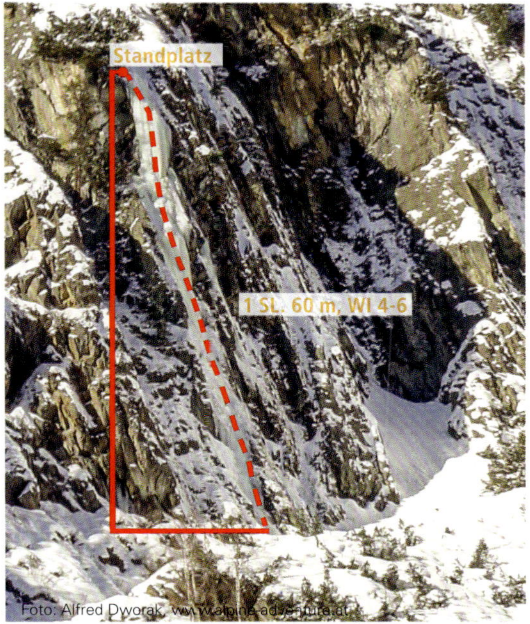

Foto: Alfred Dworak, www.alpine-adventure.at

Medusa

Ein nach Osten ausgerichteter, lohnender und anspruchsvoller Eisfall.

Bachname.............. Keiner
Lawinengefahr ....Keine
Ausrichtung................Ost
Höhenlage........... 1650 m
Schwierigkeit ....WI 6
Eisfallhöhe .... 60 m
Seillängen .... 1 SL.
Zustieg .... 45 Min.
Eisfallbegehung.... 30 Min.
Abstieg................ 20 Min.
Abstieg...............Abseilen

Abseilen über den Eisfall mittels Eisuhren oder dem fixen Standplatz beim Ausstieg links.

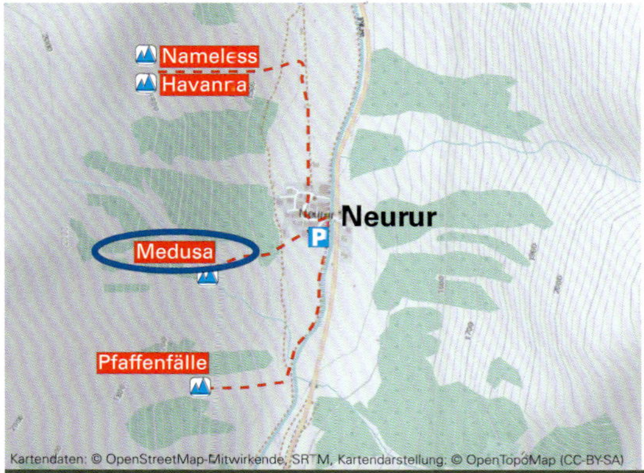

Kartendaten: © OpenStreetMap-Mitwirkende, SRTM, Kartendarstellung: © OpenTopoMap (CC-BY-SA)

Zufahrt/Zustieg

Von Wenns nach Neurur fahren fahren. Parken im Ort nach Rücksprache mit Anrainer möglich. Von der Bundesstraße rechts über die Brücke nach Neurur. Auf dem Forstweg, der entlang der Pitze taleinwärts führt, bis auf Höhe des Eisfalls gehen. Dann rechts über den Hang hinauf zum Eisfall.

P 32 T 641803 5209266
32 T 641437 5209124

32 PFAFFENFÄLLE Neurur

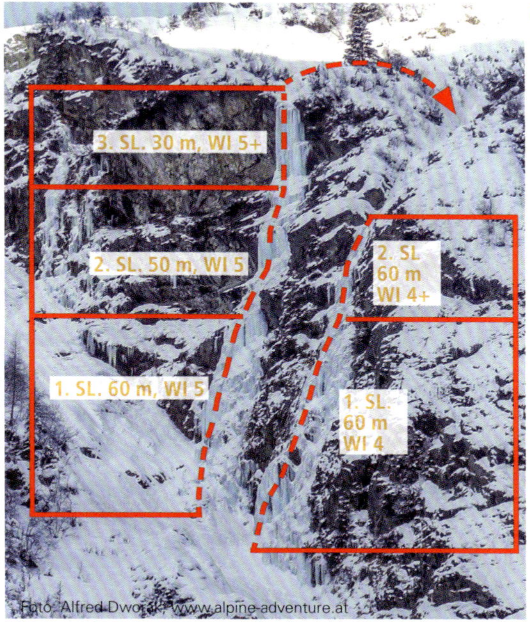

Foto: Alfred Dworak, www.alpine-adventure.at

Pfaffenfälle

Zwei große, gut gestufte Eisfälle. Der linke Eisfall ist schwerer und länger als der rechte Eisfall.

Bachname.............. Keiner
Lawinengefahr ....Ja
Ausrichtung................Ost
Höhenlage........... 1600 m
Schwierigkeit ....WI 5+
Eisfallhöhe .... 120 m
Seillängen .... 3 SL.
Zustieg .... 35 Min.
Eisfallbegehung....... 2 Std.
Abstieg.................. 1 Std.
Abstieg............ Absteigen

Beim linken Eisfall vom Ausstieg nach rechts in die Rinne des rechten Eisfalls gehen, von dort weiter rechts über den sehr steilen Wald zum Einstieg absteigen. Oder über den rechten Eisfall abseilen.

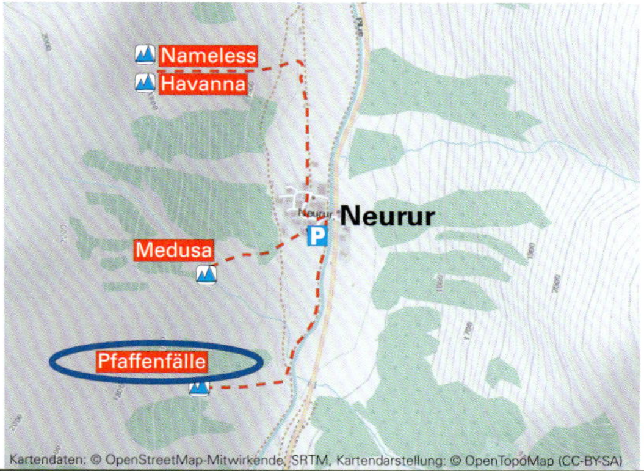

Kartendaten: © OpenStreetMap-Mitwirkende, SRTM, Kartendarstellung: © OpenTopoMap (CC-BY-SA)

Zufahrt/Zustieg

Von Wenns nach Neurur fahren fahren. Parken im Ort nach Rücksprache mit Anrainer möglich. Von der Bundesstraße rechts über die Brücke nach Neurur. Auf dem Forstweg, der entlang der Pitze taleinwärts führt, bis auf Höhe des Eisfalls gehen. Dann rechts über den Hang hinauf zum Eisfall.

P 32 T 641803 5209266
32 T 641366 5208744

33 MATTL Trenkwald

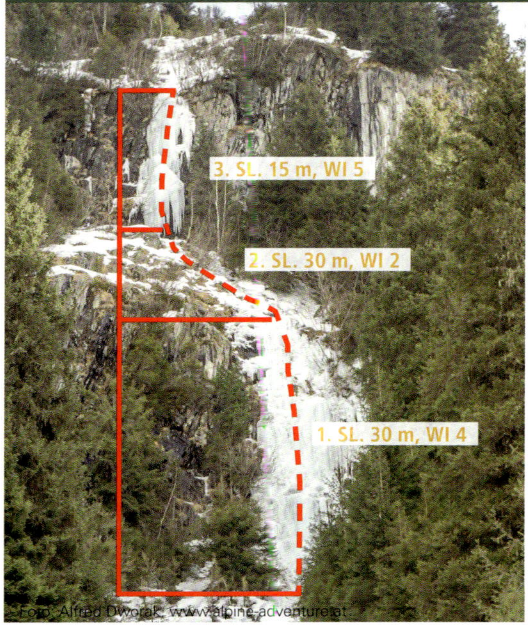

Foto: Alfred Dworak, www.alpine-adventure.at

Mattl

Westseitig ausgerichteter Eisfall mit interessanter, steiler Ausstiegsseillänge.

Bachname.............. Keiner
Lawinengefahr ....Ja
Ausrichtung.............West
Höhenlage........... 1550 m
Schwierigkeit ....WI 5
Eisfallhöhe .... 75 m
Seillängen .... 3 SL.
Zustieg .... 45 Min.
Eisfallbegehung.... 1,5 Std.
Abstieg................30 Min.
Abstieg...............Abseilen

Über den Eisfall an Bäumen und mittels Eisuhren abseilen.

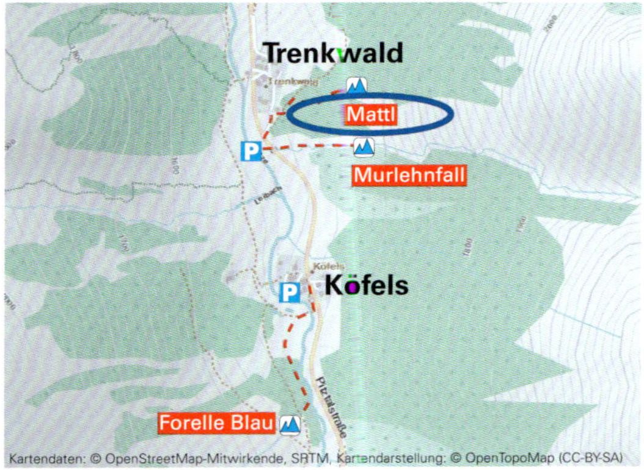

Zufahrt/Zustieg

Von Wenns nach Trenkwald fahren. Von Trenkwald gelangt man über den Forstweg zu einer Waldschneise. Von dort sieht man den Wasserfall, zu dem man direkt aufsteigt.

P 32 T 641782 5207809
32 T 642071 5208034

34 MURLEHNFALL Trenkwald

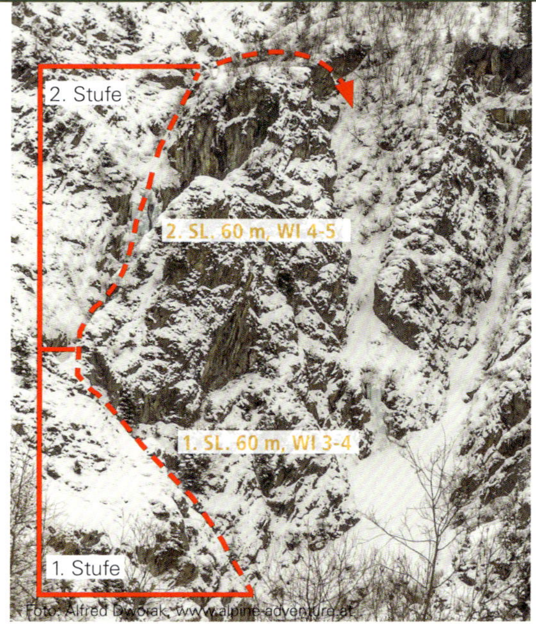

Foto: Alfred Dworak, www.alpine-adventure.at

Murlehnfall

Interessanter westseitiger Eisfall mit kurzem Zustieg.

Bachname........... Murlehn
Lawinengefahr ....Ja
Ausrichtung.............West
Höhenlage........... 1550 m
Schwierigkeit ....WI 5
Eisfallhöhe .... 120 m
Seillängen .... 2 SL.
Zustieg .... 30 Min.
Eisfallbegehung.... 1,5 Std.
Abstieg................30 Min.
Abstieg...............Abseilen

Rechts vom Eisfall an Bäumen und mittels Eisuhren abseilen.

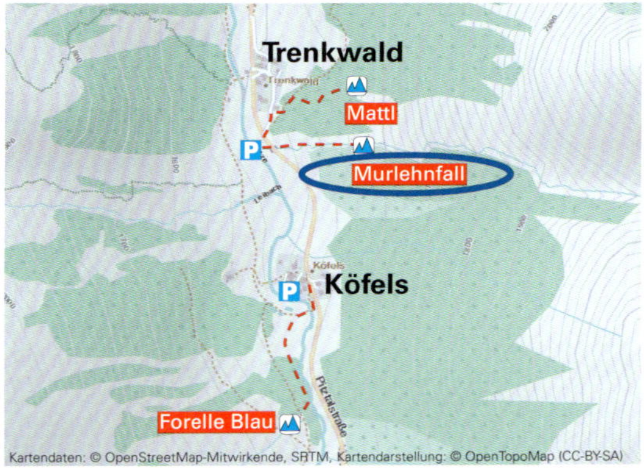

Zufahrt/Zustieg

Von Wenns nach Trenkwald fahren. Von dort sieht man den Wasserfall. Über wegloses Gelände direkt zum Eisfall aufsteigen.

P 32 T 641782 5207809
32 T 642190 5207814

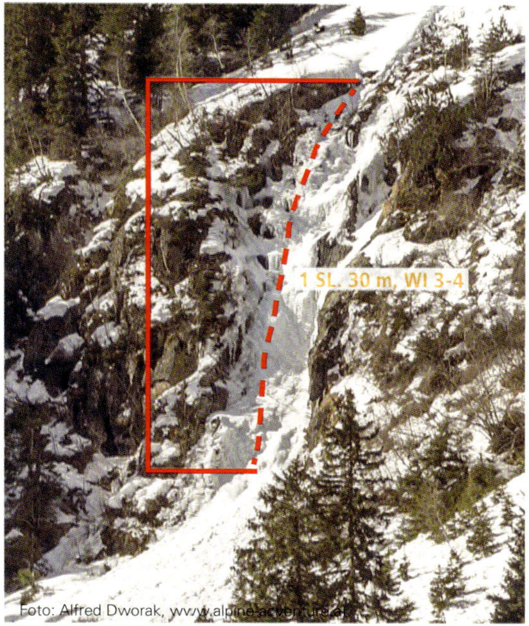

Forelle Blau

Idealer Bereich für den Kursbetrieb. Vorsicht vor der Lawinengefahr.

Bachname .... Keiner
Lawinengefahr .... Ja
Ausrichtung .... Ost
Höhenlage .... 1600 m
Schwierigkeit .... WI 3-4
Eisfallhöhe .... 30 m
Seillängen .... 1 SL.
Zustieg .... 45? Min.
Eisfallbegehung .... 30 Min.
Abstieg .... 10 Min.
Abstieg .... Abseilen

Über den Eisfall mittels Eisuhren abseilen.

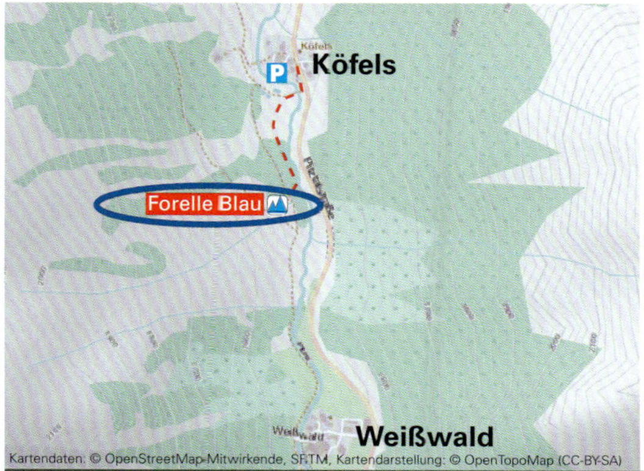

Zufahrt/Zustieg

Von Wenns nach Köfels fahren und dort parken. Man überquert die Brücke und folgt ein Stück der Langlaufloipe taleinwärts bis unter den Eisfall. Anschließend folgt man dem Bachbett bis zum Einstieg.

P 32 T 641873 5207458
32 T 641834 5206990

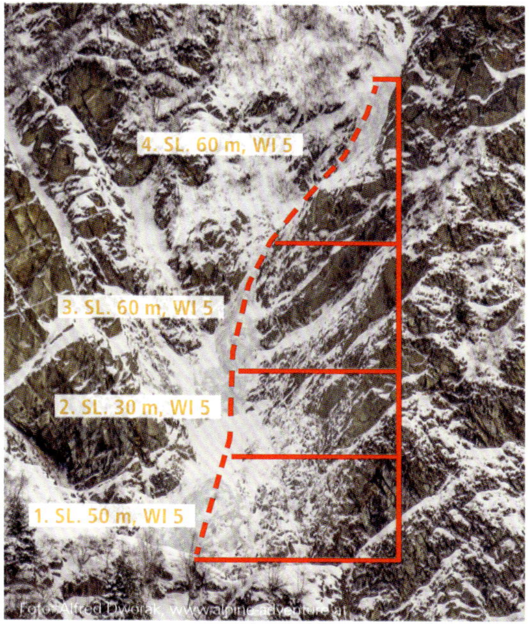

Bachtrattle

Sehr schöner, langer, westseitiger Eisfall.

Bachname .... Bachtrattle
Lawinengefahr .... Ja
Ausrichtung .... West
Höhenlage .... 1800 m
Schwierigkeit .... WI 5
Eisfallhöhe .... 200 m
Seillängen .... 4 SL.
Zustieg .... 1,5 Std.
Eisfallbegehung .... 2 Std.
Abstieg .... 30 Min.
Abstieg .... Abseilen

Über den Eisfall mittels Eisuhren abseilen.

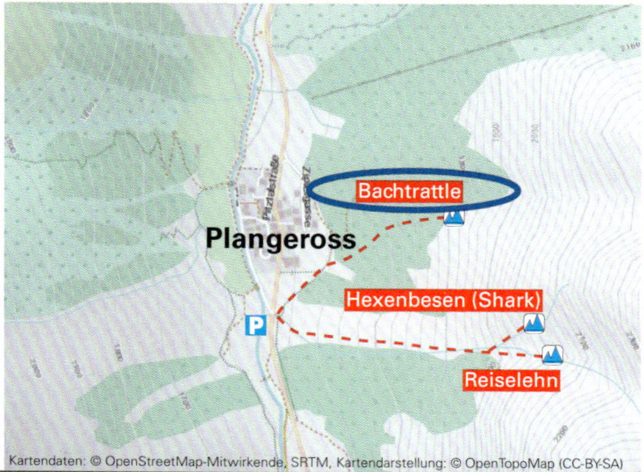

Zufahrt/Zustieg

Von Wenns nach Plangeross fahren und dort parken. Dem Rodelweg folgt man bergauf bis zur Lawinengalerie. Von dort sieht man den Eisfall und geht direkt zum Einstieg.

P 32 T 642042 5205082
32 T 642754 5205486

37 HEXENBESEN (SHARK) Plangeross

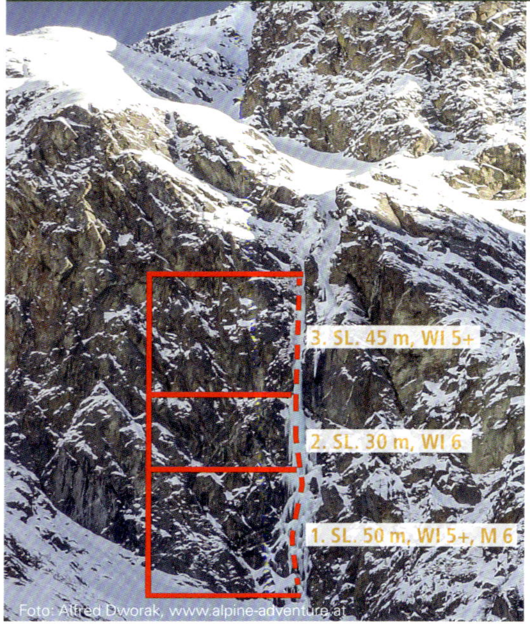

Hexenbesen (Shark)
Extrem, schwerer, schmaler Eisfall mit Mixedkletterei. Erstbegangen durch Max Berger. Felsausrüstung mit Friends bis Größe 3, Haken und Schlingen ist unbedingt notwendig.

Bachname.............. Keiner
Lawinengefahr ....Ja
Ausrichtung.......Nordwest
Höhenlage...........2000 m
Schwierigkeit . WI 5+, M 6
Eisfallhöhe ....125 m
Seillängen .... 3 SL.
Zustieg ....2 Std.
Eisfallbegehung....2-3 Std.
Abstieg................... 1 Std.
Abstieg...............Abseilen
An Normalhaken und Eisuhren über den Eisfall abseilen.

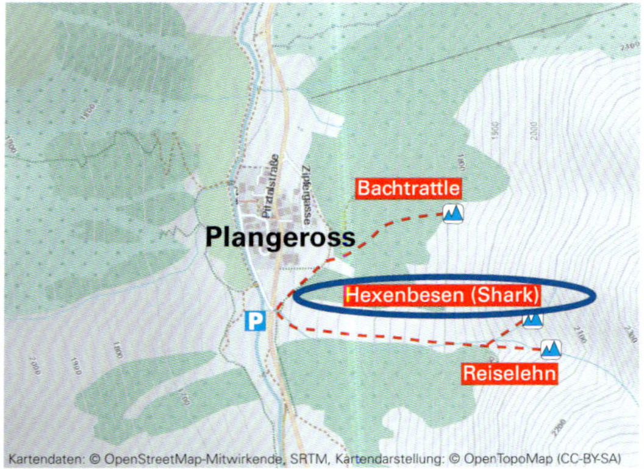

Zufahrt/Zustieg
Von Wenns nach Plangeross fahren. Etwa 200 m nach dem Ort rechts neben der Bundesstraße auf dem großen Parkplatz parken. Vom Parkplatz die Bundesstraße überqueren, dann durch die östlich verlaufende, steile Rinne bergauf. Der Eisfall ist von der Bundesstraße sichtbar.
P 32 T 642042 5205082
32 T 643074 5204946

38 REISELEHN Plangeross

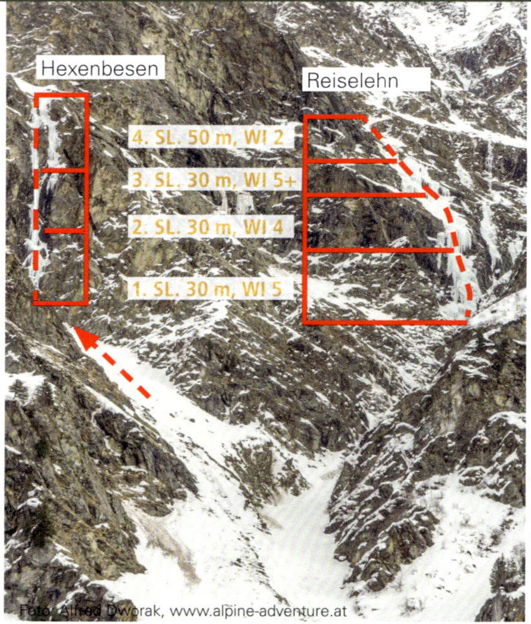

Reiselehn
Luftige Eiskletterei nach einem Skitourenaufstieg. Eisgully mit steilem Mittelteil. Hohe Lawinengefahr beachten.

Bachname.............. Keiner
Lawinengefahr ....Ja
Ausrichtung.............West
Höhenlage........... 2100 m
Schwierigkeit ....WI 4+
Eisfallhöhe .... 140 m
Seillängen .... 4 SL.
Zustieg ....2 Std.
Eisfallbegehung....... 2 Std.
Abstieg................ 45 Min.
Abstieg...............Abseilen
Taleinwärts vom Ausstieg rechts halten und durch die Rinne mittels Eisuhren abseilen.

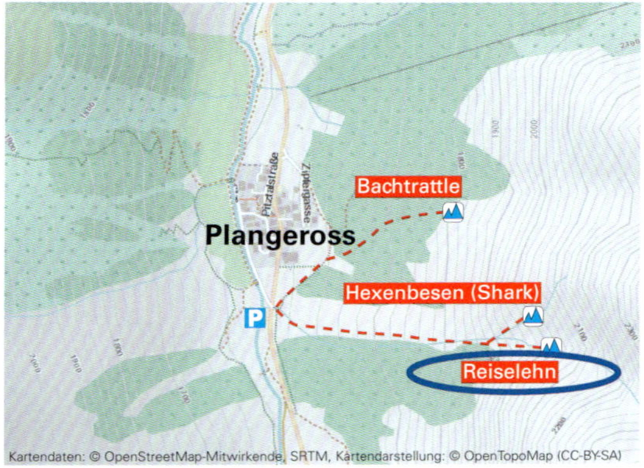

Zufahrt/Zustieg
Von Wenns nach Plangeross fahren. Etwa 200 m nach dem Ort rechts neben der Bundesstraße auf dem großen Parkplatz parken. Vom Parkplatz die Bundesstraße überqueren, dann durch die östlich verlaufende, steile Rinne bergauf. Der Eisfall ist von der Bundesstraße sichtbar.
P 32 T 642042 5205082
32 T 642989 5204963

39 MARCHLEHNFALL Tieflehn

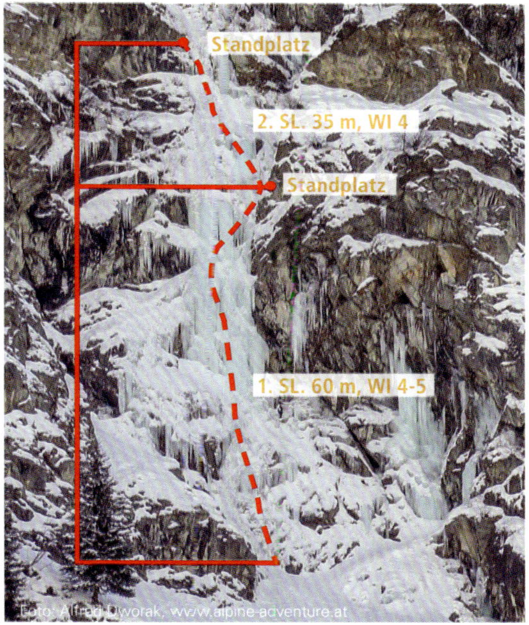

Marchlehnfall

Westlich ausgerichteter Eisfall im hinteren Pitztal.

Bachname.............. Keiner
Lawinengefahr ....Ja
Ausrichtung.............West
Höhenlage........... 1850 m
Schwierigkeit ....WI 5
Eisfallhöhe .... 95 m
Seillängen .... 2 SL.
Zustieg .... 45 Min.
Eisfallbegehung....... 1 Std.
Abstieg................ 30 Min.
Abstieg...............Abseilen

Über den Eisfall mittels Eisuhren oder an den fixen Standplätzen abseilen.

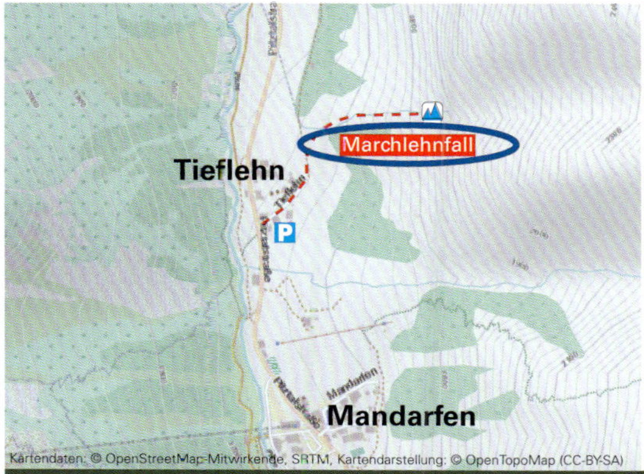

Zufahrt/Zustieg

Von Wenns nach Tieflehn fahren. Dort parken und Richtung Almhof Pitztal gehen. Von dort kann man den Eisfall bereits sehen. Direkt bis zum Einstieg des Eisfalls aufsteigen.

P 32 T 642138 5203905
32 T 642613 5204436

40 TASCHACHSCHLUCHT Mittelberg

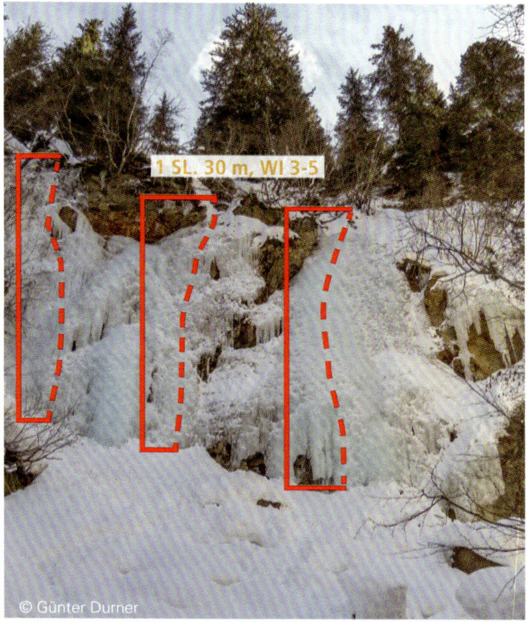

Taschachschlucht

In der Taschachschlucht, die nahe der Pitztaler Gletscherbahn liegt, gibt es einen schönen, abwechslungsreichen Eisklettergarten mit leichten Touren. Es gibt auch einige, mit Bohrhaken gesicherte, Mixedrouten.

Bachname...Taschachbach
Lawinengefahr ....Keine
Ausrichtung..............Nord
Höhenlage........... 1780 m
Schwierigkeit ....WI 3-5
Eisfallhöhe .... 30 m
Seillängen .... 1 SL.
Zustieg .... 20 Min.
Eisfallbegehung....... 1 Std.
Abstieg................ 10 Min.
Abstieg...............Abseilen

An Bäumen abseilen.

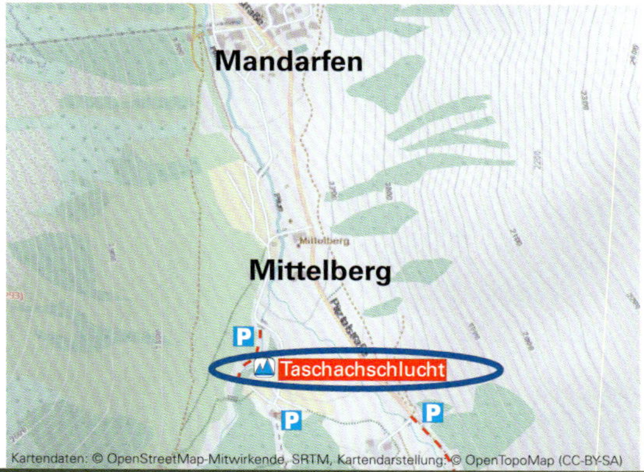

Zufahrt/Zustieg

Von Wenns nach Mittelberg fahren Nach der ersten Brücke weiter bis zur zweiten Brücke und dort parken. Von hier in die Schlucht absteigen und dieser taleinwärts folgen. Nach 10 Min. ist links eine Eissäule. Nach weiteren 10 Min. kommt der Eisklettergarten.

P 32 T 642332 5202477
32 T 642249 5202180

41 SCHNEELEHNFALL Mittelberg

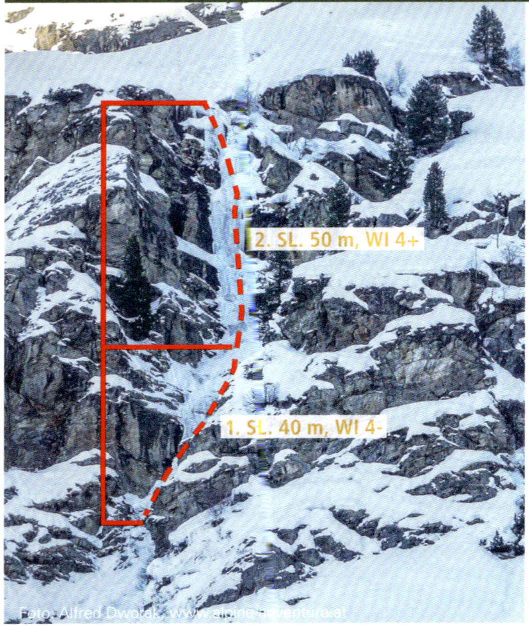

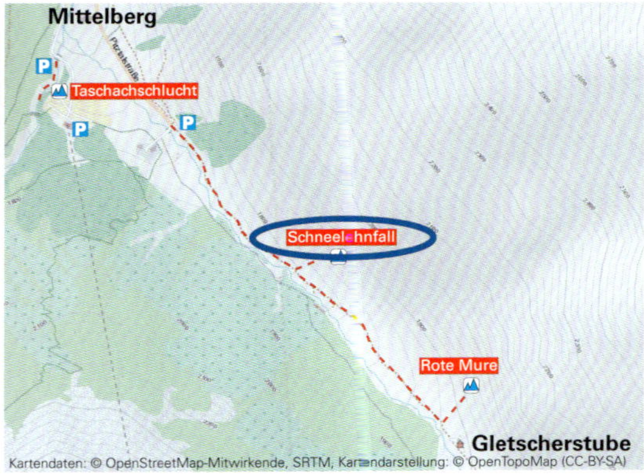

Schneelehnfall

Der Eisfall eignet sich nur bei gutem Eis zum Klettern. Ansonsten auf Unterspülungen achten.

Bachname.............. Keiner
Lawinengefahr .... Ja
Ausrichtung............. West
Höhenlage........... 1850 m
Schwierigkeit ....WI 4+
Eisfallhöhe .... 90 m
Seillängen .... 2 SL.
Zustieg .... 30 Min.
Eisfallbegehung....... 1 Std.
Abstieg................ 30 Min.
Abstieg............ Absteigen
Links vom Eisfall absteigen oder rechts an den Latschen in die Schlucht abseilen.

Zufahrt/Zustieg

Von Wenns nach Mittelberg fahren. Am Straßenende auf dem Parkplatz parken. Von hier Richtung Gletscherstube gehen. Der Eisfall ist links oben zu erkennen. Direkt bis zum Einstieg des Eisfalls aufsteigen.

P 32 T 642777 5202239
32 T 643538 5201749

42 ROTE MURE Mittelberg

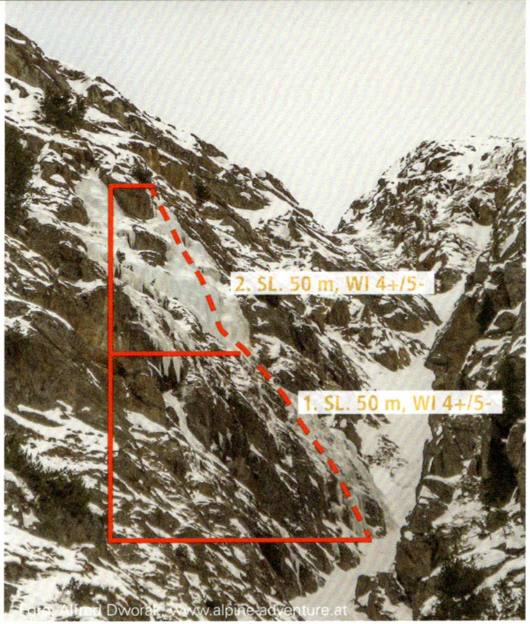

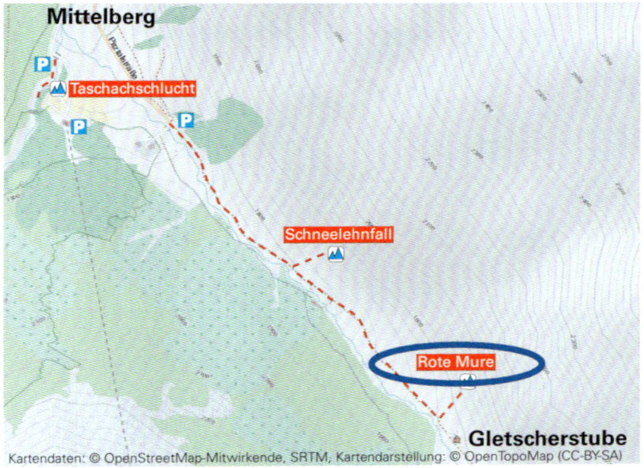

Rote Mure

Idealer Eisfall, der kombinierbar mit dem Schneelehnfall ist.

Bachname.............. Keiner
Lawinengefahr .... Kaum
Ausrichtung............. West
Höhenlage........... 1950 m
Schwierigkeit ....WI 5-
Eisfallhöhe .... 100 m
Seillängen .... 2 SL.
Zustieg .... 45 Min.
Eisfallbegehung....... 1 Std.
Abstieg................ 50 Min.
Abstieg..............Abseilen
Über den Eisfall mittels Eisuhren abseilen.

Zufahrt/Zustieg

Von Wenns nach Mittelberg fahren. Am Straßenende auf dem Parkplatz parken. Von hier bis zur Gletscherstube gehen. Von dort 250 m nach Nordosten zum unteren Ende des Grabens gehen. In diesem Graben direkt bis zum Einstieg des Eisfalls aufsteigen.

P 32 T 642777 5202239
32 T 644015 5201236

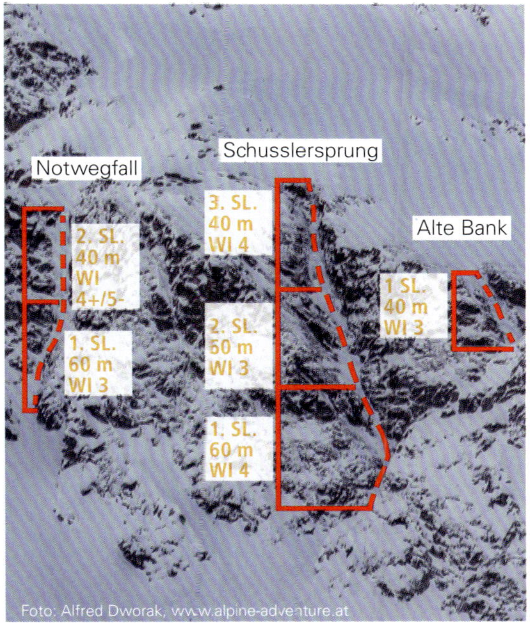

Foto: Alfred Dworak, www.alpine-adventure.at

Notwegfall Schusslersprung Alte Bank

Drei hochalpine, schöne Eisfälle, die einen Tagesausflug wert sind.

Notwegfall 100 m WI 5-
Schusslersp. 160 m WI 4
Alte Bank 40 m WI 3

Bachname.............. Keiner
Lawinengefahr .... Ja
Ausrichtung .... West
Höhenlage .... 2500 m
Schwierigkeit .... WI 3-5
Eisfallhöhe .... bis 160 m
Seillängen .... 1-3 SL.
Zustieg .... 2 Std.
Eisfallbegehung.... 1,5 Std.
Abstieg................ 30 Min.
Abstieg...............Abseilen
Über die jeweiligen Eisfälle mittels Eisuhren abseilen.

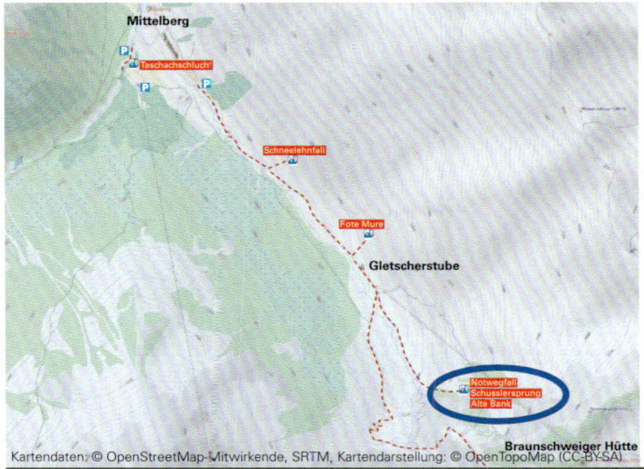

Kartendaten: © OpenStreetMap-Mitwirkende, SRTM, Kartendarstellung: © OpenTopoMap (CC-BY-SA)

Zufahrt/Zustieg

Von Wenns nach Mittelberg fahren. Geparkt wird bei der Pitztaler Gletscherbahn. Mit den Skitourenski zur Gletscherstube. Von hier dem Steig Richtung Braunschweiger, bis zum bereits sichtbaren Eisfall auf 2250 m, aufsteigen.

P 32 T 642407 5202232
32 T 644533 5200224

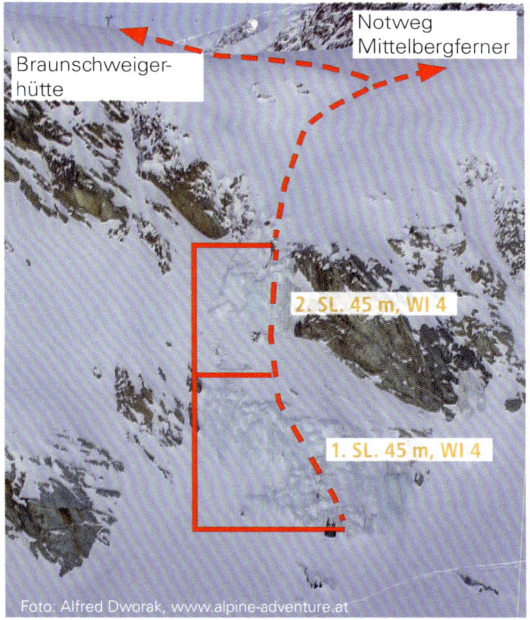

Foto: Alfred Dworak, www.alpine-adventure.at

Mittelbergferner Karlesfall

Der Karlesfall ist aufgrund seiner Höhenlage (Einstieg auf 2500 m) noch spät in der Saison begehbar und im Gegensatz zu den drei tiefergelegenen Notwegfällen lawinensicherer.

Bachname.............. Keiner
Lawinengefahr .... Kaum
Ausrichtung.......Nordwest
Höhenlage........... 2500 m
Schwierigkeit .... WI 4
Eisfallhöhe .... 90 m
Seillängen .... 2 SL.
Zustieg .... 2,5 Std.
Eisfallbegehung....... 1 Std.
Abstieg................ 30 Min.
Abstieg...............Abseilen
Über den Eisfall mittels Eisuhren abseilen.

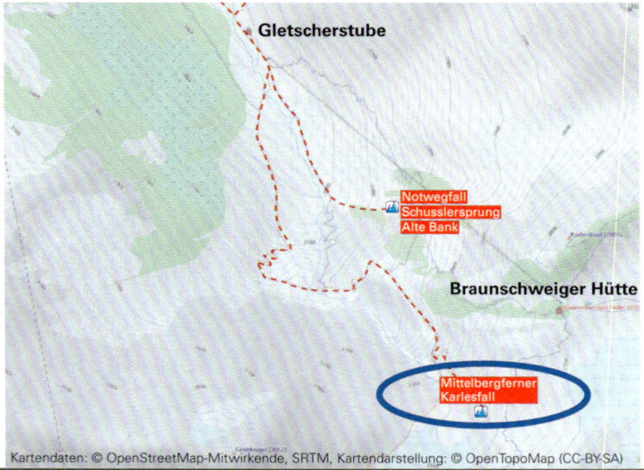

Kartendaten: © OpenStreetMap-Mitwirkende, SRTM, Kartendarstellung: © OpenTopoMap (CC-BY-SA)

Zufahrt/Zustieg

Von Wenns nach Mittelberg fahren. Geparkt wird bei der Pitztaler Gletscherbahn. Mit den Skitourenski Richtung Braunschweiger Hütte entlang des Notweges aufsteigen. Alternativ kann man vom Ausstieg Gletscherexpress auch in 1 Stunde über den Notweg absteigen.

P 32 T 642407 5202232
32 T 644903 5199160

Klettern im Ötztal und Pitztal
Sportklettern – Bouldern – Klettersteige – Eisklettern

1. Auflage 2022, ISBN 978-3-946613-11-4

Autor:	Günter Durner
Projektmanagement:	Susi Plott
Topos (Zeichnungen):	Climbers Paradise www.climbers-paradise.com, PITZTAL TOURISMUS und ÖTZTAL TOURISMUS
Foto-Topos	Günter Durner, AM-BERG Verlag
Anfahrtsskizzen:	Günter Durner, AM-BERG Verlag
Kartendaten:	© OpenStreetMap-Mitwirkende, SRTM, Kartendarstellung: © OpenTopoMap (CC-BY-SA)
Fotos:	Günter Durner, Susi Plott, siehe Bildunterschriften
Layout, Grafik, Satz:	Günter Durner, AM-BERG Verlag
Covergestaltung:	Susi Plott, AM-BERG Verlag

Autor: Günter Durner
Der staatlich geprüfte Berg- und Skiführer und Fotograf ist das ganze Jahr hindurch in den Bergen unterwegs.
Als Bergführer war er bereits im gesamten Alpenraum tätig und kann darüber hinaus auf eine Reihe von Erstbegehungen bis zum 9. Schwierigkeitsgrad zurückblicken.
Er ist Autor von vielen bergbezogenen Büchern (Kletterführer, Wanderführer, Lehrbücher und Mountainbike Tourenführer).

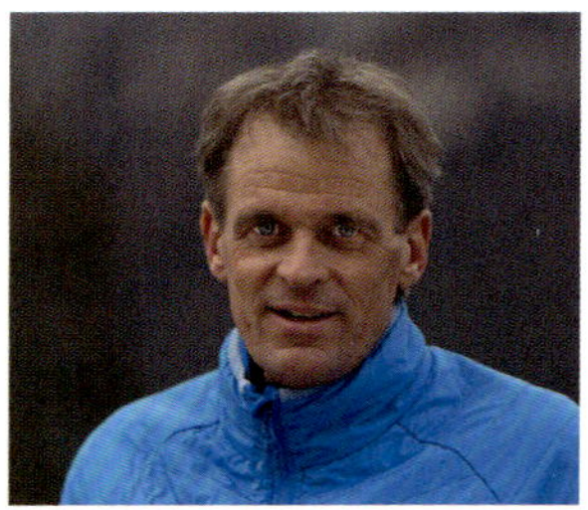

9 783946 613114